普通高等教育“十一五”国家级规划教材（高职高专教育）
PUTONG GAODENG JIAOYU SHIYIWU GUOJIAJI GUIHUA JIAOCAI

FADIANCHANG BIANDIANZHAN DIANQI SHEBEI

发电厂变电站电气设备

主　编　肖艳萍
副主编　谭绍琼　周　田
编　写　眭肖钰　卢　勇　李凌舟　周建博
主　审　李开勤　袁兴惠　卢文鹏

中国电力出版社
CHINA ELECTRIC POWER PRESS

内 容 提 要

本书为普通高等教育"十一五"国家级规划教材（高职高专教育）。

全书共分十四章。书中主要内容包括：电力系统中性点的运行方式；电弧及电气触头的基本知识；熔断器、高压开关电器、互感器、母线、绝缘子及电力电缆、电力电容器和电抗器以及低压电器的作用、工作原理、结构特点和使用知识要点；电气主接线和自用电接线的种类、接线特点及其应用的知识；配电装置和接地装置的作用、类型及技术要求；电气设备短路效应的实用计算和电气设备选择的实用方法等。

本书主要作为高职高专院校电力技术类教材，也可作为电力职业资格和岗位技能培训教材，还可作为电力企业从事电气设备安装、运行、检修的工人和技术人员参考。

图书在版编目(CIP)数据

发电厂变电站电气设备/肖艳萍主编. —北京：中国电力出版社，2008.3（2021.2 重印）

普通高等教育"十一五"国家级规划教材．高职高专教育

ISBN 978-7-5083-6518-3

Ⅰ.发… Ⅱ.肖… Ⅲ.①发电厂-电气设备-高等学校：技术学校-教材 ②变电所-电气设备-高等学校：技术学校-教材 Ⅳ.TM62 TM63

中国版本图书馆 CIP 数据核字(2007)第 201111 号

中国电力出版社出版、发行

（北京市东城区北京站西街 19 号　100005　http://www.cepp.sgcc.com.cn）

北京雁林吉兆印刷有限公司印刷

各地新华书店经售

*

2008 年 3 月第一版　　2021 年 2 月北京第十五次印刷

787 毫米×1092 毫米　16 开本　22.5 印张　546 千字

定价 **49.00** 元

前　言

根据国家教育部对职业教育的有关指示精神，按照教育部审定的电力技术类专业主干课程教学大纲的要求，结合电力职业教育的任务和实际需要，为实现电力职业教育教学改革的目标和要求，参照教育部推荐的有关职业教育教材组织编写了本书。本书内容力求新颖，以培养高素质技能型人才为目标，反映当前发电厂和变电站采用的新设备、新技术，在满足教学及培训对专业知识的要求的同时，突出先进性、实用性，注重实际技能的培养，并力求适应全面素质培养的需要，满足电力行业对人才的要求。

本教材是电力技术类专业的主干课程教材，其目的是使学生具备本专业所必需的电气一次部分的专业知识和基本技能，初步形成电气设备安装、测试、运行、检修的能力，为后续专业课程的学习和今后工作打下基础。全书共分十四章，主要讲述发电厂变电站的中性点运行方式、电弧和电气触头的基本知识、主要的电气一次设备、电气主接线和自用电接线、配电装置和接地装置、电气设备短路效应的实用计算和电气设备选择的实用方法等。本书重点在于应用专业理论来解决实际工作中的问题，在全面讲述发电厂变电站的电气一次部分基本知识的基础上，尝试增加了与其内容相关的、结合实际工作的使用知识，并增加了一些新技术和新设备内容，探索与生产劳动和社会实践相结合的工学结合学习模式，力求突出教学过程的实践性、开放性和职业性，强化学生职业能力的培养，以满足高职高专学生对学习的要求。

本书第一、六章由四川电力职业技术学院肖艳萍编写，第二、三章由山西电力职业技术学院谭绍琼编写，第四、五、七章由安徽电气工程职业技术学院周田编写，第八、九章由四川电力职业技术学院李凌舟编写，第十、十一章由广西电力职业技术学院卢勇编写，第十二、十三章由西安电力高等专科学校眭肖钰编写，第十四章和附录由西安电力高等专科学校周建博编写。全书由肖艳萍担任主编并统稿，谭绍琼和周田担任副主编。全书由四川电力职业技术学院李开勤、四川水利职业技术学院袁兴惠和保定电力职业技术学院卢文鹏共同主审。在本书的整个编写过程中，主审为本书提出了很多宝贵的意见和建议，在此表示衷心的感谢。

因时间紧迫，且编者水平有限，不当之处请读者指正。

编　者

2007.12

目 录

第一章　绪　　论

电能具有诸多优点。它可以实现能源之间的相互转换，所有的一次能源都能转换成电能，而电能又可以方便地转换为其他形式的能量（如光能、热能、机械能等）；电能可以大规模生产，远距离输送和分配；电能易于调节、操作和控制；电能的使用十分方便和经济，在终端使用时是最清洁的能源。电能已成为现代社会使用最广、需求增长最快的能源，在技术进步和社会经济发展中起着极其重要的作用。电力工业发展水平是衡量一个国家经济发展水平的重要标志。

本章主要介绍我国电力工业发展的历程、现状和趋势，简要介绍发电厂和变电站的各种类型和生产过程，概要介绍主要电气设备的种类及作用、主要电气设备的图形符号和文字符号、电气设备的基本参数。

第一节　我国电力工业发展简况

一、发展历程

人类在开发能源中不断前进，继17世纪广泛利用蒸汽机后，18世纪发现了电能，19世纪中叶制成了发电机。从19世纪末开始，电力应用得到了迅猛发展。1875年，世界上最早的发电厂——巴黎北火车站电厂建成，用于照明供电；1878年，法国建成第一座水电厂；1879年，美国旧金山实验电厂开始发电，成为世界上最早出售电力的电厂；1882年，法国开始进行远距离高压直流输电，同时，英国、日本、俄罗斯相继修建了发电厂。

我国电力工业始于1882年，当年建成的第一个发电厂是上海乍浦路建设电灯厂，装机只有11.8kW（16马力）。我国大陆最早兴建的水电厂是位于云南省昆明市郊的石龙坝水电厂，电厂一厂于1910年7月开工，1912年4月发电，装机容量为480kW。到1949年底新中国成立时，全国发电装机容量仅有185万kW，发电量43亿kWh，分别居世界第二十一位和第二十五位。

新中国的建立为电力工业的发展创造了有利条件，电力生产和建设发展迅速。1950～1978年期间，国产10万、12.5万、20万、30万kW汽轮发电机组和国产15万、22.5万、30万kW水轮发电机组相继制成并投产。1960年，全国发电装机容量突破1000万kW，居世界第九位。至1978年底，全国发电装机容量达到5712万kW，年发电量达到2566亿kWh，居世界第七位。与此同时，东北、京津唐、华东、华中电网形成了220kV主干网架。

1978年改革开放后，我国电力工业持续以年均10%以上的速度发展，取得了世人瞩目的成就。1987年，全国发电装机容量突破1×10^4万kW，居世界第五位；1995年3月，全国发电装机容量达到2×10^4万kW，居世界第四位；1996年，全国发电装机容量达到2.37×10^4万kW，发电装机容量和发电量跃居世界第二位，基本上扭转了长期困扰我国经济发展和人民生活需要的电力严重短缺局面；到2000年3月，全国发电装机容量又跨上3×10^4万kW的新台阶，长期严重缺电的状况得到相对缓解，基本上适应了国民经济和社会发展的需要；2005年，全国发电装机容量突破5×10^4万kW；2006年，全国电力工业继续保持快速增长势头，在不到一年的时间内，全国发电装机容量再上新台阶，突破了6×10^4万kW；截至2006年底，全国发电装机容量达到6.22×10^4万kW，连续十年居世界第二位。我国发电装机容量和发电量增长的数据见表1-1。

表1-1　我国发电装机容量和发电量增长数据

年份	装机容量(万kW)	装机容量在国际排位	年发电量(亿kWh)	年发电量在国际排位	备注
1882～1949	185(16)	21	43(7)	25	建国前67年
1960	1192(194)	9	594(74)	—	装机容量突破1000万kW
1987	10290(3019)	5	4973(1000)	—	装机容量突破1×10^4万kW
1995	21722(5218)	4	10069(1868)	—	装机容量突破2×10^4万kW
1996	23654(5558)	2	10794(1869)	2	全国电力供需基本平衡
2000	31932(7935)	2	13685(2431)	2	装机容量突破3×10^4万kW
2001	33561(8301)	2	14839(2611)	5	
2003	38450(9496)	2	19080(2830)	2	
2006	62200(12857)	2	28344(4167)	2	装机容量突破6×10^4万kW

注　表中括号内为其中的水电装机容量及年发电量。

在此期间，电力结构不断调整优化，技术装备水平逐步提高，比较完备的电力工业体系已经初步建立，我国电力工业进入了大机组、大电厂、大电网、超高压、自动化、信息化和水电、火电、核电、新能源发电全面发展的新时期。

2000年以前，我国的火电厂是以30万kW机组为主；2000年以后，主要建设30万kW及以上高参数、高效率、调峰性能好的机组，引进和发展超临界机组。2001年，在上海外高桥电厂开始建设90万kW的机组，2004年1月投产发电。2002年，我国开始启动60万kW超临界机组，河南华能沁北电厂第一台国产60万kW超临界燃煤机组已于2004年11月正式投入运行。我国首台39万kW燃气轮机联合循环发电机组，已于2005年5月19日在浙江半山天然气发电站点火成功。到2003年，单机30万kW及以上发电机组达到14763万kW，占发电总装机容量的37.8%，30万、60万kW火电机组已成为电力建设的主力机型。至2006年底，全国火电装机容量达到48405万kW，约占总装机容量的77.82%；火电发电量23573亿kWh，约占全部发电量的83.17%。

实行改革开放以来，我国规划并建设了葛洲坝、白山、龙羊峡、漫湾、广蓄、天生桥、五强溪、小浪底、二滩、天荒坪、三峡、龙滩、瀑布沟等一批巨型水电厂，迈入世界水电建设前列。1994年底开工建设的长江三峡水电厂是世界上最大的水电厂，由26台70万kW的水轮发电机组组成，总装机容量1820万kW。2003年6月，2号机组首次并网发电，电厂将于2009年全部竣工。2003年，我国水电装机容量达9490万kW，居世界第二位。2004年，我国水电总装机容量突破10000万kW，跃居世界第一。至2006年底，全国水电装机容量达到12857万kW，约占总装机容量的20.67%；水电发电量4167亿kWh，约占全部发电量的14.70%。目前，我国是世界上水电在建规模最大、发展速度最快的国家。

1994年，浙江秦山核电厂一期30万kW国产机组和广东大亚湾核电厂（装机容量2×

90 万 kW，法国机组）的投产运行实现了我国核能发电零的突破。到 2006 年底，全国核电装机容量为 670 万 kW，约占总容量的 1.08%；核电发电量 543 亿 kWh，约占全部发电量的 1.92%。

1992～2001 年，我国的新能源发电装机容量以年均 44.55%的速度发展，至 2001 年底，装机容量已达 37 万 kW。到 2003 年底，我国太阳电池的累计装机已经达到 5 万 kW。2004 年底，我国已建风电场 43 个（除台湾省），1292 台机组，累计装机容量 76.4 万 kW。

经多年建设，除去我国台湾省和港、澳地区外，全国已经形成华北（山西、河北、北京、天津及部分内蒙）、东北（黑龙江、吉林、辽宁及部分内蒙）、华东（上海、江苏、浙江、安徽）、华中（河南、湖南、湖北、江西）、西北（陕西、甘肃、青海、宁夏）、川渝（四川、重庆）和南方联营（广东、广西、云南、贵州）等七个跨省区电网，及山东、福建、海南、乌鲁木齐和拉萨等五个独立的省级电网。在跨省电网和部分独立省网中形成了 500kV（或 330kV）的骨干网架。除西北和川渝电网外，其余各跨省区电网的装机规模都超过或接近 4000 万 kW。

1981 年，我国建成第一条 500kV 输电线路（河南平顶山—武汉，595km）；1989 年，建成的第一条±500kV 直流输电线路（葛洲坝—上海，1046km）开始了华中和华东电力系统之间的联网；2001 年，华北与东北、福建与华东电力系统实现了互联；2002 年，川渝与华中电力系统又实现了互联；到 2003 年底，220kV 及以上输电线路达到 20.7 万 km，变电容量达到 6.06 亿 kVA；2005 年 9 月 26 日，西北青海官亭—兰州东的 750kV 输变电示范工程投入运行，它是目前国内电压等级最高、世界上相同电压等级海拔最高的输变电工程，是我国第一个 750kV 输变电工程，标志着我国电网技术跨入世界先进行列；2006 年，1000kV 交流特高压试验示范工程和云南—广东±800kV 特高压直流输电示范工程奠基仪式已分别举行，标志着交、直流特高压试验示范工程建设已拉开帷幕。

二、发展现状

目前，我国电力工业正在从大机组、大电厂、大电网、超高压、自动化发展时期逐步进入跨大区联网和推进全国联网的新阶段。其具体表现在以下方面：

（1）我国发电装机容量和发电量迅速增长，连续 10 年居世界第 2 位。近 10 年（即 1996～2006 年），平均每年新增发电装机容量达到 38546 万 kW，装机容量和发电量的平均增长速度超过 8%，电力生产弹性系数（发电量增长率与国内生产总值增长率之比）平均值超过 1。我国人均拥有装机容量已由 1952 年的 0.0034kW 上升到 2002 年的 0.278kW，人均占有发电量由 12kWh 上升到 1276kWh，成为世界上名副其实的电力生产和消费大国。

（2）电网建设极大加强，电力调度水平不断提高，"西电东送、南北互供、全国联网"的格局已基本形成。从 2000 年起西电东送进入全面建设阶段，贵州—广东 500kV 交、直流输变电工程已先后投产运行，三峡—华东、广东±500kV 直流输变电工程也先后投产，陕西、山西、蒙西地区向京津唐电网送电能力逐步增加，华北与东北、福建与华东、川渝与华中等一批联网工程已经投入运行。

（3）电气设备的制造水平大大提高。现在，我国已能批量制造 30 万 kW 和 60 万 kW 火电机组，能够生产 70 万 kW 水电机组和 30 万 kW 核电机组，基本掌握了 500kV 及以下交流输变电成套设备的设计和制造技术。2006 年，首批国产超超临界百万千瓦机组相继投运，标志着我国电力工业技术装备水平和制造能力进入新的发展阶段。

（4）电力科技水平大大提高，与世界先进水平日渐接近。我国电力工业立足于科技兴电，相继建成了一批具有世界先进水平的重点实验室和装置，完成了一批重大科研课题，掌握和解决了大机组建设和全国联网等大电力系统建设、运行等一系列问题。我国的电力队伍已能承担现代化大型水、火、核电厂和电力系统的设计、施工、调试和运行任务，并已经建成投产和正在建设着具有当代国际先进水平的各类大型电厂和500kV交、直流输变电工程；各大电网的计算机监控调度系统已进入实用化阶段，电力系统的运行和调度实现了自动化、现代化，其中，国调、网调和省调的自动化系统应用率达100%，地调自动化系统已装备85%。在地热、风力、潮汐、太阳能和城市垃圾等新能源等发电方面，经多年的科技攻关及建设示范性电站或试验电站，已掌握了设计、制造和运行技术。

（5）电力环境保护得到加强。环境排放得以控制、生态保护日益加强，使电力发展的经济效益、社会效益与环境效益渐趋统一。

（6）电力运行的技术经济指标不断完善。随着大机组不断进入电力行业，电力运行的技术经济指标不断完善。与1980年相比，2006年全国供电煤耗从448g/kWh降低为366g/kWh时，电网输电线路损失率从8.93%降为7.08%。

（7）电力发展的战略规划管理、生产运行管理、电力市场营销管理以及电力企业信息管理水平、优质服务水平等普遍得到提高。

（8）进一步开拓国际市场，在利用外资、引进设备、引进技术、实施走出去战略等方面都取得了巨大的成就。

但是，我国电力工业与世界先进水平相比仍然存在着不小的差距，主要反映在以下几方面。

（1）我国电气化仍处于较低水平。目前我国人均拥有装机容量和人均占有发电量不到世界平均水平的一半，分别约为发达国家的1/6和1/10。

（2）发电设备技术结构不合理，调峰能力弱，主要表现在以下几方面。

1）燃煤机组发电量占全国总发电量的比重大，机组技术装备水平较低，整体能效偏低。

2）发电量中水电、核电及新能源发电比重较低。水电开发程度低，远低于世界平均水电开发率，抽水蓄能机组比例低。

3）供热机组的容量比例与世界先进水平相比仍然较低。

4）大机组的比重过小，30万kW及以上机组只占总容量的45.2%，平均机组容量仅为5.82万kW。

5）发电设备技术参数相对落后，我国超临界机组只占火电总装机容量的4.3%，燃气—蒸汽联合循环机组的比例过低，仅占火电总装机容量的2.3%。

（3）技术经济指标平均水平不高，火电厂的平均发电煤耗、供电煤耗、厂用电率及电网线损率等仍较高。火电厂的污染物排放量高，火电厂的二氧化硫、氮氧化物及大量粉尘的排放尚未得到有效控制。

（4）电网建设一直落后于电源建设，主电网架构薄弱，城市电网老化，农村电网覆盖面小，电能损耗大，主要电网的调峰能力普遍不足，供电可靠性偏低。

（5）一次能源转换为电能的比重偏小，电能占终端能源消费量的比重偏小。

（6）发供电设备质量问题较多，性能欠佳。

（7）用人过多，人员整体素质和效率不高，效益偏低。

三、发展趋势

我国电力工业在“十一五”期间，将实现电力投产规模为 1.65×10^4 万 kW 左右、关停凝汽式火电小机组 1500 万 kW 的主要发展目标。其中，投产大中型项目 1.5×10^4 万 kW 左右（年均投产 3000 万 kW），包括水电 4512.7 万 kW、煤电 8738 万 kW、核电 400 万 kW、天然气发电 1364 万 kW，新能源发电 100 万 kW。与此同时，电源结构将进行调整和优化，关停小机组的平均单机容量提高到 6 万 kW，其中火电平均单机容量提高到 8 万 kW。预计到 2010 年，水、核、气和清洁煤燃烧发电等清洁电能的比重将达到 40%，单机容量 30 万 kW 及以上火电机组所占比重将达到 70%以上，超临界和超超临界火电机组在煤电装机容量的比重将达到 15%；预计到 2020 年，全国火电比重将下降到 65.6%，其中煤电约占 61.16%。

“十一五”期间我国电力工业发展的基本方针是：大力开发水电，优化发展煤电，积极发展核电，适当发展天然气发电，加快新能源开发，加强电网建设，重视生态环境保护，提高能源效率，深化体制改革，实现电力、经济、社会、环境统筹协调发展。

1. 大力开发水电

水能资源是可再生的、清洁的能源；水电厂的发电成本低，水库可以综合利用；在电力系统中，有一定比重的水电装机容量对系统调峰和安全经济运行极为有利。我国大陆水利资源理论蕴藏量和可开发装机容量均居世界首位，理论蕴藏量在 1 万 kW 及以上的河流共 3886 条，技术可开发装机容量 54164 万 kW，经济可开发装机容量 40180 万 kW。目前，已开发量仅为经济可开发量的 1/4，约为技术可开发量的 1/5，如果能在 2020 年之前开发出 2.5×10^4 万 kW 水电，我国的能源状况将大大改善。因此优先并加快开发水电，仍然是我国电力发展的基本方针，也是西部开发、西电东送的主要内容。

我国水电建设将按照流域梯级滚动开发方式，重点开发黄河上游、长江中上游及其干支流、红水河、澜沧江中下游和乌江等流域。争取在 20 年内将中部水电基本开发完，西部的大型水电也得到较大程度的开发。新增水电机组将以大型混流式、大容量抽水蓄能机组和大贯流水电机组为主要机型，全面建设大型水电基地。

在东北、华东、华中等经济发达而能源短缺地区，实行大中小水电厂并举，以大中型水电厂为主的方针。在东北、华北、华东等火电比重较大的电力系统，为了适应系统调峰要求，还要建设相当规模的抽水蓄能水电厂。比照世界平均抽水蓄能水电厂占总容量的测算，我国抽水蓄能水电厂到 2020 年应达到 2500 万 kW 以上。

我国近期在建和拟建的大型水电厂有十几座。在建的水电厂除三峡水电厂外，还有广西红水河的龙滩（7 台 70 万 kW 机组）、云南澜沧江的小湾（6 台 70 万 kW 机组）和四川锦屏一级（6 台 60 万 kW 机组）、锦屏二级（6 台 55 万 kW 机组）水电厂。即将兴建的单机容量 50 万 kW 以上的水电厂还有贵州乌江的构皮滩（5 台 60 万 kW 机组）、四川金沙江的向家坝（8 台 70 万 kW 机组）和溪洛渡（18 台 70 万 kW 机组）、大渡河的瀑布沟（6 台 55 万 kW 机组）、黄河上游的拉西瓦（6 台 70 万 kW 机组）、金沙江的白鹤滩（16 台 70 万 kW 机组）和乌东德等大型水电厂。

远期规划的还有金沙江、澜沧江、黄河中上游、大渡河、乌江、雅砻江等河流的梯级水电厂开发。近 10～15 年，我国将新增 50 万 kW 机组 120 多台；到 2020 年，水电装机容量将增加到 25000 万 kW。

另外，到2020年，国家水利部计划建成300个装机10万kW以上的小水电大县、100个装机20万kW以上的大型小水电基地、40个装机100万kW以上的特大型小水电基地、10个装机500万kW以上的小水电强省，届时我国1.3×10^{4}万kW小水电资源将接近开发完毕，形成1×10^{4}万kW的装机容量水平。

2. 优化发展煤电

我国有丰富的煤炭、石油和天燃气资源。其中：煤炭资源已探明储量10077亿t；石油已探明未动用储量55.5亿t（可采储量24.3亿t）；天然气储量3.37万亿m^3（可采储量2.2万亿m^3）。火电厂的厂址不受限制，建设周期短，能较快发挥效益，燃煤火电仍是发电装机容量的主要组成部分。

煤电发展的重点是建设大型高效、低污染燃煤火电机组，鼓励建设超临界、超超临界大容量机组。在“三西”（山西、陕西和内蒙西部）和西南大力发展坑口电厂，变输煤为输电；在沿海港口和路口等负荷中心，主要在渤海湾、东南沿海、长江沿岸、焦枝线、大秦线、京九铁路沿线等，建设一批路口火电厂（是指位于燃料产地和负荷中心之间、靠近铁路枢纽的大型火电厂）；随着“西气东送”工程的实施，在沿海缺能地区及大城市，适当建设一批燃气电厂，增加电网的调峰能力。新建燃煤机组的单机容量要在60万kW及以上，60万kW火电机组应成为今后电力工业新增装机的主力机组。与此同时，对部分20万kW和30万kW机组进行更新改造，做好洁净煤发电试点项目，继续关停小火电。预计2020年燃煤火电装机将达$7.1\sim7.85\times10^{4}$万kW。

3. 积极发展核电

利用核能大规模替代常规矿物燃料，可大大减少燃料开采、运输和储存的困难及费用，发电成本低；核电厂不释放CO_2、SO_2及NO_x（氮氧化物），有利于环境保护，核电是一种“安全、可靠、高效、经济、清洁”的能源。发展核电是实施电力可持续发展战略的长远大计。加快核电发展有利于电力结构调整，是解决我国能源资源不足的一项重要战略措施。特别是在沿海能源短缺、环境容量有限的地方，更应积极加速核电发展。

根据我国电力工业发展规划，未来20年我国将成为全世界最大的新核电厂建设基地。到2020年，核电容量将达到4000万kW，即还要新建31台100万kW级核电机组。主要是在沿海经济发达而一次能源短缺的广东、福建、浙江、江苏、辽宁等省建设一批单机容量100万kW级的核电厂；在山东、江西、湖南、吉林等省建设单机容量30万kW或60万kW级国产设备的核电厂。

我国在建的8台100万kW级核电机组，包括广东岭澳二期（2×100万kW）、浙江三门（2×100万kW）、山东海阳（2×100万kW）和广东阳江（2×100万kW）核电厂。“十一五”期间将再完成8台100万kW级核电机组的建设。

4. 适当发展天然气发电

天然气发电是燃气轮机联合循环的主要应用领域。燃气轮机联合循环发电具有效率高、调峰能力强、投资低、建设周期短、用地用水量少、启动迅速、运行可用率高、污染排放小等特点，已成为世界电力能源的重要组成部分。

我国天然气资源不多，用于发电的则更少。而随着西部天然气开发，西气东输及沿海气田的开发，国内天然气产量将有较大的增加。利用天然气发电的地区将主要是华南、华东、华北等经济发达、能源贫乏地区以及产气的西北、川、渝地区。

规划预测，2010 年天然气发电装机约 2800 万～3000 万 kW，2020 年天然气发电装机约 6000 万～7000 万 kW。

5. 加快新能源发电

人类保护环境的较好出路是大力发展再生能源，而再生能源利用的最好形式是通过发电系统，将新能源转化为电能。新能源发电主要包括风力发电、潮汐发电、太阳能发电，也包括地热发电和垃圾、生物质能发电等。

我国有丰富的风力资源（我国 10m 高度层可开发利用的风能有 2.53×10^4 万 kW，主要在内蒙、新疆、东北、华北和东南沿海等地），地热资源（探明地热可用于发电的为 150 万 kW，现已开发 3.2 万 kW，分布在西藏、云南、福建、广东等省区）和潮汐资源（沿海可开发的潮汐资源达 2158 万 kW，分布在我国东南海岸线北起鸭绿江口南到北仑河口）。我国生物质能资源约为 7 亿 t 标煤，太阳能居世界第二位。预计到 2010 年，新能源发电将占全国装机容量的 1％以上。

在新能源发电中，以风力发电为主。风能是一种洁净的可再生能源，用风力发电不会对大气造成任何污染，可以减少能源的消耗，对保护环境和生态平衡、改善能源结构具有重要的意义。目前，国内正在生产 600kW 和 660kW 的风机，同时正在引进生产 1300kW 的风机，将建设若干 10 万～20 万 kW 的大型并网风电场。规划到 2020 年风力发电可达 1500 万 kW 左右。

6. 加强电网发展

水能资源的理论蕴藏量和可开发装机容量的 80％以上都分布在西部地区。我国煤炭探明保有储量的 64.3％分布在晋陕蒙三地区。全国电力负荷约 2/3 分布在京广铁路以东的经济发达地区。随着能源资源的开发和利用，就必然形成水电“西电东送”和煤电“北电南送”的大格局。在继续大力发展电源的同时，只有高度重视电网的建设，才能促进煤电就地转化和水电大规模开发。

为此，我国将加强各跨省区电网建设，不断扩大跨大区的联网送电，提高资源使用效率和优化配置。重点建设西北与川渝联网，华中与西北、华北加强联网，华北与西北、华东联网，以及东北与华北加强联网等项目，形成北、中、南三大输电通道，实现全国主要大区电力系统之间的联网。随着三峡水电厂及其输变电工程建设的完成，到 2010 年将基本实现以三峡为中心的全国联网格局，并形成全国统一的联合电力系统。

电网将主要建设±500kV 交直流系统、750kV 交流系统，重点研制 800kV 直流和交流 1000kV 级输变电系统。到 2010 年，全国 330kV 及以上交流线路达 11.4 万 km、变电容量 4.7 亿 kVA、直流线路 8200km、直流换流站容量 4000 万 kW。2011～2020 年 10 年间，初步规划建设的直流输电工程将有 11 条左右。“十一五”～“十二五”期间，还将建设 1000kV 级交流和 800kV 直流特高压电网试验示范工程。

7. 重视生态环境保护，提高能源效率

在开发能源的同时，采取有效措施节约能源、降低损耗（煤耗、水耗、线损等），提高能源利用效率。及时关停效率低、煤耗高、污染严重的小火电机组；火电厂停止向江河排灰，装设烟气脱硫及降低氮氧化物设施，开展洁净煤燃烧技术的研究及应用等。实行电力发展与环境保护相协调的方针，使电力建设与环境保护“同步规划、同步实施、同步发展”。

8. 深化体制改革，实现电力、经济、社会、环境统筹协调发展

电力行业将进一步打破垄断，消除省级市场壁垒，开放区域电力市场，鼓励跨大区资源

流动，并且还要稳步推进输配售分开试点工作。

9. 电力科技发展趋势

近年来，电力技术越来越体现出高技术与传统技术交叉、融合的趋势。信息技术、电力电子技术和新材料技术的突飞猛进将大大促进电力产业的发展。世界电力技术发展呈现出向高技术、环保、新能源发展的趋势，电力将向优化电力、高效利用、可持续发展的方向迈进。21 世纪电力技术发展趋势如下：

(1) 新型发电技术预计会有重大突破。太阳能发电、风力发电、生物质能发电和燃料电池发电技术，有希望成为大规模应用的新型发电方式。光伏发电技术即用太阳能电池将太阳光能直接转变为电能的技术，被认为是本世纪最有希望得到工业规模应用的可再生能源利用技术之一。

(2) 核电正进入复苏阶段，世界核电的发展步伐已开始加快。随着新型反应堆，即固有安全堆的实用化导致核造价降低，核电技术在 2l 世纪有可能东山再起并占据重要份额。可控热核聚变在 2050 年以后，有可能取得突破，可能最终解决人类能源供应问题。

(3) 能源的高效利用技术将广泛应用。这些技术包括联合循环、联电联产、热泵、高效节能灯、建筑节能技术、电力电子技术、能源效益审计等，这些技术的广泛应用对节约资源和能源会产生巨大作用。

(4) 与环境兼容的能源利用技术日显重要。作为 21 世纪能源领域最关键技术之一的洁净煤技术将会得到长足发展。此外，温室效应气体液化及储存利用技术、降低高压输电线路环境影响的技术、核废料的分离处理及储存技术也会有重要发展。

(5) 电网新技术的应用将引起电网的重要变革。未来的电网新技术包括灵活的交流输电技术和新一代直流输电技术，更加有效的电网状态测定和控制技术，现代化大都市供电新技术等。

(6) 输变电设备向紧凑型、高可靠性方向发展，配、用电设备向数字化、智能化、信息化发展。电网设备向超高压、大容量方向发展，城网设备向紧凑型、无污染、高可靠、智能化、组合化方向发展。高压大容量变频变压调速、高低压配电与电控装置的智能化与远程通信将得到快速发展与提高。电气设备总的发展方向是大容量、超高压、组合化、无油化、智能化、抗短路、高可靠、免维护。

第二节 发电厂和变电站概述

一、发电厂

发电厂是把各种天然能源（化学能、水能、原子能等）转换成电能的工厂。按使用能源不同或转换能源特点，发电厂有以下类型。

(一) 火力发电厂

火力发电厂是把化石燃料（煤、油、天然气、油页岩等）的化学能转换成电能的工厂，简称火电厂。火电厂的原动机大都为汽轮机，也有用燃气轮机、柴油机等作原动机的。火电厂又可分为以下几种。

1. 凝汽式火电厂

凝汽式火电厂生产过程示意图如图 1-1 所示。煤粉在锅炉炉膛 8 中燃烧，使锅炉中的水加热变成过热蒸汽，经管道送到汽轮机 14，推动汽轮机旋转，将热能变为机械能。汽轮机带动发电机 15 旋转，再将机械能变为电能。在汽轮机中做过功的蒸汽排入凝汽器 16，循环水泵 18 打入的循环水将排汽迅速冷却而凝结，由凝结水泵 19 将凝结水送到除氧器 20 中除氧（清除水中的气体，特别是氧气），而后由给水泵 21 重新送回锅炉。

由于在凝汽器中大量的热量被循环水带走，因此，凝汽式火电厂的效率较低，只有 30%～40%。

2. 热电厂

热电厂生产过程的示意图如图 1-2 所示。热电厂与凝汽式火电厂不同之处是将汽轮机中一部分做过功的蒸汽从中段抽出来直接供给热用户，或经加热器 12 将水加热后，把热水供给用户。这样，便可减少被循环水带走的热量，提高效率，现代热电厂的效率达 60%～70%。

由于供热网络不能太长，所以热电厂总是建在热力用户附近。此外，为了使热电厂维持较高的效率，一般采用“以热定电”的运行方式，即当热力负荷增加时，热电机组相应地多发电，当热力负荷减少时，热电机组相应地少发电。因而，其运行方式不如凝汽式发电厂灵活。

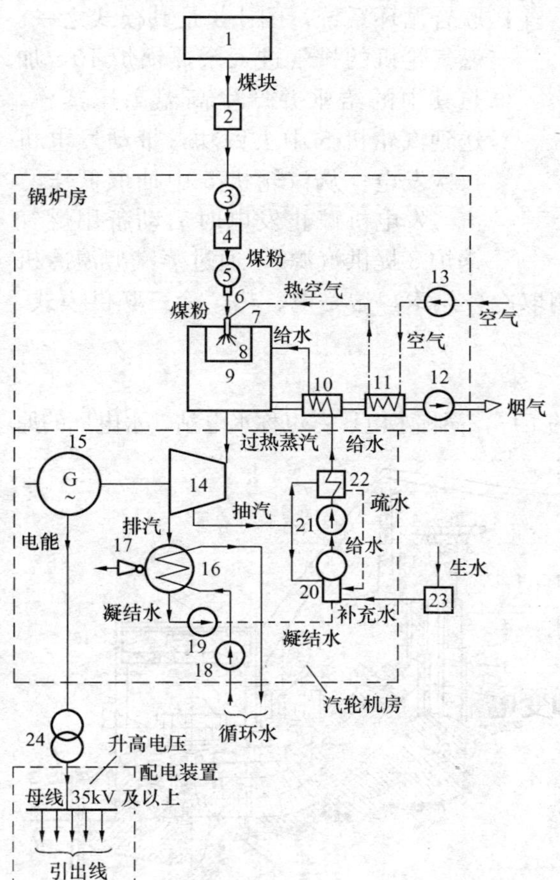

图 1-1　凝汽式火电厂生产过程

1—煤场；2—碎煤机；3—原煤仓；4—磨煤机；5—煤粉仓；6—给粉机；7—喷燃器；8—炉膛；9—锅炉；10—省煤器；11—空气预热器；12—引风机；13—送风机；14—汽轮机；15—发电机；16—凝汽器；17—抽气器；18—循环水泵；19—凝结水泵；20—除氧器；21—给水泵；22—加热器；23—水处理设备；24—升压变压器

3. 燃气轮机发电厂

用燃气轮机或燃气—蒸汽联合循环中的燃气轮机和汽轮机驱动发电机的发电厂，称为燃气轮机发电厂。前者一般用作电力系统的调峰机组，后者则用来带中间负荷和基本负荷。这

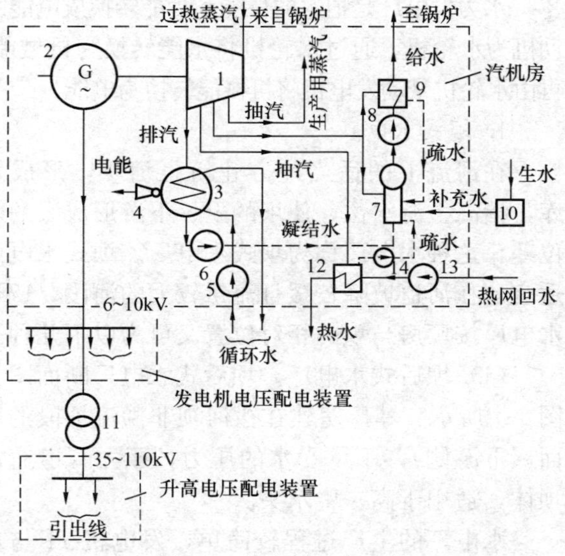

图 1-2　热电厂生产过程

1—汽轮机；2—发电机；3—凝汽器；4—抽气器；5—循环水泵；6—凝结水泵；7—除氧器；8—给水泵；9—加热器；10—水处理设备；11—升压变压器；12—加热器；13—回水泵；14—泵

类发电厂可燃用液体燃料或气体燃料。以天然气为燃料的燃气轮机和联合循环发电，具有效率高、污染物排放低、初期投资少、工期短及易于调节负荷等优点，近年来在北美、欧洲得到迅速发展。目前燃气轮机的单机容量已发展到30万kW。

燃气轮机的工作原理与汽轮机相似，不同的是其工质不是蒸汽，而是高温高压气体。空气经压气机压缩增压后送入燃烧室，燃料经燃料泵打入燃烧室。燃烧产生的高温高压气体进入燃气轮机中膨胀做功，推动燃气轮机旋转，带动发电机发电。做过功的尾气经烟囱排出，或分流部分用于制热、制冷。这种单纯用燃气轮机驱动发电机的发电厂，热效率只有35%～40%。

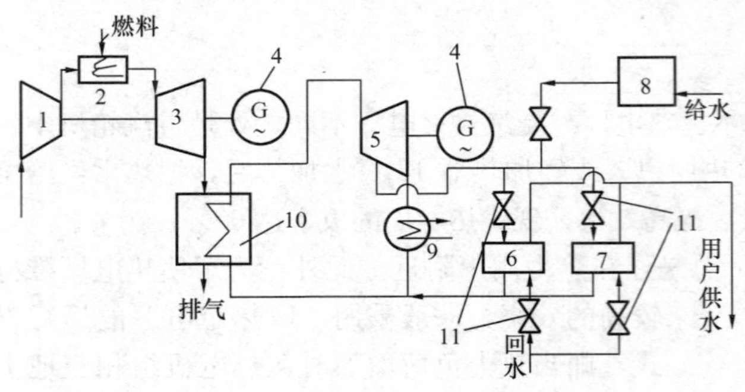

图1-3　燃气—蒸汽联合循环系统

1—压气机；2—燃烧室；3—燃气轮机；4—发电机；5—汽轮机；6—蒸汽型溴冷机；7—汽—水热交换器；8—备用燃气锅炉；9—凝汽器；10—余热锅炉；11—制冷采暖切换阀

为提高热效率，采用燃气—蒸汽联合循环系统，图1-3是其模式之一。燃气轮机的排气进入余热锅炉10，加热其中的给水并产生高温高压蒸汽，送到汽轮机5中去做功，带动发电机再次发电；从汽轮机5中抽取低压蒸汽（发电机停止发电时启动备用燃气锅炉8提供汽源），通过蒸汽型溴冷机6（溴化锂作为吸收剂）或汽—水热交换器7制取冷、热水。这是电、热、冷三联供模式。联合循环系统的热效率可达56%～85%。

（二）水力发电厂

水力发电厂是把水的位能和动能转换成电能的工厂，简称水电厂，也称水电站。水电厂的原动机为水轮机，通过水轮机将水能转换为机械能，再由水轮机带动发电机将机械能转换为电能。

1. 坝式水电厂

在河流上的适当地方建筑拦河坝，形成水库，抬高上游水位，使坝的上、下游形成大的水位差，这种水电厂称为坝式水电厂。坝式水电厂适宜建在河道坡降较缓且流量较大的河段。这类水电厂按厂房与坝的相对位置又可为以下几种。

（1）坝后式水电厂。坝后式水电厂断面图如图1-4所示。其厂房建在拦河坝非溢流坝段的后面（下游侧），不承受水的压力，压力管道通过坝体，适用于高、中水头。

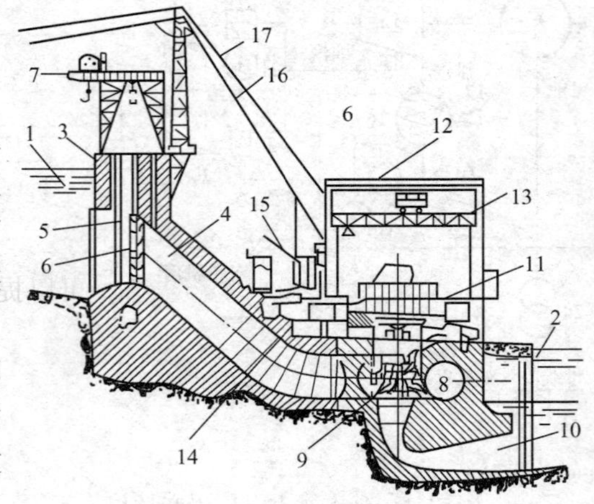

图1-4　坝后式水电厂断面

1—上游水位；2—下游水位；3—坝；4—压力进水管；5—检修闸门；6—阀门；7—吊车；8—水轮机蜗壳；9—水轮机转子；10—尾水管；11—发电机；12—发电机间；13—吊车；14—发电机电压配电装置；15—升压变压器；16—架空线；17—避雷线

水电厂的生产过程较简单，发电机11与水轮机转子9同轴连接，水由上游沿压力进水管4进入水轮机蜗壳8，冲动水轮机转子9，水轮机带动发电机转动即发出电能；做过功的水通过尾水管10流到下游；生产出来的电能经变压器15

升压并沿架空线 16 至屋外配电装置，而后送入电力系统。

(2) 溢流式水电厂。溢流式水电厂厂房建在溢流坝段后(下游侧),泄洪水流从厂房顶部越过泄入下游河道,适用于河谷狭窄、水库下泄洪水流量大、溢洪与发电分区布置有一定困难的情况。

(3) 岸边式水电厂。岸边式水电厂厂房建在拦河坝下游河岸边的地面上，引水道及压力管道明铺于地面或埋没于地下。

(4) 地下式水电厂。地下式水电厂厂房的引水道和厂房都建在坝侧地下。

(5) 坝内式水电厂。坝内式水电厂厂房的压力管道和厂房都建在混凝土坝的空腔内，且常设在溢流坝段内，适用于河谷狭窄，下泄洪水流量大的情况。

(6) 河床式水电厂。河床式水电厂如图 1-5 所示。其厂房与拦河坝相连接，成为坝的一部分，厂房承受水的压力，适用于水头小于 50m 的水电厂。图中的溢洪坝、溢洪道是为了渲泄洪水、保证大坝安全的泄水建筑物。

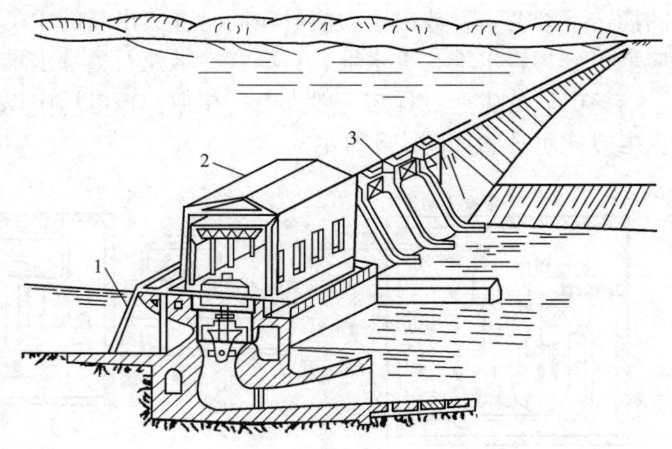

图 1-5 河床式水电厂

1—进水口；2—厂房；3—溢流坝

2. 引水式水电厂

由引水系统将天然河道的落差集中进行发电的水电厂，称为引水式水电厂。引水式水电厂适宜建在河道多弯曲或河道坡降较陡的河段，用较短的引水系统可集中较大的水头；也适用于高水头水电厂，避免建设过高的挡水建筑物。

引水式水电厂如图 1-6 所示。在河流适当地段建低堰 1（挡水低坝），水经引水渠 2 和压力水管 3 引入厂房 4，从而获得较大的水位差。

3. 抽水蓄能水电厂

利用电力系统低谷负荷时的剩余电力抽水到高处蓄存，在高峰负荷时放水发电的水电厂，称为抽水蓄能水电厂。它是电力系统的填谷调峰电源。在以火电、核电为主的电力系统中，建设适当比例的抽水蓄能水电厂可以提高系统运行的经济性和可靠性。抽水蓄能水电厂可能是堤坝式或引水式。

抽水蓄能水电厂如图 1-7 所示。当电力系统处于低谷负荷时，其机组以电动机—水泵方

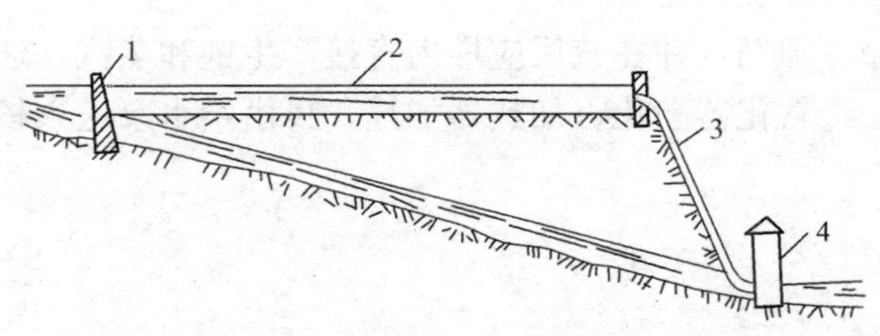

图 1-6 引水式水电厂

1—堰；2—引水渠；3—压力水管；4—厂房

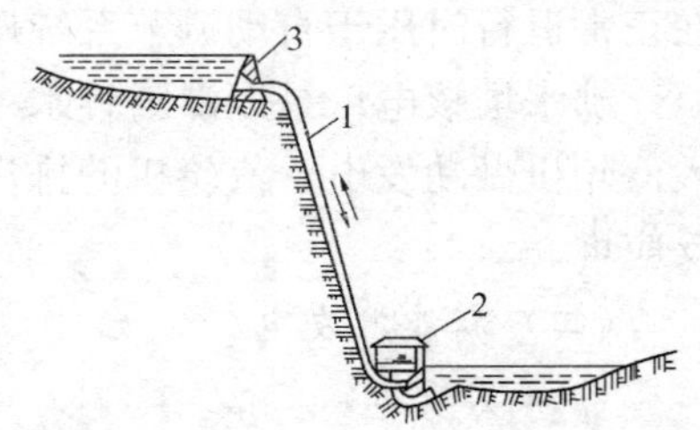

图 1-7 抽水蓄能水电厂

1—压力水管；2—厂房；3—坝

式工作，吸收电力系统的有功功率将下游的水抽至上游水库蓄存起来，把电能转换为水能，这时它是用户；当电力系统处于高峰负荷时，其机组按水轮机—发电机方式运行，将所蓄的水用于发电，以满足调峰需要，这时它是发电厂。

（三）核电厂

核电厂是将原子核的裂变能转换为电能的发电厂，燃料主要是 U_{235}。U_{235} 容易在慢中子的撞击下裂变，释放出巨大能量，同时释放出新的中子。按所使用的慢化剂和冷却剂，核反应堆可分为轻水堆、重水堆、石墨气冷堆及石墨沸水堆。轻水堆又分压水堆和沸水堆。

核电厂的生产过程与一般火电厂相似。核电厂中以轻水堆核电厂最多，轻水堆式核电厂发电方式示意图如图 1-8 所示。

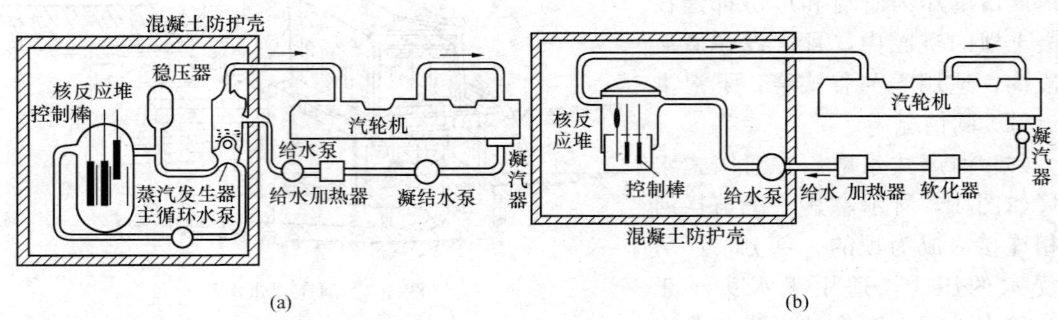

图 1-8 轻水堆式核电厂发电方式

（a）压水堆核电厂；（b）沸水堆核电厂

压水堆核电厂实际上是用核反应堆和蒸汽发生器代替一般火电厂的锅炉。核反应堆中通常有 100～200 多个燃料组件。在主循环水泵（又称压水堆冷却剂泵或主泵）的作用下，压力为 15.2～15.5MPa、温度为 290℃左右的蒸馏水不断在左回路（称一回路，有 2～4 条并联环路）中循环，经过核反应堆时被加热到 320℃左右，然后进入蒸汽发生器，并将自身的热量传给右回路（称二回路）的给水，使之变成饱和或微过热蒸汽；蒸汽沿管道进入汽轮机膨胀做功，推动汽轮机并带动发电机发电。二回路的工作过程与火电厂相似。

压水堆的快速变化反应性控制，主要是通过改变控制棒（内装银—铟—镉材料的中子吸收体）在堆芯中的位置来实现。

左回路中稳压器（带有安全阀和卸压阀）的作用是，在电厂启动时用于系统升压（力），在正常运行时用于自动调节系统压力和水位，并提供超压保护。

沸水堆核电厂是以沸腾轻水为慢水剂和冷却剂，并在核反应堆内直接产生饱和蒸汽，通入汽轮机做功发电；汽轮机的排汽冷凝后，经软化器净化、加热器加热，再由给水泵送入核反应堆。

（四）新能源发电

1. 风力发电

流动空气所具有的能量，称为风能。全球可利用的风能约为 2×10^6 万 kW。风能属于可再生能源，是一种过程性能源，不能直接储存，而且具有随机性，这给风能的利用增加了技术上的复杂性。

将风能转换为电能的发电方式，称为风力发电。在风能丰富的地区，按一定的排列方式成群安装风力发电机组，组成集群，称为风力发电场。其机组可多达几十台、几百台，甚至数千台，是大规模开发利用风能的有效形式。

风力发电装置如图 1-9 所示。风力机 1 将风能转化为机械能（属于低速旋转机械），升速齿轮箱 2 将风力机轴上的低速旋转变为高速旋转，带动发电机 3 发出电能，经电缆线路 10 引至配电装置 11，然后送入电网。

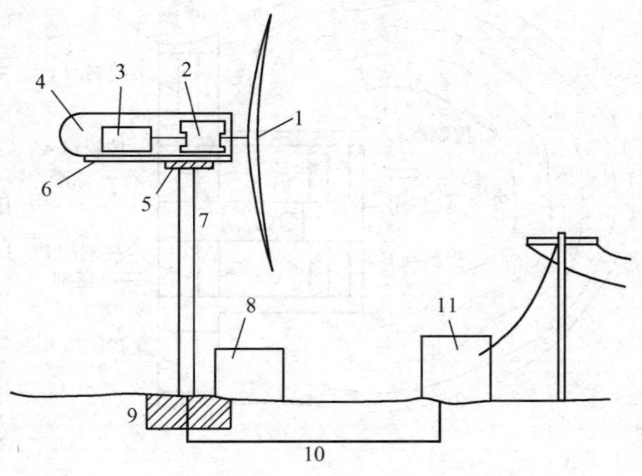

图 1-9　风力发电装置

1—风力机；2—升速齿轮箱；3—发电机；4—控制系统；5—驱动装置；6—底板和外罩；7—塔架；8—控制和保护装置；9—土建基础；10—电缆线路；11—配电装置

风力机的叶片（2～3 叶）多数是由聚酯树脂增强玻璃纤维材料制成；塔架 7 由钢材制成（锥形筒状式或桁架式）；升速齿轮箱一般为三级齿轮传动；风力发电机组的单机容量为几十瓦至几兆瓦，100kW 以上的风力发电机为同步发电机或异步发电机；大、中型风力发电机组皆配有由微机或可编程控制器组成的控制系统，以实现控制、自检、显示等功能。

2. 海洋能发电

海洋能是蕴藏在海水中的可再生能源，如潮汐能、波浪能、海流能、海洋温差能、海洋盐差能等。潮汐发电就是利用潮汐的位能发电，即在潮差大的海湾入口或河口筑堤构成水库，在坝内或坝侧安装水轮发电机组，利用堤坝两侧的潮差驱动水轮发电机组发电。

（1）单库单向式。单库单向式潮汐电站如图 1-10 所示。电站只建一个水库，安装单向水轮发电机组（发电机安装于密封的灯泡体内），在落潮时发电。当涨潮至库内水位时，开闸向水库充水，至库内外在更高的水位齐平时关闸，等待潮水逐渐下降；当库内外水位差达机组启动水头时开闸发电（这时水库水位逐渐下降），直到库内外水位差小于机组发电所需的最低水头，再次关闸等待，转入下一周期。

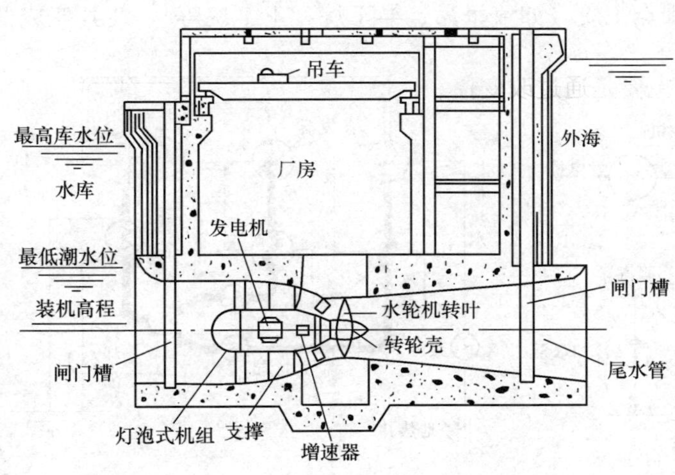

图 1-10　单库单向式潮汐电站

（2）单库双向式。单库双向式潮汐电站如图 1-11 所示。电站也只建一个水库，安装双向水轮发电机组，在涨落潮时均发电。当涨潮到一定高度时，打开控制闸 A、B 将潮水引入站内冲动机

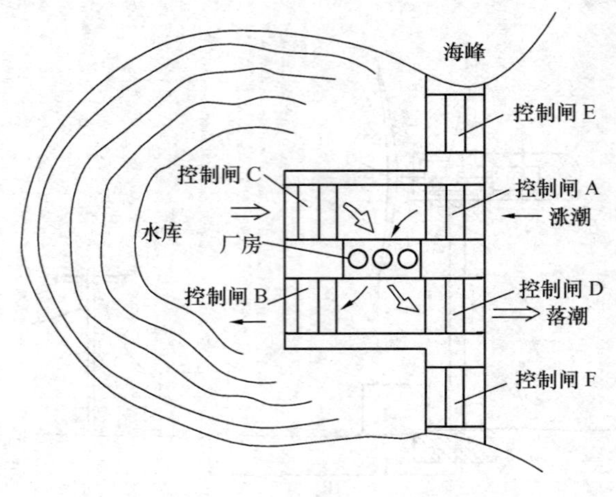

图 1-11 单库双向式潮汐电站

组发电；当涨潮将结束时，迅速打开控制闸E、F，使水库充满水后即关闸；当落潮至一定水位差时，打开控制闸C、D再次冲动机组发电。这样实现了涨落潮双向发电。

(3) 双库（高低库）式。建两个毗连的水库，水轮发电机组安装在两水库之间的隔坝内。高库设有进水闸，在潮位较库内水位高时进水（低库不进水），以尽量保持高水位；低库设有泄水闸，在潮位较库内水位低时泄水。这样，两库之间终日有水位差，可连续发电。

3. 地热发电

利用地下蒸汽或热水等地球内部热能资源发电，称为地热发电。目前地热发电的单机容量最大为15万kW。地热蒸汽发电的原理和设备与火电厂基本相同。利用地下热水发电，有两种基本类型。

(1) 闪蒸地热发电系统（又称减压扩容法）。此方法是使地下热水变为低压蒸汽供汽轮机做功，如图1-12所示。地下热水经除氧器除氧后，进入第一级扩容器进行减压扩容，产生一次蒸汽（约占热水量的10%），送入汽轮机的高压部分做功；余下的热水进入第二级扩容器，再进行二次减压扩容，产生二次蒸汽，因其压力低于第一级，所以送入汽轮机的低压部分做功。实际采用的扩容级数一般不超过四级。我国羊八井地热电站为两级扩容。

扩容蒸发又称闪蒸。当将具有一定压力及温度的地热水注入到压力较低的容器中，由于水温高于容器压力的饱和温度，一部分热水急速汽化为蒸汽，并使温度降低，直到水和蒸汽都达到该压力下的饱和状态为止。当地热井口流体为湿蒸汽时，则先进入汽水分离器，分离出的蒸汽送往汽轮机，剩余的水再进入扩容器。

(2) 双循环地热发电系统（又称中间介质法）。其流程如图1-13所示。地热水用深井泵抽到电站的蒸发器内，加热某种低沸点工质（如氟里昂、异丁烷、正丁烷等），使其变成低

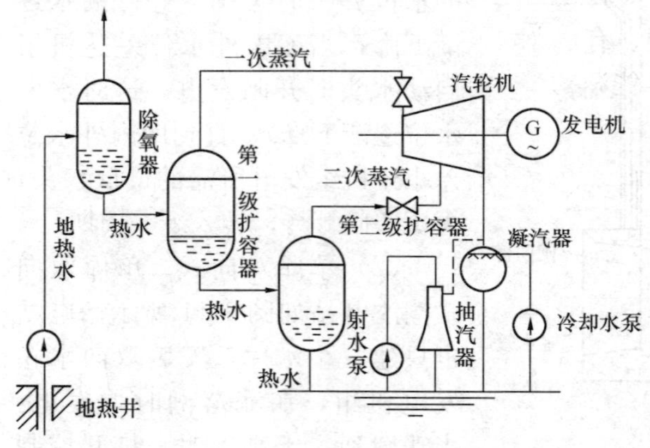

图 1-12 闪蒸地热发电系统

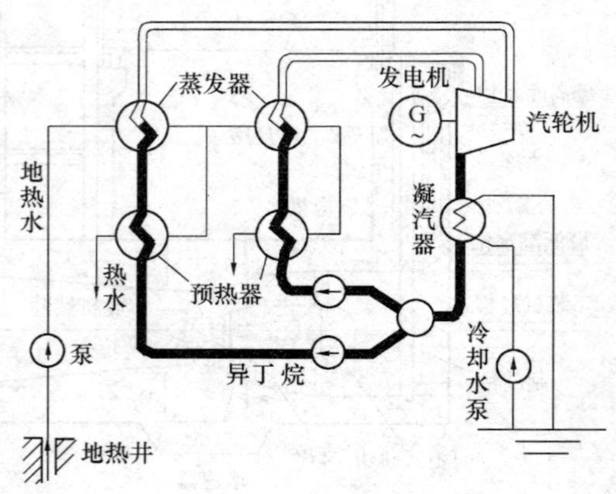

图 1-13 双循环地热发电系统

沸点工质蒸气，推动汽轮发电机发电；汽轮机的排汽经凝汽器冷凝成液体，用工质泵再打回蒸发器重新加热循环使用。为充分利用地热水的余热，从蒸发器排出的地热水经预热器先预热来自凝汽器的低沸点工质液体。这种系统的热水和工质各自构成独立系统，故称双循环系统。

4. 太阳能发电

太阳能是从太阳向宇宙空间发射的电磁辐射能，到达地球表面的太阳能为 8.2×10^9 万kW，能量密度为1kW/m²左右。太阳能发电有热发电和光发电两种方式。

（1）太阳能热发电。太阳能热发电是将吸收的太阳辐射热能转换成电能的装置，其基本组成与常规火电设备类似。它又分集中式和分散式两类。

集中式太阳能热发电又称塔式太阳能热发电，其热力系统流程如图1-14所示。它是在很大面积的场地上整齐地布设大量的定日镜（反射镜）阵列，且每台都配有跟踪系统，准确地将太阳光反射集中到一个高塔顶部的吸热器（又称接收器，相当于锅炉）上，把吸收的光能转换成热能，使吸热器内的工质（水）变成蒸汽，经管道送到汽轮机，驱动机组发电。

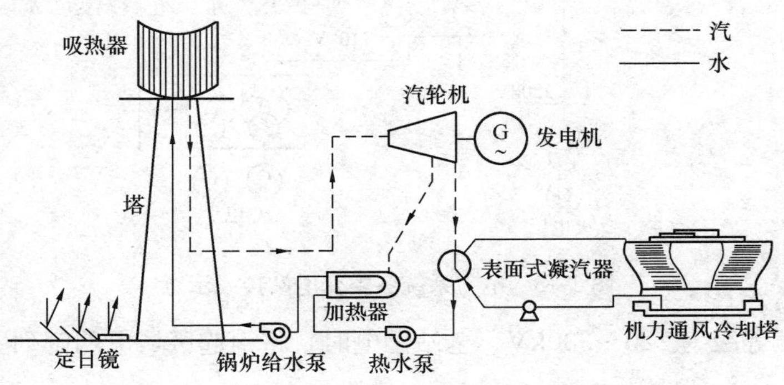

图1-14　集中式太阳能电站热力系统流程

分散式太阳能热发电，是在大面积的场地上安装许多套结构相同的小型太阳能集热装置，通过管道将各套装置所产生的热能汇集起来，进行热电转换，发出电力。

（2）太阳能光发电。太阳能光发电是不通过热过程而直接将太阳的光能转变成电能，有多种发电方式，其中光伏发电方式是主流。光伏发电是把照射到太阳能电池（也称光伏电池，是一种半导体器件，受光照射会产生伏打效应）上的光直接变换成电能输出。

5. 生物质能发电

生物质能是绿色植物通过叶绿素将太阳能转化为化学能而储存在生物质内部的能量，属可再生能源。薪柴、农作物秸秆、人畜粪便、有机垃圾及工业有机废水等，是主要的生物质能资源。生物质能发电系统是以生物质能为能源的发电工程，如垃圾焚烧发电、沼气发电、蔗渣发电等。

6. 磁流体发电

磁流体发电亦称等离子体发电，是使有极高温度并高度电离的气体高速（1000m/s）流经强磁场而直接发电。这时气体中的电子受磁力作用和气体中活化金属粒子（钾、铯）相互碰撞，沿着与磁力线成垂直的方位流向电极而发出直流电。

二、变电站

变电站是联系发电厂和用户的中间环节，起着变换和分配电能的作用。变电站有多种分类方法，可以根据电压等级、升压或降压及在电力系统中的地位分类。根据变电站在系统中的地位，可分为以下几类。电力系统各类变电站接线示意图，如图1-15所示。

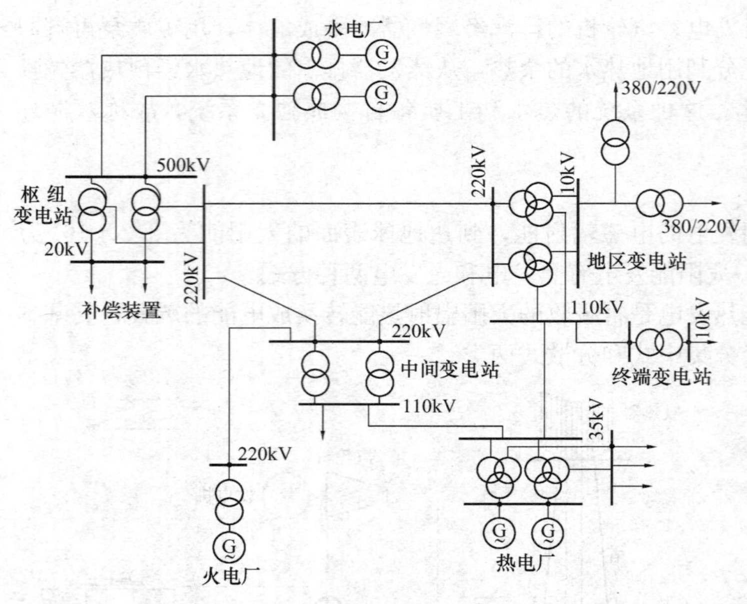

图 1-15 电力系统各类变电站接线示意

1. 枢纽变电站

枢纽变电站位于电力系统的枢纽点，连接电力系统高、中压的几个部分，汇集有多个电源和多回大容量联络线路，变电容量大，电压（指其高压侧，以下同）等级为 330～500kV。全站停电时，将引起系统解列，甚至瘫痪。

2. 中间变电站

中间变电站一般位于系统的主要环路线路中或系统主要干线的接口处，汇集有 2～3 个电源，高压侧以交换潮流为主，同时又降压供给当地用户，主要起中间环节作用，电压等级为 220～330kV。全站停电时，将引起区域电网解列。

3. 地区变电站

地区变电站以对地区用户供电为主，是一个地区或城市的主要变电站，电压等级一般为 110～220kV。全站停电时，仅使该地区中断供电。

4. 终端变电站

终端变电站位于输电线路终端，接近负荷点，经降压后直接向用户供电，不承担功率转送任务，电压等级为 110kV 及以下。全站停电时，仅使其站供的用户中断供电。

5. 企业变电站

企业变电站是供大、中型企业专用的终端变电站，电压等级一般为 35～110kV，进线为 1～2 回。

第三节 发电厂变电站电气设备概述

一、主要电气设备

为了满足电能的生产、输送和分配的需要，发电厂和变电站中安装有各种电气设备，用于实现启动、转换、监视、测量、调整、保护、切换和停止等操作。电气设备按电压等级可分为高压电气设备和低压电气设备；按所起的作用不同，电气设备可分为一次设备和二次设备两大类。

（一）一次设备

直接生产、转换和输配电能的设备，称为一次设备，主要有以下几种。

1. 生产和转换电能的设备

生产和转换电能的设备有同步发电机、变压器及电动机。它们都是按电磁感应原理工作的，统称为电机。

2. 开关电器

开关电器的作用是接通或断开电路。高压开关电器主要有以下几种：

(1) 断路器（俗称开关)。断路器有灭弧装置，可用来接通或断开电路的正常工作电流、过负荷电流或短路电流，是电力系统中最重要的控制和保护电器。

(2) 隔离开关（俗称刀闸)。隔离开关没有灭弧装置，用来在检修设备时隔离电源，进行电路的切换操作及接通或断开小电流电路。它一般只有在电路断开的情况下才能操作。在各种电气设备中，隔离开关的使用量是最多的。

(3) 负荷开关。负荷开关具有简易的灭弧装置，可以用来接通或断开电路的正常工作电流和过负荷电流，还可用来在检修设备时隔离电源，但不能用来接通或断开短路电流。

另外，还有用于配电系统的自动重合器和自动分段器等（本书不作详细介绍)。

低压开关电器包括刀开关、组合开关和低压断路器等。

3. 限流电器

限流电器包括串联在电路中的普通电抗器和分裂电抗器，其作用是限制短路电流，使发电厂或变电站能选择轻型电器和选用截面积较小的导体。

4. 载流导体

载流导体包括母线、架空线和电缆线等。母线用来汇集和分配电能或将发电机、变压器与配电装置连接；架空线和电缆线用来传输电能。

5. 补偿设备

(1) 调相机。调相机是一种不带机械负荷运行的同步电动机，主要用来向系统输出感性无功功率，以调节电压控制点或地区的电压。

(2) 电力电容器。电力电容器补偿有并联补偿和串联补偿两类。并联补偿是将电容器与用电设备并联，它发出无功功率，供给本地区需要，避免长距离输送无功，减少线路电能损耗和电压损耗，提高系统供电能力；串联补偿是将电容器与线路串联，抵消系统的部分感抗，提高系统的电压水平，也相应地减少系统的功率损失。

(3) 消弧线圈。消弧线圈用来补偿小接地电流系统的单相接地电容电流，以利于熄灭电弧。

(4) 并联电抗器。并联电抗器一般装设在330kV及以上超高压配电装置的某些线路侧。其作用主要是：吸收过剩的无功功率，改善沿线路的电压分布和无功分布，降低有功损耗，提高输电效率。

6. 互感器

互感器包括电流互感器和电压互感器。电流互感器的作用是将交流大电流变成小电流(5A或1A)，供电给测量仪表和继电保护装置的电流线圈；电压互感器的作用是将交流高电压变成低电压（100V或$100/\sqrt{3}$V)，供电给测量仪表和继电保护装置的电压线圈。它们使测量仪表和保护装置标准化和小型化，使测量仪表和保护装置等二次设备与高压部分隔离，且互感器二次侧均接地，从而保证设备和人身安全。

7. 保护电器

保护电器包括：用于断开过负荷电流或短路电流的熔断器（俗称保险)；用于防御过电压的设备，即防雷装置。

熔断器用来断开电路的过负荷电流或短路电流，保护电气设备免受过载和短路电流的危害。熔断器不能用来接通或断开正常工作电流，必须与其他电器配合使用。

防雷装置包括避雷器、避雷针、避雷线（架空地线）、避雷带和避雷网等。（有关防雷装置的知识其他课程将专门学习，本书不再作介绍。）

8. 绝缘子

绝缘子用来支持和固定载流导体，并使载流导体与地绝缘或使装置中不同电位的载流导体间绝缘。

9. 接地装置

接地装置用来保证电力系统正常工作或保护人身安全。前者称工作接地，后者称保护接地。

（二）二次设备

对一次设备进行监察、测量、控制、保护、调节的辅助设备，称为二次设备。

1. 测量表计

测量表计用来监视、测量电路的电流、电压、功率、电能、频率及设备的温度等，如电流表、电压表、功率表、电能表、频率表、温度表等。

2. 绝缘监察装置

绝缘监察装置用来监察交、直流电网的绝缘状况。

3. 控制和信号装置

控制主要是指采用手动（用控制开关或按钮）或自动（继电保护或自动装置）方式通过操作回路实现配电装置中断路器的分、合闸。断路器都有位置信号灯，有些隔离开关有位置指示器。主控制室设有中央信号装置，用来反映电气设备的事故或异常状态。

4. 继电保护及自动装置

继电保护的作用是当发生故障时，作用于断路器跳闸，自动切除故障元件；当出现异常情况时发出信号。自动装置的作用是用来实现发电厂的自动并列、发电机自动调节励磁、电力系统频率自动调节、按频率启动水轮机组；实现发电厂或变电站的备用电源自动投入、输电线路自动重合闸及按事故频率自动减负荷等。

5. 直流电源设备

直流电源设备包括蓄电池组和硅整流装置，用作开关电器的操作、信号、继电保护及自动装置的直流电源，以及事故照明和直流电动机的备用电源。

6. 塞流线圈

塞流线圈（又称高频阻波器）是电力载波通信设备中必不可少的组成部分，它与耦合电容器、结合滤波器、高频电缆、高频通信机等组成电力线路高频通信通道。塞流线圈起到阻止高频电流向变电站或支线泄漏、减小高频能量损耗的作用。

本教材主要介绍一次设备。

二、电气设备的符号

图形符号是用于表示电气图中电气设备、装置、元器件的一种图形和符号。文字符号是电气图中电气设备、装置、元器件的种类字母和功能字母代码。文字符号的字母应采用大写的拉丁字母。文字符号分为基本文字符号和辅助文字符号两种。常用一次电气设备的图形和文字符号如表 1-2 所示。

表 1-2　常用一次电气设备的图形符号和文字符号

名　称	图形符号	文字符号	名　称	图形符号	文字符号
交流发电机		G	三绕组自耦变压器		T
双绕组变压器		T	电动机		M
三绕组变压器		T	断路器		QF
隔离开关		QS	调相机		G
熔断器		FU	消弧线圈		L
普通电抗器		L	双绕组、三绕组电压互感器		TV
分裂电抗器		L	具有两个铁心和两个二次绕组、一个铁心两个二次绕组的电流互感器		TA
负荷开关		QL			
接触器的主动合、主动断触头		KM			
母线、导线和电缆		W	避雷器		F
电缆终端头		—	火花间隙		F
电容器		C	接地		E

三、电气主接线和配电装置的概念

1. 电气主接线

一次设备按预期的生产流程所连接成的电路，称为电气主接线。主接线表明电能的生产、汇集、转换、分配关系和运行方式，是运行操作、切换电路的依据，又称一次接线、一次电路主系统或主电路。用国家规定的图形符号和文字符号表示主接线中的各元件，并依次连接起来的单线图，称电气主接线图。某火电厂的电气主接线如图1-16所示。

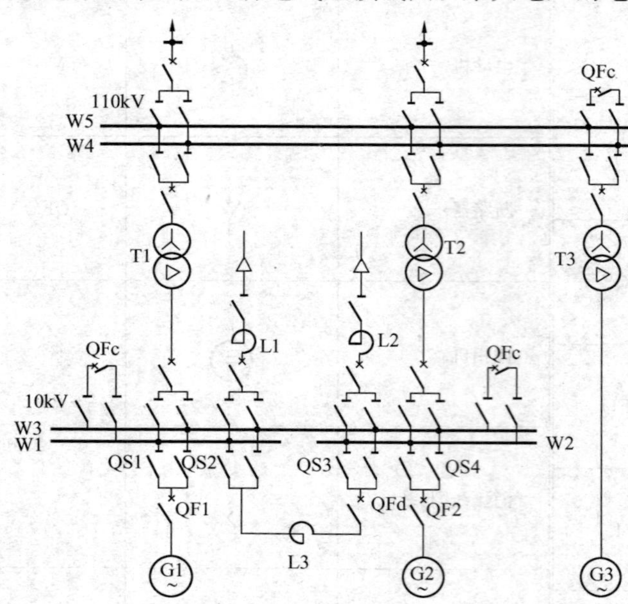

图1-16 某火电厂的电气主接线

该电厂有两个电压等级，即发电机电压10kV及升高电压110kV；W1～W3是发电机电压母线。工作母线由断路器QFd（称分段断路器）分为W1和W2两段，备用母线W3不分段；W4、W5为升高电压母线；断路器QFc起到联络两组母线的作用，称母线联络断路器（简称母联断路器）；每回进出线都装有断路器和隔离开关，断路器母线侧的隔离开关称母线隔离开关，断路器线路侧的隔离开关称线路隔离开关；发电机G1和G2发出的电力送至10kV母线，一部分电能由电缆线路供给近区负荷，剩余电能则通过升压变压器T1和T2送到升高电压母线W4、W5；各电缆馈线上均装有电抗器L，以限制短路电流；由于G1和G2足够供给本地区负荷，所以，发电机G3不再接在10kV母线上，而与变压器T3单独接成发电机—变压器单元，以减少发电机电压母线及馈线的短路电流。

发电厂和变电站的主接线，是根据容量、电压等级、负荷等情况设计，并经过技术经济比较后选出最佳方案。

2. 配电装置

按主接线图，由母线、开关设备、保护电器、测量电器及必要的辅助设备组建成接受和分配电能的电工建筑物，称为配电装置。配电装置是发电厂和变电站的重要组成部分。

配电装置按电气设备的安装地点可分为以下两种：

（1）屋内配电装置。其全部设备都安装在屋内。

（2）屋外配电装置。其全部设备都安装在屋外（即露天场地）。

按电气设备的组装方式可分为以下两种：

（1）装配式配电装置。其电气设备在现场（屋内或屋外）组装。

（2）成套式配电装置。制造厂预先将各单元电路的电气设备装配在封闭或不封闭的金属柜中，构成单元电路的分间，即成套式配电装置。成套配电装置大部分为屋内型，也有屋外型。

配电装置还可按其他方式分类，例如按电压等级分类，称 10kV 配电装置、35kV 配电装置、110kV 配电装置、220kV 配电装置、500kV 配电装置等。

第四节 电气设备的主要参数

一、额定电压

额定电压（U_N）是国家根据国民经济发展的需要、技术经济合理性以及电机电器制造水平等因素所规定的电气设备标准的电压等级。电气设备在额定电压下工作时，其技术性能与经济性能最佳。

我国的额定电压分三类。第一类是 100V 及以下者，主要用于安全照明、蓄电池及其他特殊设备。第二类是 100～1000V 之间的电压，广泛应用于工业与民用的低压照明、动力与控制。第三类是 1000V 及以上的电压，主要用于电力系统的发电机、变压器、输配电线路及高压用电设备。我国所制定的各种电气设备的额定电压如表 1-3 所示。

表 1-3 各种电气设备的额定电压（kV）

用电设备额定电压	发电机额定电压	变压器额定电压	
		一次绕组	二次绕组
0.22	0.23	0.22	0.23
0.38	0.40	0.38	0.40
3	3.15	3、3.15	3.15、3.3
6	6.3	6、6.3	6.3、6.6
10	10.5	10、10.5	10.5、11
35		35	38.5
110		110	121
220		220	242
330		330	363
500		500	550

由于线路上的电压损失，同一电压等级下，各电气设备的额定电压不尽相同。

（1）电力网的额定电压：通常采用线路首端电压和末端电压的算术平均值。目前，我国电力网的额定电压等级有 0.4、3、6、10、35、60、110、220、330、500、750kV 等。

（2）用电设备的额定电压：用电设备的额定电压就等于其所在电力网的额定电压。

（3）发电机的额定电压：发电机的额定电压比其所在电力网的额定电压高出 5%，从而保证末端用电设备工作电压的偏移不会超出允许范围，一般为±5%。

（4）变压器的额定电压：升压变压器的一次绕组的额定电压高出电网额定电压的 5%，即与发电机的额定电压相同；降压变压器一次绕组的额定电压等于所接电网的额定电压。变压器二次绕组的额定电压，视所接线路的长短及变压器阻抗电压大小分别比所接电网的额定电压高出 5%或 10%。

二、额定电流

额定电流（I_N）是指在规定的基准环境温度下，允许长期通过设备的最大电流值，此时设备的绝缘和载流部分的长期发热的最高温度不会超过规定的允许值。

我国采用的基准环境温度：电器，＋40℃；导体，＋25℃。

本 章 小 结

电能是现代社会使用最广、需求增长最快的能源。我国电力工业的发展取得了世人瞩目的成就：发电装机容量和发电量迅速增长；西电东送、南北互供、全国联网的格局已基本形成；电气设备的制造水平大大提高；电力科技水平与世界先进水平日渐接近；电力环境保护得到加强；电力运行的技术经济指标不断完善；电力管理水平和服务水平不断得到提高；积极实施国际化战略。我国电力工业正在从大机组、大电厂、大电网、超高压、自动化发展时期逐步进入跨大区联网和推进全国联网的新阶段，但与世界先进水平相比我国电力工业仍然存在一定的差距。

我国电力工业发展的基本方针是：大力开发水电，优化发展煤电，积极发展核电，适当发展天然气发电，加快新能源开发，加强电网建设，重视生态环境保护，提高能源效率，深化体制改革，实现电力、经济、社会、环境统筹协调发展。

世界电力技术发展呈现出向高技术、环保、新能源发展的趋势，电力将向优化电力、高效利用、可持续发展的方向迈进。

由发电厂、变电站、输配电线路及电能用户组成的生产、输送、分配和使用电能的整体称为电力系统。发电厂按使用能源不同或转换能源特点，可分为火力发电厂、水力发电厂、核电厂和新能源发电厂。根据变电站在系统中的地位，可分枢纽变电站、中间变电站、地区变电站、终端变电站和企业变电站。

按电气设备在电能生产、输送、分配、使用过程中所起的作用可分为一次设备和二次设备。由一次设备按预期的生产流程所连接成的电路，称为电气主接线。配电装置是各种电气设备组成的电工建筑物，是发电厂和变电站的重要组成部分。电气设备的主要参数是额定电压和额定电流。

思 考 练 习

1-1 电能有哪些优点？

1-2 我国电力工业发展概况怎样？电力工业发展的基本方针是什么？

1-3 未来电力技术将会如何发展？

1-4 发电厂和变电站的作用是什么？各有哪些类型？

1-5 什么是新能源发电？包括哪些形式？

1-6 什么是一次设备和二次设备？哪些设备属一次设备？哪些设备属二次设备？

1-7 什么是电气主接线？什么是配电装置？

1-8 什么是额定电压、额定电流？一次设备的额定电压是如何规定的？

1-9 熟记各电气设备的图形符号和文字符号。

第二章　电力系统中性点的运行方式

电力系统中性点是指三相绕组作星形连接的变压器和发电机的中性点。电力系统中性点与大地间的电气连接方式，称为电力系统中性点接地方式（即中性点运行方式）。电力系统中性点的运行方式，可分为中性点非有效接地和中性点有效接地两大类。中性点非有效接地包括中性点不接地、中性点经消弧线圈接地和中性点经高电阻接地的系统，当发生单相接地时，接地电流被限制到较小数值，故又称为小接地电流系统；而中性点有效接地包括中性点直接接地和中性点经小阻抗接地的系统，因发生单相接地时接地电流很大，故又称为大接地电流系统。我国电力系统广泛采用的中性点接地方式主要有不接地、经消弧线圈接地及直接接地三种。

电力系统中性点接地方式是一个涉及电力系统诸多方面的综合性问题。它与电压等级、单相接地短路电流、过电压水平、继电保护和自动装置的配置等有关，直接影响电网的绝缘水平、系统供电的可靠性和连续性、主变压器和发电机的运行安全以及对通信系统的干扰等。本章概要分析电力系统的中性点运行方式的特点及适用范围。

第一节　中性点不接地的三相系统

一、正常运行情况

中性点不接地又叫做中性点绝缘。在中性点不接地的电力系统中，中性点对地的电位是不固定的，在不同的情况下，它可能具有不同的数值。中性点对地的电位偏移称为中性点位移。中性点位移的程度，对系统绝缘的运行条件来说是至关重要的。

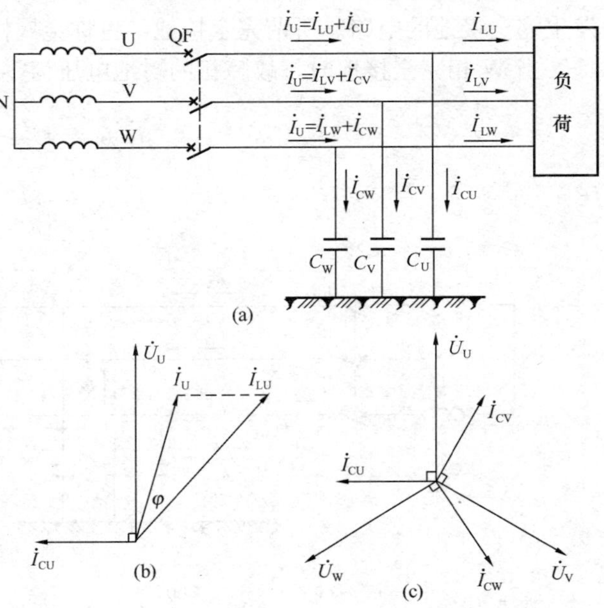

图 2-1　中性点不接地系统的正常运行情况

(a) 电路图；(b)、(c) 相量图

电力系统正常运行时，三相导线之间和各相导线对地之间，沿导线的全长存在分布电容，这些分布电容在工作电压的作用下会产生附加的容性电流。各相导线间的电容及其所引起的电容电流较小，并且对后面讨论的问题没有影响，故可以不予考虑。各相导线对地之间的分布电容，分别用集中的等效电容 C_U、C_V、C_W 表示，如图 2-1（a）所示。电力系统正常运行时，一般认为三相系统是对称的，若三相导线经过完全换位，则各相的对地电容相等，根据电工技术课程，用节点法按弥尔曼定理可求得中性点 N 对地的电位 $\dot{U}_N$ 为零。

设电源三相电压分别为 $\dot{U}_U$、$\dot{U}_V$、$\dot{U}_W$，各相对地电压分别用 $\dot{U}_{Ud}$、$\dot{U}_{Yd}$、$\dot{U}_{Wd}$ 表示，则有

$$\begin{aligned}\dot{U}_{Ud} &= \dot{U}_U + \dot{U}_N = \dot{U}_U \\ \dot{U}_{Vd} &= \dot{U}_V + \dot{U}_N = \dot{U}_V \\ \dot{U}_{Wd} &= \dot{U}_W + \dot{U}_N = \dot{U}_W\end{aligned} \tag{2-1}$$

即各相的对地电压分别为电源各相的相电压。

各相对地电压作用在各相的分布电容上，如正常运行时各相导线对地的电容相等并等于 C，正常时各相对地电容电流的有效值也相等，且有

$$I_{CU} = I_{CV} = I_{CW} = \omega C U_{ph} \tag{2-2}$$

式中 U_{ph}——电源的相电压；

ω——角频率；

C——相对地电容。

在对称电压的作用下，各相的对地电容电流 $\dot{I}_{CU}$、$\dot{I}_{CV}$、$\dot{I}_{CW}$ 大小相等、相位相差点 120°，如图 2-1（c）所示。各相对地电容电流的相量和为零，所以大地中没有电容电流流过。此时各相电流 $\dot{I}_U$、$\dot{I}_V$、$\dot{I}_W$ 为各相负荷电流 $\dot{I}_{LU}$、$\dot{I}_{LV}$、$\dot{I}_{LW}$ 与相应的对地电容电流 $\dot{I}_{CU}$、$\dot{I}_{CV}$、$\dot{I}_{CW}$ 的相量和，如图 2-1（b）所示，图中仅画出 U 相的情况。

二、单相接地故障

在中性点不接地的三相系统中，当由于绝缘损坏等原因发生单相接地故障时，情况将发生显著变化。图 2-2 所示为中性点不接地三相系统发生单相接地，其中图（a）为 W 相 k 点发生完全接地的电路。所谓完全接地，也称金属性接地，即认为接地处的电阻近似等于零。

当 W 相完全接地时，故障相的对地电压为零，即 $\dot{U}'_{Wk}=0$，则有

$$\begin{aligned}\dot{U}'_{Wk} &= \dot{U}'_N + \dot{U}_W \\ \dot{U}'_N &= -\dot{U}_W\end{aligned} \tag{2-3}$$

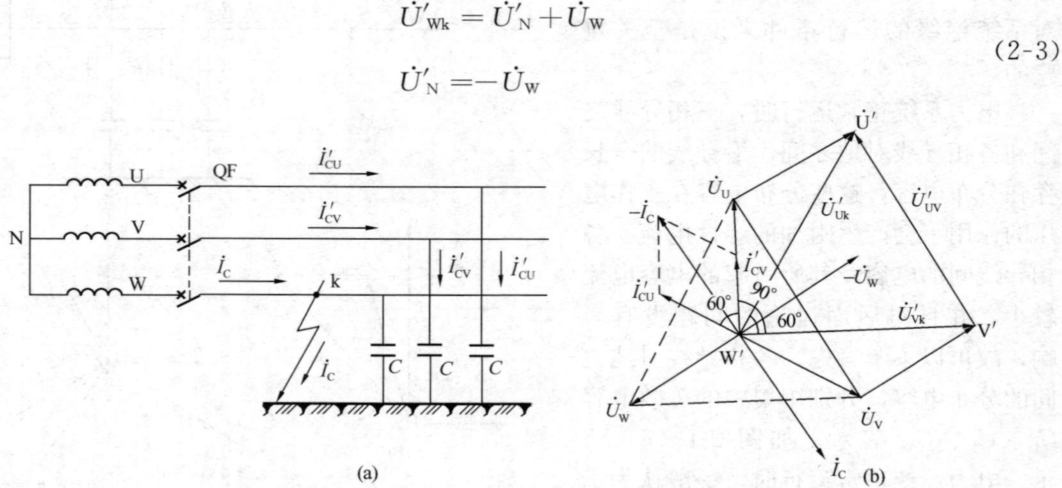

图 2-2　中性点不接地三相系统单相接地

（a）电路图；（b）相量图

式（2-3）表明，当W相完全接地时，中性点对地电压与接地相的相电压大小相等、方向相反，中性点对地的电压不再为零，而上升为相电压。于是非故障相U相和V相的对地电压$\dot{U}'_{Wk}$、$\dot{U}'_{Vk}$分别为

$$\begin{aligned}\dot{U}'_{Uk} &= \dot{U}_U + \dot{U}'_N = \dot{U}_U - \dot{U}_W \\ \dot{U}'_{Vk} &= \dot{U}_V + \dot{U}'_N = \dot{U}_V - \dot{U}_W\end{aligned} \tag{2-4}$$

非故障相的对地电压升高到线电压，即升高为相电压的$\sqrt{3}$倍，各相对地电压的相量关系如图2-2（b）所示，$\dot{U}'_{Uk}$和$\dot{U}'_{Vk}$之间的夹角为60°。此时，U、W相间电压为$\dot{U}'_{Uk}$，V、W相间电压为$\dot{U}'_{Vk}$，而U、V相间电压等于$\dot{U}'_{UV}$，系统三相的线电压仍保持对称且大小不变。因此，对接于线电压的用电设备的工作并无影响，无须立即中断对用户供电。

单相接地故障时，由于U、V两相对地电压由正常时的相电压升高为故障后的线电压，则非故障相对地的电容电流也相应增大$\sqrt{3}$倍，分别超前相应的相对地电压90°。未接地U、V相的对地电容电流的有效值为

$$I'_{CU} = I'_{CV} = \sqrt{3}\omega C U_{Ph} \tag{2-5}$$

W相接地时，W相对地电容被短接，W相的对地电容电流为零。此时三相对地电容电流之和不再等于零，大地中有容性电流流过，并通过接地点形成回路，如图2-2（a）所示，如果选择电流的参考方向是从电源到负荷的方向和线路到大地的方向，则W相接地处的电流，即接地电流，用$\dot{I}_C$表示，则

$$\dot{I}_C = -(\dot{I}'_{CU} + \dot{I}'_{CV}) \tag{2-6}$$

由图2-2（b）可见，$\dot{I}'_{CU}$和$\dot{I}'_{CV}$分别超前$\dot{U}'_{Uk}$和$\dot{U}'_{Vk}$90°，$\dot{I}'_{CU}$和$\dot{I}'_{CV}$之间的夹角为60°，两者的相量和为$-\dot{I}_C$。接地电流$\dot{I}_C$超前$\dot{U}_W$90°，为容性电流，于是，单相接地电流的有效值为

$$I_C = \sqrt{3} I'_{CU} = 3\omega C U_{Ph} \tag{2-7}$$

可见，单相接地故障时流过大地的电容电流，等于正常运行时一相对地电容电流的3倍。接地电流I_C的大小与系统的电压、频率和对地电容值有关，而对地电容值又与线路的结构（电缆或架空线、有无避雷线）、布置方式、相间距离、导线对地高度、杆塔型式和导线长度有关。

单相接地电容电流的实用计算式为

$$I_C = \frac{U(L_1 + 35L_2)}{350} \tag{2-8}$$

式中　I_C——接地电容电流（A）；

U——系统的线电压（kV）；

L_1——与电压同为U，并具有电气联系的所有架空线路的总长度（km）；

L_2——与电压同为U，并具有电气联系的所有电缆线路的总长度（km）。

以上分析是完全接地时的情况。当发生不完全接地时，即通过一定的电阻接地时，接地相的相对地电压大于零而小于相电压，未接地相的对地电压大于相电压而小于线电压，中性点电压大于零而小于相电压，线电压仍保持不变，此时的接地电流要比完全接地时小一些。

综上所述，中性点不接地系统发生单相接地故障时产生的影响，可由以下几方面分析：

单相接地时，在接地处有接地电流流过，会引起电弧，此电弧的强弱与接地电流的大小成正比。当接地电流不大时，交流电流过零时电弧将自行熄灭，接地故障随之消失，电网即可恢复正常运行；当接地电流超过一定值时（如在10kV电网中接地电流大于30A时），将会产生稳定的电弧，形成持续的电弧接地，高温的电弧可能损坏设备，甚至可能导致相间短路，尤其在电机或电器内部发生单相接地出现电弧时最危险；接地电流小于30A而大于5～10A时，有可能产生一种周期性熄灭与复燃的间歇性电弧，这是由于电网中的电感和电容形成的振荡回路所致，随着间歇性电弧的产生将出现电网电压的不正常升高，引起过电压，其幅值可达2.5～3倍的相电压，这个过电压对于正常电气绝缘来说应能承受，但当绝缘存在薄弱点时，可能发生击穿而造成短路，危及整个电网的安全。

单相接地故障时，由于线电压保持不变，对电力用户没有影响，用户可继续运行，提高了供电可靠性。理论上长期带单相接地故障运行不会危及电网绝缘，但实际上是不允许过分长期带单相接地运行的，因为未故障相电压升高为线电压，长期运行可能在绝缘薄弱处发生绝缘破坏而造成相间短路。因此，为防止由于接地点的电弧及伴随产生的过电压，使系统由单相接地故障发展为多相接地故障，引起故障范围扩大，所以在这种系统中必须装设交流绝缘监察装置，当发生单相接地故障时，立即发出绝缘下降的信号，通知运行值班人员及时处理。电力系统的有关规程规定：在中性点不接地的三相系统中发生单相接地时，允许继续运行的时间不得超过2h，并要加强监视。

由于非故障相的对地电压升高到线电压，所以在这种系统中，电气设备和线路的对地绝缘必须按能承受线电压考虑设计，从而相应地增加了投资。

三、适用范围

当线路不长、电压不高时，接地点的接地电流数值较小，电弧一般能自动熄灭。特别是在35kV及以下的系统中，绝缘方面的投资增加不多，而供电可靠性较高的优点比较突出，中性点采用不接地运行方式较适合。

目前我国3～10kV不直接连接发电机的系统和35、66kV系统，当单相接地故障电流不超过下列数值时，应采用中性点不接地方式。

（1）3～10kV钢筋混凝土或金属杆塔的架空线路构成的系统和所有35、66kV系统、不直接连接发电机的系统，当接地电流I_C＜10A时。

（2）3～10kV非钢筋混凝土或非金属杆塔的架空线路构成的系统，电压为3kV时接地电流I_C＜30A、电压为6kV时接地电流I_C＜20A。

（3）3～10kV电缆线路构成的系统，当接地电流I_C＜30A时。

（4）与发电机有直接电气联系的3～20kV系统，如果要求发电机带内部单相接地故障运行，当接地电流不超过允许值时。发电机接地故障电流允许值如表2-1所示。

表2-1 **发电机接地故障电流允许值**

发电机额定电压（kV）	发电机额定容量（MW）	接地电流允许值（A）	发电机额定电压（kV）	发电机额定容量（MW）	接地电流允许值（A）
6.3	≤50	4	13.8～15.75	125～200	2
10.5	50～100	3	18～20	300	1

第二节　中性点经消弧线圈接地的三相系统

中性点不接地系统，具有单相接地故障时可继续给用户供电的优点，即供电可靠性比较高，但当接地电流较大时电弧不能自行熄灭则将造成危害。为了克服这一缺点，3～66kV系统中，当单相接地故障电流超过规定值时应采取措施减小接地点的接地电流。这时可采用中性点经消弧线圈接地的方式，在发生单相接地故障时，接地处流过一个与容性接地电流相反的感性电流，即消弧线圈对接地电流起补偿作用，使接地点处的电弧能自行熄灭。

一、消弧线圈的结构及工作原理

1. 消弧线圈结构简介

消弧线圈有多种类型，包括离线分级调匝式、在线分级调匝式、气隙可调铁心式、气隙可调柱塞式、直流偏磁式、直流磁阀式、调容式、五柱式等。

离线分级调匝式消弧线圈内部结构，如图2-3所示。其外形和小容量单相变压器相似，有油箱、油枕、玻璃管油表及信号温度计，而内部实际上是一只具有分段（即带气隙）铁心的可调电感线圈，线圈的电阻很小，电抗却很大，电抗值可以通过改变线圈的匝数来调节。气隙沿整个铁心柱均匀设置，以减少漏磁。采用带气隙铁心的目的是避免磁饱和，使补偿电流和电压成线性关系，减少高次谐波，并得到一个较稳定的电抗值，从而保证已整定好的调谐值恒定。另外，带气隙可减小电感、增大消弧线圈的容量。为了绝缘和散热，铁心和线圈浸放在油箱内。

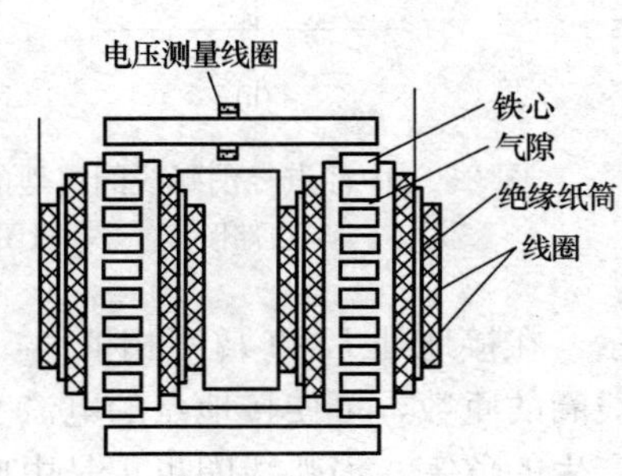

图2-3　离线分级调匝式消弧线圈内部结构

在铁心柱上设有主线圈，一般采用层式结构，以利于线圈绝缘。XDJ型消弧线圈均按相电压设计。在铁轭上设有电压测量线圈（即信号线圈）其标称电压为110V（实际电压随不同分接头而变化）、额定电流为10A。为了测量主线圈中通过的电流，在主线圈的接地端装有二次额定电流为5A的电流互感器。

消弧线圈均装有改变线圈的串联连接匝数的分接头，通常为5～9个，以便随着电网的运行需要调节补偿的程度，最大和最小补偿电流之比为2或2.5。电压测量线圈也有分接头，以便得到合适的变比。分接头被引到装于油箱内壁的切换器上，切换器的传动机构则伸到顶盖外面。当补偿网络的线路长度增减或某一台消弧线圈退出运行时，都应考虑对消弧线圈切换分接头，使其补偿值适应改变后的情况。这种消弧线圈不允许带负荷调整补偿电流，切换分接头时需先将消弧线圈断开，所以称为“离线分级调匝式”。

在线分级调匝式，是由电动传动机构驱动油箱上部的有载分接开关，以改变线圈的串联连接匝数，从而改变线圈电感、电流的大小。

气隙可调铁心式、气隙可调柱塞式，是由电动机经蜗杆驱动可移动铁心，通过改变主气隙的大小来调节导磁率，从而改变线圈的电感、电流。

直流偏磁式，带气隙的铁心上有交流绕组和直流控制绕组，通过调节直流控制绕组的励磁电流，来实现平滑调节消弧线圈的电感、电流。

2. 消弧线圈的工作原理

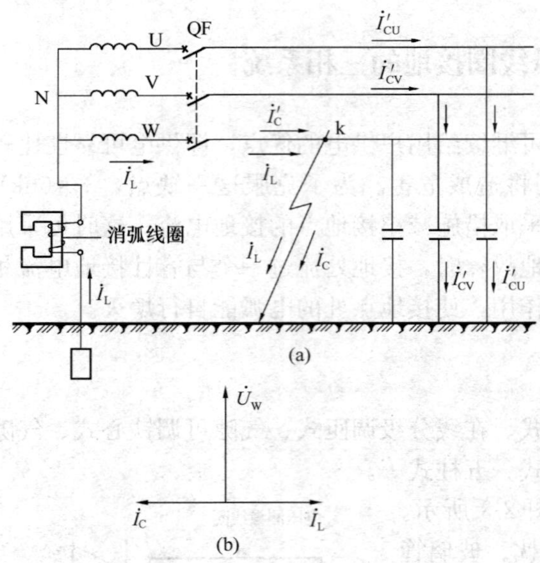

图 2-4 中性点经消弧线圈接地的三相系统
(a) 电路图；(b) 相量图

消弧线圈装在系统中发电机或变压器的中性点与大地之间。图 2-4 所示为中性点经消弧线圈接地的三相系统。

正常运行时，中性点的对地电压为零，消弧线圈中没有电流通过。

当系统发生单相接地故障时，如 W 相接地，中性点的对地电压 $\dot{U}'_N=-\dot{U}_W$，非故障相的对地电压升高$\sqrt{3}$倍，系统的线电压仍保持不变。消弧线圈在中性点电压即 $-\dot{U}_W$ 作用下，有一个电感电流 $\dot{I}_L$ 通过，此电感电流必定通过接地点形成回路，所以接地点的电流为接地电流 $\dot{I}_C$ 与电感电流 $\dot{I}_L$ 的相量和，如图 2-4（a）所示。接地电流 $\dot{I}_C$ 超前 $\dot{U}_W$ 90°，电感电流 $\dot{I}_L$ 滞后 $\dot{U}_W$ 90°，$\dot{I}_C$ 和 $\dot{I}_L$ 相位相差 180°，即方向相反，如图 2-4（b）所示，在接地处 $\dot{I}_C$ 和 $\dot{I}_L$ 互相抵消，称为电感电流对接地电容电流的补偿。如果适当选择消弧线圈的匝数，可使接地点的电流变得很小或等于零，从而消除了接地处的电弧以及由电弧所产生的危害，消弧线圈也正是由此得名。

通过消弧线圈的电感电流为

$$I_L=\frac{U_{ph}}{\omega L} \tag{2-9}$$

式中 L——消弧线圈的电感。

目前，我国低压侧为 6kV 或 10kV 的变电站的主变压器，多采用 YNyn0 或 Yd11 连接组。对前者，消弧线圈可接在星形绕组的中性点上；对后者，三角形接线侧的 6kV 或 10kV 系统中不存在中性点，需要在适当地点设置接地变压器，其功能是为无中性点的电压级重构一个中性点，以便接入消弧线圈（或电阻器）。

接地变压器实质是特殊用途的三相变压器，其结构与一般三相芯式变压器相似，其原理接线如图 2-5 所示。图中的 T0 为接地变压器，它的铁心为三相三柱式，每一铁心柱上有两个匝数相等、绕向相同的绕组，每相的上面一个绕组与后续相的下面一个绕组反极性串联，并将每相下面一个绕组的首端 U2、V2 及 W2 连在一起作为中性点，组成曲折形的星形接线。其二次绕组视具体工程需要决定是否设置。如需兼作发电厂或变电所的自用电源变压器，应设置二次绕组，如图 2-5 中的虚框内所示。

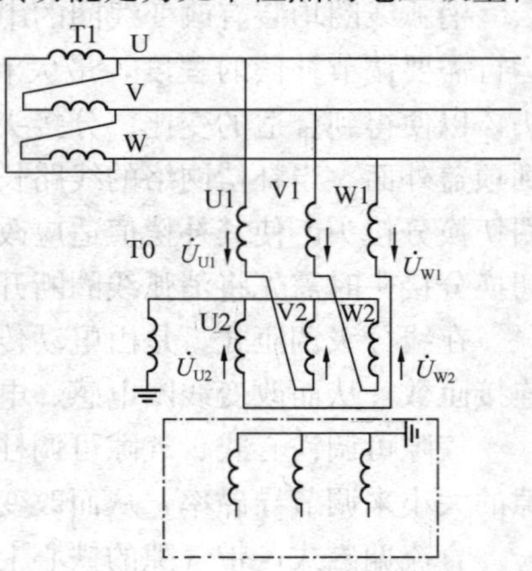

图 2-5 曲折连接式接地变压器原理接线

二、消弧线圈的补偿方式

用补偿度（也称调谐度）$k=\frac{I_L}{I_C}$ 或脱谐度 $v=1-k=$

$\frac{I_C - I_L}{I_C}$表明单相接地故障时消弧线圈的电感电流 I_L 对接地电流 I_C 的补偿程度。根据电感电流对接地电流的补偿程度不同，有三种偿方式：完全补偿、欠补偿和过补偿。

1. 完全补偿

完全补偿是使电感电流等于接地电容电流，即 $I_L = I_C$，亦即 $1/\omega L = 3\omega C$，接地处电流为零。从消弧角度来看，完全补偿方式十分理想，但实际上却存在着严重问题。因为正常运行时，在某些条件下，如线路三相的对地电容不完全相等或断路器三相触头合闸时同期性差等，在中性点与地之间会出现一定的电压，此电压作用在消弧线圈通过大地与三相对地电容构成的串联回路中，因此时感抗 X_L 与容抗 X_C 相等，满足谐振条件，形成串联谐振，产生谐振过电压，危及系统的绝缘，因此在实际电力工程中通常不采用完全补偿方式。

2. 欠补偿

欠补偿是使电感电流小于接地的电容电流，即 $I_L < I_C$，即 $1/\omega L < 3\omega C$，系统发生单相接地故障时接地点还有容性的未被补偿的电流（$I_C - I_L$）。在这种方式下运行时，若部分线路停电检修或系统频率降低等原因都会使接地电流 I_C 减少，又可能出现完全补偿的情形，产生满足谐振的条件，变为完全补偿。因此，装在变压器中性点的消弧线圈，以及有直配线的发电机中性点的消弧线圈，一般不采用欠补偿方式。

对于大容量发电机，当发电机采用与升压变压器单元接线时，为了限制电容耦合传递过电压以及频率变化等对发电机中性点位移电压的影响，发电机中性点的消弧线圈宜采用欠补偿方式。因为当变压器高压侧发生单相接地故障时，高压侧的过电压可能经电容耦合传递至发电机侧，在发电机电压网络中出现危险的过电压，使发电机中性点位移电压升高；另外，频率变化也会影响发电机中性点的位移电压。

3. 过补偿

过补偿是使电感电流大于接地的电容电流，即 $I_L > I_C$，亦即 $1/\omega L > 3\omega C$，系统发生单相接地故障时接地点还有剩余的感性电流（$I_L - I_C$）。这种补偿方式没有上述缺点，因为当接地电流减小时，感性的补偿电流与容性接地电流之差更大，不会出现完全补偿的情形；即使将来电网发展使电容电流增加，由于消弧线圈选择时还留有一定的裕度，可以继续使用。故过补偿方式在电力系统中得到广泛应用。

根据规程规定，消弧线圈一般采用接近谐振的过补偿方式。与中性点不接地系统一样，中性点经消弧线圈接地系统发生单相接地故障时，允许运行不超过 2h，在这段时间内，运行人员应尽快采取措施，查出接地点并将它消除；如在这段时间内无法消除接地点，应将接地的部分线路停电，停电范围越小越好。

在正常运行时，如果中性点的位移电压过高，即使采用了消弧线圈，在发生单相接地时，接地电弧也难以熄灭。因此，要求中性点经消弧线圈接地的系统，在正常运行时其中性点的位移电压不应超过额定相电压的 15%，接地后的残余电流值不能超过 5～10A，否则接地处的电弧不能自行熄灭。

三、适用范围

中性点经消弧线圈接地系统与不接地系统一样，在发生单相接地故障时，可继续供电 2h，供电可靠性高；但电气设备和线路的对地绝缘应按能承受线电压的标准设计，绝缘投资较大。中性点经消弧线圈接地后，能有效地减少单相接地故障时接地处的电流，使接地处的电弧迅速熄灭，防止了经间歇性电弧接地时所产生的过电压，故广泛应用在不适合采用中性点不接地的、以架空线路为主体的 3～60kV 系统，还可用在雷害事故严重的地区和某些大城市电网的 110kV 系统（可提高供电可靠性、减少断路器分闸次数、减少断路器维修量）。

中性点经消弧线圈接地方式只用于 220kV 以下系统，因 220kV 及以上各相对地有电容 C、泄漏损耗和电晕损耗，接地电流中有无功、有功分量，消弧线圈只能补偿无功分量，即使无功电流全补偿完，有功分量电流也不能使接地点处电弧自行熄灭。

第三节　中性点直接接地的三相系统

随着电力系统输电电压的增高和输电距离的不断增长，单相接地电流也随之增大，中性点不接地或经消弧线圈接地的运行方式已不能满足电力系统正常、安全、经济运行的要求。针对这些情况，电力系统中性点可经采用直接接地的运行方式，即中性点直接与大地相连。

一、中性点直接接地系统的工作原理

正常运行时，由于三相系统对称，中性点的电压为零，中性点没有电流流过。当系统中发生单相接地时，由于接地相直接通过大地与电源构成单相回路，故称这种故障为单相短路。单相短路电流 I_k 很大，继电保护装置应立即动作，使断路器断开，迅速切除故障部分，以防止 I_k 造成更大的危害。

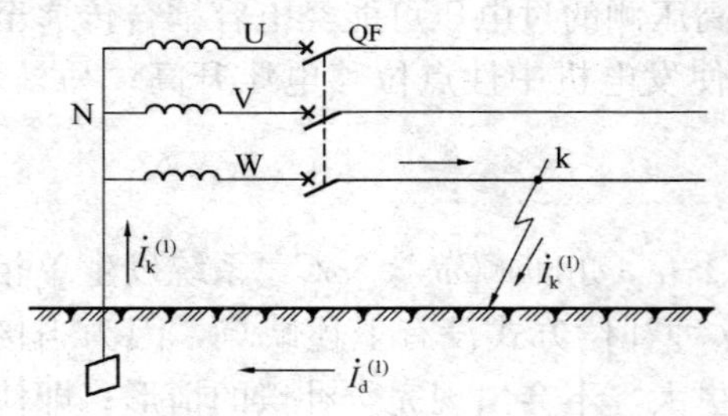

图 2-6　中性点直接接地三相系统单相接地

图 2-6 所示为中性点直接接地的三相系统单相接地。

当中性点直接接地时，接地电阻近似为 0，所以中性点与地之间的电位相同，即 $\dot{U}_N=0$。单相短路时，故障相的对地电压为零，非故障相的对地电压基本保持不变，仍接近于相电压。

二、特点及适用范围

1. 中性点直接接地系统的主要优点

在单相接地短路时中性点的电位近似于零，非故障相的对地电压接近相电压，这样设备和线路对地绝缘可以按相电压设计，从而降低了造价。实践经验表明，中性点直接接地系统的绝缘水平与中性点不接地时相比，大约可降低 20%左右的绝缘投资。电压等级愈高，节约投资的经济效益愈显著。

2. 中性点直接接地系统的缺点

（1）由于中性点直接接地系统在单相短路时须断开故障线路，中断对用户的供电，降低了供电可靠性。为了克服这一缺点，目前在中性点直接接地系统的线路上，广泛装设有自动重合闸装置。当线路发生单相短路时，继电保护装置作用使断路器迅速断开，经一段时间后，自动重合闸装置作用使断路器自动合闸。如果单相接地故障是暂时性的，则线路断路器重合成功，用户恢复供电；如果单相接地故障是永久性的，继电保护装置将再次动作使断路器断开，即重合不成功。据有关资料统计，采用一次重合闸的成功率在 70%以上。

（2）单相短路时的短路电流很大，甚至可能超过三相短路电流，必须选用较大容量的开关设备。为了限制单相短路电流，通常只将系统中一部分变压器的中性点接地或经阻抗接

地，接地的变压器中性点的数目根据将系统的单相短路电流限制到小于三相短路电流的原则来选择。

(3) 单相短路时较大的单相短路电流只在一相内通过，在三相导线周围将形成较强的单相磁场，对附近通信线路产生电磁干扰。因此，在线路设计时必须考虑在一定距离内输电线路避免和通信线路平行架设，以减少可能产生的电磁干扰。

3. 适用范围

目前我国电压为110kV及以上的系统，广泛采用中性点直接接地的运行方式。

第四节　中性点经阻抗接地的三相系统

从理论上讲中性点经消弧线圈接地是补偿电容电流的最好办法。但是，在实际运行当中仍然存在以下缺陷：

(1) 由于电感电流的滞后性，使得在发生单相接地短路故障后的3～4个周波补偿电流才能达到稳态值。因此电弧间歇接地过电压仍然会短时存在。

(2) 随着城市配电网的越来越复杂化，特别是配电自动化功能的实现，电网的参数不再是一成不变的，而可能随时发生变化，这就对消弧线圈的补偿容量提出了更高的要求。虽然智能消弧线圈可以根据电容电流的大小调整补偿容量，但其响应速度太慢，仍然会造成过电压的出现。

(3) 运行经验表明，对于电缆出线，接地故障都为永久性故障而非瞬时性故障，这就要求保护跳闸，进行抢修。所以对全电缆出线的配电变电站，中性点安装消弧线圈已失去意义。

因此，现在一些变电站不再采用中性点经消弧线圈接地方式，而采用经高电阻接地或低电阻接地方式。通常，当接地电容电流小于规定值时，采用高电阻接地方式；当接地电流大于规定值时，采用低电阻接地方式。目前，已有变电站采用综合电阻接地方式，即先采用高电阻接地，当出线发生单相接地故障时由小电流接地选线装置进行故障选线，若没有选出，则切换到低电阻接地方式启动保护跳闸。

一、中性点经低电阻接地的三相系统

在以电缆为主体的35、10kV城市电网，由于电缆线路的对地电容较大（是同样长的架空线路的20～30倍），随着线路长度的增加，单相接地电容电流也随之增大，采用消弧线圈补偿的方法很难有效地熄灭接地处的电弧。同时由于电缆线路发生瞬时故障的概率很小，如带单相接地故障运行时间过长，很容易使故障发展，而形成相间短路，使设备损坏，甚至引起火灾。根据供电可靠性要求、故障时暂态电压、暂态电流对设备的影响、对通信的影响和对继电保护技术的要求以及本地的运行经验等，可采用经低电阻（单相接地故障瞬时跳闸）接地方式，如图2-7所示。

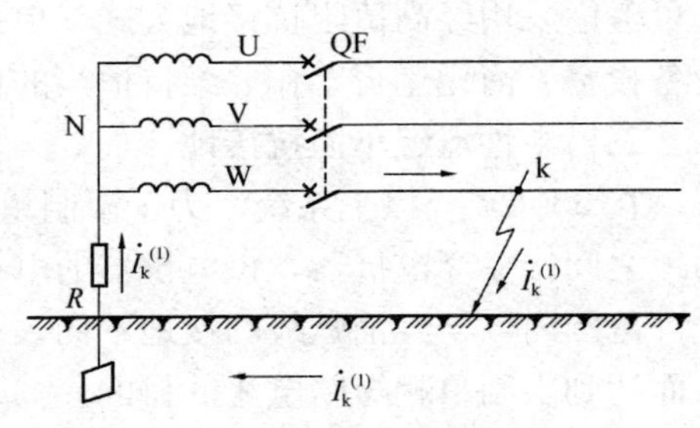

图2-7　中性点经低电阻接地的三相系统

中性点经低电阻接地运行时，为限制接地相的电流，减少对周围通信线路的干扰，中性点所接的接地电阻的大小以限制接地相电流在600～1000A

范围内为宜。同时，由于电缆线路的永久性故障概率较大，不使用线路自动重合闸。此外，采用经低电阻接地的配电网，必须从电网结构、自动装置上采取措施以达到跳闸后迅速恢复供电或对用户不中断供电的目的，从而保证用户的供电可靠性。

二、中性点经高电阻接地的三相系统

发电机—变压器组单元接线的200MW及以上发电机，当接地电流超过允许值时，常采用中性点经高电阻接地方式。这种接线方式可改变接地电流的相位，加速泄放回路中的残余电荷，促使接地电弧的熄灭，限制间歇性电弧产生的过电压，同时可提供足够的电流和零序电压，使接地保护可靠动作，实现对发电机定子绕组100%范围的保护。

通过二次侧接有电阻的接地变压器接地，实际上就是经高电阻接地。其原理接线图如图2-8（a）所示，将接在接地变压器的二次侧的电阻R，经单相接地变压器T0（或配电变压器、或电压互感器）接入中性点。变压器的作用是使低压小电阻起高压大电阻的作用，从而可简化电阻器的结构、降低其价格、使安装空间更易解决。

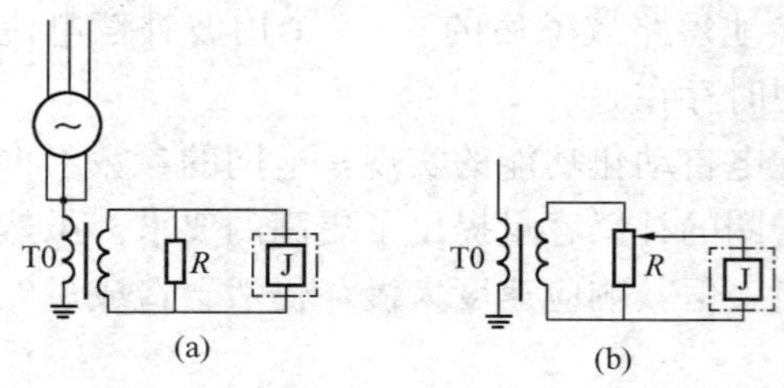

图2-8 中性点经高电阻接地的三相系统
（a）原理接线；（b）电阻中增加分压抽头接线

接地电阻的一次值$R'=K^2R$。K为接地变压器的变比。可通过选择K值使得R'等于或小于发电机三相对地容抗，从而使得单相接地故障有功电流等于或大于电容电流。

接地变压器的一次电压取发电机的额定相电压，二次电压U_2可取100V或220V，当二次电压取220V，而接地保护需要100V时，可在电阻中增加分压抽头，如图2-8（b）所示。

发电机中性点经高电阻接地后可达到：

（1）限制过电压不超过2.6倍额定相电压。

（2）限制接地故障电流不超过10～15A。

（3）为定子接地保护提供电源，便于检测。

发电机内部发生单相接地故障要求瞬时切机时，宜采用高电阻接地方式。为减小电阻值，电阻器一般接在发电机中性点变压器的二次绕组上，用于限制过电压及过大接地故障电流，电阻值的选择应保证接地保护不带时限立即跳闸停机。部分进口机组也有不接配电变压器而直接接入数百欧姆的高电阻。发生单相接地时，总的故障电流不宜小于3A，以保证接地保护不带时限立即跳闸停机。

另外，较小城市的配电网一般以架空线路为主，除采用中性点经消弧线圈接地方式外，还可考虑采用经高值阻抗接地方式（单相接地时不跳闸，可以继续运行较长时间），以降低设备投资、简化运行工作并维持适当的供电可靠性。

三、中性点经小阻抗接地

在500kV及以上系统，为了限制单相短路电流使之比三相短路电流小，还可在中性点与地之间接一个电抗器，该电抗器的电抗值较小，要求保证正常运行时中性点的位移电压在允许范围内，与经消弧线圈接地不同，接电抗器的着眼点是增加单相短路时的零序电抗值，从而达到限制单相短路电流的目的。

该接地方式的运行特点与中性点直接接地相同，发生单相接地时须立即跳开断路器。中性点采用小阻抗接地要求该系统中所有变压器的中性点都经一个小电抗器接地，即使系统被分裂成几个部分，也不会出现中性点不接地的变压器，对主变压器中性点绝缘水平要求大大降低，避免了直接接地系统中因只有部分变压器中性点未接地，而在发生单相接地时，断路器跳闸后将系统分为几个部分，可能使部分没有接地的变压器，即部分系统失去了接地的保护，如果该系统又发生单相接地，会使未故障相电压升高，危及电网绝缘。

第五节　主变压器和发电机中性点接地方式

一、主变压器中性点接地方式

1. 主变压器 110～500kV 侧中性点的接地方式

主变压器的 110～500kV 侧采用中性点直接接地或经小阻抗接地方式，以降低设备绝缘水平，具体要求如下。

(1) 自耦变压器中性点须直接接地或经小阻抗接地。

(2) 中、低压侧有电源的升压站和降压变电站至少应有一台变压器直接接地。

(3) 变压器中性点接地点的数量应使电网所有短路点的综合零序电抗与综合正序电抗 X_0/X_1 小于 3，以使单相接地时健全相上工频过电压不超过阀型避雷器的灭弧电压；X_0/X_1 大于 1～1.5，以使单相接地短路电流不超过三相短路电流。

(4) 普通变压器的中性点都应经隔离开关接地，以便于运行调度灵活选择接地点。当变压器中性点可能断开运行时，若该变压器中性点绝缘不是按线电压设计，应在中性点装设避雷器保护。

(5) 选择接地点时应保证任何故障形式都不使电网解列成为中性点不接地系统。

2. 主变压器 6～63kV 侧中性点的接地方式

主变压器 6～63kV 侧采用中性点不接地方式，以提高供电连续性；但当单相接地电流大于允许值时，中性点经消弧线圈接地，中性点经消弧线圈时宜采用过补偿方式。

二、发电机中性点的运行方式

发电机内部发生单相接地故障时，接地点流过的电流是发电机本身及其引出回路的对地电容电流，当该电流超过表 2-1 所规定的允许值时，将烧伤定子铁心、损坏定子绕组绝缘、引起匝间或相间短路，故需要在发电机中性点采取措施保护发电机。

发电机中性点可采用不接地、经消弧线圈接地或高电阻接地。

(1) 125MW 及以下的发电机内部发生单相接地故障不要求瞬时切机，当单相接地故障电流小于允许值时，中性点采用不接地方式。此时，发电机中性点应装设电压为额定相电压的避雷器。当有发电机电压架空直配线时，在发电机出线端应装设电容器和避雷器。

(2) 接地故障电流大于允许值的 125MW 及以下的发电机、或者 200MW 及以上的大机组要求能带单相接地故障运行时，中性点采用经消弧线圈接地方式。采用消弧线圈接地时，有直配线的发电机，宜用过补偿方式，消弧线圈可接在发电机中性点，也可接在厂用变压器中性点；单元接线的发电机宜采用欠补偿方式，消弧线圈应接在发电机中性点。

(3) 200MW 及以上发电机中性点宜采用经高电阻接地方式，将电阻经单相接地变压器（或配电变压器、电压互感器）接入中性点，电阻在接地变压器的二次侧。

本　章　小　结

我国电力系统的中性点运行方式分有效接地和非有效接地两大类。中性点不接地三相系统、经消弧线圈接地三相系统和经高阻抗接地三相系统，统称为非有效接地系统。在单相接地故障时，中性点对地电压、各相对地电压都发生变化，中性点电压最高升为相电压，非故障相电压最高升为线电压，线电压不变，用户可继续工作，提高了供电的可靠性。但在这种系统中，设备和线路的绝缘由线电压决定，使投资增大。在电压较低、线路不长的情况下，投资增加不多时可采用该种接地方式，多用在35kV及以下的系统。在这种系统中，必须装设交流绝缘监察装置，在发生单相接地故障时发出信号，通知工作人员。

中性点直接接地三相系统和经小阻抗接地三相系统，统称为中性点有效接地系统。在发生单相接地故障时，相对地电压仍为相电压，设备和线路的对地绝缘可由相电压决定，使投资减小，但形成单相短路，为此必须立即切除故障部分，中断用户供电。110kV及以上系统，在电压较高、线路较长的情况下，采用中性点直接接地的运行方式。以电缆为主体的10kV城市电网，采用经低电阻接地运行方式。

主变压器的中性点可采用不接地、经消弧线圈接地或经小阻抗接地方式，发电机中性点可采用不接地、经消弧线圈接地或经高电阻接地。

思　考　练　习

2-1　什么是电力系统中性点？我国电力系统常用的中性点运行方式有哪几种？

2-2　中性点不接地系统发生单相接地故障时，各电压和电流如何变化？画出电压、电流相量图。

2-3　消弧线圈的工作原理是什么？消弧线圈的补偿方式有几种？常采用哪种方式？为什么？

2-4　中性点不接地和经消弧线圈接地系统发生单相接地时能否继续运行？为什么？

2-5　中性点直接接地系统发生单相接地时，电压和电流有什么变化？能否继续运行？为什么？

2-6　比较各种不同中性点运行方式的优、缺点，并说明各自的适用范围。

2-7　一般情况下，35kV系统的架空线路的总长度为多少时才需要装设消弧线圈？10kV电缆总长度为多少时应装设消弧线圈？

2-8　发电机中性点经消弧线圈接地用在什么条件下？采用哪种补偿方式？

2-9　某10kV系统有架空输电线路6回、每回长10km，有电缆线路4回、每回长3km，该系统中性点应用哪种接地方式？该系统W相发生金属性接地，中性点的电位是多少？U、V相的电压是多少？能否继续运行？为什么？

第三章　电弧及电气触头的基本知识

电力系统中的开关电器，在断开和接通电流时，在分离的触头之间不可避免地要产生电弧。对电弧进行了解和分析，并采取有效的措施熄灭电弧，这对电力系统的正常操作与安全运行有很重要的意义。本章介绍了电弧的危害和特性、分析了开关电器在接通及开断电流过程中电弧产生和熄灭的过程，并概要地介绍了熄灭电弧的基本方法；介绍电气触头的结构型式及其特点，简要分析影响触头接触电阻的因素，为后续课程的学习打下基础。

第一节　电弧的基本知识

一、电弧的特点和危害

电弧是电力系统及电能利用过程中常见的物理现象，它实际上是一种能量集中、温度很高、亮度很大的气体放电现象。电弧对电力系统和电气设备会造成很大的危害。

1. 电弧的主要特点

(1) 电弧由阴极区、阳极区和弧柱区三部分组成，如图 3-1 所示。阴极和阳极附近的区域分别称为阴极区和阳极区，在阴极和阳极间的明亮光柱称为弧柱。弧柱区中心部位温度最高、电流密度最大，称为弧心；弧柱区周围温度较低、亮度明显减弱的部分称为弧焰。

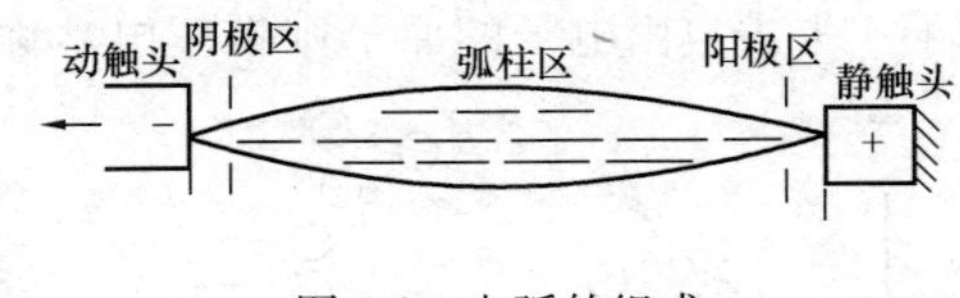

图 3-1　电弧的组成

(2) 电弧的温度很高。电弧形成后，由电源不断地输送能量，维持它燃烧，并产生很高的温度。电弧燃烧时，能量高度集中，弧柱区中心温度可达到 10000℃以上，表面温度也有 3000～4000℃，同时发出强烈的白光，故称弧光放电为电弧。

(3) 电弧是一种自持放电，不同于其他形式的放电现象（如电晕放电、火花放电等），电极间的带电质点不断产生和消失，处于一种动态平衡。弧柱区电场强度很低，一般仅为 10～200V/cm，很低的电压就能维持电弧的稳定燃烧而不会熄灭。

(4) 电弧是一束游离的气体，质量很轻，在电动力、热力或其他外力作用下能迅速移动、伸长、弯曲和变形。其运动速度可达每秒几百米。

2. 电弧的主要危害

(1) 电弧的高温，可能烧坏电器触头和触头周围的其他部件；对充油设备还可能引起着火甚至爆炸等危险，危及电力系统的安全运行，造成人员的伤亡和财产的重大损失。

(2) 由于电弧是一种气体导电现象，所以在开关电器中，虽然开关触头已经分开，但是在触头间只要有电弧的存在，电路就没有断开，电流仍然存在，直到电弧完全熄灭，电路才真正断开，电弧的存在延长了开关电器断开故障电路的时间，加重了电力系统短路故障的危害。

(3) 由于电弧在电动力、热力作用下能移动，容易造成飞弧短路、伤人或引起事故扩大。

因此，要保证电力系统的安全运行，开关电器在正常工作时必须迅速可靠地熄灭电弧。

二、电弧的产生

电弧的产生过程，实际上是气体介质在某些因素作用下，发生强烈游离，产生很多带电质点，由绝缘变为导通的过程。电弧能成为导电通道，是由于电弧的弧柱内存在大量的带电粒子，这些带电粒子的定向运动形成电弧。

1. 自由电子的产生

触头开断的瞬间由阴极通过热电子发射或强电场发射产生少量的自由电子。触头刚分离时，触头间的接触压力和接触面积不断减小，接触电阻迅速增大，使接触处剧烈发热，局部高温使此处电子获得动能，就可能发射出来成为自由电子，这种现象称为热电子发射。另一方面，触头刚分离时，由于触头间的间隙很小，在电压作用下间隙形成很高的电场强度，当电场强度超过 3×10^6 V/m 时，阴极触头表面的电子就可能在强电场力的作用下，被拉出金属表面成为自由电子，这种现象称为强电场发射。

2. 碰撞游离形成电弧

从阴极表面发射出来的自由电子，在触头间电场力的作用下加速运动，不断与间隙中的中性气体质点（原子或分子）撞击，如果电场足够强，自由电子的动能足够大，碰撞时就能将中性原子外层轨道上的电子撞击出来，脱离原子核内正电荷吸引力的束缚，成为新的自由电子。失去自由电子的原子则带正电，称为正离子。新的自由电子又在电场中加速积累动能，去碰撞另外的中性原子，产生新的游离，碰撞游离不断进行、不断加剧，带电质点成倍增加，如图 3-2 所示，此过程愈演愈烈，如雪崩似地进行着，发展成为“电子崩”，在极短促的时间内，大量的自由电子和正离子出现，在触头间隙形成强烈的放电现象，形成了电弧，这种现象称为碰撞游离，又称电场游离。

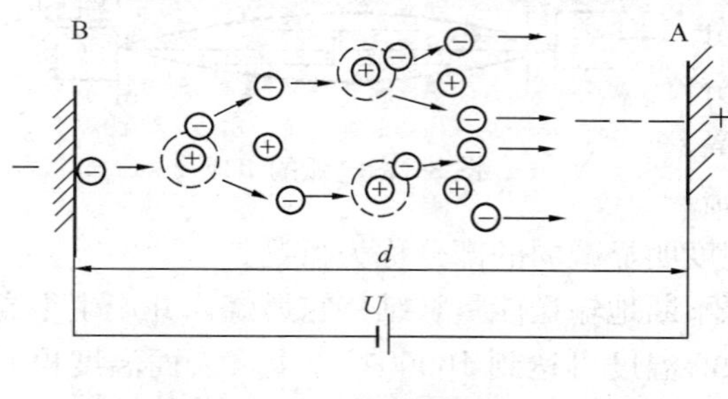

图 3-2 碰撞游离

对于一种气体，能否产生电场游离主要取决于电子运动速度，也就是取决于电场强度、电子的平均自由行程以及气体的性质。触头间电压越高，电场强度也越高，则气体容易被击穿。气体的压力越高，其中自由电子的平均自由行程就越小，因而也就不容易产生电场游离。不同的气体要从其中性原子外层轨道撞击出自由电子，所需能量值是不同的。

3. 热游离维持电弧

触头间隙在发生了雪崩式碰撞游离后，形成电弧并产生高温。温度增高时，气体中粒子的运动速度也随着增大，就可能使原子外层轨道的电子脱离原子核内正电荷的束缚力（吸引力）成为自由电子，这种游离方式称为热游离。气体温度愈高，粒子运动速度愈大，原子热游离的可能性也愈大，从而供给弧隙大量的电子和正离子，维持电弧稳定燃烧。

一旦触头间隙形成电弧放电后，电弧的电阻很小，导电性很好，触头间隙的电压立刻降至最小，触头间隙的电场强度也大大降低，这时电场游离在间隙中作用不明显。由于热平衡，电弧温度达到某一数值后不再上升，电导达到某一值后也不再上升，热游离将在一定强度下稳定下来，达到平衡状态。

综上所述，由于热电子发射或强电场发射在触头间隙中产生少量的自由电子，这些自由电子与中性分子发生碰撞游离并产生大量的带电粒子，从而形成气体导电，即产生电弧，一旦电弧产生后，将由热游离作用来维持电弧燃烧。

三、电弧的熄灭

电弧的熄灭过程，实际上是气体介质由导通又变为截止的过程。电弧中发生游离的同时，还存在着相反的过程，即去游离。去游离使弧隙中正离子和自由电子减少。电弧的熄灭是电弧区域内已电离的质点不断发生去游离的结果。去游离的主要方式包括复合和扩散两种形式。

1. 复合

复合是指异性带电质点相遇，正负电荷中和成为中性质点的现象。电子的运动速度远远大于正离子，所以电子和正离子直接复合的可能性很小。复合的方式是电子先附在中性质点上形成负离子，负离子的运动速度比较小，正负离子的复合就容易进行。目前广泛使用的 SF_6 断路器就利用了 SF_6 气体的强电负性来实现电弧的尽快熄灭。

2. 扩散

扩散是指电弧中的自由电子和正离子散溢到电弧外面，并与周围未被游离的冷介质相混合的现象。扩散是由于带电粒子的无规则热运动，以及电弧内带电粒子的密度远大于弧柱外，电弧的温度远高于周围介质的温度造成的。电弧和周围介质的温度差愈大，带电粒子的密度差愈大，扩散作用就愈强。高压断路器中常采用吹弧的灭弧方法，就是加强了扩散作用。

综上所述，当游离作用大于去游离作用时，电弧电流增加，电弧燃烧加强；当游离作用与去游离作用持平时，电弧维持稳定燃烧；当去游离作用大于游离作用，弧隙中导电质点的数目减少，电导下降，电弧越来越弱，弧温下降，使热游离下降或停止，最终导致电弧熄灭。要使电弧熄灭，必须使去游离作用强于游离作用。

影响游离作用的物理因素主要有以下几方面：

（1）气体介质的温度。温度越高，热游离越强烈。

（2）气体介质的压力。压力越大，自由电子的平均自由行程越小，发生碰撞游离的可能性越小。

（3）触头之间的外加电压。电压越高越容易将间隙击穿。

（4）触头之间的开断距离。开断距离增大则减小间隙中的电场强度。

（5）触头之间的介质种类。不同介质游离电场不同，热游离温度也不同。

（6）开关电器的触头材料。不同金属的蒸气有不同的游离电压，有些金属耐高温，不易产生金属蒸气。

影响去游离的物理因素有以下几方面：

（1）介质的特性。介质特性在很大程度上决定了电弧中去游离的强度，介质特性包括导热系数、热容量、热游离温度、介电强度等，这些参数值越大，去游离作用越强，电弧越容易熄灭，如氢气的灭弧能力是空气的 7.5 倍，SF_6 气体的灭弧能力约是空气的 100 倍。

（2）电弧的温度。降低电弧温度可以减弱热游离，减少新的带电质点的产生，同时也降低带电质点的运动速度，加强了复合作用。通过快速拉长电弧，用气体或油吹动电弧，或使电弧与固体介质表面接触，都可以降低电弧的温度。

（3）气体介质压力。气体介质压力增大，可使质点间的距离减小、浓度增大、复合作用加强。而高度真空的绝缘强度远远高于一个大气压的空气和 SF_6 气体的绝缘强度，并且高于变压器油的绝缘强度，真空中的绝缘强度恢复快、熄弧能力强。

（4）游离质点的密度。弧柱内带异号电荷的质点密度越大，复合作用越强烈，同时，电弧区内外的质点密度差越大，扩散作用越强。

（5）触头材料。触头材料也影响去游离的过程。当触头采用熔点高、导热能力强和热容量大的耐高温金属时，减少了热电子发射和金属蒸气，有利于电弧熄灭。

第二节 电弧的特性和熄灭方法

一、直流电弧的特性

在直流电路中产生的电弧叫直流电弧。直流电弧的特性，可以用沿弧长的电压分布和伏安特性来表示。稳定燃烧的直流电弧压降由阴极区压降、弧柱区压降和阳极区压降三部分组成。电弧阴极区压降近似等于常数，它与电极材料和弧隙的介质有关。弧柱区压降与弧长成正比。阳极区的电压降比阴极区的小。当电流很大时，阳极区压降很小。如果其他条件不变，电弧电压随电流的增加而下降。

对于几毫米长的电弧，通常称为短弧。在短弧中，电弧电压主要由阳极区、阴极区电压降组成，它的特性表现在电弧电压约为20V，而且是与电流、外界条件无关的常数。对于长度为几厘米以上的电弧，称为长弧。在长弧中，电弧电压主要由弧柱区电压降组成，电弧电压与电弧长度成正比。

二、直流电弧的熄灭

当电源电压不足以维持稳态电弧电压及线路电阻电压降时，电弧即自行熄灭。

熄灭直流电弧一般采用下列方法：

（1）采取冷却电弧或拉长电弧的方法，以增大电弧电阻和电弧电压。

（2）增大线路电阻，如熄弧过程中串入电阻。

（3）把长弧分割成许多串联的短弧，利用短弧的特性，使得电弧电压大于触头施加的电压时，则电弧即可熄灭。

在开断直流电路时，由于线路中有电感存在，则在触头两端电感上均会发生过电压。为了减小过电压，故需限制电流下降的速度。在高压大容量的直流电路中（如大容量发电机的励磁电路），一方面采用冷却电弧和短弧原理的方法来熄弧，另一方面采用逐步增大串联电阻的方法来熄弧。

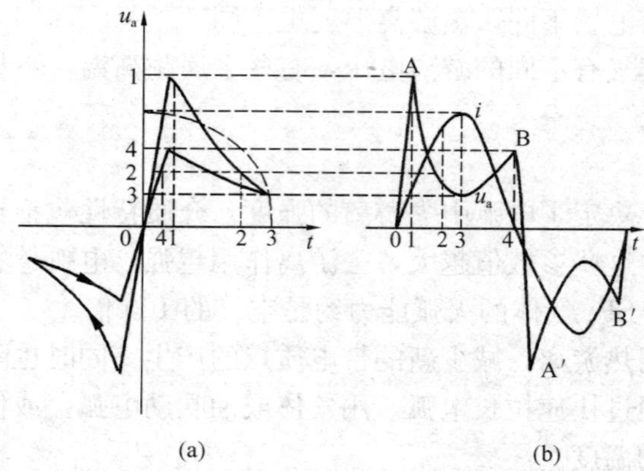

图3-3 一个周期内交流电弧电流及电压随时间的变化关系
（a）伏安特性；（b）波形

三、交流电弧的特性

在交流电路中产生的电弧称为交流电弧。交流电弧的特性如下：

（1）交流电弧具有动态特性。在交流电路中，电流瞬时值随时间变化，因而电弧的温度、直径以及电弧电压也随时间变化，电弧的这种特性称为动态特性。

在一个周期性内交流电弧电流及电压随时间的变化关系如图3-3所示，图中A点称为燃弧电压，B点称为熄弧电压，熄弧电压低于燃弧电压。电弧电压呈马鞍形变化，电流小时电弧电压高，电流大时电弧电压减小且接近于常数。

（2）电弧具有热惯性。由于弧柱的受热升温或散热降温都有一定过程，跟不上快速变化的电流，所以电弧温度的变化总滞后于电流的变化，这种现象称为电弧的热惯性。

（3）交流电流每半个周期过零一次，称为“自然过零”。电流过零时，电弧自然熄灭。如果电弧是稳定燃烧的，则电弧电流过零熄灭后，在另半周又会重燃。如果电弧过零后，电弧不发生重燃，电弧就熄灭。所以，交流电流过零的时刻是熄灭电弧的良好时机，如果在电流过零时采取有效措施使电弧不再重燃，则电弧最终熄灭。

四、交流电弧的熄灭

交流电弧的燃烧过程与直流电弧的基本区别在于交流电弧中电流每半周要经过零点一次，此时电弧自然暂时熄灭。在电流过零时，采取有效措施加强弧隙的冷却，使弧隙介质的绝缘能力达到不会被弧隙外施电压击穿的程度，则在下半周电弧就不会重燃而最终熄灭。交流电流过零后，电弧是否重燃取决于弧隙介质绝缘能力或介电强度和弧隙电压的恢复。

1. 弧隙介质介电强度的恢复

弧隙介质能够承受外加电压作用而不致使弧隙击穿的电压称为弧隙的绝缘能力或介电强度。当电弧电流过零时电弧熄灭，弧隙中去游离作用继续进行，弧隙电阻不断增大，但弧隙介质的介电强度要恢复到正常状态值需要有一个过程，此恢复过程称为弧隙介质介电强度的恢复过程，以能耐受的电压 U_j 表示。

介质介电强度的恢复速度与冷却条件、电流大小、开关电器灭弧装置的结构和灭弧介质的性质有关。图 3-4 所示为不同介质的介电强度恢复过程曲线。从图中可见：在电流过零瞬间（$t=0$），介电强度突然出现升高的现象，此现象称为近阴极效应。这是因为电流过零后，弧隙的电极极性发生了改变，弧隙中剩余的带电质点的运动方向也相应改变，质量小的电子迅速向新的阳极运动，而比电子质量大很多倍的正离子由于惯性大，来不及改变运动方向停留在原地未动，导致新的阴极附近形成了一个正电荷的离子层，如图 3-5 所示，正空间电荷层使阴极附近出现了大约 150～250V 的起始介电强度。近阴极效应使弧隙在电弧自然熄灭后的极短瞬间能耐受 150～250V 的外加电压。在低压电器中，常利用近阴极效应这个特性来灭弧。

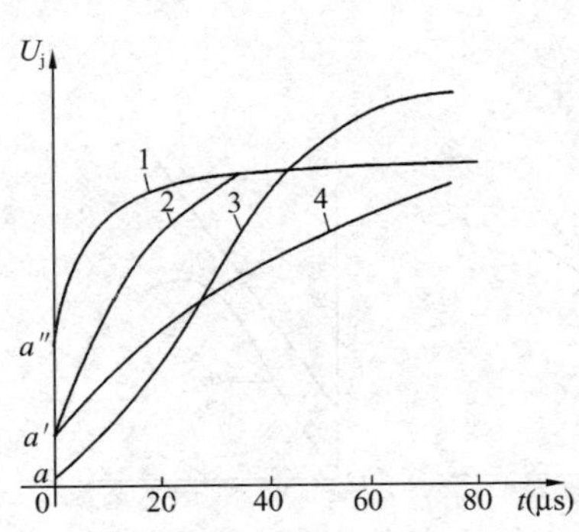

图 3-4　介质介电强度的恢复过曲线

1—真空；2—SF_6；3—空气；4—油

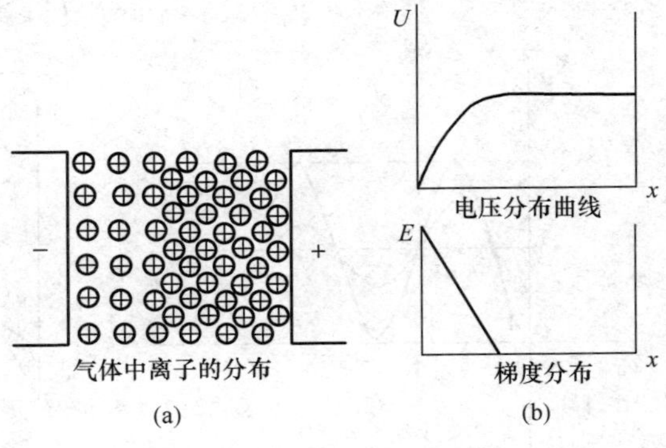

图 3-5　近阴极效应

（a）电荷分布；（b）电压分布

影响介质介电强度恢复速率的主要因素有：

(1) 弧隙温度。弧隙温度降低越快，弧隙介质强度恢复速率越大。

(2) 弧隙介质特性。不同的灭弧介质中弧隙介质强度恢复速率不同，如图 3-3 所示。

(3) 灭弧介质的压力。压力高不易击穿产生电弧。

(4) 断路器触头的分断速度。分断越快，开距越大，介质介电强度的恢复速率越大。

2. 弧隙电压的恢复过程

电流过零使电弧熄灭后，加在弧隙上的电压称为恢复电压。电弧电流过零前，弧隙电压呈马鞍形变化，电压值很低，电源电压的绝大部分降落在线路和负载阻抗上。电流过零时，弧隙电压等于熄弧电压，正处于马鞍形的后峰值处，电流过零后，弧隙电压从后峰值逐渐增长，一直恢复到电源电压，弧隙电压从熄弧电压变成电源电压的过程称为弧隙电压恢复过程。用 U_{hf} (t) 表示电压恢复过程。电压恢复过程与电路参数、负荷性质等有关。受电路参数等因素的影响，电压恢复过程可能是周期性的变化过程，也可能是非周期性变化过程。图 3-6 所示是弧隙恢复电压按指数规律变化的非周期性过程。图中：U_0 是电弧自然熄灭瞬间的电源相电压，u_{xh} 为熄弧电压，u_{hf} 是弧隙恢复电压，依指数规律上升的恢复电压最大值不会超过 U_0，也就是说不会在电压恢复过程中出现过电压。图 3-7 所示是恢复电压呈现周期性振荡的变化过程，这时弧隙的恢复电压最大值理论上可达到 $2U_0$，实际中由于电阻影响，弧隙恢复电压振荡有衰减，实际最大值为 (1.3～1.6) U_0。周期性振荡的恢复电压更容易超过弧隙介质强度，造成电弧重燃。

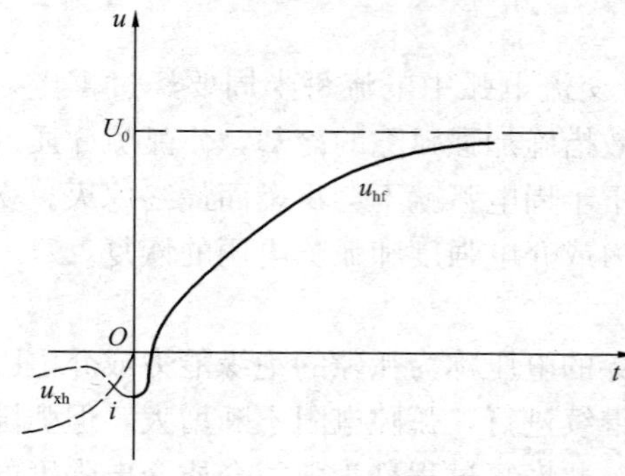

图 3-6 弧隙恢复电压非周期性变化过程

3. 交流电弧的熄灭条件

电弧电流过零后，电弧自然熄灭。电流过零后，弧隙中同时存在着两个作用相反的恢复过程，即介质介电强度 U_j 的恢复过程和弧隙电压 U_{hf} 的恢复过程。如果弧隙介质介电强度在任何情况下都高于弧隙恢复电压，则电弧熄灭；反之，如果弧隙恢复电压高于弧隙介质介电强度，弧隙就被击穿，电弧重燃，如图 3-8 所示。因此，交流电弧的熄灭条件为

$$U_j(t) > U_{hf}(t)$$

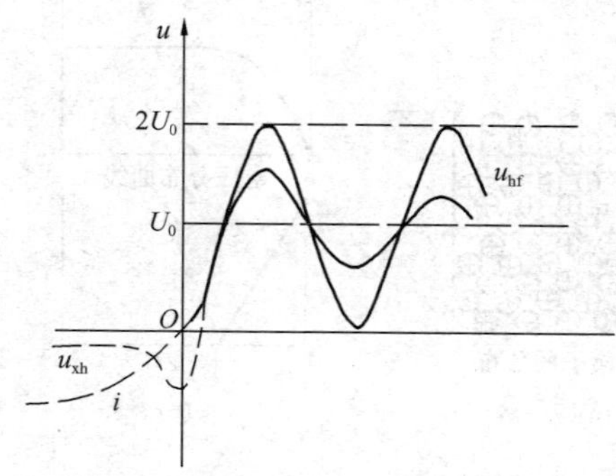

图 3-7 恢复电压周期性振荡变化过程

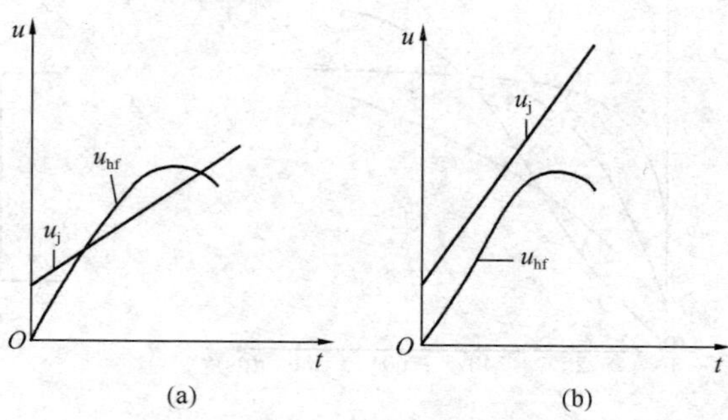

图 3-8 交流电弧在过零后重燃和熄灭
(a) 重燃；(b) 熄灭

综上所述，在交流电弧的灭弧中，应充分利用交流电流的自然过零点，采取有效的措施，加大弧隙间去游离的强度，使电弧不再重燃，最终熄灭。

五、熄灭交流电弧的基本方法

开断交流电弧时，在电流达到零值以后，加强对弧隙的冷却，抑制热游离，加强去游离。为此，在开关设备中均装设了灭弧装置，或称为灭弧室，灭弧室不断改进，大大提高了开关的灭弧能力。另一方面，为了进一步提高灭弧能力，还可以采用性能更为优越的新型灭弧介质，例如六氟化硫断路器的使用等。目前，在开关电器中广泛采用的灭弧方法有以下几种。

1. 吹弧

利用灭弧介质（气体、油等）在灭弧室中吹动电弧，广泛应用在开关电器中，特别是高压断路器中。

用弧区外新鲜、低温的灭弧介质吹拂电弧，对熄灭电弧起到多方面的作用。它可将电弧中大量正负离子吹到触头间隙以外，代之以绝缘性能高的新鲜介质；它使电弧温度迅速下降，阻止热游离的继续进行，使触头间的绝缘强度提高；被吹走的离子与冷介质接触，加快了复合过程的进行；吹弧使电弧拉长变细，加快了电弧的扩散，弧隙电导下降。按吹弧方向分为：

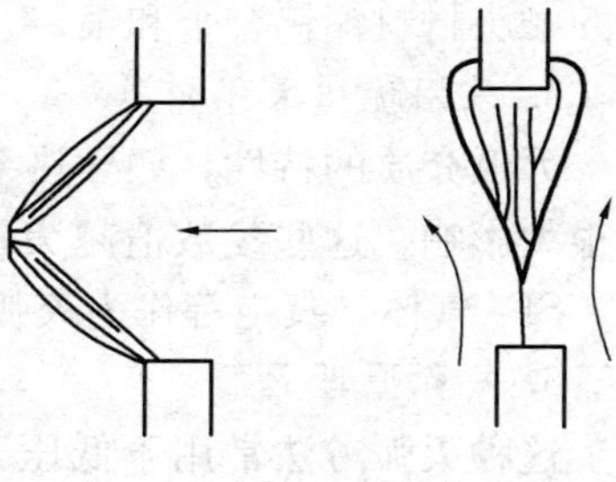

(a)　(b)

图 3-9　吹弧方法
(a) 横吹；(b) 纵吹

(1) 横吹。吹弧方向与电弧轴线相垂直时，称为横吹，如图 3-9 (a) 所示。横吹更易于把电弧吹弯拉长，增大电弧表面积，加强冷却和增强扩散。

(2) 纵吹。吹弧方向与电弧轴线一致时，称为纵吹，如图 3-9 (b) 所示。纵吹能促使弧柱内带电质点向外扩散，使新鲜介质更好地与炽热的电弧相接触，冷却作用加强，并把电弧吹成若干细条，易于熄灭。

(3) 纵横吹。横吹灭弧室在开断小电流时，因灭弧室内压力太小，开断性能差。为了改善开断小电流时的灭弧性能，可将纵吹和横吹结合起来。在开断大电流时主要靠横吹，开断小电流时主要靠纵吹。

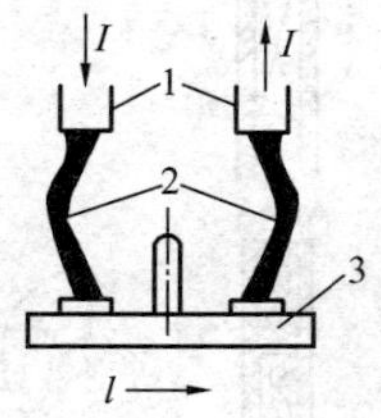

图 3-10　双断口示意图
1—静触头；2—电弧；3—动触头

2. 采用多断口灭弧

在许多高压断路器中，常采用每相两个或多个断口相串联的方式，如图 3-10 所示。熄弧时，利用多断口把电弧分解为多个相串联的短电弧，使电弧的总长度加长，弧隙电导下降；在触头行程、分闸速度相同的情况下，电弧被拉长的速度成倍增加，促使弧隙电导迅速下降，提高了介电强度的恢复速度；另一方面，加在每一断口上的电压减小数倍、输入电弧的功率和能量减小，降低了弧隙电压的恢复速度，缩短了灭弧时间。多断口比单断口具有更好的灭弧性能，便于采用积木式结构（用于110kV 及以上电压的断路器中）。

采用多断口的结构后，每个断口上的电压出现分配不均的现象，这是由于两断口之间的导电部分对地电容的影响而引起的。为了使各个灭弧室的工作条件相接近，通常采用断口并联电容的方法，在每个断口外边并联一个比对地电容大得多的电容

C，称为均压电容，其容量一般为1000～2000pF。接了均压电容后，只要电容容量足够大，多断口的电压就接近相等了。实际中要做到电压完全均匀，必须装设容量很大的电容，造成投资增大，经济性不好，因此，一般按断口间最大电压不超过均匀分配值10%的要求来选择均压电容的电容量。

3. 提高分闸速度

迅速拉长电弧，有利于迅速减小弧柱内的电位梯度，增加电弧与周围介质的接触面积，加强冷却和扩散作用。现代高压开关中都采取了迅速拉长电弧的措施灭弧，如采用强力分闸弹簧，其分闸速度已达16m/s。

4. 用耐高温金属材料制作触头

触头材料对电弧的去游离也有一定影响，用熔解点高、导热系数和热容量大的耐高温金属制作触头，可以减少热电子发射和电弧中的金属蒸气，减弱游离过程，利于电弧熄灭。常用的触头材料铜钨合金和银钨合金等。

5. 采用优质灭弧介质

灭弧介质的特性，如导热系数、介电强度、热游离温度、热容量等，对电弧的游离程度有很大影响，这些参数值越大，去游离作用越强。现代高压开关中，广泛采用油、压缩空气、SF_6 气体、真空等作为灭弧介质。

6. 短弧原理灭弧

这种灭弧方法常用于低压开关电器中，如低压断路器（自动空气开关）和电磁接触器等。利用一个金属灭弧栅将电弧分为多个短弧，利用近阴极效应的方法灭弧，如图3-11所示。灭弧栅用金属材料制成，触头间产生的电弧被磁吹线圈驱入灭弧栅，每两个栅片间就是一个短弧，每个短弧在电流过零时新阴极产生150～250V的起始介电强度，如果所有串联短弧的起始介电强度总和始终大于触头间的外加电压，电弧就不会重燃而熄灭。在低压电路中，电源电压远小于起始介质强度之和，因而电弧不能重燃。

7. 利用固体介质的狭缝灭弧装置灭弧

低压开关中也广泛应用狭缝灭弧装置灭弧。狭缝由耐高温的绝缘材料（如陶土或石棉水泥）制作，通常称为灭弧罩。电弧形成后，用磁吹线圈产生的磁场作用于电弧，电弧受电动

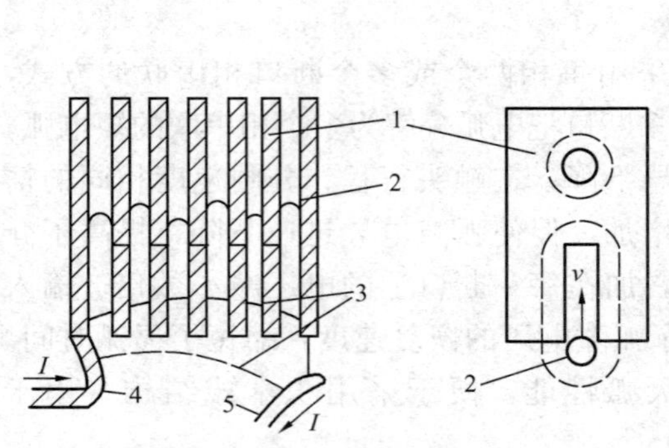

图3-11　电弧在灭弧栅内灭弧

1—灭弧栅片；2—电弧；3—电弧移动位置；4—静触头；5—动触头

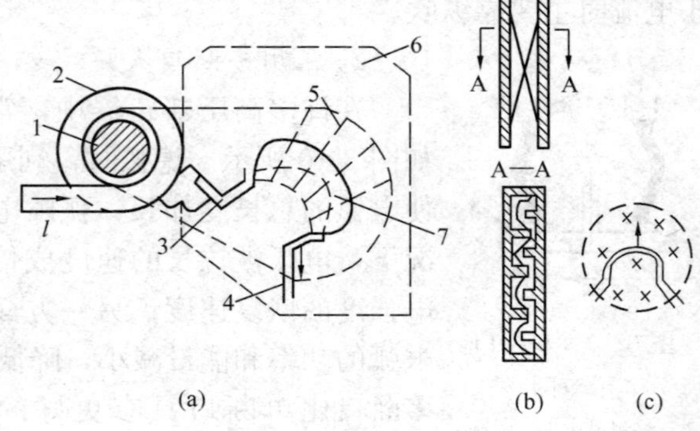

图3-12　狭缝灭弧装置的工作原理

(a) 灭弧装置；(b) 迷宫式灭弧片；(c) 磁吹弧原理

1—磁吹铁心；2—磁吹线圈；3—静触头；4—动触头；5—灭弧片；6—灭弧罩；7—电弧移动位置

力作用吹入狭缝中，在把电弧迅速拉长的同时，电弧与灭弧罩内壁紧密接触，热量被冷的灭弧罩吸收，电弧温度下降，电弧表面被冷却和吸附；又因窄缝中的气体被加热使其压力很大，加强了电弧中的复合过程。图 3-12 是狭缝灭弧装置的工作原理示意图。

磁吹力的产生靠外加磁场，使电弧在磁场中受力向灭弧室狭缝中移动。产生磁场的方法有三种：

（1）磁吹线圈与电路串联。其特点是吸力的方向不随电流方向的改变而变化，磁吹力的大小与电弧电流的平方成正比。当切断小电流时，可能磁吹力太小，电弧不能被拉入狭缝中。

（2）磁吹线圈与电路并联。其特点是磁吹力不受电弧电流影响，可以获得恒定的磁场强度，开断小电流时不会降低它的开断能力。但磁吹力具有方向性，在使用中必须注意磁吹线圈的极性。

（3）永久磁铁式。其工作原理与并联磁吹相同，但它不需要线圈，结构简单。它同样具有方向性，一般只应用于直流电路中。

第三节　电气触头的基本知识

一、概述

电气触头是指两个导体或几个导体之间相互接触的部分，如母线或导线的接触连接处以及开关电器中的动、静触头。电气触头设计不好、制造不良或工作状况不良，直接影响到电气设备和电气装置的工作可靠性，甚至导致电气设备发生严重事故。特别是开关电器中的触头，用来接通和断开电路，是开关电器的执行元件，因此，它的性能好坏直接决定了开关电器的品质。

对电气触头的基本要求：

（1）结构可靠。

（2）接触电阻小而且稳定，即有良好的导电性能和接触性能。

（3）通过规定电流时，发热稳定而且温度不超过允许值。

（4）通过短路电流时，具有足够的动稳定性和热稳定性。

（5）开断规定的短路电流时，触头不被灼伤，磨损尽可能小。不发生熔焊现象。

二、触头的接触电阻

电流流过触头所产生的电阻称为接触电阻。由于触头的接触面往往不是全面接触，而是局部接触，所以接触面积可能小于导体的几何面积，因而接触电阻可能比导体其他部分的电阻增大。

正常情况下，触头间的接触紧密而牢靠，接触电阻是很小的。当接触部位接触不良时，接触电阻就会增大，使触头过热，如果不及时发现和处理，就会发展成触头烧毁、损伤触头周围物质，拉出电弧和飞弧短路，会导致故障的进一步扩大。

因为触头在正常工作和通过短路电流时的发热都与接触电阻值有关，所以触头的品质在很大程度上取决于触头的接触电阻值。触头的表面加工状况、表面氧化程度、触头间的压力及接触情况等都会影响接触电阻值。下面分析影响接触电阻的主要因素。

1. 触头间的压力

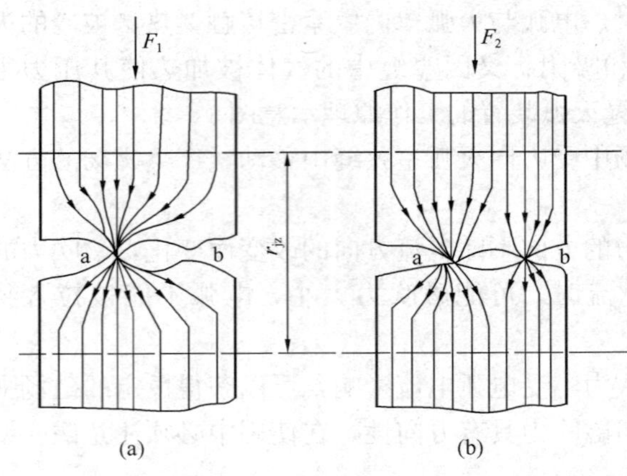

图 3-13 不同压力作用时两触头表面的接触情况（$F_2>F_1$）
（a）施加外力 F_1；（b）施加外力 F_2

即使精细加工的触头表面，从微观上看也是凹凸不平的，触头接触面积的大小受施加压力大小的影响，如图 3-13 所示。在不加外力情况下，将两个触头对接放置时，触头间仅有一点 a 接触，如图 3-13（a）所示。施加外力 F_1 时，a 点被压平形成接触面；若施加比 F_1 更大的外力 F_2，则 a 接触面增大，同时又将 b 点接触并形成新的接触面，总的接触面增大了，接触电阻就小了。故压力是影响接触电阻的重要因素。

在开关电器中，一般在触头上附加钢性弹簧，目的是增大并保持触头间的接触压力，使触头接触可靠，减小接触电阻并保持稳定。

2. 触头材料及预防氧化的措施

触头一般由铜、黄铜和青铜等材料制成，这些材料在空气中容易氧化。为了防止氧化，通常在触头表面镀上一层锡或铅锡合金。镀锡后，触头的接触电阻比没有氧化的铜触头的接触电阻约高 30%～50%，但在运行中不再增加。

镀锡铜触头的使用环境温度可在 60℃以上，它可以用在户外装置中，也可以用在潮湿的场所。没有镀锡的铜触头在上述条件下使用时，必须加以密封。在户外装置或潮湿场所使用的大电流触头，最好在触头表面镀银。银在空气中不易氧化，镀银触头的接触电阻比较稳定，因此镀银触头的特性比较稳定。对钢制触头，其接触表面应镀锡，并涂上两层漆加以密封。铝制触头在空气中最易氧化，并产生具有很大电阻的氧化膜层，对接触电阻的影响最大。因此，铝制触头必须在表面涂中性凡士林油加以覆盖，以防氧化。

一些电气设备，如变压器、电机等采用铜制引出端头，如果是在屋外和潮湿的场所中，就不能将铝导体用螺栓与铜端头连接。因为铜铝直接接触会形成电位差（约为 1.86V），当含有溶解盐的水分渗入接触面的缝隙时，会产生电解反应，铝被强烈地电腐蚀，导致触头损坏，并可能酿成重大事故。为了避免出现这种情况，通常采用铜铝过渡接头，其结构是一端为铝，一端为铜，如图 3-14 所示。

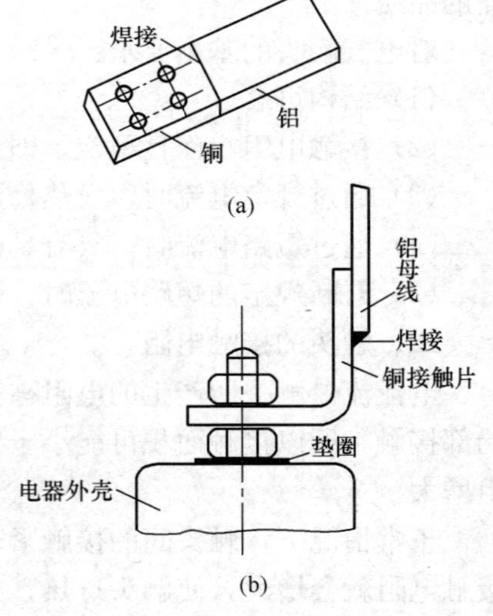

图 3-14 铝母线接到电器铜端头上用的接头
（a）铜铝过渡接头；
（b）铝导体用螺栓直接与电器的铜端头连接

在屋内配电装置中，允许将铝导体用螺栓直接与电器的铜端头连接。

导体搭接面的处理应满足下列规定：

（1）铝与铝。直接连接。

（2）铜与铜。在干燥的室内可直接连接；在室外、高温且潮湿或对母线有腐蚀性气体的室内，必须搪锡。

（3）钢与钢。必须搪锡或镀锌，不得直接连接。

（4）铜与铝。在干燥的室内，铜导体应搪锡；在室外或空气湿度接近100%的室内，应采用铜铝过渡板，铜导体应搪锡。

（5）钢与铝。钢导体必须搪锡。

（6）钢与铜。钢导体必须搪锡。

三、触头的分类及其结构

（一）按接触面的形式分类

1. 点触头

点触头是指两个触头间的接触面为点状的触头，如球面和平面接触、两个球面接触等都是点接触。这种接触形式的优点是压强较大、接触点较固定、接触电阻稳定、触点结构简单、自净作用较强；缺点是接触面积小、不宜通过较大电流、热稳定性差。因此，这种触点通常只用在工作电流和短路电流较小的情况下，如继电器和开关电器的辅助触点等。图3-15（a）所示为点接触示意图。

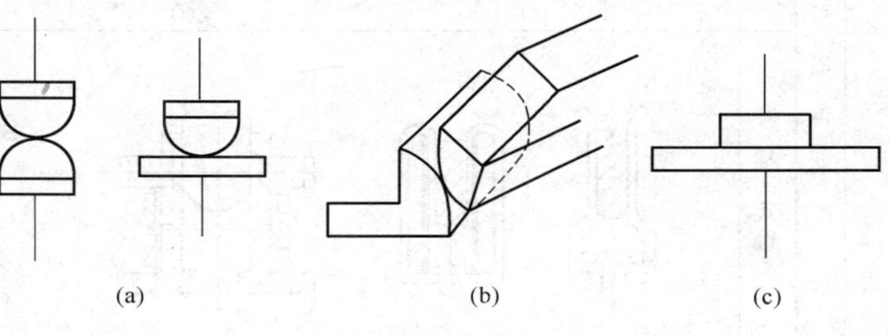

图3-15 触点的三种接触形式
（a）点接触；（b）线接触；（c）面接触

2. 线触头

线触头是指两个触头的接触面为线状的触头，如柱面与平面接触，或两个圆柱面间的接触等都属于线接触，图3-15（b）所示为线接触示意图。线触头的压力强度较大，在同样压力下，线触头比面接触触头的实际接触点要多。线触头在接通或断开时，触头间的运动形式是一个触头沿另一个触头的表面滑动。由于触头的压强很大，滑动时很容易把触头表面的金属氧化层破坏掉（这种效应也被称为自洁作用），从而可减小接触电阻，铜制线触头的接触电阻是平面触头的1/2～1/3。线触头的接触面积比较稳定，广泛应用于高、低压开关电器中。

3. 面触头

面触头是指两个平面或两个曲面的接触触头，触头容量较大。在受到较大压力时，接触点数和实际接触面积仍比较小，所以，为保证触头的动稳定，减小接触电阻，就必须对触头施加更大的压力。图3-15（c）所示为面接触示意图。

（二）按结构形式分类

图3-16所示为常见触头的结构形式与分类。各种触头均需满足接触性能、动热稳定性、抗熔焊、耐电弧烧伤等各种要求，同时还要尽可能地便于安装、维修，降低造价。

1. 固定触头

固定触头是指连接导体之间不能相对移动的触头，如母线之间，母线与电器引出端头的连接等。图3-16（a）、（b）、（c）、（d）所示为常见的固定触头形式。

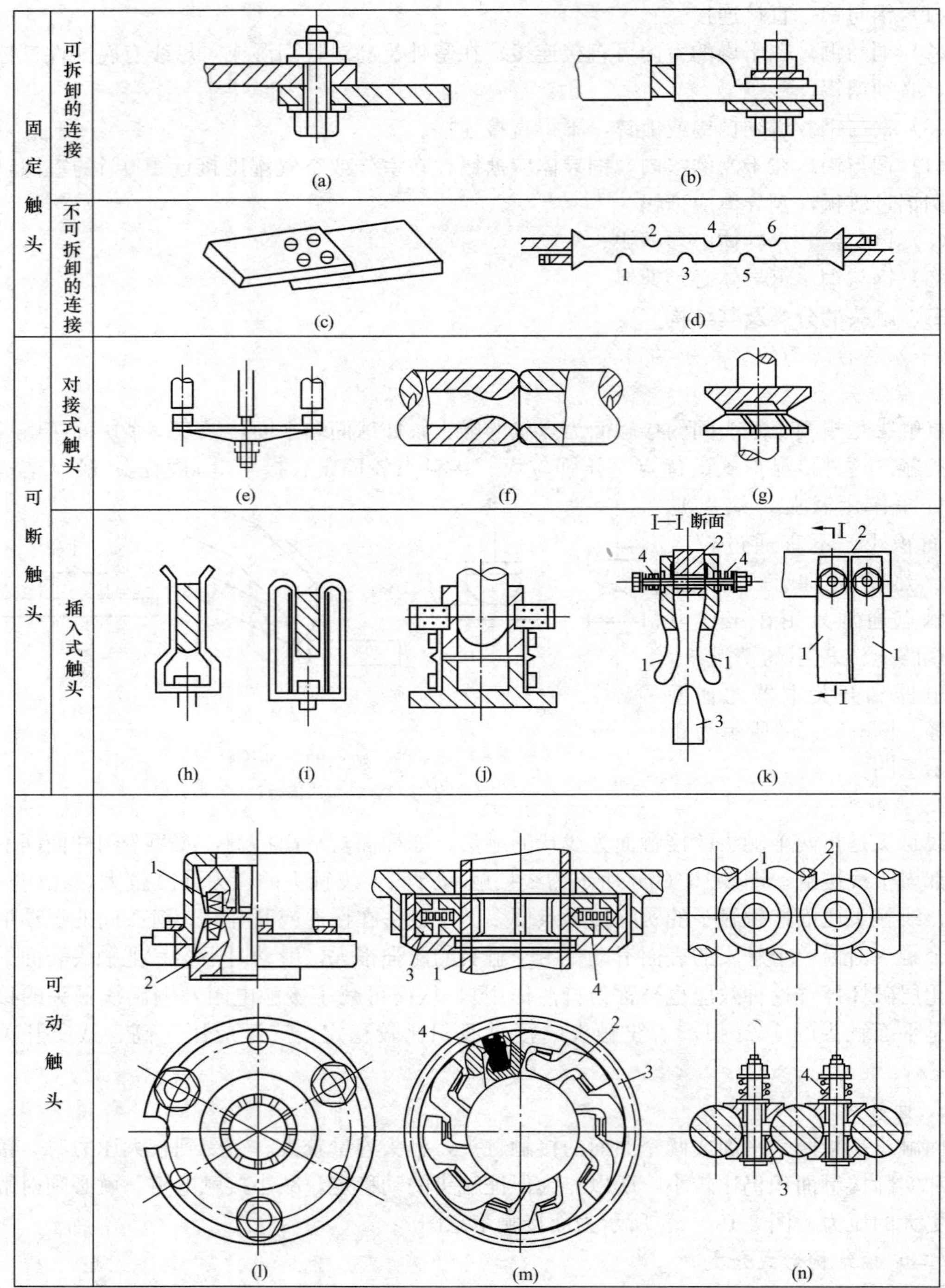

图 3-16 触头的结构形式与分类

(a)、(b) 螺栓连接；(c) 铆接；(d) 压接；(e) ～ (g) 对接式触头；(h)、(i) 刀形触头；(j) 瓣形触头；(k) 指形触头；(l) 豆形触头；(m) Z 形触头；(n) 滚动触头固定触头按其连接方式可分为可拆卸和不可拆卸两类。

（1）可拆卸的连接：采用螺栓连接方式，以方便安装和维修。

（2）不可拆卸的连接：采用铆接或压接方式，触头连接后便不可拆卸。压接时，使用专用的压接模具，由压接工具施压成形。

固定触头的接触表面应采取适当的防腐措施，以防止外界的侵蚀，保证接触可靠、耐用。防腐的方法一般是在触头连接后，在外面涂以绝缘漆、瓷釉或凡士林油等。

2. 可断触头

可断触头是在工作过程可以分开的触头，广泛应用于高低压开关电器中，按其结构可分为以下几种。

（1）对接式触头：如图 3-16（e）、（f）、（g）所示。这种触头优点是结构简单、分断速度快；缺点是接触面不够稳定、关合时易发生触头弹跳，由于触头间无相对运动，故基本上没有自净作用，触头容易被电弧烧伤、动热稳定性较差。因此，对接式触头只适用于 1000A 以下的断路器中。

（2）插入式触头：如图 3-16（h）～（k）所示。其结构特点是所需接触压力较小，有自洁作用，无弹跳现象，触头磨损小，动热稳定性好。缺点是除了刀形触头外，其他的结构复杂、分断时间长。

（3）刀形触头：如图 3-16（h）、（i）所示。其结构简单，广泛用于手动操作的高低压电器，如刀开关、隔离开关等。

（4）瓣形触头：又称插座式或梅花形触头，如图 3-16（j）所示。其静触头是由多瓣独立的触指组成一个圆环，如同插座状，动触头是圆形导电杆。接通时导电杆插人插座内，由强力弹簧或弹簧钢片把触指压向导电杆，静触指与动触头间形成线接触。插座式触头接触面工作可靠、接触电阻稳定、结构复杂、断开时间较长，广泛用于少油断路器中作为主触头和灭弧触头。为了使触头具有抗电弧烧伤能力，常在外套的端部加装铜钨合金保护环，在动触头的端部镶嵌铜钨合金制成的耐弧端。

（5）指形触头。如图 3-16（k）所示。它由成对的装在载流体 2 两侧的接触指 1、楔形触头 3 和夹紧弹簧 4 组成。其优点是动稳定性好、有自洁作用，缺点是不易与灭弧室配合，工作表面易被电弧烧伤，一般用在少油断路器中作工作触头，在一些隔离开关中也有应用。

3. 滑动触头

滑动触头也叫中间触头，又称可动触头，是指在工作中被连接的导体总是保持接触，能由一个接触面沿着另一个接触面滑动的触头，其结构形式如图 3-16（l）～（n）所示。这种触头的作用是给移动的受电器供电，如电机的滑环碳刷、行车的滑线装置、断路器的滑动触头等。

（1）豆形触头：如图 3-16（l）所示。它的静触指 1 分上、下两层，均匀分布在上、下触头座 2 的圆周上，每一触指配有小弹簧作缓冲，以减少摩擦力和防止动触杆卡涩，动触杆从其中心孔通过。这种触头接触点多，在较小的接触压力下具有良好的导电能力，而且结构紧凑。其缺点是通用性差。

（2）Z 形滑动触头：如图 3-16（m）所示。Z 形触头的结构与插座式触头相近。它是把 Z 形触指 2（静触头）装在导电座里面，用弹簧 4 保持触指的位置，并将触指紧压在圆形导电座 3 和动触杆 1 上。这种触头结构简单、工作可靠、没有导电片、高度低、接触稳定、有自洁作用。

（3）滚动式滑动触头：如图 3-16（n）所示。滚动式滑动触头是指在工作中导体由一个接触面沿着另一个接触面滑动的触头。它由圆形导电杆 2、成对的滚轮 3、固定导电杆 1 以及弹簧 4 等组成。弹簧的作用是保持滚轮和可动导电杆以及固定导电杆的接触压力。在接通和断开过程中，滚轮沿着导电杆上、下滚动。滚动式滑动触头接触面的摩擦力小，自洁作用较差。

本 章 小 结

电弧是气体放电现象，具有高温和强光、能导电、能量集中。由热电子或强电场发射产生自由电子，碰撞游离导致电弧形成，热游离维持电弧的稳定燃烧。

弧隙中去游离有复合和扩散两种形式。弧隙去游离比游离强时，电弧熄灭。

直流电路中产生的电弧叫直流电弧。在开断直流电路时，会产生过电压。熄灭直流电弧一般采用冷却电弧或拉长电弧、增大线路电阻、把长弧分割成许多串联的短弧等方法。

交流电弧具有动态特性。电弧电流瞬时值随时间变化，电弧的温度、直径以及电弧电压也随时间变化；电弧具有热惯性，电弧温度的变化总滞后于电流的变化；电流过零时，电弧自然熄灭，电流过零后可能又重燃。

交流电弧的熄灭条件是电弧电流过零后，弧隙介电强度的恢复速度始终高于恢复电压的恢复速度，即 $U_j(t)>U_{hf}(t)$。

交流电弧的灭弧方法有吹弧、采用多断口灭弧、提高分闸速度、用耐高温金属材料制作触头、采用优质灭弧介质、短弧原理灭弧、利用固体介质的狭缝灭弧装置等。

电气触头是导体间互相接触的部分。接触电阻是影响触头质量的主要因素，接触电阻与触头间的压力成反比，此外也与金属材料的电阻率、触头表面的氧化状况等因素有关。

触头按接触形式可分为点触头、线触头和面触头，按结构形式可分为固定触头、可断触头和滑动触头。

思 考 练 习

3-1 电弧具有什么特征？它对电力系统和电气设备有哪些危害？

3-2 电弧是如何形成的？

3-3 电弧的游离和去游离方式各有哪些？影响去游离的因素是什么？

3-4 交流电弧有什么特征？交流电弧灭弧的条件是什么？

3-5 什么是近阴极效应？

3-6 什么是弧隙介质介电强度和弧隙恢复电压？

3-7 断路器断口并联电阻和电容的作用是什么？

3-8 开关电器中常采用的基本灭弧方法有哪些？各自的灭弧原理是什么？

3-9 什么是电气触头？电气触头有哪些形式？

3-10 什么是触头的接触电阻？影响接触电阻的因素有哪些？

3-11 怎样保证电气触头接触良好？

第四章　低　压　电　器

本章概要介绍低压电器的基本知识，侧重介绍发电厂变电站主要低压开关电器和低压控制电器的种类、作用及其使用要点。低压熔断器将在第五章进行介绍。

第一节　概　　述

一、低压电器的定义和分类

1. 低压电器的定义

低压电器是指用于交流 50Hz、额定电压在 1200V 及以下或直流额定电压在 1500V 及以下的电力线路中起保护、控制、转换和调节等作用的电气元件的总称。

2. 低压电器的分类

低压电器种类繁多。按照其用途或所控制的对象可分为：

(1) 低压配电电器。它主要用于低压配电系统中，如刀开关、转换开关、熔断器、低压断路器和保护继电器等。

(2) 低压控制电器。它主要用于电力传动系统中，如控制继电器、接触器、启动器、控制器调整器、主令电器、变阻器和电磁铁等。

低压电器按照动作性质可以分为：

(1) 手动电器。它主要是指通过人力直接操作的电器，主要用于完成接通、分断、启动和停止等动作，如开关、按钮及各种主令电器等。

(2) 自动电器。它是指按照输入信号或本身参数的变化而自动动作的电器，主要用于完成接通、分断、启动或停止等动作，如接触器、继电器等。

二、低压电器的全型号表示

为了生产、销售、管理和使用方便，我国对各种低压电器都按规定编制型号。低压电器的全型号由类别代号、组别代号、设计代号和基本规格号几部分构成。每一级代号后面可根据需要加设派生代号。低压电器的全型号各部分必须使用规定的符号或数字表示。产品全型号的意义如下：

1　2　3－4　5/6－7

1：表示类组代号：包括类别代号和组别代号，用汉语拼音字母表示，代表低压电器元件所属的类别以及在同一类电器中所属的组别，低压电器产品类组代号含义如表 4-1 所示；

2：表示设计代号：用数字表示同类低压电器元件的不同设计序列，其中二位及以上的首位数值，5 表示化工用、6 表示农业用、7 表示纺织用、8 表示防暴用、9 表示船用。

3：特殊派生代号：用汉语拼音字母表示在特殊情况下变化的特征，一般不采用；

4：基本规格代号：用数字表示同一系列产品中不同的规格品种；

表 4-1　　低压电器产品型号类组代号的含义

代号	名称	A	B	C	D	G	H	J	K	L	M	P	Q	R	S	T	U	W	X	Y	Z
H	刀开关和转换开关				刀开关		封闭式负荷开关		开启式负荷开关					熔断器式刀开关	刀形转换开关				其他		组合开关
R	熔断器			插入式			汇流排式			螺旋式	封闭管式				快速	有填料管式			限流	其他	
D	低压断路器										灭磁				快速			框架式	限流	其他	塑料外壳式
K	控制器					鼓形						平面				凸轮				其他	
C	接触器					高压		交流				中频			时间	通用				其他	直流
Q	启动器	按钮式		磁力				减压							手动		油浸		星三角	其他	综合
J	控制继电器									电流				热	时间	通用		温度		其他	中间
L	主令电器	按钮						接近开关	主令控制器						主令开关	足踏开关	旋钮	万能转换开关	行程开关	其他	
Z	电阻器		板形元件	冲片元件	铁铬铝带型元件	管形元件									烧结元件	铸铁元件			电阻器	其他	
B	变阻器			旋臂式						励磁		频敏	启动		石墨	启动调速	油浸启动	液体启动	滑线式	其他	
T	调整器				电压																
M	电磁铁												牵引					起重		液压	制动
A	其他	触电保护器	插销	灯			接线盒			电铃											

5：派生代号：用汉语拼音字母表示系列内个别变化的特征，其字母含义如表4-2所示；

6：辅助规格代号：用数字表示同一系列、同一规格产品中的某种有区别的不同产品；

7：热带产品代号。

其中，类组代号与设计代号的组合表示产品的系列，一般称为电器的系列号。同一系列的电器元件的用途、工作原理和结构、价格和容量根据需要可以有许多种。例如JR16是热继电器的系列号，同属这一系列的热继电器的结构、工作原理均相同，但电流从零点几安培到几十安培，有十几种规格。

表4-2　低压电器产品型号派生代号字母含义

派生字母	含义	
A B C D…	结构设计有改进或变化	
C	插入式	
J	交流、防溅式	
Z	直流、自动复位、防震、重任务、正向	
W	无灭弧装置、无极性	
N	可逆、逆向	
S	有锁住机构、手动复位、防水式、三相、三个电源、双线圈	
P	电磁复位、防滴式、单相、两个电源、电压的	
K	保护式、带缓冲装置	
H	开启式	
M	密封式、灭磁、母线式	
Q	防尘式、手车式	
L	电流的	
F	高返回、带分励脱扣	
I	按（湿热带）临时措施制造	此项派生字母加注在全型号之后
TH	湿热带	
TA	干热带	

三、低压电器的技术指标

不同的低压电器有不同的特性和性能要求，低压电器应共同具有的技术指标如下。

1. 低压电器的工作制

根据低压电器通电时间和操作的频率，低压电器有以下几种工作制。

（1）8h工作制：低压电器流过稳定电流，能达到热平衡，即温度升到某一稳定温度后不再升高，通电时间不长于8h。

（2）不间断工作制（长期工作制）：流过稳定电流，能达到热平衡，通电时间超过8h。

（3）短时工作制：电流流过的时间短，不能达到热平衡，断电后能冷却到周围介质温度。其通电时间可达90min。

（4）周期工作制：周期性地通电与断电，不管负载变动与否，总是有规律地反复进行工作。

（5）断续周期工作制：流过电流的工作时间和空载时间都短，达不到热平衡。

2. 低压电器的使用类别

根据操作负载性质和操作的频繁程度将低压电器分为A类和B类，A类为正常使用的低压电器，B类为操作次数不多的低压电器；根据低压电器所在电路的负载性质，分为交流（AC）电器和直流（DC）电器。

3. 低压电器的安装类别

低压电器的安装类别也称过电压类别，规定低压电器产品在电力系统中的安装位置按照等级可以分为四级。

（1）安装类别Ⅰ级，也称信号水平级：是指安装在系统线路末端的特殊设备或部件，例如低压电子逻辑系统、遥控、小功率信号电路的低压电器。

（2）安装类别Ⅱ级，也称负载水平级：是指安装在安装类别Ⅰ级前面和安装类别Ⅲ级后面的电气设备或部件。例如控制和通断电动机的电器，螺线管电磁阀，耗能电器（电灯、电热器），通过变压器的主令和控制电路电器。

（3）安装类别Ⅲ级，也称配电及控制水平级：是指安装在安装类别Ⅱ级前面和安装类别Ⅳ级后面的电气设备或部件，例如直接连接至配电干线装入配电箱中的电器。

（4）安装类别Ⅳ级，也称电源水平级：是指安装在安装类别Ⅲ级前面的电器，例如安装在电源进线处的电器。

各类低压电器可能有的安装类别如表4-3所示。

表4-3　　　　低压电器的安装类别

低压电器名称	安装类别			
低压熔断器	Ⅳ	Ⅲ	Ⅱ	
低压隔离开关	Ⅳ	Ⅲ	Ⅱ	
低压断路器	Ⅳ	Ⅲ	Ⅱ	
低压接触器		Ⅲ	Ⅱ	
低压电动机启动器		Ⅲ	Ⅱ	
控制电路电器和开关元件		Ⅲ	Ⅱ	Ⅰ

4. 低压电器的防护等级

低压电器的防护等级分为两类，以IP××表示。IP后的第一个数字表示防止固体异物进入内部及防止人体触及内部的带电或运动部分的防护等级；第二个数字表示防止水等其他液体进入内部造成有害影响的防护等级。低压电器防护等级数字含义如表4-4所示。

表4-4　　　　低压电器防护等级数字含义

防护等级	防固体进入的防护等级	防液体进入的防护等级
0	无防护	无防护
1	防护大于50mm的固体	防滴（垂直水滴不能进入）
2	防护大于12mm的固体	15°防滴（防与铅垂线成15°的滴水）
3	防护大于2.5mm的固体	防淋水（防与铅垂线成60°的淋水）
4	防护大于1mm的固体	防溅（防任何方向溅水）
5	防尘（防止灰尘进入以致影响正常运行）	防喷水（任何方向）
6	尘密（完全防止灰尘进入）	防海浪或强力喷水
7		防浸水影响（规定水压和时间）
8		防潜水影响（规定水压和长期时间）

5. 低压电器的污染等级

低压电器按污染等级分为四级：

污染等级 1 级，是指无污染或仅有干燥的非导电性的污染；

污染等级 2 级，是指一般情况仅有非导电性污染，但是必须考虑到偶然由于凝露造成短暂的导电性；

污染等级 3 级，是指有导电性污染，或由于预期的凝露使干燥的非导电性污染变为导电性的；

污染等级 4 级，是指造成持久性的导电性污染，例如由于导电尘埃或雨雪所造成的污染。

6. 低压电器的防触电等级

按防触电等级分可以分为三级：

（1）0 级电气设备。在这种电气设备中，防触电保护主要是靠主绝缘来保证的，亦即在设备固定引线情况下，在靠近导体部件和保护导体之间不设置导电连接部件，在主绝缘损坏的情况下便依赖于周围环境。

（2）Ⅰ级电气设备。在这种电气设备中，防触电保护不只是靠主绝缘来实现，在设备固定引线情况下，还包括把靠近导体部件和保护接地导体连接起来的安全措施在内，当主绝缘损坏的情况下，靠近导体部件不会带电。

（3）Ⅱ级电气设备。在这种电气设备中，防触电保护不仅仅依赖于主绝缘，而且还增加了诸如双重绝缘或加强绝缘的安全措施。

7. 其他技术参数

（1）额定电压：是指在长期工作中能承受的最大电压。

（2）额定电流：是指开关在合闸位置允许长期通过的最大工作电流。

（3）额定频率：是指工作回路电源的频率。

（4）额定接通和分断能力：是指开关在额定电压下能可靠地接通和分断的最大电流。

（5）额定短时耐受电流及持续时间：这是开关电器在规定的使用和性能条件下，在指定的短时间内所能承受而不损坏的电流值。对于交流，它包括了经受冲击电流峰值的电动力和一定时间的热稳定电流。

（6）额定短路接通能力：是指在规定的电压等条件下能够接通的短路电流值，用最大预期短路电流峰值表示。

（7）额定短路分断能力：是指在规定的电压等条件下能够分断的短路电流值。

（8）额定限制短路电流：是指本身不能分断短路电流的电器，在与之配合的短路保护电器如低压断路器的动作时间内，能承受某一短路电流的作用（包括电动力作用和热作用）。与此短路电流相应的预期短路电流值，称为额定限制短路电流。

第二节　刀　开　关

一、刀开关概述

1. 刀开关的用途

低压刀开关用于不频繁接通和分断低压供电线路，可用作隔离电源以保证检修人员的安

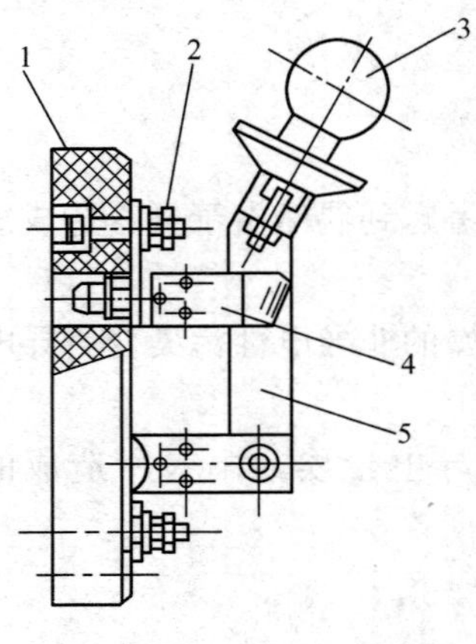

图 4-1 刀开关的典型结构
1—绝缘底板；2—接线端子；3—操作手柄；4—静触头；5—动触刀

全。另外，还可用于小容量鼠笼式异步电动机的直接启动。

2. 刀开关的结构特点

刀开关的结构比较简单，其典型结构如图 4-1 所示。主要由操作手柄、动触刀、静触头（座）和绝缘底板构成。推动手柄使动触刀插入静触头中，电路就会被接通。二极和三极刀开关的动触刀由绝缘横杆联动。

静触头是刀开关的重要部件，用铜等良导体材料制成，固定在用绝缘材料制成的底板上。为了保证刀开关合闸时动触刀与静触头有良好的接触，动触刀与静触头之间应有一定的接触压力。额定电流较大的刀开关，静插头还装有卡环式的弹簧，以保持其必要的接触压力。动触刀与下支座铰链连接，连接处依靠弹簧保证必要的接触压力，绝缘手柄直接与动触刀固定。能分断额定电流的刀开关装有灭弧罩，以保证分断电路时安全可靠。灭弧罩是由绝缘底板和钢栅片拼铆而成。对于额定电流 600A 以上大电流的刀开关，为避免在分断电流时烧伤主触头，在动触刀上端加装有铜—石墨弧触头，带灭弧装置的还有灭弧罩。

3. 刀开关的种类

刀开关的种类很多。按动触刀的极数可分为单极、双极和三极；按动触刀的转换方向可分为单掷和双掷；按操作方式可分为直接手柄操作式和远距离连杆操作式；按灭弧情况可分为有灭弧罩和无灭弧罩等。

二、刀开关的结构类型

常用的刀开关有开启式负荷开关和封闭式负荷开关、隔离刀开关和熔断器式刀开关。

1. 开启式负荷开关

开启式负荷开关又名瓷底胶盖闸刀开关。HK 系列闸刀开关结构如图 4-2 所示，由刀开关和熔断器组合而成，瓷底座上装进线座、静触头、熔体、出线座及带瓷质手柄的刀片式动触刀，上面装有起保护作用的胶盖，防止操作时触及带电部分和分断时产生的电弧飞出。

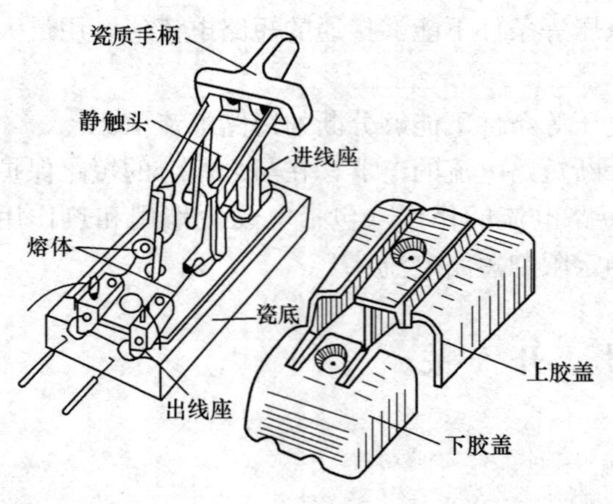

图 4-2 HK 系列闸刀开关结构

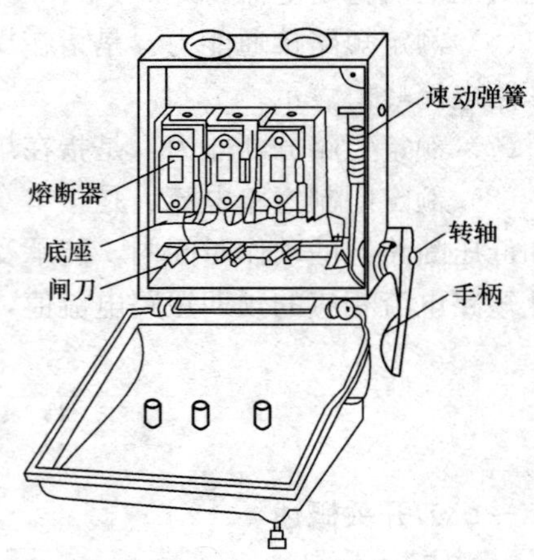

图 4-3 HH 系列铁壳开关结构

这种开关结构简单、价格低廉，常用作照明电路的电源开关，也可用来控制 5.5kW 以下异步电动机的启动和停止。但这种开关没有专门的灭弧装置，不宜用于频繁地分、合电路。

2. 封闭式负荷开关

封闭式负荷开关又名铁壳开关。HH 系列铁壳开关的结构如图 4-3 所示，它由刀开关、熔断器、灭弧装置、操动机构和钢板（或铸铁）做成的外壳构成。三把闸刀固定在一根绝缘方转轴上，由手柄操纵。

铁壳开关的操动机构具有以下两个特点：一是设有联锁装置，保证开关在合闸状态下开关盖不能开启，而开启时不能合闸，以保证操作安全；二是采用储能分合闸方式，操动机构中，在手柄转轴与底座之间装有速动弹簧，能使开关快速接通与断开，与手柄操作速度无关，这样有利于迅速灭弧。

以上两种负荷开关的型号由四个部分组成：

[1] [2] [3] / [4]

[1]：HK—开启式负荷开关；HH—封闭式负荷开关；

[2]：设计序号；

[3]：额定电流；

[4]：极数。

3. 隔离刀开关

隔离刀开关起隔离电压的作用，广泛应用于 500V 及以下的低压配电装置中，用以不频繁地接通和分断电路。普通隔离刀开关不能带负荷操作，在结构上有明显的断开点，以保证检修人员的安全。

不同系列的隔离刀开关结构基本相同，如图 4-4 所示，主要由操动机构、动静触头、灭弧罩和绝缘底板组成，通过两侧加装的弹簧片的压力来获得触头的分合力。

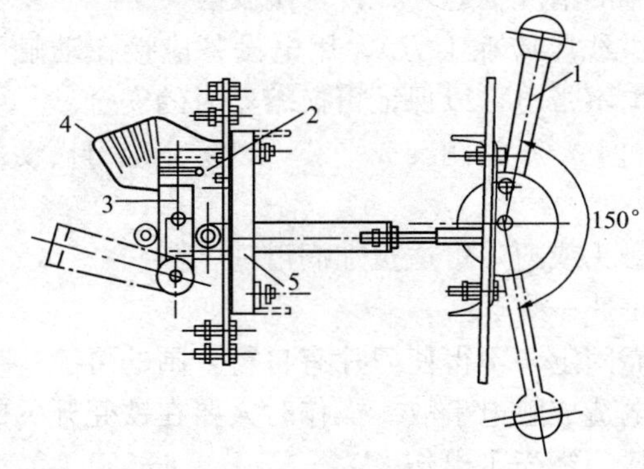

图 4-4 HD13 系列隔离刀开关结构

1—操作手柄；2—静触头；3—动触头；4—灭弧罩；5—绝缘底板

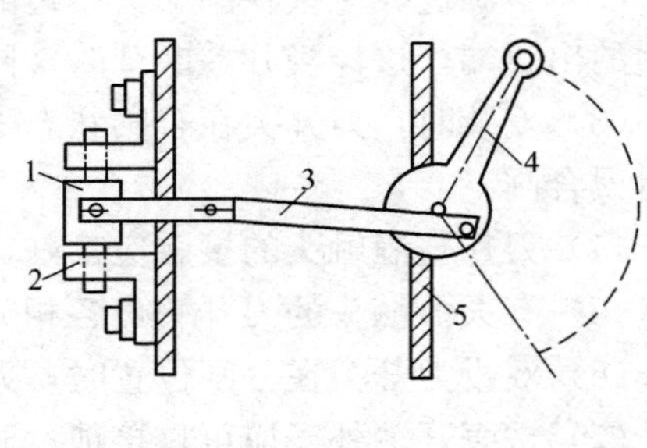

图 4-5 熔断器式刀开关结构

1—RTO 型熔断器；2—触头；3—连杆；4—操作手柄；5—低压配电屏板面

带有杠杆操动机构的隔离刀开关，用于切断不大于额定电流的负荷，均装有灭弧罩，以保证在分断电流时的安全可靠性。隔离刀开关的操动机构具有明显的分合指示和可靠的定位装置。

隔离刀开关按照极数可以分为单极、双极和三极的；按照结构可以分为平板式和条架式；按照操作方式分，有直接手柄操作式、杠杆操动机构式和电动操动机构式；按照转换方式可分为单投和双投等。

4. 熔断器式刀开关

熔断器式刀开关又称刀熔开关，有多种结构型式，一般多采用有填料熔断器作为开关的动触头，其结构如图 4-5 所示。广泛应用于开关柜或与终端电器配套的电气装置中，作为线路或用电设备的电源隔离开关及严重过载和短路保护之用。在回路正常供电的情况下，接通和切断电源由隔离刀开关来承担；当线路或用电设备过载或短路时，熔断器的熔体熔断，及时切断故障电流。

以上两种刀开关的型号由六个部分组成：

[1] [2] [3] [4] [5] / [6]

[1]：HD—单投刀开关；HS—双投刀开关；HR、SF—熔断器式刀开关；

[2]：HD、HS 系列为操作方式：11—中央手柄式，12—侧方正面杠杆式，13—中央正面杠杆式，14—侧面手柄式；其他系列为设计序号；

[3]：HD、HS 系列：B—特殊派生代号；X—旋转操作；其他系列无；

[4]：额定电流（A）；

[5]：极数：1—单极，2—二极，3—三极；

[6]：HD、HS 系列为灭弧装置：0—不带灭弧装置，1—带灭弧装置；HR 系列为操作与检修方式：1—前面侧方操作前检修式，2—前面中央操作后检修式，3—侧面操作前检修式，4—无面板侧面操作式。

三、刀开关的使用要点

刀开关在安装和使用时应注意下列事项：

（1）刀开关应该垂直安装，只有在不切断电流的情况下，才允许水平安装。

（2）电源进线应接在静触头一边的进线端（进线座应在上方），用电设备应接在动触头一边的出线端，这样当开关断开时，闸刀和熔体均不带电，以保证更换熔丝时的安全。

（3）安装时，刀开关在合闸状态下手柄应该向上，不能倒装或平装，以防止闸刀松动落下时误合闸。

（4）刀片与静触头的接触应良好，大电流的触头或刀片可适量加润滑油（脂）。

（5）有灭弧触头的刀开关，各相分闸动作应迅速一致。

（6）双投刀开关在分闸位置时，刀片应能可靠固定，不得使刀片有自行合闸的可能。

（7）铁壳开关外壳应可靠接地，防止意外漏电造成触电事故。操作时人要在铁壳开关的手柄侧，不要面对开关，以免意外故障使开关爆炸，铁壳飞出伤人。

（8）刀开关应按照产品使用说明书中规定的分断负载能力使用，分断严重过载将会引起持续燃弧，甚至造成相间短路，损坏开关。

（9）无灭弧罩的刀开关不应分断带电流的负载，只能作隔离电源用，合闸顺序要先合上刀开关，再合上控制负载的开关电器，分闸顺序则相反，要先使控制负载的开关电器分闸，然后再拉开刀开关。

第三节 接 触 器

一、接触器概述

1. 接触器的用途

接触器是一种自动控制电器，可以实现远距离接通和断开主电路，允许频繁操作。它工作可靠，还具有零压保护、欠压释放保护等作用。接触器是电力拖动自动控制系统中应用最广泛的电器。

2. 接触器的结构特点

接触器主要由电磁系统、触点系统、灭弧装置等部分组成，如图 4-6 所示。

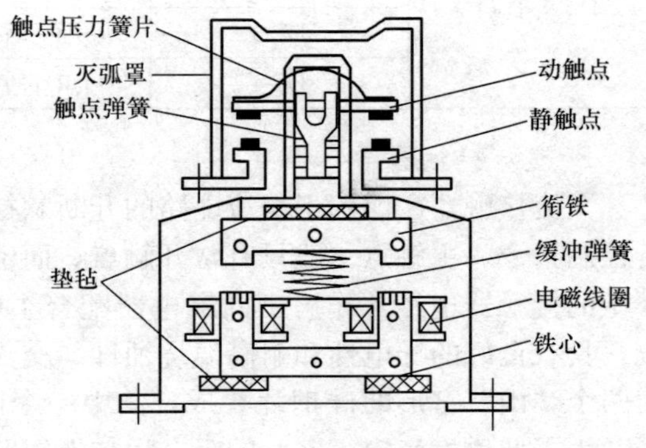

图 4-6 交流接触器的结构

（1）电磁系统。电磁系统由线圈、动铁心、静铁心组成。铁心用相互绝缘的硅钢片叠压铆成，以减少交变磁场在铁心中产生涡流及磁滞损耗，避免铁心过热。铁心上装有短路铜环，以减少衔铁吸合后的振动和噪声。铁心大多采用衔铁直线运动的双 E 形结构。交流接触器线圈在其额定电压的 85%～105% 时，能可靠地工作。电压过高，则磁路严重饱和，线圈电流将显著增大，有被烧坏的危险；电压过低，则吸不牢衔铁，触点跳动，影响电路正常工作。

（2）触点系统。触点系统是接触器的执行元件，用以接通或分断所控制的电路，必须工作可靠、接触良好。主触点在接触器中央，触点较大。复合辅助触点，分别位于主触点的左右侧，上方为辅助常闭触点，下方为辅助常开触点。辅助触点用于控制电路，常起电气联锁作用，故又称联锁（自保或互锁）触点。

（3）灭弧装置。交流接触器在分断大电流电路时，往往会在动、静触点之间产生很强的电弧。电弧的熄灭方法一般采用双断口结构的电动力灭弧和半封闭式绝缘栅片陶土灭弧罩。前者适用于容量较小（10A 以下）的接触器，而后者适用于容量较大（20A 以上）的接触器。

3. 接触器的动作原理

当接触器的电磁线圈通电后，产生磁场，使静铁心产生足够的吸力，克服反作用弹簧与动触点压力弹簧片的反作用力，将衔铁吸合，使动触点和静触点的状态发生改变，其中三对常开主触点闭合。常闭辅助触点首先断开，接着，常开辅助触点闭合。当电磁线圈断电后，由于铁心电磁吸力消失，衔铁在反作用弹簧作用下释放，各触点也随之恢复原始状态。

二、接触器的类型

接触器按其线圈通过电流种类不同，分为交流接触器和直流接触器。

交流接触器根据不同控制对象和在运行过程中的不同特点，其使用类别也有所不同，不同类别的接触器，接通与分断能力以及电寿命亦有所差别，接触器的常见使用类别及典型用途如表 4-5 所示。

表 4-5 **接触器的常见使用类别及典型用途**

电流种类	使用类别代号	典型用途举例
AC（交流）	AC-1	无感或微感负载，电阻炉
	AC-2	绕线转子异步电动机的启动、制动
	AC-3	笼型异步电动机的启动、运转和分断
	AC-4	笼型异步电动机的启动、反接制动与反向、点动
DC（直流）	DC-1	无感或微感负载，电阻炉
	DC-2	并励电动机的启动、反接制动、点动
	DC-3	串励电动机的启动、反接制动、点动
	DC-4	白炽灯的接通

1. 交流接触器

交流接触器广泛用于交流电路的开断和控制。利用主触点来开闭电路，用辅助触点来执行控制指令，主触点一般只有常开触点，而辅助触点常有两对具有常开和常闭功能的触点，小型的接触器也经常作为中间继电器配合主电路使用。交流接触器的触点，由银钨合金制成，具有良好的导电性和耐高温烧蚀性。交流接触器的动作动力来源于交流电磁铁，电磁铁由两个“山”字形的硅钢片叠成，其中一个固定，在上面套上线圈，工作电压有多种供选择。为了使磁力稳定，铁心的吸合面加上短路环。交流接触器在失电后，依靠弹簧复位，另一半是活动铁心，构造和固定铁心一样，用以带动主触点和辅助触点的开断。

常用的交流接触器有 CJ10 系列、CJ12 系列和 CJ20 系列。

（1）CJ10 系列交流接触器：适用于交流 50Hz（60Hz）、电压为 380V、电流为 150A 的输电线路中，供远距离接通和分断电路之用，并适宜于频繁地启动、停止和反转交流电动机，适用于长期工作制及间断长期工作制（8h 工作），还适应额定操作频率为 600 次/h，通电持续率为 40%的反复短时工作制。

GJ10 系列交流接触器如图 4-7 所示。主触点系统为三极双断点结构。辅助触点 40A 及以下为开启式，磁系统 10～40A 为直动式，60A 及以上为杠杆转动式结构。动、静铁心均装有缓冲装置。除 10A 接触器外，其余电流等级接触器均为陶土纵缝式灭弧罩。

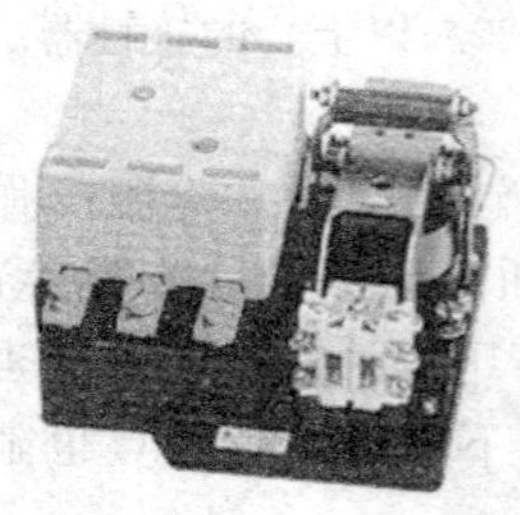

图 4-7　CJ10 系列交流接触器

图 4-8　CJ12 系列交流接触器

（2）CJ12 系列交流接触器：主要用于电力起重设备，它适用于交流 50Hz 或 60Hz、电压为 380V、电流为 600A 的输电线路，供远距离接通和分断电路之用，并适宜于频繁地启动、停止和反转交流电动机之用。

CJ12 系列交流接触器如图 4-8 所示，其主结构为条架平面布置，在一条安装用扁钢上，电磁系统居左，主触点系统居中，辅助触点居右，并装有可转动的停档，整个布置便于监视和维修。接触器的电磁系统由U型动、静铁心及吸引线圈组成。动、静铁心均装有缓冲装置，用以减轻磁系统闭合时的碰撞力、减少主触点的振动时间和释放时的反弹现象。CJ12系列交流接触器的主触点为单断点串联磁吹结构，配有纵缝式灭弧罩，具有良好的灭弧性能。CJ12系列交流辅助触点为双断点式，有透明防护罩。CJ12系列交流触点系统的动作，靠磁系统经扁钢传动，整个接触器的易损零部件具有拆装简便和便于维护检修等特点。

(3) CJ20系列交流接触器。主要用于交流50Hz、额定电压至660V（个别等级为1140V）、电流至630A的输电线路中，供远距离频繁接通和分断电路以及控制交流电动机，并适宜于与热继电器或电子保护装置组成电磁启动器，以保护电路或交流电动机可能发生的过负荷及断相，如图4-9所示。

图4-9　CJ20系列交流接触器

2. 直流接触器

直流接触器主要在直流输电线路中，用于远距离接通或分断电路、控制直流电动机的启动、停止或反向。

常用的直流接触器是CZ0系列，主要用于远距离接通与断开额定电压至440V、额定电流至600A的直流输电线路，并适宜于直流电动机的频繁启动、停止、换向及反接制动。其额定电流分为40、100、150、250、400、600A六种；其极数分单极和双极，线圈控制电压有24、48、110、220V四种。

图4-10　CZ0系列直流接触器

额定电流150A及以下的直流接触器为立体布置结构，接触器的磁系统为拍合式，由绕棱角转动的衔铁和带骨架的线圈组成，主触点系统为直动式、双断点串联吹灭弧装置，如图4-10所示。

额定电流250安培及以上的接触器为平面布置结构，改型设计的直流接触器衔铁棱角转动改为轴承结构。辅助开关由衔铁摆动机构，改为平行滑动。吸引线圈为双线组线圈。主触点系统为绕转轴转动的指示单断点串联磁吹灭弧装置。

三、接触器的使用要点

接触器使用寿命的长短，工作的可靠性，不仅取决于产品本身的技术性能，而且与产品的使用维护是否得当有关。接触器在使用中应注意：

(1) 接触器的额定电压应大于或等于负载回路的额定电压。主触点的额定电流应大于或等于负载的额定电流。在频繁启动、制动和正反转的场合，主触点的额定电流要选大一些。

(2) 线圈电压从人身及设备安全角度考虑，可选择低一些；但从简化控制线路、节省变压器考虑，也可选用380V的。线圈电压应与控制电路电压一致，接触器的触点数量和种类应满足控制电路要求。

(3) 根据所控制对象电流类型来选用交流或直流接触器。如控制系统中主要是交流对象，而直流对象容量较小，也可全用交流接触器，但触点的额定电流要选大些，20A以上的接触器加有灭弧罩，利用断开电路时产生的电磁力，快速拉断电弧，以保护触点。

(4) 接触器安装前应检查产品的铭牌及线圈上的数据（如额定电压、电流、操作频率和负载因数等）是否符合实际使用要求。安装时应注意用于分合接触器的活动部分，要求产品动作灵活无卡住现象。当接触器铁心极面涂有防锈油时，使用前应将铁心极面上的防锈油擦净，以免油垢黏滞而造成接触器断电不释放。检查和调整触点的工作参数（开距、超程、初压力和终压力等），并使各极触点同时接触。

（5）接触器安装接线时，应注意勿使螺钉、垫圈、接线头等零件遗漏，以免落入接触器内造成卡住或短路现象。安装时，应将螺钉拧紧，以防振动松脱。安装后应检查接线正确无误后，在主触点不带电的情况下，先使吸引线圈通电分合数次，检查产品动作是否可靠，然后才能投入使用。用于可逆转换的接触器，为保证联锁可靠，除装有电气联锁外，还应加装订装机械联锁机构。

（6）接触器在使用时应定期检查产品各部件，要求可动部分无卡住、紧固件无松脱现象，各部件如有损坏应及时更换。触点表面应经常保护清洁，不允许涂油；当触点表面因电弧作用而形成金属小珠时，应及时清除。当触点严重磨损后，应及时调换触点。但应注意，银及银基合金触点表面在分断电弧时生成的黑色氧化膜接触电阻很低，不会造成接触不良现象，因此不必锉修，否则将会大大缩短触点寿命。原来带有灭弧室的接触器，决不能不带灭弧室使用，以免发生短路事故；陶土灭弧罩易碎，应避免碰撞，如有碎裂，应及时调换。

第四节　低压断路器

一、低压断路器概述

1. 低压断路器的用途

低压断路器是指能接通、承载及分断正常电路条件下的电流，也能在规定的非正常电路条件（过载、短路）下接通、承载一定时间和分断电流的开关电器，也称自动空气开关。其功能相当于刀开关、熔断器、热继电器、过电流继电器及欠电压继电器的组合，可用来接通和分断负载电路，也可用来控制不频繁启动的电动机，是一种既有手动开关作用又能自动进行欠电压、失电压、过载和短路保护的开关电器。

2. 低压断路器的结构特点

低压断路器的结构如图 4-11 所示，由触头系统、灭弧装置、操动机构、保护装置（脱扣器）等组成。

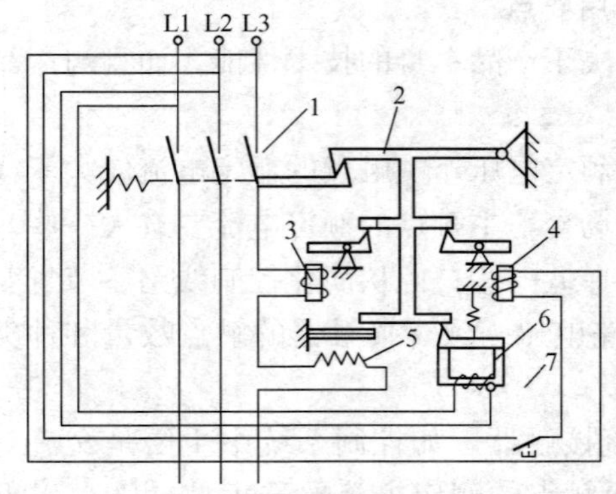

图 4-11　低压断路器的结构

1—主触头；2—自由脱扣机构的锁扣；3—过电流脱扣器；4—分励脱扣器；5—热脱扣器；6—欠电压脱扣器；7—按钮

（1）触头系统：包括主触头和辅助触头。主触头用于分、合主电路，有单断口指式触头、双断口桥式触头、插入式触头等几种型式，通常是由两对并联触头即工作触头和灭弧触头所组成，工作触头主要是通过工作电流，灭弧触头是在接通和断开电路时保护工作触头不被电弧烧伤。辅助触头用于控制电路，用来反映断路器的位置或构成电路的联锁。

（2）灭弧装置：作用是吸引开断大电流时产生的电弧，使长弧被分割成短弧，通过灭弧栅片的冷却，使弧柱温度降低，最终熄灭电弧。其结构因断路器的种类而异：框架式低压断路器常用金属栅片式灭弧室，由石棉水泥夹板、灭弧栅片及灭焰栅片所组成；塑壳式低压断路器所用的灭弧装置由红钢纸板嵌上栅片组成；快速低压断路器的灭弧装置还装有磁吹线圈。

（3）操动机构：包括传动机构和自由脱扣机构。其作用是用手动或电动来操作触头的合、分，在出现过载、短路时可以自由脱扣。当断路器合闸时，传动机构把合闸命令传递到自由脱扣机构，使触头闭合。

（4）保护装置：断路器的保护装置是各种脱扣器。电磁脱扣器用于短路保护，是利用电磁吸力作用，使自由脱扣器机构上的触点断开；热脱扣器主要用于过负荷保护，一般为双金属片结构，当电流超过额定值时热元件发热使双金属片变形而导致断路器分闸，当电源电压低于某一规定数值或电路失压时失压或欠电压脱扣器使低压断路器分断；半导体式脱扣器由电流变换器、电压变换器、电源变压器、半导体插件组成，可作过载长延时、短路短延时、特大短路瞬时动作保护用；另外，分励脱扣器用于远距离控制低压断路器分闸，对电路不起保护作用。

3. 低压断路器的动作原理

低压断路器接通或分断电路，是通过扳动其手柄（或通过外部转动手柄）或采用电动机操动机构使动、静触头闭合或断开。正常情况下，触头能接通和分断额定电流。当主触头闭合后，自由脱扣器将主触头锁在合闸位置上。过电流脱扣器的线圈和热脱扣器的热元件与主电路串联，欠电压脱扣器的线圈和电源并联。当电路发生短路或严重过载时，过电流脱扣器的衔铁吸合，使自由脱扣机构动作，锁扣脱钩，主触头断开主电路。当电路过载时，热脱扣器的热元件发热使双金属片向上弯曲，推动自由脱扣机构动作使锁扣脱钩，断路器分闸。当电路欠电压（低于额定电压70%）时，欠电压脱扣器的衔铁释放，也使自由脱扣机构动作。分励脱扣器则作为远距离控制用：在正常工作时，其线圈是断电的；在需要距离控制时，按下启动按钮，使线圈通电，衔铁带动自由脱扣机构动作，使主触点断开。

断路器分、合闸时，触头之间产生的强烈电弧使灭弧罩内的铁质栅片被磁化，产生吸力把电弧吸向灭弧罩，利用灭弧栅片冷却电弧，并将电弧分割成短弧，提高电弧电阻和电弧电压，最终将电弧熄灭。

4. 低压断路器的种类

低压断路器种类很多，可以有以下几种分类方式。

（1）按结构类型分，有塑壳式断路器和框架式（万能式）断路器两种。

（2）按极数分，有单极、二极、三极和四极等。

（3）按结构功能分，有一般式、多功能式、高性能式和智能式等。

（4）按安装方式分，有固定式和抽屉式两种。

（5）按接线方式分，有板前接线、板后接线、插入式接线、抽出式（抽屉式）接线和导轨式接线等。

（6）按操作方式分，有手动（手柄或外部转动手柄）和电动操作两种。

（7）按动作速度分，有一般型和快速型两种。交流快速型断路器，通常称为限流断路器，其分断时间短到足以使短路电流在达到预期峰值前即被分断。

（8）按用途分，有配电断路器、电动机保护用断路器、灭磁断路器和漏电断路器等几种。

二、低压断路器的结构类型

1. 塑料外壳式断路器

塑料外壳式断路器的所有结构部件都装在由聚酯绝缘材料模压而成的封闭型外壳中，没有裸露的带电部分，提高了使用的安全性，具有结构紧凑、体积小等特点。塑料外壳式断路器多为非选择型，常用于低压配电开关柜（箱）中，用作配电线路、电动机、照明电路及电热器等设备的电源控制开关及保护，作为线路的不频繁转换及电动机的不频繁启动之用。

小容量断路器（50A 以下）常采用非储能式闭合，操作方式多为手柄式。大容量断路器的操动机构采用储能式闭合，可以手动操作，亦可由电动机操作，可实现远方遥控操作。

塑料外壳式断路器种类繁多，国产主要型号有 DZ15、DZX10、DZ20 等，引进技术生产的有 H、T、3VE、3WE、NSM、S 型等。此外，还生产有智能型塑料外壳式断路器，如 DZ40 型等。

DZ 系列低压断路器型号含义如下：

[DZ] [1] [2] — [3] [4] / [5] [6] [7]

[DZ]：塑料外壳式断路器；

[1]：设计序号；

[2]：额定极限短路电流分断能力级别；

[3]：壳架等级额定电流（A）；

[4]：操作方式，P—电动操作；

[5]：极数；

[6]：脱扣器方式及附代号；

[7]：用途代号。

图 4-12 DZ15 系列塑壳式断路器

DZ15 系列塑壳式断路器，如图 4-12 所示，适用于交流 50Hz、额定电压至 380V、额定电流至 100A 的电路中作为分配电能用，并可用来作线路和电动机的过载及短路保护，亦可作为线路的不频繁转换及电动机的不频繁启动之用。它主要由触点、操动机构、液压式电磁脱扣器、灭弧机构及塑料外壳组成，当被保护线路或电动机发生过载及短路时，断路器能可靠分断；多极断路器能机构联动，只要一极发生过载动作，便能使所有的极同时分断。

2. 框架式断路器

框架式断路器具有带绝缘衬垫的钢制框架结构，所有部件均安装在这个框架底座内。框架式断路器容量较大，可装设较多的脱扣器，辅助触点的数量也较多，不同的脱扣器组合可产生不同的保护特性（选择型或非选择型、反时限动作特性），且操作方式较多，故又称万能式断路器，主要用作配电网络的出线总断路器、母线联络断路器或大容量馈线断路器和大型电动机控制断路器。容量较小（如 600A 以下）的框架式断路器多用电磁机构传动，容量较大（如 1000A 以上）的框架式断路器则多用电动机机构传动，但无论采用何种传动机构，都装有手柄，以备检修或传动机构故障时用。极限通断能力较高的框架式断路器还采用储能操动机构，以提高通断速度。

框架式断路器常用型号有 DW16（一般型）、DW15、DW15HH（多功能、高性能）、DW45（智能型），另外还有 ME、AH（高性能型）和 M（智能型）系列等。

DW系列低压断路器型号含义如下：

DW 1 − 2 / 3 4

DW：框架式断路器；

1：设计序号；

2：壳架等级额定电流（A）；

3：极数；

4：用途代号。

3. 智能型万能式断路器

智能型万能式断路器由触头系统、灭弧系统、操动机构、互感器、智能控制器、辅助开关、二次接插件、欠压和分励脱扣器、传感器、显示器、通信接口、电源模块等部件组成。智能断路器的保护特性有：过载长延时保护、短路短延时保护，反时限、定时限、短路瞬时保护，接地故障定时限保护。

智能化断路器的核心部分是智能脱扣器。它由实时检测、微处理器及其外围接口和执行元件三个部分组成。

（1）实时检测。智能断路器要实现控制和保护作用，电压、电流等参数的变化必须反映到微处理器上。电压参数通常用电压传感器，而电流参数常用电流传感器。获取电流信号的电流互感器有实心和空心两种：实心互感器在大电流时铁心易于饱和、线性区狭小、测量范围小，当出现高倍数短路电流时，它感应的信号幅度很高，常造成对脱扣器自身的损坏；而空心互感器线性度宽，并能获得短路电流出现时的最初半波电流输出信号，有助于断路器的快速分断，因此应用较多。

（2）微处理器系统。这是智能脱扣器的核心部分，由微处理与外围接口电路组成，对信号进行实时处理、存储、判别，对不正常运行进行监控等。

（3）执行部分。智能型脱扣器的执行元件是磁通变换器，其磁路全封闭或半封闭，正常工作时靠永磁体保证铁心处于闭合状态，脱扣器发出脱扣指令时，线圈通过的电流产生反磁场抵消了永磁体的磁场，动铁心靠反作用力弹簧动作推动脱扣件脱扣。

智能断路器原理框图如图4-13所示。由三相各装设的一台速饱和互感器并联给各部件提供电源（稳压电源）。电源电压有＋5、＋12、＋24V，分别供应CPU、电流、电压采样及脱扣驱动机构。当电源被切断时，为了保存信号，同时为了在主回路未通电时，对断路器进行试验，设置了交流220V的辅助电源。

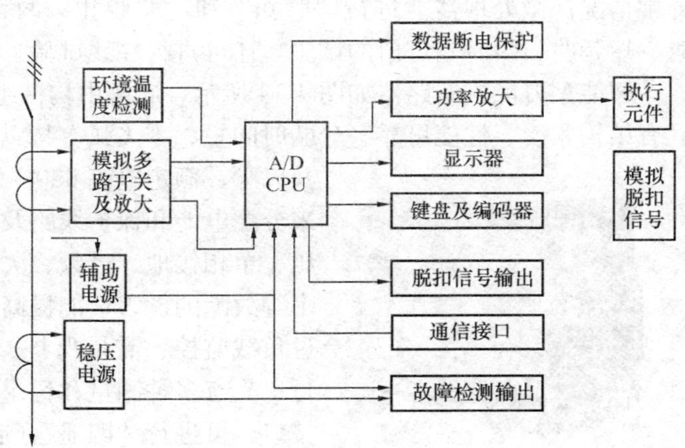

图4-13 智能断路器原理框图

由三个空心互感器的二次侧作电流取样及程控放大，然后输入模拟多路开关，由变压器（每相一个）

进行电压采样、放大、滤波，然后输入模拟多路开关。电流和电压每 0.5s 检测一次。

由键盘及编码器预先设置过载、短路短延时、短路瞬动和单相接地故障的电流值和动作时间，并将这些数值输给 CPU（中央处理器）。

当线路发生各种故障时，如故障达到或超过键盘及编码器设置值，通过多路开关输出给 CPU，CPU 经过运算后，输向功率放大电路，驱动执行元件（磁通变换器）使断路器跳闸，切断电路。

CPU 还与储存器、显示器和通信接口连接。储存器利用脱扣信号输出和故障检测输出将各种信息（如故障电流和动作时间等）储存起来；显示器用于显示各相运行电流、电压、故障电流等；通信接口用于实现遥测、遥信、遥控、人机对话等功能。

智能化断路器与普通断路器相比较具有如下特点：

（1）保护功能多样化。普通低压断路器一般采用双金属片式热脱扣器作为过载保护，用电磁脱扣器作为短路保护来构成长延时、瞬时两段保护，因而实现保护功能一体化较难。智能断路除了可同时具有长延时、短延时、瞬时的三段保护功能以外，还具备过压、欠压、断相、反相、三相不平衡、逆功率及接地保护（第四段保护）、屏内火灾检测报警等功能。

（2）选择性强。智能化断路器由于采用微处理器，惯性小、速度快，其保护的选择性、灵活性及重复误差都很好，加之它的各种保护功能和特性可以全范围调节，因此可实现多种选择性。例如：可任意选择动作特性、可任意选择保护功能；便于实现极联保护协调，实施区域选择性联锁，实现良好的极间协调配合。

（3）具备通信功能。智能断路器除了和各种物理量打交道以外，还能和人打交道，既能从操纵者那里得到各种控制命令和控制参数，又能通过连续巡回检测对各种保护特性、运行参数、故障信息进行直观显示，还可与中央计算机联网实现双向通信，实施遥测、遥信、遥控、人机对话功能强，操作人员易于掌握，避免误动作。

（4）显示与记忆。智能化断路器能显示三相电压、电流、功率因数、频率、电能、有功功率、动作时间、分断次数以及预示寿命等，能将故障数据保存，并指示故障类型、故障电压、故障电流等，起到辅助分析诊断故障的作用，还可通过光耦合器的传输进行远距离显示。

（5）故障自诊断、预警与试验功能。可对构成智能断路器的电子元器件的工作状态进行自诊断，当出现故障时可发出报警并使断路器分断。预警功能使操作人员能及时处理电网的异常情况。微处理器能进行“脱扣”和“非脱扣”两种方式试验，利用模拟信号进行长延时、短延时、瞬时整定值的试验，还可进行在线试验。

智能型万能式断路器如图 4-14 所示，底座由构件组成一整体并具有多种结构变化方式，具有结构紧凑、性能可靠、分断时间短、零飞弧等特点，适用于交流 50Hz、额定电压 690V 及以下、额定电流 630～6300A 的配电网络中。其功能是：用来分配电能和保护线路及电源设备免受过载、短路、欠压、过压、单相接地、过频、欠频、电流不平衡、电压不平衡、逆功率等故障的危害；能提高供电可靠性，避免不必要的停电；通过负载监控、需量保护、区域联锁等功能实现电网的合理运行；具有多种测量和记录等辅助功能；同时，带有开放式通信接口，可进行“四遥”（遥控、遥测、遥信、遥调），以满足控制中心和自动化系统的要求。

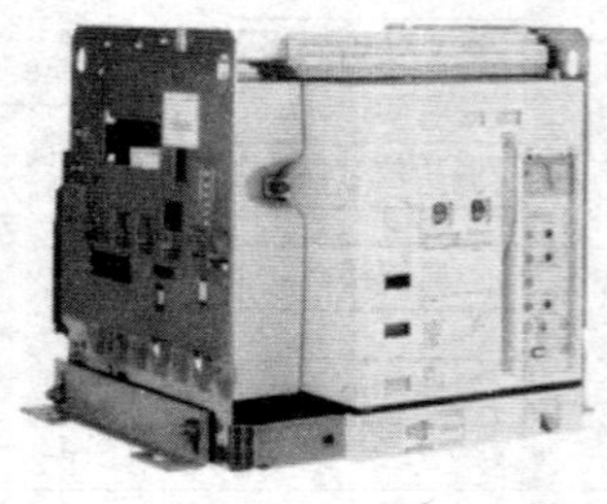

图 4-14 智能型万能式断路器

4. 抽屉式断路器

低压断路器除了固定式结构外，也采用抽屉式结构。这种结构的断路器由本体及抽屉座两大部分组成，通过断路器本体和母线与抽屉座的桥式触点连接构成抽屉式断路器，采用正面面板结构，实现开关屏板外操作，开关屏板内装有以单片机为核心的脱扣控制器。

断路器本体是带附件的固定式断路器，其附件包括导轨、辅助电路动隔离触点、安全隔板驱动轴等。抽屉座由带有导轨的左右侧板、底座和横梁等组成，下方装推进机构，上方装辅助电路静隔离触点，底座横梁上装位置指示，桥式触点前方装安全隔板。断路器采用储能弹簧释能的闭合方式。电动操作时，有配合电动机工作的预储能操作用释能电磁铁；手动储能时，储能手柄带动断路器方轴转动进行储能操作。

5. 微型断路器

微型断路器是一种结构紧凑、安装便捷的小容量塑壳断路器，主要用来保护导线、电缆和作为控制照明的低压开关，所以亦称导线保护开关。一般均带有传统的热脱扣、电磁脱扣，具有过载和短路保护功能。其基本形式为宽度在 20mm 以下的片状单极产品，将两个或两个以上的单极组装在一起，可构成联动的二极、三极、四极断路器。

微型断路器具有技术性能好、体积小、用料少、易于安装、操作方便、价格适宜及经久耐用等特点。中小型照明配电箱已广泛应用这类小型低压电器元件，实现了导轨安装方式，并在结构尺寸方面模数化，大多数产品的宽度都选取 9mm 的倍数，使电气成套装置的结构进一步规范化和小型化。

目前，我国生产的微型断路器有 K 系列和引进技术生产的 S 系列、C45 和 C45N 系列、PX 等系列。

三、低压断路器的使用要点

1. 低压断路器的安装

安装前首先应进行自检。检查断路器的规格是否符合要求，机构的运作是否灵活、可靠；同时应测量断路器的绝缘电阻，其阻值不得小于 10MΩ，否则应进行干燥处理。

低压断路器安装时应注意：

(1) 必须按照规定的方向安装，否则会影响脱扣器动作的准确性及通断能力。

(2) 安装要平稳，否则塑壳式断路器会影响脱扣动作，而抽屉式断路器则可能影响二次回路连接的可靠性。

(3) 安装时应按规定在灭弧罩上部留有一定的飞弧空间，以免产生飞弧。对于塑壳式断路器，进线端应包 200mm 长的绝缘物，有时还应在进线端的各相间加装隔弧板。

(4) 电源进线应接在灭弧室一侧的接线端（上母线）上，接至负载的出线应接在脱扣器一侧的接线端，并选择合适的连接导线截面，以免影响过流脱扣器的保护特性。

(5) 塑壳式断路器的操动机构在出厂时已调试好，拆开时操动机构不得随意调整。

(6) 带插入式端子的塑壳式断路器，应装在金属箱内（只有操作手柄外露），以免操作人员触及接线端子而发生事故。

(7) 凡设有接地螺钉的断路器，均应可靠接地。

2. 低压断路器的维护

(1) 在使用前应将电磁铁工作面的锈油抹净。

(2) 机构的摩擦部分应定期涂以润滑油。

(3) 断路器在分断短路电流后，应检查触头（必须将电源断开），并将断路器上的烟痕抹净。在检查触头时应注意：如果在触头接触面上有小的金属粒时，应用锉刀将其清除并保持触头原有形状不变；如果触头的厚度小于 1mm（银钨合金的厚度），必须更换和进行调整，并保持压力符合要求。

(4) 清理灭弧室两壁烟痕，如灭弧片烧坏严重，应予更换，甚至更换整个灭弧室。

(5) 在触头检查及调整完毕后，还应对断路器的其他部分进行检查。检查内容包括：传动机构动作的灵活性；各种脱扣器装置，如过流脱扣器、欠压脱扣器、分励脱扣器等。

本 章 小 结

低压电器是指用于交流电压 1200V 以下或直流电压低于 1500V 的输电线路中起保护、控制、转换和调节等作用的电气元件的总称。

低压电器按照用途或所控制的对象可分为低压配电电器和低压控制电器；按照动作性质可以分为自动电器和手动电器。本节介绍了低压电器的全型号表示及类组代号含义、低压电器的工作制和使用类别、低压电器的安装类别、低压电器的防护等级、低压电器的污染等级和低压电器的防触电等级。

常用低压电器设备有刀开关、低压断路器、接触器等。低压刀开关主要作用是隔离电源，按照功能作用可以分为开启式负荷开关、熔断器式刀开关和隔离刀开关。接触器是一种自动控制电器，可用来频繁地接通和断开主电路。它主要的控制对象是电动机、变压器等电力负载，可以实现远距离接通或分断电路。低压断路器按结构可分为万能式（框架式）断路器和塑壳式断路器两种，它是一种既可以带负荷通断电路，又可以在短路、过负荷、欠压或失压时自动跳闸的电气开关设备。

思 考 练 习

4-1 什么是低压电器？按动作方式可以分为哪两类？按用途不同可分为哪几类？常用的低压电器有哪些？

4-2 什么是低压电器的安装类别？

4-3 低压刀开关有什么作用？在使用和安装刀开关时应注意什么？

4-4 交流接触器有什么用途？它的工作原理是什么？

4-5 交流接触器的主要结构有哪些？其作用是什么？

4-6 交流接触器的使用和维护注意事项是什么？

4-7 低压断路器有哪些功能？其工作原理是什么？

4-8 低压断路器有哪些主要部件？其作用是什么？

4-9 按照结构型式低压断路器可以分为哪几类？各自的特点是什么？

4-10 低压断路器安装时应注意哪些问题？

第五章　熔　断　器

本章概要介绍熔断器的用途、工作原理和主要技术特性，侧重介绍熔断器的结构类型及其特点，简要介绍熔断器的使用知识。

第一节　概　述

一、熔断器的用途

熔断器是一种开断电器，或称作开断器，由单个或多个专门设计的协调的零部件组成。熔断器是最早使用的一种结构最简单的保护电器，俗称保险，主要用于线路及电力变压器等电气设备的短路及过载保护。当电力系统由于过载引起电流超过某一数值、电气设备或线路发生短路事故时，熔断器应能在规定的时间内迅速动作，切断电源以起到保护设备、保证正常电路部分免遭短路事故的破坏。

熔断器因具有结构简单、体积小、质量轻、价格低廉、维护方便、使用灵活等特点而广泛使用在60kV及以下电压等级的小容量电气装置中，主要作为小功率辐射形电网和小容量变电站等电路的保护，也常用来保护电压互感器。在3～60kV系统中，除上述作用外还与负荷开关、重合器及断路器等其他开关电器配合使用，用来保护输电线路、变压器以及电容器组。熔断器在配电系统和用电设备中主要起短路保护作用，目前在1kV及以下的装置中，熔断器用得最多。它常和刀开关电器在一个壳体内组合成负荷开关或熔断器式刀开关。

二、熔断器的工作原理

熔断器是串联在电路中的一个最薄弱的导电环节，其金属熔体是一个易于熔断的导体。在正常工作情况下，由于通过熔体的电流较小，熔体的温度虽然上升，但不致达到熔点，熔体不会熔化，电路能可靠接通。一旦电路发生过负荷或短路故障时，电流增大，过负荷电流或短路电流对熔体加热，熔体由于自身温度超过熔点，在被保护设备的温度未达到破坏其绝缘之前熔化，将电路切断，从而使线路中的电气设备得到了保护。

熔断器的工作过程大致可分为以下四个阶段：

(1) 熔断器的熔体因过载或短路而加热到熔化温度。

(2) 熔体的熔化和气化。

(3) 触点之间的间隙击穿和产生电弧。

(4) 电弧熄灭、电路被断开。

显然，熔断器的动作时间为上述四个过程所经过时间的总和。熔断器的开断能力决定于熄灭电弧能力的大小。熔体熔化时间的长短，取决于通过电流的大小和熔体熔点的高低。当电路中通过很大的短路电流时，熔体将爆炸性地熔化并气化，迅速熔断；当通过不是很大的过电流时，熔体的温度上升得较慢，熔体熔化的时间也就较长。熔体材料的熔点高，则熔体熔化慢、熔断时间长；反之，熔断时间短。

三、熔断器的原理结构

熔断器主要由金属熔断体、载熔件和底座组成。另外，有的熔断器还具有熔管、充填物、熔断指示器等结构部件。

（1）熔断体：是熔断器的主要部分，包括熔体。熔体是熔断器的核心部件，它是一个最薄弱的导电环节，正常工作时起导通电路的作用，在故障情况下熔体将首先熔化，从而切断电路实现对其他设备的保护。

熔体可分为高熔点熔体和低熔点熔体。低熔点材料（如铅、锌、锡等）电阻率较大，所制成的熔体截面也较大，在熔化时将产生大量的金属蒸气，使电弧不易熄灭，所以这类熔体一般用在500V及以下的低压熔断器中起过负荷保护；高熔点材料（如铜、银等）电阻率较低，所制成的熔体截面可较小，有利于电弧的熄灭，这类熔体一般用作短路保护。

高熔点材料在小而持续时间长的过负荷时，熔体不易熔断，结果使熔断器损坏。为此，在铜或银熔体的表面焊上小锡球或小铅球，当熔体发热到锡或铅的熔点时，锡或铅的小球先熔化，而渗入铜或银的内部，形成合金，电阻增大，发热加剧，同时熔点降低，首先在焊有小锡球或小铅球处熔断，形成电弧，从而使熔体沿全长熔化。这种方法称为“冶金效应”法，亦称金属熔剂法。

熔体按分断电流的范围分为“g”熔体和“a”熔体。“g”熔体又称为全范围分断能力熔体，即在规定条件（包括电压、功率因数、时间常数等）下，能分断其分断能力范围内的所有电流。“a”熔体是部分范围分断能力熔体，在电路中作后备保护用，能分断4倍额定电流至额定分断电流之间的电流。

熔体按使用类别分为“G”类熔体和“M”类熔体等，即一般用途的熔体和电动机保护用熔体。

熔体以两个字母表示，如“gG”、“gM”、“aM”等。

（2）熔断器载熔件：是熔断器的可动部件，用于安装和拆卸熔体。通过其接触部分将熔体固定在底座上，并将熔体与外部电路连接。载熔件通常采用触点的形式。

（3）熔断器底座：是熔断器的固定部件，装有供电路连接的端子，包括绝缘件和其他必需的所有部件。绝缘件用于实现各导电部分的绝缘和固定。

（4）熔管：是熔断器的外壳，用于放置熔体，可以限制熔体电弧的燃烧范围，并具有一定的灭弧作用。

（5）充填物：一般采用固体石英砂，它是一种导热率很高的绝缘材料，用于冷却和熄灭电弧。石英砂填料之所以有助于灭弧，是因为石英砂具有很大的热惯性与较高绝缘性能，并且因它为颗粒状，同电弧的接触面较大，能大量吸收电弧的能量，使电弧很快冷却，从而加快电弧熄灭过程。

（6）熔断指示器：用于反映熔体的状态，即完好或已熔断。

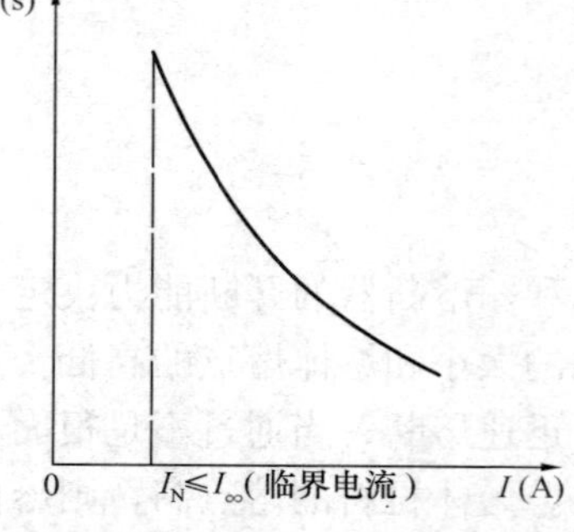

图5-1 熔断器的安秒特性曲线

四、熔断器的保护特性

熔断器熔体的熔断时间与熔体的材料和熔断电流的大小有关，如图5-1所示，该曲线反映了熔断时间与电流大小的关系，称为熔断器的安秒特性，也称为熔断器的保护特性。熔断器的保护特性与熔断器的结构型式有关，各类熔断器的保护特性曲线均不相同，其共同的规律是熔断时间与电流的平方成反比，且为反时限的保护特性曲线。

由曲线可见，当熔断电流为 I_∞ 时，熔体的熔断时间在理论上是无限大的，即熔体不会熔断。I_∞ 称为最小熔化电流或称临界电流。熔体的额定电流 I_N 应小于 I_∞，通常取 I_∞ 与 I_N 的比值为1.5～2，称作熔化系数。该系数反映熔断器在过载时的不同保护特性。例如：要使熔断器能保护小过载电流，熔化系数就应低些；为了避免电动机启动时的短时过电流使熔体熔化，熔化系数就应高些。

五、熔断器的主要技术参数

表征熔断器技术特性的主要参数如下：

(1) 额定电压。熔断器长期能够承受的正常工作电压，即安装处电网的额定电压。

(2) 额定电流。熔断器壳体部分和载流部分允许通过的长期最大工作电流，即为其额定电流。长期通过此电流时，熔断器不会损坏。

(3) 熔体的额定电流。熔体允许长期通过而不会熔断的最大电流，即为其额定电流。

(4) 极限断路电流。熔断器所能断开的最大短路电流，即熔断器极限断路电流。若被断开的电流大于此电流时，有可能使熔断器损坏，或由于电弧不能熄灭引起相间短路。

熔断器的技术参数还包括：额定开断能力、电流种类、额定频率、分断范围、使用类别和外壳防护等级等。

熔断器的技术参数应区分为熔断器（底座）的技术参数和熔体的技术参数。原因是同一规格的熔断器底座可以装设不同规格的熔体，相应的保护特性不同，所以两者不能混淆。熔体的额定电流可以和熔断器的额定电流不同，但要求熔体的额定电流不得大于熔断器的额定电流，因此其额定电流的表示形式为：熔断器底座的额定电流/熔体的额定电流。

第二节 高压熔断器

在高压电网中，高压熔断器可作为配电变压器和配电线路的过负荷与短路保护，也可作为电压互感器的短路保护。

一、高压熔断器的种类及型号

高压熔断器按照使用环境，分为户内式和户外式；按结构特点，分为支柱式和跌落式；按工作特性，可以分为限流型和非限流型。

当电路发生短路故障时，其短路电流增长到最大值是要有一定时限的，如熔断器的熔断时间（包括熄弧时间）小于短路电流达到最大值的时间，即可认为熔断器限制了短路电流的发展，此种熔断器称为限流熔断器；否则，为不限流熔断器。用限流熔断器保护的电气设备，遭受短路时所受的损害可大为减轻。

高压熔断器的型号含义：

[B][1][2][3]－[4][5][6]

[B]：表示自爆式；

[1]：代表产品名称：R—熔断器；

[2]：代表安装场所：用下列字母表示，N—户内式、W—户外式；

3：代表设计系列序号：用数字表示；

4：代表额定电压（kV）；

5：代表补充工作特性：G—改进型；Z—直流专用；GY—高原型；

6：代表额定电流（A）。

例如：RW4-10/50 型，即指额定电流 50A、额定电压 10kV、户外 4 型高压熔断器。

二、户内式高压熔断器

户内高压熔断器全部是限流型熔断器，其熔体装在充满石英砂的密封瓷管内，当短路电流通过熔件使其熔断时，电弧产生在石英砂的填料中，受到石英砂颗粒间狭沟的限制，弧柱直径很小，同时电弧还受到很多的气体压力作用和石英砂对它的强烈冷却，所以限流型熔断器灭弧能力强，在短路电流未达到最大值时就将电弧很快熄灭，因而可限制短路电流的发展，大大减轻了电气设备所受危害的程度，降低了对被保护设备动、热稳定性的要求。因它在开断电路时无游离气体排出，所以在户内配电装置中广泛采用。

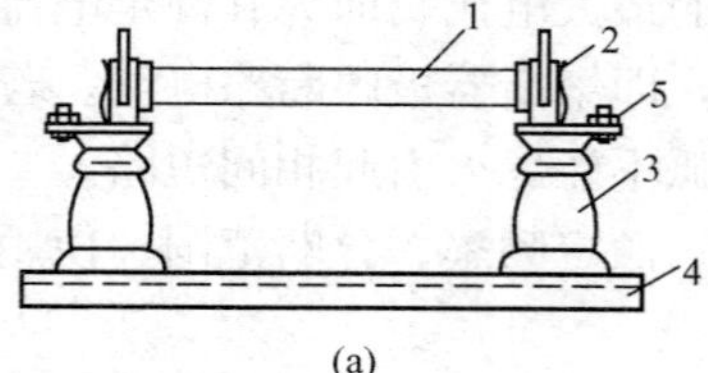

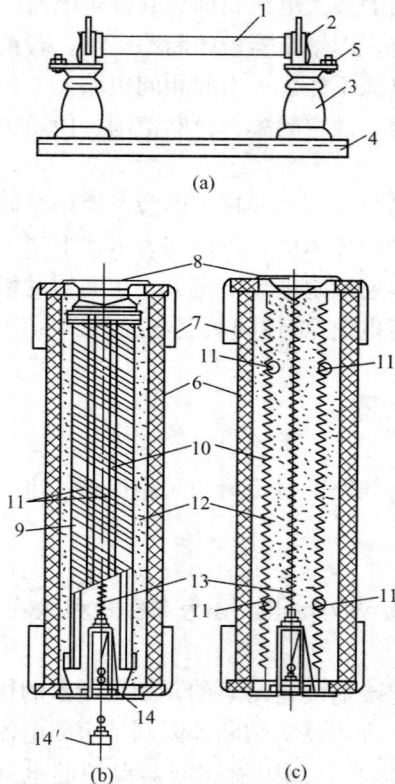

图 5-2　RN1 和 RN2 型熔断器

（a）RN1 和 RN2 型熔断器的外形图；（b）、（c）RN 型熔断器熔管的内部结构

1—熔断体；2—静触头座；3—支柱绝缘子；4—底座；5—接线座；6—瓷质熔管；7—黄铜端盖；8—顶盖；9—陶瓷芯；10—熔体；11—小锡球；12—石英砂；13—细钢丝；14、14′—熔断指示器

高压限流型熔断器包括熔管和熔体，熔管内配置有瓷柱，瓷柱上等间距绕有熔体，熔管的两端配置有压帽，其间填充有石英砂。熔体由高电阻和低电阻两种不同金属丝组成的熔体与经化学处理过作为灭弧介质的高纯度石英砂一起密封于熔管内，熔管采用耐高温的高强度氧化铝瓷制成。在线路发生故障时，熔体熔化，产生电弧，石英砂立即将电弧熄灭，切断电路，起到保护电路的作用。以 RN1 型为典型代表的设计序号为奇数系列的熔断器，用于 3～35kV 的输电线路和电气设备的过载和短路保护；以 RN2 型为代表的设计序号为偶数系列的熔断器，专门用于保护 3～35kV 的电压互感器，用于对高压电压互感器的过载及短路保护，当发生过载及短路故障时，能迅速动作，切断电源，保护设备的安全。

RN1 和 RN2 型熔断器的外形结构相似，如图 5-2（a）所示。熔断器由两个支柱绝缘子、触头座、熔管及底座 4 个部分组成。熔断体 1 卡在静触头座 2 内，静触头座 2 和接线座 5 固定在支柱绝缘子 3 上，绝缘子固定在底座 4 上。

熔断器的熔断体装在充满石英砂的密封熔管内，RN1 型熔断器根据额定电流的大小可装 1、2 或 4 根熔体，RN2 型只装 1 根熔体。

额定电流小于 7.5A 的熔管内部结构，如图 5-2（b）所示。熔管 6 两端有黄铜端盖 7，熔管内有绕在陶瓷芯 9 上的熔体 10，熔体 10 是几根并联的镀银铜丝组成，中间焊有小锡球11。

额定电流大于7.5A的熔管内部结构，如图5-2（c）所示。由两种不同直径的铜丝做成螺旋形，连接处焊有小锡球，在熔断体内还有细钢丝13作为指示器熔体，它与熔体10并联，一端电流流过时，熔体在小锡球处熔断，产生电弧，电弧使熔体10沿全长熔断，随后指示器熔体13熔断，熔断指示器14被弹簧弹出，如图5-2（b）中的14′。

三、户外式高压熔断器

户外式高压熔断器主要用于输电线路和电力变压器的过负荷与短路保护。户外式高压熔断器型号较多，按其结构和工作原理可分跌落式熔断器和支柱式熔断器。

1. 户外跌落式高压熔断器

跌落式熔断器主要由瓷绝缘子、接触导电系统和熔管三部分构成。在熔管内装有用桑皮纸或钢纸等制成的消弧管。熔管两端的上动触头和下动触头依靠熔断体系紧，将上动触头推入鸭嘴凸出部分后，磷铜片等制成的上静触头顶着上动触头，故而将熔管牢固地卡在鸭嘴里。当短路电流通过电路使熔体熔断时，将产生电弧，管内衬的钢纸管在电弧作用下产生大量气体，在电流过零时将电弧熄灭。由于熔体熔断，在熔管的上下动触头弹簧片的作用下，熔管迅速跌落，使电路断开，切除故障段线路或者故障设备。

RW4-10型户外跌落式高压熔断器基本结构如图5-3所示。图示为正常工作状态，它通过固定安装板倾斜安装在线路中（与垂直方向约成20°～30°），上下接线端（1、10）与上下静触头（2、9）固定于绝缘子11上，下动触头8套在下静触头9中，可转动。熔管6的动触头借助熔体张力拉紧后，推入上静触头2内锁紧，成闭合状态，熔断器处于合闸位置。当线路发生故障时，大电流使熔体熔断，熔管下端触头失去张力而转动下翻，使锁紧机构释放熔管，在触头弹力及熔管自重力作用下，回转跌落，造成明显的可见断口。

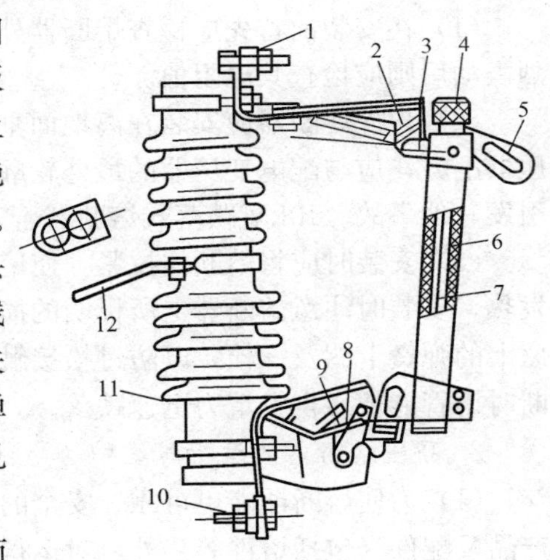

图5-3 RW4-10型户外跌落式高压熔断器结构

1—上接线端；2—上静触头；3—上动触头；4—管帽；5—操作环；6—熔管；7—熔体；8—下动触头；9—下静触头；10—下接线端；11—绝缘子；12—固定安装板

这种熔断器是靠熔管产气吹弧和迅速拉长电弧而熄灭，它还采用了“逐级排气”的新结构。图中熔管上端有管帽4，在正常运行时是封闭的，可防雨水滴入。分断小故障电流时，由于上端封闭形成单端排气（纵吹），使管内保持较大压力，有利于熄灭小故障电流产生的电弧；而在分断大故障电流时，由于电弧使消弧管产生大量气体，气压增加快，上端管帽被冲开，而形成两端排气，以免造成熔断器机械破坏，有效地解决了自产气电器分断大、小电流的矛盾。

户外跌落式熔断器具有经济实惠、操作方便、适应户外环境性强等特点，广泛应用于10kV架空配电线路的支线及用户进线处、35kVA以下容量的配电变压器一次侧以及电力电容器等设备作为过载或短路保护和进行系统、设备投切操作之用。它安装在10kV配电线路分支线上，可缩小停电范围，因其熔断时有一个明显的断开点，为检修线路和设备创造了一

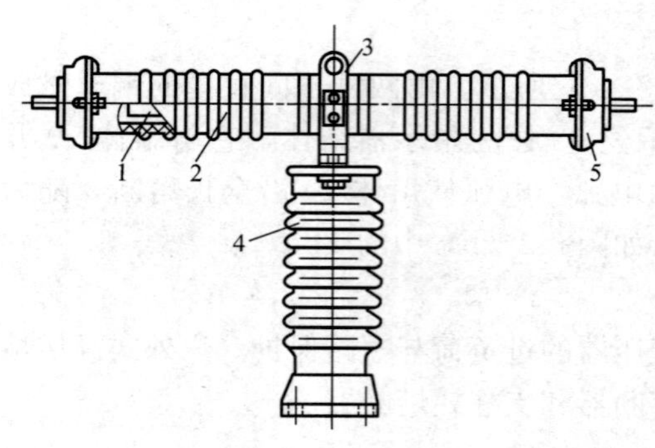

图 5-4 RXW-35 型限流式高压熔断器结构
1—熔管；2—瓷套；3—紧固件；
4—支柱绝缘子；5—接线端帽

个安全作业环境，增加了检修人员的安全感。

2. 户外支柱式高压熔断器

RXW-35 型限流式熔断器主要用于保护电压互感器，结构如图 5-4 所示。熔断器由瓷套、熔管及棒形支柱绝缘子和接线端帽等组成。熔管装于瓷套中，熔件放在充满石英砂填粒的熔管内。熔断器的灭弧原理与 RN 系列限流式有填料高压熔断器的灭弧原理基本相同，均有限流作用。

为了保证在暂时性故障后迅速恢复供电，有些高压熔断器具有单次重合功能。例如 RW3-10Z 型单次重合熔断器，它具有两根熔件管，平时只有一根接通工作，当这根熔件管断开后，相隔一定时间（约 0.3s 以内），另一根熔件管借助重合机构而自动重合，恢复供电。

四、高压熔断器的使用要点

1. 高压熔断器的安装

(1) 在安装前首先应检查熔断器外观是否完整良好、清洁，如果熔断器遭受过摔落或剧烈震动后则应检查其电阻值。

(2) 户外熔断器应安装在离地面垂直距离不小于 4m 的横担或构架上。若安装在配电变压器上方，应与配电变压器的最外轮廓边界保持 0.5m 以上的水平距离，以防万一熔管掉落引发其他事故。10kV 跌落式熔断器若安装在户外，要求相间距离大于 70cm。

(3) 安装时应将熔断体拉紧（使熔体大约受到 24.5N 左右的拉力），否则容易引起触点发热。安装时注意熔断器上所标明的撞击器方向，以便使其安装在正确位置上，然后锁紧底座上的弹簧卡圈及螺栓，以防过松接触不良。熔管应有向下 25°±2°的倾角，以利熔断体熔断时熔管能依靠自身重力迅速跌落。

2. 高压熔断器的运行与维护

(1) 为使熔断器能更可靠、安全的运行，除按规程要求严格地选择正规厂家生产的合格产品及配件（包括熔件等）外，对运行中的高压熔断器应经常检查接触是否良好，应加强接触点的温升检查。检查有无绝缘子破损及熔体熔断现象，若发现熔体熔断时，则要查明原因，不可随意加大熔体容量。

(2) 熔体熔断后应更换新的同规格熔体，不可将熔断后的熔体连接起来再装入熔管继续使用。熔管内必须使用标准熔体，禁止用铜丝、铝丝代替熔体，更不准用铜丝、铝丝及铁丝将触点绑扎住使用。限流型熔断器不能降低电压等级使用。

(3) 更换熔断器的熔管（体），一般应在不带电情况下进行，若需带电更换，则应使用绝缘工具，并按照有关防护要求进行。

(4) 熔断器的每次操作须仔细认真，不可粗心大意，拉、合熔断器时不要用力过猛，特别是合闸操作，必须使动、静触头接触良好。

(5) 在拉闸操作时，一般规定为先拉断中相，再拉背风的边相，最后拉断迎风的边相。合闸的时候先合迎风边相，再合背风边相，最后合上中相。

(6) 应定期对熔断器进行巡视，每月不少于一次夜间巡视，查看有无放电火花和接触不良现象。

第三节 低压熔断器

额定电压在1000V及以下的熔断器称为低压熔断器，它在低压配电系统和用电设备中主要起短路保护作用。

一、低压熔断器的种类及型号

低压熔断器的种类很多：按结构形式，可分为螺旋式、插入式、管式以及开敞式、半封闭式和封闭式等；按有无填料，可分为有填充料式和无填充料式；按工作特性，可分为有限流作用和无限流作用；按熔体的更换情况，可分为易拆换式和不易拆换式等。

低压熔断器的型号含义：

1 2 3 — 4

1：代表产品名称：R—熔断器；

2：代表工作特性：M—无填料密闭管式；T—有填料密闭管式；L—螺旋式；S—快速式；C—瓷插式；

3：代表设计系列序号；

4：代表额定电流（A）。

例如，RM10-600表示额定电流600A、设计序号为10的无填料密闭管式熔断器。

二、低压熔断器的结构类型

1. 瓷插式熔断器

瓷插式熔断器又名插入式熔断器，它由瓷盖、瓷底座、静触头、动触头和熔体组成。RC1A系列瓷插式熔断器外形与结构如图5-5所示。它是一种最常见的结构简单的熔断器，熔体更换方便、价格低廉，一般用于交流50Hz、额定电压380V、额定电流200A以下的线路中，作为电气设备的短路保护及一定程度上的过载保护之用。

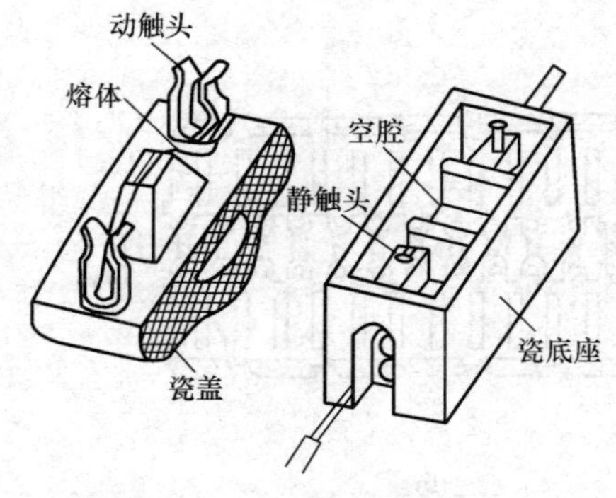

图5-5 RC1A系列瓷插式熔断器外形与结构

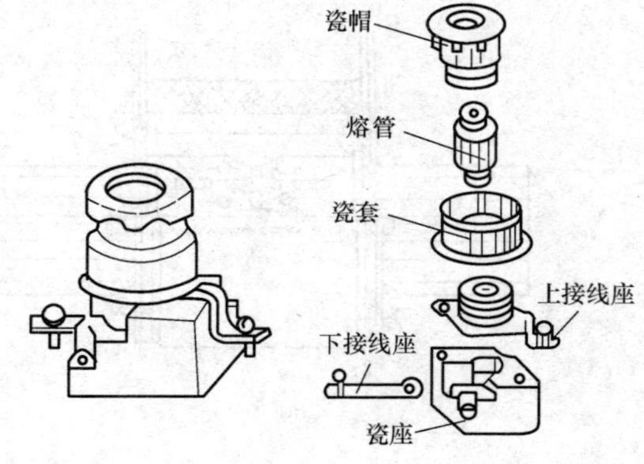

图5-6 RL1系列螺旋式熔断器外形与结构

2. 螺旋式熔断器

螺旋式熔断器由瓷帽、熔管、瓷套以及瓷座等组成。熔管是一个瓷管，内装熔体和石英砂，熔体的两端焊在熔管两端的导电金属盖上，其上端盖中间有一熔断指示器，当熔体熔断时指示器弹出，通过瓷帽上的玻璃窗口可以看见。RL1 系列螺旋式熔断器的外形与结构如图 5-6 所示。

螺旋式熔断器的特点是，其熔管内充满了石英砂填料，以此增强熔断器的灭弧能力。其优点是体积小、灭弧能力强、有熔断指示和防振等，在配电及机电设备中大量使用。此外，有填料的封闭管式熔断器，具有分断能力高、有醒目的熔断指示和使用安全等优点，被广泛用于短路电流很大的电力网络或配电装置中。

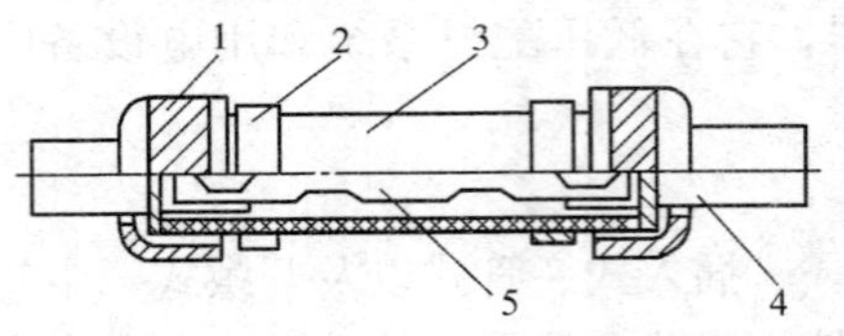

图 5-7　RM10 型无填料封闭管式熔断器结构

1—铜管帽；2—管夹；3—纤维熔管；4—触刀；5—变截面 V 形锌熔体

3. 无填料封闭管式熔断器

无填料封闭管式熔断器的熔管为绝缘耐温纸等材料压制而成，熔体多数采用铅锡、铅、锌和铅合金金属材料，熔断器规格有 15～600A 六个等级，各级都可以配入多种容量规范的熔体（但不能大于熔管的额定值）。图 5-7 所示为 RM10 型无填料封闭管式熔断器的结构图。

4. 有填料封闭管式熔断器

有填料封闭管式熔断器由熔断体及底座组成，并配有熔断器操作手柄。熔断体由熔管、熔体、填料、指示器等组成。由纯铜片制成的变截面熔体封装于高强度熔管内，熔管内充满高纯度石英砂作为灭弧介质。熔体两端采用点焊与连接板牢固连接。熔断体带有熔断指示器，能在熔体熔断时立即弹出红色醒目的指示件显示熔断。底座由插座及底板组成，呈敞开式结构，具有散热条件好、机械强度高、接触可靠、操作方便等特点。操作手柄采用热固性塑料，绝缘性能好、结构简单、操作自如。

常用有填料封闭管式熔断器为 RT0 型，其熔管由绝缘瓷制成，内填石英砂，以加速灭弧。熔体采用紫铜片，冲压成网状多根并联型式，上面熔焊锡桥，并有熔断信号装置，便于检查。熔断器规格有 100～1000A 五个等级，各级熔管均可配以多种容量的熔体（不能超过它的额定值），属于快速型熔断器。

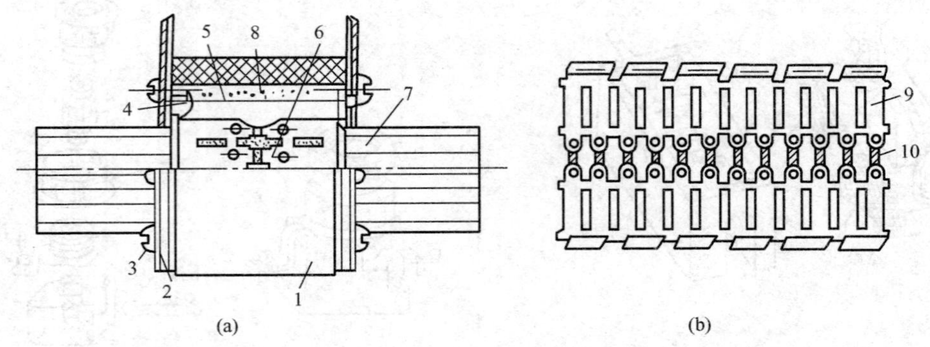

图 5-8　RT0 型有填料封闭管式熔断器

(a) 熔管结构示意图；(b) 熔体

1—熔管管体；2—盖板；3—螺钉；4—指示器；5—康铜丝；6—熔件；7—刀型触头；8—石英砂；9—栅网状熔件；10—锡桥

图 5-8 所示为 RT0 型有填料封闭管式熔断器结构图。

三、低压熔断器的使用要点

1. 低压熔断器的安装

（1）采用熔断器保护时，在线路分支处应加装熔断器。熔断器应装在各相线上，单相线路的中性线也应装熔断器。但在三相四线回路中的中性线上不允许装熔断器；采用接零保护的零线上严禁装熔断器。

（2）熔断器应垂直安装，以保证插刀和刀夹座紧密接触，避免增大接触电阻，造成温度升高而发生误动作。有时因接触不良还会产生火花，干扰弱电装置。

（3）安装熔体时应注意：不让熔体受机械损伤，否则，相当于熔体截面变小，可能出现电气设备正常运行时熔体却熔断的情况，影响设备正常运行；不宜用多根熔丝绞合在一起代替较粗的熔体，以防在非预定的电流值内熔断。

（4）螺旋式熔断器的进线应接在底座的中心点接线柱上，出线应接在螺纹壳上。

（5）更换熔体时，一定要先切断电源，不允许带负荷拔出熔体，特殊情况也应当设法先切断回路中的负荷，并做好必要的安全措施。要用与原来同样规格及材料的熔体，如属负荷增加，应据此选用适当熔体，以保证动作的可靠性。

（6）一般在过负荷时变截面熔体在小截面处熔断，熔断部位的长度也较短。变截面熔体的大截面部位不熔化。若熔体爆熔或熔断部位很长，则多因短路引起熔断，应查明并排除电路故障。

2. 低压熔断器的运行与维护

低压熔断器在运行中应做如下检查：

（1）负荷大小是否与熔体的额定值相配合。

（2）熔管外观有无破损、变形，瓷绝缘部分有无破损或闪络放电痕迹。

（3）熔体有无氧化腐蚀或损伤现象，如有碳化现象应擦净或更换。

（4）熔管与插夹座的连接处有无过热现象，接触是否紧密。

（5）有熔断信号指示器的熔断器，其指示是否在正常状态。

（6）熔断器环境温度应与被保护对象的环境温度基本一致，若相差过大可能使熔断器误动作。

（7）检查底座有无松动现象，并应及时清理进入熔断器的灰尘。

本　章　小　结

熔断器是串联在电路中的一个最薄弱的导电环节，主要用于线路及电力变压器等电气设备的短路及过载保护。

高压熔断器可作为配电变压器和配电线路的过负荷与短路保护，也可作为电压互感器的短路保护。按照使用环境，高压熔断器分为户内式和户外式；按照是否具有限流作用，又可以分为限流型和非限流型。

低压熔断器在低压配电系统和用电设备中主要起短路保护作用，熔断器具有结构简单、使用方便、价格低廉等优点。熔断器主要由熔体和绝缘底座组成。低压熔断器根据结构可以分为瓷插式熔断器、螺旋式熔断器、无填料封闭管式熔断器和有填料封闭管式熔断器几种。

思　考　练　习

5-1　高压熔断器的作用是什么？主要分为哪几类？

5-2　跌落式高压熔断器的灭弧原理是什么？

5-3　高压熔断器在运行中的巡视检查应注意什么问题？

5-4　低压熔断器的作用是什么？主要由哪几部分组成？

5-5　瓷插式熔断器和螺旋式熔断器在结构和功能上有什么异同点？

5-6　低压熔断器在安装和维护时应注意什么？

第六章 高压开关电器

本章主要介绍电力系统常用高压开关电器及其操动机构的种类、作用、结构类型及其使用知识。

第一节 高压断路器概述

一、高压开关电器的作用和种类

1. 高压开关电器的作用

在高压电力系统中，用于接通或开断电路的电器称为高压开关电器。其作用主要表现在以下几方面：

(1) 在正常工作情况下可靠地接通或开断具有电流的电路。

(2) 在改变运行方式时灵活地进行切换操作。

(3) 在系统发生故障时迅速地切除故障部分以保证非故障部分的正常运行。

(4) 在设备检修时可靠地隔离带电部分以保证工作人员的安全。

2. 高压开关电器的种类

(1) 按安装场所分类。根据开关电器的安装地点可分为户内式和户外式两类。通常35kV及以下的开关电器采用户内式，110kV及以上的开关电器主要采用户外式。

(2) 按功能分类。根据开关电器在开断和关合电路中所承担任务的不同分为断路器、隔离开关、负荷开关、自动重合器、自动分段器等。

二、高压断路器概述

1. 高压断路器的定义

额定电压为3kV及以上，能够关合、承载和开断运行状态的正常电流，并能在规定时间内关合、承载和开断规定的异常电流（如短路电流、过负荷电流）的开关电器称为高压断路器。

2. 高压断路器的作用和功能

高压断路器是电力系统中最重要的控制和保护设备。它具有两方面的作用：一是控制作用，即根据电网运行要求，将一部分电气设备及线路投入或退出运行状态、转为备用或检修状态；二是保护作用，即在电气设备或线路发生故障时，通过继电保护装置及自动装置使断路器动作，将故障部分从电网中迅速切除，防止事故扩大，保证电网的无故障部分得以正常运行。

高压断路器的工作特点是：瞬时地从导电状态变为绝缘状态，或者瞬时地从绝缘状态变为导电状态。因此要求断路器具有以下功能：

(1) 导电。在正常的闭合状态时应为良好的导体，不仅对正常的电流，而且对规定的短路电流也应能承受其发热和电动力的作用，保持可靠地接通状态。

(2) 绝缘。相与相之间、相对地之间及断口之间具有良好的绝缘性能，能长期耐受最高工作电压，短时耐受大气过电压及操作过电压。

（3）开断。在闭合状态的任何时刻，应能在不发生危险过电压的条件下，在尽可能短的时间内安全地开断规定的短路电流。

（4）关合。在开断状态的任何时刻，应能在断路器触头不发生熔焊的条件下，在短时间内安全地闭合规定的短路电流。

3. 高压断路器的基本结构

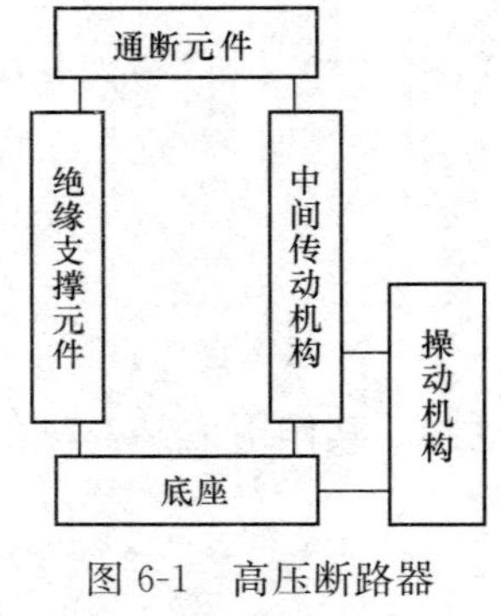

图 6-1 高压断路器基本结构

为实现上述功能，高压断路器应具有的基本结构如图 6-1 所示。

（1）通断元件：执行接通或断开电路的任务。其核心部分是触头，而是否具有灭弧装置或灭弧能力的大小则决定了开关的开断能力。

（2）操动机构：向通断元件提供分、合闸操作的能量，实现各种规定的顺序操作，并维持断路器的合闸状态。

（3）传动机构：把操动机构提供的操作能量及发出的操作命令传递给通断元件。

（4）绝缘支撑元件：支撑固定通断元件，并起与各结构部分之间的绝缘作用。

（5）底座：用于支撑、固定和安装开关电器的各结构部分，使之成为一个整体。

4. 高压断路器的基本类型

高压断路器有许多种类，其结构和动作原理各不相同。按灭弧介质和灭弧原理的不同进行分类，高压断路器主要有以下几种。

（1）油断路器：采用绝缘油作为灭弧介质的断路器。

（2）压缩空气断路器：采用压缩空气作为灭弧介质及操动机构能源的断路器。

（3）真空断路器：在真空中开断电流，利用真空的高绝缘强度来实现灭弧的断路器。

（4）六氟化硫（SF_6）断路器：采用具有优良灭弧性能的 SF_6 气体作为灭弧介质的断路器。

5. 高压断路器的技术参数

（1）额定电压（kV）：是保证断路器长时间正常运行能承受的工作电压（线电压）。额定电压不仅决定了断路器的绝缘水平，而且在相当程度上决定了断路器的总体尺寸和灭弧条件。我国采用的额定电压等级有：3、6、10、35、60、110、220、330、500、750、1000kV 等。

（2）最高工作电压（kV）：考虑到线路始端与末端运行电压的不同及电力系统的调压要求，断路器可能在高于额定电压下长期工作。因此，规定了断路器的最高工作电压。通常最高工作电压规定为：220kV 及以下设备，为额定电压的 1.15 倍；330kV 及以上的设备，为额定电压的 1.1 倍。我国采用的最高电压有：3.6、7.2、12、40.5、72.5、126、252、363、550、800、1200kV 等。

（3）额定电流（A）：是断路器在规定的基准环境温度下允许长期通过的最大工作电流有效值。断路器长期通过额定电流时，其载流部分和绝缘部分的温度不会超过其长期最高允许温度。额定电流决定了断路器导体、触头等载流部分的尺寸和结构。

我国采用的额定电流有：200、400、630、1000、1250、1600、2000、2500、3150、4000、5000、6300、8000、10000、12500、16000、20000A 等。

(4) 额定短路开断电流 (kA)：在额定电压下，断路器能可靠开断的最大短路电流有效值。它表明断路器开断电路的能力。当电压不等于额定电压时，断路器能可靠开断的最大电流，称为该电压下的开断电流。在电压低于额定电压时，开断电流可以比额定开断电流大，并称其最大值为极限开断电流。

我国规定的高压断路器的额定开断电流为：1.6、3.15、6.3、8、10、12.5、16、20、25、31.5、40、50、63、80、100kA 等。

(5) 额定关合电流 (kA)：在额定电压下，断路器能可靠地闭合的最大短路电流峰值。它反映断路器关合短路故障的能力，主要决定于断路器灭弧装置的性能、触头构造及操动机构的型式。

(6) 额定热稳定电流 (kA)：即额定短时耐受电流，是指断路器在规定时间（通常为4s）内允许通过的最大短路电流有效值。它表明断路器承受短路电流热效应的能力。其值等于额定短路开断电流。

(7) 额定动稳定电流 (kA)：即额定峰值耐受电流，是指断路器在闭合状态下允许通过的最大短路电流峰值，又称极限通过电流。它表明断路器在冲击短路电流的作用下，承受电动力效应的能力，它决定于导体和绝缘等部件的机械强度。其值等于额定关合电流，并且等于额定短时耐受电流的 2.55 倍。

(8) 合闸时间 (s)：断路器从接到合闸命令（合闸回路通电）起到断路器触头刚接触时所经过的时间间隔，称为合闸时间。

(9) 分闸时间 (s)：分闸时间是反映断路器开断过程快慢的参数，包括以下几部分。

1) 固有分闸时间 t_1：是指断路器接到分闸命令起到灭弧触头刚分离时所经过的时间。

2) 灭弧时间 t_2：是指触头分离到各相电弧完全熄灭所经过的时间。

3) 全分闸时间 t_t：是指断路器从接到分闸命令（分闸回路通电）起到断路器触头开断至三相电弧完全熄灭时所经过的时间间隔。它等于断路器固有分闸时间与灭弧时间之和。

断路器开断电路的各个时间如图 6-2 所示。一般分闸时间为 0.06～0.12s。分闸时间小于 0.06s 的断路器，称为快速断路器。

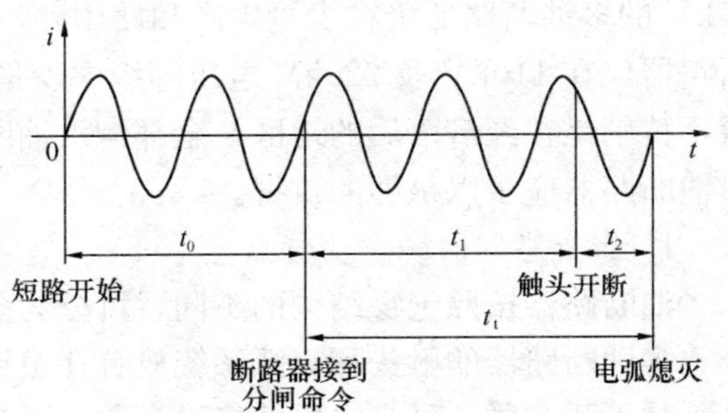

图 6-2　断路器开断电路时的各个时间

t_0—继电保护动作时间；t_2—灭弧时间；

t_1—固有分闸时间；t_t—全分闸时间

(10) 额定操作顺序：是根据实际运行需要制定的对断路器的断流能力进行考核的一组标准的规定操作。其操作顺序分为两类：

1) 无自动重合闸断路器的额定操作顺序。一种是发生永久性故障断路器跳闸后两次强送电的情况，即“分-180s-合分-180s-合分”；另一种是断路器合闸在永久故障线路上跳闸后强送电一次的情况，即“合分-15s-合分”。

2) 能进行自动重合闸断路器的额定操作顺序。该操作顺序为“分-0.3s-合分-180s-合分”。

6. 高压断路器的型号含义

国产高压断路器的型号主要由以下七个单元组成：

[1] [2] [3] - [4] [5] / [6] - [7]

[1]：产品名称：S—少油断路器；D—多油断路器；L—六氟化硫（SF_6）断路器；Z—真空断路器；K—压缩空气断路器；Q—自产气断路器；C—磁吹断路器；

[2]：安装地点：N—户内型；W—户外型；

[3]：设计序号；

[4]：额定电压（或最高工作电压）（kV）；

[5]：补充特性：C—手车式；G—改进型；W—防污型；Q—防震型；

[6]：额定电流（A）；

[7]：额定开断电流（kA）。

例如：ZN28-12/1250-25，表示户内式真空断路器，设计序号为 28，最高工作电压为 12kV，额定电流为 1250A，额定开断电流为 25kA。

第二节 油 断 路 器

一、油断路器概述

油断路器是最早出现的断路器，运行历史最悠久。随着新技术的发展，运行中的油断路器已经大量被淘汰更新，目前 10kV 电压等级使用的油断路器品种和数量已极为有限；除 35kV 的多油断路器仍在少量生产和使用外，其余电压等级的多油断路器已停止生产；少油断路器仅在 110kV 及 220kV 电压等级中少量使用。由于油断路器在电网中仍占有一定的数量，特别是在经济落后的地区，全部淘汰油断路器，实现断路器无油化还有一个过程，所以对油断路器应予以足够的重视。

1. 油断路器的种类及特点

油断路器按照绝缘结构的不同，可分为多油断路器和少油断路器两种。

多油断路器的触头和灭弧系统放置在由钢板焊接成的装有大量绝缘油的油箱中，其绝缘油既是灭弧介质，又是主要的绝缘介质，承受不同相的导体之间及导体与地之间的绝缘。

多油断路器的优点是：每相采用两个断口，可靠性较高；油箱内可以安装套管式电流互感器，配套性好；结构简单，运行维护易于掌握；对气候适应性较强，而且价格低廉。其缺点是：用油量多，消耗金属材料多，体积庞大，维修工作量大；相对而言，其分、合闸速度慢，动作时间长，开断电流小；一般用于偏远的、经济落后的地区。

少油断路器的触头和灭弧系统放置在装有少量绝缘油的绝缘筒中，其绝缘油主要作为灭弧介质，只承受触头断开时断口之间的绝缘，不作为主要的绝缘介质。少油断路器中不同相的导电部分之间及导体与地之间是利用空气、陶瓷和有机绝缘材料来实现绝缘。

少油断路器与多油断路器相比较：用油量少、体积小、质量轻，运输、安装、维修方便；结构简单，产品系列化强；主要技术参数比多油断路器好，动作快，可靠性高；价格优势很明显，适用于要求不高的场合。

由于使用油，油断路器存在易燃易爆和引起火灾的危险，且电气寿命短。

2. 油断路器的灭弧原理

无论是多油断路器还是少油断路器，其绝缘油用作灭弧介质的基本原理都是相似的。在油中开断电流时，动、静触头分离的瞬间在触头之间将产生电弧。绝缘油在电弧的高温作用下，被迅速蒸发成油蒸气，并被分解成其他气体。产生的气体由于受到周围油的惯性的限制，在电弧周围形成混合气泡。混合气泡中油蒸气约占40%，其他分解气体约占60%，分解气体中，约有70%～80%是具有强烈冷却作用和扩散作用的氢气。形成的气体被密封在灭弧室内，使灭弧室内压力不断增高，从而使电弧中游离质点的浓度增加，增强了复合、加强了去游离作用。另一方面，气泡中弧柱的温度较高，气泡外层的温度较低，因此气泡内由于温度和压力差而产生剧烈的扰动，加强了对弧柱的冷却作用。电弧处在高压力并有强烈冷却作用的封闭气泡之中，随着触头间距的增大，电弧被拉长，在电弧电流过零时，断口间的介质强度很快恢复，使电弧熄灭。

可见，油断路器是利用电弧本身的能量来熄灭电弧，即利用本体的油在高温下分解汽化，在特制的灭弧室内形成很大的压力去吹弧，达到灭弧的目的。所以油断路器是一种自能式断路器。

为提高介质强度的恢复速度、缩短燃弧时间，可采用各种类型的灭弧装置，如油气混合物的吹喷方向与电弧燃烧方向垂直的横吹灭弧室、吹喷方向与电弧燃烧方向一致的纵吹灭弧室、以及两者结合的纵横吹灭弧室等。

二、油断路器的结构类型

1. 多油断路器

用于额定电压为35kV的电力系统中的多油断路器，以DW8-35型多油断路器为典型代表。其结构如图6-3所示。

该断路器采用三相分箱式结构，三相及操动机构装在一个公共支架上。每相由高压电容套管、套管式电流互感器、静触头、灭弧室、导电横梁、提升结构、传动机构、油箱、框架和操动机构组成。各相分别装在单独的油箱盖上，每相两个断口，每个断口由一个电容套管和灭弧室组装而成。采用纵横吹灭弧。电流互感器在电容套管芯外并固定于油箱盖上，每台断路器可附装6～12个套管式电流互感器。三相的触头传动系统用拉杆连在一起，由一个操动机构进行联动操作。操动机构箱采用三开门结构；箱内装有电磁操动机构、直流接触器、保护合闸线圈的熔断器、接线端子、电缆出线盒等，箱外装有紧急手动分闸手柄。操动机构利用直流电磁铁进行合、分闸操作，也可手动分闸。

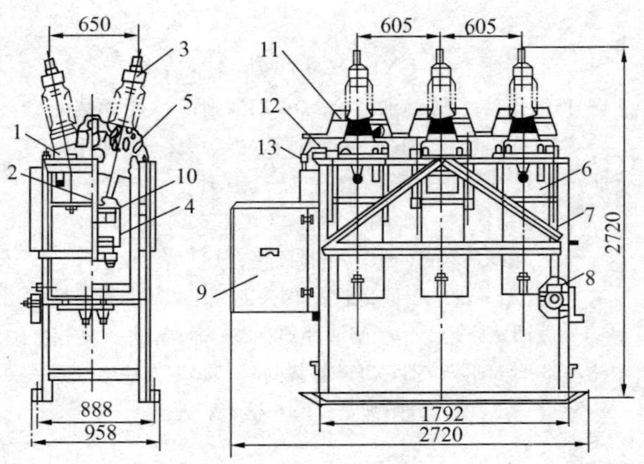

图6-3　DW8-35型多油断路器

1—油箱盖；2—提升结构；3—电容套管；4—灭弧室；5—电流互感器；6—油箱；7—框架；8—传动机构；9—操作机构；10—静触头；11—罩；12—水平拉杆；13—垂直拉杆

2. 少油断路器

（1）SN10-10系列户内少油断路器。SN10-10Ⅰ、Ⅱ、Ⅲ型少油断路器基本结构相类似，均由框架、传动系统和箱体三部分组成。SN10-10Ⅰ型断路器结构如图6-4所示。

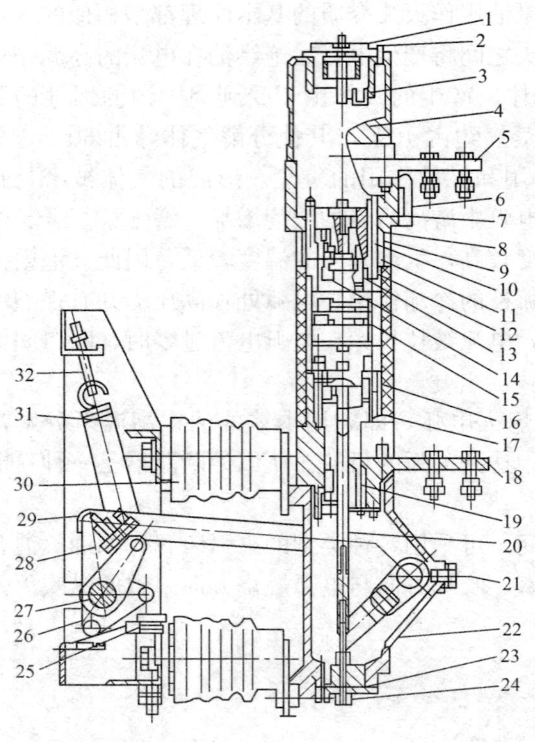

图6-4　SN10-10Ⅰ型断路器结构

1—排气孔盖；2—注油螺栓；3—回油阀；4—上帽装配；5—上接线座；6—油位指示计；7—静触头；8—逆止阀；9—弹簧片；10—绝缘套筒；11—上压环；12—绝缘环；13—触指；14—弧触指；15—灭弧室；16—下压环；17—绝缘筒装配；18—下接线座；19—滚动触头；20—导电杆；21—特殊螺栓；22—底座；23—油缓冲器；24—放油螺栓；25—合闸缓冲器；26—轴承座；27—主轴；28—分闸限位器；29—绝缘拉杆；30—支柱绝缘子；31—分闸弹簧；32—框架装配

框架上装有分闸弹簧31、支柱绝缘子30、分闸限位器28和合闸缓冲器25。传动系统包括主轴27和绝缘拉杆29。箱体中部装有灭弧室15，采用纵横吹和机械油吹联合作用的灭弧装置，通常为三级横吹，一级纵吹。箱体的下部是球墨铸铁制成的底座22，底座内装有转轴、拐臂和连板组成的变直机构，变直机构连接导电杆。底座下部装有分闸油缓冲器23和放油螺栓24，分闸油缓冲器在分闸时起缓冲作用，吸收分闸终了时的剩余能量。

电流由上接线座5引入，经过静触头7、导电杆20和滚动触头19，从下接线座18引出。当断路器分、合闸时，操动机构通过主轴、绝缘拉杆和底座内的变直机构，使导电杆上下运动，实现断路器的分、合闸。

（2）SW6-110、SW6-220型户外少油断路器。户外少油断路器主要由底座、支柱绝缘子、传动系统、触头系统、灭弧系统、缓冲器及油位指示器等部分组成。

SW6系列断路器结构如图6-5所示。各断口单元均为标准结构，每柱由两个断口组成，呈“Y”形布置。SW6-110型每极为一柱两个断口，SW6-220型每极由两柱四个断口串联组成。为了均衡电压分布，在各断口上并联有均压电容器。每极断路器配用一台液压操动机构操动，由电气实现三相机械联动。

断路器每柱由底座、支柱绝缘子、中间传动机构和两个灭弧室组成。底座由型钢焊接而成，上面装有传动拐臂、油缓冲器和合闸保持弹簧。支柱绝缘子的固定为弹簧卡固，构成对地绝缘，内有绝缘油和提升杆。中间传动机构位于支柱绝缘子上部的三角箱内。

灭弧室的主体是一个高强度环氧玻璃钢筒，它起压紧保护灭弧室瓷套的作用，也作为开断时高压力的承受件，筒内放有隔弧板，组成多油囊的纵吹灭弧室。

触头座内装有压油活塞，以提高开断小电流的性能。导电部分装有铜钨合金触头、触指、保护环，以提高开断能力，延长使用周期。

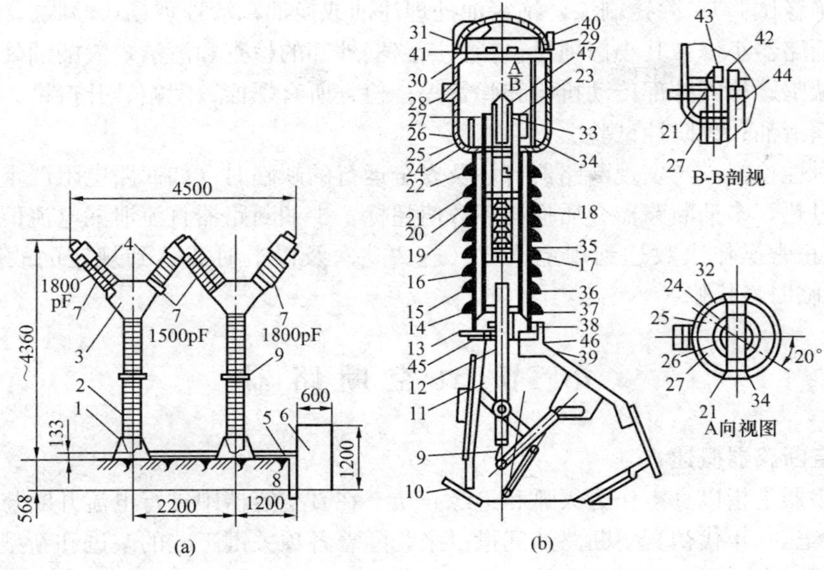

图 6-5 SW6-220 型少油断路器结构

(a) 一相的外形尺寸（相间中心距离为 300mm）；(b) 灭弧室剖面图

1—底座；2—支柱绝缘子；3—三角形机构箱；4—灭弧装置；5—传动拉杆；6—操动机构；7—均压电容器；8—支架；9—卡固法兰；10—直线机构；11—中间机构箱；12—导电杆；13—放油阀；14—玻璃钢筒；15—下衬筒；16—调节垫；17—灭弧片；18—衬环；19—调节垫；20—上衬筒；21—静触头；22—压油活塞；23—密封垫；24—铝压圈；25—逆止阀；26—铁压圈；27—上法兰；28—接线板；29—上盖板；30—安全阀片；31—帽盖；32—铝帽；33—铜压圈；34—通气管；35—瓷套；36—中间触头；37—毛毡垫；38—下铝法兰；39—导电板；40—M10 螺丝；41—M12 螺母；42—导向件；43—M14 螺丝；44—压油活塞弹簧；45—M12 螺丝；46—胶垫；47—压油活塞装配

三、油断路器的使用知识

1. 检查和维护

工程交接验收时应检查：断路器固定牢靠，外表清洁完整；电气连接可靠且接触良好；无渗油现象，油位油色正常；断路器及其操动机构的联动正常，无卡阻现象；分、合闸指示正确；调试操作时，辅助开关动作准确可靠，触点无电弧烧损；瓷套完整无缺，表面清洁；油漆完整，相色标志正确，接地良好。

油断路器正常运行时应检查：油色、油位正常，本体各充油部位不应有渗漏；瓷套管清洁，无破损裂纹、放电痕迹；各连接头接触良好，无发热松动；绝缘拉杆及拉杆绝缘子完好无缺；分、合闸机构指示正确；操动机构箱盖关闭严密；分合闸线圈无焦臭味，二次线部分无受潮、锈蚀现象。

2. 检修

(1) 油断路器大修。一般每 3～4 年进行一次断路器大修。新安装的断路器在投运一年后应进行一次大修。大修项目包括：断路器的外部检查及修前试验，放油；导电系统和灭弧单元的分解检修；绝缘支撑系统（支柱绝缘子等）的分解检修；变直机构和传动机构的分解检修；基座的检修；更换密封圈、垫；操动机构的检修；复装及调整试验（包括机械特性试验和电气、绝缘试验)；除锈刷漆，绝缘油处理注油或换油；清理现场，验收。

(2) 油断路器小修。其小修项目包括：断路器外部的检查和清洁，渗漏油处理；消除运行中发现的缺陷；检查外部传动机构和弹簧等；检查所有螺栓、螺帽、开口销；清扫检查操动机构，加润滑油；预防性试验。

(3) 临时性检修。当发现断路器有危及安全运行的缺陷时（如回路电阻严重超标、接触部位有明显过热，多油断路器介质损耗因数值超标，少油断路器直流泄漏电流值超标，严重漏油等)，或正常操作次数达到规定值时（达 200 次及以上时或达到规定的故障跳闸次数后)，应进行临时性检修。

第三节 真空断路器

一、真空断路器概述

真空断路器是指以真空作为灭弧和绝缘介质、在真空容器中进行电流开断与关合的断路器。自 20 世纪 60 年代初真空断路器问世以来，随着各项关键工艺的改进和新型灭弧室与操动机构的研制，真空断路器的各项技术参数不断提高，以其卓越的性能和突出的优点得到迅速的发展。目前，我国 10kV 电压等级的真空断路器已基本取代油断路器，其利用率已超过 96%；在 35kV 电压等级，真空断路器的利用率超过 62%。真空断路器已成为 35kV 等级以下中压领域中应用最广泛的断路器。

1. 真空断路器的工作原理

(1) 真空。所谓真空是相对而言的，是指绝对压力低于正常大气压的气体稀薄的空间。真空的程度即真空度，用气体的绝对压力值来表示，绝对压力值越低表示真空度越高。真空间隙气体稀薄，气体分子的自由行程大，发生碰撞游离的机会少，击穿电压高，所以，高真空度间隙的绝缘强度比灭弧介质的绝缘强度高得多。要满足真空灭弧室的绝缘强度要求，真空度一般要求在 $1.33\times10^{-3}\sim1.33\times10^{-7}$Pa 之间。

(2) 真空电弧。由于真空中的气体十分稀薄，这些气体的游离不可能维持电弧的燃烧，所以真空间隙被击穿而产生电弧不是气体的碰撞游离的结果。实际上，真空间隙击穿产生的电弧，是在触头电极蒸发出来的金属蒸汽中形成的。在开断电流时，随着触头的分离，触头接触面积迅速减少，最后只有留下一个或几个微小的接触点，其电流密度非常大，温度急剧升高，使接触点的金属熔化并蒸发出大量的金属蒸汽。由于金属蒸汽温度很高，同时又存在很强的电场，导致强电场发射和金属蒸汽的电离，从而发展成真空电弧。真空电弧的特性，主要取决于触头的材料及其表面状况，还与剩余气体的种类、间隙距离和电场的均匀程度有关。

(3) 真空电弧的熄灭。真空断路器是利用在真空电弧中生成的带电粒子和金属蒸汽具有很高扩散速度的特性，在电弧电流过零电弧暂时熄灭时，使触头间隙的介质强度能很快恢复而实现灭弧的。真空断路器触头间隙高绝缘强度的恢复，取决于带电粒子的扩散速度、开断电流的大小以及触头的面积、形状和材料等因素。在燃弧区域施加横向磁场和纵向磁场，驱动电弧高速扩散运动，可以提高介质强度的恢复速度，还能减轻触头的烧损程度，提高使用寿命。

2. 真空断路器的特点

真空断路器具有以下优点：

(1) 真空介质的绝缘强度高，灭弧室内触头间隙小（10kV 的触头间隙一般在 10mm 左右)，因而灭弧室的体积小。由于分合时触头行程很短，故分、合闸动作快，且对操动机构功率要求较小，机构的结构可以比较简单，使整机体积小、质量轻。

(2) 灭弧过程在密封的真空容器中完成，电弧和炽热的金属蒸汽不会向外界喷溅，且操作时噪声小，不会污染周围环境。

(3) 开断能力强，开断电流大，熄弧时间短，电弧电压低，电弧能量小，触头损耗小，开断次数多，使用寿命长，一般可达20年。

(4) 电弧开断后，介质强度恢复速度快，动导电杆的惯性小，适合于频繁操作，具有多次重合闸功能。

(5) 介质不会老化，也不需要更换。在使用年限内，触头部分不需要检修，维护工作量小、维护成本低，仅为少油断路器的1/20左右。

(6) 使用安全。由于不使用油，而且开断过程不会产生很高的压力，无火灾和爆炸的危险，能适用于各种不同的场合，特别是危险场所。

(7) 触头部分为完全密封结构，不受潮气、灰尘、有害气体的影响，工作可靠，通断性能稳定。

(8) 灭弧室作为独立的元件，安装调试简单、方便。

真空断路器存在的缺点如下：

(1) 开断感性负载或容性负载时，由于截流、振荡、重燃等原因，容易引起过电压。

(2) 由于真空断路器的触头结构是采用对接式，操动机构使用了弹簧，容易产生合闸弹跳与分闸反弹。合闸弹跳不仅会产生较高的过电压影响电网的稳定运行，还会使触头烧损甚至熔焊，特别是在投入电容器组产生涌流时及短路关合的情况下更加严重。分闸反弹会减小弧后触头间距，导致弧后的重击穿，后果十分严重。

(3) 对密封工艺、制造工艺要求很高，价格较高。

3. 真空断路器限制过电压的措施

当真空电弧电流很小时，提供的金属蒸气不够充分和稳定，难以维持真空电弧的稳定燃烧，真空电弧通常不在电流自然过零时熄灭，而是在过零前的某一电流值突然熄灭。随着电弧的熄灭，电流也突然降至零，这一现象称为截流，该电流称作截断电流。截断电流与电弧电流、负载特性、触头材料及磁场方向等因素有关。在感性电路中，截流容易引起操作过电压，因此，应尽可能地减小截断电流，并采取限制过电压的措施。

在电容器组并联金属氧化物避雷器（MOA），可以限制工频过电压的幅值，但不能限制过电压的波头陡度。另外，并联电容器或RC阻容吸收装置以降低高频过电压的陡度和幅值。利用RC吸收装置改变电路的工作状态，将振荡电路改为非振荡电路，从而抑制过电压。它可以降低截流过电压幅值的陡度，并对高频振荡进行阻尼，降低重燃的可能性。其中，电容的作用是使切除后回路中的电磁能量有相当大的部分转变为电容的电场能量，并加长电流的突变时间，削弱高频电压的陡度；电阻则对高频振荡起阻尼作用，进一步抑制过电压。

二、真空断路器的基本结构

真空断路器主要由真空灭弧室、支架和操动机构三部分组成。真空灭弧室是真空断路器的核心元件，具有开断、导电和绝缘的功能，主要由绝缘外壳、动静触头、屏蔽罩和波纹管组成，其结构如图6-6所示。真空灭弧室的性能主要取决于触头材料和结构，还与屏蔽罩的结构、灭弧室的材质以及制造工艺有关。

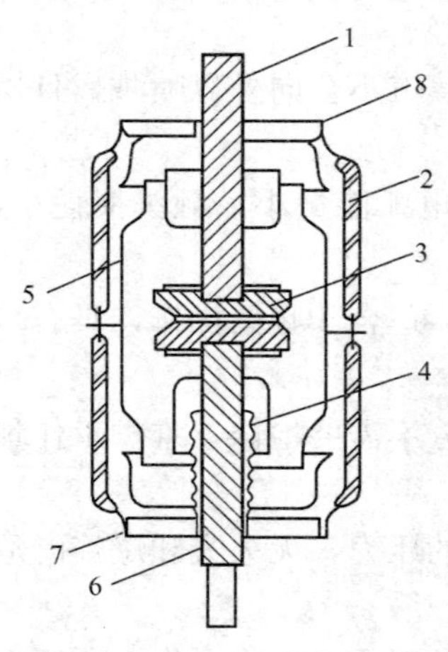

图 6-6　真空灭弧室的结构

1—静导电杆；2—绝缘外壳；3—触头；4—波纹管；5—屏蔽罩；6—动导电杆；7—动端盖板；8—静端盖板

（1）绝缘外壳。真空灭弧室的绝缘外壳既是真空容器，又是动静触头间的绝缘体。其作用是支持动静触头和屏蔽罩等金属部件，与这些部件气密地焊接在一起，以确保灭弧室内的高真空度。一般要求在 20 年内，真空度不得低于规定值，所以需要严格密封。绝缘外壳常用硬质玻璃、氧化铝陶瓷或微晶玻璃制造。

（2）触头。真空断路器的触头，既是关合时的通流元件，又是开断时的灭弧元件。触头的材料和结构直接影响到灭弧室的开断容量、电气寿命、耐压强度、关合能力、截流过电压及长期导通电流能力等。

真空断路器的触头材料除了要求具有导电、导热和较强的机械性能外，还应满足抗熔焊性能好、耐弧性能好、截断电流小、含气量低等要求。实际上，对触头材料的上述要求，彼此之间是有矛盾的，采用合金材料可以解决这些矛盾。国际上采用的触头材料主要有两大体系，即铜铋合金和铜铬合金。铜铬合金是目前使用最为广泛且综合性能优异的触头材料。预计正在开发的铜钼合金触头将比铜铬合金触头性能更好。

真空断路器的开断能力，在很大程度上取决于触头的结构。真空断路器触头一般采用对接式，其发展经历了三种典型结构型式，即平板触头、横向磁场触头和纵向磁场触头，如图 6-7 所示。这些触头的共同特点是利用磁场力使真空电弧很快地运动，防止在触头上产生需要长时间冷却的受热区域。平板触头只能用于开断 8kA 以下电流，现在已经被淘汰。使用较多的是横向磁场触头和纵向磁场触头。

利用电流流过触头本身时所产生的横向磁场驱使电弧在触头表面运动的触头称为横向磁场触头，主要类型有杯状触头和螺旋触头，如图 6-7（b）、（c）所示。螺旋触头用于开断小于 40kA 的电流，近年来趋于淘汰；杯状触头可以开断 40kA 以上的电流。

利用在磁场间隙中呈现的纵向磁场来提高开断能力的触头称为纵向磁场触头。纵向磁场能约束带电质点，降低电弧电压，使电弧能量可均匀地输入触头的整个端面，不会造成触头表面局部的熔化，适合开断大电流的需要，其开断电流可以达到 70kA，在实验室已高达 200kA。纵向磁场触头分为线圈型触头和杯状触头，触头结构如图 6-7（d）、（e）所示。研究证实，杯状纵向磁场触头开断能力大、触头磨损小、电气寿命长、结构简单、体积小，有

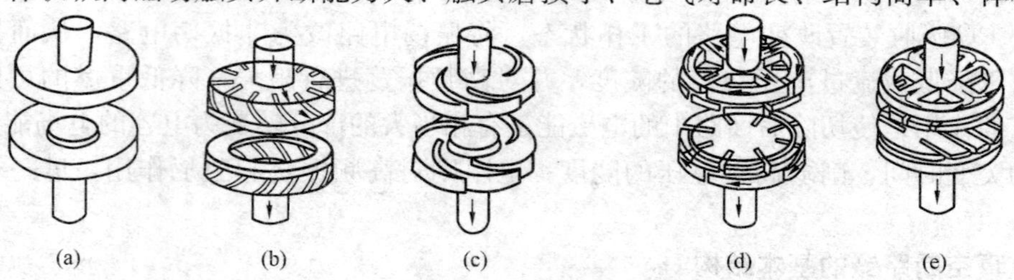

图 6-7　各种触头结构形状

（a）平板触头；（b）杯状触头（横磁场）；（c）螺旋触头（横向磁场）；（d）纵向磁场触头；（e）纵向磁场触头

利于真空断路器向大容量和小型化方向发展。

动、静触头分别焊在动、静导电杆上，用波纹管实现密封。动触头位于灭弧室的下部，在机构驱动力的作用下，能在灭弧室内沿轴向移动，完成分、合闸。在与动触头连接的导电杆周围和外壳之间装有导向管，用以保证动触头在上、下方向准确地运动。导向管采用低摩擦力的绝缘材料制作。

（3）屏蔽罩。真空灭弧室内常用的屏蔽罩有主屏蔽罩、波纹管屏蔽罩和均压屏蔽罩。屏蔽罩可采用铜或钢制成，要求具有较高的热导率和优良的凝结能力。

主屏蔽罩装设在触头的周围，一般固定在绝缘外壳内的中部，其主要作用如下。

1）防止燃弧过程中触头间产生的大量金属蒸气和金属颗粒喷溅到绝缘外壳的内壁，导致外壳的绝缘强度降低或闪络。

2）改善灭弧室内部电场的均匀分布，降低局部电场强度，提高绝缘性能，有利于促进真空灭弧室小型化。

3）吸收部分电弧能量，冷却和凝结电弧生成物，有利于提高电弧熄灭后间隙介质强度的恢复速度，这对于增大灭弧室的开断能力起到很大作用。

波纹管屏蔽罩包在波纹管的周围，防止金属蒸气溅落在波纹管上，影响波纹管的工作和降低其使用寿命。

均压屏蔽罩装设在触头附近，用于改善触头间的电场分布。

（4）波纹管。波纹管能保证动触头在一定行程范围内运动时，不破坏灭弧室的密封状态。波纹管通常采用不锈钢制成，有液压成形和膜片焊接两种。真空断路器触头每分合一次，波纹管便产生一次机械变形，长期频繁和剧烈的变形容易使波纹管因材料疲劳而损坏，导致灭弧室漏气而无法使用。波纹管是真空灭弧室中最易损坏的部件，其金属的疲劳寿命，决定了真空灭弧室的机械寿命。

三、真空断路器的结构类型

1. 户内型真空断路器

真空断路器的总体结构可分为悬臂式和落地式两种基本型式。下面以 ZN28-12 系列真空断路器为例，介绍这两种典型结构。

ZN28-12 系列真空断路器采用中间封接式纵磁场真空灭弧室，按照总体结构特点可分为两类。一类是断路器本体与操动机构一起安装在箱形固定柜和手车柜中，称为整体式，即 ZN28-12 系列；另一类是断路器本体与操动机构分离安装在固定柜中，称为分体式，即 ZN28A-12 系列，分体式特别适合于旧柜无油化改造工程。

ZN28-12 系列真空断路器总体结构为落地式，如图 6-8 所示。每个真空灭弧室由一只落地绝缘子和一只悬挂绝缘子固定，真空灭弧室旁有一棒形绝缘子支撑。真空灭弧室上下铝合金支架既是输出接线的底座又兼起散热作用。在灭弧室上支架的上端面，安装有黄铜制作的导向板，使导电杆在分闸过程中对中良好。触头弹簧装设在绝缘拉杆的尾部。操动机构、传动主轴和绝缘转轴等部位均设置滚珠轴承，用于提高效率。断路器本体与操动机构一起安装在箱形固定柜和手车柜中，又称为整体式。

ZN28A-12 系列真空断路器是固定开关柜专用的真空断路器，总体结构为悬臂式，如图 6-9 所示。主导电回路、真空灭弧室与断路器机架前后布置。真空灭弧室用两只水平布置的悬臂绝缘子固定在机架的前面，主轴、分闸弹簧、缓冲器等部件安装在机架内。主轴通过绝缘拉杆、拐臂与真空灭弧室动导电杆连接，并从机架侧面伸出，与传动系统相连。断路器本体与操动机构分离安装在固定柜中，又称为分体式。

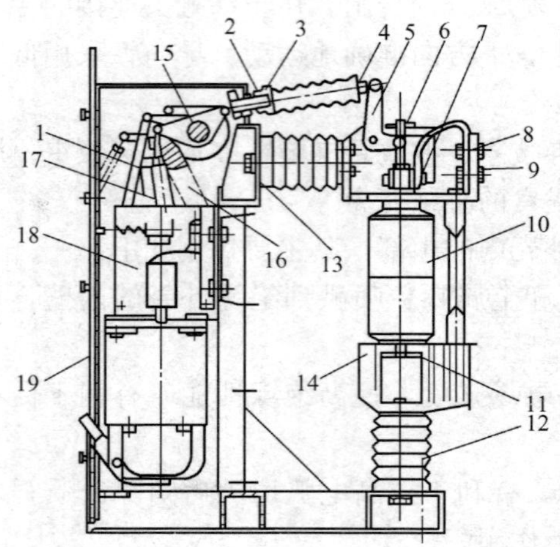

图 6-8 ZN28-12 系列真空断路器结构

1—开距调整垫片；2—触头压力弹簧；3—弹簧座；4—接触行程调整螺栓；5—拐臂；6—导向板；7—导电夹紧固螺栓；8—动支架；9—螺钉；10—真空灭弧室；11—固定螺栓；12—绝缘子；13—绝缘子固定螺栓；14—静支架；15—主轴；16—分闸弹簧；17—输出杆；18—机构；19—面板

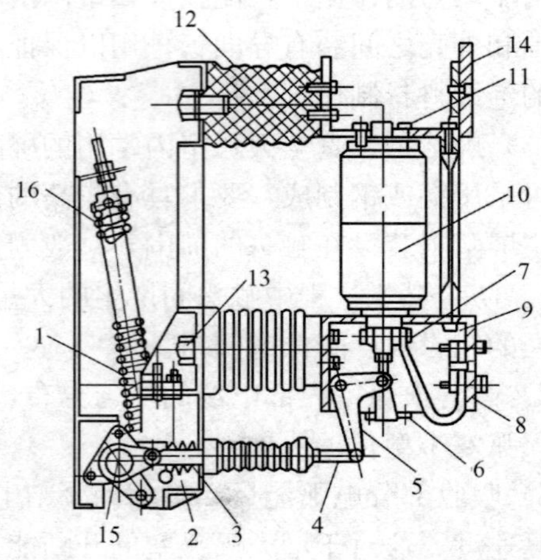

图 6-9 ZN28A-12 系列真空断路器结构

1—开距调整垫片；2—触头压力弹簧；3—弹簧座；4—接触行程调整螺栓；5—拐臂；6—导向板；7—导电夹紧固螺栓；8—动支架；9—螺钉；10—真空灭弧室；11—真空灭弧室固定螺栓；12—绝缘子；13—绝缘子固定螺栓；14—静支架；15—主轴；16—分闸弹簧

2. 户外型真空断路器

户外型真空断路器一般采用落地式结构，可分为箱式和支柱式。落地箱式是仿多油断路器结构，支柱式是仿少油断路器结构。ZW32-12 型户外支柱式真空断路器如图 6-10 所示，主要由真空灭弧室、上下绝缘罩、箱体、操动机构、隔离开关、电流互感器及驱动部件等组合而成。三相真空灭弧室分别封闭在三组绝缘罩内，绝缘罩固定在箱体上，箱体内安装弹簧操动机构，电流互感器安装在下出线端上，操作杠杆在箱体正面，箱体表面采用达克罗表面处理方式。

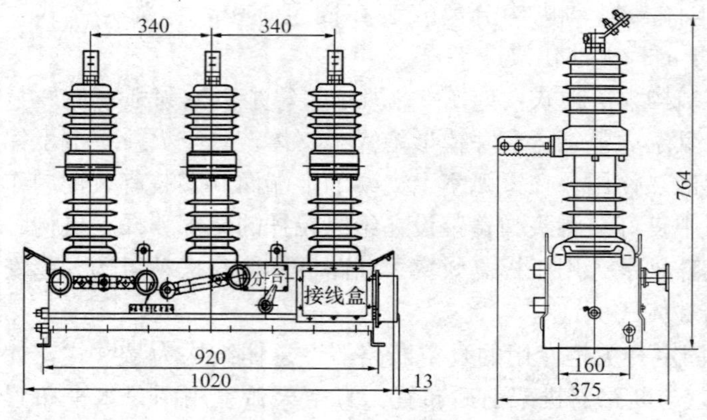

图 6-10 ZW32-12 型户外支柱式真空断路器

断路器同时具备电动和手动操作，并且可配置智能开关控制器，设有三段式过电流保护、零序保护、重合闸、低电压、过电压保护等多种功能，它支持多种通信协议，允许选用多种通信方式构成通信网，即可对开关进行本地手动或遥控操作，又可通过通信网实现远方控制。

断路器为直立安装，三相

分别对应线路三相，十分方便安装和线路接线。断路器支柱采用聚氨脂密封材料，内部采用新型的发泡灌封材料，增加了爬电距离、减少了体积。

3. 新型真空断路器简介

除了一般用途的标准型真空断路器（短路开断电流一般为25～50kA）被大量使用外，为满足特殊开断任务各种专用断路器不断被研制开发和使用。例如：用于发电机保护的特大容量真空断路器，短路开断电流高达63～80kA及以上；用于开断感性负荷的低过电压真空断路器，不用加过电压吸收装置，而用新开发出的触头材料，将过电压限制至常规值的1/10;用于投切电容的无重击穿真空断路器；用于频繁操作断路器，操作次数5万～6万次；超频繁型真空断路器，操作次数10万～15万次；用于一般场合的经济型真空断路器，开断电流16～25kA。

另外，具有多种功能和用途的新型真空断路器也在不断地被研制开发和使用，主要有以下三种。

（1）多功能真空断路器。一般真空断路器为二工位，即合-分，完成关合与开断任务。现在的趋势是赋予真空断路器更多的功能，为此有两种做法。一是使真空断路器相柱在开断后移动或旋转，形成隔离和接地；另一是真空灭弧室内触头旋转完成隔离和接地。以此，实现其三工位（合-分-隔离）或四工位（合-分-隔离-接地）等功能。

（2）同步真空断路器。同步真空断路器又叫选相真空断路器或受控真空断路器。其基本原理是使真空断路器在电压或电流最有利时刻关合或开断。与普通真空断路器相比同步断路器具有的优势是：降低了电网瞬态过电压负荷；改善了电网供电质量；提高了断路器电寿命及性能；简化了电网设计，从而降低了整个系统费用。

（3）智能化真空断路器。真空断路器智能化是建立在现代传感技术和数字化控制技术之上的。把计算机加入机械系统，使开关系统有了“大脑”，再加入“传感器”采集信息，用光纤传导信息，使开关系统有了“知觉”，大脑根据“知觉”做出判断与决定，使系统有了“智能”。

四、真空断路器的使用知识

1. 检查和维护

真空断路器通常采用整体安装，在安装前一般不需要进行拆卸和调整。真空断路器安装完毕，应按要求进行工频耐压试验、机械特性的测试和操动机构的动作试验。在验收时检查：断路器安装应固定牢靠，外表清洁完整；电气连接应可靠且接触良好；真空断路器与其操动机构的联动应正常，无卡阻；分、合闸指示正确，辅助开关动作应准确可靠，触点无电弧烧损；灭弧室的真空度应符合产品的技术规定；绝缘部件、瓷件应完整无损；并联电阻、电容值应符合产品的技术规定；油漆应完整、相色标志正确，接地良好。

真空断路器投入运行后要进行维护检查和调整：应定期检查真空断路器的绝缘子、绝缘杆及灭弧室外壳，应经常保持清洁；操动机构和其他传动部分应保持有干净的润滑油，动作灵活；对变形、磨损严重的零部件应及时更换；定期检查紧固件，防止松动、断裂和脱落。定期检查真空灭弧室的真空度，有异常现象应立即更换；检查触头的开距及超行程，小于规定值时，必须按要求进行调整；检查真空灭弧室动导电杆在合、分过程中有无阻滞现象，断路器在储能状态时限位是否可靠；检查辅助开关、中间继电器及微动开关的触头接触是否正常，其烧灼部分应整修或调换，辅助开关的触头超行程应保持合格范围。

2. 检修

真空断路器本体不需要检修，真空灭弧室损坏或寿命终止时只能更换。更换灭弧室应该注意：灭弧室的安装质量，以保证动导电杆与灭弧室轴线的同轴；波纹管在做开断与关合操作时，不受扭力，不应与任何部位相摩擦；动导电杆的运动轨迹平直，任何时候也不会在波纹管周围产生电火花；在安装和调整时须特别注意对波纹管的保护，波纹管的压缩拉伸量不得超过触头允许的极限开距；灭弧室端面上的压环各个方向上的受力要均匀。

由于真空灭弧室漏气和真空灭弧室内部金属材料含气释放，真空灭弧室的真空度会降低。当其真空度降低到一定数值时将会影响它的开断能力和耐压水平，因此必须定期检查真空灭弧室管内的真空度。目前采用的检测方法有：火花检漏计法、观察法、交流耐压法、放电电流检测法、中间电位变化检测法、真空度测试仪测定等几种方法。

真空断路器的检修周期没有统一的规定，主要取决于操动机构。其检修的主要任务是进行以下有关调整：

（1）行程开距调整。真空断路器的触头开距可通过调节分闸限位螺钉的高度或缓冲垫的厚度，调节导电杆连接件长度，可以使导电杆的总行程达到规定值。

（2）接触行程调整。接触行程通常通过调节绝缘拉杆连接头与真空灭弧室动导电杆的螺纹实现。为调节方便，各种型号的灭弧室端连接头都设计成标准细螺纹。

（3）三相同步性调整。调节方法同接触行程调整，用三相同步指示灯或其他仪器检查。

（4）分合闸速度调整。操动机构的分合闸速度一般不需要作调整。分合闸速度用分闸弹簧来调整：分闸弹簧力越大，分闸速度越快，同时，合闸速度相应变慢；反之，分闸弹簧力小，分闸速度减慢，而合闸速度加快。

第四节　六氟化硫断路器

一、六氟化硫断路器概述

六氟化硫气体（SF_6）是由两位法国化学家于 1900 年合成的。大约从 20 世纪 60 年代起，SF_6 气体成功地用作高压开关设备的绝缘和灭弧介质。目前，六氟化硫断路器在使用电压等级、开断性能等方面都已赶上和超过其他类型的断路器，在 126kV 以上的高压电压等级中居主导地位。

1. SF_6 气体的特性

SF_6 气体所具有的优良的灭弧和绝缘性能，目前还没有一种介质能与之媲美。在高压、超高压及特高压领域，SF_6 气体几乎成为断路器唯一的绝缘和灭弧介质。

（1）SF_6 气体的物理特性。在标准条件下，SF_6 为无色、无味的气体。在通常情况下，SF_6 气体有液化的可能性，在 45℃以上才能保持气态，因此，SF_6 不能在过低的温度和过低的压力下使用。在高压电气设备中，SF_6 的工作压力为 0.2～0.7MPa，呈气态。在钢瓶中 SF_6 通常以液态形式存在，以便于运输和储存。SF_6 气体是最重的已知气体之一，它（分子量为 146）大约比空气重 5 倍，有向低处积聚的倾向。SF_6 气体的热导率比空气好 2～5 倍。声音在 SF_6 气体中传播的速度比在空气中小得多，大约是空气中音速的 2/5。SF_6 气体在水和油中的溶解度很低。

（2）SF_6 气体的化学特性。SF_6 气体在常温（低于 500℃）下是一种化学性能非常稳定的惰性气体。它在空气中不燃烧、不助燃，与水、强碱、氨、盐酸、硫酸等不发生反应。在常温甚至较高温度下一般不会发生自分解反应，热稳定性极好。它在通常条件下对电气设备中常用的金属和绝缘材料是不起化学作用的，它不侵蚀与它接触的物质。

(3) SF_6 气体的电气特性。SF_6 气体具有优异的绝缘性能。SF_6 气体及其分解物具有极强的电负性，能在较高温度下吸附自由电子而构成负离子，由于负离子的运动速度慢，因而与正离子复合的概率大大增加，弧隙的介质强度恢复大为加快。

在均匀电场中，SF_6 气体的绝缘强度为空气的 2.5～3 倍。气体压力为 0.2MPa 时，SF_6 气体的绝缘强度与绝缘油相当。工作压力为 0.6MPa 的 SF_6 气体的绝缘强度高出 0.1MPa 的空气绝缘强度的 10 倍。

SF_6 气体具有优异灭弧性能。SF_6 气体的灭弧能力为空气的 100 倍，开断能力大约为空气的 2～3 倍。这不仅是由于它具有优良的绝缘特性，还因为它具有独特的热特性和电特性。在 SF_6 气体的电弧中：弧芯部分，电导率高、导热率低；弧柱外围部分，导热率高，电导率低，几乎为零。因此，弧芯部分的温度高（约为 12000～14000K)，电弧电流集中于弧芯部分，电弧电压低，电弧功率小，有利于电弧熄灭；而弧柱外围部分的温度却相对较低（约为 3000K 以下)，这有利于弧芯部分高温的散发；而在低温区的 SF_6 气体及其分解物具有电负性，有利于正负粒子的复合，电流过零后，弧隙间介质强度能很快恢复。由于电弧在 SF_6 气体内冷却时直至相当低的温度，它仍能导电，电流过零前的截流小，由此避免了较高的过电压。

(4) SF_6 气体的分解特性。SF_6 气体在断路器操作中和出现内部故障时，会产生不同量的分解物，高毒性的分解物，如 SF_4、S_2F_2、S_2F_{10}、SOF_2、HF 及 SO_2 会刺激皮肤、眼睛、黏膜，如果大量吸入，还会引起头晕和肺水肿。SF_6 气体的分解主要有三种情况：在电弧作用下的分解；在电晕、火花和局部放电下的分解；在高温下的催化分解。

纯 SF_6 气体无腐蚀，但其分解物遇水后会变成腐蚀性强的电解质，会对设备内部某些材料造成损害及运行故障。通常使用的材料，如铝、钢、铜、黄铜几乎不受侵蚀，但玻璃、瓷、绝缘纸及类似材料易受损害，而且与腐蚀物质的含量有关。其他绝缘材料所受影响不大。

采用合适的材料和采取合理的结构，可以排除潮气和防止腐蚀。在设备运行中可以采用吸附剂（如氧化铝、碱石灰、分子筛或它们的混合物）清除设备内的潮气和 SF_6 气体的分解物。

处理从设备中取出的分解物，若是酸性成分可用碱性化合物生成硫化钙或氟化钙来降低。大多数固态反应物不溶于水，或难溶解，但某些金属氟化物能同水反应成氢氟酸。因此，必须用氢氧化钙（石灰）去处理固态分解物。

2. SF_6 断路器的特点

SF_6 断路器的优良性能得益于 SF_6 气体。由于 SF_6 气体优良的灭弧性能和绝缘性能，使 SF_6 断路器具有显著的特点。其优点表现在以下几方面：

(1) 开断短路电流大。SF_6 气体的良好灭弧特性，使 SF_6 断路器触头间燃弧时间短、开断电流能力大，一般能达到 40～50kA 以上，最高可以达到 80kA，并且对于近距离故障开断、失步开断、接地短路开断也能充分发挥其性能。

(2) 载流量大，寿命长。由于 SF_6 气体的分子量大、比热大、对触头和导体的冷却效果好，因此在允许的温升限度内，可通过的电流也比较大，额定电流可达12000A。其触头可以在较高的温度下运行而不损坏。在大电流电弧的情况下，触头的烧损非常小、电气寿命长。

(3) 操作过电压低。SF_6气体在低压下使用时，能够保证电流在过零附近切断，电流截断趋势减至最小，避免因截流而产生操作过电压。SF_6气体介质强度恢复速度特别快，因此开断近区故障的性能特别好，并且在开断电容电流时不产生重燃，通常不加并联电阻就能够可靠地切断各种故障而不产生过电压，降低了设备绝缘水平的要求。

(4) 运行可靠性高。SF_6断路器的导电和绝缘部件均被密封在金属容器内，不受大气条件的影响，也能防止外部物体侵入设备内部，减少了设备事故的可能性。金属容器外部接地，防止意外接触带电部位，设备使用安全。SF_6气体密封条件好，能够保持SF_6断路器内部干燥，不受外部潮气的影响，从而保证了长期较高的运行可靠性。

(5) 安全性高。SF_6气体是不可燃的惰性气体，SF_6断路器没有爆炸和火灾的危险。SF_6气体工作气压较低，在吹弧过程中，气体不排向大气，在密封系统中循环使用，而且噪声低、无污染、无公害、安全性较高。

(6) 体积和占地面积小。SF_6气体的良好绝缘特性，使SF_6断路器各元件之间的电气距离缩小，单断口的电压可以做得很高，与少油断路器和空气断路器比较，在相同额定电压等级下，SF_6断路器所用的串联单元数较少，断路器结构设计更为紧凑，体积减小。使用SF_6气体的高压开关设备，能大幅度地减小占地面积，空气绝缘与SF_6气体绝缘开关设备的占地面积之比为30∶1。

(7) 安装调试方便。通常制造厂以大组装件形式进行运输，到现场主要是单元吊装，安装和调试简单、方便，施工周期较短，220kV的SF_6断路器只需2～3h就可装好。

(8) 检修维护量小。SF_6气体分子中不存在碳元素，SF_6断路器内没有碳的沉淀物，其允许开断的次数多，无需进行定期的全面解体检修，检修周期长，日常维护工作量极小，年运行费用大为降低。

另外，SF_6断路器也存在以下的缺点：

(1) 制造工艺要求高、价格贵。SF_6断路器的制造精度和工艺要求比油断路器要高得多，其制造成本高、价格昂贵，约为油断路器的2～3倍。

(2) 气体管理技术要求高。SF_6气体在环境温度较低，气压提高到某个程度时，难以在气态下使用。SF_6分解有毒气体，即使较纯的SF_6气体也可能混有一些杂质，对人体无益，现场特别是室内要考虑窒息的危险。SF_6气体处理和管理工艺复杂，要有一套完备的气体回收、分析测试设备，工艺要求高。

二、SF_6断路器的灭弧室

六氟化硫断路器的发展，经历了双压式、单压式、自能式及二次技术智能化等几个阶段。双压式已被淘汰；单压式，又称为压气式，目前已用到550kV及1100kV级；热膨胀式方兴未艾，现已做到110～245kV级，正向420kV努力；二次技术智能化集电子技术、传感技术、计算机技术等于一体，可实现开关智能控制和保护，变定期维护为状态维护。

1. 压气式SF_6断路器的灭弧室

压气式SF_6断路器灭弧室的可动部分带有压气装置，利用在开断过程中活塞和气缸的相对运动，压缩SF_6气体形成气体吹弧而熄灭电弧。压气式SF_6断路器结构简单，断路器

内的 SF_6 气体只有一种压力，工作压力一般为 0.6MPa。在 252kV 以上电压等级，主要是采用压气式 SF_6 断路器。压气式 SF_6 断路器按灭弧室结构可分为变开距灭弧室和定开距灭弧室。

（1）变开距灭弧室。由于在灭弧过程中，触头的开距是变化的，故称为变开距灭弧室。变开距灭弧室按吹弧方式分为单向纵吹和双向纵吹，单向纵吹式适用于中小容量断路器，而高压大容量断路器采用双向纵吹居多。

变开距灭弧室结构如图 6-11 所示。触头系统由主（工作）触头、弧触头和中间触头组成，主触头和中间触头放在外侧，可改善散热条件，提高断路器的热稳定性；喷嘴用聚四氟乙烯或以聚四氟乙烯为主的填料制成的复合材料等绝缘材料制成，这类材料具有耐电弧、机械强度高、易加工、耐高温、直接受电弧短时作用不易炭化、烧损均匀、烧蚀量少、不受 SF_6 分解物侵蚀等特点。

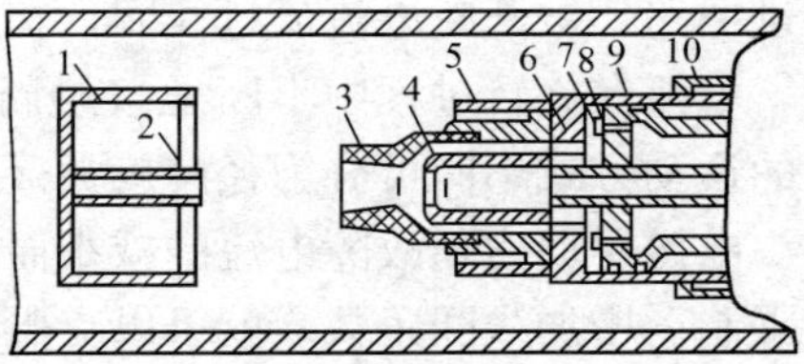

图 6-11　变开距灭弧室结构

1—主静触头；2—弧静触头；3—喷嘴；4—弧动触头；5—主动触头；6—压气缸；7—逆止阀；8—压气室；9—固定活塞；10—中间触头

为了使分闸过程中压气室的气体集中向喷嘴吹弧，而在合闸过程中不致在压气室形成真空，故设置了逆止阀 7。在分闸时，逆止阀 7 堵住小孔，让 SF_6 气体集中向喷嘴 3 吹弧。合闸时，逆止阀 7 打开，使压气室与固定活塞 9 的内腔相通，SF_6 气体从活塞小孔充入压气室 8，为下一次分闸做好准备。

变开距灭弧室内的气吹时间较充裕，气体利用率高。喷嘴与动弧触头分开，根据气流场设计的喷嘴形状，有助于提高气吹效果。可按绝缘要求来设计开距，断口间隙可达 150～160mm，因此，断口电压可做得较高，便于提高灭弧室的工作电压。由于开距大，电弧长、电弧电压高、电弧能量大，对提高开断电流不利。绝缘喷嘴易被电弧烧伤，会影响弧隙的介质强度。

（2）定开距灭弧室。图 6-12 为定开距灭弧室结构图。断路器的触头由两个带嘴的空心静触头 3、5 和动触头 2 组成。在关合时，动触头 2 跨接于静触头 3、5 之间，构成电流通路；开断时，断路器的弧隙由两个静触头保持固定的开距，故称为定开距结构。

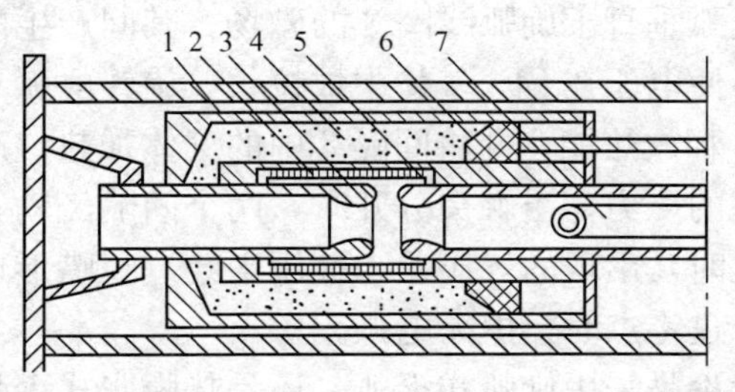

图 6-12　定开距灭弧室结构

1—压气罩；2—动触头；3、5—静触头；4—压气室；6—固定活塞；7—拉杆

由绝缘材料制成的固定活塞 6 和与动触头 2 连成一体的压气罩 1 之间围成压气室 4。通常采用对称双向吹弧方式。

这种结构的喷嘴采用耐电弧性能好的金属或石墨等导电材料制成。石墨能耐高温，在电弧作用下直接由固态变成气态，逸出功大，表面烧损轻。定开距灭弧室断口电场均匀，灭弧开距小，触头从分离位置到熄弧位置的行程很短，126kV 的断路器只有 30mm，电弧能量较小、熄弧能力强、燃弧时间短，可以开断很大的短路电流，但是压气室的体积较大。

2. 自能式 SF_6 断路器

压气式 SF_6 断路器要利用操动机构带动气缸与活塞相对运动来压气熄弧，因而操动机构负担很重，要求操动机构的操作功率大。

利用电弧自身的能量来熄灭电弧的自能式 SF_6 断路器，可以减轻操动机构的负担，减少对操动机构操作功率的要求，从而可以提高断路器的可靠性。自能式 SF_6 断路器代表了 SF_6 断路器发展的主流。自能式 SF_6 断路器按灭弧原理可分为旋弧式、热膨胀式和混合吹弧式。

（1）旋弧式。旋弧式是利用设置在静触头附近的磁吹线圈在开断电流时自动地被电弧串接进回路，被开断电流流过线圈，在动、静触头之间产生磁场，电弧在磁场的驱动下高速旋转，电弧在旋转过程中不断地接触新鲜的 SF_6 气体，使电弧受到冷却而熄灭。按磁吹和电弧的运动方式不同可分为径向旋弧式和纵向旋弧式。

电磁驱动力随故障电流的减小而减小，所以旋弧式断路器灭弧能力受到较小的故障电流的限制。增加线圈匝数，就可以克服这一缺点，但线圈匝数的增加，受到机械强度的限制，因而在大的故障电流下，要承受大的电磁力。

旋弧式灭弧室结构简单，不需要大功率的操动机构，电弧高速旋转，触头烧损轻微，寿命长，在中压系统中使用比较普遍。

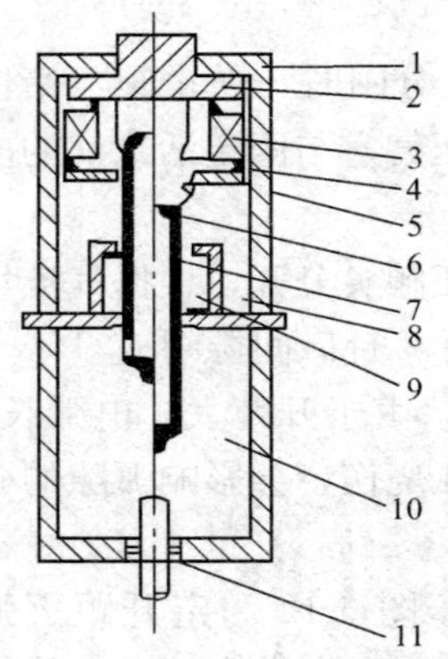

图 6-13 热膨胀式灭弧室结构

1—灭弧室；2—静触头；3—旋弧线圈；4—触指；5—环状电极；6—喷嘴；7—动触头；8—密闭间隔；9—辅助吹气装置；10—排气间隔；11—对大气的密封中心线左边-断路器合闸；中心线右边-断路器分闸

（2）热膨胀式。热膨胀式是利用电弧本身的能量，加热灭弧室内的 SF_6 气体，建立高压力，形成压差，并通过喷嘴释放，产生强力气流吹弧，从而达到冷却和吹灭电弧的目的。

热膨胀式灭弧室结构如图 6-13 所示，圆柱形的灭弧室被分成两个间隔，即密闭间隔 8 和比密闭间隔大得多的排气间隔 10。在这两个间隔中都充有 SF_6 气体。当断路器处于合闸位置时，动触头 7 通过触指 4 连接到静触头 2，如中心线左部所示。分闸时，电流通过线圈 3，如中心线右部所示。当动触头 7 运动一定距离后，在环状电极 5 和动触头 7 之间产生电弧。旋弧线圈 3 产生与触头的同轴磁场，环状电极 5 中的电弧垂直于旋弧线圈 3 的磁场，其间产生的电动力使电弧高速旋转，使电弧在 SF_6 气体中被拉长，旋转电弧不断接触新鲜的 SF_6 气体，释放热能，并将间隔 8 中的气体加热，产生一个比排气间隔中较高的压力，当触头分开时，两个间隔经动触头 7 中的喷嘴 6 连通，此时，出现的气压差，被用来经过喷嘴形成纵向吹弧。在下一个电流过零点时，熄灭电弧。

（3）混合吹弧式。无论是采用旋弧式灭弧，还是热膨胀式灭弧都能大大减轻操动机构的负担，提高断路器的性能价格比，但是任何一种灭弧室都有它的不足之处，为此往往将几种灭弧原理同时应用在断路器的灭弧室中。压气式加上自能吹弧的混合式灭弧有助于提高灭弧效能，不仅可以增大开断电流，而且可以明显减少操作功。混合吹弧式有多种方式，如旋弧＋热膨胀，压气＋热膨胀，压气＋旋弧，旋弧＋热膨胀＋助吹。

三、SF_6 断路器的附件

SF_6 断路器的附件是指 SF_6 断路器及其操动机构配置的具有一定特殊功能的附属部件，如 SF_6 断路器上的压力表、压力继电器（也称压力开关）、安全阀、密度表、密度继电器、并联电容、并联电阻、净化装置、防爆装置等。它们虽然是附属部件，但是却起着非常重要的作用。

1. 压力表和压力继电器

SF_6 气体压力是断路器绝缘、载流、开断与关合能力的宏观标志，运行中必须始终保持在规定的范围内。为监视 SF_6 气体压力的变化情况，应装设压力表和压力继电器。

（1）压力表。SF_6 气体压力表起监视作用，按结构原理可分为弹簧管式、活塞式、数字式等。SF_6 断路器一般采用弹簧管式压力表。

（2）压力继电器。压力继电器主要配置在断路器的操动机构上，带有多对电触点，用于控制操动机构电动机的启动、停止和输出闭锁断路器分闸、合闸、重合闸的指令以及发出相应的信号等。当气体压力升高或降低时，压力继电器使相应的行程开关电触点动作，以实现利用压力来控制有关指令和信号的输出。压力继电器起控制和保护作用。

（3）安全阀。安全阀是用于电动机油泵或空气压缩机系统的一种安全保护装置。它是压力继电器的一种特殊形式。与压力继电器不同之处是安全阀带不带电触点，且动作方式不同。当油压或气压超过规定的最高压力值时，安全阀内部机构装置动作，泄压至规定的压力值时自动关闭。

2. 密度表和密度继电器

气体密度表和密度继电器都是用来测量 SF_6 气体的专用表计，带指针及有刻度的称为密度表，不带指针及刻度的称为密度继电器。有的 SF_6 气体密度表也带有电触点，即兼作密度继电器使用。SF_6 气体密度表起监视作用，密度继电器起控制和保护作用。

3. 并联电容和并联电阻

并联电容（也称均压电容）和并联电阻（也称合闸电阻）都是与断路器灭弧断口相并联的、改善断路器分闸或合闸特性的重要附属元件。

为了降低断路器触头间弧隙的恢复电压速度，提高近区故障开断能力，在 63kV 及以上电压等级的单断口 SF_6 断路器上也装设了并联电容。

为了限制合闸或分闸以及重合闸过程中的过电压，改善断路器的使用性能，采用在断口间并联电阻的方式。并联电阻片一般是由碳质烧结而成，外形与避雷器阀片很相似，但其热容量要大得多。

并联电阻的安装方式一般为两种：一种是并联电阻片与辅助断口均置于同一瓷套内，也可把并联电阻片布置在辅助断口的两侧，使电阻片在工作发热后更有利于热量扩散；另一种是合闸电阻片与辅助断口不在同一瓷套内，而是各自成独立元件，串联后并联在灭弧室两端。

选择并联电阻值的大小对限制合闸过电压影响很大。目前我国 500kV 断路器上使用的并联电阻值一般为 400～450Ω。

4. 净化装置

净化装置主要由过滤罐和吸附剂组成。吸附剂的作用是吸附 SF_6 气体中的水分和 SF_6 气体经电弧的高温作用后产生的某些分解物。常用的吸附剂有以下几种。

（1）活性炭：是以果壳、煤、木材等为原料，经过炭化、高温活化等制成的吸附剂。

（2）分子筛：是一种人工合成的沸石，是具有四面骨架结构的铝硅酸盐。

（3）氧化铝：是一种由天然氧化铝或铝土矿经特殊处理而制成的多孔结构物质。

(4) 硅胶：是一种坚硬多孔固体颗粒，以水玻璃为原料制成。

除了上述四种吸附剂外，还有漂白土、活性白土、吸附树脂、活性炭素纤维、炭分子筛、矾土、铝土、氧化镁、硫酸锶等数种吸附剂。目前，国内外 SF_6 断路器等开关设备上使用得最多的吸附剂主要是分子筛和氧化铝。

5. 压力释放装置

压力释放装置可分为两类：以开启压力和闭合压力表示其特征的，称为压力释放阀，一般装设在罐式 SF_6 断路器上；一旦开启后不能够再闭合的，称为防爆膜，一般装设在支柱式 SF_6 断路器上。

当外壳和气源采用固定连接时，所采用的压力调节装置不能可靠地防止过压力时，应装设适当尺寸的压力释放阀，以防止万一压力调节措施失效而使外壳内部的压力过高。

当外壳和气源不是采用固定连接时，应在充气管道上装设压力释放阀，也可以装设在外壳本体上。

防爆膜的作用主要是当 SF_6 断路器在性能极度下降的情况下开断短路电流时、或其他意外原因引起的 SF_6 气体压力过高时，防爆膜破裂将 SF_6 气体排向大气，防止使断路器本体发生爆炸事故。防爆膜一般装设在灭弧室瓷套顶部的法兰处。

四、SF_6 断路器的结构类型

1. 瓷柱式 SF_6 断路器

瓷柱式 SF_6 断路器如图 6-14 所示，其灭弧室安装在高强度瓷套中，用空心支柱绝缘子支撑和实现对地绝缘。灭弧室和支柱绝缘子内腔相通，充有相同压力的 SF_6 气体，通过控制柜中的密度继电器和压力表进行控制和监视。穿过支柱绝缘子的绝缘拉杆把灭弧室的动触头和操动机构的驱动杆连接起来，通过绝缘拉杆带动触头完成断路器的分合操作。

瓷柱式 SF_6 断路器系列性强，可以用不同个数的标准灭弧单元及支柱绝缘子组成不同电压级的产品。这类断路器的结构简单、用气量少、运动部件少、价格相对便宜，是目前生产和使用较多的一种。它具有单断口电压高、开断电流大、运行可靠性高和检修维护工作量小等优点。然而由于它重心高，抗震能力较差，且不能加装电流互感器，所以，使用场所受到一定限制。

按其整体布置形式瓷柱式 SF_6 断路器可分为“I”形布置、“Y”形布置及“T”形布置三种。“I”形布置一般用于 220kV 及以下的单柱单断口断路器，三极安装在一个或三个支架上，如 LW25 等系列的 110kV 及以下电压级的断路器和 LW31A 等系列的 220kV 断路器；“Y”形布置一般用于 220kV 及以上的单柱双断口断路器，如 LW25 等系列的 220kV 断路器、ABB 公司的 ELFSP4-2 型 220kV 断路器；“T”形布置一般用于 220kV 及以上特别是 500kV 的单柱双断口断路器，如 LW7 系列的 220kV 断路器、日本三菱的 SFM 型 500kV 断路器、西门子的 3AQ2 型 245kV、3AT3 型 252kV 断路器和 3AT2 EI 型 550kV 断路器、ABB 公司的 ELFSP7-21 型 500kV 断路器。

2. 落地罐式 SF_6 断路器

落地罐式 SF_6 断路器的结构如图 6-15 所示。其灭弧室安装在接地的金属罐中，高压带电部分用绝缘子支持，对箱体的绝缘主要靠 SF_6 气体。绝缘操作杆穿过支柱绝缘子，把动触头与机构驱动轴连接起来，在两个出线套管的下部都可安装电流互感器。

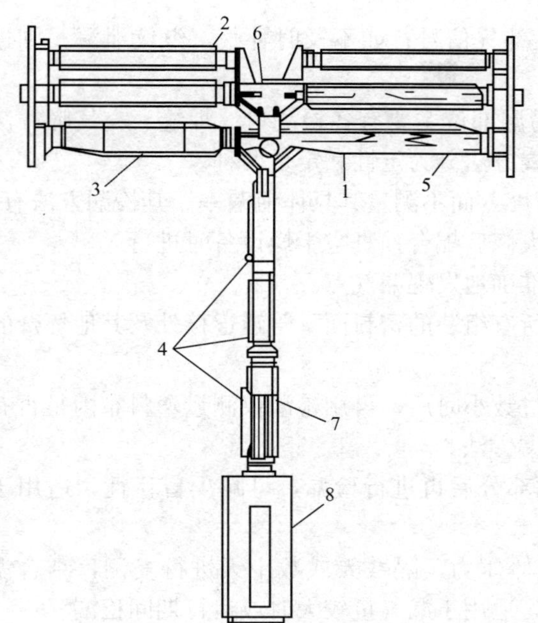

图 6-14　瓷柱式 SF_6 断路器结构

1—并联电容；2—端子；3—灭弧室瓷套；4—支柱绝缘子；5—合闸电阻；6—灭弧室；7—绝缘拉杆；8—操动机构箱

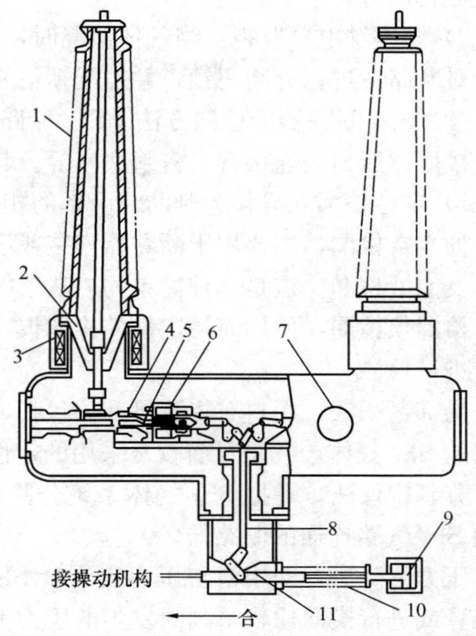

图 6-15　落地罐式 SF_6 断路器结构

1—套管；2—支柱绝缘子；3—电流互感器；4—静触头；5—动触头；6—喷口工作缸；7—检修窗；8—绝缘操作杆；9—油缓冲器；10—合闸弹簧；11—操作杆

目前，110～500kV 均有罐式 SF_6 断路器，其外形基本相似，大多是引进日本三菱公司 SFMT 型或日立公司 OFPTB 技术的产品，如 OFPTB-500-50LA 型、国产 LW12 系列的 220kV 断路器和 500kV 断路器。这种结构重心低、抗震性能好，灭弧断口间电场较好，断流容量大，可以加装电流互感器，还能与隔离开关、接地开关、避雷器等融为一体，组合成复合式开关设备。借助于套管引线，基本上不用改装就可以用于全封闭组合电器之中。但罐体耗用材料多、用气量大、系列性差、难度较大、造价比较昂贵。日本东芝、日立和三菱等公司已开发出 550kV 63/50kA 单断口罐式断路器。

五、SF_6 断路器的使用知识

1. 检查和维护

SF_6 气体作为绝缘和灭弧介质封闭在 SF_6 断路器中，由于制造质量和安装工艺、密封元件的老化等原因，SF_6 气体的泄漏是难以避免的，水分的渗入现象也是存在的。气体泄漏和水分渗入是影响 SF_6 设备能否长期安全运行的关键，应予以高度关注。SF_6 气体在运行中最重要的监测项目为含水量监测和气体检漏。

（1）SF_6 气体密度的监测。SF_6 气体的绝缘强度及灭弧能力取决于 SF_6 气体的密度，若 SF_6 气体的密度降低，则断路器的耐压强度降低，不能承受允许过电压，断路器的开断容量下降。大量的泄漏气体会使水分进入灭弧室中，气体中微水含量将大幅上升，导致耐压强度进一步下降，有害副产物增加。运行中的密度监测至关重要，常用的监测方法有以下几种。

1）压力表监测：在运行中可直观地监测气体的压力的变化，平均压力是否异常由密度

继电器发信号。

2）密度继电器监视：当气体泄漏时，先发补气信号；如不及时补气，继续泄漏，则进一步对断路器进行分闸闭锁，并发闭锁信号。

（2）SF_6 断路器的检漏方法。SF_6 断路器易漏部位主要有各检测口、焊缝、充气嘴、法兰连接面、压力表连接管、密封底座等。其检漏方法分为定性和定量两种。

1）定性检漏：只作为判断泄漏率的相对程度，而不测量其具体泄漏率。其检漏方法有：

抽真空检漏，主要用于断路器安装或解体大修后配合抽真空干燥设备时进行。

发泡液检漏，这是一种简单的方法，能较准确地发现漏气点。

检漏仪检漏，使用简易定性的检漏仪，对所有组装的密封面、管道连接处及其他怀疑的地方进行检测。

局部蓄积法，用料布将测量部位包扎，经过数小时后，再用检漏仪测量塑料布内是否有泄漏的 SF_6 气体，它是目前较常采用的定性检漏方法。

分割定位法，是把 SF_6 气体系统分割成几部分后再进行检漏，可减少盲目性，适用于三相 SF_6 气路连通的断路器。

压力下降法，即用精密压力表测量 SF_6 气体压力，隔数天或数十天进行复测，结合温度换算或进行横向比较来判断发生的压力下降，适用于漏气量较大时或运行期间检漏。

2）定量检漏：测定 SF_6 气体的泄漏率。其测定方法有：

挂瓶法，用软胶管连接检漏孔和挂瓶（检漏瓶），经过一定时间后，测量瓶内泄漏气体的浓度，通过计算确定相对泄漏率。

扣罩法，用塑料罩将设备封在罩内，经过一定时间后，测量罩内泄漏气体的浓度，通过计算确定相对泄漏率。

局部包扎法，设备局部用塑料薄膜包扎，经过一定时间后，一般是 24h，测量包扎腔内泄漏气体的浓度，再通过计算确定相对泄漏率。

定量测量应在充气 24h 后进行，判断标准为年漏气率不大于 1%。

（3）SF_6 断路器的含水量监测。SF_6 气体中水分的存在会影响其灭弧和绝缘性能，并使得 SF_6 气体受电弧分解时生成大量有毒的氟化物气体，威胁人体健康，而且低温运行时极易结露，引发 SF_6 断路器事故。因此，应定期监测运行中 SF_6 断路器的含水量。因为湿度随气温的升高而增加，特别是应在夏季加强对水分含量的监测。

其测量方法有质量法、电解法、露点法、电容法、压电石英振荡法、吸附量热法和气相色谱法。其中，质量法是国际电工委员会（IEC）推荐的仲裁方法，而电解法和露点法为其推荐的日常测量方法。

湿度测量应在气室的湿度稳定后进行，一般在充气 24h 后进行，可使用 SF_6 微水测量仪测试。对于 SF_6 气体中水分含量的要求是：灭弧室内的 SF_6 气体含水量的体积分数，在交接验收或大修后不能超过 150ppm（体积比），运行中不能超过 300ppm；其他气室内的 SF_6 气体含水量的体积分数，在大修后不能超过 250ppm，交接验收和运行中不能超过 500ppm。

（4）SF_6 断路器在运行中的检查。运行中除了按断路器的一般检查项目进行检查外还应特别注意检查气体压力是否保持在额定范围，发现压力下降即表明有漏气现象，应及时查出泄漏部位并进行消除。严格防止潮气进入断路器内部。

由于 SF_6 气体比空气重，因而会在地势低凹处沉积。当空气中 SF_6 气体密度超过一定量时，可使人窒息。工作人员进入现场，尤其是进入地下室、电缆沟等低洼场所工作时，必须进行通风换气，并检测空气中氧气的浓度。只有当氧气的浓度大于18%时，才能开始工作。从安全角度出发，一般空气中 SF_6 气体的浓度不应超过100ppm。

2. 检修

SF_6 断路器投入运行后根据有关的标准、规程、制造厂家的规定和运行条件以及 SF_6 断路器的运行状况，决定其临时性检修、小修及大修的项目和内容。由于制造厂不同、型号不同、结构不同、电压等级不同、运行条件不同，目前没有统一的检修周期、检修项目和检修工艺标准。SF_6 断路器的检修，除包括断路器检修的一般内容外，还有 SF_6 气体回收处理和吸附剂更换。

（1）SF_6 气体中的杂质及处理。运行中的 SF_6 断路器，对于 SF_6 气体的纯度要求是相当严格的，它直接影响到断路器的安全可靠运行。SF_6 气体中的杂质，对断路器的机械性能、电气性能都有很大的危害，尤其是运行后产生的新杂质，会对设备产生更大的影响。为防止运行中生成的低氟化物、金属氧化物和酸类物质造成零部件腐蚀和绝缘件劣化、导体接触不良的严重后果，需要定期检测 SF_6 气体的纯度。

为限制 SF_6 气体中杂质的含量，我国规定 SF_6 新气的纯度不应低于99.8%，充入设备后 SF_6 气体的纯度不低于97%，运行中 SF_6 气体的纯度不低于95%。

为减少 SF_6 断路器中杂质的含量，应该严格执行各项规章制度和质量标准，使用吸附剂和过滤器，特别是对气室进行清理和干燥处理。

（2）SF_6 断路器的补气。所补充的 SF_6 新气应符合国家标准。长期储存的 SF_6 气体，补气前应测试其水分含量，必须符合标准。切勿将氮气等其他气体误认为 SF_6 气体充入设备。充气前，所有管路必须冲洗干净，充气后使气压稍高于要求值。充气时，先开启钢瓶阀门，再打开减压阀，使 SF_6 气体缓慢充入设备，并观察气压的变化；充气至额定气压后，先关闭减压阀，再关闭钢瓶气阀。补气前后，分别称取钢瓶质量，以便计算补充 SF_6 气体的质量。

（3）SF_6 气体的回收净化处理。当 SF_6 气体的含水量超过运行管理标准或进行断路器检修时，必须将设备中的 SF_6 气体回收，并进行净化处理。在现场采用 SF_6 气体回收装置来完成。该装置设有净化器，当回收气体通过净化器时，气体中的水分和 SF_6 气体分解物即被吸附剂所吸附，从而达到净化 SF_6 气体的目的。

（4）SF_6 断路器的检修应注意以下事项。

1）SF_6 断路器在检修前，应先将断路器分闸，切断操作电源，释放操作机构的能量，用 SF_6 气体回收装置将断路器内的气体回收，残存气体必须用真空泵抽出，使断路器内真空度低于133.33Pa。

2）断路器内充入合适压力的高纯度氮气（纯度在99.99%以上），然后放空，反复两次，以尽量减少内部残留的 SF_6 气体及其生成物。

3）解体检修时，环境的空气相对湿度不得大于80%，工作场所应干燥、清洁，并应加强通风。进入气室工作时，应事先对气室进行充分换气，在气室含氧量达到18%以上时方可入室工作。检修人员应穿戴尼龙工作衣帽，戴防毒口罩、风镜，使用乳胶薄膜手套；工作场所严禁吸烟，工作间隙应清洗手和面部，重视个人卫生。

4）断路器解体中发现容器内有白色粉末状的分解物时，应用吸尘器或柔软卫生纸拭净，并收集在密封的容器中深埋，以防扩散。切不可用压缩空气吹或用其他使粉末飞扬的方法清除。

5）断路器的金属部件可用清洗剂或汽油清洗。绝缘件应用无水酒精或丙酮清洗。密封件不能用汽油或氯仿清洗。必要时，应全部换用新的部件。

6）SF_6 断路器复装时，密封槽面应清洁、无划伤痕迹，应选用由氯丁橡胶等优质材料特殊配方生产的密封圈；已用过的密封（垫）圈，不得再使用；涂密封脂时，不得使其流入密封（垫）圈内侧而与 SF_6 气体接触。

与 SF_6 气体接触的零部件及密封圈可涂一薄层 HL8# 或 HL10# 聚四氟乙烯润滑脂，密封圈外侧法兰面应涂中性凡士林或 2# 防冻脂。引进的国外产品应根据使用说明书的要求选用适当泊脂。法兰拼合缝隙及法兰连接螺栓等处应涂 703 密封胶密封。

7）断路器容器内的吸附剂应在解体检修时更换，换下的吸附剂应妥善处理，防止污染扩散。新换上的吸附剂应先在 200～300℃的烘箱中烘燥处理 12h 以上，待自然冷却后立即装入断路器，要尽量减少在空气中的暴露时间。吸附剂的装入量为充入断路器的 SF_6 气体质量的 1/10。

8）断路器解体后如不及时装复，应将绝缘件放置在烘箱或烘间内以保持干燥。

9）SF_6 断路器在运输过程中，应充以低气压且符合标准的 SF_6 气体或 N_2 气体，以免潮气侵入。

第五节　高压断路器的操动机构

一、操动系统概述

高压断路器的操动系统包括操动机构、传动机构、提升机构，缓冲装置和二次控制回路等几个部分。其主要部分的功能分述如下。

（一）操动机构

操动机构是指独立于断路器本体以外的对断路器进行操作的机械操动装置。操动机构既是断路器的重要组成部分，也是一个独立的装置，通常与断路器分体布置。一种型号的操动机构可以配用不同型号的断路器，而同一型号的断路器也可配装不同型号的操动机构。

1. 操动机构的作用

操动机构的主要任务是将其他形式的能量转换成机械能，使断路器准确地进行分、合闸操作。因此要求其具有以下功能。

（1）合闸操作。要求操动机构必须有足够的合闸力，满足所配断路器刚合速度要求（即动、静触头刚接触时的瞬时速度），在各种规定的使用条件下能可靠关合电路。不仅在正常情况下能可靠关合断路器，而且在关合有短路故障的线路时，操动机构也能克服短路电动力的阻碍使断路器可靠合闸，不应因为过大的电动力使断路器出现触头合不到底或引起触头严重烧伤和熔焊，而造成喷油、喷气、弧光短路、爆炸等事故。

（2）保持合闸。应在合闸命令和合闸操作功消失后，操动机构应可靠地将断路器保持在合闸位置，不应由于电动力及机械振动等原因引起触头分离。

（3）分闸操作。要求操动机构不仅能根据需要接受自动或遥控指令使断路器快速电动分闸，而且在紧急情况下可在操动机构上进行手动分闸，并且分闸速度不因为手动而变慢。为了满足断路器灭弧性能的要求，应具有一定的分闸速度，分闸时间应尽可能缩短，并尽可能地省力。

（4）防跳跃和自由脱扣。断路器在关合有预伏短路故障的线路时，继电保护装置会快速动作，指令操动机构立即自动分闸，这时若合闸命令尚未解除，断路器会再次合闸于故障线路，如此反复，出现所谓"跳跃"现象。"跳跃"现象会造成断路器多次合分短路电流，使触头严重烧伤，甚至引起断路器爆炸事故，这是很危险的，必须防止，所以要求操动机构具备防跳跃功能。在关合过程中，如电路发生故障，操动机构应使断路器自行分闸，即使合闸命令未解除，断路器也不能再度合闸，以避免无谓地多次分、合故障电流。

防止跳跃可以采用机械或电气的方式达到，有时为了可靠，两种方法同时采用。机构中的自由脱扣就是机械防跳跃装置的一种。所谓自由脱扣，是指操动机构在合闸过程中接到分闸命令时，机构将不再执行合闸命令而立即分闸，这样就避免了跳跃。手动操动机构必须设自由脱扣装置，以确保操作人员的安全。

（5）复位。断路器分闸后，操动机构的各个部件应能自动恢复到准备合闸的位置。

（6）闭锁。为保证对断路器操作的安全可靠，操动机构还需具备必要的闭锁功能。例如：

1）分、合闸位置闭锁。对此应达到断路器在分闸位置不能进行分闸操作、在合闸位置不能进行合闸操作的闭锁要求。

2）高、低气压（液压）闭锁。对于气动或液压操动机构还需装设气压（液压）超过上、下限时的信号、报警和闭锁回路，使断路器在气压（液压）超限时不能进行分、合闸的操作。

3）弹簧操动机构中合闸弹簧的位置闭锁。对此应保证在合闸弹簧储能不到位时断路器不能合闸。

2. 操动机构的种类及特点

高压断路器的操动机构种类很多、结构差异很大，但基本上都是由操作能源系统、分闸与合闸控制系统、传动系统及辅助装置等四个部分构成。

按操作能源性质的不同操动机构可分以下几类：

（1）手动操动机构。手动操动机构是指直接用人力关合断路器的机构，其分闸则有手动和电动两种。这种机构结构简单，不需要专门的操作能源；但关合速度受操作人的影响较大，降低关合能力，不能遥控和自动合闸，不够安全，只能用于12kV及以下短路容量很小的地方。随着系统容量的不断增大，手动操动机构大都已经淘汰。

（2）电磁操动机构。电磁操动机构是靠直流螺管电磁铁产生的电磁力进行合闸，以储能弹簧分闸的机构。电磁操动机构结构较简单，运行安全可靠，制造成本较低，可实现遥控和自动重合闸；但合闸时间较长，合闸速度受电源电压变动的影响大，消耗功率大，需配备大功率直流电源。该类机构可配用于110kV及以下的断路器。由于电磁操动机构结构笨重、消耗功率大、合闸时间长、不经济等原因，有逐步被其他较先进机构取代的趋势，但短期内还不会被淘汰。

（3）弹簧操动机构。弹簧操动机构是以储能弹簧为动力对断路器进行分、合闸操作的机构。弹簧操动机构动作快，可快速自动重合闸，一般采用电机储能，耗费功率较小，可用交、直流电源，且失去储能电源后还能进行一次操作，但其结构复杂、冲击力大、对部件强度及加工精度要求高、价格较贵。弹簧操动机构适用于220kV及以下电压等级的断路器。

（4）液压操动机构。液压操动机构是以气体储能，以高压油推动活塞进行分、合闸操作的机构。液压操动机构功率大、动作快、冲击力小、动作平稳、能快速自动重合闸，可采用交流或直流电动机，暂时失去电动机电源仍可操作，直至低压闭锁；但其结构复杂、密封及加工工艺要求高、价格较贵。液压操动机构适用于110kV及以上电压等级的断路器，特别是超高压断路器。

（5）气动操动机构。气动操动机构是以压缩空气推动活塞进行分、合闸操作的机构，或者仅以压缩空气进行单一的分、合操作，而以储能弹簧进行对应的合、分闸操作的机构。气动操动机构功率大、动作快，可快速自动重合闸，空气压缩机一般采用交流电动机，暂时失去电动机电源仍可操作，直至气压闭锁，但其结构复杂、密封及加工工艺要求高、操作噪声较大、需增加空气压缩设备。气动操动机构适用于220kV及以下电压等级的断路器，特别适宜于压缩空气断路器或有空压设备的地方。

手力和电磁操动机构属于直动机构，由做功元件、连板系统、维持和脱扣部件等几个主要部分组成。弹簧、气动和液压机构属储能机构，由储能元件、控制系统、执行元件几大部分组成。

3. 操动机构的型号

一种操动机构可配用多种不同型号的断路器，同样一种断路器也可选用不同的操动机构，由于操动机构与断路器之间的多配性，为方便起见，操动机构有自己独立的型号。

操动机构产品全型号组成形式为：

$$\boxed{1}\ \boxed{2}\ \boxed{3}-\boxed{4}\ \boxed{5}$$

$\boxed{1}$：操动机构用汉语拼音首位字母C表示；

$\boxed{2}$：操动方式的汉语拼音首位字母：S—手动；D—电磁；J—电动机；T—弹簧；Q—气动；Y—液压；Z—重锤；

$\boxed{3}$：设计系列顺序号（1，2，3…）；

$\boxed{4}$：其他标志：G—改进型；X—操动机构带箱子；

$\boxed{5}$：特征数字：一般电磁、液压、弹簧、手动等操动机构，以其能保证的最大合闸力矩为特征数字；气动操动机构以其活塞直径（mm）为特征数字。

例如：CD2为电磁式操动机构，设计序号为2；CY3为液压操动机构、设计序号为3。

（二）传动系统

1. 传动系统的作用和组成

传动系统是操动机构的做功元件与动触头之间相互联系的纽带，高压断路器的操动机构和本体在分、合闸过程中通过传动系统传递能量和运动，按照设计的性能要求完成分、合闸的操作。高压断路器的传动系统主要由操动机构中的传动元件、断路器中的提升机构和它们之间的传动机构三部分组成。

操动机构中的传动元件由连杆机构或液压、气动传动机构等构成，通过传动机构与断路器的提升杆相连。

传动机构是连接操动机构与提升机构的中间环节，起改变运动方向、增加行程并向断路器传递能量的作用。由于提升机构与操动机构总是相隔一定的距离，而且两者的运动方向也不一致，因此需要有传动机构。传动机构一般由连杆机构组成。

提升机构是带动断路器动触头按一定轨迹运动的机构，它将传动机构的运动变为动触头的直线或近似直线运动，使断路器分、合闸，所以也叫变直机构。

传动系统相互关系见图 6-16。

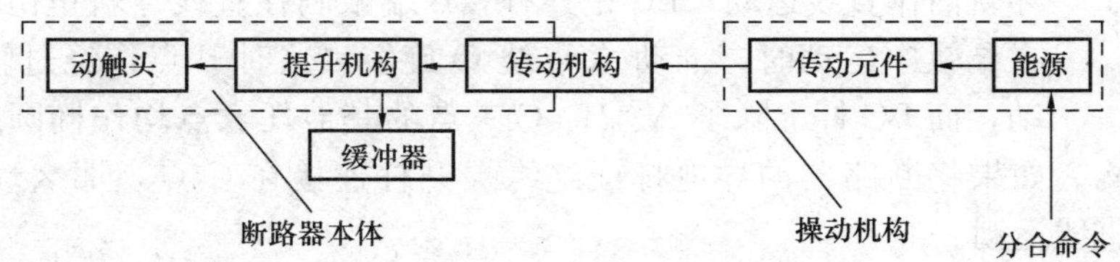

图 6-16 传动系统相互关系

2. 传动系统的分类

传动系统形式很多，大致可分为以下几类。

(1) 机械传动方式：常用的有杠杆、连杆机构、凸轮、齿轮等传动方式，其中以连杆机构使用最广泛。其优点是传动可靠、同步性好、加工简单、调整方便、维护容易，缺点是传递大功率时速度较低、冲击力大。

(2) 压缩空气传动方式：一般使用在高压空气断路器及气动机构中，优点是反应较快、动作迅速，缺点是管道增长时动作时间随之增长、结构较复杂、加工及维护要求高。

(3) 液压传动方式：多用于液压操动机构中，优点是动作平稳、传动力大、速度快、调整方便，缺点是结构复杂、加工难度大、传递速度受温度的影响大。

(4) 气压机械混合传动方式：多用于压缩空气断路器和少油断路器。这种传动方式是以杠杆代替部分管道和元件，优点是同步性好、传动快，缺点是结构复杂、维护要求较高。

(5) 液压机械混合传动方式：多用于少油及 SF_6 断路器中，此种传动方式也是以杠杆代替部分管道和元件，优点是动作速度快、制造比液压机构简单，缺点是结构较复杂、冲击力大。

3. 连杆机构

连杆机构在高压断路器的传动系统中占有重要位置，各种传动机构大多都是由连杆机构组合而成。高压断路器及操动机构的连杆机构是比较复杂的，但是任何复杂的连杆都可以把它分解成几个四连杆机构，在有自由脱扣机构的操动机构中还会有一个五连杆机构。连杆机构的常用类型有以下几种。

(1) 四连杆机构。四连杆机构由三根活动连杆和一根固定连杆共组成，如图 6-17 所示，O1 与 O2 为固定轴销，A、B 为可动轴销，连杆 AB、AO1、BO2 为能往复摆动或转动的可动连杆，O1O2 可视为一根固定连杆。其中连杆 AO1、BO2 常称为拐臂，简称为臂，连杆 AB 简称为杆。若 AO1 为主动臂，BO2 则为从动臂，加在主动臂上的操作力产生的力矩 M 与主动臂的转动方向一致，而从动臂产生的力矩与从动臂转动的方向是相反的。用作图的方法可得到它们的运动轨迹和运动特性。改变四连杆机构各连杆的相对尺寸，

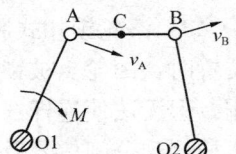

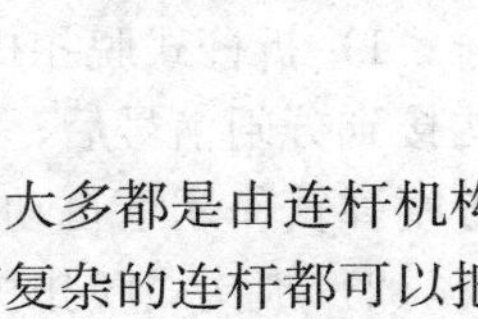

图 6-17 四连杆机构

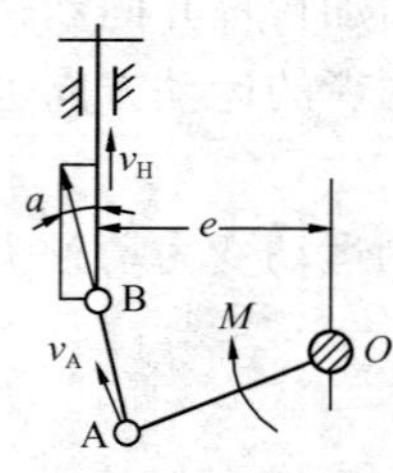

图 6-18 摇杆滑块机构

可得到不同的机构型式。

(2) 摇杆滑块机构。摇杆滑块机构是四连杆机构的一种变形，常用作变直机构。如图 6-18 所示，O 为固定轴销，它没有从动臂，但有导向装置。当臂 OA 绕 O 摇动时，轴销 B 和滑块在导轨中作直线滑动。

(3) 准确椭圆直线机构。准确椭圆直线机构如图 6-19 所示，O 为固定轴，且 AB=AC=AO。其中 OAC 相当于一个摇杆滑块机构，C 点在导轨内作直线运动，BC 是连杆，B 端限制在直线导轨里滑动。当滑块 C 在导轨中运动时，推动 A 点绕 O 旋转，这时 B 点作经过轴 O 的直线运动，而 BC 杆上除了 A、B、C 三点的其他任意点均作椭圆运动，故称准确椭圆直线机构。如果将断路器的导电杆或绝缘提升杆连接在 C 点，那么动触头（B 点）分、合闸都作直线运动。

(4) 近似椭圆机构。近似椭圆机构如图 6-20 所示，是由图 6-19 变化而来，即将图 6-19 导轨中的 C 点改在绕 O2 摆动的摇杆端点上，这时若摇杆 O2C 摆动不大，则 C 点轨迹为近似直线，B 点的轨迹也变为近似直线，而 BC 杆上除 A 点以外其他点的运动变为近似椭圆。

(5) 五连杆机构。五连杆机构如图 6-21 所示，它有两个拐臂和两个连杆。其特点是主动臂与从动臂间没有确定的运动特点，即主动臂转过某一角度时，从动臂转过的角度可大可小，五连杆机构不能作传动机构，可在操作中用来实现自由脱扣。

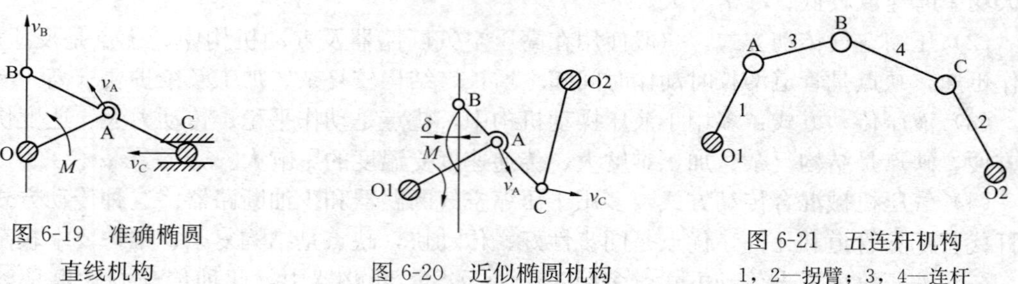

图 6-19 准确椭圆直线机构

图 6-20 近似椭圆机构

图 6-21 五连杆机构
1，2—拐臂；3，4—连杆

(6) 连杆式脱扣机构。常用脱扣形式有折杆式、锁钩式、滚轮锁扣式三种。

1) 折杆式脱扣机构：如图 6-22 所示，折杆式脱扣机构由连杆 4、5、6 组成。当操动机构接到分闸信号后，分闸电磁铁通电，电磁力 F_2 推动 C 点向上运动脱离死区后，断路器在分闸弹簧作用下自动分闸。

2) 锁钩式脱扣机构：如图 6-23 所示，断路器在合闸位置时，分闸力产生的力矩 M 作用在连杆 2 上，由于锁扣 1 的阻挡，连杆 2 不能被力矩 M 推动，因而可使断路器维持在合闸位置。断路器接到分闸信号后，分闸电磁铁通电，电磁力 F 推动销钩反时针方向运动，当销钩抬起一定距离后，连杆 2 在力矩 M 的作用下，使断路器分闸。

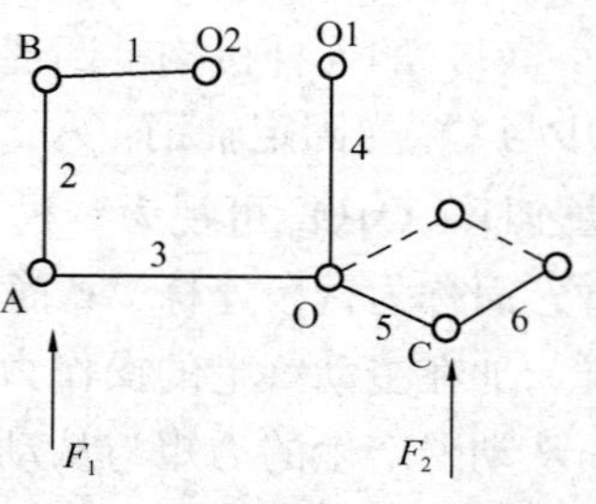

图 6-22 折杆式脱扣机构

3) 滚轮锁扣式脱扣机构：如图 6-24 所示，断路器在合闸位置时，滚轮 1 被锁扣锁住，连杆 3 上虽然有分闸力矩 M 作用，但无法使连杆 3 转动，使断路器保持在合闸位置。当操动机构接到分闸信号后，分闸电磁铁通电，电磁力 F 推动锁扣 2 向顺时针方向转动。要使滚轮不被锁扣锁住，锁扣不仅要转过

角 β，而且还要转过一个角度 α，使 A 点转出死区后，滚轮才能向顺时针方向转动，断路器分闸。

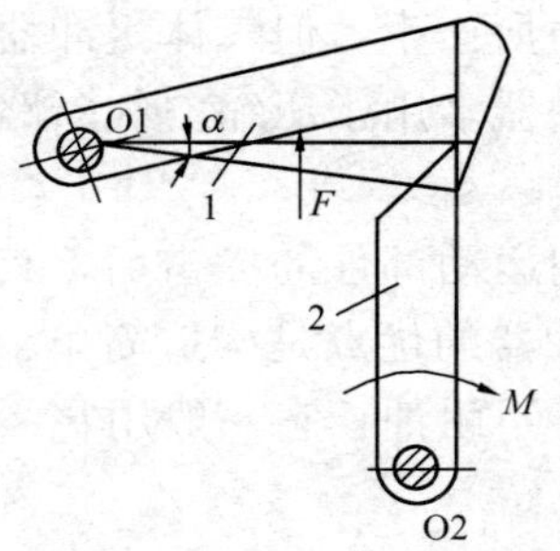

图 6-23 锁钩式脱扣机构

1—锁扣；2—连杆

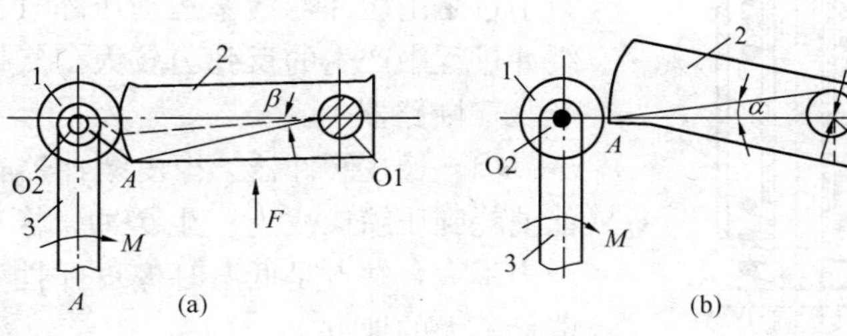

图 6-24 滚轮锁扣式脱扣机构

（a）合闸位置；（b）分闸位置

1—滚轮；2—锁扣；3—连杆

（三）缓冲装置

1. 缓冲装置的作用

断路器在操作过程中运动部件的速度很高，使得运动部件在运动即将结束时具有很大的动能，要使运动部件在较短的行程内停止下来，需要装置分、合闸缓冲器，使动作过程即将结束时的动能有控制地释放出来并转化为其他形式的能量，以保证在制动过程中吸收危及设备正常运行的冲击力，减少撞击，避免零部件变形损坏。缓冲器有时也可用于改变动作过程中的速度特性。缓冲器一般装设在提升机构旁。

2. 缓冲装置的类型

常用的缓冲装置有四类，即油缓冲器、弹簧缓冲器、气体缓冲器和橡皮缓冲器。

（1）油缓冲器。油缓冲器一般用作分闸缓冲器，其原理结构如图 6-25 所示，它由油缸、活塞、撞杆、返回弹簧、端盖等组成，活塞与油缸壁之间有很小的间隙。当高速运动的部件撞击到缓冲器活塞上的撞杆后，活塞与运动部件一同向下运动，由于活塞下的油只能通过很小的缝隙向上流到活塞上方，使油流受阻，对活塞底部产生压力，阻碍活塞向下运动，形成对运动部件的缓冲。

一般油缓冲器多用于吸收分闸终了时的动能，因为分闸行程终了时传动系统的摩擦力很小，而采用其他缓冲器易产生反弹跳跃或缓冲特性难以满足要求。

（2）弹簧缓冲器。弹簧缓冲器利用运动部件撞击并压缩弹簧来吸收运动部件的动能而产生缓冲，其制动力与弹簧的压缩行程成正比。当需强力缓冲时必须增大弹力，在运动终了时，强力弹簧会使运动部件反弹，引起振动。弹簧缓冲器由弹簧、导杆、底座、撞杆组成，如图 6-26 所示。当运动部件与弹簧缓冲器相撞后，撞杆向上运动，弹簧被压缩，使运动部件的动能一部分变为弹簧的势能。

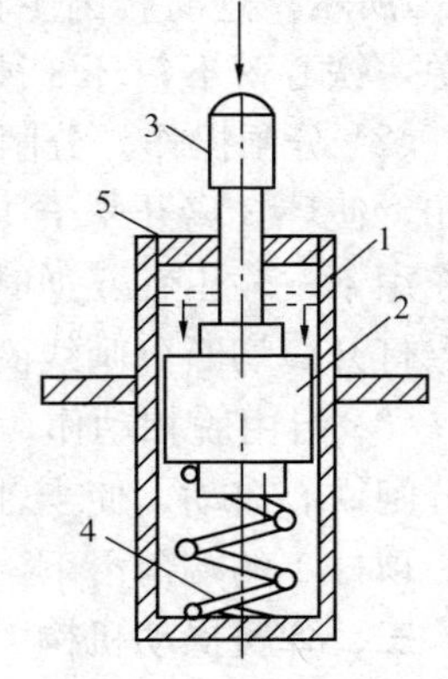

图 6-25 油缓冲器

1—油缸；2—活塞；3—撞杆；4—返回弹簧；5—端盖

弹簧缓冲器结构简单、使用方便、特性不受温度影响，其缺点是有较大的反冲力。弹簧缓冲器多用作合闸缓冲器，因为合闸终了触头的摩擦阻力大，不易产生反弹振动，另外，被压缩的弹

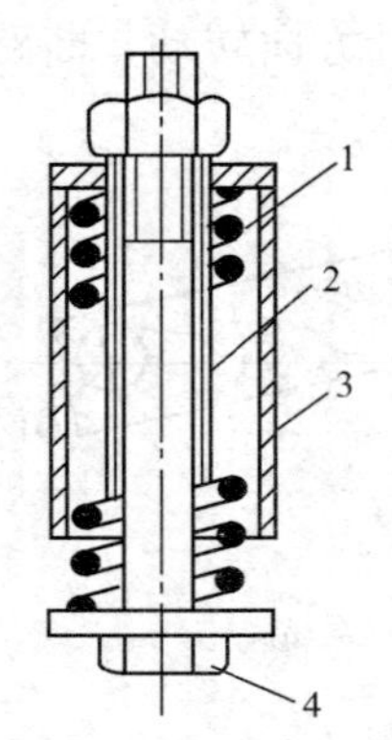

图 6-26 弹簧缓冲器
1—弹簧；2—导杆；
3—底座；4—撞杆

簧在分闸时释放能量还可以增加动触头的刚分速度。

(3) 气体缓冲器。气体缓冲器的原理与油缓冲器类似，其缓冲只不过是由缓冲器活塞运动压缩气体介质所产生，但气体缓冲器在缓冲过程中产生的反弹力较大。气体缓冲器多用于压缩空气断路器及 SF_6 断路器中。

(4) 橡皮缓冲器。橡皮缓冲器在受到运动部件的撞击后，其动能消耗到压缩橡皮上产生缓冲。橡皮缓冲器的优点是构造简单、反冲力不大，缺点是低温时橡皮弹性变坏、不耐油。它一般用在缓冲能量不大的地方。

二、电磁操动机构

电磁操动机构主要由做功元件（电磁系统）、连板系统、合闸维持、脱扣装置和缓冲系统等几部分组成。下面以 CD17 型电磁操动机构为例介绍电磁操动机构的结构及动作原理。

1. 结构和特点

CD17 型电磁操动机构是专为 ZN28-12 型真空断路器设计的操动机构，为平面五连杆机构，半轴脱扣，具备自由脱扣功能，脱扣功率小。机构左侧装有辅助开关，右侧装有分闸电磁铁，机构下部为合闸电磁铁。为了防止铁心吸合时黏附，合闸铁心加一黄铜垫和压缩弹簧，以保证铁心合闸终了时迅速落下。线圈和铁心间装有铜套，防止铁心运动时磨损线圈。

合闸电磁铁下部由铸铁座和调整缓冲垫组成，座上装有合闸手柄供检修手动合闸用，橡胶调整缓冲垫不仅可起铁心缓冲作用，还可用于调整铁心顶杆与轮之间隙，以调整合闸速度。

2. 动作原理

CD17 型电磁操动机构动作状态如图 6-27 所示。

(1) 合闸操作。合闸前扣板 8 处于复位状态，如图 6-27(a)所示，合闸线圈通电后，铁心上扣板 8 与半轴 7 扣死，铁心推动滚轮 2 上移，通过连杆 5 带动输出轴 6 转动约 38°，通过机构外的传动杆，使断路器合闸，如图 6-27(b)所示，此时断路器分闸弹簧储能，触头弹簧压缩。当铁心升到终点时，环 3(图中虚线)与掣子(支架)4 出现 2±0.5mm 间隙，如图 6-27(c)所示。这时，因主轴转动，带动辅助开关，使合闸回路常闭触点打开，切断合闸线圈电源，铁心落下，环 3 被掣子 4 撑住，完成合闸动作，如图 6-27(d)所示。

(2) 分闸操作。分闸线圈通电或用手力分闸时，半轴 7 沿顺时针方向转动，扣板与半轴解扣，使环 3 离开掣子 4，连杆系统变为不确定的五连杆机构，在分闸弹簧与触头弹簧的共同作用下，输出轴 6 逆时针方向转动，完成分闸动作，同时带动辅助开关，使分闸回路常闭触点打开，切断分闸线圈的电源，如图 6-27(e)所示。

(3) 自由脱扣动作。合闸过程中，合闸铁心顶着滚轮 2 向上运动，一旦接到分闸指令，使分闸铁心启动，使半轴与扣板解扣，在分闸弹簧与触头弹簧的共同作用下，滚轮 2 从合闸铁心顶杆 1 的端部滑下，实现自由脱扣，如图 6-27(f)所示。

三、弹簧操动机构

1. 结构和特点

弹簧操动机构主要由合闸储能部分、传动部分和控制部分三部分组成。合闸储能部分包括电动机、减速装置、合闸弹簧、储能装置及保持释放装置。弹簧机构的合闸储能弹簧主要

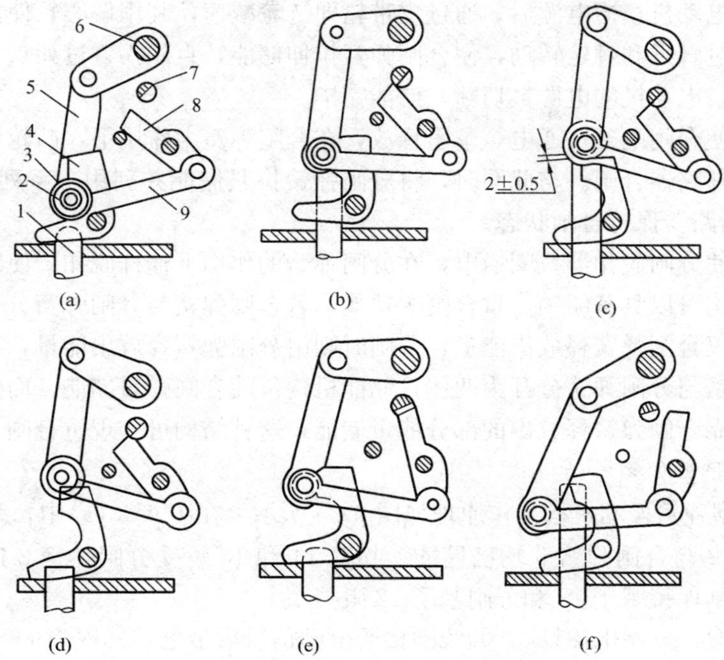

图 6-27　CD17 型操动机构动作状态图

(a) 分闸状态；(b) 合闸过程；(c) 合闸到顶点位置；
(d) 合闸状态；(e) 分闸过程；(f) 自由脱扣状态
1—顶杆；2—滚轮；3—环；4—掣子（支架）；5—连杆；
6—输出轴；7—半轴；8—扣板；9—连板

有压簧(也称螺旋弹簧)、拉簧(也称螺旋卷簧)和扭簧(也称蝶形弹簧)三种型式。按合闸弹簧储能所用的能源不同，弹簧机构可分为电动机储能弹簧机构和手动储能弹簧机构两种。合闸和分闸控制部分主要有脱扣器即脱扣机构。

与电磁操动机构相比弹簧操动机构具有以下特点：

(1) 弹簧操动机构成套性强，不需要配置其他附属设备，不受环境温度的影响，性能稳定，运行可靠。

(2) 弹簧操动机构采用事先储存在弹簧内的势能作为断路器合闸的能量，不需要大功率的储能源，紧急情况下也可用手动储能。

(3) 根据需要可构成不同合闸功率的操动机构，其独立性和适应性强，可在各种场合使用，可以配用于 10～220kV 各电压等级的断路器中。

(4) 动作时间比电磁机构快，可以缩短断路器的合闸时间。

(5) 缺点是：结构比较复杂，机械加工工艺要求比较高；合闸操作时的冲击力较大，要求有较好的缓冲装置。

2. 动作原理

弹簧操动机构利用电动机对合闸弹簧储能，并由合闸掣子保持。在断路器合闸操作时，利用合闸弹簧释放的能量操动断路器合闸，与此同时，对分闸弹簧储能，并由分闸掣子保持；断路器分闸操作时，利用分闸弹簧释放的能量操动断路器分闸。其动作一般包括三个过程：

(1) 储能。电动机接通电源后，通过皮带轮即链轮减速，利用偏心轮使链轮的转动变为拐臂的摆动，通过棘爪和棘轮转动，使合闸弹簧拉伸储能，直到拐臂过死点，凸轮上的凸缘顶部被杠杆顶住，电动机的电源被切断，储能完毕。

(2) 合闸。使合闸电磁铁通电，掣子释放，在合闸弹簧力作用下，凸轮使拐臂输出轴顺时针转动，带动断路器合闸。与此同时，将分闸弹簧拉紧储能并利用一系列连杆拐臂(主要是省力机构)使断路器保持合闸状态。

(3) 分闸。使分闸脱扣器线圈通电，在分闸弹簧的作用下连杆脱扣，使断路器分闸。

弹簧操动机构可以具备闭锁、重合闸等功能。若合闸弹簧与分闸弹簧分开为两体，但同时储能，合闸时仅合闸弹簧释放出能量，分闸时则由分闸弹簧释放出能量，这种结构不能重合闸。若合闸弹簧与分闸弹簧分开为两体，储能机构仅使合闸弹簧储能，而分闸弹簧是在断路器合闸过程中靠合闸弹簧释放出的部分能量储能，这种结构可实现重合闸。

3. CT20-1XP 型弹簧操动机构

CT20-1XP 型弹簧操动机构工作原理如图 6-28 所示。在图 6-28(a)中，弹簧机构在合闸位置且分闸弹簧 2 与合闸弹簧 5 均已储能。拐臂 14 和 18 承受分闸弹簧 2 逆时针方向的力矩，此力矩被合闸保持掣子 13 和分闸掣子 12 阻挡。

断路器分闸时，分闸电磁铁 10 的线圈接受分闸信号后带电，其铁心 11 动作，冲击分闸掣子 12，分闸掣子 12 顺时针方向旋转，释放合闸保持掣子 13，合闸保持掣子 13 顺时针方向旋转，释放销子 A，拐臂 14 和 18 受分闸弹簧 2 的推力，向逆时针方向旋转，拐臂 18 通过连接的水平拉杆等传动元件和操作杆，使动、静触头快速分离，断路器分闸。

弹簧机构在分闸位置，如图 6-28(b)所示，合闸弹簧 5 已储能时，棘轮轴 4 承受连接在棘轮 3 上的合闸弹簧 5 逆时针方向的力矩，此力矩被储能保持掣子 6 和合闸掣子 7 销住。

断路器合闸时，合闸电磁铁 8 的线圈接受合闸信号后带电，掣子 9 动作，冲击合闸掣子 7，合闸掣子 7 向顺时针方向旋转，释放储能保持掣子 6，储能保持掣子 6 逆时针旋转释放 B 销，棘轮 3 在合闸弹簧的作用下，逆时针方向旋转，同时带动棘轮轴 4 旋转，使凸轮 1 推动

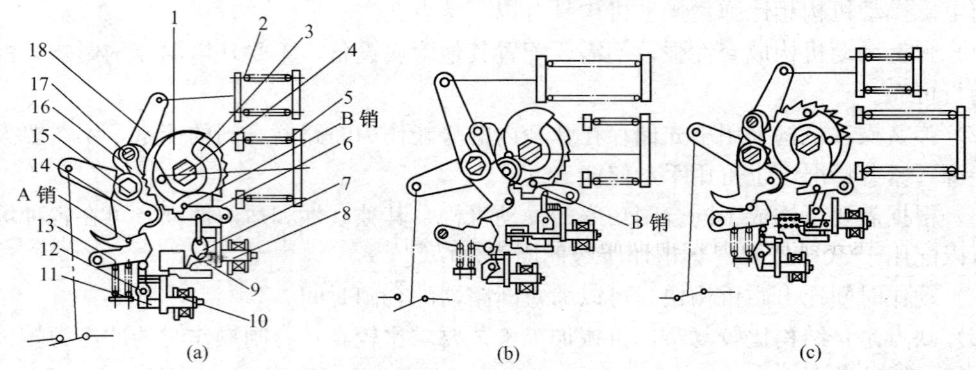

图 6-28 CT20-1XP 型弹簧操动机构工作原理

(a) 合闸位置 (合闸弹簧储能状态)；(b) 分闸位置 (合闸弹簧储能状态)；
(c) 合闸位置 (合闸弹簧释放状态)

1—凸轮；2—分闸弹簧；3—棘轮；4—棘轮轴；5—合闸弹簧；6—储能保持掣子；7—合闸掣子；
8—合闸电磁铁；9—掣子；10—分闸电磁铁；11—铁心；12—分闸掣子；13—合闸保持掣子；
14、18—拐臂；15—拐臂轴；16—棘爪；17—棘爪轴；18—拐臂

拐臂 14 顺时针方向旋转，并带动拐臂轴 15 上的拐臂 18 顺时针方向旋转，同时压缩分闸弹簧 2 储能。与拐臂 18 相连接的水平拉杆和操作杆，使动触头快速合闸。

合闸操作完成后的机构状态如图 6-28(c)所示，A 销再次被合闸保持掣子 13 锁住。

机构合闸操作完成后，合闸弹簧 5 处于释放状态，棘爪轴 17 通过齿轮与电机相连，断路器合闸到位后，对合闸弹簧进行储能。

合闸弹簧储能动作过程如下：

电动机启动，使棘爪轴 17 旋转；偏心的棘爪轴 17 上的两个棘爪 16，在棘爪轴的传动中与棘轮 3 上齿交替进行啮合，使棘轮转动；棘轮 3 逆时针方向旋转，带动拉杆使合闸弹簧 5 储能，通过死点后，棘轮轴 4 由合闸弹簧 5 给以逆时针方向的转动力矩，此力矩通过 B 销被储能保持掣子 6 锁住。

四、液压操动机构

1. 结构和特点

利用高压压缩气体(氮气)作为能源，液压油作为传递能量的媒介，注入带有活塞的工作缸，推动活塞作功，使断路器进行合闸和分闸的机构，称为液压操动机构。

液压操动机构的主要构成元件有：储能元件、控制元件、操动(执行)元件、辅助元件、电气元件等五个部分。

(1) 储能元件：包括储压器、滤油器和油泵等元件。当电动机驱动油泵时，油通过滤油器从油箱抽出打压送入储压器，压缩 N_2 储存能量。当操作时，气体膨胀对外作功，通过液压油传递给工作缸，转变成机械能，实现断路器分、合闸操作。

(2) 控制元件：作为储能元件与操动元件的中间连接，发出分、合闸动作的液压脉冲信号，去控制操动元件。控制元件包括分、合闸电磁铁，分、合闸启动阀和二级阀等。

(3) 操动元件：包括工作缸、压力开关、安全阀和放油阀等元件。工作缸借助连接件与断路器本体连接，受控制元件控制，驱动断路器实现分、合闸动作；压力开关用于控制电动油泵启动、停止和分、合闸闭锁；安全阀用于释放故障情况引起的过高压力，以免损坏液压元件；放油阀用于在调试和检修时释放油压，分为高压放油阀和低压放油阀。

(4) 辅助元件：包括信号缸、油箱、排气阀、压力检测器和辅助储油器等元件。信号缸用于带动辅助开关切换电气控制回路，有的还带动分、合闸指示器及计数器；油箱是储油容器，平时与大气相通，操作时因工作缸排油，将会使它的内部压力瞬时升高；排气阀用以在液压系统压力建立之前排尽工作缸、管道内气体，以免影响动作时间和速度特性；压力检测器用于测量液压系统压力值；辅助储油器用于充分利用液压能量，减小工作缸分闸排油时的阻力，提高分闸速度。

(5) 电子元件：包括分合闸线圈、加热器和微动开关等元件。分、合闸线圈分别用以操作分、合闸电磁阀(一级阀)；加热器用于在外界低温时，保持机构箱内的温度，防止油液冻结和驱散箱内潮气，分为手动和自动两种；微动开关作为分、合闸闭锁触点和油泵启动、停止用触点，同时给主控室转换信号，以便起到监控作用。

液压操动机构的主要优点是：输出功率大，时延小、动作快，负载特性配合好，噪声小，速度易调整，可靠性高，维修方便等。其主要缺点是：加工工艺要求高，如果制造或装配不良容易渗漏油，速度特性易受环境温度的影响。

2. 液压操动机构的工作原理

液压操动机构采用差动原理，利用同一工作压力的高压油作用在活塞两侧的不同截面上产生作用力差，从而使活塞运动来驱动断路器进行分合闸操作。工作缸活塞和二级阀芯均按差压原理设计，一般在分闸侧常充有高压油，而在合闸侧则由阀系统进行控制，只有在合闸操作及合闸位置时才充入高压油，在分闸位置时与低压油箱连通。

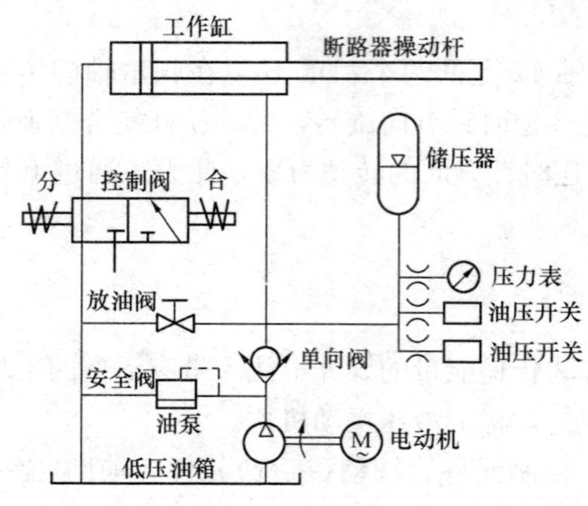

图 6-29 液压操动机构的工作原理

液压操动机构的工作原理如图 6-29 所示。工作缸活塞右侧分闸腔与储压器直接连通，因此，不论是在合闸位置还是在分闸位置，都处在常高压状态。活塞左侧合闸腔则通过阀来控制。当合闸时，电磁铁线圈受电产生磁力，打开合闸电磁阀（一级阀），使高压油进入二级阀操纵活塞的合闸腔，操纵活塞推动二级阀的阀芯运动，于是关闭工作缸通往低压油缸的油路，打开高压阀口，使操纵活塞分闸腔的油从排油孔排出。储压器中的高压油进入工作缸活塞合闸侧，由于在活塞的合闸腔侧承压面积大于分闸腔侧承压面积，使活塞快速向右运动，实现合闸。当分闸时，合闸腔中的高压油泄至低压油箱，同时在分闸腔内高压油的作用下，活塞向左运动，实现快速分闸。

液压操动机构是用油作为机械能传递的媒介，机械能储存在储压筒内，目前，储压筒储存能量的方式主要有两种：①利用氮气来储存能量，即在储压器活塞的上部充入规定预充压力的氮气。氮气受压缩时就储存了能量。②弹簧储能方式，即结构上使储压器活塞与专用碟形弹簧相连。油泵打压时，被压的液压油推动储压器活塞压缩碟形弹簧储能。

3. 液压操动机构的闭锁防护功能

（1）油泵超时运转闭锁功能。一般油泵运转超过 3～5min 时，时间继电器的常闭触点延时断开，切断电动机电源，停止打压。

（2）防慢分闭锁功能。

1）电气闭锁。电气闭锁是指当断路器和隔离开关处于合闸位置时，如果出现油压非常低或降至零压时，将切断油泵电动机电源不会启动打压。

2）慢分阀。慢分阀有三种方法：①将二级阀活塞锁住或加装防慢分装置；②在二级阀处设置手动阀，当油压降至零压时，将手动阀拧紧，使油压系统保持在合闸位置，当油压重新建立后松开此手动阀；③设置管状差动锥阀，该阀不论开关在分、合闸位置，只要系统一旦建立压力，不管压力有多大，该管状锥阀均产生一个维持在分、合闸位置的自保持力。

3）机械法。此法是指利用机械手段将工作缸活塞杆维持在合闸位置上，待机械故障处理完毕后，即可拆除机械支撑。

（3）油压低闭锁功能。当油压降低至不足以保证断路器合闸或分闸时，利用微动开关使有关继电器励磁，断开合闸启动回路和分闸启动回路，从而实现分闸、合闸或重合闸闭锁功能。

4. CY 型液压操动机构

（1）结构简介。CY3 系列液压操动机构如图 6-30 所示。该机构主要由机构箱、储压筒、阀系统、工作缸、油泵、控制板等组成。

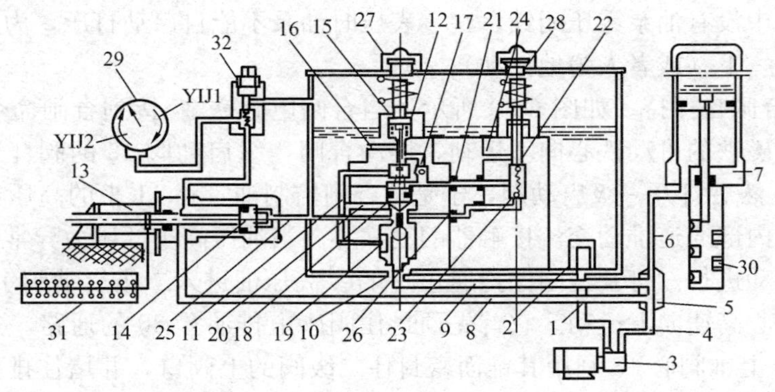

图 6-30 CY3 系列液压操动机构

1、4、6、8、9、11、21、25、26—管路；2—滤油器；3—油泵；5、17—逆止阀；7—储压筒；10—管接头；12—一级控制阀；13—工作缸；14—活塞；15—一级启动阀；16—排油孔；18—二级启动阀；19—二级阀钢球；20、24—排油孔；22—分闸阀钢球；23—保持阀；27—合闸电磁铁；28—分闸电磁铁；29—电触点压力表；30—微动开关；31—辅助开关；32—高压放油阀

1）机构箱。机构箱是整个机构的支承基架和保护外壳，箱内左右两侧和上方开有 3 个活门供检修用，上盖可以打开至 45°；下部装有加热器，当环境温度低于 0℃时投入运行；左侧门上开有监视压力表的孔。

2）储压筒。储压筒上部内腔中（活塞上方）预充有一定压力的氮气。储压筒活塞杆处装有微动开关，分别起到油泵启动与停止、合闸闭锁、分闸闭锁、重合闸闭锁、压力降低发告警信号等作用。

3）阀系统。阀系统由滤油器、放油阀、操动阀组成。操动阀放在油箱中，箱内有 10 号航空液压油。

4）工作缸。工作缸和活塞为高强度耐磨元件，活塞左端接高压油，运行时，活塞左端始终保持常高压，活塞右端接操作管，高压油经合闸回路进入活塞右端。根据差动原理，活塞向左运动，通过水平拉杆带动断路器合闸。当右侧合闸回路中压力释放后，活塞在常高压作用下，向右运动，带动断路器分闸。

5）油泵。油泵是双柱塞式的，柱塞是打压元件，柱塞与阀座为滑动配合，电动机带动油泵工作时，低压油经单向阀进入阀座内腔，曲轴转动时，滚珠轴承推动柱塞向阀座运动，于是腔内的油被挤压，并将另一侧单相阀（高压侧）打开，油经阀口进入高压油管，单相阀打开，液压油经管道进入储压筒中储存起来。曲轴转动一周，两柱塞各工作一次。

6）控制板。控制板上装有辅助开关、接触器、中间继电器、电触点压力表，接线端子排等。

（2）动作原理。

1）机构储能。油泵电机的电路接通后，油泵 3 开始运转，油箱中的低压油经滤油器 2

进入油泵，高压油进入储压筒 7 内。当储压筒活塞杆使停泵位置微动开关动作时，油泵停止运转，储能过程结束。运行中，当储压筒活塞杆向下位移至起泵位置使微动开关动作时，油泵自动运转补压。

由于在电路中没有油泵零压闭锁，在零表压时油泵不能自启动打压，为此须人为地将闭锁回路临时短接一下（或者人为地按动）。

2）合闸及合闸自保持。如图 6-30 所示，当合闸电磁铁 27 接到合闸命令或者手按铁心按钮时，合闸电磁铁的可动铁心向下运动，推动合闸一级启动阀 15 的阀杆运动，先堵住阀座下排油孔 16，然后打开一级启动阀，于是从合闸控制油管路 11 来的高压油通过被推开的球阀阀口，并经内部通道推动交流接触器的动铁心。当油压高于低压力异常闭锁压力时，油泵的启停才能自动进行。打开合闸保持逆止阀 17。高压油进入二级启动阀 18 的锥阀心的上部，推动该锥阀心高速向下运动。它首先预封住阀座上排油孔 20 的通路，然后推开下二级阀钢球阀心 19。上锥阀心 18 利用其锥面密封住二级阀的上阀口，并堵住排油回路。从合闸进油管路 9 来的高压油经二级阀的下阀口和管路 25 进入工作缸 13 的合闸腔（无活塞杆的一侧）。这时，工作缸活塞两端均受到相同压强的高压油作用，由于合闸侧受压面积大得多，使该活塞向合闸方向运动，直到合闸终了为止。此时，辅助开关 31 也完成了切换，合闸电磁铁失电，合闸一级启动阀在其复位弹簧力作用下返回，合闸一级启动阀腔中的高压油通过排油孔 16 泄放。同时，由于高压油自保持回路的作用，操动机构得以保持在合闸状态。

合闸二级启动阀 18 的锥阀心所处的位置，决定了断路器是处于合闸还是分闸状态。为了保持合闸状态，必须使二级启动阀锥阀心处于合闸位置，即在合闸操作后，该锥阀心上部必须始终保持有高压油作用，以保证使该二级启动阀的下阀口打开，而上阀口关闭。

为了防止由于慢性渗漏使锥阀心上部的油压降到零，机构设置了自保持的高压油补充回路。它是由油管 26、带 0.5mm 节流孔的接头、保持阀 23 和油管路 21 等部件组成，借此来实现合闸自保持。

3）分闸。当分闸电磁铁 28 接到分闸命令或者手按分闸按钮时，分闸电磁铁 28 的动铁心推动分闸一级阀的阀杆向下运动，从而使分闸阀钢球 22 阀口打开。合闸保持回路的高压油经管路 21 和分闸一级阀阀口，通过阀座上的排油孔 24 排放到低压油箱中。二级阀芯 18 在其下部高压油作用下立即向上返回，先将上阀口打开，工作缸 13 合闸侧腔内的高压油经管路 25 和上阀口以及阀座上的排油孔 20 排泄到低压油箱中。工作缸活塞在分闸侧高压油作用下向分闸方向运动，最终完成分闸操作。同时，辅助开关 31 也完成切换，将分闸电磁铁的电路断开。

在二级阀上阀口打开的同时，二级阀钢球 19 在其复位弹簧作用下，迅速将下阀口关闭，使高压油不会过多地被泄放掉。

4）合闸闭锁。当储能装置的油压已不够合闸时，储压筒活塞下移，当降到闭锁合闸的微动开关时，微动开关触点闭合，合闸闭锁继电器动作，切除了合闸控制同路。另外，当储压筒氮气漏气，氮气压力异常降低或由于某种原因油压不正常升高时，压力表触点闭合，启动有关继电器，从而切除合闸回路及油泵电动机电源回路。

5）分闸闭锁。当储能装置的油压降低已不满足分闸要求时，储压筒活塞杆下移，当降到闭锁分闸的微动开关时，微动开关触点闭合，分闸闭锁继电器随之动作，从而切除分闸控制回路。如上所述，如油压异常升高或降低以及氮气漏失，则电触点压力表动作，同样切除分闸回路及油泵电动机电源。

5. 集成化液压操动机构

集成化液压操动机构是为满足断路器需要操动机构提供较小操作功率而设计的，它不仅体积缩小，且实现了功能元件的模块化。机构外部无配油管，元件小型化，各主要部件集成化，减少了泄漏点，实现了产品高质量，机构无外漏，操作噪声低，更方便检修。

集成化液压操动机构的动作原理，如图 6-31 所示。

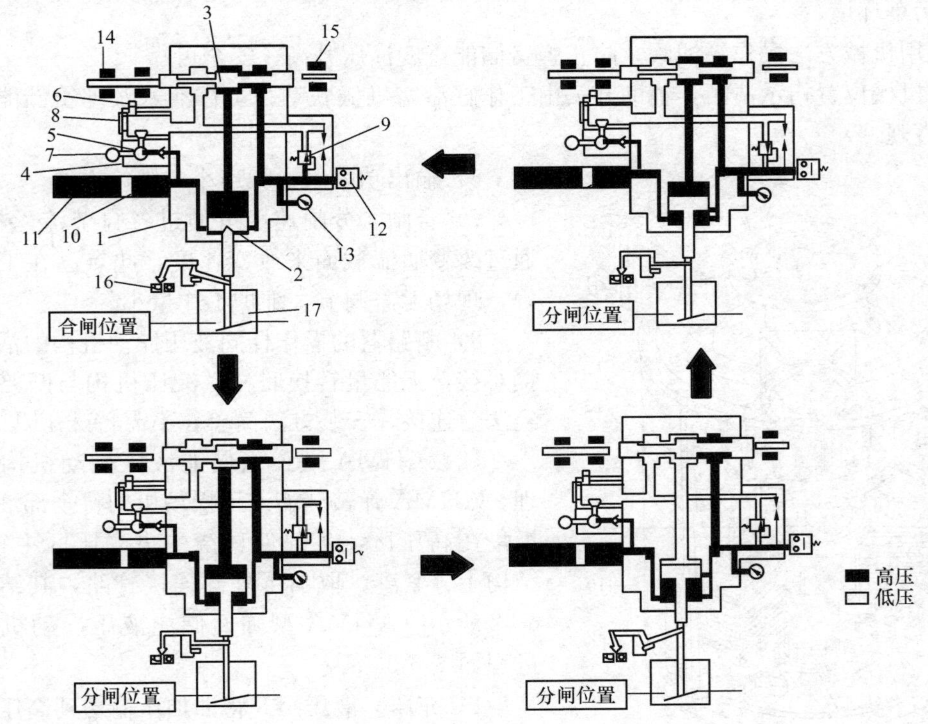

图 6-31 集成化液压操动机构的动作原理

1—工作缸；2—活塞；3—换向阀；4—液泵组件；5—液压泵；6—油箱；7—电动机；8—油位计；9—安全阀；10—蓄能器；11—高压氮气；12—油压开关；13—油压表；14—分闸线圈；15—合闸线圈；16—分合指示器；17—断路器

（1）分闸动作。接到分闸命令，分闸线圈 14 受电励磁，换向阀 3 向右移动。由于换向阀的移动，活塞 2 上侧的高压油排出，蓄能器 10 向活塞 2 下侧充入高压油，借助油压作用下，活塞向分闸方向高速移动，进行分闸动作。活塞两侧的压力差使活塞可靠地保持在分闸的位置。

（2）合闸动作。接到合闸命令，合闸线圈 15 受电励磁，换向阀 3 向左移动。换向阀的移动，使蓄能器 10 的高压油流入活塞 2 的上侧，进行合闸动作。尽管活塞上下两侧都充满了高压油，由于活塞杆上下两侧横截面积差导致的压力差，活塞 2 向下快速移动，完成合闸动作，并可靠地保持在合闸位置（具有固有的失压防慢分功能）。

6. 第二代液压操动机构——弹簧储能液压操动机构

（1）弹簧储能液压操动机构的特点。弹簧储能液压操动机构综合了弹簧储能和液压操动机构的优点，避免了由于氮气储能和管路连接带来的种种缺点。弹簧储能液压操动机构具有下述特点：

1）将氮气储能改换成弹簧储能，避免了受温度影响、漏氮补气和油气混合等问题。

2）高压区集中在块状结构内，避免了大量外部连接管路，总体尺寸减小，结构紧凑。

3）充压回路对外界大气的密封，全部采用可靠的静密封，并将外密封面减到最少，对经受压力的摩擦密封，任何可能散逸的油被设计成仅能流到低压储油箱内，因此不会出现油渗漏而污染环境。

4）用机械方法操作溢油阀，防止弹簧储能过度油压升高，安全可靠。

5）机械位置指示清晰，辅助开关由工作缸活塞机械联动；工作活塞及弹簧储能状态可由外部直观。

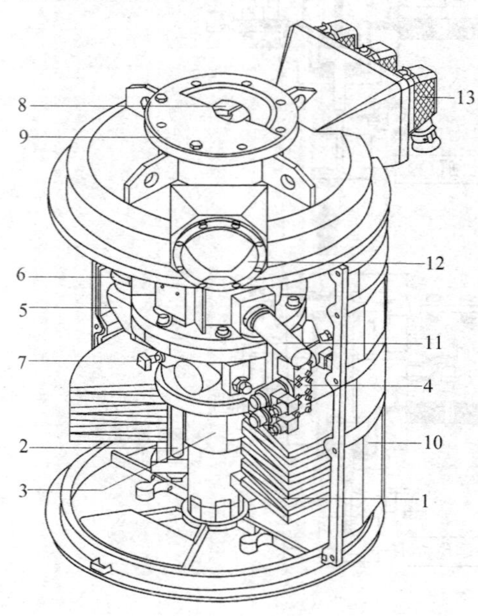

图 6-32 弹簧储能液压操动机械结构

1—盘形弹簧柱；2—固定皮革；3—高压部件；4—控制阀；5—油泵；6—电动机；7—压力释放螺栓；8—耦合器；9—连接法兰；10—外罩；11—油量表；12—断路器位置指示器；13—连接插座

6）输出功率大，噪声小，维修方便。

7）合闸、分闸速度可通过各自节流丝杆调节，通过改变通流截面来改变速度，此点已在工厂调整好，现场无需调节，维护工作量小。

8）断路器的操作杆同液压操动机构的活塞杆直接对接，无能量转换联杆，液压机构与断路器本体经法兰连接，安装方法简单，不需特殊工具。

（2）AHMA 型弹簧储能液压操动机构工作原理。AHMA 弹簧储能液压操动机构将全部液压元件汇集在高压区，各部件环绕中央高压区主轴排列，结构十分紧凑，取消了外部连接管路，其结构如图 6-32 所示。AHMA 型弹簧储能液压操动机构工作过程如图 6-33 所示。

1）充压。液压泵 8 将油加压输送到高压蓄压器（又称蓄压缸）14，蓄压器的储能活塞 5 与组装碟形弹簧圆柱 1 连接。依靠弹簧的压缩行程指示弹簧圆柱的储能状态，通过控制连杆 10 带动液压泵控制系统的小开关。液压泵与高压蓄压器之间装有逆止阀，防止停泵时压力下跌。

2）合闸。工作活塞 3 带有操作杆的一侧是常充压的，工作活塞顶端侧与低压储油箱 13 连接，由于一端常充压就能可靠地保持在分闸状态。当合闸导向阀 7 动作，主阀 6 切换，隔绝工作活塞顶端侧与低压储油箱的通路，同时将高压蓄压器 14 与工作活塞顶端侧接通，工作活塞两端都接入高压系统，由于工作活塞顶端侧面积是盘形，大于工作活塞带操作杆侧的环形面积，工作活塞就移动到合闸位置。在工作活塞停留在关合位置期间，液压系统一直处在工作压力状态下，关合力一直存在，断路器不会受振动或其他原因分闸，机械闭锁 15 由液压力控制，防止当压力下跌时处在合闸位置的工作活塞向分闸方向移动。

3）分闸。当分闸导向阀 7 动作，主阀 6 转换到初始位置，工作活塞顶端侧液压介质流向低压储油箱 13，工作活塞即移动到分闸位置。

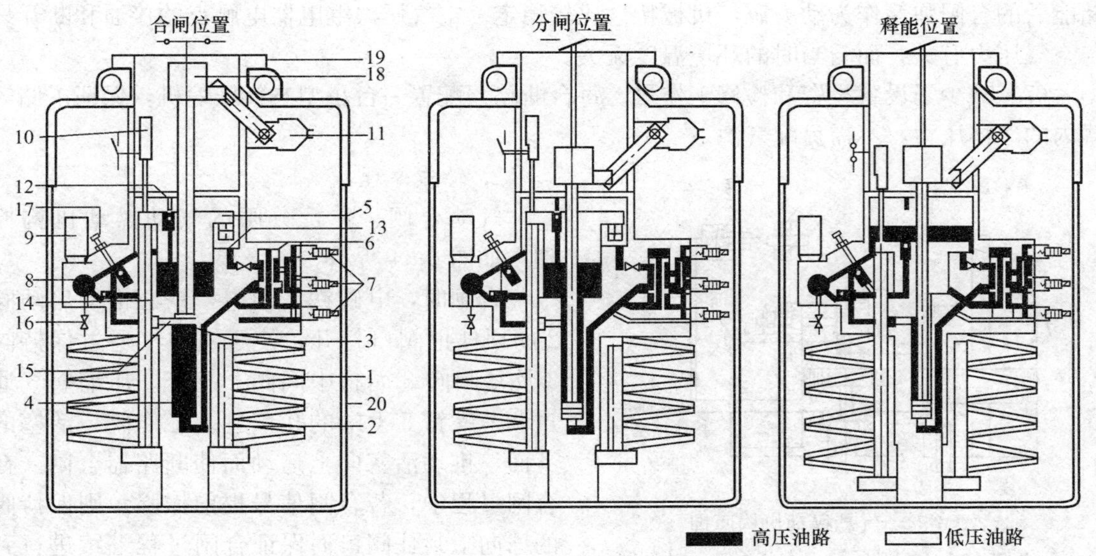

图 6-33 AHMA 型弹簧储能操动机构工作过程

1—碟形弹簧组装圆柱；2—拉紧螺栓；3—工作活塞；4—高压部件；5—储能活塞；6—主阀；7—导向阀；8—液压泵；9—电动机；10—控制连杆；11—辅助开关；12—安全阀；13—低压储油箱；14—高压蓄压缸；15—防失压慢分闭锁；16—放油阀；17—压力释放阀；18—连接轴；19—连接法兰；20—罩壳

合闸和分闸的操作速度，可通过功能各自独立的节流丝杆来调节。

4）其他。用机械方法操作的安全阀 12 来防止弹簧储能过度和高压油系统压力过高，从储能活塞 5 的位置来控制各种操作程序的联锁触点。

电气控制回路由插入式触指引出，辅助开关 11 由工作活塞机械联动。可在外部直接观察到工作活塞 3 是在分闸位置还是在合闸位置、弹簧组装圆柱 1 是在储能状态还是在释能状态。

五、压缩空气操动机构

1. 结构和特点

压缩空气操动机构由制动阀、合闸线圈、分闸线圈和合闸弹簧、缓冲器、分闸保持掣子、脱扣器、压缩空气罐、凸轮等以及其他零部件组成。其主要特点是：

（1）结构简单，动作可靠，易损件少。

（2）不存在慢分和慢合的问题。在分闸位置时由掣子锁死，在合闸位置时由合闸弹簧保持。

（3）机械寿命长。其转动部分大都装有滚动轴承，减少了摩擦力及磨损，可达到操作 10000 次不更换零件。

（4）机构缓冲性能好。装配的油缓冲器直接与机构活塞连接，有效地减缓了分、合闸时的机械冲击力。

（5）防“跳跃”措施好。在机构内配置有电气防“跳跃”回路，另外还配置一套有机械防“跳跃”功能的机构。

（6）断路器分、合闸机械特性稳定。断路器的分闸是靠压缩空气作为动力源，合闸是靠储能后的合闸弹簧作为动力源，机械特性比较稳定。空气压力继电器电触点的接通和断开只与空气压力有关，而与当时的环境温度无关。

（7）减少了设备投资和检修工作量。每台断路器配置一台小型空气压缩机，保证了储气罐内的气体压力，不需另配气源。

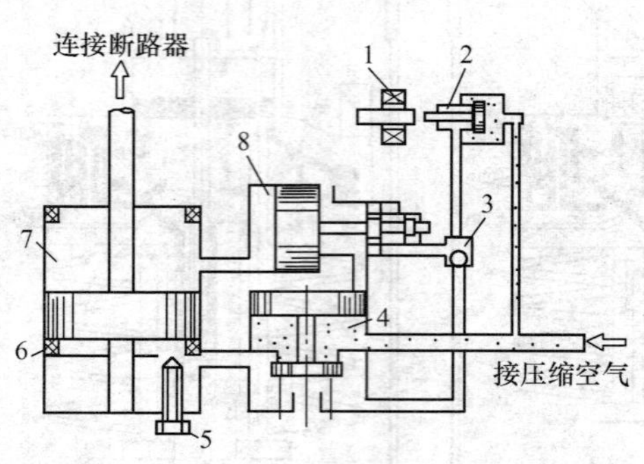

图 6-34 气动操动机构原理

1—电磁铁；2—启动阀；3—保持阀；4—中间阀；5—调节螺钉；6—缓冲垫；7—工作阀；8—复归阀

2. 动作原理

气动合闸、弹簧分闸的气动操动机构原理，如图 6-34 所示。

合闸时，电磁铁 1 通电，铁心推动启动阀 2 的顶杆把阀口打开，使压缩空气通过保持阀 3 及复归阀 8 而将中间阀 4 打开。压缩空气通过调节螺钉 5 上端的孔口进入工作阀 7 活塞的下面，推动活塞向上运动而使断路器合闸。在合闸过程中，若合闸信号提前撤除，则保持阀的球向上封住阀口而保证合闸过程继续进行到底。合闸完毕时，工作阀 7 的活塞打开通向复归阀的孔口，使复归阀的活塞向右运动，中间阀活塞上部的压缩空气通过复归阀排向大气，中间阀复位，工作阀活塞下的压缩空气通过阀下部的排气口排出，活塞下落复位。

3. CQ6 型气动操动机构

CQ6 型气动操动机构是由活塞和气缸组成的驱动机构，另外还包括控制压缩空气补给的控制阀、由电信号操纵的合闸和分闸电磁铁以及合闸弹簧、缓冲器、分闸保持掣子、脱扣器等其他零件。

CQ6-Ⅰ型气动操动机构配用于 252kV SF_6 断路器或 GIS，每相断路器均装有一个机构箱，机构箱装有气动操动机构和压缩空气罐，各相断路器的压缩空气罐之间用 22mm 的铜管连通，以维持压力一致，压缩空气由中间相机构箱内空气压缩机组提供。每台断路器既可进行单相操动，又可进行三相电气联动。

CQ6-Ⅱ型气动操动机构配用于 126kV SF_6 断路器或 GIS，每台断路器在中间相装设一个机构箱。机构箱装有气动操动机构、空气压缩机组和压缩空气罐。断路器三相动作靠机构箱内的传动部件实行三相机械联动。

（1）分闸操作。断路器在合闸位置时，圆柱阀被凸轮拐臂压在最低端且由掣子[1]锁住，从而将压缩空气封闭在储气罐中。由于装在圆柱阀上的弹簧的作用，掣子[1]受到一个逆时针的力矩，但同时又被掣子[2]锁住，如图 6-35(a)所示。

分闸操作的动力是由储存在储气罐中的压缩空气供给的。打开圆柱阀，压缩空气进入气缸，气缸内的活塞向下运动，使触头分开。

分闸动作过程如下：

分闸线圈通电，分闸线圈的铁心杆向下运动，撞击掣子[2]。掣子[2]是由两个连杆和三个销钉组成，标白点的一个销钉连接两个连杆，标黑点的两个销钉分别将两个连杆固定在机架上。掣子[2]的右侧的连杆在分闸线圈铁心杆的撞击下将顺时针转动，左侧的连杆则逆时针转动，则掣子[1]与掣子[2]间的啮合被释放，如图 6-35(b)所示。当掣子[1]被解脱时，圆柱阀便不受约束从而靠弹簧力打开。储气罐中的压缩空气流入气缸。压缩空气使活塞向下运动，带动触头分闸，如图 6-35(c)所示。

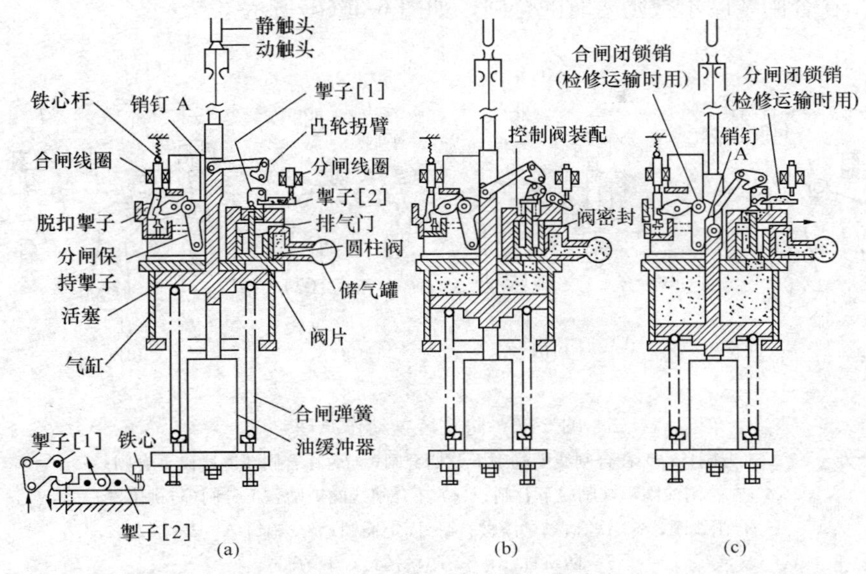

图 6-35 CQ6(AM)型操动机构动作原理
(a) 合闸位置；(b) 分闸过程；(c) 分闸位置

在分闸过程的末期，圆柱阀又被与活塞连在一起的凸轮拐臂压回最低端并被掣子[1]锁住。这样，圆柱阀便返回到合闸位置，气缸中的压缩空气通过排气口排出。最后，销钉 A 被分闸保持掣子锁住，断路器被保持在分闸状态。

在分闸位置时，断路器是通过连接在机架上的分闸保持掣子在机械上锁住。分闸保持掣子受到由合闸弹簧力产生的逆时针方向的力矩作用，同时，又与脱扣掣子和自身轴销构成“死点”结构产生顺时针方向的力矩，保持断路器在分闸位置。

在分闸过程中，合闸弹簧被压缩储能，为下一次的合闸做好了准备。

(2)合闸操作。合闸操作的动力是由合闸弹簧供给的。分闸保持掣子解脱后，活塞在合闸弹簧的作用下向上运动，带动触头合闸。

合闸动作过程：合闸线圈通电，合闸线圈的铁心杆向下运动，撞击脱扣掣子。脱扣掣子与分闸保持掣子的啮合被解脱。分闸保持掣子逆时针转动，销钉 A 从分闸保持掣子的约束中释放。活塞和触头在合闸弹簧力的作用下向上运动完成合闸。

(3)防跳装置。在 CQ6 型操动机构上装有一个机械防跳装置。防跳装置动作原理如图 6-36 所示。其动作过程如下：

分闸保持掣子锁住销钉 A，使断路器保持在分闸位置。销钉 A 与操作杆连在一起，合闸弹簧的反力作用在其上，这样，销钉 A 便给分闸保持掣子一个逆时针的转矩，但同时该掣子还被脱扣掣子通过滚轮锁住。

当合闸线圈被合闸信号励磁时，铁心杆带动脱扣杆撞击脱扣掣子，使它逆时针方向转动，解脱了对分闸保持掣子的约束，分闸保持掣子便在合闸弹簧的反力作用下逆时针转动，销钉 A 被解脱，断路器合闸。同时，铁心杆通过脱扣杆压下防跳销钉。

滚轮推动脱扣掣子的回转面，使其进一步逆时针转动，从而，脱扣掣子使脱扣杆顺时针转动，如图 6-36(b)所示，从防跳销钉上滑脱，而防跳销钉使脱扣杆保持倾斜状态，如图 6-36(c)所示。在合闸线圈不被励磁时的合闸，如图 6-36(d)所示。

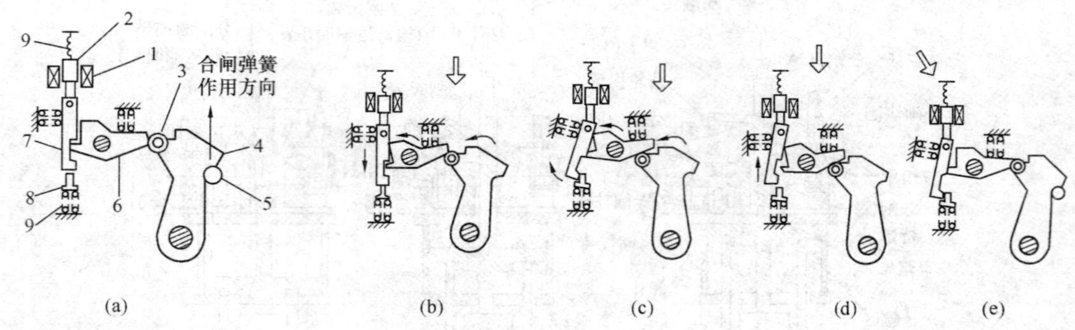

图 6-36 防跳装置动作原理

(a) 分闸；(b) 在合闸线圈励磁下开始合闸；(c) 在合闸线圈励磁下合闸；(d) 在合闸线圈不被励磁下合闸；(e) 在合闸线圈被励磁下分闸(防跳位置)

1—合闸线圈；2—铁心；3—滚柱；4—固定插销；5—销钉 A；6—触发器；7—防跳杠杆；8—防跳销钉；9—弹簧

如果断路器此时得到了意外的分闸信号而开始分闸，销钉 A 便会向下运动，分闸保持掣子在复位弹簧作用下顺时针转动锁住销钉 A。然后，分闸保持掣子本身又被脱扣掣子锁住。

在这一过程中，只要合闸信号一直保持，脱扣杆由于防跳销钉的作用始终是倾斜的，从而铁心杆便不能撞击脱扣掣子，因此，断路器不能重复合闸操作，实现防跳功能，如图 6-36(e)所示。

当合闸信号解除时，合闸电磁铁失磁，铁心杆通过电磁铁内弹簧返回，则铁心杆和脱扣杆均处于图 6-36(a)的状态，为下次合闸做好了准备。

AM 型与 CQ6 型气动操动机构的结构和动作原理完全相同。

六、新型操动机构

1. 永磁操动机构

永磁操动机构不同于电磁操动机构和弹簧操动机构，它是一种崭新的用于真空断路器的操动机构。它利用电磁铁操动，永久磁铁锁扣，电容器储能，电子器件控制。

在进行分、合闸操作时，储能电容器向分闸线圈或合闸线圈放电，使其受电励磁，从而产生电磁吸力驱动铁心运动。利用永久磁铁产生保持力，而不需任何机械能，就可将真空断路器保持在分、合闸位置上。电容器提供的巨大脉冲能量，够一次重合闸之用。

永磁机构的控制采用现代的电力电子技术构成电子控制单元。一般采用接近开关来检测开关的分、合闸状态。

永磁操动机构大致有三种型式，即双线圈式、单线圈式及分离磁路式。

(1) 双线圈式永磁操动机构。双线圈式永磁操动机构的特点是采用永久磁铁使真空断路器分别保持在分闸和合闸的极限位置上，使用励磁线圈将机构的铁心从分闸位置推动到合闸位置，使用另一励磁线圈将机构的铁心从合闸位置推动到分闸位置。

其特点是：①由于机构在进行合闸时，不需给分闸提供能量，合闸能量较小，合闸线圈线径较细，需要的电源电流小。②机构在合闸位置时，永久磁铁只需提供克服触头弹簧的力，而不包括分闸弹簧的力。

(2) 单线圈式永磁操动机构。单线圈式永磁操动机构也是采用永久磁铁使真空断路器分别保持在分闸和合闸的极限位置上，但分闸、合闸共用一个励磁线圈。合闸的能量主要来自励磁线圈，分闸的能量主要来自分闸弹簧。

其特点是：①分闸是靠分闸弹簧和触头弹簧释放的能量，可以通过调整分闸弹簧来调整分闸特性。分闸弹簧的输出特性可与断路器所要求的速度特性一致。②分、合闸共用一个操作线圈，结构较简单、体积较小，更适合户外封闭式箱体内安装。

(3) 分离磁路式永磁操动机构。分离磁路式永磁操动机构就是把分闸、合闸和保持磁路分开，使用这种方法能优化磁路，永久磁铁只用于保持合闸位置。

其特点是：该类型机构在永久磁铁所产生的合闸保持力方面表现出了优越的性能。由于具有双工作气隙较短的导磁回路，使该机构能用较少的永磁材料提供较大的合闸保持力，但其结构较复杂、要求加工精度较高、加工和装配难度较大。

以上三种不同型式的永磁操动机构各有利弊，应根据不同型式的断路器要求来选取。单线圈式永磁操动机构的结构较简单、分闸速度可调，但断路器合闸时需要给分闸弹簧储能、合闸消耗能量较大，适用于需要合闸功率较小的断路器，如柱上真空断路器；双线圈式永磁操动机构则适合于合闸功率较大的断路器；若断路器的合闸保持力较大，可考虑采用分离磁路式永磁操动机构。

永磁操动机构用于真空断路器，这种新型的操动机构有以下特点。

(1) 断路器的合、分闸靠永久磁铁的吸力来完成，机构的零件仅为过去的1/10～1/3，相当简单，使得产品的可靠性提高，基本无需维修。

(2) 断路器的分、合闸位置靠永久磁铁的吸力保持，无需电源长期供电，在合分闸时仅给操作线圈通上规定的较小反向电流，用电很省，机构及控制单元依靠高可靠性的电池和可充电电池共同供电即可。

(3) 利用接近传感器和电力电子等技术形成二次无触点电气回路，避免了有触点的不可靠因素。

(4) 使用一些新的耐磨、耐环境影响的特殊材料和元件，使得机构部分可靠性进一步提高。

(5) 永磁操动机构在力和动作行程上可达到较完善的结合，避免了使用弹簧操动机构时与真空断路器的不配合情况，从而提高了真空断路器的可靠性。

(6) 永磁操动机构的动作速度较快，典型的分闸时间为30ms、合闸时间为60ms，合分闸间隔可降低至80ms，关合速度可达1.0m/s，增强了断路器的关合能力。

(7) 可动部件少，机构的机械寿命可达到10万次。

永磁操动机构也有其不足，它将弹簧机构的机械问题变成了电气电子问题，如电容器的寿命问题、永磁铁的保持力问题、提高刚分速度和减少分闸末速度之间的矛盾问题、永久磁铁的稳定性问题及防电磁干扰等问题。

2. 电动机操动机构

电动机操动机构完全不同于液压、气动、弹簧及液压弹簧操动机构，它利用先进的数字技术与简单、可靠、成熟的电动机相结合，不仅满足断路器操动机构的所有核心要求，而且在性能和功能方面具有许多新优势。

电动机操动机构的基本原理是用一台电子器件控制的电动机，去直接操动断路器的操作杆。该电动机操动机构由一些单元组成，主要包括能量缓存单元、充电单元、变换器单元、控制单元、电动机与解算器单元及输入/输出单元。电动机由能量缓存单元经变换器单元供电，能量缓存单元由充电单元（电源单元）来充电。基于微处理器的控制单元控制速度和监视，电动机操动机构的操动通过输入/输出（I/O）来实现。电动机操动机构结构如图6-37所示。

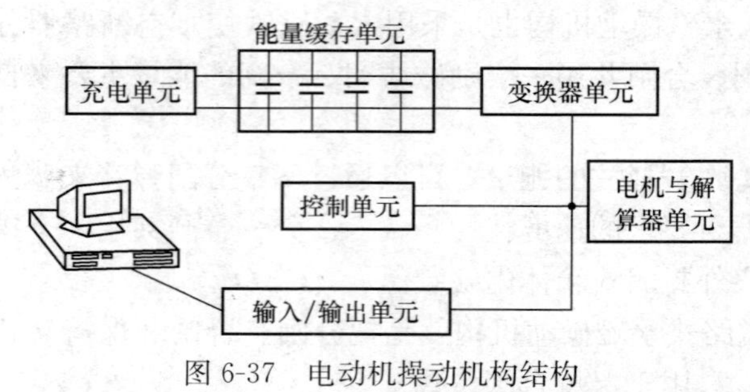

图6-37　电动机操动机构结构

第六节　隔　离　开　关

一、隔离开关概述

高压隔离开关是目前我国电力系统中用量最大、使用范围最广的高压开关设备。它在分闸状态有明显的间隙，并具有可靠的绝缘，在合闸状态能可靠地通过正常工作电流和短路电流。由于隔离开关没有专门的灭弧装置，所以不能用来开断负荷电流和短路电流，通常与断路器配合使用。

1. 隔离开关的作用

（1）隔离电源。在电气设备检修时，用断路器开断电流以后，再用隔离开关将需要检修的电气设备与带电的电网隔离，形成明显可见的断开点，以保证检修人员和设备的安全。此时，隔离开关开断的是一个没有电流的电路。

（2）倒换线路或母线。利用等电位间没有电流通过的原理，用隔离开关将电气设备或线路从一组母线切换到另一组母线上。此时，隔离开关开断的是一个只有很小的不平衡电流的电路。

（3）关合与开断小电流电路。可以用隔离开关关合和开断正常工作的电压互感器、避雷器电路；关合和开断母线和直接与母线相连接的电容电流；关合和开断电容电流不超过5A的空载输电线路；关合和开断励磁电流不超过2A的空载变压器等。

12kV的隔离开关，容许关合和开断5km以下的空载架空线路；40.5kV的隔离开关，容许关合和开断10km以下空载架空线路和1000kVA以下的空载变压器；126kV的隔离开关，容许关合和开断320kVA以下的空载变压器。

2. 隔离开关的基本结构

隔离开关主要由以下几个部分组成：

（1）导电部分。导电部分主要起传导电路中的电流、关合和开断电路的作用，包括触头、闸刀、接线座。

（2）绝缘部分。绝缘部分主要起绝缘作用，实现带电部分和接地部分的绝缘，包括支柱绝缘子和操作绝缘子。

(3)传动机构。它的作用是接受操动机构的力矩，并通过拐臂、连杆、轴齿或操作绝缘子，将运动传动给触头，以完成隔离开关的分、合闸动作。

(4)操动机构。与断路器操动机构一样，通过手动、电动、气动、液压向隔离开关的动作提供能源。

(5)支持底座。该部分的作用是起支持和固定作用。它将导电部分、绝缘子、传动机构、操动机构等固定为一体，并使其固定在基础上。

3. 隔离开关的种类

隔离开关种类很多，可根据装设地点、电压等级、极数和构造进行分类，主要有以下几种分类方式。

(1) 按装设地点可分为户内式和户外式。

(2) 按极数可分为单极和三极。

(3) 按支柱绝缘子数目可分为单柱式、双柱式和三柱式。

(4) 按隔离开关的动作方式可分为闸刀式、旋转式、插入式。

(5) 按有无接地开关(刀闸)可分为带接地开关和不带接地开关的。

(6) 按所配操动机构可分为手动式、电动式、气动式、液压式。

(7) 按用途可分为一般用、快分用和变压器中性点接地用。

4. 隔离开关的技术参数

(1) 额定电压(kV)：是指隔离开关长期运行时承受的工作电压。

(2) 最高工作电压(kV)：是指由于电网电压的波动，隔离开关所能承受的超过额定电压的电压。它不仅决定了隔离开关的绝缘要求，而且在相当程度上决定了隔离开关的外部尺寸。

(3) 额定电流(A)：是指隔离开关可以长期通过的工作电流，即长期通过该电流，隔离开关各部分的发热不超过允许值。

(4) 热稳定电流(kA)：是指隔离开关在某一规定的时间内，允许通过的最大电流。它表明了隔离开关承受短路电流热稳定的能力。

(5) 极限通过电流峰值(kA)：是指隔离开关所能承受的瞬时冲击短路电流。这个值与隔离开关各部分的机械强度有关。

5. 隔离开关的型号含义

高压隔离开关的型号主要由以下六个单元组成：

1 2 3 — 4 5 / 6

1：产品名称：G—隔离开关；

2：安装地点：N—户内型；W—户外型；

3：设计序号；

4：额定电压(kV)；

5：补充特性：C—瓷套管出线；D—带接地开关；K—快分型；G—改进型；T—统一设计；

6：额定电流(A)。

例如：GN19-10/630，表示户内隔离开关、设计序号为19、额定电压为10kV、额定电流为630A。

二、隔离开关的结构类型

（一）户内式隔离开关

户内式隔离开关的主要结构类型有插入式和转动式两种。

1. GN19-10 系列户内高压隔离开关

(1) 结构特点。GN19-10系列插入式户内高压隔离开关，其结构如图6-38所示，采用三相共底座结构，主要由静触头、底座、支柱绝缘子、拉杆绝缘子、动触头组成。隔离开关的导电部分由动触头和静触头组成，每相导电部分通过两个支柱绝缘子固定在底座上，三相平行安装。每相动触头为两片槽型铜片，它不仅增大了动触头的散热面积，对降低温度有利，而且提高了动触头的机械强度，使隔离开关的动稳定性提高。隔离开关动静触头的接触压力是靠两端接触弹簧维持的，每相动触头中间均连有拉杆绝缘子，拉杆绝缘子与安装在底座上的转轴相连，转动转轴，拉杆绝缘子操动动触头完成分、合闸。转轴两端伸出基座，其任何一端均可与所配用的手动操动机构相连。

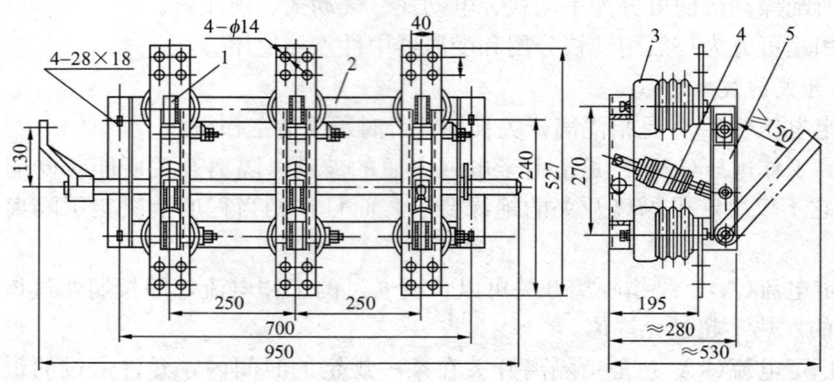

图6-38 GN19-10型户内高压隔离开关结构
1—静触头；2—底座；3—支柱绝缘子；4—拉杆绝缘子；5—动触头

GN19-10/1000型及GN19-10/1250型在动静触头接触处装有两件磁锁压板，当很大的短路电流通过时，磁锁压板相互间产生的吸引电磁力增加了动静触头的接触压力，从而增大了触头的动热稳定性。

(2)动作原理。分闸时由操作拐臂带动转轴旋转，使操作绝缘子向上顶着闸刀，使闸刀和静触头分开，闸刀绕触座旋转，静触头也在闸刀的带动下向上移动至分闸位置。

合闸时由操作拐臂带动转轴旋转，使操作绝缘子拉着闸刀向下转动，在和静触头相遇后带动静触头旋转，一起转至合闸位置。

2. GN30-10 系列户内高压隔离开关

GN30-10系列旋转式户内高压隔离开关外形及安装尺寸如图6-39所示，是一种旋转触刀式的新型隔离开关，特别适用于安装在高压开关柜内，使高压开关柜结构紧凑、简单、占用空间小，提高其安全可靠性。开关主体是通过两组绝缘子固定在开关底座上下两个面上，上下两个面之间由固定在开关底座上的隔板完全分开，通过旋转触刀，从而实现开关的合闸与分闸。由于静触头分别安装在开关柜的上下两个面上，使其带电部分与不带电部分在开关柜内完全隔开，从而保证维修人员的安全。GN30-10D型是带接地开关的形式，以满足接地的需要。

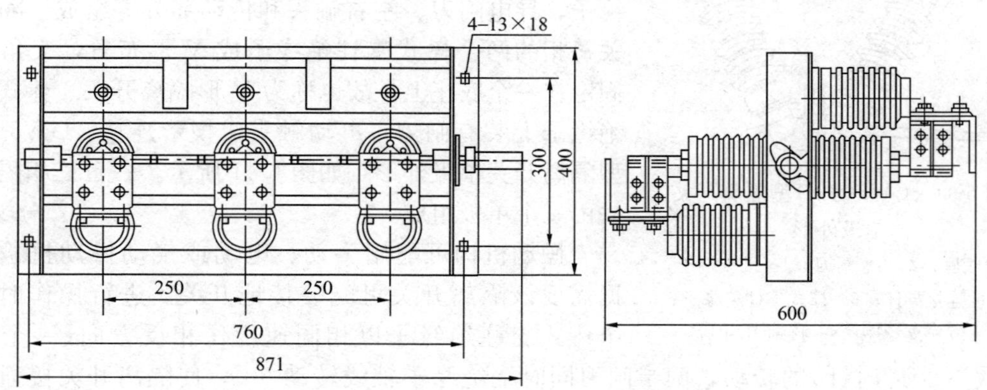

图6-39 GN30-10系列户内高压隔离开关外形及安装尺寸

(二)户外式隔离开关

户外式隔离开关按支柱绝缘子数目可分为双柱式、三柱式和单柱式三种。

1. 双柱式隔离开关

(1)GW4-110型隔离开关。GW4-110型隔离开关为双柱单断口水平旋转式结构，由底座、支柱绝缘子、导电部分和操动机构组成。每极有两个实心棒式支柱绝缘子，分别装在底座两端的轴承座上，用交叉连杆连接，可以水平转动。导电闸刀分成两段，分别固定在两个支柱绝缘子的顶端。触头接触的地方在两个支柱绝缘子的正中位置，指形触头上装有防护罩，用以防雨、雪及灰尘。GW4-110型双柱式隔离开关的单极结构，如图6-40所示。

操作时，操动机构的交叉连杆带动两个支柱绝缘子向相反方向转动90°角，闸刀便断开或闭合。为使引出线不随支柱的转动而扭曲，在闸刀与出线接线端子之间装有挠性连接的导体。

GW4-110型隔离开关可配用手动、电动和气动操动机构，三相联动操作，电动和气动操作可实现远方控制。根据需要还可配装接地开关。该型隔离开关结构简单紧凑、尺寸小、质量轻，广泛用于10～110kV配电装置中，由于其闸刀在水平面内转动，因

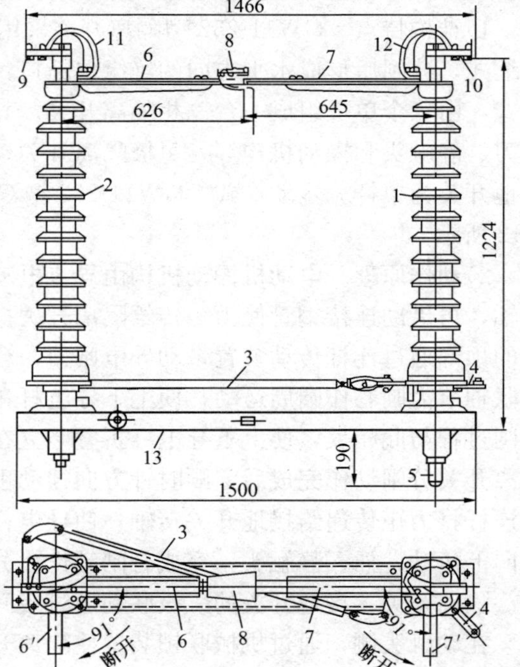

图6-40 GW4-110型双柱式隔离开关单极结构

1、2—支柱绝缘子；3—连杆；4—操动机构的牵引杆；5—支柱绝缘子的轴；6、7—闸刀；8—触头；9、10—接线端子；11、12—挠性连接的导体；13—底座

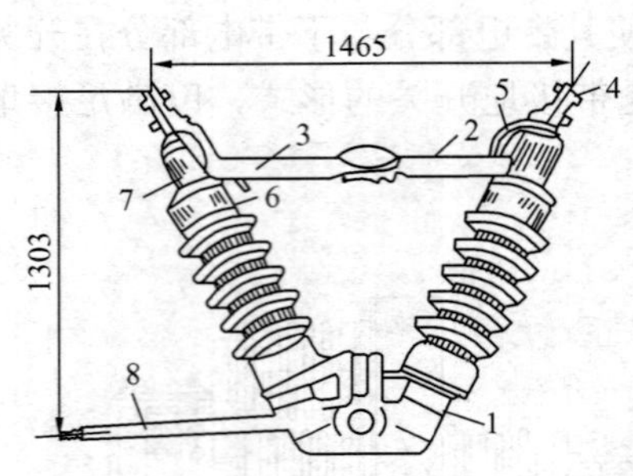

图 6-41 GW5-110D 型隔离开关单极外形

1—底座；2、3—闸刀；4—接线端子；5—挠性连接导体；6—棒式支柱绝缘子；7—支承座；8—接地刀闸

而对相间距离要求大。

(2)GW5-110D 型隔离开关。GW5-110D 型隔离开关是由双柱隔离开关改进而成，开关由底座、棒式支柱绝缘子、导电闸刀、左右触头和传动部分等组成。隔离开关每相的两个棒式支柱绝缘子成 V 形布置，交角 50°，固定在一个底座上，故也称为 V 形隔离开关。棒式支柱绝缘子上装有闸刀，可动触头成楔形连接。GW5-110D 型隔离开关单极外形，如图 6-41 所示。一台三相隔离开关由三个单极组成。

操动机构可配用手动、电动或气动操动机构。根据需要该隔离开关可配装接地开关。进行操作时，两个棒式支柱绝缘子以相同速度作相反方向(一个顺时针、另一个逆时针)的转动，两半闸刀同时绕绝缘子轴线转动 90°，使隔离开关接通或断开。

V 形隔离开关广泛用于 35～110kV 电压等级中。其主要特点是结构简单、尺寸小、质量轻；闸刀分成两半，以减少闸刀导电杆长度，操作时闸刀水平等速运动，使冰层受到很大剪力易于破除；合闸时支柱绝缘子受弯折力，因而要求绝缘子具有较高强度；因闸刀水平转动，极间距离要求较大。

(3)GW11-252 型隔离开关。

1)结构特点。GW11-252 型隔离开关采用双柱水平伸缩式结构，闸刀的动作方式为水平伸缩式，分闸后形成水平方向的绝缘单断口，分合状态清晰，便于巡视。隔离开关制成单极形式，由三个单极组成一台三相隔离开关。其结构包括底座、支柱绝缘子、传动装置、导电闸刀、静触头和操动机构等。每极隔离开关动、静触头侧均可配装一个接地开关供接地用。接地开关为单杆分步动作式。GW11-252 型双柱水平伸缩式隔离开关及其操动机构外形如图 6-42 所示。

2)动作原理。电动机操动机构由异步电动机驱动，通过机械减速装置将力矩传递给机构主轴，再借助连接钢管使力矩传给隔离开关操作支柱，操作支柱动作一次约转 90°，操作支柱的顶部通过连杆传动装置带动导电闸刀，合闸过程导电闸刀下导电杆向下转动，上导电杆以联轴节为圆心作圆周运动，使上下导电杆串成直线，动触头插入静触头，完成合闸动作。分闸过程与此相反，使上下导电杆折叠竖立在支柱绝缘子顶部，保证断口的安全绝缘距离。隔离开关分闸动作完成后，顺时针方向摇动手动机构手柄，通过蜗轮蜗杆传动，机构主轴通过连杆将力矩传递给接地开关转轴，使导电杆向上旋转约 75°，当动静触头相接触后，动触头向上运动，插入静触头，完成合闸动作。分闸过程与此相反。

隔离开关、接地开关的三级联动通过极间拉杆实现。

在动触头侧，通过机械联锁装置使隔离开关与接地开关实现主分-地合、地分-主合；在静触头侧，采用电磁锁来保证操作顺序的正确。

2. 三柱式隔离开关

(1)GW7-220 型隔离开关结构特点。GW7-220 型的高压隔离开关采用三柱双断口水平旋转开启式结构，由底座、支柱绝缘子、导电闸刀、静触头、传动装置和操动机构等组成。

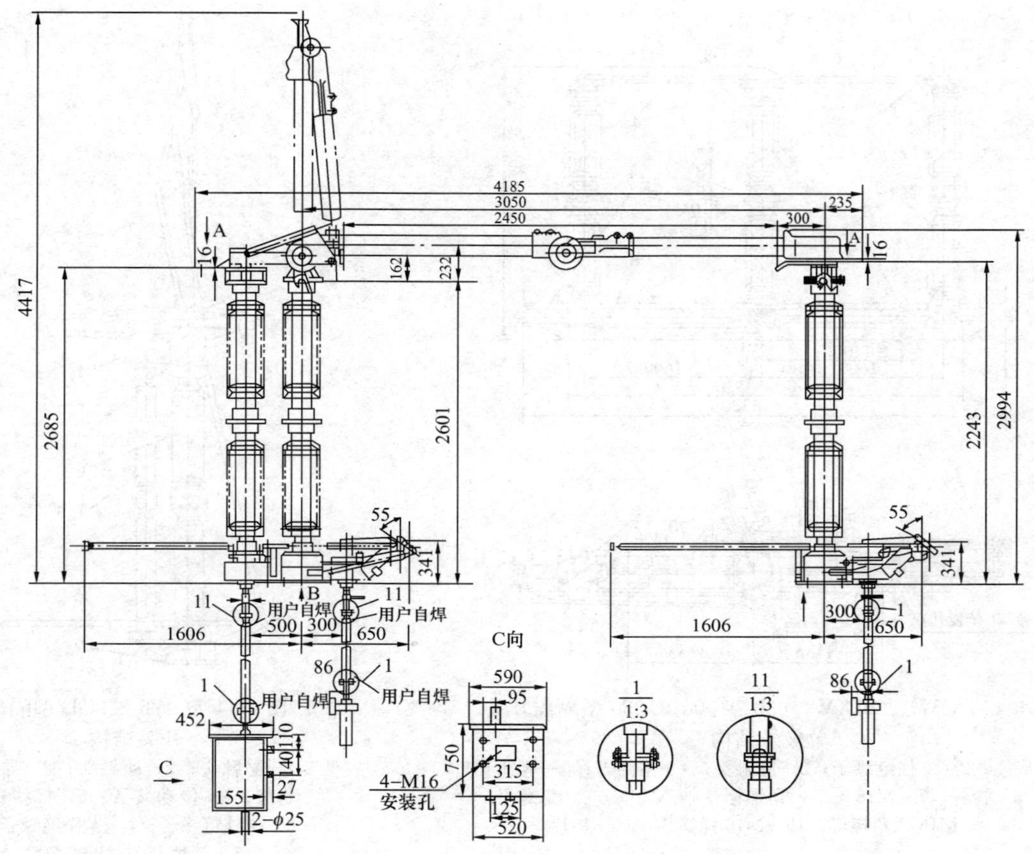

图 6-42　GW11-252 型双柱水平伸缩式隔离开关及其操动机构外形

静触头分别在两边的棒形支柱绝缘子上端，中间棒形支柱绝缘子用以支持闸刀，并可带动闸刀作水平转动。图 6-43 是 GW7-220D(W)/630、1000、1250 型隔离开关单级结构图。

(2)GW7 220 型隔离开关动作原理。

1)隔离开关。由电动机构带动设在主极底座中的转动轴，旋转 180°，通过连臂、连杆组成的四连杆机构驱动中间支柱绝缘子转动，带动导电闸刀在水平面上回转大约 70°，即可完成分、合闸动作。主极通过相间水平连接管，带动两个边极同步完成分、合闸动作。

2)接地开关。合闸时，主极上的手动操动机构转动 180°，通过拐臂及连杆使接地开关向上运动，插入静触头中，分闸过程与此相反。

Ⅱ型接地开关为两步动作。合闸时，接地闸刀向上运动(约 80°)，与静触头相碰后变为上伸运动，动触头插人静触头中。分闸过程与此相反，接地闸刀先下缩一定距离，使动触头从静触头中拔出，然后向下摆落到水平位置。三极接地开关通过水平连接管达到同步动作。

隔离开关与接地开关之间设有机械联锁，以保证隔离开关在合闸时接地开关不能合闸，接地开关在合闸位置时隔离开关不能合闸。机械联锁是利用设在主极中间轴承座上的一对月牙板来实现的。

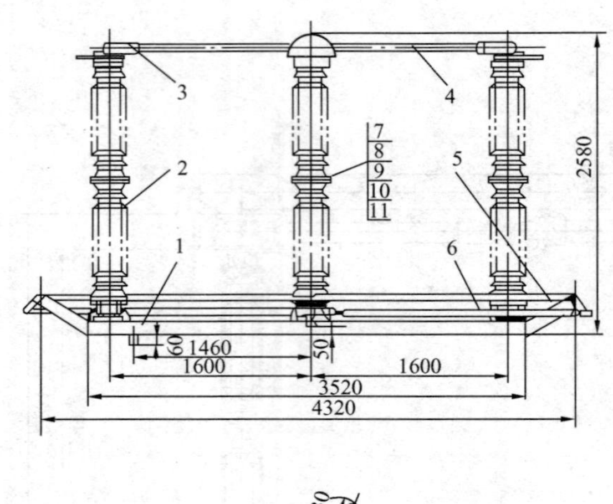

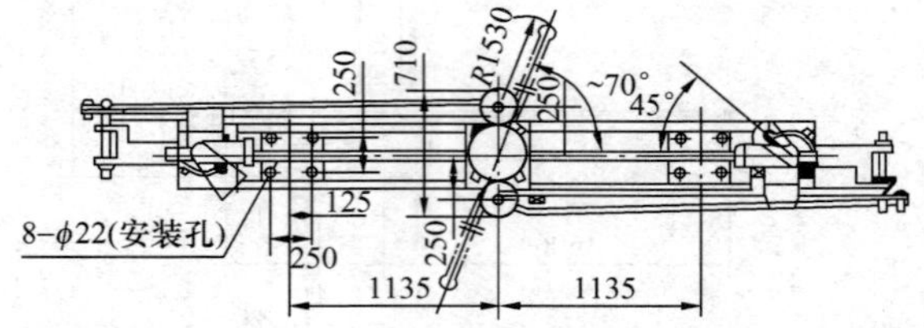

图 6-43 GW7-220D(W)/630、1000、1250 型隔离开关单极外结构

1—底座；2—支柱绝缘子；3—静触头；4—主闸刀；5—接地开关；6—拉杆；7—M16×75 六角螺栓；8—M16×65 六角螺栓；9—M16 六角螺母；10—M16 弹簧垫；11—垫片

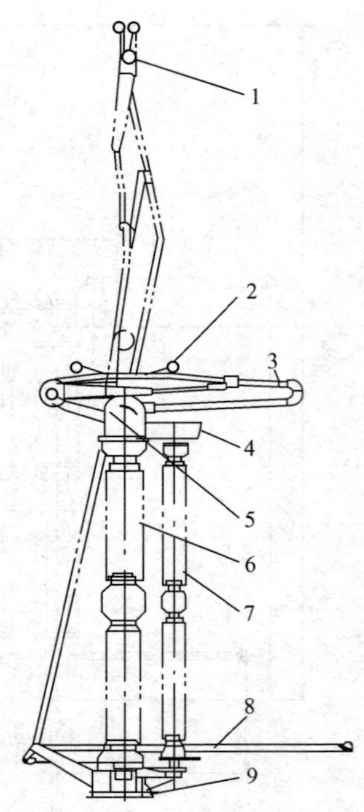

图 6-44 GW6-220GD 型隔离开关结构

1—静触头；2—动触头；3—导电折架；4—传动装置；5—接线板；6—支柱绝缘子；7—操作绝缘子；8—接地开关；9—底座

3. 单柱式隔离开关

(1) GW6-220GD 型隔离开关。GW6-220GD 型隔离开关每极具有两个绝缘子，即支柱绝缘子 6 和操作绝缘子 7。由于只有一个支柱绝缘子，故称为单柱式。静触头 1 固定在架空硬母线或悬挂在架空软母线上。动触头 2 固定在导电折架 3 上。通过操动机构使操作绝缘子转动，带动传动装置去操作导电折架上下运动，从而使动触头垂直上下运动，夹住或释放静触头，即可实现合、分闸，形成电气绝缘断口。其结构如图 6-44 所示，图中虚线部分是合闸位置时可动部分的位置。

(2)GW10-252 型隔离开关。GW10-252 型隔离开关是单柱垂直伸缩式户外交流高压隔离开关，其单极结构如图 6-45 所示，包括底座、支柱绝缘子、传动装置、导电闸刀、静触头、操动机构等。三相隔离开关由三个单极组成。

GW10-252 型隔离开关的结构和动作原理与 GW11-252 型隔离开关相似，主要的区别在于导电闸刀与静触头的结构。

隔离开关的静触头是由镀有银层的铜管与接线夹板组成，两侧的接线夹板上有线孔，以便和母线相连。静触头安装于母线上，在分闸后形成垂直方向的绝缘单断口，闸刀的动作方式为垂直伸缩。

导电闸刀采用伸缩式（半折架）结构，由动触头、上导电杆、联轴节（即导电关节）、齿轮、齿条、操作杆、弹簧、滚轮触头等组成。在分闸位置时，上下导电杆通过联轴节折叠在水平位置，当机构带动下段铝管向上传动时，上段铝管以联轴节（装在下段铝管的顶部，它本身也以传动装置的底座为轴心作圆周运动）为圆心作圆周运动。在合闸位置时，上下导电杆串接成一条直线，动触头夹紧静触头。动触头装于上导电杆的顶部，触片有较长的接触面，接触压力由传动件的弹性装置（在上导电杆的内部）产生并保持稳定的数值。

每极隔离开关装配一个接地开关供断口下端接地使用，接地开关为单杆分步动作式。

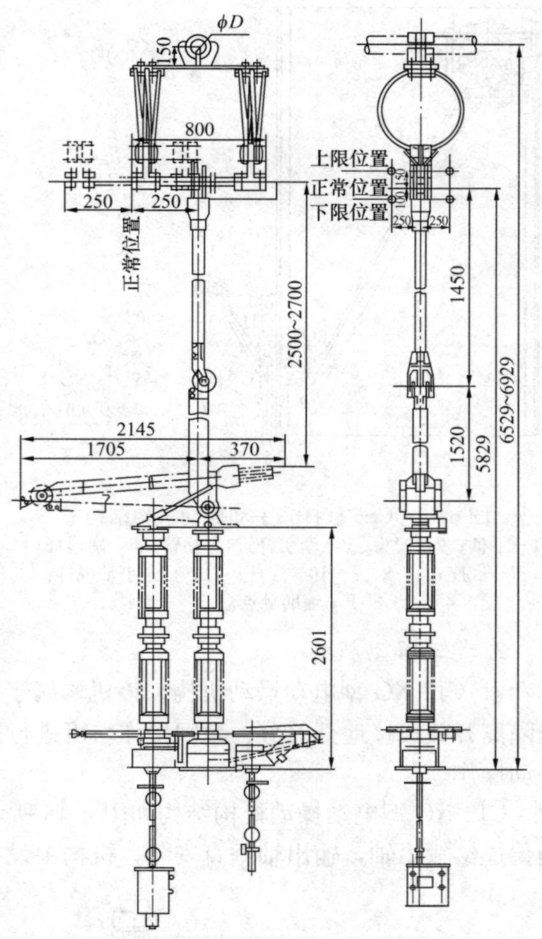

图 6-45　GW10-252 型单柱垂直伸缩式户外交流高压隔离开关单极结构

三、隔离开关的操动机构

1. 手动操动机构

采用手动操动机构时，必须在隔离开关安装地点就地操作。手动操动机构结构简单、价格低廉、维护工作量少，而且在合闸操作后能及时检查触头的接触情况，因此被广泛应用。

手动操动机构有杠杆式和蜗轮式两种，前者一般适用于额定电流小于 3000A 的隔离开关，后者一般适用于额定电流大于 3000A 的隔离开关。

（1）杠杆式手动操动机构。CS6 型杠杆式手动操动机构主要用于户内式高压隔离开关，其结构示意图如图 6-46 所示。图中实线表示隔离开关的合闸位置，虚线表示隔离开关的分闸位置，箭头表示隔离开关进行分、合闸操作时手柄的转动方向。

隔离开关在合闸位置时，连杆 9、10 的绞接轴 d 处于死点位置以下，因此，可防止短路电流通过隔离开关时，刀闸因电动力作用而自行分闸。分闸操作时，拔出 O1 轴处的销子，使手柄 1 顺时针向下旋转 150°，则连杆 9 随之顺时针向上旋转 150°，通过连杆 10 带动扇形杆 6 逆时针向下旋转 90°，牵引杆 3 被拉向下，并带动拐臂 4 顺时针向下旋转 90°，使隔离开关分闸，O1 轴处的销子自动弹入锁定。合闸操作顺序相反。

辅助触点盒 F 内有若干对触点，其公共小轴经杆 11、12 与手柄 1 联动。这些触点用于信号、联锁等二次回路。

（2）蜗轮式手动操动机构。CS9 型手动蜗轮式操动机构结构图如图 6-47 所示。图中连杆 6 与窄板 7 绞接，窄板 7 与牵引杆 5 硬性连接。操作时摇动摇把 1，经蜗杆 3 带动蜗轮 4 转动，通过连杆系统使隔离开关分、合闸。顺时针摇动摇把 1，使蜗轮 4 转过 180°，隔离开关即完全合闸；逆时针摇动摇把 1，使蜗轮 4 反转过 180°，隔离开关即完全分闸。

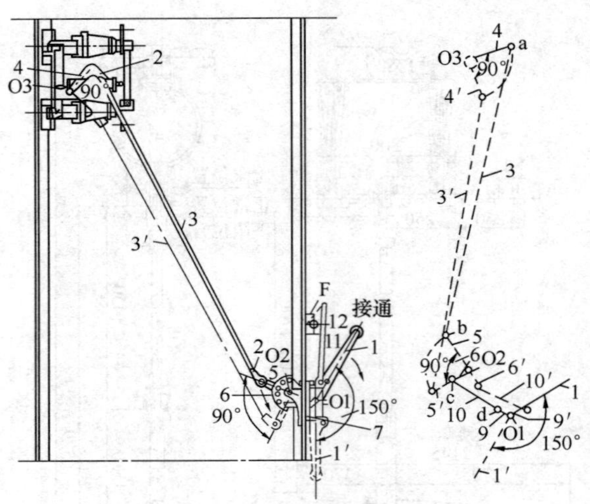

图 6-46 CS6 杠杆式手动操动机构结构

1—手柄；2—接头；3—牵引杆；4—拐臂；6—扇形杆；7—底座；5、8、9、10—连杆；11、12—小轴径杆 F—辅助触点盒

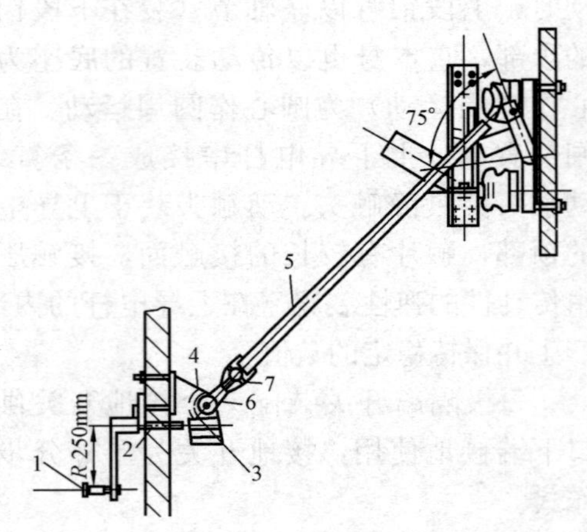

图 6-47 CS9 型手动蜗轮式操动机构安装图

1—摇把；2—轴；3—蜗杆；4—蜗轮；5—牵引杆；6—连杆；7—窄板

2. 电动操动机构

(1)CJ2-XG 型电动操动机构。该机构属于户外用动力式机构，用于 GW4、GW7 型等高压隔离开关或接地开关分、合闸操作。可进行远方控制，也可就地电动控制或利用手柄进行手动操作。

CJ2-XG 型电动操动机构结构如图 6-48 所示，由电动机驱动齿轮及蜗轮减速装置，将力矩传递给输出轴，输出轴垂直安装，机构中设有分合闸终点限位开关及机械限位装置，使机

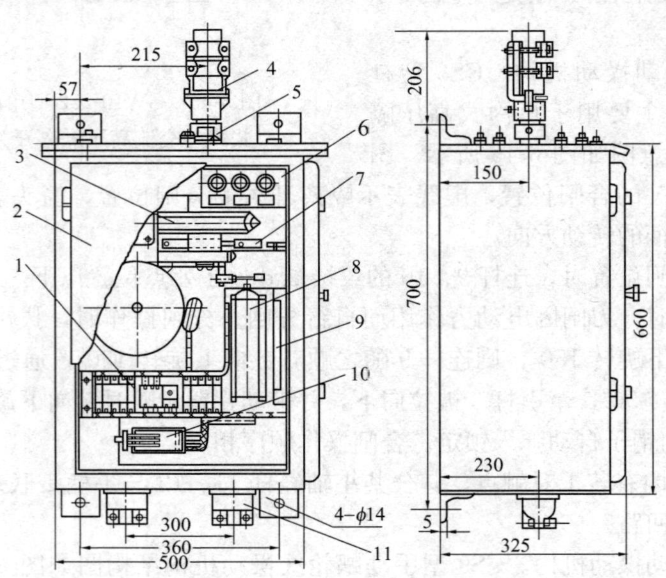

图 6-48 CJ2-XG 型电动操动机构结构

1—接触器及热继电器；2—机械箱；3—减速装置机构；4—连接器；5—分合位置指示器；6—操动按钮；7—限位开关；8—辅助开关；9、10—接线板；11—出线盒

构主轴的转角限制在准确的位置。机构设有手柄，可在现场进行手动分、合闸操作。

机构箱内设有刀开关和保护熔丝及机前电控操作的分、合闸按钮，也可用手柄进行手动分、合闸操作。机构内装有六常开(动合)、六常闭(动断)的辅助开关，由转轴带动辅助开关切换，在隔离开关处于合闸或分闸位置时，发出相应的信号。为便于安装维修，机构箱为三面开门结构，用专门钥匙打开前门，从箱内两侧拧开蝶形螺母后，可打开两侧门。

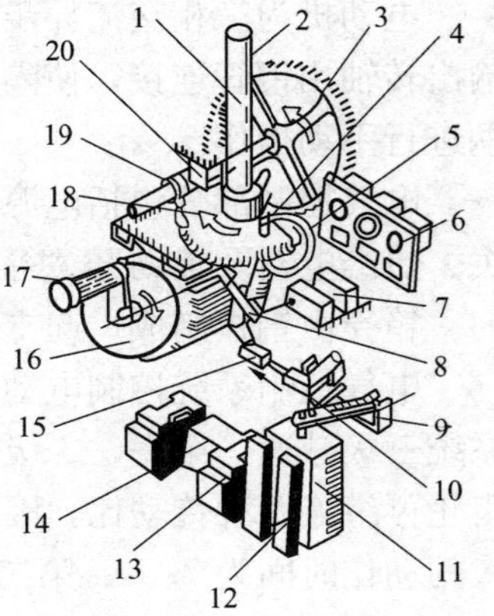

CJ2-XG 型电动操动机构的工作原理如图 6-49 所示。

图 6-49　CJ2-XG 型电动操动机构工作原理

1—主轴；2—键；3—大齿轮；4—挡钉；5—小齿轮；6—按钮；7—限位开关；8—弹簧压片；9—限位板；10—弹簧；11—辅助开关；12—接线板；13—接触器；14—热继电器；5—连杆；16—电动机；17—手柄；18—蜗轮；19—蜗杆；20—限位块

电动分闸时，按下分闸按钮，分闸接触器的控制线圈接通，接触器触点闭合，使电动机线路接通，电动机驱动齿轮与蜗轮减速装置，带动与主轴相连的隔离开关或接地开关实现分闸。当主轴接近分闸终点位置时，装在蜗轮上的弹性压片使终点限位开关分开，切断分闸接触器的控制线圈的电流，接触器触点打开，切断电动机电源，机械限位装置使机构限制在分闸准确位置。

在分闸过程中，需要中途停止时，可按下停止按钮切断控制电源。

电动合闸时，按下合闸按钮，合闸接触器的控制线圈接通，接触器触点闭合，使电动机线路接通，主轴按分闸相反方向旋转，使隔离开关合闸。当主轴接近合闸终点位置时，终点限位开关分开，合闸接触器断电，触点断开电机电源，机构限位装置使机构限制在合闸准确位置。

对不配电磁锁的机构，可用手柄直接操作电机轴，进行分合闸操作。对装设有电磁锁的机构，先按一下电磁锁上的按钮，若指示灯亮，表示允许开锁，可以进行手动操作，这时将电磁锁上的拉板向右拉动，手动操作轴挡板被拉开。将手柄插入蜗杆轴上进行操作，操作完毕，将手柄取出电磁锁锁栓复位，使电动操作轴挡板返回原位。接下按钮后，若指示灯不亮，表明不允许手动操作。紧急情况下手动操作时，须经批准，先将机构电源开关拉开，取来应急钥匙，插入电磁锁钥匙孔中，按顺时针方向转 90°后，即可将电磁锁拉开，插入手柄，进行手动操作。

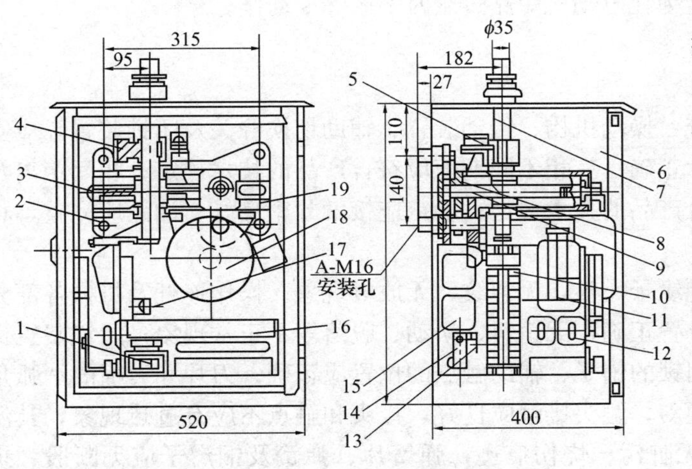

图 6-50　CJ6、CJ6-Ⅰ型电动操动机构结构

1—按钮；2—框架；3—蜗轮；4—定位件；5—行程开关；6—箱；7—主轴；8—齿轮；9—蜗杆；10—辅助开关；11—刀开关；12—组合开关；13—加热器；14—热继电器；15—接触器；16—接线端子；17—照明灯座；18—电动机；19—手动闭锁开关

（2）CJ6 型电动操动机构。CJ6 型电动操动机构可用于 GW4 型隔离开关的操作，其结构如图 6-50 所示，由电动机、机械减速

传动系统、电气控制系统及箱壳组成。

电动机为三相交流异步电动机；机械减速传动系统包括齿轮、蜗杆、蜗轮及输出转轴。输出转轴用钢管连接，使隔离开关主开关或接地开关分、合闸；蜗杆端部为方轴，供手动摇柄进行手动操作。

电气控制部分包括电源转换开关、控制按钮(分、合、停各一个)、交流接触器、行程开关、热继电器及辅助开关等。

箱壳由钢板制成，起支撑及保护作用，在正面及侧面各有一门。

电气控制系统控制电动机，电动机经两对齿轮传递给蜗杆—蜗轮，带动输出主轴。减速系统三级减速，第一、二级为齿轮减速，第三级为蜗杆蜗轮减速。齿轮减速使用规格不同的齿轮可组成两种传动比，因此使总的传动比也有两种，第一种使电动操动机构分闸或合闸一次的动作时间为 7.5s、第二种使电动操动机构分闸或合闸一次的动作时间为 3s。

操作操动机构时，先将电源转换开关接通电源，分闸时，按下分闸按钮(或远方控制)，将分闸用交流接触器的控制线圈接通，分闸接触器触点闭合，使三相交流电接通，电动机向分闸方向旋转，通过二级齿轮变速，再经蜗杆、蜗轮减速后将力矩传送给机构主轴，使主轴旋转 180°。当主轴至分闸终点位置时，装在主轴上的定位件使微动开关动作，切断分闸接触器的控制线圈电流，触点分开，随之电动机三相电源也被切断。装在盖板上的橡皮缓冲定位装置，使机构主轴转动角度准确限制为 180°。

合闸时，按下合闸按钮，合闸接触器触点闭合，主轴按分闸相反方向旋转使隔离开关合闸。其程序原理与分闸时相同。

除分、合闸按钮外，还设有停止按钮，以满足异常情况下使用。当发生异常情况，可立即按“停”，机构即停止转动。

机构主轴下装有六常开、六常闭触点或八常开、八常闭触点的辅助开关，供电器联锁及信号指示之用。为了避免当电动机过载，机械卡死或发生其他意外情况而烧坏电动机，箱内控制板上装有热继电器，电流整定为在电动机短路过载时 20～25s 动作。

四、隔离开关的使用知识

1. 检查和维护

隔离开关在交接验收时应检查：操动机构、传动装置、辅助切换开关及闭锁装置，应安装牢固、动作灵活可靠、位置指示正确；三相不同期值应符合产品的技术规定；相间距离及分闸时触点打开角度和距离应符合产品的技术规定；触点应接触紧密良好；油漆应完整，相色标志正确，接地良好。

隔离开关在运行中应检查：绝缘子完整，无裂纹、无放电现象；操作连杆及机械各部分无损伤、不锈蚀，各机件紧固，位置正确，无歪斜、松动、脱落等不正常现象；闭锁装置良好，隔离开关的电磁闭锁或机械闭锁的销子、辅助触点的位置应正确；刀片和刀嘴的消弧角应无烧伤、过热、变形、锈蚀、倾斜，触头接触应良好，接头和触点不应有过热现象，其温度不应超过 70℃；刀片和刀嘴应无脏污、烧伤痕迹，弹簧片、弹簧及铜辫子应无断股、折断现象；接地开关接地应良好，特别是易损坏的可挠部分应无异常。

2. 操作注意事项

操作隔离开关前应注意检查断路器的分、合位置，严防带负荷操作隔离开关。

在手动合上隔离开关时，应迅速果断，但在合闸行程终了时，不能用力过猛，以防损坏支柱绝缘子或合闸过头。

使用隔离开关切断小容量变压器的空载电流、切断一定长度的架空线路和电缆线路的充电电流、解环操作等，均会产生一定长度的电弧，此时应迅速拉开隔离开关，以便尽快灭弧。

操作中若发生带负荷误合隔离开关时，即使合错，甚至在合闸时发生电弧，也不准将隔离开关再拉开，因为带负荷拉隔离开关，将造成三相弧光短路事故。若发现错拉隔离开关时，在刀片刚离开固定触点时应立即合上，可以消灭电弧，避免事故。但如隔离开关刀片已离开固定触点，则不得将误拉的隔离开关再合上。

合闸操作后，应检查接触是否紧密；拉闸操作后，应检查每相是否均已在断开位置。操作完毕后，应将隔离开关的操作把手锁住。

3. 检修

隔离开关的小修一般每年进行一次，污秽严重的地区适当缩短周期。小修的项目包括：

(1)清除隔离开关绝缘表面的灰尘、污垢，检查有无机械损伤，更换损伤严重的部件。

(2)清除传动和操动机构裸露部分的灰尘和污垢，对主要活动环节加润滑油。

(3)检查接线端、接地端的连接情况，拧紧松动的螺栓，检查触头有无烧伤。

(4)进行 3～5 次分、合闸试验，观察其动作是否灵活、准确；机械联锁、电气联锁、辅助开关的触点应无卡滞或传动不到位的现象。

(5)清除个别部件的缺陷，清理触点的接触面。涂凡士林油等。

隔离开关每 3～5 年或操作达 1000 次以上时应进行一次大修。大修项目包括：

(1)导电系统的检修。触点部分要用汽油或煤油清洗掉油垢；用砂布清擦掉接触表面的氧化膜，用锉刀修整烧斑；检查所有的弹簧、螺丝、垫圈、开口销，屏蔽罩、软连接、轴承等应完整无缺陷；修整或更换损坏的元件，最后分别加凡士林或润滑油装好。

(2)传动机构与操动机构。清扫掉其外露部分的灰尘与油垢；其拉杆、拐臂轴、蜗轮、传动轴等部分应无机械变形或损伤，动作应灵活，销钉应齐全、牢固；各活动部分的轴承、蜗轮等处要用汽油或煤油清洗掉油泥后加钙基脂或注入适量的润滑油；动作部分对带电部分的绝缘距离应符合要求；限位器、制动装置应安装牢固，动作准确。

(3)检查并旋紧支持底座或构架的固定螺丝；接地端应紧固，接地线应完整无损。

(4)根据厂家说明书或有关工艺标准的要求，调整闸刀的张开角度或开距；调整合闸的同期性、接触压力、备用行程等。

(5)机械联锁与电磁联锁装置应正确可靠，有缺陷时应处理调试好。

(6)清除辅助开关上的灰尘与油泥，检查并调整其小拐臂、传动杆、小弹簧及触片的压力、打磨接触点，活动关节处点润滑油，以使其正确动作，接触良好。

(7)按规定进行绝缘子(或绝缘拉杆)的绝缘试验；对工作电流接近于额定电流的刀闸或因过热而更换的新触点、导电系统拆动较大的刀闸，还应进行接触电阻试验；对电动或气动刀闸操作部分的二次回路各元件以及电磁锁、辅助开关的绝缘，用 500V 或 1000V 兆欧表测量其绝缘电阻，应不小于 1MΩ；进行 1000V 的交流电耐压试验。

(8)对隔离开关的支持底座(构架)、传动机构、操动机构的金属外露部分除锈刷漆；对导电系统的法兰盘、屏蔽罩等部分根据需要涂相色漆等。

检修后的隔离开关应达到绝缘良好、操作灵活、分闸顺利、合闸接触可靠四点基本要求；同时在操作中，各部件不能发生变形、失调、振动等异常情况；接线端、接地端连接牢固。为此应对隔离开关进行以下调整：

(1)调整触头间的相对位置、备用行程、闸刀的张开角度和开距等符合技术要求。

(2)调整闸刀的分、合闸限位止钉，满足防止分、合闸操作时越位的要求。

(3)调整隔离开关三相分、合闸同期性、接触压力等符合技术要求。

(4)进行3～5次分、合闸试验，观察其动作是否灵活、准确，机械联锁、电气联锁、辅助开关的触点应无卡滞或传动不到位的现象。

隔离开关的机械调整先在手动状态下进行，再以电动或气动操作进行校核。当隔离开关和电动机操动机构动作正常、二次回路触点正确切换、联锁可靠、电气试验合格时，方可投入正带运行。

第七节 负 荷 开 关

一、负荷开关概述

1. 负荷开关的作用

负荷开关是一种带有简单灭弧装置、能开断和关合额定负荷电流的开关。其作用如下：

(1)开断和关合作用。由于负荷开关有一定的灭弧能力，因此可用来开断和关合负荷电流和小于一定倍数(通常为3～4倍)的过载电流；也可以用来开断和关合比隔离开关允许容量更大的空载变压器、更长的空载线路，有时也用来开断和关合大容量的电容器组。

(2)替代作用。负荷开关与限流熔断器串联组合可以代替断路器使用，即由负荷开关承担开断和关合小于一定倍数的过载电流，而由限流熔断器承担开断较大的过载电流和短路电流。

负荷开关与限流熔断器串联组合成一体的负荷开关，称为负荷开关—熔断器组合电器。熔断器可以装在负荷开关的电源侧，这样可以用熔断器保护负荷开关本身引起的短路事故；熔断器也可以装在负荷开关的受电侧，以便利用负荷开关兼作隔离开关的功能，用它来隔离加在限流熔断器上的电压。当不需要经常调换熔断器时，宜采用前一种布置；反之，则宜采用后一种布置。

负荷开关—熔断器组合电器在工作性能上虽然可以代替断路器，但由于限流熔断器为一次性动作使用的电器，所以这种代替只能用于电压不高、容量不大和不太重要的场所。这种组合电器的价格比断路器低得多，可以有效地减少设备的投资费用，而且具有显著的限流作用，可以在短路事故时大大减低电网的动稳定性和热稳定性。目前，国内外的环网供电单元和预装式变电站，广泛使用负荷开关＋熔断器的结构形式，用于保护变压器比用断路器更为有效，其切除故障时间更短，不易发生变压器爆炸事故。

2. 负荷开关的结构要求

基于负荷开关的工作特点，它在结构上应满足的要求如下。

(1)要有明显可见的间隙。负荷开关在分闸位置时要有明显可见的间隙。这样，负荷开关前面就无需串联隔离开关，在检修电气设备时，只要开断负荷开关即可。

(2)经受开断次数要多。负荷开关要能经受尽可能多的开断次数，而无需检修触头和调换灭弧室装置的组成元件。

(3)要能关合短路电流。负荷开关虽然不要求开断短路电流，但要能关合短路电流，并承受短路电流的动稳定性和热稳定性的要求(对负荷开关—熔断器组合电器无此要求)。

现代负荷开关有两个明显的特点：一是具有三工位，即合闸—分闸—接地；二是灭弧与载流分开，灭弧系统不承受动热稳定电流，而载流系统不参与灭弧。

二、负荷开关的结构类型

负荷开关多种多样，按其灭弧方式可分为油负荷开关、磁吹负荷开关、压气式负荷开关、产气式负荷开关、六氟化硫负荷开关和真空负荷开关，其中油负荷开关、磁吹负荷开关已被淘汰。以下介绍四种常用的负荷开关。

1. 产气式负荷开关

利用固体产气材料在电弧作用下产生气体来进行灭弧的负荷开关称为产气式负荷开关，它属于自能灭弧方式。在产气式灭弧室中，灭弧材料在电弧的高温作用下气化并产生多种气体(包括 H_2、O_2、CO 及其化合物，如 H_2O、CO_2、H_xC_x 等)，形成局部高压力，使电弧受到强烈吹弧和冷却作用，产生去游离使电弧熄灭。分解出的气体中 H_2 和 CO 具有强烈的灭弧性能。当电流较小时，电弧能量不足以产生灭弧气体，这时主要靠产气壁冷却效应或电动力驱使电弧运动，拉长并熄灭电弧。

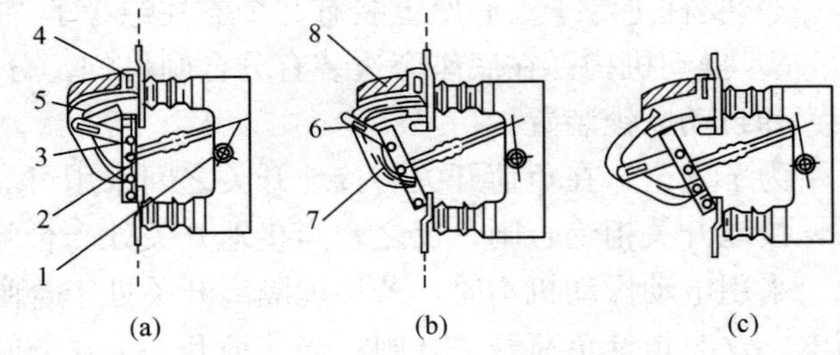

图 6-51 管式灭弧室结构及开断过程

(a)弧室结构；(b)、(c)开断过程

1—开关主轴；2—绝缘拉杆；3—隔离闸刀；4—保持触头；5—随动弧刀；6—随动销；7—弹簧；8—灭弧室

(1)管式灭弧室：其结构及开断过程如图 6-51 所示，在这种灭弧室中，灭弧室本身不动，只有隔离闸刀和弧触刀运动。开断电路时，首先在开关主轴 1 和绝缘拉杆 2 的驱动下，打开隔离闸刀 3，即打开主触头，此时电流转移到保持触头 4 和随动弧刀 5 构成的随动系统。当主触头达到规定的开距后，保持触头处的随动弧刀脱扣，通过此间储能的弹簧 7 就可以快速地加速运动到分闸位置，在保持触头和随动弧刀尖端产生的电弧即可在灭弧室中熄灭。

当开断大电流时，采用气吹方法及通过对流原理，耗散电弧能量；开断小电流时，利用大面积的塑料壁冷却效应即电弧能量变成塑料最外层的分解热或吸收热。

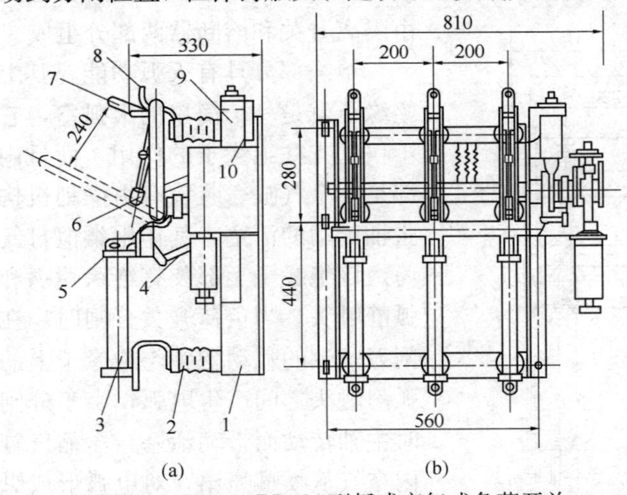

图 6-52 FN5-10RD(L)型板式产气式负荷开关(电动操动机构)结构

(a)侧视图；(b)前视图

1—底座；2—支柱绝缘子；3—熔断器；4—脱扣装置；5—动触头；6—灭弧管；7—导向片；8—静触头；9—分合闸机构；10—CJ 型电动操动机构

(2) 板式灭弧室。其特点是只有弧触刀和主触刀运动，灭弧板则固定不动。关合时，主触刀和弧触刀并列，主触刀先打开，随后弧触刀与弧触头迅速分离，并在电弧的作用下，板式灭弧壁产气而熄弧。为了增强开断小电流的灭弧效应，有的灭弧室在灭弧板上加磁板，形成磁吹拉弧效应，以利于小电流的开断。

FN5-10RD(L)型板式产气式负荷开关(电动操动机构)的结构，如图 6-52

所示，它是由负荷开关和熔断器组成，其基本结构如下。

1）导电回路：包括动触头、静触头、灭弧管和熔断器等。动触头是由两片平行的刀片组成，其连接是由支撑件与弹簧拉紧，在动触头中间装有开断负荷电流的灭弧管，每相动触头中部处装有一拉杆，拉杆的另一端与底座上的转轴相连。静触头设有导向片，且固定在支柱绝缘子上。

2）支柱绝缘子。底座上装有9个支柱绝缘子，它们分别支撑着各相导电回路和熔断器。

3）操动机构。在底座旁边装有分合闸机构，分闸弹簧装在底座中部，另外还设有脱扣装置和自动联锁装置。

为了安全，在负荷开关与接地开关之间采用可靠的机械联锁。当负荷开关处于合闸位置时，接地开关拒绝合闸；反之，当接地开关处于合闸状态时，负荷开关拒绝合闸。

采用电动操动机构时，若接地隔离开关处于合闸位置，其控制系统将自动与电源分离而断电，这时拒绝负荷开关合闸；当接地开关处在分闸位置时，其控制系统自动接通电源，这时才可操作负荷开关合闸。

2. 压气式负荷开关

利用活塞和气缸在开断过程中的相对运动将空气压缩，再利用被压缩的空气而熄弧的负荷开关，称为压气式负荷开关。通过增大活塞和气缸容积，加大压气量，可提高开断能力。其结构复杂、操作功率大。

压气式负荷开关可分为转动式结构和直动式结构。

（1）转动式结构的负荷开关。转动式结构的负荷开关是通过闸刀摆动完成关合和隔离。关合时，弧刀摆动插入压气室内；开断时，靠压气而熄弧。由于它的气缸出口为一狭缝，且动触刀为一宽度仅为20mm左右的刀片，触头分开后，电弧在一狭缝中燃烧，气压较集中，对熄弧有利，因而开断能力也较强。

FN3-10RT型转动式结构的压气式高压负荷开关结构，如图6-53所示。负荷开关主要由隔离开关和熔断器两部分组成。

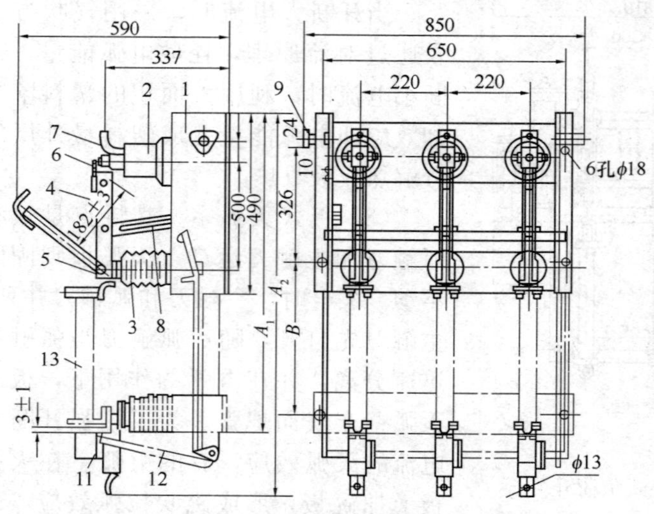

图6-53 FN3-10RT型压气式高压负荷开关结构

1—框架；2—上绝缘子；3—下绝缘子；4—闸刀；5—下触座；6—弧动触头；7—工作静触头；8—绝缘拉杆；9—拐臂；10—接地螺栓；11—小拐臂；12—绝缘拉杆；13—熔断器

绝缘部分具有灭弧功能，其上绝缘子就是一个简单的灭弧室，它不仅起支柱绝缘子的作用，而且内部是一个气缸，装设有由操动机构主轴传动的活塞，其作用类似打气筒。该绝缘子上部装有绝缘喷嘴和弧静触头。当负荷开关分闸时，在闸刀一端的弧动触头与绝缘子上的弧静触头之间产生电弧，由于分闸时主轴转动而带动活塞，压缩气缸内空气从喷嘴喷出，对电弧形成纵吹，使之迅速熄灭。当然分闸时电弧的迅速拉长及本身电流回路的电磁吹弧作用也有助于电弧熄灭。

（2）直动式结构的负荷开关。

在这种结构中，载流和灭弧分开，压缩空气要由操动机构提供压缩功，通过导电杆上下直动而压气熄弧。

FN11-10型直动式结构的压气式负荷开关，如图6-54所示，基本结构包括导电部分、绝缘部分和操动机构部分。其下半部分是熔断器，而上半部分是负荷开关本身。

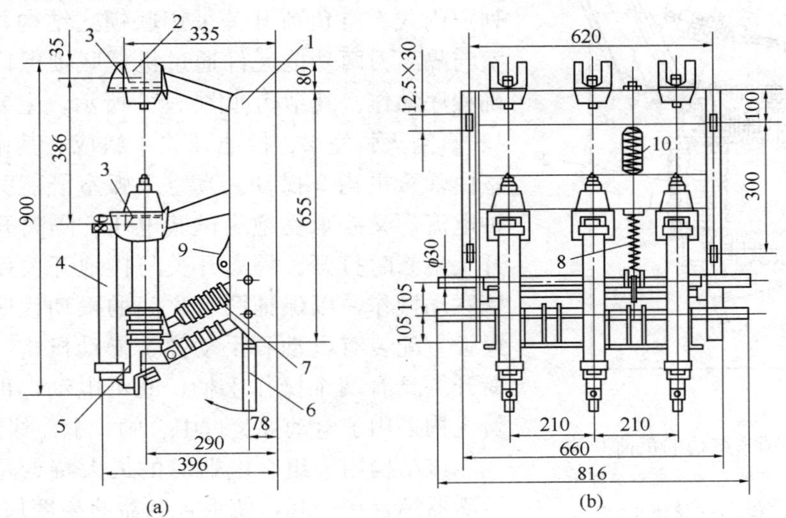

图6-54 FN11-10型压气式负荷开关结构

(a) FN11-10 (D) /630型；(b) FN11-10 (D, R) /100型

1—框架；2—支柱绝缘子；3—导电装置；4—熔断器；5—自动脱扣机构；6—接地开关；7—拐臂；8—合闸弹簧；9—操动机构；10—分闸弹簧

对压气式负荷开关来说，为了提高灭弧效果有的采用混合灭弧原理，如压气＋产气。

3. 真空负荷开关

真空负荷开关是利用真空灭弧室作为灭弧装置的负荷开关，开断电流大，适宜于频繁操作。其灭弧室较真空断路器的灭弧室简单、管径小。真空灭弧室固定在隔离刀上，真空断口与隔离断口串联。熄弧由真空灭弧室完成，主绝缘由隔离断口承担。关合时，隔离刀关合后真空灭弧室快速关合；开断时，真空灭弧室先分断后隔离刀打开，通过换向装置，隔离刀继续运动至接地位置。灭弧断口与隔离断口的配合有两种结构，即联动和联锁。

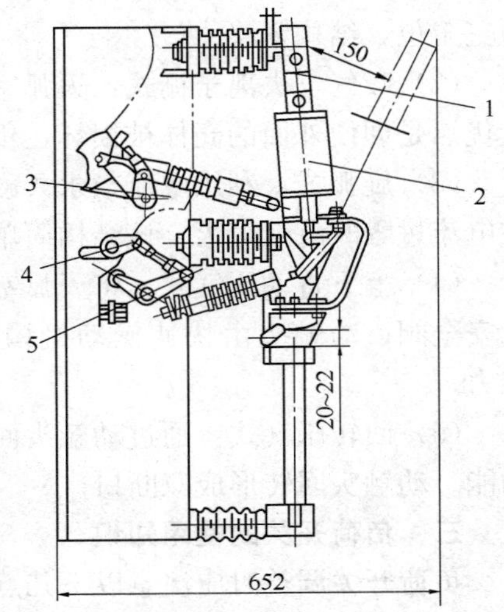

图6-55 联动式结构的负荷开关

1—隔离开关；2—真空灭弧室；3—隔离操作轴；4—机构主轴；5—真空灭弧室操作轴

(1) 联动式结构的负荷开关。ZFN-□-RD（“□”表示各种电压等级）型真空负荷开关采用联动式结构，将开断时的灭弧与绝缘功能分开，隔离刀承担绝缘功能。如图6-55所示，由一个操作手柄，通过特殊设计的传动系统同时操作真空灭弧室和串联的外隔离刀，以保证这两个断口按正确程序动作。为了减小负荷开关的高度，真空灭弧室2固定在隔离刀1上。主轴4可操动隔离操作轴3和真空灭弧室操作轴5。合闸时，

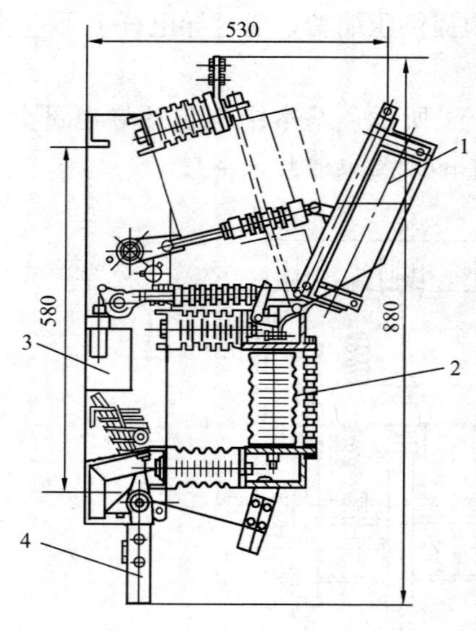

图 6-56 联锁式结构的负荷开关
1—隔离刀（熔断器）；2—真空灭弧室；
3—弹簧机构；4—接地开关

轴 3 带动隔离刀先合，真空灭弧室在过中弹簧的作用下后合；分闸时，真空灭弧室在过中弹簧的作用下快速分闸后，隔离刀接着分开。

（2）联锁式结构的负荷开关。FZN21-12D（R）系列户内式真空负荷开关采用联锁式结构，将真空灭弧室与隔离刀两功能元件通过机械联锁保证两元件按正确程序动作。其结构如图 6-56 所示，主要由隔离开关 1、真空灭弧室 2、接地开关 4 组成。其中，真空灭弧室由弹簧机构 3 操动。真空灭弧室既能关合、开断各种电流，又能承受绝缘试验电压。隔离开关只在真空开关检修时打开。隔离开关与接地开关用一个操作手柄联动操作，以保证两者之间的操动程序正确。真空灭弧室配装有电动和手动弹簧操动机构，整台真空负荷开关具有两个操作手柄，既可电动，也可手动。弹簧机构采用了电动弹簧过中合闸、电磁线圈分闸。

该结构用于组合电器时的最大特点是隔离开关与熔断器结合在一起，使组合电器的高度尺寸大大减小，同时，也使负荷开关与组合电器在外形和安装尺寸上一致，便于组合拼柜。

4. SF_6 负荷开关

SF_6 负荷开关是利用 SF_6 气体作为绝缘和灭弧介质的负荷开关，在城网和农网中已大量使用；按照灭弧原理可分为灭弧栅式、吸气＋去离子栅式、永磁旋弧式、压气式等，其中压气式使用较多；按动作特点又分直动式和回转式。

（1）灭弧栅式：通常采用回转式结构，以灭弧栅熄灭电弧，以回转达到开断、隔离和接地三工位，结构紧凑。

（2）吸气＋去离子栅式：灭弧室为单独的壳体，即灭弧介质和绝缘介质在设备内分开。其优点是即使外面的壳体被损坏，仍能保持全开断能力。

（3）旋弧式：利用电流与永久磁铁结合，使电弧围绕静触头旋转，电弧被拉长和冷却，在电流过零时电弧熄灭。该结构简单可靠，触头磨损少，电气寿命长。

（4）上下直动压气式：将灭弧室装在充有 SF_6 气体的密封壳体内，在金属壳体底部装有安全阀；动触头由快速操动机构操作，不受操作人员的影响；接地开关具有短路关合能力。

（5）回转压气式：通过动触头回转压气形成双断口，完成开断、隔离，有的还完成接地功能。动触头回转形成双断口。

三、负荷开关的使用知识

负荷开关调整时应注意以下几点：

（1）负荷开关合闸时，应使辅助刀闸先闭合，主刀闸后闭合；分闸时，应使主刀闸先断开，辅助刀闸后断开。

（2）在负荷开关合闸时，主固定触头应可靠地与主刀片接触；分闸时，三相灭弧刀片应同时跳离固定灭弧触头。

(3) 灭弧筒内产生气体的有机绝缘物应完整无裂纹，灭弧触头与灭弧筒的间隙应符合要求。

(4) 负荷开关三相触头接触的同期性和分闸状态时触头间净距及拉开角度应符合产品的技术规定。刀闸打开的角度，可通过改变操作杆的长度和操作杆在扇形板上的位置来达到。

(5) 合闸时，在主刀闸上的小塞子应正好插入灭弧装置的喷嘴内，不应对喷嘴有剧烈碰撞的现象。

本 章 小 结

开关电器的作用是：在正常工作情况下，可靠地接通或开断电路；在改变运行方式时，灵活地切换操作；在系统发生故障时，迅速切除故障部分，以保证非故障部分的正常运行；在设备检修时，隔离带电部分以保证工作人员的安全。根据开关电器在开断和关合电路中所承担的任务的不同，分为断路器、隔离开关、负荷开关等。

高压断路器包括油断路器、SF_6 断路器、真空断路器、压缩空气断路器等，是电力系统最重要的控制和保护设备，具有控制和保护两方面的作用。

隔离开关是一种没有灭弧装置的高压开关，只能在开断前或关合过程中电路无电流或接近无电流的情况下开断和关合电路。

负荷开关是一种能开断和关合额定负荷电流的开关，它带有简单灭弧装置。

根据所提供的能源形式的不同，操动机构的类型可分为手动操动机构、电磁操动机构、弹簧操动机构、液压操动机构、气压操动机构等。

思 考 练 习

6-1 开关电器的作用是什么？有哪些种类？

6-2 简述高压断路器的作用和基本结构。

6-3 高压断路器应具有哪些基本功能？

6-4 高压断路器有哪几类？其技术参数有哪些？

6-5 简述少油开关设备的基本特点和使用要点。

6-6 真空断路器有何特点？由哪几部分组成？其作用分别是什么？

6-7 真空断路器的调整项目有哪些？真空度检测的方法有几种？

6-8 SF_6 气体有哪些特性？SF_6 断路器有何特点？

6-9 SF_6 断路器有哪些灭弧室结构？各有何特点？

6-10 SF_6 断路器有哪些附件？其作用分别是什么？

6-11 SF_6 断路器的检漏方法有哪些？年漏气率标准是什么？

6-12 水分和杂质对 SF_6 断路器的使用有何影响？允许的含水量和纯度各是多少？

6-13 断路器操动机构应具有哪些基本功能？

6-14 连杆机构有哪些种类？在操动机构中有何作用？

6-15 操动机构的缓冲装置有何作用？有哪些种类？

6-16 操动机构有哪些类型？各有何特点？

6-17 高压隔离开关用途是什么？基本结构包括哪几部分？其作用分别是什么？

6-18 简述隔离开关的电动操动机构的结构和动作原理。

6-19 当发生带负荷拉合隔离开关的误操作时，应如何处理？

6-20 负荷开关和隔离开关在结构和作用上有什么区别？

6-21 负荷开关有哪几种结构类型？各有何特点？

6-22 负荷开关在结构上应满足哪些要求？如何调整负荷开关以满足其要求？

第七章 互 感 器

本章介绍为发电厂和变电站二次回路提供交流电流和交流电压的互感器的作用、工作原理、主要类型、结构特点、接线方式及使用注意事项。

第一节 概 述

一、互感器的种类和作用

互感器是电力系统中一次系统和二次系统之间的联络元件，分为电压互感器（TV）和电流互感器（TA），用以变换电压和电流，分别为测量仪表、保护装置和控制装置提供电压或电流信号，反映电气设备的正常运行和故障情况。在交流电路多种测量中，以及各种控制和保护电路中，应用了大量的互感器。测量仪表的准确性和继电保护动作的可靠性，在很大程度上与互感器的性能有关。

互感器的作用体现在以下几个方面：

（1）将一次回路的高电压和大电流变为二次回路的标准值。通常电压互感器（TV）额定二次电压为 100V 或 $100/\sqrt{3}$ V，电流互感器（TA）额定二次电流为 5A 、1A 或 0.5A，使测量仪表和继电保护装置标准化、小型化，使二次设备的绝缘水平可按低压设计，使其结构轻巧、价格便宜。

（2）所有二次设备可用低电压、小电流的控制电缆来连接，这样就使配电屏内布线简单、安装方便；同时也便于集中管理，可以实现远距离控制和测量。

（3）二次回路不受一次回路的限制，可采用星形、三角形或 V 形接线，因而接线灵活方便。同时，对二次设备进行维护、调换以及调整试验时，不需中断一次系统的运行，仅适当地改变二次接线即可实现。

（4）使一次设备和二次设备实现电气隔离。一方面使二次设备和工作人员与高电压部分隔离，而且互感器二次侧还要接地，从而可保证设备和人身安全。另一方面二次设备如果出现故障也不会影响到一次侧，可提高一次系统和二次系统的安全性和可靠性。

（5）取得零序电流、电压分量供反应接地故障的继电保护装置使用。将三相电流互感器二次绕组并联，使其输出总电流为三相电流之和即得到一次电网的零序电流。如将一次电路（例如电缆电路）的三相穿过一个铁心，则绕于该铁心上的二次绕组输出零序电流。用作接地监视的电压互感器有两个二次绕组，第一个二次绕组（基本二次绕组）接成星形供一般测量、保护使用，提供线电压和相电压；第二个二次绕组（又称辅助二次绕组）三相首尾相连组成开口三角形反应三相对地电压之和，即对地电压的零序分量。

二、互感器的工作原理

电力系统中采用的互感器按其工作原理可分为电磁式互感器和电容式互感器。

1. 电磁式电流互感器的工作原理

电力系统中广泛采用电磁式电流互感器，其原理接线如图 7-1 所示，电流互感器的一次绕组串联于被测量电路内，二次绕组与二次回路串联。

(1) 电磁式电流互感器的工作原理。电磁式电流互感器的工作原理和变压器相似。当一次侧流过电流 $\dot{I}_1$ 时，在铁心中产生交变磁通，此磁通穿过二次绕组，产生电动势，在二次回路中产生电流 $\dot{I}_2$，则电流互感器的磁动势平衡方程式为

$$\dot{I}_1N_1+\dot{I}_2N_2=\dot{I}_0N_1 \tag{7-1}$$

如果忽略很小的励磁安匝 $\dot{I}_0N_1=0$，则

$$\dot{I}_1N_1=-\dot{I}_2N_2$$

若只考虑以额定值表示的电流数值关系，则可得出

$$I_{1N}N_1=I_{2N}N_2 \tag{7-2}$$

电流互感器一、二次侧额定电流之比，称为电流互感器的额定电流比，用 K_i 表示，则

$$K_i=I_{1N}/I_{2N}\approx N_2/N_1\approx I_1/I_2 \tag{7-3}$$

式中　I_{1N}、I_{2N} ——一、二次绕组额定电流；

　　I_1、I_2 ——一、二次绕组工作电流；

　　N_1、N_2 ——一、二次绕组匝数。

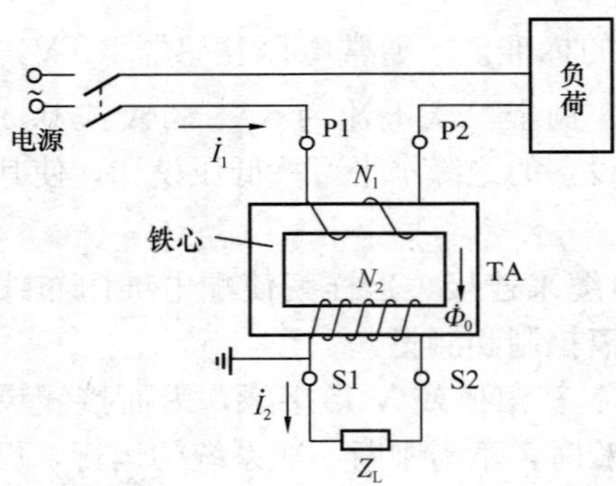

图 7-1　电流互感器原理接线

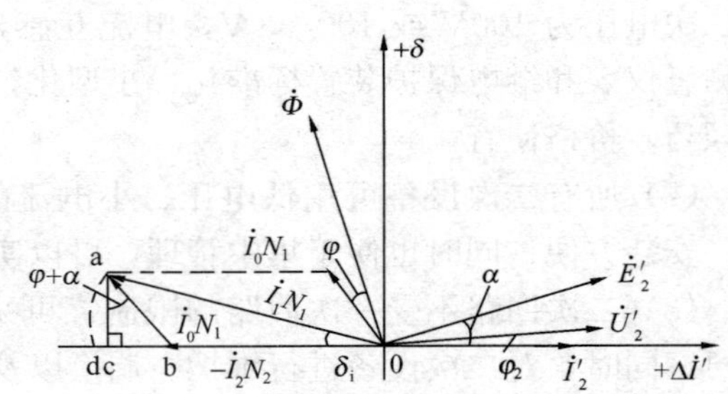

图 7-2　电流互感器的简化相量图

从式 (7-3) 可见，电流互感器二次电流 I_2 近似与一次电流 I_1 成正比，测出二次电流，按照变比放大，即可得到一次电流的大小。只要适当配置互感器一、二次绕组的额定匝数比就可以将不同的一次额定电流变换成标准的二次电流。

(2) 电流互感器的电流误差和相位差。电流互感器的简化相量图，如图 7-2 所示，一次电流 $\dot{I}_1$ 应是 $\dot{I}_0$ 与 $-\dot{I}_2$ 之和，所以一次电流 $\dot{I}_1$ 与 $-\dot{I}_2$ 相差 δ_i 角，即励磁电流 $\dot{I}_0$ 导致一、二次电流在大小和相位上都出现了差别，通常用电流误差和相位差表示。

电流误差为

$$f_i=\frac{K_iI_2-I_1}{I_1}\times 100\% \tag{7-4}$$

式 (7-4) 表明：测出值大于实际值时，互感器幅值误差为正，反之为负。

相位差 δ_i 为旋转的二次侧电流相量与一次电流相量的相角之差，以 ′（分）为单位，并规定二次侧相量超前于一次侧相量时角误差为正，反之为负。

2. 电磁式电压互感器的工作原理

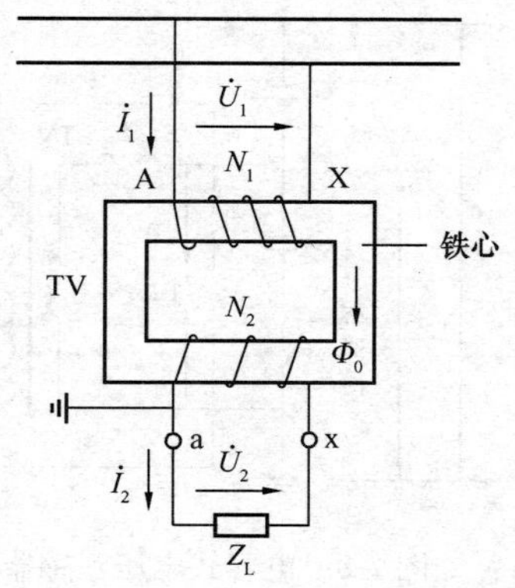

图 7-3 电压互感器原理接线

电磁式电压互感器原理接线如图 7-3 所示，其一次绕组与一次被测电力网并联，二次绕组与二次测量仪表和继电器的电压线圈并联。

(1) 电磁式电压互感器工作原理。电磁式电压互感器的工作原理和变压器相同，其一、二次侧电动势平衡方程式为

$$\dot{U}_1 = -\dot{E}_1 + \dot{I}_1 Z_1$$
$$\dot{U}_2 = \dot{E}_2 - \dot{I}_2 Z_2 \tag{7-5}$$

忽略一、二次侧绕组漏阻抗的压降，可得

$$\dot{U}_1 \approx -\dot{E}_1$$
$$\dot{U}_2 \approx \dot{E}_2 \tag{7-6}$$

于是有

$$\frac{U_1}{U_2} \approx \frac{E_1}{E_2} = \frac{N_1}{N_2} = K_u \tag{7-7}$$

式中 $\dot{U}_1$、$\dot{U}_2$——一、二次绕组电压；

$\dot{E}_1$、$\dot{E}_2$——一、二次绕组电动势；

K_u——电压互感器的电压比。

由式 (7-7) 可见，电磁式电压互感器二次电压 U_2 近似与一次电压 U_1 成正比，测出二次电压，便可确定一次电压。

(2) 电压互感器的电压误差和相位差。由于电压互感器存在励磁电流和内阻抗，使测量结果的大小和相位均有误差，通常用电压误差和相位差表示。电压误差为

$$f_u = \frac{K_u U_2 - U_1}{U_1} \times 100\% \tag{7-8}$$

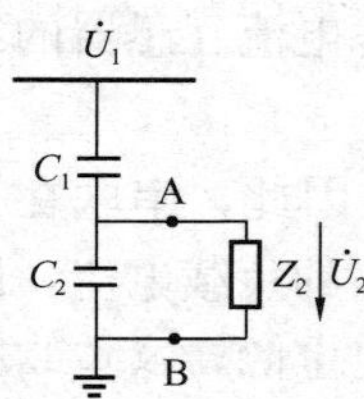

图 7-4 电容式电压互感器分压原理接线

相位差 δ_u 是指互感器二次侧电压相量与一次电压相量的相角之差，以 (′) (分) 为单位，并规定二次侧相量超前于一次侧相量时角误差为正，反之为负。

3. 电容式电压互感器的工作原理

电容式电压互感器采用电容分压的原理，其原理接线如图 7-4 所示，在被测电网的相和地之间接有主电容 C_1 和分压电容 C_2，Z_2 为继电器、仪表等电压线圈阻抗。电容式电压互感器实质上是一个电容串接的分压器，被测电网的电压在电容 C_1、C_2 上按反比分压。

图 7-4 中 $\dot{U}_1$ 为电网相电压，根据分压原理，Z_2、C_2 上的电压为

$$\dot{U}_2 = \dot{U}_{C2} = \frac{C_1 \dot{U}_1}{C_1 + C_2} = K\dot{U}_1 \tag{7-9}$$

式中 K—— 分压比，$K = \dfrac{C_1}{C_1 + C_2}$。

电压 U_{C2} 与 U_1 成比例变化，测出 U_2，通过计算，即可测出电网的相对地电压。

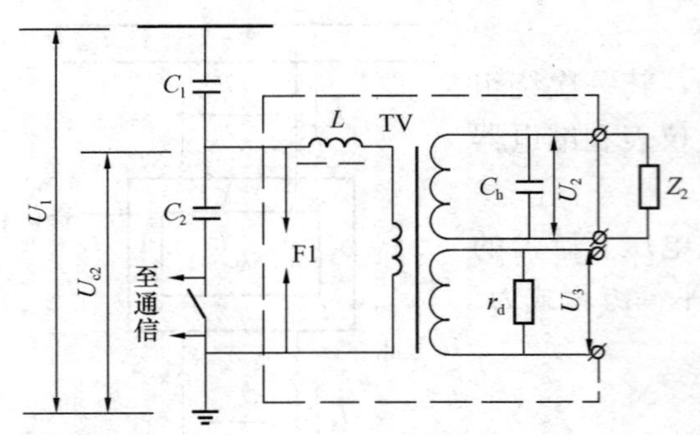

图 7-5 电容式电压互感器基本原理结构

电容式电压互感器基本原理结构，如图7-5所示，主要部件由电容分压器、补偿电抗器、中间变压器、阻尼器及载波装置、防护间隙等组成。

当负载 Z_2 接通时，C_1、C_2 有容性阻抗影响，使 U_{C2} 小于电容分压值，因此在回路加入补偿电抗 L，尽量做到使 U_{C2} 与负载无关。为了进一步减少负载电流的影响，在二次侧并联电容 C_h，将测量仪表经过中间变压器 TV 与分压器相连。C_h 具有补偿互感器励磁电流和负载电流中电感分量的作用，从而可减少误差。

当互感器二次侧发生短路时，短路电流可达额定电流的几十倍，在 L 和 C_2 上将产生很高的共振过电压，为防止过电压击穿绝缘，在电容 C_2 两端并联放电间隙 F1。

当电容式电压互感器二次侧受到短路或断开等冲击时，由于非线性电抗饱和，可能产生铁磁谐振过电压，为了抑制谐振的产生，在互感器二次侧接入阻尼电阻 r_d。

电容式电压互感器的误差由空载误差、负载误差和阻尼负载电流产生的误差等几部分组成，除受到 U_1 和 Z_L 负载功率因数的影响外，还与电源频率有关，当系统频率变化超过 $\Delta f=\pm 0.5$Hz 时，会产生附加误差。

第二节 电流互感器

一、电流互感器的特点

电流互感器用在各种电压的交流装置中。电流互感器和普通变压器相似，都是按电磁感应原理工作的。与变压器相比电流互感器特点如下：

（1）电流互感器的一次绕组匝数少，截面积大，串联于被测量电路内；电流互感器的二次绕组匝数多，截面积小，与二次侧的测量仪表和继电器的电流线圈串联。

（2）由于电流互感器的一次绕组匝数很少（一匝或几匝）、阻抗很小，因此，串联在被测电路中对一次绕组的电流没有影响。一次绕组的电流完全取决于被测电路的负载电流，即流过一次绕组的电流就是被测电路的负载电流，而不是由二次电流的大小决定的，这点与变压器不同。

（3）电流互感器二次绕组中所串接的测量仪表和保护装置的电流线圈（即二次负载）阻抗很小，所以在正常运行中，电流互感器是在接近于短路的状态下工作，这是它与变压器的主要区别。

（4）电流互感器正常运行时由于二次绕组负载阻抗和负载电流均很小，二次绕组内感应的电动势一般不超过几十伏，所需的励磁安匝 I_0N_1 及铁心中的合成磁通很小。为了减小电流互感器的尺寸、质量和造价，其铁心截面是按正常运行时通过不大的磁通设计的。运行中的电流互感器一旦二次侧开路，即 $I_2=0$，则 $I_0N_1=I_1N_1$，一次安匝 I_1N_1 将全部用于励磁，它比正常运行的励磁安匝大许多倍，此时铁心将处于高度饱和状态。铁心饱和时：一方面导致铁心损耗加剧、过热而损坏互感器绝缘；另一方面导致磁通波形畸变为平顶波，如图

7-6（a）所示。由于二次绕组感应的电动势与磁通的大小和变化率成正比，因此在磁通过零时，将产生很高的尖顶波电动势，如图 7-5（b）所示，其峰值可达几千伏甚至上万伏，这将危及工作人员、二次回路及设备的安全。此外，铁心中的剩磁还会影响互感器的准确度。故运行中的电流互感器二次侧不得开路。

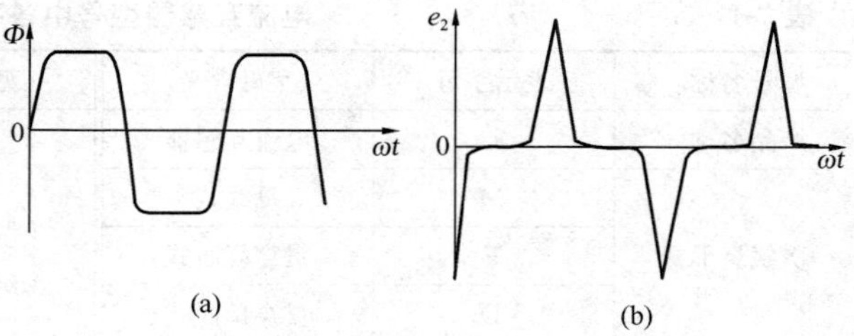

图 7-6 电流互感器二次侧开路时的参量波形
（a）磁通波形；（b）电动势波形

二、电流互感器的种类和型号

1. 电流互感器的种类

（1）按照安装地点可以分为户内式和户外式两种，35kV 电压等级以下一般为户内式，35kV 及以上电压等级一般制成户外式。

（2）按照安装方式可以分为穿墙式、支持式和装入式三种。穿墙式安装在墙壁或金属结构的孔洞中，可以省去穿墙套管；支持式安装在平面或支柱上；装入式也称套管式，安装在 35kV 及以上的变压器或断路器的套管上。

（3）按照绝缘方式可以分为干式、浇注式、油浸式、瓷绝缘和气体绝缘以及电容式等几种。干式使用绝缘胶浸渍，多用于户内低压电流互感器；浇注式以环氧树脂作绝缘，一般用于 35kV 及以下的户内电流互感器；油浸式多用在户外；瓷绝缘，即主绝缘由瓷件构成，这种绝缘结构已被浇注绝缘所取代；气体绝缘的产品内部充有特殊气体，如以六氟化硫气体作为绝缘的互感器，多用于高压产品；电容式多用于 110kV 及以上户外。

（4）按照一次绕组匝数可分为单匝式和多匝式两种。单匝式又分为贯穿型和母线型两种。

（5）按用途可分为测量用和保护用两种。

2. 电流互感器的型号

电流互感器的型号以汉语拼音字母表示，由两部分组成，斜线以上部分包括产品型号符号和设计序号。电流互感器的型号如下所示，型号中各字母含义见表 7-1。

[1] [2] [3] [4] [5]—[6]/[7] [8]

[1]：产品名称；

[2]：一次绕组形式，安装形式；

[3]：绝缘形式，结构形式；

[4]：结构形式，用途；

[5]：设计序号：表示同类产品在技术性能和结构尺寸变化的改型设计，为了与原设计相区别，在型号的字母之后加注阿拉伯数 1、2、3…，表示第几次改型设计；

[6]：额定电压（kV）；

[7]：准确度等级；

[8]：额定电流（A）。

表 7-1 **电流互感器型号中各字母含义**

型号名称	表示字母	字母含义	型号名称	表示字母	字母含义
产品名称	L	电流互感器	结构形式	W	户外式
一次绕组形式	M	母线式		M	母线式
	F	贯穿复匝式		G	改进式
	D	贯穿单匝式		Q	加强式
安装形式	A	穿墙式		L	铝线式
	B	支持式		J	加大容量
	Z	支柱式	用途	B	保护用
	R	装入式		D	差动保护用
绝缘形式	Z	浇注绝缘		J	接地保护用
	C	瓷绝缘		X	小体积柜用
	J	树脂浇注		S	手车柜用
	K	塑料外壳	油保护方式	N	不带金属膨胀器

例：LQ-0.5/0.5-100，表示线圈式、0.5kV、准确度等级为 0.5 级、一次额定电流为 100A 的电流互感器。

三、电流互感器的技术参数

（1）额定电压（kV）：电流互感器的额定电压是指一次绕组对二次绕组和地的绝缘额定电压。电流互感器的额定电压应该不小于安装地点的电网额定电压（即所接线路的额定电压）。

（2）额定电流（A）：在制造厂规定的运行状态下，通过一、二次绕组的电流。常用电流互感器的一次绕组额定电流有 5、10、15、20、30、40、50、75、100、1000、10000、25000A，二次绕组额定电流有 5、1A。

（3）额定电流比：电流互感器一、二次侧额定电流之比值称为电流互感器的额定电流比，也称额定互感比，用 K_{Ni} 表示，即

$$K_{Ni}=\frac{I_{1N}}{I_{2N}} \tag{7-10}$$

（4）额定二次负载：电流互感器的额定二次负载是指在二次电流为额定值，二次负载为额定阻抗时，二次侧输出的视在功率。通常额定二次负载功率为 2.5～100VA，共有 12 个额定值。

若把以伏·安值表示的负载值换算成欧姆值表示时，则

$$Z_2=\frac{S_2}{I_{2N}^2} \tag{7-11}$$

式中 I_{2N}——额定二次电流（A）；

S_2——以伏·安值表示的二次负载（VA）；

Z_2——以欧姆值表示的二次负载（Ω）。

如电流互感器的额定二次电流为 5A，二次负载为 50VA，若以欧姆值表示时，则为

$$Z_2 = \frac{50}{5^2} = 2(\Omega)$$

同一台电流互感器在不同的准确度等级工作时，有不同的额定容量和额定负载阻抗。

（5）准确度等级。电流互感器的准确度等级是根据测量时电流误差的大小来划分的，而电流误差与一次电流及二次负载阻抗有关。准确度等级是指在规定的二次负载范围内，一次电流为额定值时的误差限值。我国测量用电流互感器的准确度等级有：0.1、0.2、0.5、1、3、5 级。准确度等级和误差限值如表 7-2 所示，负载的功率因数为 0.8（滞后）。

表 7-2　　电流互感器准确度等级和误差限值

准确度等级	一次电流为额定一次电流的百分数（%）	误差限值		二次负载变化范围
		电流误差（±%）	相位误差±（′）	
0.2	10	0.5	20	$0.25\sim1S_{N2}$
	20	0.35	15	
	100～120	0.2	10	
0.5	10	1	60	
	20	0.75	45	
	100～120	0.5	30	
1	10	2	120	
	20	1.5	90	
	100～20	1	60	
3	50～120	3	未规定	$0.5\sim1S_{N2}$
5	50～120	5		

保护用电流互感器按用途分为稳态保护（P）用和暂态保护（TP）用两类。稳态保护用电流互感器规定有 5P 和 10P 两种准确度等级，其误差限值见表 7-3。

表 7-3　　稳态保护电流互感器的准确度等级

准确度等级	额定一次电流下的电流误差（±%）	额定一次电流下的相位误差±（′）	在额定准确限值一次电流下的复合误差（%）
5P	1	60	5
10P	3	无规定	10

用于保护的电流互感器，要求一次绕组流过超过额定电流许多倍的短路电流时，互感器应有一定的准确度，即复合误差不超过限值。保证复合误差不超过限值的最大一次电流就叫做额定准确限值一次电流，即一次短路电流为额定一次电流的倍数，也称为额定准确限值系数。习惯上往往把保护用电流互感器的准确度等级与准确限值系数连在一起标注。例如：10P20，这表示互感器为 10P 级，准确限值因数为 20。只要电流不超过 $20I_{1N}$，互感器的复合误差不会超过 10%。

为了便于继电保护整定，需要制造厂提供 P 级电流互感器 10%误差曲线，表示在保证电流误差不超过 10%条件下，一次电流的倍数 $n(=I_1/I_{1N})$ 与允许最大二次负载阻抗 Z_L 的

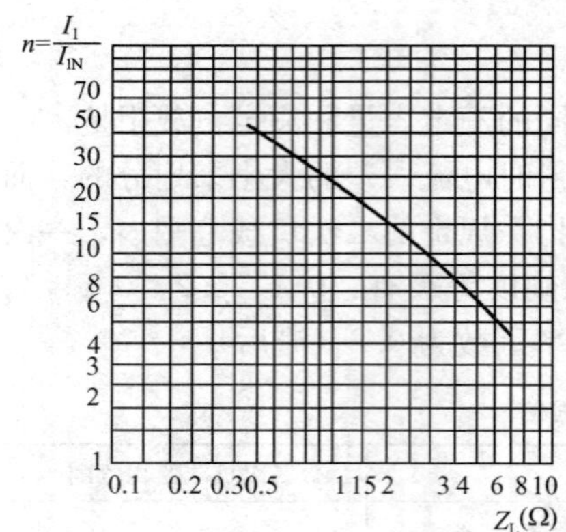

图 7-7 电流互感器 10%误差曲线

关系曲线，如图 7-7 所示。

保证暂态误差的电流互感器有四种类型：TPX、TPY、TPZ 和 TPS。它们的适用场合和性能要求各不相同。TPX 级是不限制剩磁大小的互感器，铁心没有气隙，误差限值较小；TPY 级是剩磁不超过饱和磁通 10%的互感器，铁心有一定的气隙，误差限值稍大一些；TPZ 级是实际上没有剩磁的互感器，误差限值比 TPY 级大一些，气隙也相对地大一些。以上三种类型互感器的误差定义各不相同，限值条件也不一样，这里不作详细介绍。

TPS 级是一种低漏磁型电流互感器，其特性由二次励磁特性和匝数比误差确定，而且对剩磁无限制。我国已能生产 110～500kV 级的保证暂态误差的电流互感器，也生产出了用于发电机保护的大电流母线型保证暂态误差的电流互感器。

四、电流互感器的接线方式

电流互感器在三相电路中四种常见的接线方式如图 7-8 所示。

(1) 单相接线：如图 7-8（a）所示，这种接线主要用来测量单相负载电流或三相系统中平衡负载的某一相电流。

(2) 两相 V 形接线：如图 7-8（b）所示，这种接线又称不完全星形接线，在 6～10kV 中性点不接地系统中应用较广泛。这种接线通过公共线上仪表中的电流，等于 U、W 相电

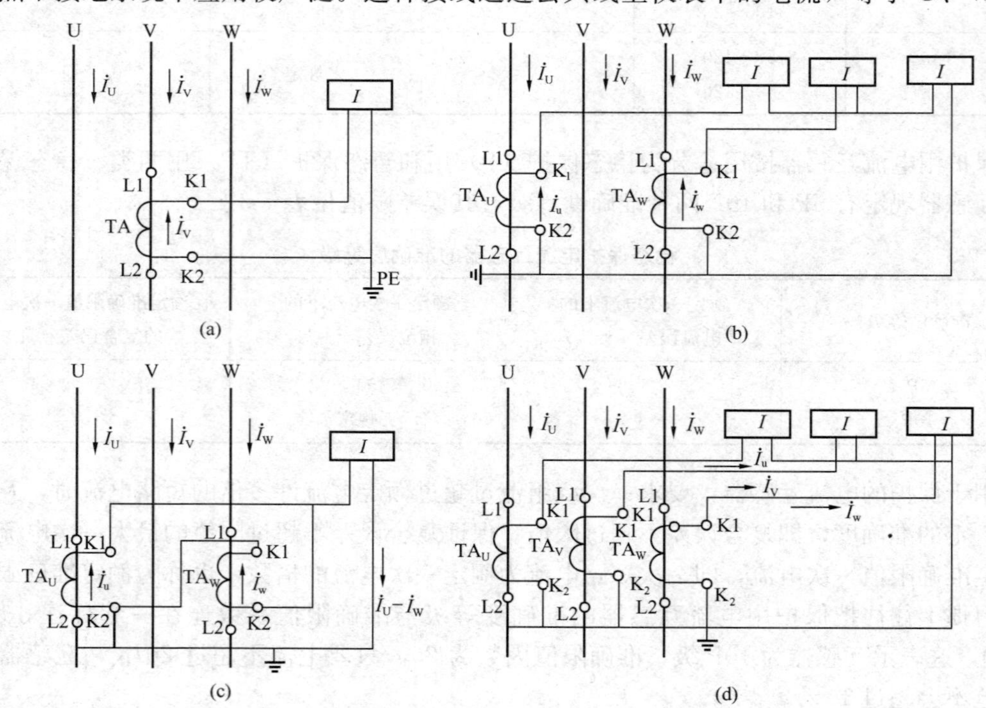

图 7-8 电流互感器的接线方式

(a) 单相接线；(b) 两相 V 形接线；(c) 两相电流差接线；(d) 星形接线

流的相量和，大小等于V相的电流。不完全星形接线方式组成的继电保护电路，能对各种相间短路故障进行保护，但灵敏度不尽相同，与三相星形接线比较，灵敏度较差。由于不完全星形接线方式比三相星形接线方式少了1/3的设备，因此，节省了投资费用。

（3）两相电流差接线：如图7-8（c）所示，这种接线方式通常应用于继电保护线路中。例如，用于线路或电动机的短路保护及并联电容器的横联差动保护等，它能反应各种相间短路，但灵敏度各不相同。这种接线方式在正常工作时，通过仪表或继电器的电流是W相电流和U相电流的相量差，其数值为电流互感器二次电流的$\sqrt{3}$倍。

（4）星形接线：如图7-8（d）所示，这种接线可以用来测量负载平衡或不平衡的三相电力系统中的三相电流。用三相星形接线方式组成的继电保护电路，能保证对各种故障（三相、两相短路及单相接地短路）具有相同的灵敏度，因此可靠性较高。

五、电流互感器的结构类型

电流互感器结构与双绕组变压器相似，由铁心和一、二次绕组两个主要部分构成，按一次绕组的匝数分为单匝式和多匝式。0.5kV电流互感器的一、二次绕组都套在同一铁心上，结构最简单。10kV及以上的电流互感器，为了使用方便和节约材料，常用多个没有磁联系的独立铁心和二次绕组组成一台有多个二次绕组的电流互感器，这样，一台互感器可同时供测量和保护用。通常，10～35kV有两个二次绕组、63～110kV有3～5个二次绕组、220kV及以上有4～7个二次绕组。

为了适应线路电流的变化，63kV及以上的电流互感器，常将一次绕组分成几段，通过串联或并联以获得两种或三种电流比。

为适应输电线路正常工作时电流不大而短路电流倍数很高的需要，多个二次绕组的高压电流互感器的测量用二次绕组往往带有中间抽头，对应的额定电流比较小，以保证应有的测量精度。

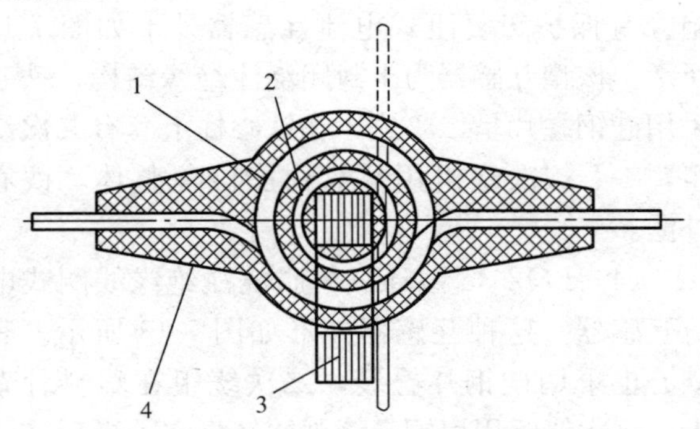

图7-9 浇注绝缘电流互感器结构（多匝贯穿式）
1—一次绕组；2—二次绕组；3—铁心；4—树脂混合料

1. 干式互感器和浇注绝缘互感器

干式互感器是适用于户内、低电压的互感器。单匝母线式采用环型铁心，经浸漆后装在支架上，或装在塑料壳内，也有采用环氧混合胶浇注的。多匝式的一次绕组和二次绕组为矩形筒式，绕在骨架上，绕组间用纸板绝缘，经浸漆处理后套在叠积式铁心上。

浇注式互感器广泛用于10～20kV级电流互感器。一次绕组为单匝式或母线型时，铁心为圆环形，二次绕组均匀绕在铁心上，一次导杆和二次均浇注成一整体。一次绕组为多匝时，铁心多为叠积式，先将一、二次绕组浇注成一体，然后再叠装铁心。图7-9所示为浇注绝缘电流互感器结构（多匝贯穿式）。

（1）LDZ1-10、LDZJ1-10型环氧树脂浇注绝缘单匝式电流互感器。该型互感器的外形如图7-10所示。当一次电流为800A及以下，其一次导电杆为铜棒；1000A及以上，考虑散热和集肤效应，一次导电杆做成管状，互感器铁心采用硅钢片卷成，两个铁心组合对称地分布在金属支持件上，二次绕组绕在环形铁心上。一次导电杆、二次绕组用环氧树脂和石英粉的混合胶浇注加热固化成型，在浇注体中部有硅铝合金铸成的面板，板上预留有安装孔。

（2）LMZ1-10、LMZD1-10型环氧树脂浇注绝缘单匝母线式电流互感器。该互感器外形如图7-11所示。这种互感器也具有两个铁心组合，一次绕组可配额定电流大（2000～5000A）的母线，一次极性标志L1在窗口上方，两个二次绕组出线端为1K1、1K2和2K1、2K2。这种互感器的绝缘、防潮、防霉性能良好，机械强度高，维护方便，多用于发电机、变压器主回路。

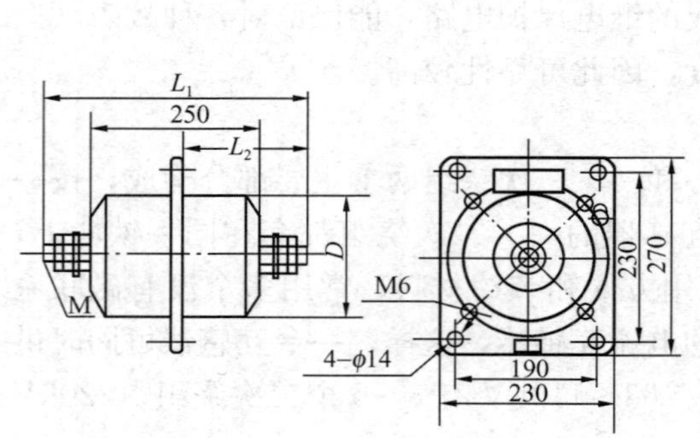

图7-10 LDZ1-10、LDZJ1-10型环氧树脂浇注绝缘单匝式电流互感器外形

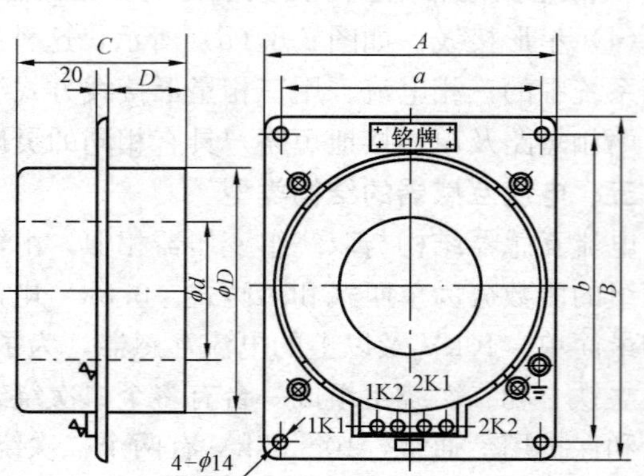

图7-11 LMZ1-10、LMZD1-10型环氧树脂浇注绝缘单匝母线式电流互感器外形

（3）LFZB-10型环氧树脂浇注绝缘有保护级复匝式电流互感器。由于单匝式电流互感器准确度等级较低，所以，在很多情况下需要采用复匝式电流互感器。复匝式可用于额定电流为各种数值的电路。LFZB-10型环氧树脂浇注绝缘有保护级复匝式电流互感器外形如图7-12所示。该型互感器为半封闭浇注绝缘结构，铁心采用硅钢叠片呈二心式，在铁心柱上套有二次绕组，一、二次绕组用环氧树脂浇注整体，铁心外露。

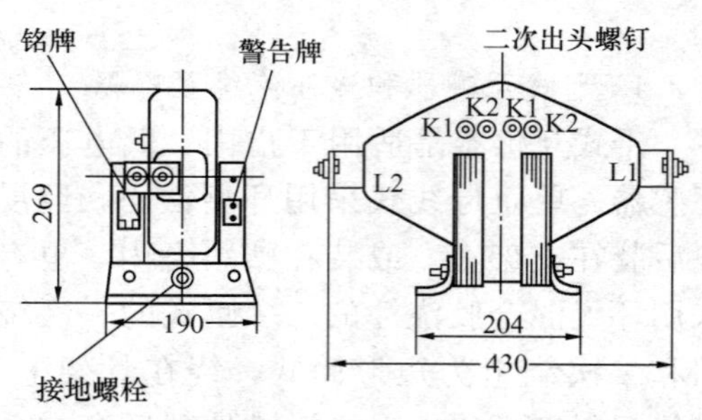

图7-12 LFZB-10型环氧树脂浇注绝缘有保护级复匝式电流互感器外形

（4）LQZ-35型环氧树脂浇注绝缘线圈式电流互感器。这种互感器外形如图7-13所示。其铁心也采用硅钢片叠装，二次绕组在塑料骨架上，一次绕组用扁铜带绕制并经真空干燥后浇注成型。

2. 油浸式电流互感器

35kV及以上户外式电流互感器多为油浸式结构，主要由底座（或下油箱）、器身、储油柜（包括膨胀器）和瓷套四大件组成。瓷套是互感器的外绝缘，并兼作油的容器。63kV及以上的互感器的储油柜上装有串并联接线装置，全密封结构的产品采用外换接结构。全密封互感器采用金属膨胀器后，避免了油与外界空气直接接触，油不易受潮、氧化，减少了用户的维修工作量。

为了减少一次绕组出头部分漏磁所造成的结构损耗，储油柜多用铝合金铸成，当额定电流较小时，也可用铸铁储油柜或薄钢板制成。

油浸式电流互感器的绝缘结构可分为链型绝缘和电容型绝缘两种。链型绝缘用于 63kV 及以下互感器，电容型绝缘多用于 220kV 及以上互感器。110kV 的互感器有采用链型绝缘的，也有采用电容型绝缘的。

链型绝缘结构如图 7-14 所示。链型绝缘结构的各个二次绕组分别绕在不同的圆形铁心上，将几个二次绕组合在一起，装好支架，用电缆纸带包扎绝缘。二次绕组外包绝缘的厚度大约为总绝缘厚度的一半或略少。

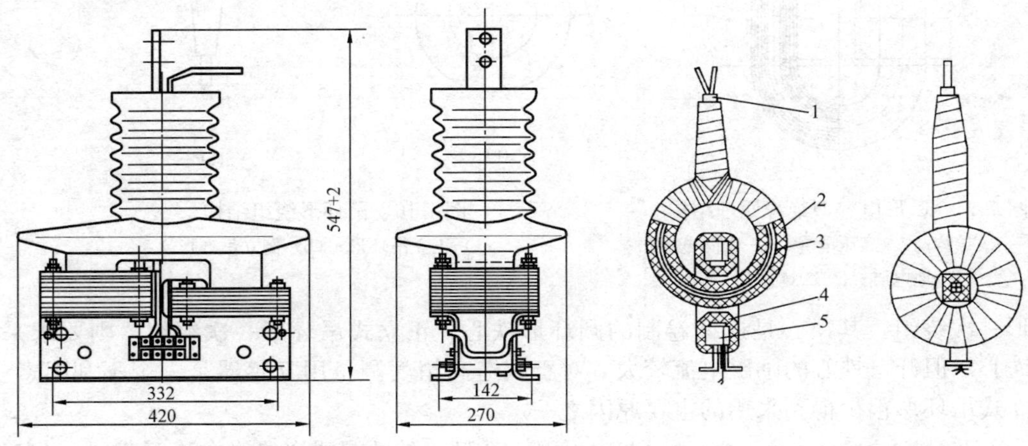

图 7-13 LQZ-35 型环氧树脂浇注绝缘线圈式电流互感器外形

图 7-14 链型绝缘结构

1—一次引线支架；2—主绝缘Ⅰ；3—一次绕组；4—主绝缘Ⅱ；5—二次绕组

链型绝缘结构的一次绕组可用纸包铜线连续绕制而成，可以实现较大的一次安匝以提高互感器的准确度；也可用分段的纸包铜线绕制，然后依次焊接成一次安匝。由于焊头不可能多，对于额定一次电流较小的互感器，这种绕组不可能实现较大的一次安匝，影响到互感器准确度的提高。额定一次电流较大时，可不用焊头，用半圆铝管制成一次绕组。两个半圆合成一个整圆。每个半圆即是一次绕组的一段（只有一匝），通过串、并联换接来改变电流比。

U 形电容型绝缘的原理结构如图 7-15 所示。电容型绝缘的全部主绝缘都包在一次绕组上，若为倒立式结构，则是包在二次绕组上。为了充分利用材料的绝缘特性，在绝缘内设有电容屏，使电场均匀。这些电容屏又叫做主屏。最内层的主屏接高电压、最外层的主屏（地屏）接地。倒立式结构则相反，最外层接高电压，最内层接地。各主屏形成一个串联的电容型组，若主屏间电容接近相等，则其中电压就接近于均匀。电容屏用有孔铝箔制成或半导体纸制成，铝箔打孔是为了便于绝缘干燥处理和浸油处理。为了改善主屏端部的电场，在两个主屏之间放置有一些比较短的端屏（简称为端屏）。

电容型绝缘的一次绕组形状有 U 形也有吊环形，如图 7-16 所示。前者便于机器连续包扎，后者则由于引线部分紧凑，瓷套直径较小，产品总质量可以减轻，但是吊环形的三叉头处的绝缘包扎不能连续，必须手工操作，而且要加垫特制的异形纸，包扎时要非常仔细地操作。

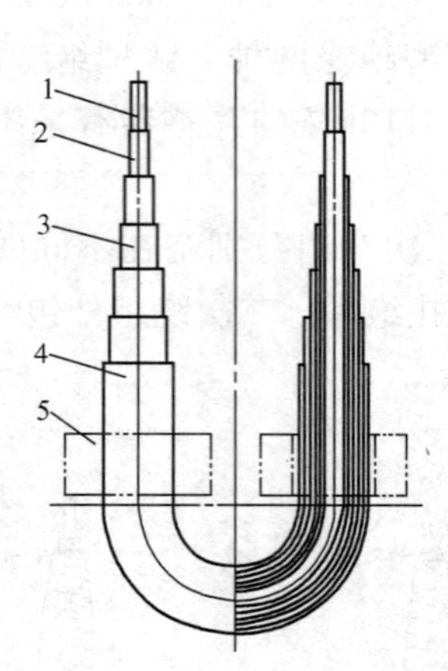

图 7-15　U 形电容型绝缘原理结构

1—一次导体；2—高压电屏；3—中间电屏；4—地电屏；5—二次绕组

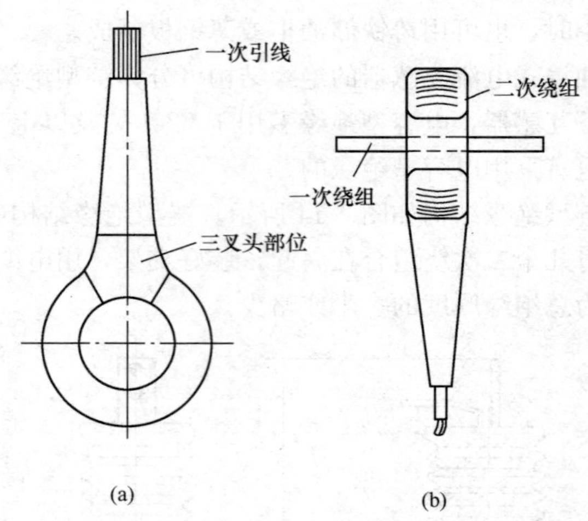

图 7-16　吊环形绕组结构

(a) 正立吊环形；(b) 倒立吊环形

U 形一次绕组，其铁心是连续卷制的圆环形铁心。正立式吊环形一次绕组，则要求采用开口铁心。但开口铁心的励磁电流较大，对于制造高精度测量用互感器是一个不利因素。这是正立式吊环形很少得到采用的主要原因之一。

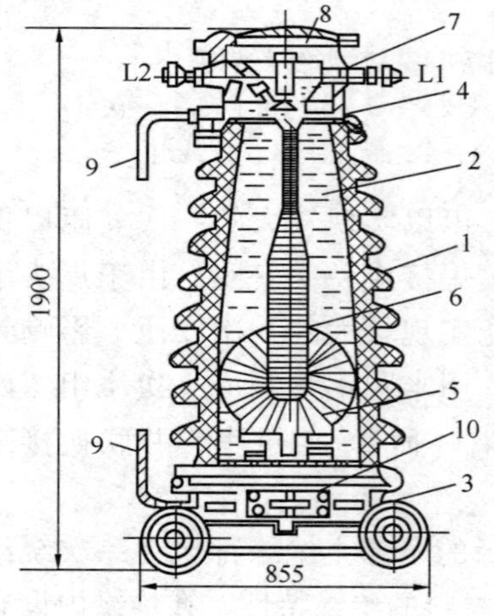

图 7-17　LCW-110 型户外油浸式瓷绝缘电流互感器结构

1—瓷外壳；2—变压器油；3—小车；4—膨胀器；5—环形铁心及二次绕组；6—一次绕组；7—瓷套管；8—一次绕组换接器；9—放电间隙；10—二次绕组引出端

(1) LCW-110 型户外油浸式瓷绝缘电流互感器。此互感器结构如图 7-17 所示。互感器的瓷外壳内充满变压器油，并固定在金属小车上；带有二次绕组的环形铁心固定在小车架上，一次绕组为圆形并套住二次绕组，构成两个互相套着的形如“8”字的环。换接器用于在需要时改变各段一次绕组的连接方式，方便一次绕组串联或并联。互感器上部由铸铁制成的油膨胀器，用于补偿油体积随温度的变化，其上装有玻璃油面指示器。放电间隙用于保护瓷外壳，使外壳在铸铁头与小车架之间发生闪络时不致受到电弧损坏。由于绕组电场分布不均匀，故只用于 35～110kV 电压级，一般有 2～3 个铁心。

(2) LCLWD3-220 型户外瓷箱式电流互感器。LCLWD3-220 型户外瓷箱式电容型绝缘电流互感器结构如图 7-18 所示。其一次绕组呈 U 形，一次绕组绝缘采用电容均压结构，用高压电缆纸包扎而成；绝缘共分 10 层，层间有电容屏（金属箔），外屏接地，形成圆筒式电容串联结构；有四个环形铁心及二次绕组，分布在 U 形一次绕组下部的两侧，二次绕组为漆包圆铜线，铁心由优质冷轧晶粒取向硅钢板卷成。

这种电流互感器具有用油量少、瓷套直径小、质量轻、电场分布均匀、绝缘利用率高和便于实现机械化包扎等优点，因此在 110kV 及以上电压级中得到广泛的应用。

(3) L-110 型串级式电流互感器。此互感器外形及原理接线图如图 7-19 所示。互感器由两个电流互感器串联组成。Ⅰ级属高压部分，置于充油的瓷套内，它的铁心对地绝缘，铁心为矩形叠片式，一、二次绕组分别绕在上、下两个心柱上，其二次电流为 20A；为了减少漏磁，增强一、二次绕组间的耦合，在上、下两个铁心柱上设置了两个匝数相等、互相连接的平衡绕组，该绕组与铁心有电气连接。Ⅱ级属低压部分，有三个环形铁心及一个一次绕组、三个二次绕组，装在底座内；Ⅰ级的二次绕组接在Ⅱ级的一次绕组上，作为Ⅱ级的电源，Ⅱ级的互感比为 20/5A。由于这种两级串级式电流互感器，每一级绝缘只承受装置对地电压的一半，因而可节省绝缘材料。

3. SF_6 气体绝缘电流互感器

SF_6 电流互感器有两种结构形式：一种是与 SF_6 组合电器（GIS）配套用的；一种是可单独使用的，通常称为独立式 SF_6 电流互感器，这种互感器多做成倒立式结构，如图 7-20 所示。

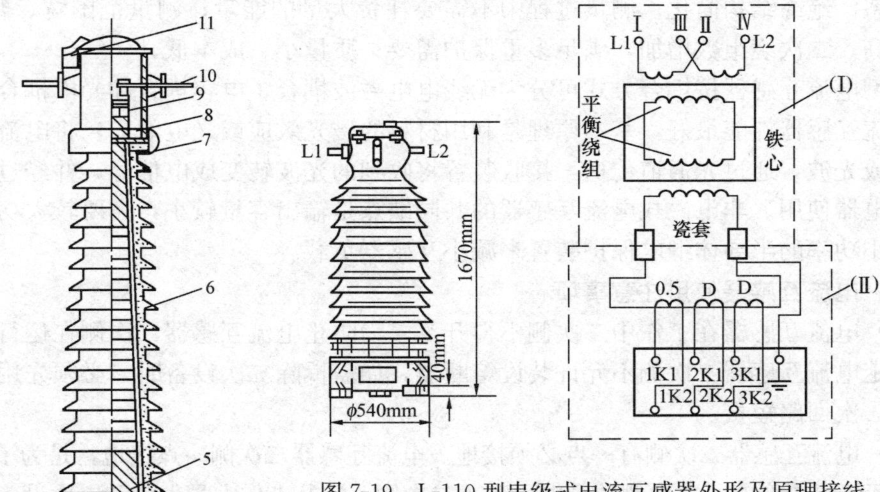

图 7-19 L-110 型串级式电流互感器外形及原理接线

图 7-18 LCLWD3-220 型户外瓷箱式电容型绝缘电流互感器结构

1—油箱；2—二次接线盒；3—环形铁心及二次绕组；4—压圈式卡接装置；5——次绕组；6—瓷套管；7—均压护罩；8—储油箱；9——次绕组切换装置；10——次接线端子；11—呼吸器

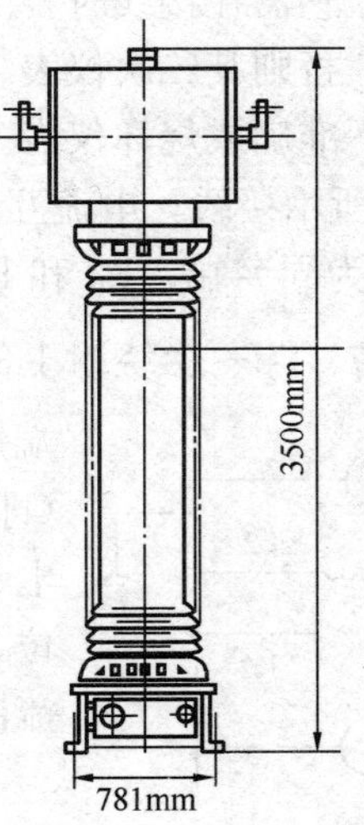

图 7-20 LVQB-220 型电流互感器外形

SF_6 气体绝缘电流互感器有 SAS、LVQB 系列等，电压为 110kV 及以上。LVQB-220 型 SF_6 气体绝缘电流互感器外形如图7-20所示，由壳体、器身（一、二次绕组）、瓷套和底座组成。互感器器身固定在壳体内，置于顶部；二次绕组用绝缘件固定在壳体上，一、二次绕组间用 SF_6 气体绝缘；壳体上方设有压力释放装置，底座有 SF_6 压力表、密度继电器和充气阀、二次接线盒。

在这种互感器中气体压力一般选择 0.3～0.35MPa，要求其壳体和瓷套都能承受较高的压力。壳体用强度较高的钢板焊接制造。瓷套采用高强瓷制造，也有采用环氧玻璃钢筒与硅橡胶制成的复合绝缘子作为 SF_6 互感器外绝缘筒。

4. 新型电流互感器简介

随着输电电压的提高，电磁式电流互感器的结构越来越复杂和笨重，成本也相应增加，需要研制新型的高压和超高压电流互感器。要求新型电流互感器的高、低压之间没有直接的电磁联系，绝缘结构简化；测量过程中不需要耗费大量的能量；测量范围宽、暂态响应快、准确度高；二次绕组数增加，满足多重保护需要；质量小、成本低。

新型电流互感器按耦合方式可分为无线电电磁波耦合、电容耦合和光电耦合式。其中光电式电流互感器性能最好，基本原理是利用材料的磁光效应或光电效应，将电流的变化转换成激光或光波，通过光通道传送，接收装置将收到的光波转变成电信号，并经过放大后供仪表和继电器使用。非电磁式电流互感器的共同缺点是输出容量较小，需要较大功率的放大器或采用小功率的半导体继电保护装置来减小互感器负载。

六、电流互感器使用注意事项

（1）电流互感器在工作中二次侧不得开路。为防止电流互感器二次侧在运行和试验中开路，规定电流互感器二次侧不允许装设熔断器，如需拆除二次设备时，必须先用导线或短路压板将二次回路短接。

（2）电流互感器二次侧有一点必须接地。电流互感器二次侧一点接地，是为了防止一、二次绕组间绝缘击穿时，一次侧的高电压窜入二次侧，危及工作人员人身和二次设备的安全。

（3）电流互感器在接线时要注意其端子的极性。在安装和使用电流互感器时，一定要注意端子的极性，否则其二次仪表、继电器中流过的电流就不是预期的电流，可能引起保护的误动作、测量不准确或烧坏仪表。

如图 7-21 所示接线，电流互感器的一次绕组端子标以 L1、L2，二次绕组端子标以 K1、K2，L1 和 K1 为同名端，L2 和 K2 也为同名端，同名端在同一瞬间的极性相同，即同时为高电位和低电位。当一次绕组上的电压为$\dot{U}_1$，二次绕组感应电压为$\dot{U}_2$，这时如将一对同名端短接，则在另一对同名端间测出来的电压为 $\Delta\dot{U}=\dot{U}_1-\dot{U}_2$（即“减极性”号法）。由于电流互感器二次绕组电流为感应电动势产生的电流，电流在绕组中的方向应从低电位到高电位，所以一次电流为从 L1 流向 L2 时，二次电流则为从 K2 流向 K1。

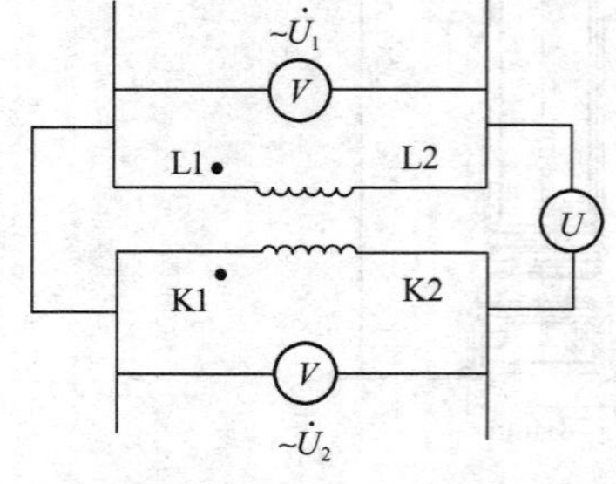

图 7-21　互感器同名端的判别

$\dot{U}_1$—输入电压；$\dot{U}_2$—输出电压

（4）电流互感器必须保证一定的准确度，才能保证测量精确和保护装置正确地动作。电流互感器的负载阻抗不得大于与准确度等级相对应的额定阻抗。因为若负载阻抗过大，则电流互感器的准确度不能满足要求。电流互感器一次侧的额定电流应小于或等于一次回路的负载电流，且不宜小得太多，否则，电流互感器的准确度也不能满足要求。

第三节 电压互感器

一、电压互感器的特点

电磁式电压互感器用于电压为380V及以上的交流装置中。其特点如下：

(1) 电压互感器一次绕组匝数较多，二次绕组匝数较少，使用时一次绕组与被测量电路并联，二次绕组与测量仪表或继电器等电压线圈并联。

(2) 由于测量仪表、继电器等电压线圈的阻抗很大，电压互感器在正常运行时二次绕组中的电流很小，一、二次绕组中的漏阻抗压降都很小。因此，它相当于一个空载运行的降压变压器，其二次电压基本上等于二次电动势值，且取决于一次侧的电压值，所以电压互感器在准确度所允许的负载范围内，能够精确地测量一次电压。

(3) 二次侧负荷阻抗较大，且比较稳定，正常情况下二次电流很小，电压互感器近于开路状态运行，容量较小，要求有较高的安全系数。

二、电压互感器的种类和型号

1. 电压互感器的种类

(1) 按安装地点可以分为户内式和户外式两种。35kV电压等级以下一般为户内式；35kV及以上电压等级一般制成户外式。

(2) 按绝缘方式可以分为干式、浇注式、油浸式和气体绝缘式等几种。干式多用于低压；浇注式用于3～35kV；油浸式多用于35kV及以上电压等级。

(3) 按绕组数可以分为双绕组、三绕组和四绕组式三种。三绕组式电压互感器有两个二次绕组，一个为基本二次绕组，另一个为辅助二次绕组。辅助二次绕组供绝缘监察或单相接地保护用。

(4) 按相数可以分为单相式和三相式两种。一般20kV以下制成三相式，35kV及以上均制成单相式。

(5) 按结构原理分为电磁式和电容式两种。电磁式又可分为单级式和串级式。在我国，电压35kV以下时均用单级式；电压63kV以上时为串级式；在电压为110～220kV范围内，采用串级式或电容式；电压330kV以上时只生产电容式。

2. 电压互感器的型号

电压互感器的型号用汉语拼音字母表示，包括产品型号符号和设计序号，短横线后为电压等级（kV）。电压互感器的型号如下所示，型号中各字母含义见表7-4。

[1] [2] [3] [4] [5]—[6]

[1]：产品名称；

[2]：相数；

[3]：绝缘形式；

[4]：结构形式；

[5]：设计序号；

[6]：额定电压（kV）。

表 7-4　　电压互感器型号中各字母含义

型号名称	表示字母	字母含义	型号名称	表示字母	字母含义
用途	J	电压互感器	结构形式及用途	X	带剩余（零序）绕组
相数	D	单相		B	三柱带补偿绕组式
	S	三相		W	五柱三绕组
绝缘形式	J	油浸式			
	G	空气（干式）		C	串级式带剩余（零序）绕组
	Z	浇注成型固体		F	测量和保护分开的二次绕组
	Q	气体	油保护方式	N	不带金属膨胀器
	C	瓷绝缘			
	R	电容分压式			

例：JDZ6-10，表示第 6 次改型设计、浇注绝缘、单相、10kV 电压互感器。

三、电压互感器的技术参数

（1）额定一次电压：作为电压互感器性能基准的一次电压值。供三相系统相间连接的单相电压互感器，其额定一次电压应为国家标准额定线电压；对于接在三相系统相与地间的单相电压互感器，其额定一次电压应为上述值的 $1/\sqrt{3}$，即相电压。

（2）额定二次电压：额定二次电压按互感器使用场合的实际情况来选择，标准值为 100V；供三相系统中相与地之间用的单相互感器，当其额定一次电压为某一数值除以$\sqrt{3}$时，额定二次电压必须除以$\sqrt{3}$，以保持额定电压比不变。

接成开口三角形的辅助二次绕组额定电压：用于中性点有效接地系统的互感器，其辅助二次绕组额定电压为 100V；用于中性点非有效接地系统的互感器，其辅助二次绕组额定电压为 100V 或 100V/3。

（3）额定变比：电压互感器的额定变比是指一、二次绕组额定电压之比，也称额定电压比或额定互感比，用 K_u 表示。

（4）额定容量：电压互感器的额定容量是指对应于最高准确度等级时的容量。电压互感器在此负载容量下工作时，所产生的误差不会超过这一准确度等级所规定的允许值。

额定容量通常以视在功率的伏·安值表示。标准值最小为 10VA，最大为 500VA，共有 13 个标推值，负荷的功率因数为 0.8（滞后）。

（5）额定二次负载：保证准确度等级为最高时，电压互感器二次回路所允许接带的阻抗值。

（6）额定电压因数：互感器在规定时间内仍能满足热性能和准确度等级要求的最高一次电压与额定一次电压的比值。

（7）电压互感器的准确度等级：电压互感器的准确度等级就是指在规定的一次电压和二次负载变化范围内，负载的功率因数为额定值时，电压误差的最大值。测量用电压互感器的准确度等级有 0.1、0.2、0.5、1，3 级，保护用电压互感器的准确度等级规定有 3P 和 6P 两种。电压互感器的准确度等级和误差限值列于表 7-5。

电压互感器应能准确地将一次电压变换为二次电压，才能保证测量精确和保护装置正确动作，因此电压互感器必须保证一定的准确度。如果电压互感器的二次负载超过规定值，则二次电压就会降低，其结果是不能保证准确的，使得测量误差增大。

表 7-5　　电压互感器的准确度等级和误差限值

准确度等级	误差限值		一次电压变化范围	二次电压、功率因数、频率变化范围
	电压误差（±%）	相位误差（′）		
0.1	0.1	3	$0.8\sim1.2U_{N1}$	在额定频率下，二次负载在额定值的25%～100%范围内，功率因数为0.8
0.2	0.2	10		
0.5	0.5	20		
1.0	1.0	40		
3.0	3.0	无规定		
3P	3.0	120	$0.05\sim1U_{N1}$	
6P	6.0	240		

四、电压互感器的接线方式

电压互感器在三相电路中有如图 7-22 所示的几种常见的接线方式。

（1）单相电压互感器的接线：如图 7-22（a）所示，这种接线可以测量某两相之间的线电压，主要用于 35kV 及以下的中性点非直接接地电网中，用来连接电压表、频率表及电压继电器等，为安全起见，二次绕组有一端（通常取 x 端）接地；单相接线也可用在中性点有效接地系统中测量相对地电压，主要用于 110kV 及以上中性点直接接地电网。

（2）V_V 接线：V_V 接线又称不完全星形接线，如图 7-22（b）所示。它可以用来测量三个线电压，供仪表、继电器接于三相三线制电路的各个线电压，主要应用于 20kV 及以下中性点不接地或经消弧线圈接地的电网中。它的优点是接线简单、经济，广泛用于工厂供配电所高压配电装置中。它的缺点是不能测量相电压。

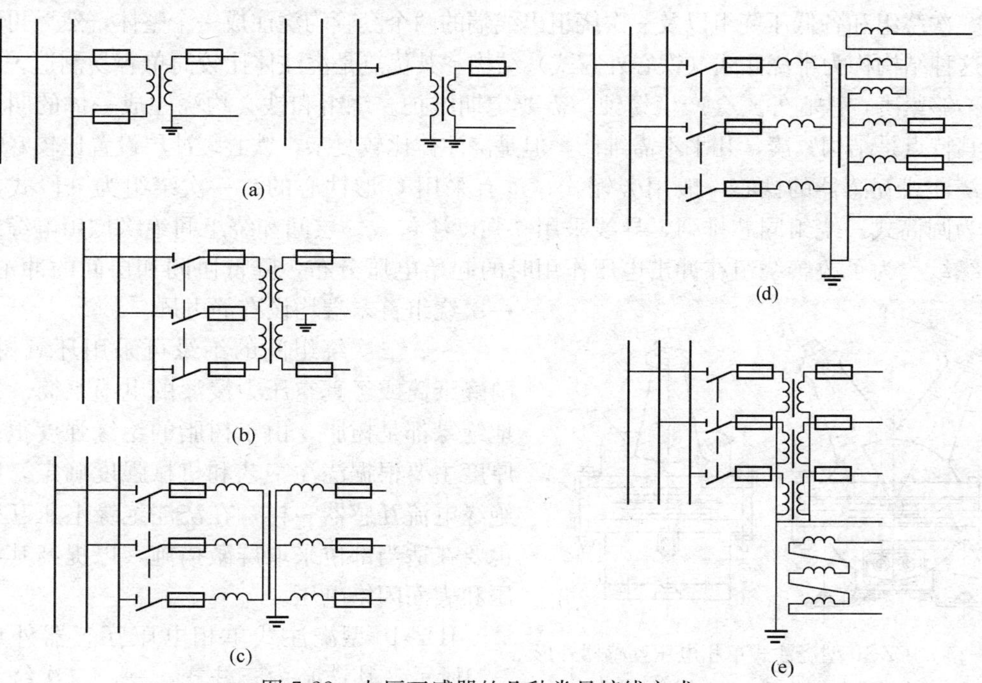

图 7-22　电压互感器的几种常见接线方式

（a）单相接线；（b）V_v 接线；（c）Yyn 接线；（d）YNynV 接线；（e）YNynd 接线

(3) 一台三相三柱式电压互感器 Yyn 接线：如图 7-22 (c) 所示，用于测量线电压。由于其一次绕组不能引出，不能用来监视电网对地绝缘，也不允许用来测量相对地电压。其原因是当中性点非直接接地电网发生单相接地故障时，非故障相对地电压升高，造成三相对地电压不平衡，在铁心柱中产生零序磁通，由于零序磁通通过空气间隙和互感器外壳构成通路，所以磁阻大，零序励磁电流很大，造成电压互感器铁心过热甚至烧坏。

(4) 一台三相五柱式电压互感器的 YNynV 接线：如图 7-22 (d) 所示。这种接线方式中互感器的一次绕组、基本二次绕组均接成星形，且中性点接地，辅助二次绕组接成开口三角形。它既能测量线电压和相电压，又可以用作绝缘监察装置，广泛应用于小接地电流电网中。当系统发生单相接地故障时，三相五柱式电压互感器内产生的零序磁通可以通过两边的辅助铁心柱构成回路，由于辅助铁心柱的磁阻小，因此零序励磁电流也很小，不会烧毁互感器。

(5) 三个单相三绕组电压互感器接成的 YNynd 接线：如图 7-22 (e) 所示，这种接线方式主要应用于 3kV 及以上电网中，用于测量线电压、相电压和零序电压。当系统发生单相接地故障时，各相零序磁通以各自的互感器铁心构成回路，对互感器本身不够成威胁。这种接线方式的辅助二次绕组也接成开口三角形：对于 3～60kV 中性点非直接接地电网，其相电压为 100/3V；对中性点直接接地电网，其相电压为 100V。

五、电压互感器的结构类型

电压互感器形式很多，其结构与变压器有很多相同之处，主要由一次绕组、二次绕组、铁心、绝缘等几部分组成。

1. 浇注式电压互感器

浇注式结构紧凑、维护简单，适用于 3～35kV 的户内产品，随着户外用树脂的发展，亦将逐渐在大于 35kV 户外产品上采用。

一次绕组和各低压绕组以及一次绕组出线端的两个套管均浇注成一个整体，然后再装配铁心，这种结构称为半浇注式（铁心外露式）结构。其优点是浇注体比较简单容易制造；缺点是结构不够紧凑，铁心外露会产生锈蚀，需要定期维护。绕组和铁心均浇注成一体的叫全浇注式，其特点是结构紧凑，几乎不需维修，但是浇注体比较复杂，铁心缓冲层设置比较麻烦。

浇注式互感器的铁心一般用旁轭式，也有采用 C 形铁心的。一次绕组为分段式，低压绕组为圆筒式；绕组同芯排列，导线采用高强度漆包线。层间和绕组间绝缘均用电缆纸或复合绝缘纸。为了改善绕组在冲击电压作用时的起始电压分布，降低匝间和层间的冲击强度，一次绕组首末端均设有静电屏。

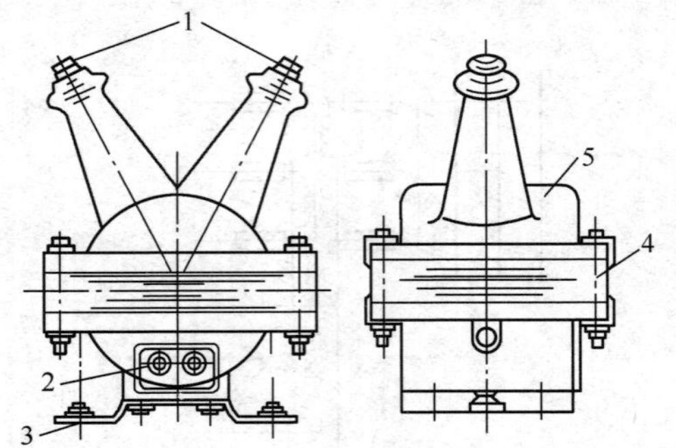

图 7-23 JDZ-10 型浇注式单相电压互感器外形
1—一次绕组引出端；2—二次绕组引出端；
3—接地螺栓；4—铁心；5—浇注体

一、二次绕组间的绝缘可采用环氧树脂筒、酚醛纸筒或经真空压力浸漆的电缆纸筒。绕组对地绝缘都是树脂。由于树脂的绝缘强度很高，其厚度主要根据浇注工艺和机械强度确定。同浇注绝缘电流互感器一样，在浇注绝缘电压互感器中也要在适当部位采取屏蔽措施，以提高其游离电压和表面闪络电压。

JDZ-10 型浇注式单相电压互感器外形如图 7-23所示。其铁心为三柱式，一、二次绕组为同心圆筒式，连同引出线用环氧树脂浇注成型，并固定在底版上；铁心外露，由经热处理的冷轧硅钢片取向叠装而成，为半封闭式结构。这种互感器以电瓷、环氧树脂及特殊绝缘材料为主绝缘，箱体内不充油，故不存在渗漏问题，减少了维护工作量。该型互感器的内芯采用新型绝缘方式，提高了产品的绝缘性能，并消除了老产品漏油、渗油等缺点，是一种理想的无油化产品。

2. 油浸式电压互感器

油浸式电压互感器的结构与小型电力变压器很相似，分为普通式和串级式。

（1）JSJW-10 型油浸式三相五柱电压互感器。这种互感器原理及外形如图 7-24 所示。铁心的中间三柱分别套入三相绕组，两边柱作为单相接地时零序磁通的通路；一、二次绕组均为 YN 接线，其余绕组为开口三角形接线。

（2）JCC-220 型串级式电压互感器。JCC-220 型串级式电压互感器的原理接线图如图 7-25 所示，其外形图如图 7-26 所示。互感器的器身由两个铁心（元件）、一次绕组、平衡绕组、连耦绕组及二次绕组构成，装在充满油的瓷箱中；二次绕组构成，装在充满油的瓷箱中；一次绕组由匝数相等的 4 个元件组成，分别套在两个铁心的上、下铁柱上，并按瓷通相加方向顺序串联，接于相与地之间，每个铁心上绕组的中点与铁心相连；二次绕组绕在末级铁心的下铁柱上，连耦绕组的绕向相同，反向对接。

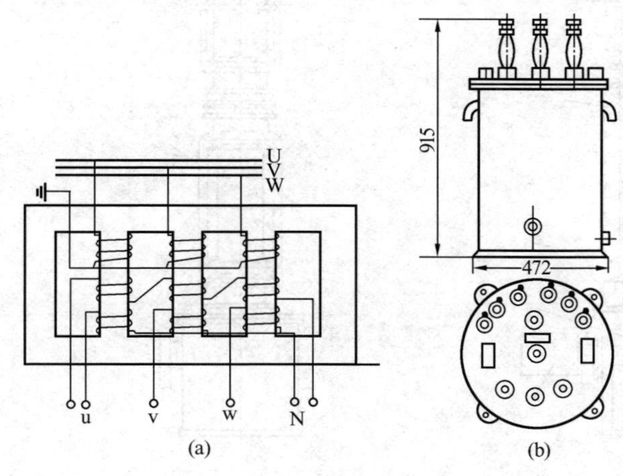

图 7-24　JSJW-10 型油浸式三相五柱电压互感器

（a）原理图；（b）外形图

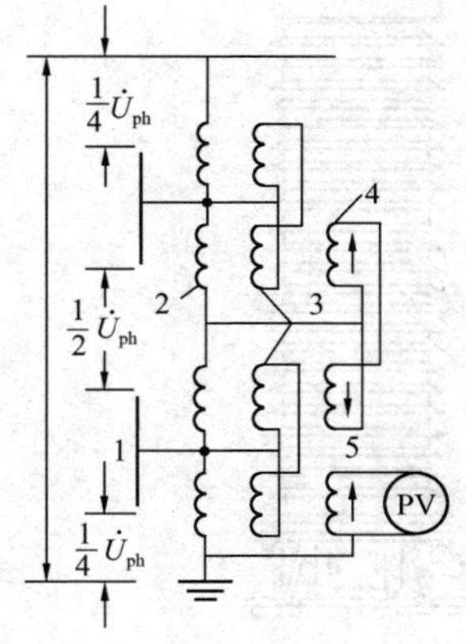

图 7-25　JCC-220 型串级式电压互感器原理

1—铁心；2—一次绕组；3—平衡绕组；4—连耦绕组；5—二次绕组

当二次绕组开路时，各级铁心的磁通相同，一次绕组的电位分布均匀，每个绕组元件边缘线匝对铁心的电位差都是 $U_{ph}/4$（U_{ph}为相电压）；当二次绕组接通负荷时，由于负荷电力的去磁作用，使末级铁心的磁通小于前级铁心的磁通，从而使各元件的感抗不等，电压的分布不均，准确度下降。为避免这一现象，在两铁心相邻的铁心柱上，绕有匝数相等的连耦绕组。这样，当每个铁心的磁通不等时，连耦绕组中出现电动势差，从而出现电压，使磁通较小的铁心增磁，磁通较大的铁心去磁，达到各级铁心的磁通大致相等和各绕组元件电压分布均匀的目的。因此，这种串级式结构的每个绕组元件对铁心的绝缘只需按 $U_{ph}/4$ 设计，比普通式（需按 U_{ph}设计）大大节约绝缘材料和降低造价。在同一铁心的上、下柱上还有平衡绕组，借平衡绕组内的电流，使两柱上的安匝数分别平衡。

3. SF_6 气体绝缘电压互感器

SF_6 电压互感器有两种结构形式，一种是为 GIS 配套使用的组合式，另一种为独立式。独立式电压互感器增加了高压引出线部分，包括一次绕组高压引线、高压瓷套及其夹持件等，如图 7-27 所示。SF_6 电压互感器的器身由一次绕组、二次绕组、剩余电压绕组和铁心组成，绕组层绝缘采用聚脂薄膜。一次绕组除在出线端有静电屏外，在超高压产品中，一次绕组的中部还设有中间屏蔽电极。铁心内侧设有屏蔽电极以改善绕组与铁心间的电场。

一次绕组高压引线有两种结构：一种是短尾电容式套管；另一种是用光导杆做引线，在引线的上下端设屏蔽筒以改善端部电场。下部外壳与高压瓷套可以是统仓结构或隔仓结构。统仓结构是外壳与高压瓷套相通，SF_6 气体从一个充气阀进入后即可充满产品内部，吸附剂和防爆片只需一套。隔仓结构是在外壳顶部装有绝缘子，绝缘子把外壳和高压瓷套隔离开，使气体互不相通，所以需装设两套吸附剂及防爆片，以及其他附设装置，如充气阀、压力表等。

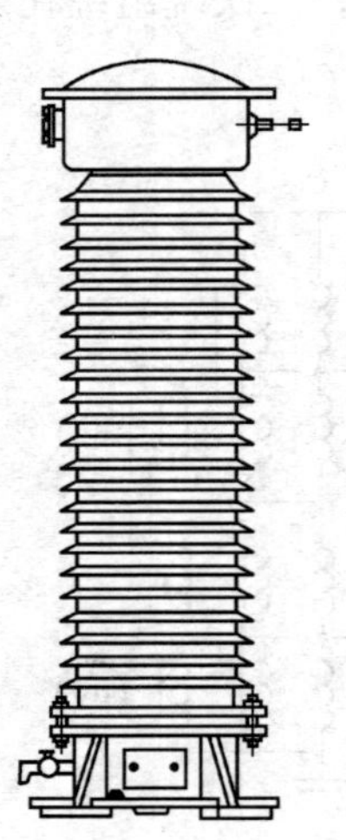

图 7-26 JCC-220 型串级式电压互感器外形

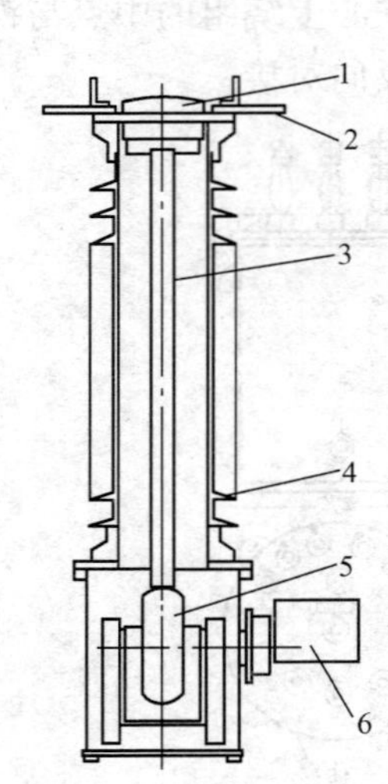

图 7-27 SF_6 独立式电压互感器
1—防爆片；2—一次出线端子；3—高压引线；4—瓷套；5—器身；6—二次出线

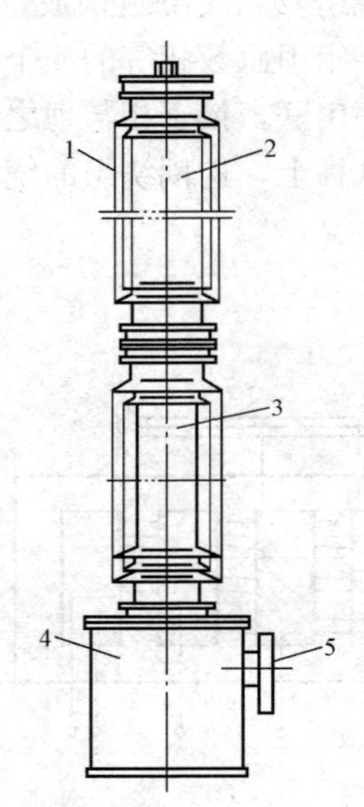

图 7-28 TYD-220 系列单柱叠装型电容式电压互感器结构
1—瓷套管；2—上节电容分压器；3—下节电容分压器；4—电磁单元装置；5—二次接线盒

4. 电容式电压互感器

电容式电压互感器结构简单、质量轻、体积小、成本低，而且电压越高效果越显著，此外，分压电容还可以兼作为载波通信的耦合电容，广泛应用于 110～500kV 中性点直接接地系统中，作电压测量、功率测量、继电保护及载波通信用。其缺点是输出容量小，误差较大时暂态特性不如电磁式电压互感器。

(1) TYD-220 系列单柱叠装型电容式电压互感器。这种电压互感器结构如图 7-28 所示。电容分压器由上、下节串联组合而成，装在瓷套管中，瓷套管内充满绝缘油；电磁单元装置由装在同一油箱中的中压互感器、补偿电抗器、保护间隙和阻尼器组成，阻尼器由多只釉质线绕电阻并联而成，油箱同时作为互感器的底座；二次接线盒在电磁单元装置侧面，盒内有二次端子接线板及接线标牌。

（2）CCV 系列叠装型电容式电压互感器。其结构图如图 7-29 所示。电容器由高纯度纤维纸和铝膜卷制而成，经真空、加热、干燥后装入瓷套内，浸入绝缘油中。互感器最上部有一个由铝合金制成的帽盖，上有阻波器的安装孔，圆柱状（或扁板状）电压连接端也直接安置于帽盖的顶部；帽盖内含有一个腰鼓形膨胀膜盒，膜盒把内部绝缘油与外界隔绝开来，也可通过其来补偿随温度变化的油的容积；侧面设有油位指示器，可观察油面的变化。

（3）TYD-220 系列分装型电容式电压互感器。这种互感器结构图如图 7-30 所示。互感器的电容分压器、电磁装置及阻尼电阻器装置分开安装，其中电容分压器和电磁装置装于户外，阻尼电阻器装在散热良好的金属外壳内并装于户内。

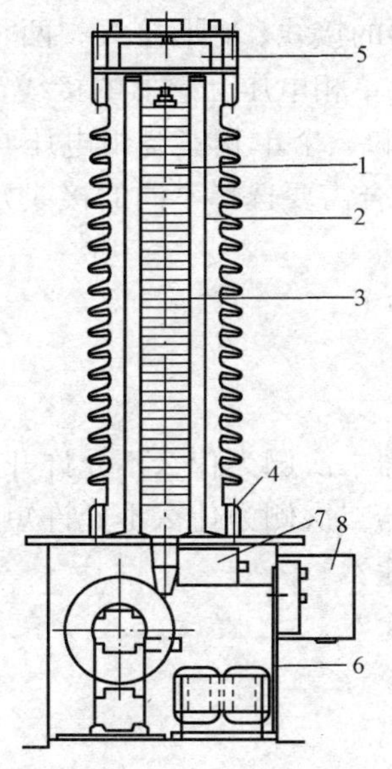

图 7-29 CCV 系列叠装型电容式电压互感器结构

1—电容器；2—瓷套管；3—绝缘油；4—密封件；5—膜盒；6—密封金属箱；7—阻尼器；8—二次接线盒

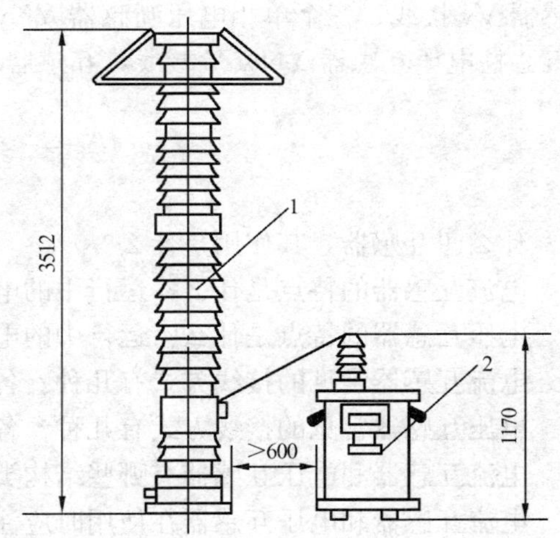

图 7-30 TYD220 系列分装型电容式电压互感器结构

1—瓷套管及电容分压器；2—电压互感器及补偿电抗器

六、电压互感器使用注意事项

（1）电压互感器二次侧不得短路。因为电压互感器一次绕组是与被测电路并联接于高压电网中，二次绕组匝数少、阻抗小，如发生短路，将产生很大的短路电流，有可能烧坏电压互感器，甚至影响一次电路的安全运行，所以电压互感器的一、二次侧都应装设熔断器。

（2）电压互感器铁心及二次绕组一端必须接地。电压互感器铁心及二次绕组接地的目的是，为了防止一、二次绕组绝缘被击穿时，一次侧的高电压窜入二次侧危及工作人员人身和二次设备的安全。

（3）电压互感器在接线时要注意端子极性的正确。所谓极性就是指一、二次绕组感应电动势之间的相位关系。接线时，应保证一、二次绕组的首尾标号及同名端的正确。

（4）电压互感器的负载容量应不大于准确度等级相对应的额定容量。若负载过大，则将降低电压互感器的准确度。

本 章 小 结

互感器是一种变换交流电压和电流的电气设备，主要有电压互感器和电流互感器两大类，电磁式互感器采用电磁感应原理，电容式电压互感器采用电容分压原理。电压互感器将高电压转换为低电压，一次绕组与被测量电路并联，二次绕组与测量仪表或继电器等电压线圈并联。

电流互感器将大电流变换为小电流，其一次绕组串联在被测电路中，二次绕组匝数较多，与测量仪表和继电器等电流线圈串联使用。

电流互感器常见的接线方式有四种：单相电压互感器的接线、V形接线、两相电流差接线和三相星形接线。电压互感器的接线方式也分为四种：单相电压互感器的接线、两个单相电压互感器 Vv 接线、三个单相电压互感器 YNyn0 接线和三个单相三绕组电压互感器或一个三相五心柱电压互感器 YNynV 接线，互感器在不同场合需要选择不同的接线方式。

思 考 练 习

7-1 什么叫互感器，其作用是什么？

7-2 电流互感器的特点是什么？运行中的电流互感器二次侧为什么不允许开路？

7-3 电压互感器的特点是什么？运行中的电压互感器二次侧为什么不允许短路？

7-4 电流互感器常见的接线方式有几种？各有何用途？

7-5 电压互感器常见的接线方式有几种？各有何用途？

7-6 电流互感器和电压互感器有哪些结构类型呢？

7-7 电流互感器和电压互感器在使用时应注意什么？

7-8 互感器的二次绕组在使用时为什么必须接地？

第八章　母线、电力电缆及绝缘子

本章介绍发电厂和变电站电气装置中常用的母线、电缆和绝缘子的作用、种类及特点，并简要介绍有关安装和维护的基本知识。

第一节　母　　线

一、母线的作用

在发电厂和变电站的各级电压配电装置中，将发电机、变压器等大型电气设备与各种电器装置之间连接的导体称为母线。母线的作用是汇集、分配和传送电能。母线是构成电气主接线的主要设备，包括一次设备部分的主母线和设备连接线、站用电部分的交流母线、直流系统的直流母线、二次部分的小母线等。

二、母线的结构类型

（一）敞露母线

敞露母线包括软母线和硬母线两大类。按其使用的材料和采用的形状有以下几种类型。

1. 按母线的使用材料分类

（1）铜母线。铜具有导电率高、机械强度高、耐腐蚀等优点，是最理想的母线材料。但是它在工业上有很多重要用途，而且产量少、价格贵，故除在易腐蚀的地区（如化工厂附近或沿海地区等）外，一般不用铜母线。

（2）铝母线。铝的导电率仅次于铜，且质轻、价廉、产量高，总的来说用铝母线比用铜母线经济。因此目前我国在屋内和屋外配电装置中广泛采用铝母线。

（3）铝合金母线。有铝锰合金和铝镁合金两种，形状均为管形。铝锰合金母线载流量大，但强度较差，采用一定的补强措施后可广泛使用；铝镁合金母线机械强度大，但载流量小，主要缺点是焊接困难，因此使用范围较小。

（4）钢母线。钢的机械强度大，但导电性差，用于交流时产生很强烈的集肤效应，并造成很大的磁滞损耗和涡流损耗。因此，钢母线仅用在高压小容量电路（如电压互感器回路以及小容量厂用、站用变压器的高压侧）、工作电流不大于 200A 的低压电路、直流电路以及接地装置回路中。

2. 按母线的截面形状分类

（1）矩形截面母线。矩形截面母线多采用铝或铜材料，常用在 35kV 及以下、持续工作电流在 4000A 及以下的屋内配电装置中。矩形截面母线的优点是散热条件好，集肤效应小，安装简单，连接方便。矩形截面母线的边长比通常为 1：12～1：5，单条母线的截面积不应大于 $10\times120=1200mm^2$。在相同的截面积下和允许的发热温度下，矩形截面母线要比圆形截面母线的允许工作电流大。当工作电流超过最大截面的单条母线之允许电流时，每相可用两条或三条矩形截面母线固定在支持绝缘子上，每条间的距离应等于一条的厚度，以保证较好的散热。每相矩形截面母线的条数不宜超过三条。

（2）圆形截面母线。矩形截面母线的四角处在电压等级较高时易引起电晕现象，而圆形截面母线不存在电场集中的场所，故为了防止发生电晕，在110kV及以上的户外配电装置中常用圆形截面母线。

（3）槽形截面母线。槽形截面母线的电流分布均匀，与同截面的矩形截面母线相比，具有集肤效应小、冷却条件好、金属材料的利用率高、机械强度高等优点。当母线的工作电流很大，每相需要三条以上的矩形截面母线才能满足要求时，一般采用槽形截面母线。槽形截面母线常用在35kV及以下，持续工作电流在4000～8000A的配电装置中。

（4）管形截面母线。管形截面母线一般采用铝或铝合金材料。管形截面母线是空心导体，集肤效应小，电晕放电电压高，机械强度高，散热条件好，多用在110kV及以上、持续工作电流在8000A以上的配电装置中。

（5）绞线圆形软母线。常用的绞线圆形软母线有钢芯铝绞线、组合导线。钢芯铝绞线由多股铝线绕在单股或多股钢线的外层构成，一般用于35kV及以上屋外配电装置。组合导线由多根铝绞线固定在套环上组合而成，用于发电机与屋内配电装置或屋外主变压器之间的连接。

（二）封闭母线

随着电力技术的提高及电力网的发展，大容量机组被大量使用。这些大容量机组的输出电流值比较大，母线电动力和母线周围钢架的发热大大增加。同时发电机与变压器连接母线采用敞露式母线时，绝缘子表面容易被灰尘弄污秽，尤其是母线布置在屋外时，由于气候的剧烈变化及污秽更严重，很易造成绝缘子闪络及由外物造成的母线短路故障。而且由于大容量机组的使用，电力系统对母线的运行可靠性提出了更高的要求，目前一般采用封闭母线，即用外壳将母线封闭起来，来满足这些要求。

1. 封闭母线的结构类型

（1）按外壳材料分：可分为塑料外壳和金属外壳。

（2）按外壳与母线间的结构形式分：可分为不隔相式、隔相式和分相封闭式。

1）不隔相式封闭母线，其三相母线设在没有相间隔板的公共外壳内，称为共箱封闭母线。不隔相式封闭母线只能防止绝缘子免受污染和外物所造成的母线短路，而不能消除发生相间短路的可能性，也不能减少相间电动力和钢构的发热。

2）隔相式封闭母线，其三相母线设在相间有金属（或绝缘）隔板的金属外壳之内，也属于共箱封闭母线。隔相式封闭母线可较好地防止相间故障，在一定程度上减少母线电动力和周围钢构的发热，但是仍然可能发生因单相接地而烧穿相间隔板造成相间短路的故障，因此可靠性还不是很高，一般共箱封闭母线只用于母线容量较小的情况。

3）分相封闭式母线，每相导体分别用单独的铝制圆形外壳封闭。根据金属外壳各段的连接方法，又可分为分段绝缘式和全连式两种。

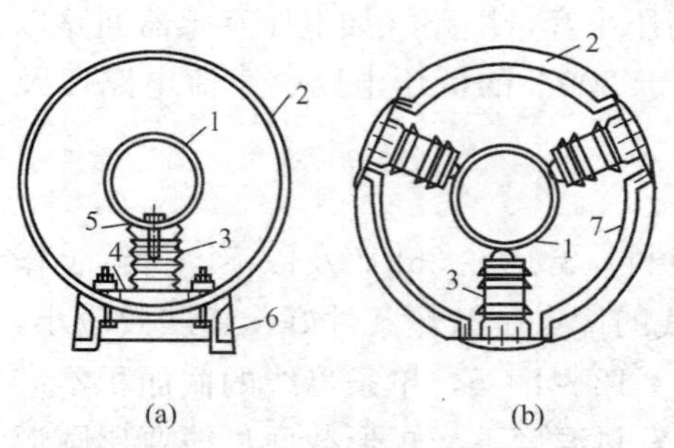

图8-1 封闭母线断面

（a）单个柱绝缘子；（b）三个支柱绝缘子

1—载流导体；2—保护外壳；3—支柱绝缘子；4—弹性板；5—垫圈；6—底座；7—加强圈

2. 全连式分相封闭母线的基本结构

全连式分相封闭式母线主要由载流导体、支柱绝缘子、保护外壳、金具、密封隔断装置、伸缩补偿装置、短路板、外壳支持件等构成，如图8-1所示：

（1）载流导体。一般用铝制成，采用空心结构以减小集肤效应。当电流很大时，还可采用水内冷圆管母线。

（2）支柱绝缘子。采用多棱边式结构以加长漏电距离，每个支持点可采用1～4个支柱绝缘子。一般分相封闭母线都采用3个支柱绝缘子的结构。3个支柱绝缘子的结构具有受力好、安装检修方便、可采用轻型绝缘子等优点。

（3）保护外壳。由5～8mm的铝板制成圆管形，在外壳上设置检修孔与观察孔。

封闭母线在一定长度范围内，设置有焊接的伸缩补偿装置，母线导体采用多层薄铝片作成的收缩节与两端母线搭焊连接，外壳采用多层铝制波纹管与两端外壳搭焊连接。

封闭母线与设备连接处适当部位设置螺接伸缩补偿装置，母线导体与设备端子导电接触面皆采用真空离子镀银，其间用带接头的编织线铜辫作为伸缩节，外壳用橡胶伸缩套连接，同时起到密封的作用。

封闭母线靠近发电机端及主变压器接线端和厂用高压变压器接线端，采用大口径绝缘板作为密封隔断装置，并用橡胶圈密封，以保证区内的密封维持微正压运行的需要。

封闭母线除与发电机、主变压器、厂用变压器、电压互感器柜等连接外，还设有外壳短路板，并装设可靠的接地装置。

3. 全连式分相封闭母线的特点

全连式分相封闭母线一般采用氩气弧焊把分段的外壳焊成连续导体，三相外壳在两端用足够截面的铝板焊接起来并接地。由于三相外壳短接，而且铝壳电阻很小，所以外壳上感应产生与母线电流大小相近而方向相反的环流，由于环流的屏蔽作用，使壳外磁场减小到敞露母线的10%以下，因此壳外钢构发热可忽略不计。当母线通过三相短路电流时，由一相电流产生的磁场，经其外壳环流屏蔽削弱后所剩余的磁场，再进入别相外壳时，还将受到该相外壳涡流的屏蔽作用，使进入壳内磁场明显减弱。由于先后二次屏蔽的结果，进入壳内磁场非常小，故作用于该相母线电动力大大减少，一般可减小到敞露母线电动力的1/4左右。同时，各壳间电动力也减小很多。

由以上分析看出，采用分相封闭母线后，短路时母线间产生的电动力以及母线四周构架的发热都能起到明显的降低改善作用。

全连式分相封闭母线与敞露式相比有以下优点：

（1）运行安全、可靠性高。各相的外壳相互分开，母线封闭于外壳中，不受自然环境和外物的影响，能防止相间短路，同时外壳多点接地，保证了人员接触外壳的安全。

（2）由于外壳环流和涡流的屏蔽作用，使壳内磁场强度减弱，从而使短路时母线之间的电动力大为减小，可加大绝缘子间的跨距。

（3）外壳环流的屏蔽作用也使壳外磁场强度减弱，显著减小了母线附近钢构中的损耗和发热。

（4）由于母线和外壳可兼作强迫冷却的管道，因此母线的载流量可做到很大。

全连式分相封闭母线的主要缺点是：

（1）有色金属消耗量约增加1倍。

（2）外壳产生损耗，母线功率损耗约增加1倍。

（3）母线导体的散热条件较差时，相同截面母线载流量减小。

由于以上优点，全连式封闭母线被广泛地采用在大容量机组上。目前对于单机容量在

200MW以上的大型发电机组，发电机与变压器之间的连接线以及厂用电源和电压互感器等分支线，均采用全连式分相封闭母线。

（三）绝缘母线

绝缘母线是变电站及发电厂厂用变电站内裸母线、电缆的最佳替代品，最适用于紧凑型变电站、地下变电站及地铁用变电站，可减少占地面积、运行可靠。绝缘母线由导体、环氧树脂渍纸绝缘、地屏、端屏、端部法兰和接线端子构成。

绝缘母线的主要优点是：

（1）绝缘母线是全绝缘的，所以相间距不受电压等级的限制，只取决于安装尺寸，相间距大大减小，且运行可靠。

（2）单根绝缘母线可根据通过的电流的大小设计，可满足任何电流的要求，避免了电流较大时使用多根电缆并用所带来的电流不平衡问题。

（3）绝缘母线绝缘层的无模具浇注故意使得母线的形状尺寸可根据需要做随意调整，满足各种需要。

（4）绝缘母线连接装置的使用使得绝缘母线的安装非常灵活，可根据不同的空间位置、安装尺寸做随意分段组合，同时还可弥补由于某种原因造成的安装尺寸上的一些偏差。

三、母线的安装和维护

1. 母线的加工和制作

（1）硬母线的校直。硬母线使用前应检查母线表面是否光洁平整，不应有裂纹、变形和扭曲现象。母线若有一定程度的弯曲和扭曲，需进行校直。一般采用人工校直。

（2）母线的下料。硬母线的具体尺寸一般根据现场的情况来确定。下料方法可以是手工或机械，手工下料采用钢锯，机械下料可用锯床、电动剪冲机等。下料时母线要留有适当的裕度。

软母线施工要求满足设计规定的弧垂值，并使三相母线的最低点在同一水平。当母线下方有剪刀式隔离开关时要求更加严格。所以软母线长度必须经过实际测量并精确计算。

软母线在切割导线时端头应加以绑扎，切断端面应整齐、无毛刺，并与线股垂直。使用砂轮切割机切割时，导线应在砂轮切割台夹具上夹紧。

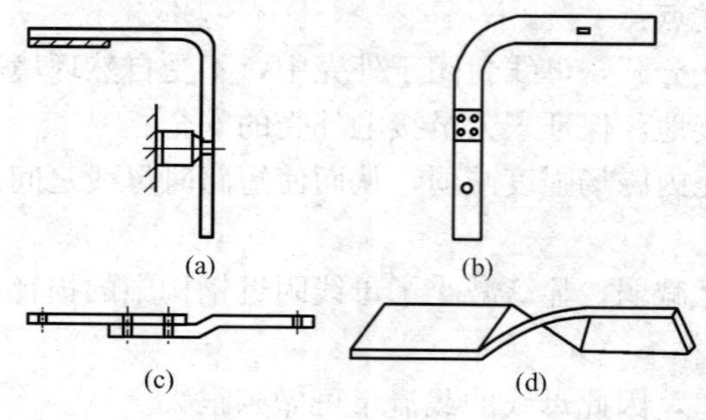

图8-2 硬母线的弯曲加工形状

（a）平弯；（b）立弯；（c）鸭脖弯；（d）扭弯

铝股切割时一般采用手锯，切割时严禁锯伤钢芯。当铝股锯至最内层时只能锯其铝股的2/3处，然后用手将其折断。

（3）硬母线的弯曲。在硬母线的接头和局部地方，常需要将硬母线制成各种形状，主要有平弯、立弯、扭弯和鸭脖弯。如图8-2所示。等差弯两侧平行度偏差最大不得超过3mm。弯曲部分应无裂纹、无明显褶皱。

（4）母线接触面的处理。母线接触面的处理方法有人工和机械两种。在施工现场一般采用手工锉削的处理办法。加工好的接触面用钢丝刷刷去表面的氧化层，再涂上一层电力复合脂。具有镀银层的母线搭接面，不得进行锉磨。

母线接触面加工必须平整、无氧化膜。经加工后其截面允许的减小值：铝母线不应超过原来的5%，铜母线不应超过原来的3%。

2. 母线的布置

母线的散热条件和机械强度与母线的布置方式有关。最为常见的布置方式有两种，即水平布置和垂直布置。

（1）水平布置。水平布置方式如图8-3（a）、（b）所示。三相母线固定在支柱绝缘子上，具有同一高度。各条母线之间既可以竖放，也可以平放。竖放式水平布置的母线散热条件好，母线的额定允许电流较其他放置方式要大，但机械强度不是很好。对于允许载流量要求不大、但机械强度有较高要求的场合，可采用平放式水平布置的结构。

（2）垂直布置。垂直布置方式如图8-3（c）所示。三相母线分层安装，图中母线采用竖放式垂直布置，散热性强，机械强度和绝缘能力都很高，克服了水平布置的不足之处。然而垂直布置增加了配电装置的高度，需要更大的投资。

（3）槽形截面母线布置。槽形截面母线布置方式与矩形截面母线类似，槽形截面母线的每相均由两条组成一个整体，构成所谓的“双槽式”，如图8-4所示，整个断面接近正方形。槽形截面母线均采用竖放式，两条相同母线之间每隔一段距离，用焊接片进行连接，构成一个整体。这种结构形式的母线其机械性能相当强，而且节约金属材料。

（4）软母线的布置。软母线一般为三相水平布置，用绝缘子悬挂。

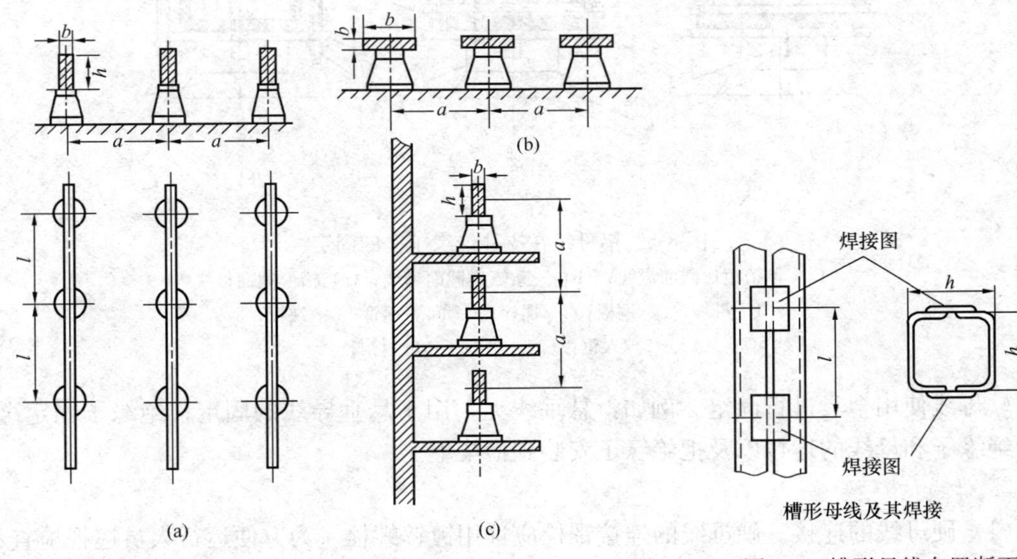

图8-3　母线的布置方式

（a）、（b）水平布置；（c）垂直布置

图8-4　槽形母线布置断面

3. 母线的相序排列要求

各回路的相序排列应一致，要特别注意多段母线的连接、母线与变压器的连接相序应正确。当设计无规定时应符合下列规定：

（1）上、下布置的交流母线，由上到下排列为U、V、W相；直流母线，正极在上，负极在下。

（2）水平布置的交流母线，由盘后向盘面排列U、V、W相；直流母线，正极在后，负极在前。

（3）引下线的交流母线，由左到右排列为U、V、W相；直流母线，正极在左，负极在前右。

4. 母线的固定

母线固定在支柱绝缘子的端帽或设备接线端子上的方法主要有三种：直接用螺栓固定、用螺栓和盖板固定、用母线固定金具固定。单片母线多采用前两种方法，多片母线应采用后一种方法。

母线安装前，首先应把支柱绝缘子安装完毕，如有母线固定金具的，先安装好金具后再安装母线，不应使其所支持的母线受到额外应力。母线与设备接线端子的连接，通常多为套管接线端子，故在紧固螺栓时，矩形母线和槽形母线都是通过衬垫安置在支柱绝缘子上，并利用金具进行固结。图8-5所示为铝母线在支柱绝缘子上的固定。为了减小由于铁损耗引起的发热，在1000A以上的装置中，通常母线金具上边的夹板用非磁性材料铝制成，而其他零件采用镀锌铁。

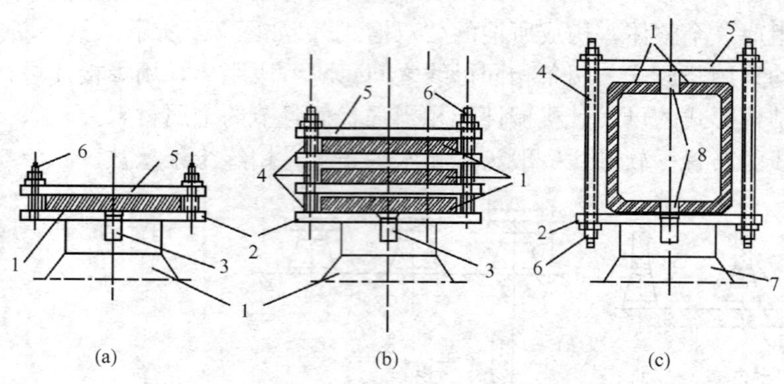

图8-5 铝母线在支柱绝缘子上的固定
（a）单条矩形截面母线；（b）三条矩形截面母线；（c）槽形截面母线
1—母线；2—铜板；3—螺栓；4—间隔钢管；5—铁板；
6—拧入钢板；7—绝缘子；8—撑杆

软母线使用金具进行固定。例如：悬垂线夹，用于悬垂导线的固定；绝缘子固定金具，用于绝缘子和母线的连接以及把绝缘子安装到横梁上。

5. 母线的连接

（1）硬母线的连接。硬母线的连接螺栓应选用镀锌螺栓。为方便运行人员巡视检查和维护，在母线平放时，贯穿螺栓一般由下向上穿，在其他情况下，螺帽置于运行维护侧，螺栓长度宜露出螺母2～3扣。为了使螺栓拧紧后能承受住作用在母线上的压力，在靠近母线的表面上应加装平垫圈，螺母侧应装有弹簧垫圈，这样不仅可以防止螺母松动，而且在母线热胀冷缩时起到缓冲作用，应特别注意，不能使弹簧垫圈直接压接在母线上，以免拧动螺栓时划伤母线。相邻螺栓应有3mm以上的距离，目的是为了避免母线接头紧固螺栓间形成闭合磁路。

多片母线间，应保持不小于母线厚度的间隙，并在两片母线间加装间隔垫，用以防止母线在运行中产生振动，但相邻的间隔垫距离应大于5mm，以免形成闭合磁路。

为防止热胀冷缩时使母线、设备及绝缘子等受到损伤，在施工中应特别注意：用螺栓直接固定母线时，母线上的螺栓孔应做成长圆形；用螺栓和盖板固定母线时，可采用在螺栓上增加垫圈的力法，使盖板和母线之间留出 1～1.5mm 间隙；用母线固定金具固定时，也应通过加垫圈的方法使固定金具和母线之间留出 1～1.5mm 间隙；根据设计的要求，在适当位置安装母线伸缩节，如设计无规定时，宜每隔以下长度设置一个，即铝母线 15～20m、铜母线 20～30m、钢母线 30～50m。母线伸缩节的截面不应小于母线截面的 1.2 倍。

当矩形铝母线长度大于 20m、铜母线或钢母线长度大于 30m 时，母线间应加装伸缩补偿器，如图 8-6 所示。在伸缩补偿器间的母线端开有长圆孔，供温度变化时自由伸缩，螺栓 8 并不拧紧。

补偿器由厚度 0.2～0.5mm 的薄片叠成，其数量应与母线的截面相适应，材料与母线相同。当母线厚度小于 8mm 时，可直接利用母线本身弯曲的办法来解决，图 8-7 所示为母线硬性连接。

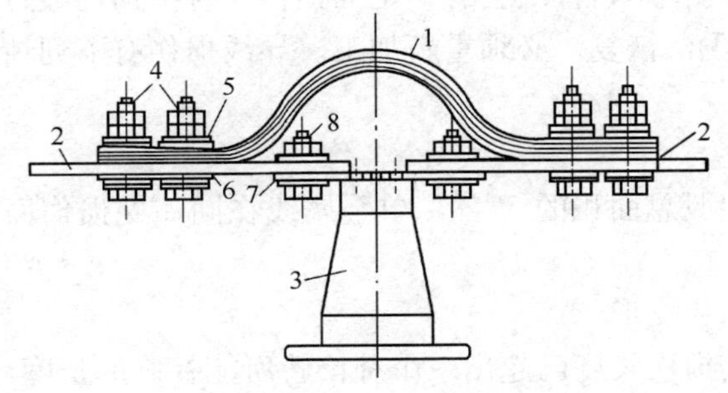

图 8-6　母线伸缩补偿器

1—补偿器；2—母线；3—支柱绝缘子

4，8—螺栓；5—垫圈；6—补垫；7—盖板

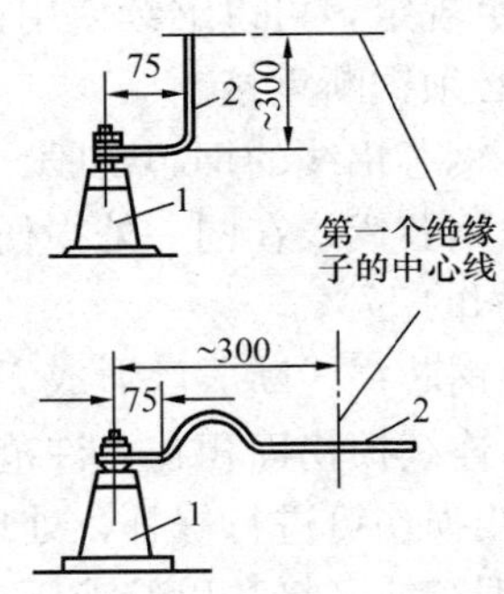

图 8-7　母线硬性连接

(2) 软母线的连接。软母线采用的连接方式有液压压接、螺栓连接、爆破压接等。软母线在连接时，要使用各种金具，常用金具的作用如下。

1) 设备线夹：用于母线或引下线与电气设备的接线端子连接。

2) 耐张线夹：用于高空主母线的挂设。

3) T 形线夹：用于主母线引至电气设备的引下线的连接。

4) 母线连接用金具：包括压接管、并沟线夹。

5) 间隔棒：用于双线的连接和平整。

6. 母线的着色

硬母线安装后，应进行油漆着色，主要是为了便于识别相序、防锈蚀和增加美观、散热能力。母线油漆颜色应符合以下规定：

(1) 三相交流母线：U 相—黄色，V 相—绿色，W 相—红色。

(2) 单相交流母线：从三相母线分支来的应与引出相颜色相同。

(3) 直流母线：正极—赭色，负极—蓝色。

(4) 直流均衡汇流母线及交流中性汇流母线：不接地者—紫色，接地者—紫色带黑色横条。

软母线因受温度影响而伸缩较大以及各股绞线常有相对扭动都会破坏着色层，故不需着色。

7. 母线维护的基本要求

(1) 母线安装完毕后，应把现场清理干净，特别是开关柜主母线内部等隐蔽的地方一定要进行彻底的清理，支持绝缘子擦拭干净，再检测绝缘电阻和进行耐压试验。

(2) 母线在正常运行时，支柱绝缘子和悬式绝缘子应完好无损、无放电现象。软母线弧垂应符合要求，相间距离应符合规程规定，无断股、散股现象。硬母线应平直，不应弯曲，各种电气距离应满足规程要求，母排上的示温蜡片应无融化；连接处应无发热，伸缩应正常。

(3) 母线的检修工作内容包括：清扫母线，检查接头伸缩节及固定情况；检查、清扫绝缘子，测量悬式绝缘子串的零值绝缘子；检查软母线弧垂及电气距离；绝缘子交流耐压试验等。

(4) 软母线经过一段时间的运行后，由于本身质量因素、长期通过负荷电流造成发热、气候条件的影响以及其他外部情况等原因的作用，母线会有一定的损伤。有些损伤经过处理后能满足规定，可以继续使用；有些损伤无法恢复，必须重新加工。导线损伤有下列情况之一者，必须锯断重接。

1) 钢芯铝线的钢芯断股。

2) 钢芯铝线在同一处损伤面积超过铝股总面积的25%，单金属线在同一处损伤面积超过总面积的17%。

3) 钢芯铝线断股已形成无法修复的永久变形。

4) 连续损伤面积在允许范围内，但其损伤长度已超出一个补修管所能补修的长度。

导线损伤可进行修补，处理方法一般有补修管压接法、缠绕法、加分流线法、铜绞线绑接法、铜绞线叉接法以及液压法等。

第二节 电 力 电 缆

一、电力电缆的用途

电力电缆（以下称电缆）线路是传输和分配电能的一种特殊电力线路，它可以直接埋在地下及敷设在电缆沟、电缆隧道中，也可以敷设在水中或海底。与架空线路相比，它具有防潮、防腐、防损伤，不占地面，不占用空中走廊、不妨碍观瞻等优点，基本不受外力和气象条件影响，运行安全、可靠等优点，所以得到广泛应用。特别是在有腐蚀性气体和易燃、易爆的场所及不宜架设架空线路的场所（如城市中），只能敷设电缆线路。但同时电缆线路具有造价高、敷设麻烦、维护检修不便、难于发现和排除故障等缺点，故使用上受到限制。电力电缆主要用于：发电厂、变电站的进出线；跨越海峡、山谷及江河地区；大城市缺少空中走廊的地区；国防等特殊需要的地区。

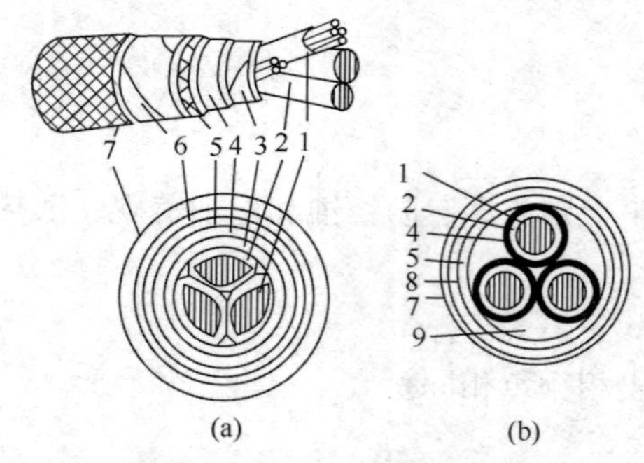

图 8-8 电力电缆基本结构

(a) 三相统包层；(b) 分相铅包层

1—导体；2—相绝缘；3—纸绝缘；4—铅包皮；5—麻衬；6—钢带铠甲；7—麻被；8—钢丝铠甲；9—填充物

二、电力电缆的基本结构

电力电缆的基本结构如图 8-8 所示。

1. 电缆线芯

电缆的线芯是用来传导电流的，通常由多股铜绞线或铝绞线制成。根据导体的芯数，可分为单芯、双芯、三芯和四芯电缆。

2. 绝缘层

绝缘层是用来使各导体之间及导体与包皮之间相互绝缘。绝缘层使用的材料有橡胶、聚乙烯、聚氯乙烯、交联聚乙烯、聚丁烯、棉、麻、丝、绸、纸、矿物油、植物油、气体等。目前在电压等级不高时，多采用木浆纸在油和松香混合剂中浸渍的浸渍纸。

3. 保护层

保护层是用来保护导体和绝缘层的，防止外力损伤、水分侵入和绝缘油外流。保护层分内保护层和外保护层。内保护层是由铝、铅或塑料制成的包皮，外保护层由内衬层(浸过沥青的麻布、麻绳，即麻衬)、铠装层(钢带、钢丝铠甲)和外被层(浸过沥青的麻布，即麻被)组成。

三、电力电缆的型号

电缆型号由产品系列代号和电缆结构各部分代号组成。产品系列代号：外护套结构从里到外用内护层、铠装层、外被层的代号组合表示。电力电缆的型号含义如下：

[1] [2] [3] [4] [5] [6] [7]—[8]

[1]：ZR—阻燃；NH—耐火；ZA（IA）—本安；CY—自容式充油电缆；

[2]：绝缘层代号：V—聚氯乙烯；Y—聚乙烯或聚烯烃；YJ—交联聚乙烯或交联聚烯烃；X—橡皮，Z—纸；

[3]：导体代号：T—铜芯缺省表示；L—铝芯；

[4]：内护层（护套）代号：V—聚氯乙烯；Y—聚乙烯；Q—铅包；L—铝包；H—橡胶；HF—非燃性橡胶；LW—皱纹铝套；F—氯丁胶；

[5]：特征代号：统包型不用表示；F—分相铅包分相护套；D—不滴油；CY—充油；P—屏蔽；C—滤尘器用；Z—直流；

[6]：铠装层代号：0—无；2—双钢带（24—钢带、粗圆钢丝）；3—细圆钢丝；4—粗圆钢丝（44—双粗圆钢丝）；

[7]：外被层代号：0—无；1—纤维层；2—聚氯乙烯护套；3—聚乙烯护套；

[8]：额定电压：以数字表示（kV）。

如 CYZQ102 220/1×4，表示铜芯、纸绝缘、铅护套、铜带径向加强、无铠装、聚氯乙烯护套、额定电压 220kV、单芯、标称截面积 400mm^2 的自容式充油电缆。

四、电力电缆的种类及特点

电力电缆的型号规格很多，分类方法很多，在实际使用中根据不同情况进行分类。

(1) 按电压等级分：1kV 及以下为低压电缆；3、6、10、35kV 为中压电缆；60kV 及以上为高压电缆。

(2) 按电缆导电线芯截面分：有 2.5、4、6、110、16、25、35、50、70、95、120、150、185、240、300、400、500、625、800mm^2 共 19 种规格。

(3) 按电缆芯数分：有单芯、双芯、三芯、四芯四种。

(4) 按传输电能的形式分：分为直流电缆和交流电缆。

(5) 按特殊需求分：有输送大容量电能的电缆、阻燃电缆和光纤复合电缆等品种。

(6) 按电缆绝缘材料和结构分：有油浸纸绝缘电缆、聚氯乙烯绝缘电缆（简称塑力电缆）、交联聚乙烯绝缘电缆（简称交联电缆）、橡皮绝缘电缆、高压充油电缆。

1. 油浸纸绝缘电缆

油浸纸绝缘电缆结构如图 8-8 所示，其主绝缘是用经过处理的纸浸透电缆油制成，具有绝缘性能好、耐热能力强、承受电压高、使用寿命长等优点，适用于 35kV 及以下的输配电线路。

按绝缘纸浸渍剂的浸渍情况，它又分黏性浸渍电缆和不滴流电缆。黏性浸渍电缆，是将电缆以松香和矿物油组成的黏性浸渍剂充分浸渍，即普通油浸纸绝缘电缆，其额定电压为1～35kV;不滴流电缆采用与黏性浸渍电缆完全相同的结构尺寸，但是以不滴流浸渍剂的方法制造，敷设时不受高差限制。油浸纸绝缘铝套电缆将逐步取代铅套电缆，这不仅能节约大量的铅，而且能使电缆的质量减轻。

2. 聚氯乙烯绝缘电缆

聚氯乙烯绝缘电缆结构如图 8-9 所示，其主绝缘采用聚氯乙烯，内护套大多也是采用聚氯乙烯，具有电气性能好、耐水、耐酸碱盐、防腐蚀、机械强度较好、敷设不受高差限制，可垂直敷设等优点，并可逐步取代常规的纸绝缘电缆；缺点主要是塑料易老化，绝缘强度低，介质损耗大，耐热性能差，并且燃烧时会释放氯气，对人体有害，对设备有严重腐蚀作用。主要用于 6kV 及以下电压等级的线路。

3. 交联聚氯乙烯绝缘电缆

交联聚乙烯绝缘电缆结构如图 8-10 所示，电缆的主要绝缘材料为交联聚乙烯，交联聚乙烯是利用化学或物理方法，使聚乙烯分子由直链状线型分子结构变为三度空间网状结构。

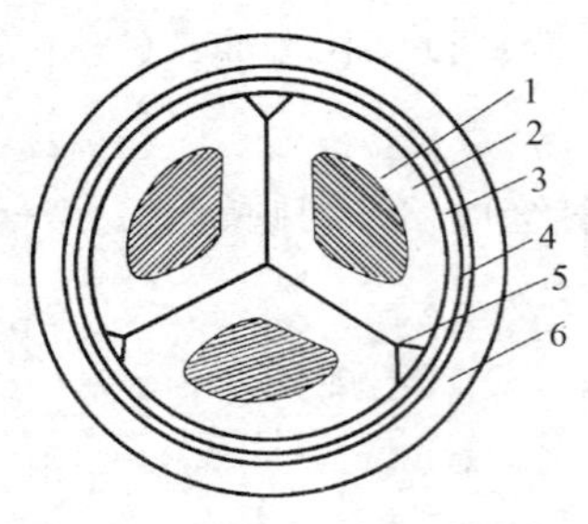

图 8-9 聚氯乙烯绝缘电缆结构

1—线芯；2—聚氯乙烯绝缘；3—聚氯乙烯内护套；4—铠装层；5—填料；6—聚氯乙烯外护套

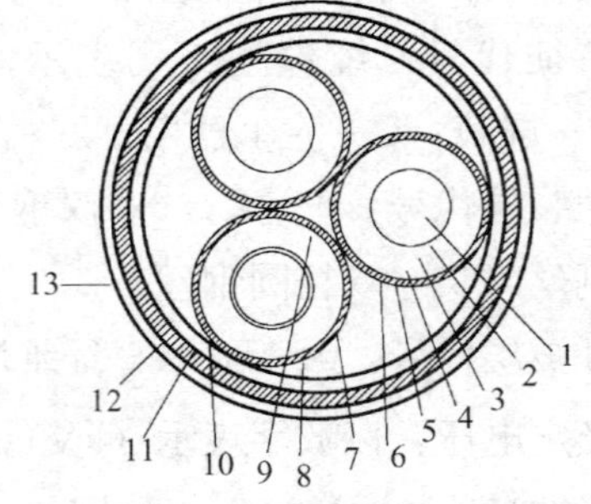

图 8-10 交联聚乙烯绝缘电缆结构

1—线芯；2—线芯屏蔽；3—交联聚乙烯绝缘；4—绝缘屏蔽；5—保护带；6—铜丝屏蔽；7—螺旋铜带；8—塑料带；9—中心填芯；10—填料；11—内护套；12—铠装层；13—外护层

该型电缆具有结构简单、外径小、质量小、耐热性能好、线芯允许工作温度高（长期90℃，短路时 250℃）、比相同截面的油浸纸绝缘电缆允许载流量大、可制成较高电压级、机械性能好、敷设不受高差限制、安装工艺较为简便等优点，因此广泛用于 1～110kV 线路。其缺点是抗电晕和游离放电性能差。在 35kV 及以下电压等级，交联聚乙烯电缆已逐步取代了油浸纸绝缘电缆。

4. 橡胶绝缘电缆

橡胶绝缘电缆结构如图 8-11 所示，这种电缆以橡皮为绝缘材料，其柔软性好，弯曲方便，防水及防潮性能好，具有较好的耐寒性能、电气性能、机械性能、化学稳定性，但耐压强度不高，耐热、耐油性能差且绝缘易老化，易受机械损伤，主要用于 35kV 及以下输电线路。

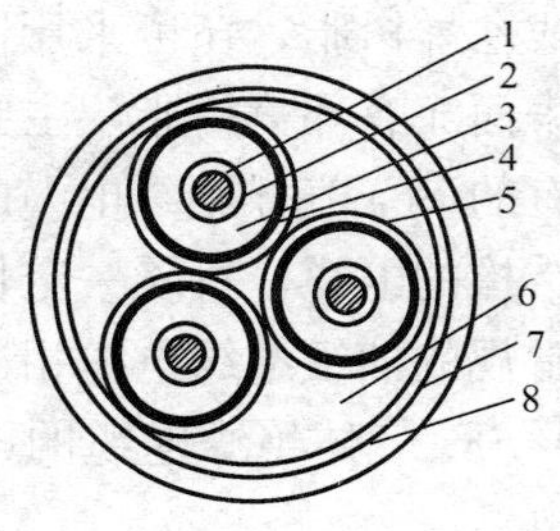

图 8-11　橡胶绝缘电缆结构

1—线芯；2—线芯屏蔽层；3—橡皮绝缘层；4—半导电屏蔽层；5—铜带屏蔽层；6—填料；7—橡皮布带；8—聚氯乙烯外护套

5. 高压充油绝缘电缆

充油电缆在结构上的主要特点是铅套内部有油道。油道由缆芯导线或扁铜线绕制成的螺旋管构成。在单芯电缆中，油道就直接放在线芯的中央；在三芯电缆中，油道则放在芯与芯之间的填充物处。

最具有代表性的是额定电压等级为 110～330kV 的单芯充油电缆。充油电缆的纸绝缘是用黏度很低的变压器油浸渍的，电缆的铅包内部有油道，里面也充满黏度很低的变压器油。在连接盒和终端盒处装有压力油箱，补偿电缆中油体积因温度变化而引起的变动，以保证油道始终充满油，并保持恒定的油压。当电缆温度下降，油的体积收缩时，油道中的油不足时，由油箱补充；反之，当电缆温度上升，油的体积膨胀时，油道中多余的油流回油箱内。

6. SF_6 气体绝缘电缆

世界上第一条实用 SF_6 气体绝缘电缆是 1969 年由美国研制而成，电压为 345kV，长度为 183m，于 1971 年投入运行，称为 GIC，4 年后制造技术即推进到 800kV。如今，SF_6 气体绝缘电缆从 145～750kV，已分别在各国投入运行。

SF_6 气体绝缘电缆是以 SF_6 气体为绝缘的新型电缆，即将单相或三相导体封在充有 SF_6 气体的金属圆筒中，带电部分与接地的金属圆筒间的绝缘由 SF_6 气体来承担。

SF_6 气体绝缘电缆按外壳结构可分为刚性外壳和挠性外壳。

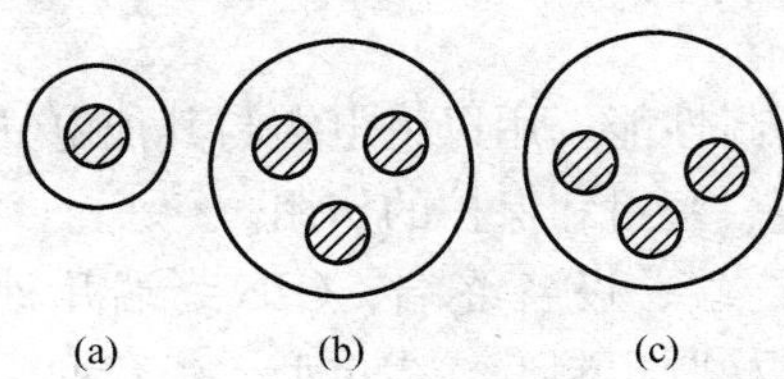

图 8-12　SF_6 气体绝缘电缆结构

（a）单芯；（b）三芯均置；（c）三芯偏置

刚性外壳的 SF_6 气体绝缘电缆可分为单芯和三芯两种结构，如图 8-12 所示。单芯电缆外壳材料一般采用非磁性铝合金，结构设计成同轴型。三芯电缆外壳采用钢管。三芯结构又可分为三芯均置和三芯偏置两种：均置结构用于输电管路中，外壳尺寸可以缩小；三芯偏置结构用于全封闭组合电器的母线筒中，出线比较方便。电缆导体采用铝管，长度一般为 12～18m，相互连接采用插入式结构，每隔一定距离用环氧树脂浇注绝缘子支撑，绝缘子间距3～6m。

挠性外壳的 SF_6 气体绝缘电缆外壳采用波纹状铝合金管，导体采用波纹状铝管，长度可达 80m，采用盘形环氧树脂浇注绝缘子支撑，间距仅 0.6m。

SF_6 气体绝缘电缆在工厂中通常制成每段长 10～18m（取决于运输条件），然后运输到现场后再将各段连接起来，各段间可采用焊接或螺栓固定方式。

大约有 20%的 SF_6 气体绝缘电缆是直接埋藏在地下，其他 80%则安装在地面上、隧道或槽沟中。对于埋藏在地下的 SF_6 气体绝缘电缆，为了防止腐蚀可以在外壳的表面上涂上聚乙烯或乙烯树脂，还可采用阴极保护系统。对于安装在地面上的 SF_6 气体绝缘电缆，大部分的表面涂有环氧树脂，主要是为了美观。

所有的 SF_6 气体绝缘电缆的外壳都在电缆的两端（有可能还应在中间部分）接地。对于单芯结构的电缆，每隔一定长度还应把三相的三个外壳连接在一起。

与常规的油纸绝缘电缆相比，SF_6 气体绝缘电缆具有如下优点：

（1）SF_6 气体绝缘电缆的电容值大致为油纸绝缘电缆的 53%，电容电流小，适宜于远距离输电。

（2）SF_6 气体绝缘电缆的介质损耗可忽略不计。考虑 SF_6 气体的对流散热效果后，散热性能也比油纸绝缘电缆为好，因此 SF_6 气体绝缘电缆的额定电流大。

（3）增高气体压力可以提高 SF_6 气体绝缘的性能。因此可以在不改动原有结构尺寸的情况下采用提高气体压力的方法来提高 SF_6 气体绝缘电缆的额定电压。

（4）SF_6 气体绝缘电缆的波阻抗比油纸绝缘电缆的波阻抗大，当 SF_6 气体绝缘电缆与架空线连接时对行波的反射大为减少。

（5）SF_6 气体绝缘电缆解决了高落差地区的电缆输电问题。

（6）无着火危险。

由于上述优点，SF_6 气体绝缘电缆特别适用于下列场所：

（1）作为超高压大容量的功率传输，目前额定电压可达 500kV、额定电流为 3000～5000A。

（2）为避免架空线路间的相互交叉和跨越河流，可采用 SF_6 气体绝缘电缆。

（3）用于大城市中大容量的供电。

（4）用于 SF_6 全封闭组合电器与架空线路之间的连接。

（5）用于高落差地区油纸绝缘电缆无法使用的场所。

五、电力电缆的连接附件

电缆连接附件主要有户内或户外电缆终端头和中间接头，统称电缆接头。它们是电缆线路中必不可少的组成部分。

1. 电缆终端

电缆终端是安装在电缆线路末端，具有一定绝缘和密封性能，用以将电缆与其他电气设备相连接的电缆附件。终端头起电缆终端绝缘、导体连接、密封和保护的作用。

按使用场所不同，电缆终端可分为户内终端、户外终端、设备终端、GIS 终端几种类型；电缆终端按所用材料不同，可分为热缩型、冷缩型、橡胶预制型、绕包型、瓷套型、浇注（树脂）型等品种；按外形结构不同，电缆终端可分为鼎足式、扇形、倒挂式等。

2. 电缆中间接头

电缆中间接头是安装在电缆与电缆之间，用于将一段电缆与另一段电缆连接起来的部件，简称对接头或对接，它起连接导体、绝缘和密封保护的作用。

电缆接头除连通导体外，还具有其他功能。按其功能不同，电缆接头可分为普通接头（直线接头）、绝缘接头、塞止接头、分支接头、过渡接头、转换接头、软接头等几种类型；按所用材料不同，电缆接头有热缩型、冷缩型、绕包型（带材绕包与成型纸卷绕包两种）、模塑型、预制件装配型、浇注（树脂）型、注塑型等几种类型。

3. 电缆接头的材料类型

橡塑绝缘电缆常用的终端头和接头型式有：

（1）绕包型，是指用自黏性橡胶带绕包制作的电缆终端头和接头。

（2）热缩型，是指由热收缩管件，如各种热收缩管材料、热收缩分支套、雨裙等和配套用胶在现场加热收缩组合成的电缆终端头和接头。

（3）预制型，是指由橡胶模制的一些部件，如应力锥、套管、雨罩等，现场套装在电缆末端构成电缆终端头和接头。

（4）模塑型，是指用辐照交联热缩膜绕包后用模具加热使其熔融成整体作为加强绝缘而构成的电缆终端头和接头。

（5）弹性树脂浇注型，是指用热塑性弹性体树脂现场成型的电缆终端头和接头。

油浸纸绝缘电缆常用的传统型式有壳体灌注型、环氧树脂型，由于沥青、环氧树脂、电缆油等与橡塑绝缘材料不相容（两种材料的硬度、膨胀系数、黏接性等性能指标相差较大），一般不适合用于橡塑绝缘电缆。

4. 电缆接头的技术要求

（1）导体连接良好。连接点的接触电阻要求小而稳定。与相同长度、相同截面的电缆导体相比，连接点的电阻比值，应不大1，经运行后，其比值应不大于1.2。

（2）绝缘可靠。要有满足电缆线路在各种状态下长期安全运行的绝缘结构，并有一定的裕度。

（3）密封良好。要能有效地防止外界水分或有害物质侵入绝缘，并能防止绝缘剂流失。

（4）足够的机械强度。电缆终端和接头，应能承受在各种运行条件下所产生的机械应力。对于固定敷设的电力电缆，其连接点的抗拉强度应不低于电缆导体本身抗拉强度的60%。

六、电力电缆的安装和维护

1. 电力电缆的敷设

（1）电缆敷设方法：常见的电缆敷设方法有隧道、沟道、排管、直埋及悬挂等形式。

电缆隧道适用于敷有大量电缆的诸如汽机厂房、锅炉厂房、主控制楼到主厂房、开关室及馈线电缆数量较多的配电装置等地区。

电缆沟道适用于电缆较少而不经常交换的地区、辅助车间及架空出线的配电装置。

排管式电缆一般适用于在与其他建筑物、铁路或公路互相交叉的地带。

直埋式电缆一般适用于汽机厂房、输煤栈桥、锅炉厂房的运转层等地方。

目前还有一种形式即电缆桥架敷设，特别适用于架空敷设全塑电缆，具有容积大、外形美、可靠性高、利于工厂生产等特点。

在实际使用时，可以根据需要和可能，一条电缆线路往往需要采用几种敷设方式。

（2）电缆的敷设要求：一般应先敷设电力电缆，再敷设控制电缆；先敷设集中的电缆，再敷设较分散的电缆；先敷设较长一些的电缆，再敷设较短的电缆。对于电力电缆和控制电缆的排列布局，也要特别注意。一般来说，电力电缆和控制电缆应分开排列。同一侧的支架上应尽量将控制电缆放在电力电缆的下面。对于高压冲油电缆不宜放置过高。电缆敷设的一般工艺要求应做到横看成线、纵看成片，引出方向、弯度、余度相互间距、挂牌位置都一致，并避免交叉压叠，达到整齐美观。

2. 电力电缆的维护

（1）为防止在电缆线路上面挖掘损伤电缆，挖掘时必须有电缆专业人员在现场监护，交待施工人员有关注意事项。特别是在揭开电缆保护板后，应使用较为迟钝的工具将表面土层轻轻挖去，用铲车挖土时更应随时注意不铲伤电缆。

（2）清扫户内外电缆、瓷套管和终端头，检查终端头内有无水分，引出线接触是否良好，接触不良者应予以处理。清扫油漆电缆支架和电缆夹，修理电缆保护管，测量接地电阻和电缆的绝缘电阻等。

（3）清除隧道及电缆沟的积水、污泥及其他杂物，保证沟内清洁，不积水。

（4）当电缆线路上的局部土壤含有损害电缆铅包的化学物质时，应将该段电缆装于管子中，并用中性土壤作电缆的衬垫及覆盖，在电缆上涂以沥青等，以防止电缆被腐蚀。

（5）电缆线路发生故障后，必须立即进行修理，以免拖延时间太长使水分大量浸入，而扩大损坏的范围。

3. 电缆的故障测试

电缆线路的故障测试一般包括故障测距和精确定点，电缆故障测试方法是指故障点的初测即故障测距。根据测试仪器和设备的原理，大致分为电桥法和脉冲法两大类，其测试特点如下。

（1）电桥法：是利用电桥平衡时，对应桥臂电阻的乘积相等，而电缆的长度和电阻成正比的原理进行测试的。

（2）脉冲法：是应用脉冲信号进行电缆故障测距的测试方法。它分低压脉冲法、脉冲电压法和脉冲电流法三种。

1）低压脉冲法是向故障电缆的导体输入一个脉冲信号，通过观察故障点发射脉冲与反射脉冲的时间差进行测距。

2）脉冲电压法是对故障电缆加上直流高压或冲击高电压，使电缆故障点在高压下发生击穿放电，然后通过仪器观察放电电压脉冲在测试端到放电点之间往返一次的时间进行测距。

3）脉冲电流法与脉冲电压法相似，区别在于前者通过一线性电流耦合器测量电缆击穿时的电流脉冲信号，使测试接线更简单，电流耦合器输出的脉冲电流波形更容易分辨。

第三节 绝　缘　子

一、绝缘子的作用和分类

绝缘子广泛应用在发电厂和变电站的配电装置、变压器、开关电器及输电线路上，用来支持和固定裸载流导体，并使裸载流导体与地绝缘，或使装置中处于不同电位的载流导体之间绝缘。绝缘子有以下种类。

1. 按额定电压分

绝缘子按其额定电压可分为高压绝缘子（用于1000V以上的装置中）和低压绝缘子（用于1000V及以下的装置中）两种。

2. 按安装地点分

（1）户内式。绝缘子安装在户内，绝缘子表面无伞裙。

（2）户外式。绝缘子安装在户外，绝缘子表面有较多和较大的伞裙，以增长沿面放电距离，并能在雨天阻断水流，使其能在恶劣的气候环境中可靠地工作。

3. 按结构形式分

按结构形式可分为支柱式、套管式及盘形悬式三种。

4. 按用途分

（1）电站绝缘子：主要用来支持和固定发电厂及变电站屋内外配电装置的硬母线，并使母线与大地绝缘。按作用不同分为支柱绝缘子和套管绝缘子。

（2）电器绝缘子。主要用来固定电器的载流部分。也分为支柱绝缘子和套管绝缘子。支柱绝缘子用于固定没有封闭外壳的电器的载流部分；套管绝缘子用来使有封闭外壳的电器（如断路器、变压器等）的载流部分引出外壳。

（3）线路绝缘子。主要用来固结架空输、配电导线和屋外配电装置的软母线，并使它们与接地部分绝缘。有针式、悬式、蝴蝶式和瓷横担四种。

本节主要介绍电站绝缘子。

二、绝缘子的基本结构

1. 主要结构部件

绝缘子应具有足够的绝缘强度、机械强度、耐热性和防潮性。高压绝缘子主要由绝缘件和金属附件两部分组成。

（1）绝缘件：通常用电工瓷制成，绝缘瓷件的外表面涂有一层棕色或白色的硬质瓷釉，以提高其绝缘、机械和防水性能。电工瓷具有结构紧密均匀、绝缘性能稳定、机械强度高和不吸水等优点。盘形悬式绝缘子的绝缘件也有用钢化玻璃制成的，具有绝缘和机械强度高、尺寸小、质量轻、制造工艺简单及价格低廉等优点。

（2）金属附件：其作用是将绝缘子固定在支架上和将载流导体固定在绝缘子上。金属附件装在绝缘件的两端，两者通常用水泥胶合剂胶合在一起。金属附件皆作镀锌处理，以防止锈蚀；胶合剂的外露表面涂有防潮剂，以防止水分侵入。

2. 金属附件与瓷件的胶装方式

（1）外胶装：将铸铁底座和圆形铸铁帽均用水泥胶合剂胶装在瓷件的外表面，铸铁帽上有螺孔，用来固定母线金具，圆形底座的螺孔用来将绝缘子固定在构架或墙壁上。

（2）内胶装：将绝缘子的上、下金属配件均胶装在瓷件孔内。

（3）联合胶装：绝缘子的上金属配件采用内胶装结构，而下金属配件则采用外胶装结构的一种胶装方式。

内胶装方式可减低绝缘子的高度，从而可缩小电器和配电装置的体积，一般质量比外胶装方式轻，但机械强度不如外胶装方式，通常情况下不能承受扭矩，因此，对机械强度要求较高时，应采用外胶装或联合胶装。

三、电站绝缘子的类型和特点

1. 支柱绝缘子

支柱绝缘子适用于发电厂、变电站配电装置及电器设备中，作导电部分的绝缘和支持用。高压支柱绝缘子可分为户内和户外式。户内式支柱绝缘子分内胶装、外胶装、联合胶装三个系列；户外式支柱绝缘子分针式和棒式两种。其型号含义如下：

[1] [2] [3] [4]—[5] [6] [7]

[1]：产品代号：Z—支柱绝缘子；G—高原型；

[2]：结构特点：N—户内式（内胶装），无字母为户内外胶装；L—户内联合胶装式；S—户外实芯棒式；P—户外针式；SX—悬挂棒式；C—户外操作棒式；SW—耐污型户外实心棒式；

[3]：机械破坏负荷等级：A—3750N；B—7500N（户外针式为 5000N）；C—12500N；

D—20000N；E—30000N；

4：设计序号，用数字1、2、3…表示；

5：额定电压（kV）；

6：底座形状：Y—圆形；T—椭圆形；F—方形；N—单螺孔；G—高原型；L—上、下附件安装孔为螺孔；K—上、下安装孔均为光孔（一般情况K不表示）；

7：污秽等级（户外式）。

（1）户内支柱绝缘子：其结构如图8-13所示。

1）外胶装式支柱绝缘子：其结构特点是金属附件胶装在瓷件的外表面，使绝缘子的有效高度减少，电气性能降低，或在一定的有效高度下使绝缘子的总高度增加，尺寸、质量增大，但其机械强度较高，这类产品已逐步被淘汰。

2）内胶装式支柱绝缘子：其结构特点是金属附件胶装在瓷件的孔内，相应地增加了绝缘距离，提高了电气性能，在有效高度相同的情况下，其总高度约比外胶装式绝缘子低40%；同时，由于所用的金属配件和胶合剂的质量减少，其总质量约比外胶装式绝缘子减少50%。所以，内胶装式支柱绝缘具有体积小、质量轻、电气性能好等优点，但机械强度较低。

3）联合胶装式支柱绝缘子：其结构特点是上金属附件采用内胶装，下金属附件采用外胶装，而且一般属实心不可击穿结构，为多棱型。它兼有内、外胶装式支柱绝缘子之优点，尺寸小、泄漏距离大、电气性能好、机械强度高，适用于潮湿和湿热带地区。

（2）户外支柱绝缘子。户外式支柱绝缘子主要应用在6kV及以上屋外配电装置。由于工作环境条件的要求，户外式支柱绝缘子有较大的伞裙，用以增大沿面放电距离，并能阻断水流，保证绝缘子在恶劣的雨、雾气候下可靠地工作。其结构如图8-14所示。

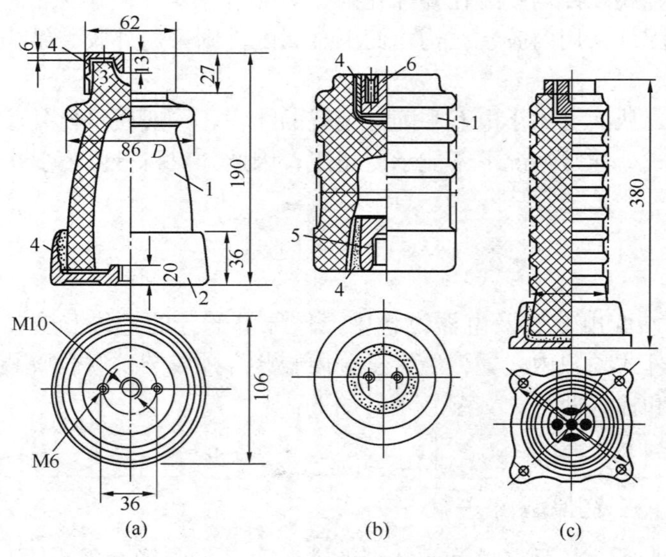

图8-13　户内支柱绝缘子结构

（a）外胶装式；（b）内胶装式；（c）联合胶装式

1—绝缘瓷件；2—铸铁底座；3—铸铁帽；4—水泥胶合剂；5—铸铁配件；6—铸铁配件螺孔

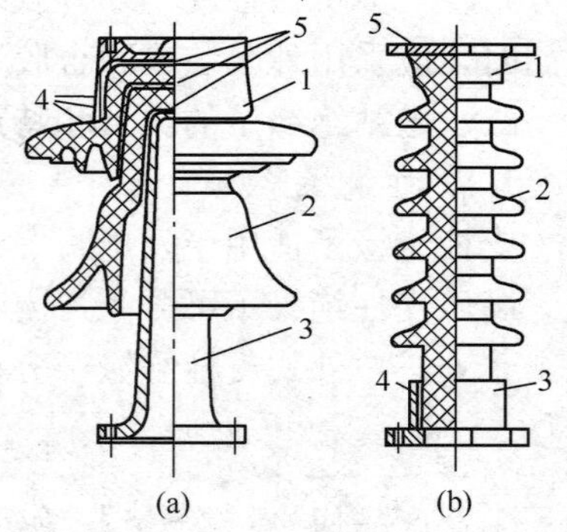

图8-14　户外支柱绝缘子结构

（a）针式支柱绝缘子；（b）实心棒式支柱绝缘子

1—上附件；2—绝缘件；3—下附件；4—胶合剂；5—纸垫

1）针式支柱绝缘子：属空心可击穿结构，较笨重，易老化。

2）棒式绝缘子：为实心不可击穿结构，一般不会沿瓷件内部放电，运行中不必担心瓷体被击穿，与同级电压的针式绝缘子相比，具有尺寸小、质量轻、便于制造和维护等优点，因此，它将逐步取代针式绝缘子。

防污型支柱绝缘子由于采用了各种防污效果较好的伞棱造型，使其泄漏距离较普通型有较大的增加，不仅自洁效果好、便于维护清扫，而且能充分发挥泄漏距离的有效作用。

2. 盘形悬式绝缘子

悬式绝缘子主要应用在35kV及以上屋外配电装置和架空线路上。按其帽及脚的连接方式分为球形的和槽形的两种。

悬式绝缘子的结构如图8-15所示，由绝缘件（瓷件或钢化玻璃）、铁帽、铁脚组成。钟罩形防污绝缘子的污闪电压比普通型绝缘子高20%～50%；双层伞形防污绝缘子具有泄漏距离大、伞形开放、裙内光滑、积灰率低、自洁性能好等优点；草帽形防污绝缘子也具有积污率低、自洁性能好等优点。

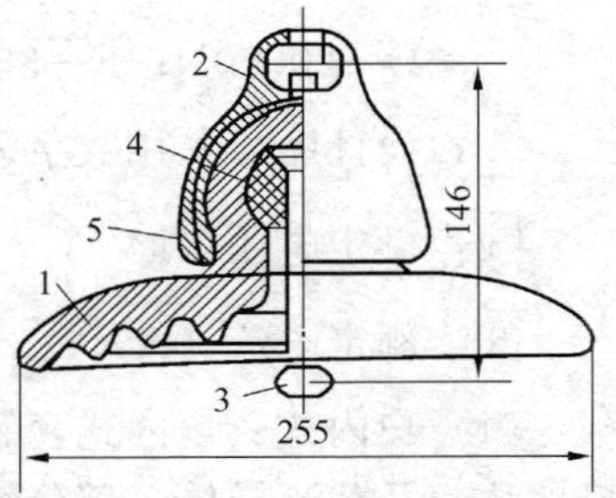

图8-15　悬式绝缘子的结构

1—绝缘件；2—镀锌铁帽；
3—铁脚；4、5—水泥胶合剂

在实际应用中，悬式绝缘子根据装置电压的高低组成绝缘子串。每串绝缘子的数目：35kV不少于3片，110kV不少于7片，220kV不少于13片，330kV不少于19片，500kV不少于24片。这时，一片绝缘子的铁脚3的粗头穿入另一片绝缘子的铁帽2内，并用特制的弹簧锁锁住。对于容易受到严重污染的装置，应选用防污悬式绝缘子。

悬式绝缘子型号含义如下：

1 2—3 4

1：产品代号：XP—悬式绝缘子；LXP—悬式钢化玻璃绝缘子；XWP—双层伞形防污悬式绝缘子；XHP—钟罩形防污悬式绝缘子；XMP—草帽形防污悬式绝缘子；

2：设计序号：用数字1、2、3…表示；

3：机电破坏负荷（kN）；

4：槽形连接（球形连接不表示）。

3. 套管绝缘子

套管绝缘子是一种特殊类型的绝缘子，用于母线在屋内穿过墙壁或天花板，以及从屋内向屋外引出，或用于使有封闭外壳的电器（如断路器、变压器等）的载流部分引出壳外，使导电部分与地绝缘，并起到支持作用。套管绝缘子也称穿墙套管，简称套管。

套管绝缘子根据结构形式可分为带导体型和母线型两种。带导体型套管，其载流导体与绝缘部分制成一个整体，导体材料有铜和铝，导体截面有矩形和圆形；母线型套管本身不带载流导体，安装使用时，将载流母线装于套管的窗口内。按安装地点可分为户内式和户外式两种。

穿墙套管的型号是由字母和数字两部分组成，其含义如下：

1 2 3 4 5—6

1：产品代号：C—穿墙导管；

2：结构特点：无字母—铜导体户内式；W—铜导体户外式；L—铝导体户内式；WL—铝导体户外式；M—户内母线式；MW—户外母线式；NR—户内油浸电容式；R—户外油浸纸电容式；

3：机械破坏负荷等级：A—3750N；B—7500N（户外针式为5000N）；C—12500N；D—20000N；E—30000N；F—40000N；

4：设计序号：用数字表示；

5：额定电压（kV）；

6：额定电流（A）。

（1）户内式。户内式套管的额定电压从6～35kV，采用纯瓷结构。套管一般由瓷套、接地法兰及载流导体三部分组成。

根据载流导体的特征可分为三种型式：采用矩形截面的载流导体、采用圆形截面的载流导体、母线型。前两种套管载流导体与绝缘部分制作成一个整体，使用时由载流导体两端与母线直接相连。6kV户内穿墙套管绝缘子的结构如图8-16所示。

母线型穿墙套管本身不带载流导体，安装使用时，将原载流母线装于该套管的矩形窗口内，结构如图8-17所示。

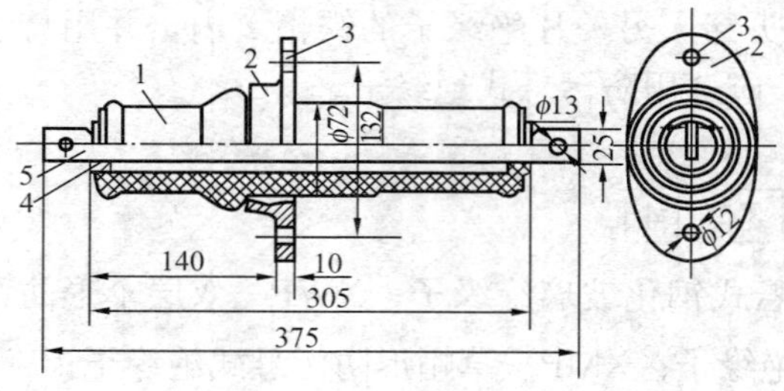

图8-16　6kV户内穿墙套管绝缘子结构

1—空心套管；2—椭圆法兰；3—螺孔；4—矩形孔金属圈；5—矩形截面导体

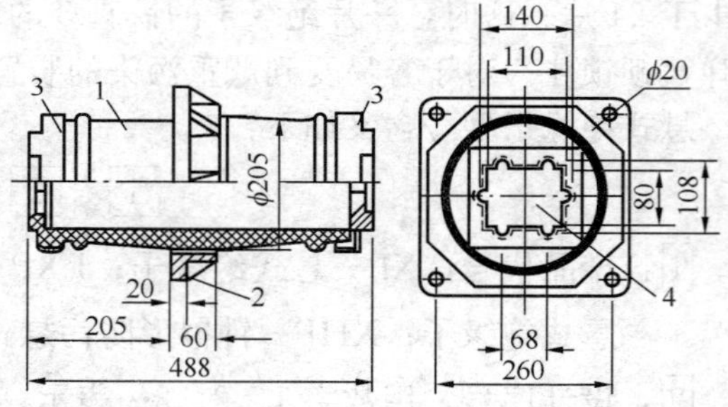

图8-17　户内母线型穿墙套管结构

1—套管；2—法兰盘；3—金属帽；4—矩形窗口

（2）户外式。户外式套管主要用于户内配电装置的载流导体与户外的载流导体进行连接，以及户外电器的载流导体由壳内向壳外引出。因此，户外式套管两端的绝缘分别按户内外两种要求设计，一端为户内式套管安装在户内，另一端为有较多伞裙的户外式套管。户外式套管的额定电压从6～500kV。10kV户外穿墙套管结构如图8-18所示。

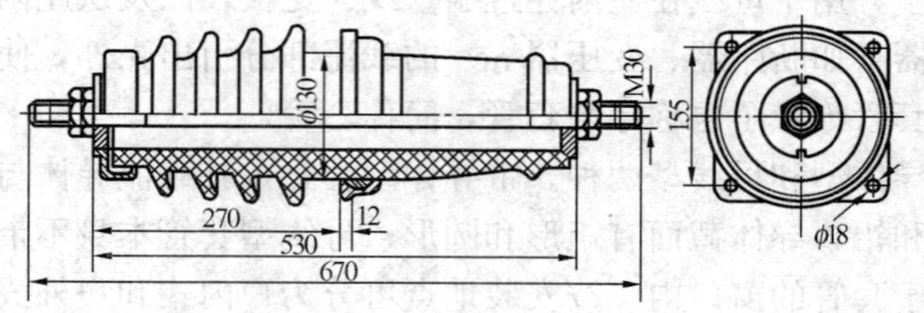

图8-18　10kV户外穿墙套管结构

四、绝缘子的安装和维护

1. 绝缘子的安装要求

（1）绝缘子安装前应检查瓷件、法兰应完整无裂纹，胶合处填料完整，结合牢固。

（2）支柱绝缘子和穿墙套管安装时，其底座或法兰盘不得埋入混凝土或抹灰层内。

（3）无底座和顶帽的内胶装式的低压支柱绝缘子与金属固定件的接触面之间应垫以厚度

不小于 1.5mm 的橡胶或石棉纸等缓冲垫圈。

(4) 额定电流在 1500A 及以上的穿墙套管直接固定在钢板上时，套管周围不应成闭合磁路。

(5) 穿墙套管垂直安装时，法兰应向上；水平安装时，法兰应在外。

(6) 安装套管的孔径应比嵌入部分大 5mm 以上，混凝土安装板的最大厚度不得超过 50mm。

(7) 600A 及以上母线穿墙套管端部的金属夹板（紧固件除外）应采用非磁性材料。它与母线之间应有金属相连，接触应稳固，金属夹板厚度不应小于 3mm，当母线为两片及以上时，母线的各片之间应予以固定。

(8) 充油套管水平安装时，其储油柜及取油样管路应无渗漏、油位指示清晰、注油和取样阀位置应装设于巡回监视侧，注入套管内的油必须合格。

(9) 套管接地端子及不用的电压抽取端子应可靠接地。

2. 绝缘子的维护

运行中的绝缘子应保持清洁无脏污，瓷质部分应无破损和裂纹现象。对绝缘子应定期清扫，并应检查瓷质部分有无闪络痕迹，金具有无生锈、损害、缺少开口销的现象；瓷件与铁件胶合应完好，无松动。

在多灰尘和有害气体的地区，应对绝缘子加强清扫和制订防污措施。绝缘子防污的根本措施是消灭和减少污源。现在一般采用的防污措施有：采用防污性能好的绝缘子、增加绝缘子串或柱的元件数，以增大设备瓷绝缘的爬电距离；在绝缘子表面涂有机硅脂、硅油、地蜡等防污涂料；合理布置绝缘子，并在选择变电站站址及线路路径时，尽量避开污源，减轻污秽的影响；定期进行超声波探伤检测，检测中发现有缺陷的支柱绝缘子必须立即进行更换。

本 章 小 结

母线的作用是汇集、分配和传输电能。母线的材料有铜、铝和钢三类。母线截面形状有矩形、圆形、槽形和管形。矩形母线布置方式有平放式水平布置、竖放式水平布置和竖放式垂直布置。矩形和槽形母线是用金具固定在支柱绝缘子上的。为了增加母线的热辐射能力，便于工作人员识别交流相序和直流极性，并防止钢母线生锈，通常对硬母线进行着色。全连式分相封闭母线运行可靠性高，减小了母线附近钢构中的损耗和发热，使母线之间的电动力大为减小，但增加了有色金属的消耗。

电缆分为电力电缆和控制电缆两大类。电力电缆主要由电缆线芯、绝缘层和保护层三部分组成。电缆通常敷设在电缆隧道或电缆沟中或者电缆桥架上，常见的电缆头有干包电缆头和环氧树脂电缆头两大类。

绝缘子是用来支持、固定载流导体，并使载流导体对地绝缘。绝缘子按用途可分为电站绝缘子、电器绝缘子和线路绝缘子三种。按结构形式可分为支柱式、套管式及盘形悬式三种。

思 考 练 习

8-1 母线在配电装置中起什么作用？各种不同材料的母线在技术性能上有何区别？

8-2 母线常见的截面形状有哪些？各种截面形状有什么特点？

8-3 常见母线的布置方式有哪几种？应考虑哪些因素？

8-4 对母线进行着色有什么好处？

8-5 试简要说明全连式分相封闭母线的结构特点和作用。

8-6 电缆的作用是什么？其基本结构和各组成部分的作用是什么？

8-7 电缆附件有几种？各有何作用？

8-8 电缆的敷设有哪些方法？

8-9 绝缘子作用是什么？按用途分为几类？

8-10 电站绝缘子按结构形式可分为几大类？各有什么特点？

第九章　电力电容器和电抗器

本章介绍电力电容器和电抗器的种类、作用、主要类型及其特点，初步介绍电力电容和电抗器的使用和维护知识。

第一节　电 力 电 容 器

一、电力电容器的种类和作用

电力电容器按所起作用的不同分为并联（移相）电容器、串联电容器、耦合电容器、电热电容器、脉冲电容器等。

（1）并联电容器。并联电容器并联在电网上用来补偿电力系统感性负载的无功功率，以提高系统的功率因数、改善电能质量、降低线路损耗；还可以直接与异步电机的定子绕组并联，构成自激运行的异步发电装置。

（2）串联电容器。串联电容器主要用来补偿线路的感抗，提高线路末端电压水平，提高系统的动、静态稳定性，改善线路的电压质量，增长输电距离和增大电力输送能力。

（3）耦合电容器。耦合电容器主要用于高压及超高压输电线路的载波通信系统，同时也可作为测量、控制、保护装置中的部件；耦合电容器通常用来使高频载波装置在低电压下与高压线路耦合，并应用于控制、测量和保护装置中。

（4）均压电容器。均压电容器一般并联于断路器的断口上，使各断口间的电压在开断时分布均匀。

（5）脉冲电容器。脉冲电容器用于冲击分压、振荡回路、整流滤波等。

本节主要介绍用于电网无功补偿的并联电容器。

二、电力电容器的基本结构

并联电容器主要由电容元件、浸渍剂、紧固件、引线、外壳和套管组成，其结构如图 9-1 所示。

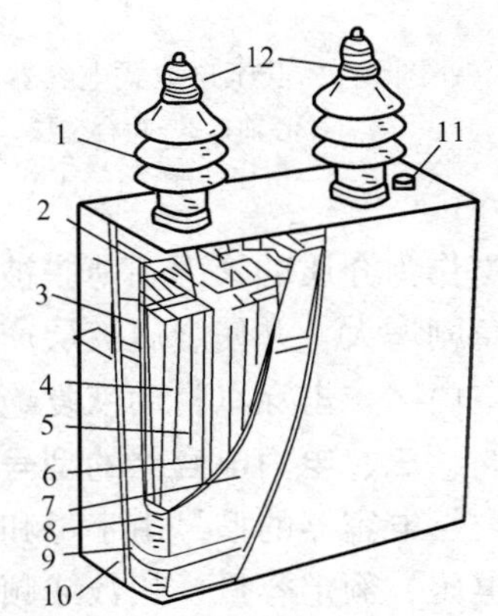

图 9-1　并联电容器结构
1—出线瓷套管；2—出线连接片；3—连接片；4—电容元件；5—出线连接片固定板；6—组间绝缘；7—包封件；8—夹板；9—紧箍；10—外壳；11—封口盖；12—接线端子

（1）电容元件。电容元件是用一定厚度和层数的固体介质与铝箔电极卷制而成，如图 9-2 所示。为适应各种电压等级电容器耐压的要求，可由若干个电容元件并联和串联起来，组成电容器芯子。固体介质可采用电容器纸、膜纸复合或纯薄膜作为介质。在电压为 10kV 及以下的高压电容器内，每个电容元件上都串有一熔丝，作为电容器的内部短路保护，其内部电气连接如图 9-3 所示。当某个元件击穿时，其他完好元件即对其放电，使熔丝在毫秒级的时间内迅速熔断，切除故障元件，从而使电容器能继续正常工作。

单元电容器安装在框架上，根据不同的电压和容量作适

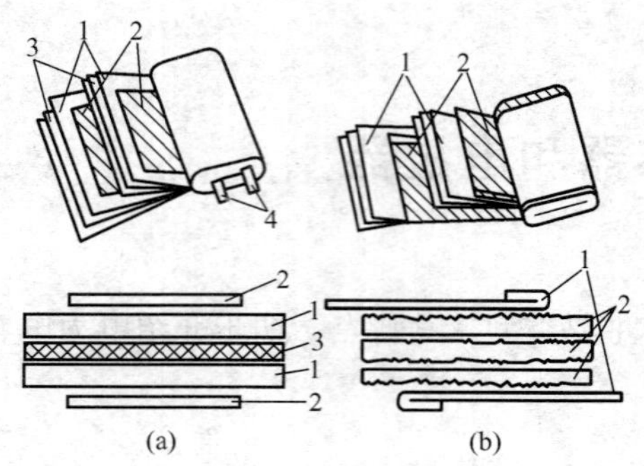

图 9-2 电容器元件结构

(a) 箔插引线片结构；(b) 铝箔凸出折边结构

1—薄膜；2—铝箔；3—电容器纸；4—引线片

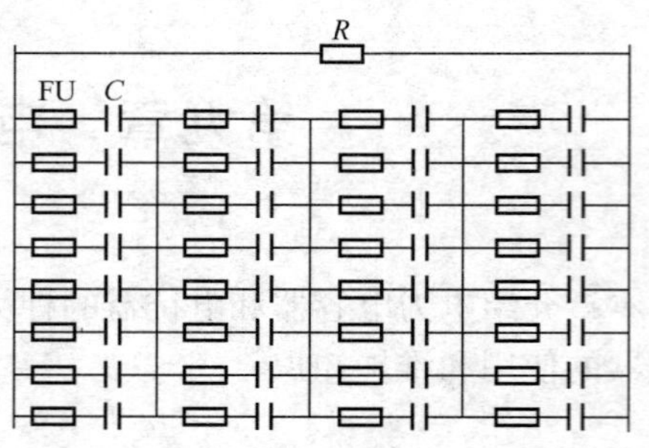

图 9-3 高压并联电容器内部电气连接

R—放电电阻；FU—熔断器；C—元件电容

当的电气连接，单台三相电容器的芯子一般接成三角形接线。出线端子通过导线与箱盖上的套管相连，供进出线及放电线圈使用。

（2）浸渍剂。为了提高电容元件的介质耐压强度，改善局部放电特性和散热条件，电容器芯子一般放于浸渍剂中，浸渍剂一般有矿物油、氯化联苯、SF_6 气体等。

（3）外壳、套管。电容器的外壳一般采用薄钢板焊接而成，有利于散热，但绝缘性能较差，表面涂阻燃漆，壳盖上焊有出线套管，箱壁侧面焊有吊攀、接地螺栓等。大容量集合式电容器的箱盖上还装有油枕或金属膨胀器及压力释放阀，箱壁侧面装有片状散热器、压力式温控装置等。接线端子从出线瓷套管中引出。

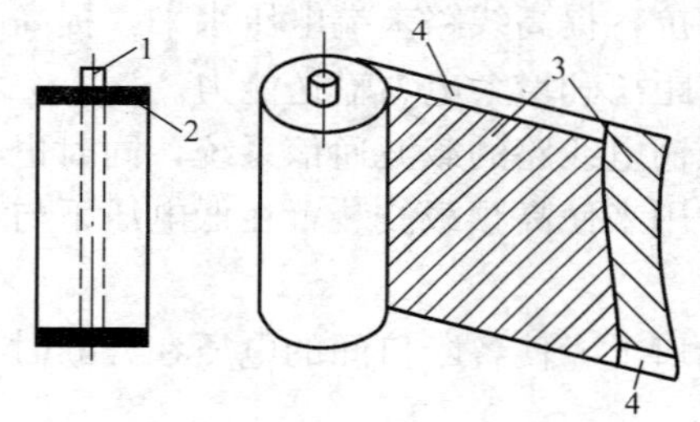

图 9-4 低压自愈式电容器结构

1—心轴；2—喷合金层；

3—金属镀层；4—薄膜

目前在我国低压系统中自愈式电容器已完全取代了老式油浸式电容器。自愈式电容器具有优良的自愈性能、介质损耗小、温升低、寿命长、体积小、质量轻等特点。自愈式电容器结构如图 9-4 所示，采用聚丙烯薄膜作为固体介质，表面蒸镀了一层很薄的金属作为导电电极。当作为介质的聚丙烯薄膜被击穿时，击穿电流将穿过击穿点。由于导电的金属镀层电流密度急剧增大，并使金属镀层产生高热，使击穿点周围的金属导体迅速蒸发逸散，形成金属镀层空白区，击穿点自动恢复绝缘。

三、电力电容器的型号

电容器的型号由字母和数字两部分组成，包括其系列代号、介质代号、设计序号、额定电压、额定容量、相数或频率、尾注号或使用环境等。

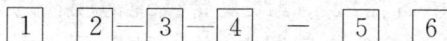

[1] [2]—[3]—[4] — [5] [6]

[1]：字母部分：

第一位字母是系列代号，表示电容器的用途特征：A—交流滤波电容器；B—并联电容器；C—串联电容器；D—直流滤波电容器；E—交流电动机电容器；F—防护电容器；J—断路器电容器；M—脉冲电容器；O—耦合电容器；R—电热电容器；X—谐振电容器；Y—标准电容器（移相，旧型号）；Z—直流电容器；

第二位字母是介质代号，表示液体介质材料种类：Y—矿物油浸纸介质；W—烷基苯浸纸介质；G—硅油浸纸介质；T—偏苯浸纸介质；F—二芳基乙烷浸介质；B—异丙基联苯浸介质；Z—植物油浸渍介质；C—篦麻油浸渍介质；

第三位字母也是介质代号，表示固体介质材料种类：F—纸、薄膜复合介质；M—全聚丙烯薄膜；无标记—全电容器纸；

第四位字母表示极板特性：J—金属化极板；

2：额定电压（kV）；

3：额定容量（kvar）；

4：相数：1—单相；3—三相；

5：使用场所：W—户外式；不标记—户内式；

6：尾注号，表示补充特性：B—可调式；G—高原地区用；TH—湿热地区用；H—污秽地区用；R—内有熔丝。

例如：

（1）BFM 12-200-1W，B 表示并联电容器、F 表示浸渍剂为二芳基乙烷、M 表示全膜介质、12 表示额定电压（kV）、200 表示额定容量（kvar）、1 表示相数（单相）、W 表示尾注号（户外使用）。

（2）BCMJ 0.4-15-3，B 表示并联电容器、C 表示浸渍剂为篦麻油、M 表示全膜介质、J 表示金属化产品、0.4 表示额定电压（kV）、15 表示额定容量（kvar）、3 表示三相。

四、电力电容器的无功补偿

1. 补偿方式

无功补偿容量的配置应按“全面规划、合理布局、分级补偿、就地平衡”的原则进行。在电力系统中，除了在供电负荷中心集中装设大、中型电容器组以稳定电压质量之外，还应在用户的无功负荷附近装设中、小型电容器组进行就地补偿。

补偿方式按安装地点不同可分为集中补偿和分散补偿（包括分组补偿和个别补偿）；按投切方式不同分为固定补偿和自动补偿。

（1）集中补偿。集中补偿是把电容器组集中安装在变电站的一次侧或二次侧母线上，如图 9-5 所示。这种补偿方式，安装简便，运行可靠，利用率高，因此应用比较普遍。但必须装设自动控制设备，使之能随负荷的变化而自动投切，否则，可能会造成过补偿而破坏电压质量。

电容器接在变压器一次侧时，可使线路损耗降低，一次母线电压升高，但对变压器及其二次侧没有补偿作用，而且安装费用高；电容器安装在变压器二次侧时，能使变压器增加出力，并使二次侧电压升高，补偿范围扩大，安装、运行、维护费用低。

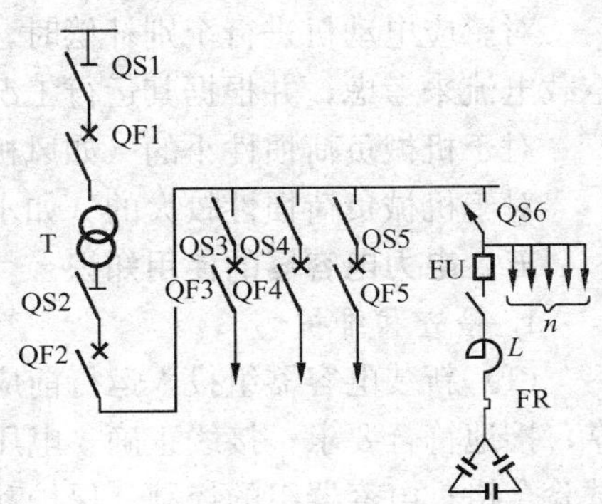

图 9-5　电容器集中补偿接线

（2）分组补偿。分组补偿是将电容器组分组安装在各分配电室或各分路出线上，它可与部分负荷的变动同时投入或切除。采用分组补偿时，补偿的无功不再通过主干线以上线路输送，从而降低配电变压器和主干线路上的无功损耗，因此分组补偿比集中补偿降损节电效益显著。这种补偿方式补偿范围更大、效果比较好，但设备投资较大、利用率不高，一般适用于补偿容量小、用电设备多而分散和部分补偿容量相当大的场所。

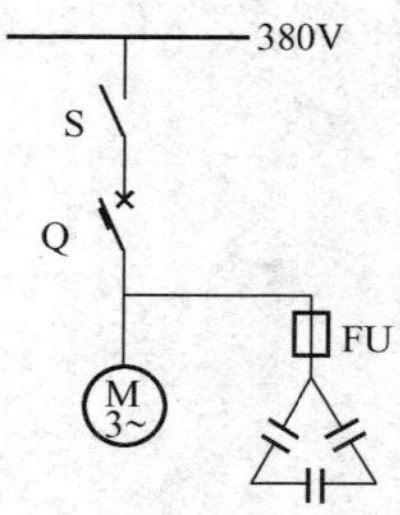

图 9-6 电容器个别补偿接线

（3）个别补偿。个别补偿是把电容器直接装设在用电设备的同一电气回路中，与用电设备同时投切，如图 9-6 所示，用电设备消耗的无功能就地补偿、能就地平衡无功电流，但电容器利用率低，一般适用于容量较大的高、低压电动机等用电设备的补偿。

考虑无功补偿效益时，降损与调压相结合，以降损为主；容量配置上，采取集中补偿与分散补偿相结合，以分散补偿为主。

2. 电容补偿容量选择

电容器安装容量的选择，可根据使用目的的不同，按改善功率因数、提高运行电压和降低线路损耗等因素来确定，电力用户一般主要按提高功率因数来确定补偿容量。

（1）根据电容补偿原理图中的相量关系，可以求出无功补偿容量 Q_c 为

$$Q_c = P\mathrm{tg}\Psi_1 - P\mathrm{tg}\Psi_2 = P(\mathrm{tg}\Psi_1 - \mathrm{tg}\Psi_2) \qquad (9\text{-}1)$$

或

$$Q_c = P\left(\sqrt{\frac{1}{\cos^2\Psi_1}-1}-\sqrt{\frac{1}{\cos^2\Psi_2}-1}\right) \qquad (9\text{-}2)$$

式中 P——最大负荷月的平均有功功率（kW）；

Q_c——电容补偿容量（kvar）；

$\mathrm{tg}\Psi_1$、$\mathrm{tg}\Psi_2$——补偿前后功率因数角的正切值；

$\cos\Psi_1$、$\cos\Psi_2$——补偿前后功率因数值。

对某些未运行的单位，在考虑无功补偿容量时，其计算式为

$$Q_c = a \cdot P_m(\mathrm{tg}\Psi_1 - \mathrm{tg}\Psi_2)(\mathrm{kvar}) \qquad (9\text{-}3)$$

式中 a——月平均有功负荷系数，一般在 0.7～0.8 范围内；

P_m——最大有功计算负荷（kW）。

（2）补偿容量也可计算为

$$Q_c = KP \qquad (9\text{-}4)$$

式中：K 称为补偿率系数，是功率因数由 $\cos\Psi_1$ 提高到 $\cos\Psi_2$ 时，每千瓦有功功率所需补偿的无功容量。

对感应电动机进行个别补偿时，电容器容量的选择不应以负荷情况计算，而应以电动机空载电流来考虑，并根据其运行工况确定。

对于机械负荷惯性小的（如风机等），其补偿容量，$Q_c \approx 0.9Q_{C0}$（空载无功功率）；

对于机械负荷惯性较大的（如水泵等），其补偿容量为，$Q_c =$（1.3～1.5）Q_{C0}。

五、电力电容器的使用知识

1. 检查和维护

（1）新装电容器组投入运行前应经过交接试验，并达到合格；布置合理，各部分连接牢靠，接地符合要求；接线正确，电压应与电网额定电压相符；放电装置符合规程要求，并经试验合格；电容器组的控制、保护和监视回路均应完善，温度计齐全，并试验合格，整定值正确；与电容器组连接的电缆、断路器、熔断器等电气设备应试验合格；三相间的容量保持

平衡，误差值不应超过一相总容量的5%；外观检查应良好，无渗漏油现象；电容器室的建筑结构和通风措施均应符合规程要求。

（2）对运行中的电容器组应检查：电容器外壳有无膨胀、漏油痕迹；有无异常声响和火花；熔断器是否正常；放电指示灯是否熄灭；记录有关电压表、电流表、温度表的读数。如发现箱壳明显膨胀应停止使用或更换电容器，以免发生故障。外壳渗油不严重时，可将外壳渗漏处除锈、焊接、涂漆，渗漏严重的必须更换；严重异常时，应立即退出运行，更换电容器。

（3）必要时可以短时停电并检查：各螺丝接点的松紧和接触情况；放电回路是否完好；风道有无积尘，并清扫电容器的外壳、绝缘子和支架等处的灰尘；检查外壳的保护接地线是否完好；继电保护、熔断器等保护装置是否完整可靠，断路器、馈电线等是否良好。

2. 电容器组的投入和退出

（1）电容器组的投入和退出应根据系统无功负荷潮流和负荷功率因数以及电压情况来决定，电压偏低时可投入电容器组。

（2）停电时，除电容器组自动放电外，还应进行人工充分放电，否则不得触及电容器。接通和断开电容器时应注意：

1）在电容器组自电网断开后不得立即重新接入，若要立即接入，应使其端子上的电压不高于额定电压的10%。

2）当变电站进行全部停电的操作时，应先拉开电容器组开关，后拉开各路出线开关；当变电站全部恢复送电时，应先合上各路出线开关，后合上电容器组开关。

3）发生下列异常情况之一时，应立即拉开电容器组开关，使其退出运行：①电容器组母线电压超过电容器组额定电压1.1倍；②通过电容器组的电流超过额定电流的1.3倍；③电容器周围环境温度或电容器外壳最热点温度超出允许范围；④电容器接点严重过热或熔化；⑤电容器内部或放电装置有严重异常声响；⑥电容器外壳有明显的异形膨胀；⑦电容器瓷套管发生严重放电、闪络；⑧电容器喷油、起火或爆炸。

第二节　电　抗　器

一、电抗器的分类和作用

（1）按相数分：可分为单相和三相电抗器。

（2）按冷却装置种类分：可分为干式电抗器和油浸电抗器。

（3）按结构特征分：可分为空心式电抗器、铁心式电抗器。

（4）按安装地点分：可分为户内型和户外型电抗器。

（5）按用途分：

1）并联电抗器，一般接在超高压输电线路的末端和地之间，起无功补偿作用。

2）限流电抗器，串联于电力电路中，以限制短路电流的数值。

3）滤波电抗器，在滤波器中与电容器串联或并联用来限制电网中的高次谐波。

4）消弧电抗器，又称消弧线圈，接在三相变压器的中性点和地之间，用以在三相电网的一相接地时供给电感性电流，补偿流过中性点的电容性电流，使电弧不易持续起燃，从而消除由于电弧多次重燃引起的过电压。

5）通信电抗器，又称阻波器，串联在兼作通信线路用的输电线路中，用来阻挡载波信号，使之进入接收设备，以完成通信的作用。

6）电炉电抗器，和电炉变压器串联，用来限制变压器的短路电流。

7）启动电抗器，和电动机串联，用来限制电动机的启动电流。

二、并联电抗器

1. 并联电抗器型号

并联电抗器的型号表示和含义如下：

□1—□2/□3

□1：产品型号字母；

□2：额定容量（kvar）；

□3：电压等级（kV）。

2. 并联电抗器的作用

并联电抗器在电力系统中的应用如图 9-7 所示。

（1）中压并联电抗器一般并联接于大型发电厂或 110～500kV 变电站的 6～63kV 母线上，用来吸收电缆线路的充电容性无功。通过调整并联电抗器的数量，向电网提供可阶梯调节的感性无功，补偿电网剩余的容性无功，调整运行电压，保证电压稳定在允许范围内。

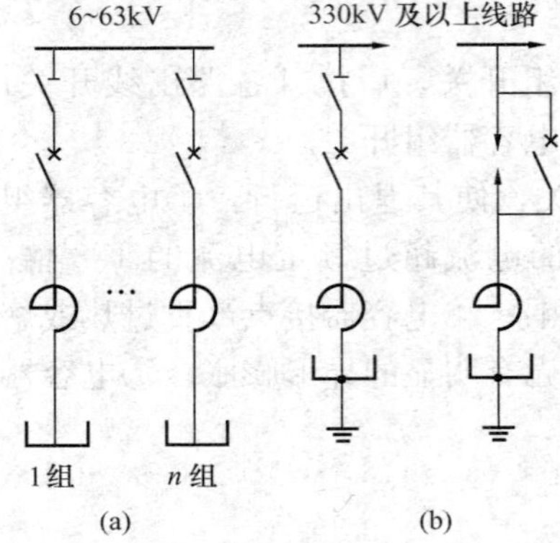

图 9-7 并联电抗器的应用
（a）6～63kV 中压并联电抗器的接线；
（b）超高压并联电抗器的接线

并联电抗器经断路器、隔离开关接入线路，如图 9-7（a）所示，其投资大，但运行方式灵活。

（2）超高压并联电抗器一般并联接于 330kV 及以上的超高压线路上，其主要作用如下：

1）降低工频过电压。装设并联电抗器吸收线路的充电功率，防止超高压线路空载或轻负荷运行时，线路的充电功率造成线路末端电压升高。

2）降低操作过电压。装设并联电抗器可限制由于突然甩负荷或接地故障引起的过电压，避免危及系统的绝缘。

3）避免发电机带长线出现的自励磁谐振现象。

4）有利于单相自动重合闸。并联电抗器与中性点小电抗配合，有利于超高压长距离输电线路单相重合闸过程中故障相的消弧，从而提高单相重合闸的成功率。

总之，超高压并联电抗器对于改善电力系统无功功率的有关运行状况、降低系统绝缘水平和系统故障率、提高运行可靠性，均有重要意义。

超高压并联电抗器可只经隔离开关接入线路，其投资较小，但电抗器故障需退出时会使线路短时停电。更好的方式是将电抗器经一组火花间隙接入，如图 9-7（b）所示，间隙应能耐受一定的工频电压（例如 1.35 倍相电压），它与一个断路器并接。正常情况下，断路器断开，电抗器退出运行；当该处电压达到间隙放电电压时，断路器动作接通，电抗器自动投入，工频电压随即降至额定值以下。

3. 并联电抗器的结构

（1）空心式电抗器。空心式电抗器只有绕组，没有铁心。空心式电抗器多数是干式，当电抗较大时，需要制成油浸式。干式空心式电抗器的绕组可采用包封式，也可用电缆绕制后用水泥浇注的水泥空心电抗器，如图 9-8 所示。包封绕组的干式空心电抗器若能选用耐户外气候条件的绝缘材料，就可用于户外。

（2）心式电抗器。铁心式并联电抗器的铁心，电抗器心柱由铁心饼和气隙垫块组成。铁心饼为辐射形叠片结构，铁心饼与铁轭由压紧装置通过非磁性材料制成的螺杆拉紧，形成一个整体，如图 9-9 所示。由于铁心采用了强有力的压紧和减振措施，整体性能好、震动及噪声小、损耗低、无局部过热。油箱为钟罩式结构，便于用户维护和检修。油箱为圆形或多边形，强度高、振动小、结构紧凑，单相并联电抗器的油箱和铁心间设有防止器身在运输过程中发生位移的强力定位装置。油箱壁设有磁屏蔽，降低了漏磁在箱壁产生的损耗，消除了箱壁的局部过热。

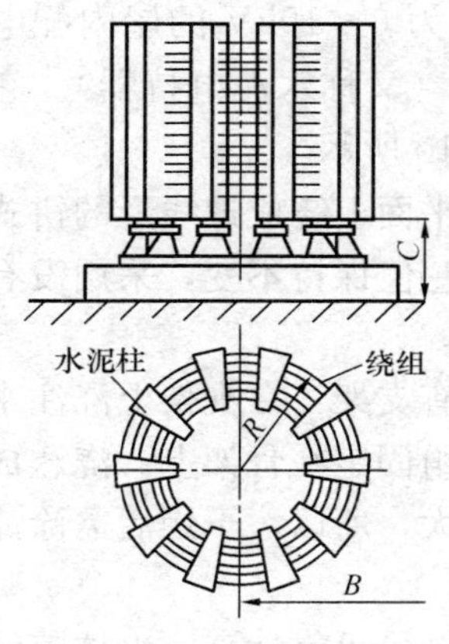

图 9-8　水泥空心电抗器

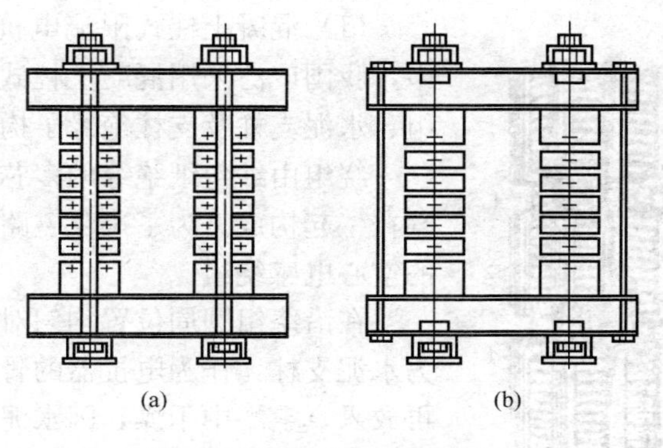

图 9-9　铁心式电抗器的铁心

（a）拉紧螺杆穿过铁心柱与线组之间；（b）拉紧螺杆位于绕组外面

（3）干式半心电抗器。干式半心电抗器在绕组中放入了由高导磁材料做成的心柱，磁路中磁导率大大增加，与空心电抗器相比较，在同等容量下，绕组直径大幅度缩小、导线用量大大减少、损耗大幅度降低。绕组选用小截面圆导线多股平行绕制，涡流损耗和漏磁损耗明显减小、其绝缘强度高、散热性好，具有很好的整体性、机械强度高、耐受短时电流的冲击能力强，能满足动、热稳定的要求。采用机械强度高的铝质的星形接线架，涡流损耗小，可以满足对绕组分数匝的要求。所有的导线引出线全部焊接在星形接线臂上，不用螺钉连接，提高了运行的可靠性。其铁心结构为多层绕组并联的筒形结构，形状十分简单。铁心柱经整体真空环氧浇注成型后密实而整体性很好，运行时振动极小，噪声很低，能耐受户外恶劣的气侯条件，不受任何环境条件的限制。电抗器的工作寿命期可长达 30 年之久。因此，干式半心并联电抗器是干式空心并联电抗器的替代品。

三、限流电抗器

1. 限流电抗器的作用

发电厂和变电站中装限流电抗器的目的是限制短路电流，以便能经济合理地选择电器。电抗器按安装地点和作用可分为线路电抗器、母线电抗器、变压器回路电抗器。

（1）线路电抗器。为了使出线能选用轻型断路器以及减小馈线电缆的截面，将线路电抗器串接在电缆馈线上。当线路电抗器后发生短路时，不仅限制了短路电流，还能维持较高的母线剩余电压，提高了供电的可靠性。由于电缆的电抗值较小且有分布电容，即使短路发生在电缆末端，也会产生和母线短路差不多大小的短路电流。

(2) 母线电抗器。母线电抗器串接在发电机电压母线的分段处或主变压器的低压侧，用来限制厂内、外短路时的短路电流，也称为母线分段电抗器。当线路上或一段母线上发生短路时，它能限制另一段母线提供的短路电流。若能满足要求，可省去在每条线路上装设电抗器，以节省工程投资。但它限制短路电流的效果较小。

(3) 变压器回路电抗器。安装在变压器回路中，用于限制短路电流，以使变压器回路能选用轻型断路器。

2. 限流电抗器的结构类型

限流电抗器按结构形式可分为混凝土柱式限流电抗器和干式空心限流电抗器，各有普通电抗器和分裂电抗器两类。

(1) 混凝土柱式限流电抗器。在电压为 6～10kV 的屋内配电装置中，我国广泛采用混凝土柱式限流电抗器（又称水泥电抗器）。它由绕组、水泥支柱及支柱绝缘子构成，如图 9-10 所示。

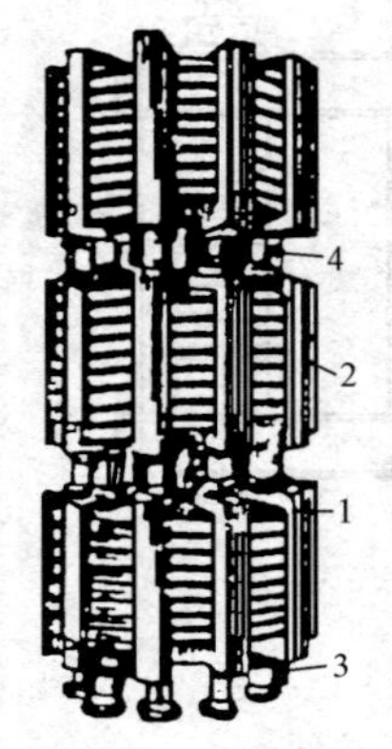

图 9-10 水泥电抗器结构

1—绕组；2—水泥支柱；3、4—支柱绝缘子

绕组由纱包纸绝缘的多芯铝线在同一平面上绕成螺线形的饼式线圈叠在一起构成。为了避免磁路饱和，使电感值保持不变，采用没有铁心的空心电感绕组。

在沿绕组圆周位置均匀对称的地方设有支架，在支架上浇注水泥成为水泥支柱，作为电抗器的骨架，并把绕组固定在骨架上。浇注成形后再放入真空罐中干燥，因水泥的吸湿性很大，所以，干燥后需涂漆，以防止水分浸入水泥中。

水泥电抗器具有结构较简单、运行安全、可靠性高、电抗值线性度好、维护简单、不易燃、价格比较便宜等优点。其主要缺点是尺寸大、笨重。

(2) 分裂电抗器。为了限制短路电流和使母线有较高的残压，要求电抗器有较大的电抗；而为了减少正常运行时电抗器中的电压和功率损失，要求电抗器有较小的电抗。这是一个矛盾，采用分裂电抗器有助于解决这一矛盾。

分裂电抗器在构造上与普通电抗器相似，但其每相绕组有中间抽头，一般中间抽头接电源侧，两端头接负载侧。前者小、后者大。

分裂电抗器在结构上与普通电抗器相似，只是在绕组中心有一个抽头，绕组形成两个分支，其额定电流、自感抗相等。一般中间抽头用来连接电源，两个分支连接两组大致相等的负载。由于两分支有磁耦合，故正常运行和其中一个分支短路时，表现不同的电抗值。

若分裂电抗器与普通电抗器的电抗值相等，两者在短路时的限流作用相同，但正常运行时，分裂电抗器的电压损失只有普通电抗器的一半，而且比普通电抗器多供一倍数目的出线，从而减少了电抗器数量，减少了设备投资和占地面积，因而被广泛应用。

(3) 干式空心限流电抗器。这是近年发展的新型限流电抗器。其绕组采用多根并联小导线多股并行绕制，匝间绝缘强度高，损耗比水泥电抗器低得多；采用环氧树脂浸透的玻璃纤维包封，整体高温固化，整体性强、质量轻、噪声低、机械强度高、可承受大短路电流的冲击；绕组层间有通风道，对流自然冷却性能好，由于电流均匀分布在各层，动、热稳定性高；电抗器外表面涂以特殊的抗紫外线老化的耐气候树脂涂料，能承受户外恶劣的气象条件，可在户内、户外使用。

3. 限流电抗器型号

水泥柱式限流电抗器的型号表示和含义如下：

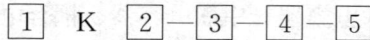

□1 K □2—□3—□4—□5

□1：结构特点：N—水泥柱式；F—分裂式；

K：电抗器；

□2：绕组材料：L—铝线；铜线不表示；

□3：额定电压（kV）；

□4：额定电流（A）；

□5：电抗百分数（%）。

四、串联电抗器

串联电抗器在电力系统中的应用如图 9-11 所示。它与并联电容补偿装置或交流滤波装置（也属补偿装置）回路中的电容器串联。其主要作用如下：

（1）降低电容器组的涌流倍数和涌流频率。

（2）可以吸收接近调谐波的高次谐波，降低母线上该谐波电压值，减少系统电压波形畸变，提高供电质量。

（3）与电容器的容抗处于某次谐波全调谐或过调谐状态下，可以限制高于该次的谐波电流流入电容器组，保护了电容器组。

（4）在并联电容器组内部短路时可减少系统提供的短路电流，在外部短路时可减少电容器组对短路电流的助增作用。

（5）减少健全电容器组向故障电容器组的放电电流值。

（6）电容器组的断路器在分闸过程中，如果发生重击穿，串联电抗器能减少涌流倍数和频率，并能降低操作过电压。

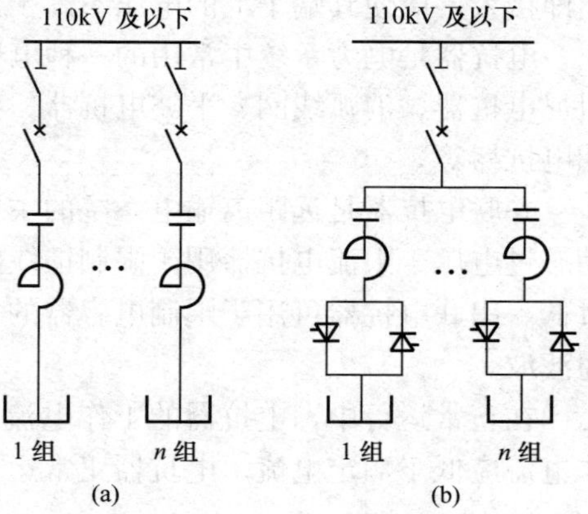

图 9-11　串联电抗器的应用

（a）串接于由断路器投切的并联电容器或交流滤波装置；（b）串接于由可控硅投切的并联电容器或交流滤波装置

五、电抗器的使用知识

1. 电抗器的布置和安装

线路电抗器的额定电流较小，通常都作垂直布置。各电抗器之间及电抗器与地之间用支柱绝缘子绝缘。中间一相电抗器的绕线方向与上下两边的绕线方向相反，这样在上中或中下两相短路时，电抗器间的作用力为吸引力，不易使支柱绝缘子断裂。

母线电抗器的额定电流较大，尺寸也较大，可作水平布置或品字形布置。

2. 电抗器的运行维护

电抗器在正常运行中的检查：接头应接触良好无发热；周围应整洁无杂物；支柱绝缘子应清洁并安装牢固，水泥支柱无破碎；垂直布置的电抗器应无倾斜；电抗器绕组应无变形；无放电声及焦臭味。

本 章 小 结

电力电容器按用途分为并联电容器、串联电容器、耦合电容器、滤波电容器、均压电容器、储能电容器等。国内广泛采用聚丙烯金属膜并联电容器，又称自愈式电容器。

并联电容器并联在电网上用来补偿电力系统感性负载的无功功率，以提高系统的功率因数，改善电能质量，降低线路损耗。电容器组进行就地补偿，可采取集中、分散和个别三种补偿方式。

电容器安装容量的选择，可根据使用目的的不同，按改善功率因数、提高运行电压和降低线路损耗等因素来确定，一般主要按提高功率因数来确定补偿容量。

为了保证并联电容器在系统中的安全运行，防止事故的发生与扩大，并联电容器组应合理选用控制和保护装置。对运行中的电容器组应进行日常巡视检查、定期停电检查以及特殊巡视检查。为了便于检查，必要时可以短时停电。停电时，除电容器组自动放电外，还应进行人工充分放电，否则不得触及电容器。在电容器组自电路断开后不得立即重新接入，若要立即接入，应使其端子上的电压不高于额定电压的10%。

电抗器是电力系统中常用的一种电感元件，按其用途可分为并联电抗器、限流电抗器、阻尼电抗器、消弧线圈、平波电抗器、中性点电抗器、启动电抗器、阻波器、直流控制的饱和电抗器等。

并联电抗器是远距离输电系统的主要设备，用于补偿电力系统的电容性无功功率，降低动态过电压。限流电抗器用于限制馈线的短路电流，并维持母线电压，不致因馈线短路而致过低。串联电抗器可用于限制电容器的合闸涌流，还用于3～17次的谐振滤波或更高次的高通滤波。

在正常运行中，电抗器的工作电流应不大于额定电流。当环境温度超过35℃时，其工作电流应低于额定电流。电抗器正常运行中要定期巡视检查。

思 考 练 习

9-1 电力电容器有哪些用途？并联电容器可以采用哪些补偿方式？

9-2 某工厂最大负荷月的平均有功功率为300kW，功率因数$\cos\varphi_1=0.7$，现在要将功率因数提高到$\cos\varphi_2=0.9$，需要装设电容器组的总容量是多少？

9-3 某企业三班制工作，最大负荷月的平均有功负荷$W_P=80$万kWh，无功负荷$W_Q=60$万kvar，按照国家标准规定功率因数应达到0.9，该企业是否达到标准？若未达到，需要装设多少台容量为15kvar的低压并联电容器才能满足要求？

9-4 电抗器有哪些种类？各有何用途？

9-5 在电容器组中串联电抗器有何作用？

9-6 限流电抗器有何用途？什么是线路电抗器和母线电抗器，各有何作用？

9-7 电抗器的布置有何规定？

第十章　电气主接线

本章介绍发电厂、变电站电气主接线的基本形式，简要分析各类电气主接线的特点，说明电气主接线的优缺点和适用条件；初步介绍电气主接线的运行方式及其有关的操作原则。

第一节　概　　述

发电厂、变电站的电气主接线是由发电机、变压器、断路器等一次设备按其功能要求，通过连接线连接而成的用于表示电能的生产、汇集和分配的电路，通常也称之为一次接线或电气主系统。

电气主接线的主要设备及其连接情况用电气主接线图表示，用规定的文字和图形符号按实际运行原理排列和连接，详细地表示电气设备的基本组成和连接关系的单线接线图，称为发电厂或变电站的电气主接线图。电气主接线图一般画成单线图（即用单相接线表示三相交流系统），但对三相接线不完全相同的局部（如各相电流互感器的配备情况不同）则画成三线图。在电气主接线的全图中，还应将互感器、避雷器、中性点设备等也表示出来，并注明各个设备的型号与规格。

电气主接线代表了发电厂和变电站电气部分的主体结构，起着汇集电能和分配电能的作用，是电力系统网络结构的重要组成部分。电气主接线中一次设备的数量、类型、电压等级、设备之间的相互连接方式，以及与电力系统的连接情况，反映出该发电厂或变电站的规模和在电力系统中的地位。电气主接线形式对电气设备选择、配电装置布置、继电保护与自动装置的配置起着决定性的作用，也将直接影响系统运行的可靠性、灵活性、经济性。为此，电气主接线应满足以下基本要求：

（1）保证必要的供电可靠性。发电厂和变电站是电力系统的重要组成部分，其主接线的可靠性应与系统的要求相适应。发电厂和变电站的主接线又是电能向用户传输的集散点，所以它还应根据各类负荷的重要性，按不同要求满足各类负荷对供电可靠性和电能质量的要求。

（2）具有一定的灵活性。主接线要求有一定的灵活性，以适应系统不同运行方式的要求。主接线不仅能满足在正常情况下根据调度的要求灵活地改变运行方式，而且能在各种故障和设备检修时，尽快退出设备、切除故障，使停电时间最短、影响范围最小，并且保证人员的安全。

（3）保证维护及检修时的安全、方便。主接线应简单清晰、操作方便。复杂的主接线不利于倒闸操作，且容易造成误操作，导致事故的发生。而主接线过于简单，则会给运行带来不便或造成不必要的停电。

（4）尽量减少一次投资和降低年运行费用。主接线应力求简单，节省设备投资，尽量减少占地面积，减少年运行费用。

（5）必要时要能满足扩建的要求。

发电厂、变电站的电气主接线，因建设条件、能源类型、系统状况、负荷需求等多种因素而异。典型的电气主接线，可分为有母线和无母线两类。有母线类主要包括单母线接线、双母线接线等；无母线类主要包括桥形接线、多角形接线和单元接线等。

第二节 单母线接线

一、单母线接线

1. 接线特点

当进线和出线回路数不止一回时，为了适应负荷变化和设备检修的需要，使每一回路引出线均能从任一电源取得电能，或任一电源被切除时，仍能保证供电，在引出回路与电源回路之间，用母线连接。单母线接线如图 10-1 所示。

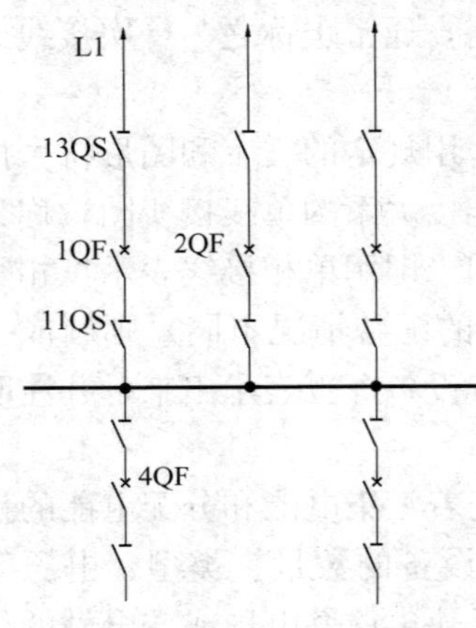

图 10-1 单母线接线

单母线接线的特点是每一回线路均经过一台断路器 QF 和隔离开关 QS 接于一组母线上。断路器用于在正常或故障情况下接通与断开电路。断路器两侧装有隔离开关，用于停电检修断路器时作为明显断开点以隔离电压，靠近母线侧的隔离开关称母线侧隔离开关（如 11QS），靠近引出线侧的称为线路侧隔离开关（如 13QS）。在主接线设备编号中隔离开关编号前几位与该支路断路器编号相同，线路侧隔离开关编号尾数为 3，母线侧隔离开关编号尾数为 1（双母线时是 1 和 2）。在电源回路中，若断路器断开之后，电源不可能向外送电能时，断路器与电源之间可以不装隔离开关，如发电机出口。若线路对侧无电源，则线路侧可不装设隔离开关。

2. 优缺点分析

单母线的优点是：接线简单清晰，设备少，操作方便，投资少，便于扩建。

单母线的缺点是：可靠性和灵活性较差。在母线和母线隔离开关检修或故障时，各支路都必须停止工作；引出线的断路器检修时，该支路要停止供电。

3. 典型操作

（1）线路停电操作。以 L1 线路停电为例，操作步骤是：断开 1QF 断路器，检查 1QF 确实断开，断开 13QS 隔离开关，断开 11QS 隔离开关。

停电时先断开线路断路器后断开隔离开关，其原因是断路器有灭弧能力而隔离开关没有灭弧能力，必须用断路器来切断负荷电流，若直接用隔离开关来切断电路，则会产生电弧造成短路。停电操作时隔离开关的操作顺序是：先断开负荷侧隔离开关 13QS，后断开母线侧隔离开关 11QS。这是因为：如果在断路器未断开的情况下，先拉开了线路侧隔离开关 13QF，即带负荷拉隔离开关，此时虽然会发生电弧短路，但由于故障点仍在线路侧，继电保护装置将跳开 1QF 断路器，切除故障，这样只影响到本线路，对其他回路设备（特别是母线）运行影响甚少。若先断开母线侧隔离开关 11QS 后断开负荷侧隔离开关 13QS，则故障点在母线侧，继电保护装置将跳开与母线相连接的所有电源侧开关，导致全部停电，扩大事故影响范围。

（2）线路送电操作。以 L1 线路送电为例，操作步骤是：检查 1QF 确实断开，合上

11QS 隔离开关，合上 13QS 隔离开关，合上 1QF 断路器。

这样操作的原因与停电操作时相似，读者可以自行分析。

4. 适用范围

单母线接线不能满足对不允许停电的重要用户的供电要求，一般用于 6～220kV 系统中，出线回路较少，对供电可靠性要求不高的中、小型发电厂与变电站中。

二、单母线分段接线

1. 接线特点

当引出线数目较多时，为提高供电可靠性，可用断路器将母线分段，成为单母线分段接线，如图 10-2 所示。正常运行时，单母线分段接线有两种运行方式：

(1) 分段断路器闭合运行。正常运行时分段断路器 0QF 闭合，两个电源分别接在两段母线上；两段母线上的负荷应均匀分配，以使两段母线上的电压均衡。在运行中，当任一段母线发生故障时，继电保护装置动作跳开分段断路器和接至该母线段上的电源断路器，另一段则继续供电。有一个电源故障时，仍可以使两段母线都有电，可靠性比较好。但是线路故障时短路电流较大。

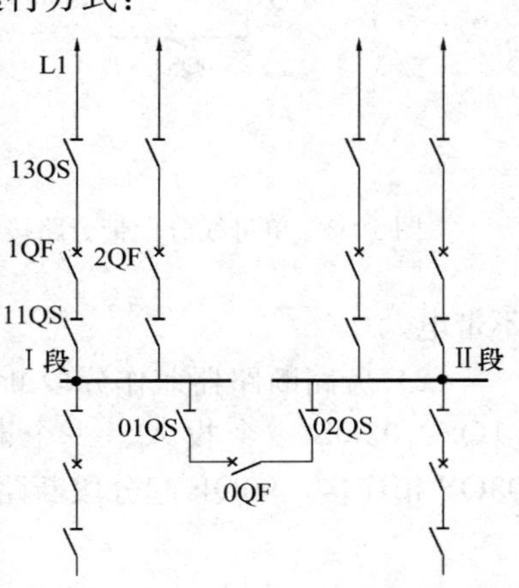

图 10-2 单母线分段接线

(2) 分段断路器 0QF 断开运行。正常运行时分段断路器 0QF 断开，两段母线上的电压可不相同。每个电源只向接至本段母线上的引出线供电。当任一电源出现故障，接于该电源的母线停电，导致部分用户停电，为了解决这个问题，可以在 0QF 处装设备用自投装置，或者重要用户可以从两段母线引接采用双回线路供电。分段断路器断开运行的优点是可以限制短路电流。

2. 优缺点分析

单母线分段接线的优点是：

(1) 当母线发生故障时，仅故障母线段停止工作，另一段母线仍继续工作。

(2) 两段母线可看成是两个独立的电源，提高了供电可靠性，可对重要用户供电。

单母线分段接线的缺点是：

(1) 当一段母线故障或检修时，该段母线上的所有支路必须断开，停电范围较大。

(2) 任一支路断路器检修时，该支路必须停电。

3. 适用范围

单母线分段接线与单母线接线相比提高了供电可靠性和灵活性。但是，当电源容量较大、出线数目较多时，其缺点更加明显。因此，单母线分段接线用于：

(1) 电压为 6～10kV 时，出线回路数为 6 回及以上，每段母线容量不超过 25MW；否则，回路数过多，影响供电可靠性。

(2) 电压为 35～63kV 时，出线回路数为 4～8 回为宜。

(3) 电压为 110～220kV 时，出线回路数为 3～4 回为宜。

三、单母线分段带旁路母线接线

为克服出线断路器检修时该回路必须停电的缺点，可采用增设旁路母线的方法。

1. 接线特点

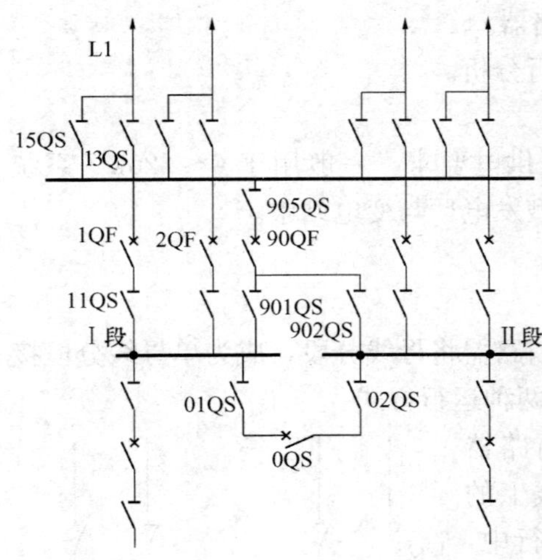

图 10-3 单母线分段带旁路接线

图 10-3 为单母线分段带旁路接线的一种情况。旁路母线经旁路断路器 90QF 接至Ⅰ、Ⅱ段母线上。正常运行时，90QF 回路以及旁路母线处于冷备用状态。

当出线回路数不多时，旁路断路器利用率不高，可与分段断路器合用，并有以下两种接线形式。

（1）分段断路器兼作旁路断路器接线。如图 10-4 所示，从分段断路器 0QF 的隔离开关内侧引接联络隔离开关 05QS 和 06QS 至旁路母线，在分段工作母线之间再加两组串联的分段隔离开关 01QS 和 02QS。正常运行时，分段断路器 0QF 及其两侧隔离开关 03QS 和 04QS 处于接通位置，联络隔离开关 05QS 和 06QS 处于断开位置，分段隔离开关 01QS 和 02QS 中，一组断开，一组闭合，旁路母线不带电。

（2）旁路断路器兼作分段断路器接线。如图 10-5 所示。正常运行时，两分段隔离开关 01QS、02QS 一个投入、一个断开，两段母线通过 901QS、90QF、905QS、旁路母线、03QS 相连接，90QF 起分段断路器作用。

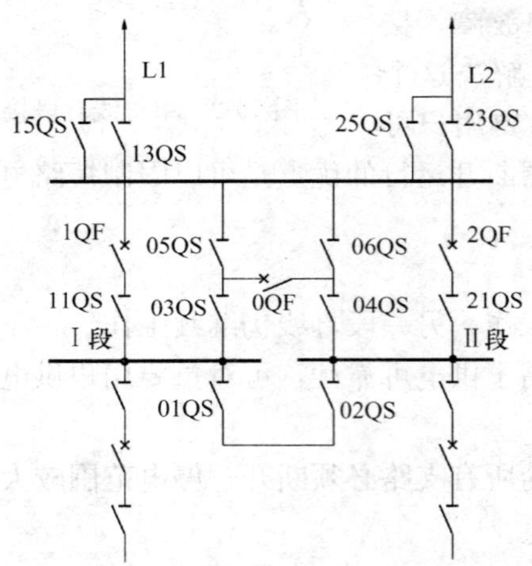

图 10-4 单母线分段断路器兼作旁路断路器接线

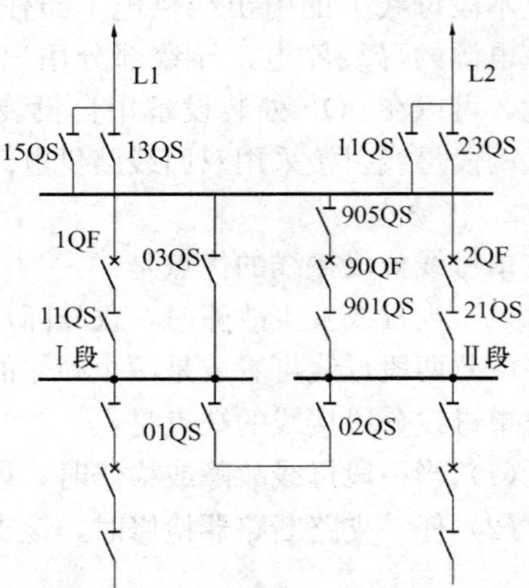

图 10-5 旁路断路器兼作单母线分段断路器接线

2. 优点

单母分段带旁路接线与单母分段相比，带来的唯一好处就是出线断路器故障或检修时可以用旁路断路器代路送电，使线路不停电。

3. 典型操作

以图 10-3 为例，检修线路 L1 的断路器 1QF 时，要求线路不停电。其操作顺序如下：检查 90QF 确断，合上 901QS，合上 905QS，合上 90QF，检查旁路母线电压正常，断开 90QF，合上 15QS，合上 90QF，检查 90QF 三相电流平衡，断开 1QF，断开 13QS，断开

11QS，然后按检修要求做好安全措施，即可对 1QF 进行检修，而整个过程 L1 线路不停电。

4. 适用范围

单母线分段带旁路接线，主要用于电压为 6～10kV 出线较多而且对重要负荷供电的装置中；35kV 及以上有重要联络线路或较多重要用户时也采用。

第三节　双 母 线 接 线

一、双母线接线

1. 接线特点

不分段的双母线接线如图 10-6 所示。这种接线有两组母线（Ⅰ段和Ⅱ段），在两组母线之间通过母线联络断路器 0QF（以下简称母联断路器）连接；每一条引出线（L1、L2、L3、L4）和电源支路（5QF、6QF）都经一台断路器与两组母线隔离开关分别接至两组母线上。

2. 优缺点分析

（1）可靠性高。可轮流检修母线而不影响正常供电。当采用一组母线工作、一组母线备用方式运行时，需要检修工作母线，可将工作母线转换为备用状态后，便可进行母线停电检修工作；检修任一母线侧隔离开关时，只影响该回路供电；工作母线发生故障后，所有回路短时停电并能迅速恢复供电；可利用母联断路器替代引出线断路器工作，使引出线断路器检修期间能继续向负荷供电。

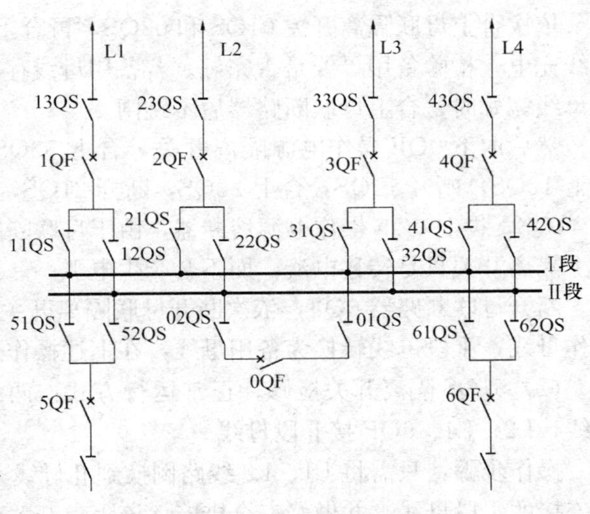

图 10-6　双母线接线

（2）灵活性好。各个电源和各回路负荷可以任意分配到某一组母线上，能灵活适应电力系统中各种运行方式调度和潮流变化的需要。通过操作可以组成如下运行方式：

1）母联断路器断开，进出线分别接在两组母线上，相当于单母分段运行。

2）母联断路器断开，一组母线运行，一组母线备用。

3）两组母线同时工作，母联断路器合上，两组母线并联运行，电源和负荷平均分配在两组母线上，这是双母线常采用的运行方式。

（3）扩建方便。向双母线的左右任一方向扩建，均不影响两组母线的电源和负荷的均匀分配，不会引起原有电路的停电。

（4）检修出线断路器时该支路仍然会停电。

（5）设备较多、配电装置复杂，运行中需要用隔离开关切换电路，容易引起误操作；同时投资和占地面积也较大。

3. 典型操作

以下操作均以图 10-6 为例。

(1) Ⅰ母线运行转检修操作。

1) 正常运行方式：两组母线并联运行，L1、L3、5QF 接Ⅰ段母线，L2、L4、6QF 接Ⅱ段母线。

操作步骤：

确认 0QF 在合闸运行，取下 0QF 操作电源熔断器，合上 52QS，断开 51QS，合上 12QS，断开 11QS，合上 32QS，断开 31QS，投上 0QF 操作电源熔断器。然后断开 0QF，检查 0QF 确已断开，断开 01QS，断开 02QS，然后退出Ⅰ段母线电压互感器，按检修要求做好安全措施，即可对Ⅰ段母线进行检修，而整个操作过程没有任何回路停电。

在此过程中，操作隔离开关之前取下 0QF 操作电源熔断器，是为了使在操作过程中母联断路器 0QF 不跳闸，确保所操作隔离开关两侧可靠等电位，因为如果在操作过程中母联断路器跳闸，则可能会造成带负荷断开（合上）隔离开关，造成事故。

2) 正常运行方式：Ⅰ段母线为工作母线，Ⅱ段母线为备用母线。

操作步骤：

依次合上母联隔离开关 01QS 和 02QS，再合上母联断路器 0QF，用母联断路器向备用母线充电，检验备用母线是否完好。若备用母线存在短路故障，母联断路器立即跳闸；若备用母线完好时，合上母联断路器后不跳闸。

然后取下 0QF 操作电源隔离开关，合上 52QS，断开 51QS，合上 62QS，断开 61QS，合上 12QS，断开 11QS，合上 22QS，断开 21QS，合上 32QS，断开 31QS，合上 42QS，断开 41QS，投上 0QF 操作电源熔断器，由于母联断路器连接两套母线，所以依次合上、断开以上隔离开关只是转移电流，而不会产生电弧。

断开母联断路器 0QF，依次断开母联隔离开关 01QS 和 02QS。至此，Ⅱ段母线转换为工作母线，Ⅰ段母线转换为备用母线，在上述操作过程中，任一回路的工作均未受到影响。

(2) 51QS 隔离开关检修。正常运行方式：两组母线并联运行，L1、L3、5QF 接Ⅰ段母线，L2、L4、6QF 接Ⅱ段母线。

操作步骤：只需将 L1、L3 线路倒换到Ⅱ母线上运行，然后断开该回路和与此隔离开关相连接的Ⅰ段母线，并做好安全措施，该隔离开关就可以停电检修，具体操作步骤参考操作(1)“Ⅰ母线运行转检修操作”。

(3) L1 线路断路器 1QF 拒动，利用母联断路器切断 L1 线路。

正常运行方式是：两组母线并联运行，L1、L3、5QF 接Ⅰ段母线，L2、L4、6QF 接Ⅱ段母线。

操作步骤：

首先利用倒母线的方式，将 L3 回路和 5QF 回路从Ⅰ母线上倒到Ⅱ母线上运行，这时 L1 线路、1QF、Ⅰ段母线、母联、Ⅱ段母线形成串联供电电路，然后断开母联断路器 0QF 切断电路，即可保证线路 L1 可靠切断。具体操作步骤读者可以参考前面相关操作自己练习。

4. 适用范围

由于双母线接线具有较高的可靠性和灵活性，这种接线在大、中型发电厂和变电站中得到广泛的应用。一般用于引出线和电源较多、输送和穿越功率较大、要求可靠性和灵活性较高的场合。

(1) 电压为 6～10kV 短路容量大、有出线电抗器的装置。

(2) 电压为 35～60kV 出线超过 8 回或电源较多、负荷较大的装置。

(3) 电压为 110～220kV 出线为 5 回及以上或者在系统中居重要位置、出线为 4 回及以上的装置。

二、双母线分段接线

双母线分段接线如图 10-7 所示，Ⅰ段母线用分段断路器 00QF 分为两组，每组母线与Ⅱ段母线之间分别通过母联断路器 01QF、02QF 连接。这种接线较双母线接线具有更高的

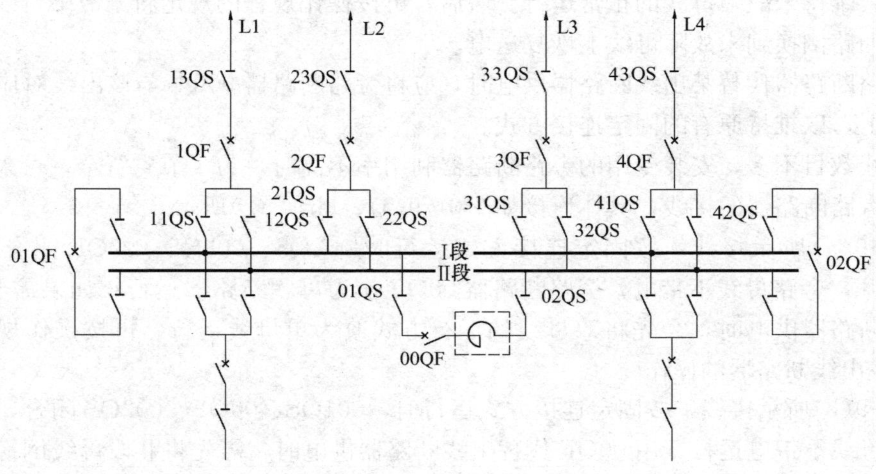

图 10-7　双母线分段接线

可靠性和更大的灵活性。当Ⅰ段母线工作，Ⅱ段母线备用时，它具有单母线分段接线的特点。Ⅰ段母线的任一组段检修时，将该组母线所连接的支路倒至备用母线上运行，仍能保持单母线分段运行的特点。当具有 3 个或 3 个以上电源时，可将电源分别接到Ⅰ段的两组母线和Ⅱ段母线上，用母联断路器连通Ⅱ段母线与Ⅰ段某一组母线，构成单母线分三段运行，可进一步提高供电可靠性。

双母线分段接线主要适用于大容量进出线较多的装置中。

(1) 电压为 220kV 进出线为 10～14 回的装置。

(2) 在 6～10kV 配电装置中，当进出线回路数或者母线上电源较多，输送的功率较大时，短路电流较大，为了限制短路电流，选择轻型设备，提高接线的可靠性，常采用双母线分段接线，并在分段处装设母线电抗器。

三、双母线带旁路母线接线

1. 接线特点

有专用旁路断路器的双母线带旁路接线如图 10-8 所示，旁路断路器可代替出线断路器工作，使出线断路

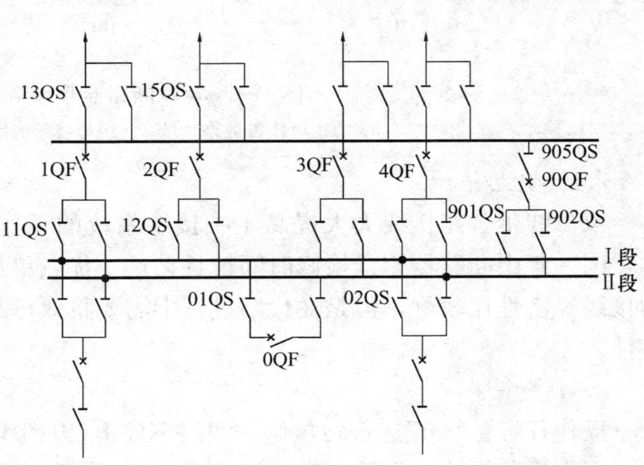

图 10-8　有专用旁路断路器的双母线带旁路接线

器检修时，线路供电不受影响。双母线带旁路接线，正常运行多采用两组母线固定连接方式，即双母线同时运行的方式，此时母联断路器处于合闸位置，并要求某些出线和电源固定连接于Ⅰ段母线上，其余出线和电源连至Ⅱ段母线。两段母线固定连接回路的确定既要考虑供电可靠性，又要考虑负荷的平衡，尽量使母联断路器通过的电流很小。

双母线带旁路接线采用固定连接方式运行时，通常设有专用的母线差动保护装置。运行中，如果一段母线发生短路故障，则母线保护装置动作跳开与该母线连接的出线、电源和母联断路器，维持未故障母线的正常运行。然后，可按操作规程的规定将与故障母线连接的出线和电源回路倒换到未故障母线上恢复送电。

用旁路断路器代替某出线断路器供电时，应将旁路断路器 90QF 与该出线对应的母线隔离开关合上，以维持原有的固定连接方式。

当出线数目不多，安装专用的旁路断路器利用率不高时，为了节省资金，可采用母联断路器兼作旁路断路器的接线，具体连接如图 10-9(a)、(b)、(c)所示。

图 10-9(a)所示接线，按固定连接方式运行时 002QS、003QS、00QF 闭合，001QS、005QS 断开，旁路母线不带电，旁路断路器 00QF 作为母联断路器运行；如果需要用 00QF 代替出线断路器供电时，需先将双母线的运行方式改为单母线运行，再按操作规程完成用 00QF 代替出线断路器的操作。

图 10-9(b)所示接线，按固定连接方式运行时，001QS、00QF、002QS 闭合，005QS 断开，旁路母线不带电运行。用 00QF 代替出线断路器供电时，需先将Ⅱ段母线倒换为备用母线，Ⅰ段母线为工作母线，然后再完成用 00QF 代替出线断路器的操作。

图 10-9(c)所示接线，按固定连接方式运行时，902QS、90QF、905QS、903QS 闭合，901QS 断开，旁路母线带电运行。用 90QF 代替出线断路器供电时，需先将双母线的运行方式改为单母线运行，再按操作规程完成用 90QF 代替出线断路器的操作。

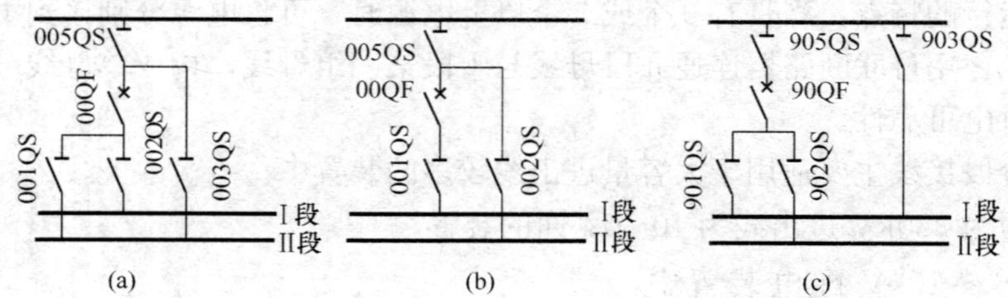

图 10-9　母联断路器兼旁路断路器接线

(a) 两组母线带旁路；(b) 一组母线带旁路；(c) 设有旁路跨条

2. 优缺点分析

双母线带旁路接线大大提高了主接线系统的工作可靠性，当电压等级较高、线路较多时，因一年中断路器累计检修时间较长，这一优点更加突出。而母联断路器兼做旁路断路器的接线经济性比较好，但是在代路过程中需要将双母线同时运行改成单母线运行，降低了可靠性。

3. 典型操作

操作任务：1QF 运行转检修，线路不停电(以图 10-8 为例)。

正常运行方式：采用固定连接方式，1QF、2QF 接Ⅰ段母线，3QF、4QF 接Ⅱ段母线，

90QF 回路以及旁路母线冷备用。

操作步骤：

（1）给旁路母线充电：检查 90QF 确实断开，合上 901QS，合上 905QS，合上 90QF，查旁路母线电压正常。

（2）用旁路断路器给线路送电：断开 90QF，合上 15QS，合上 90QF，检查 90QF 三相电流平衡。

（3）断开 1QF，检查 1QF 确实断开，断开 13QS，断开 11QS，然后按检修要求作安全措施，即可对 1QF 进行检修。

4. 适用范围

这种接线一般用在 220kV 线路 4 回及以上出线或者 110kV 线路有 6 回及以上出线的场合。

四、一台半断路器接线

1. 接线特点

一台半断路器接线如图 10-10 所示，有两组母线，每一回路经一台断路器接至一组母线，两个回路间有一台断路器联络，形成一串，每回进出线都与两台断路器相连，而同一串的两条进出线共用三台断路器，故而得名一台半断路器接线或叫做二分之三接线。正常运行时，两组母线同时工作，所有断路器均闭合。

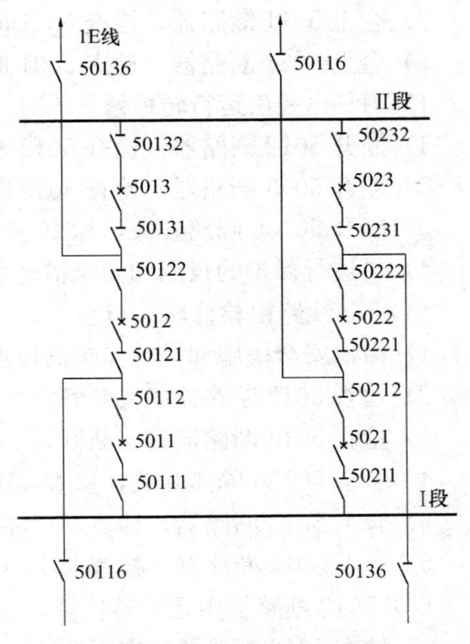

图 10-10 一台半断路器接线

2. 优缺点分析

（1）运行灵活可靠。正常运行时成环形供电，任意一组母线发生短路故障，均不影响各回路供电。

（2）操作方便。隔离开关只起隔离电压作用，避免用隔离开关进行倒闸操作。任意一台断路器或母线检修，只需拉开对应的断路器及隔离开关，各回路仍可继续运行。

（3）一般情况下，母线侧一台断路器故障或拒动，只影响一个回路工作。只有联络断路器故障或拒动时，才会造成二条回路停电。

（4）一台半断路器接线的二次线和继电保护比较复杂、投资较大。

另外，为提高运行可靠性，防止同名回路（指两个变压器或两回供电线路）同时停电，一般采用交替布置的原则：重要的同名回路交替接入不同侧母线；同名回路接到不同串上；把电源与引出线接到同一串上，这样布置，可避免联络断路器检修时，因同名回路串的母线侧断路器故障，使同一侧母线的同名回路一起断开。

同时，为使一台半断路器接线优点更突出，接线至少应有三个串（每串为三台断路器）才能形成多环接线，可靠性更高。

3. 典型操作

（1）Ⅰ段母线由运行转检修。

1）断开5011断路器，检查5011断路器在分闸位置。

2）断开5021断路器，检查5021断路器在分闸位置。

3）断开50111隔离开关，检查50111隔离开关分闸到位。

4）断开50211隔离开关，检查50211隔离开关分闸到位。

5）进行保护的投退和安全措施后，即可对Ⅰ段母线进行检修。

（2）Ⅰ段母线由检修转运行。

1）拆除全部措施以及进行保护投退切换。

2）检查5011断路器确实断开，合上50111隔离开关，检查50111隔离开关合闸到位。

3）检查5021断路器确实断开，合上50211隔离开关，检查50211隔离开关合闸到位。

4）合上5011断路器，检查5011断路器在合闸位置。

5）合上5021断路器，检查5021断路器在合闸位置。

（3）1E出线由运行转检修。

1）断开5012断路器，检查5012断路器在分闸位置。

2）断开5013断路器，检查5013断路器在分闸位置。

3）断开50136隔离开关，检查50136隔离开关分闸到位。

4）再进行保护的投退和安全措施后，即可对1E线路进行检修。

（4）1E线路由检修转运行。

1）撤出安全措施和进行保护的投退。

2）检查5012断路器确实断开。

3）检查5013断路器确实断开。

4）合上50136隔离开关，检查50136隔离开关合闸到位。

5）合上5013断路器，检查5013断路器在合闸位置。

6）合上5012断路器，检查5012断路器在合闸位置。

（5）5012断路器由运行转检修。

1）检查5012断路器确实断开。

2）断开50122隔离开关，检查50122隔离开关分闸到位。

3）断开50121隔离开关，检查50121隔离开关分闸到位。

4）再进行保护的投退和安全措施后，即可对5012断路器进行检修。

（6）5012断路器由检修转运行。

1）撤除安全措施和进行保护的投退。

2）检查5012断路器确实断开。

3）合上50122隔离开关，检查50122隔离开关合闸到位。

4）合上50121隔离开关，检查50121隔离开关合闸到位。

5）合上5012断路器，检查5012断路器在合闸位置。

4. 适用范围

一台半断路器接线，目前在国内、外已较广泛应用于大型发电厂和变电站的330～500kV的配电装置中。当进出线回路数为6回及以上，并在系统中占重要地位时，宜采用一个半断路器接线。

五、变压器一母线组接线

除了以上常见的几种接线之外，还可以采用如图 10-11 所示的变压器一母线组接线。这种接线变压器直接接入母线，各出线回路采用双断路器接线[如图 10-11(a)所示]或者一台半断路器接线[如图 10-11(b)所示]，调度灵活，电源与负荷可以自由调配，安全可靠，利于扩建。

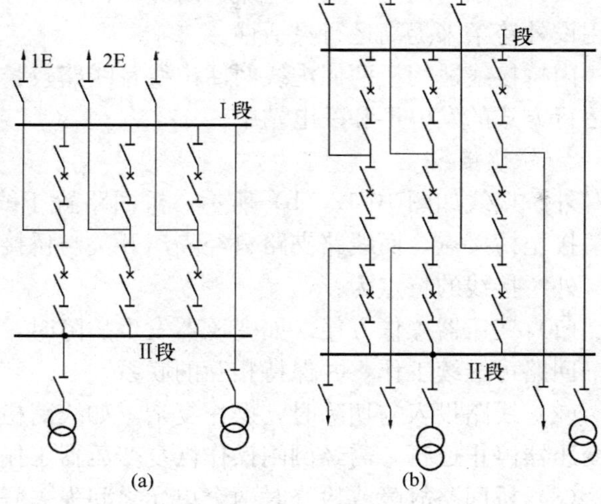

图 10-11 变压器—母线组接线
(a) 出线双断路器接线；(b) 出线一台半断路器接线

由于变压器运行可靠性比较高，所以直接接入母线，对母线运行不产生明显的影响。一旦变压器故障，连接于母线上的断路器跳开，但不影响其他回路供电，再用隔离开关把故障变压器退出后，即可进行倒闸操作使该母线恢复运行。

第四节 无母线接线

一、桥形接线

桥形接线适用于仅有两台变压器和两回出线的装置中，接线如图 10-12 所示。桥形接线仅用三台断路器，根据桥回路断路器(3QF)的位置不同，可分为内桥和外桥两种接线。桥形接线正常运行时，三台断路器均闭合工作。

1. 内桥接线

内桥接线如图 10-12(a)所示，桥回路置于线路断路器内侧(靠变压器侧)，此时线路经断路器和隔离开关接至桥接点，构成独立单元；而变压器支路只经隔离开关与桥接点相连，是非独立单元。

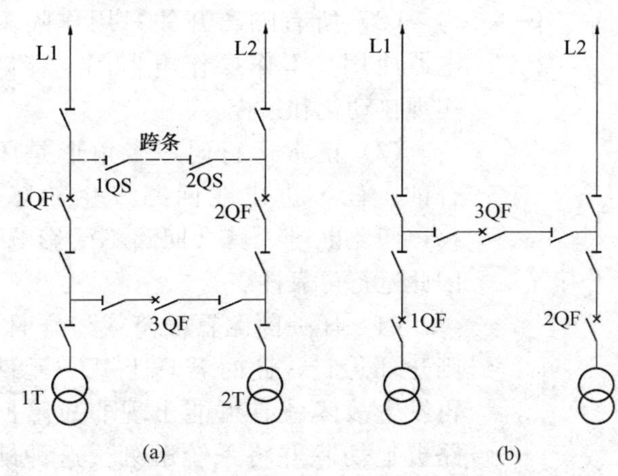

图 10-12 桥形接线
(a)内桥接线；(b)外桥接线

内桥接线的特点为：

(1) 线路操作方便。如线路发生故障，仅故障线路的断路器跳闸，其余三回线路可继续工作，并保持相互的联系。

(2) 正常运行时变压器操作复杂。如变压器 1T 检修或发生故障时，需断开断路器 1QF、3QF，使未发生故障线路 L1 供电受到影响，然后需经倒闸操作，拉开隔离开关 1QS 后，再合上 1QF、3QF 才能恢复线路 L1 工作。因此将造成该侧线路的短时停电。

(3) 桥回路故障或检修时两个单元

之间失去联系；同时，出线断路器故障或检修时，造成该回路停电。为此，在实际接线中可采用设外跨条来提高运行灵活性。

内桥接线适用于两回进线两回出线且线路较长、故障可能性较大和变压器不需要经常切换运行方式的发电厂和变电站中。

2. 外桥接线

外桥接线如图 10-12（b）所示，桥回路置于线路断路器外侧，变压器经断路器和隔离开关接至桥接点，而线路支路只经隔离开关与桥接点相连。

外桥接线的特点为：

（1）变压器操作方便。如变压器发生故障时，仅故障变压器回路的断路器自动跳闸，其余三回路可继续工作，并保持相互的联系。

（2）线路投入与切除时，操作复杂。如线路检修或故障时，需断开两台断路器，并使该侧变压器停止运行，需经倒闸操作恢复变压器工作，造成变压器短时停电。

（3）桥回路故障或检修时两个单元之间失去联系，出线侧断路器故障或检修时，造成该侧变压器停电，在实际接线中可采用设内跨条来解决这个问题。

外桥接线适用于两回进线、两回出线且线路较短故障可能性小和变压器需要经常切换，而且线路有穿越功率通过的发电厂和变电站中。

桥形接线具有接线简单清晰、设备少、造价低、易于发展成为单母线分段或双母线接线，为节省投资，在发电厂或变电站建设初期，可先采用桥形接线，并预留位置，随着发展逐步建成单母线分段或双母线接线。

二、多角形接线

多角形接线也称为多边形接线，如图 10-13 所示。它相当于将单母线按电源和出线数目分段，然后连接成一个环形的接线。比较常用的有三角形、四角形、五角形接线。

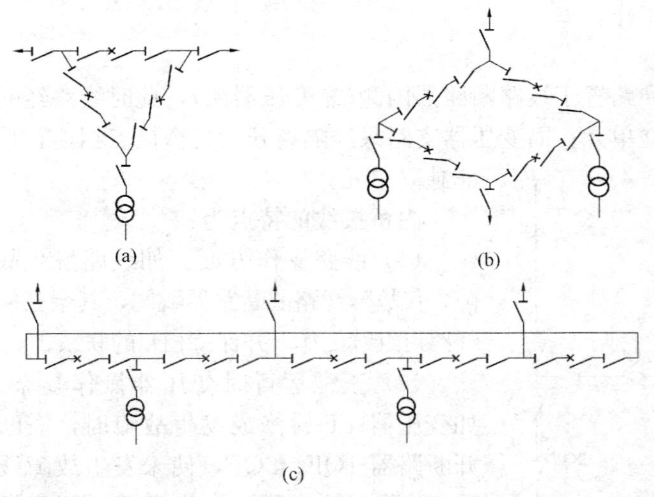

图 10-13 多角形接线

（a）三角形接线；（b）四角形接线；（c）五角形接线

多角形接线具有如下特点：

（1）每个回路位于两个断路器之间，具有双断路器接线的优点，检修任一断路器都不中断供电。

（2）所有隔离开关只用作隔离电器使用，不作操作电器用，容易实现自动化和遥控。

（3）正常运行时，多角形是闭合的，任一进出线回路发生故障，仅该回路断开，其余回路不受影响，因此运行可靠性高。

（4）任一断路器故障或检修时，则开环运行，此时若环上某一元件再发生故障就有可能出现非故障回路被迫切除并将系统解列。这种缺点随角数的增加更为突出，所以这种接线最多不超过六角。

（5）开环和闭环运行时，流过断路器的工作电流不同，这将给设备选择和继电保护整定带来一定的困难。

(6) 此接线的配电装置不便于扩建和发展。

因此，多角形接线多用于最终容量和出线数已确定的 110kV 及以上的水电厂中，且不宜超过六角形。

三、单元接线

单元接线是将不同的电气设备（发电机、变压器、线路）串联成一个整体，称为一个单元，然后再与其他单元并列。

1. 单元接线

单元接线如图 10-14 所示。图 10-14(a)为发电机—双绕组变压器单元接线，断路器装于主变压器高压侧作为该单元共同的操作和保护电器，在发电机和变压器之间不设断路器，可装一组隔离开关供试验和检修时作为隔离元件。

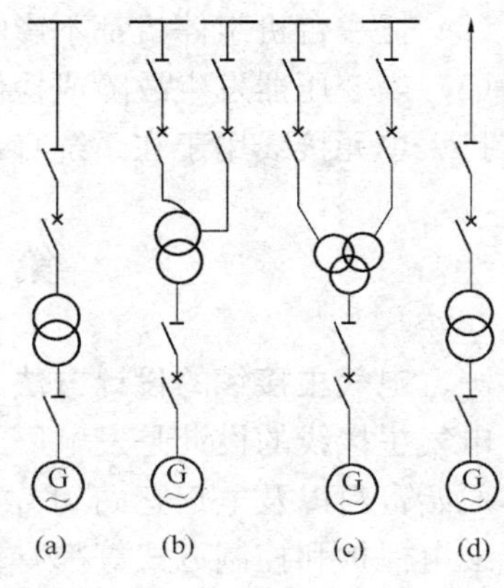

图 10-14 单元接线

(a) 发电机—双绕组变压器单元接线；(b) 发电机—自耦变压器单元接线；(c) 发电机—三绕组变压器单元接线；(d) 发电机—变压器—线路组单元接线

当高压侧需要联系两个电压等级时，主变压器采用三绕组变压器或自耦变压器，就组成发电机—三绕组变压器(自耦变压器)单元接线，如图 10-14(b)、(c)所示。为了能保证发电机故障或检修时高压侧与中压侧之间的联系，应在发电机与变压器之间装设断路器。若高压侧与中压侧对侧无电源时，发电机和变压器之间可不设断路器。

图 10-14 (d) 为发电机一变压器一线路组单元接线。它是将发电机、变压器和线路直接串联，中间除了自用电外没有其他分支引出。这种接线实际上是发电机一变压器单元和变压器一线路单元的组合，常用于 1～2 台发电机、一回输电线路，且不带近区负荷的梯级开发的水电厂，把电能送到梯级开发的联合开关站。

发电机一变压器单元接线的特点是：

(1) 接线简单清晰，电气设备少，配电装置简单，投资少，占地面积小。

(2) 不设发电机电压母线，发电机或变压器低压侧短路时，短路电流小。

(3) 操作简便，可降低故障的可能性，提高了工作的可靠性，继电保护简化。

(4) 任一元件故障或检修时需要全部停止运行，检修时灵活性差。

单元接线适用于机组台数不多的大、中型不带近区负荷的区域发电厂以及分期投产或装机容量不等的无机端负荷的中、小型水电厂。

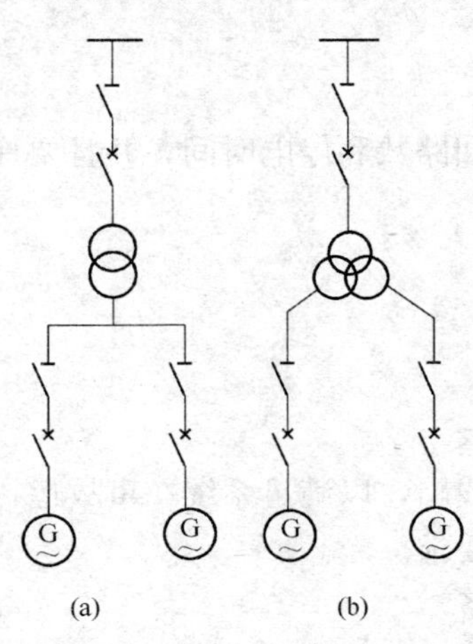

图 10-15 扩大单元接线

(a) 发电机—双绕组变压器扩大单元接线；(b) 发电机—分裂绕组变压器扩大单元接线

2. 扩大单元接线

采用两台发电机与一台变压器组成单元的接线称为扩大单元接线，如图 10-15 所示。在这种接线中，为了适应机组开停的需要，每一台发电机回路都装设断路器，并在每台发电机与变压器之间装设隔离开关，以保证停机检修的安全。装设发电机出口断路器的目的是使两台发电机可以分别投入运行或当任一台发电机需要停止运行或发生故障时，可以操作该断路器，而不影响另一台发电机与变压器的正常运行。

扩大单元接线与单元接线相比有如下特点：

(1) 减少了主变压器和主变压器高压侧断路器的数量，减少了高压侧接线的回路数，从而简化了高压侧接线，节省了投资和场地。

(2) 任一台机组停机都不影响厂用电的供给。

(3) 当变压器发生故障或检修时，该单元的所有发电机都将无法运行。

扩大单元接线用于在系统有备用容量时的大中型发电厂中。

第五节 电气主接线设计

一、电气主接线的设计方法

电气主接线的设计是发电厂或变电站电气设计的主体。它与电力系统、电厂动能参数、基本原始资料以及电厂运行可靠性、经济性的要求等密切相关，并对电气设备的选择和布置、继电保护和控制方式等都有较大的影响。因此，主接线设计，必须结合电力系统和发电厂或变电站的具体情况，全面分析有关影响因素，正确处理它们之间的关系，经过技术、经济比较，合理地选择主接线方案。

(一) 设计的原则和要求

电气主接线设计应满足可靠性、灵活性、经济性三项基本要求，其具体要求如下：

1. 可靠性

研究可靠性应该重视国内外长期运行的实践经验和定性分析，要考虑发电厂或变电站在电力系统中的地位和作用、所采用的设备的可靠性以及结合一次设备和相应的二次部分在运行中的可靠性进行综合分析。其具体要求如下：

(1) 断路器检修时不应影响对系统的供电。

(2) 断路器或者母线故障以及母线检修时，尽量减少停电回路数和停电时间，并且要保证全部一级负荷和部分二级负荷的供电。

(3) 尽量避免发电厂、变电站全部停电的可能性。

(4) 大机组超高压电气主接线应该满足可靠性的特殊要求。

2. 灵活性

主接线应满足在调度、检修及扩建时的灵活要求。

(1) 调度时应该可以灵活地切除和投入发电机、变压器、线路，以满足系统在事故运行方式、检修运行方式以及特殊运行方式下对电源和负荷的调配要求。

(2) 检修时可以方便地停运断路器、母线及其继电保护设备。

(3) 扩建时可以容易地从初期方案过渡到最终方案，尽量不影响连续供电，并且改建工作量最少。

3. 经济性

主接线在满足可靠性、灵活性要求的前提下尽量做到经济合理。

(1) 尽量通过节约一次设备、简化二次部分、限制短路电流以及采用简易电器以节约投资。

(2) 主接线设计要为配电装置布置创造条件，尽量减少占地面积。

(3) 合理选择变压器的种类、容量、数量，避免因为二次变压而导致电能损耗增加。

(二) 设计的步骤和方法

电气主接线的设计是发电厂或变电站设计中的重要部分。需要按照工程基本建设程序，历经可行性研究阶段、初步设计阶段、技术设计阶段和施工设计阶段等四个阶段。在各阶段中随要求、任务的不同，其深度、广度也有所差异，但总的设计思路、方法和步骤基本相同。

课程设计是在有限的时间内，使学生运用所学的基本理论知识，独立地完成设计任务，以达到掌握设计方法进行工程训练之目的。因此，在内容上大体相当于实际工程设计中初步设计的内容，具体设计步骤和内容如下。

1. 分析原始资料

(1) 本工程情况：发电厂容量的确定是与国家经济发展计划、电力负荷增长速度及系统规模和电网结构以及备用容量等因素有关。最大单机容量的选择不宜大于系统总容量的10%，以保证该机在检修或事故情况下系统的供电可靠性。对形成中的电力系统，且负荷增长较快时，可优先选用较为大型的机组。

发电厂运行方式及年利用小时数直接影响着主接线设计。承担基荷为主的发电厂，设备利用率高，一般年利用小时数在5000h以上；承担腰荷者，设备利用小时数应在3000～5000h；承担峰荷者，设备利用小时数在3000h以下。对不同的发电厂其工作特性有所不同。对于核电厂或单机容量200MW以上的火电厂以及径流式水电厂等应优先担任基荷，相应主接线需选用以供电可靠为中心的接线形式。水电厂多承担系统调峰调相任务，根据水能利用及库容的状态可酌情担负基荷、腰荷和峰荷。因此，其主接线应以供电调度灵活为中心进行接线形式选择。

(2) 电力系统情况：电力系统近期及远期发展规划（5～10年）；发电厂或变电站在电力系统中的位置（地理位置和容量位置）和作用；本期工程和远景与电力系统连接方式以及各级电压中性点接地方式等。

所建发电厂的容量与电力系统容量之比若大于15%，则该厂就可认为是在系统中处于比较重要地位的电厂，因为一旦全厂停电，会影响系统供电的可靠性。因此，主接线的可靠性也应高一些，即应选择可靠性较高的接线型式。

主变压器和发电机中性点接地方式是一个综合性问题。它与电压等级、单相接地短路电流、过电压水平、保护配置等有关，直接影响电网的绝缘水平、系统供电的可靠性和连续性、主变压器和发电机的运行安全以及对通信线路的干扰等。一般35kV及以下电力系统采用中性点非直接接地系统（中性点不接地或经消弧线圈接地），110kV以上电力系统，采用中性点直接接地系统。发电机中性点都采用非直接接地方式，通常采用中性不接地方式、经消弧线圈接地方式或经接地变压器接地，有时为了防止过电压有些机组还采取在中性点处加装避雷器等措施。

(3) 负荷情况：负荷性质及其地理位置、输电电压等级、出线回路数及输送容量等。电力负荷在原始资料中虽已提供，但是设计时应予辩证的分析。因为负荷的发展与增长速度受政治、经济、工业水平和自然条件等方面的影响。所设计的主接线方案，不仅要在当前是合理的，还要求在将来 5～10 年内负荷发展以后仍能满足要求。

发电厂承担的负荷应尽可能地使全部机组安全满发，并按系统提出的运行方式，在机组间经济合理分配负荷，减少母线上电流流动，使电机运转稳定和保持电能质量符合要求。

此外，还要考虑当地的气温、覆冰、污秽、风向、水文、地质、海拔及地震等因素对主接线中电器的选择和配电装置实施的影响。

2. 拟订主接线方案

根据设计任务书的要求，在原始资料分析的基础上，可拟定出若干个主接线方案。因为对电源和出线回路数、电压等级、变压器台数、容量以及母线结构等的考虑不同，会出现多种接线方案（本期和远期）。应依据对主接线的基本要求，从技术上论证各方案的优、缺点，淘汰一些明显不合理的方案，最终保留 2～3 个技术上相当、又都能满足任务书要求的方案，再进行经济比较。对于在系统中占有重要地位的大容量发电厂或变电站主接线，还应进行可靠性定量分析计算比较，最后获得最优的技术合理、经济可行的主接线方案。

拟订主接线方案的具体步骤如下：

（1）根据发电厂、变电站和电网的具体情况，初步拟订出若干技术可行的接线方案。

（2）选择主变压器台数、容量、型式、参数及运行方式。

（3）拟订各电压等级的基本接线型式。

（4）确定自用电的接入点、电压等级、供电方式等。

（5）对上述各部分进行合理组合，拟出 3～5 个初步方案，再结合主接线的基本要求对各方案进行技术分析比较，确定出两三个较好的待选方案。

（6）对待选方案进行经济比较，确定最终主接线方案。

在进行主接线方案的技术比较时，需要考虑主接线方案能够保证系统运行的稳定性、保证供电可靠性以及电能质量、运行的安全和灵活性、自动化程度、新设备新技术的应用以及扩建的可能性等。

3. 短路电流计算

为了选择合理的电气设备，需根据拟订的电气主接线进行短路电流计算。

4. 主要电气设备的配置和选择

按设计原则对隔离开关、互感器、避雷器等进行配置，并选择断路器、隔离开关、母线等的型号规格。

5. 绘制电气主接线图纸

将最终确定的主接线方案，按要求绘制相关图纸，一般包括电气主接线图、平面布置图、断面图等。

二、电气主接线中主要设备的配置

1. 隔离开关的配置

（1）断路器两侧均应配置隔离开关，以便在断路器检修时隔离电源。

（2）中小型发电机出口一般应装设隔离开关。

（3）接在母线上的避雷器和电压互感器宜合用一组隔离开关。

（4）多角形接线中的进出线应该装隔离开关，以便进出线检修时能保证闭环运行。

（5）桥形接线中的跨条宜用两组隔离开关串联，这样便于进行不停电检修。

（6）中性点直接接地的普通变压器中性点应通过接地隔离开关接地，自耦变压器中性点则不必装设隔离开关。

2. 接地隔离开关（接地刀闸）的配置

（1）35kV及以上每段母线应根据长度装设1～2组接地隔离开关，母线的接地隔离开关一般装设在母线电压互感器隔离开关或者母联隔离开关上。

（2）63kV及以上配电装置的断路器两侧隔离开关和线路隔离开关的线路侧宜配置接地隔离开关。

（3）旁路母线一般装设一组接地隔离开关，设在旁路回路隔离开关的旁路母线侧。

（4）63kV及以上主变压器进线隔离开关的主变压器侧宜装设一组接地隔离开关。

3. 电压互感器的配置

（1）电压互感器的配置应能满足保护、测量、同期和自动装置的要求。

（2）6～220kV电压等级的每一组主母线的三相上应装设电压互感器。

（3）当需要监视和检测线路侧有无电压时，出线侧的一相上应装设电压互感器。

（4）发电机出口一般装设两组电压互感器。

（5）500kV采用双母线时，每回出线和每组母线的三相装设电压互感器；500kV采用一台半断路器接线时，每回出线三相装设电压互感器，主变压器进线和每组母线根据需要在一相或者三相装设电压互感器。

4. 电流互感器的配置

（1）凡是装设断路器的回路均应装设电流互感器，其数量应能满足测量、保护、自动装置的需要。

（2）在未设断路器的下列地点应装设电流互感器：发电机变压器中性点、发电机和变压器出口、桥形接线的跨条上。

（3）中性点直接接地系统一般按三相配置，非直接接地系统根据需要按两相或者三相配置。

（4）一台半断路器接线中，线路—线路串根据需要设3～4组电流互感器，线路—变压器串，如果变压器套管电流互感器可以利用，可以装设三组电流互感器。

5. 避雷器的配置

（1）配电装置的每组母线上应装设避雷器，但是进出线都装有避雷器的除外。

（2）旁路母线是否装设避雷器视其运行时避雷器到被保护设备的电气距离是否满足要求而定。

（3）330kV及以上变压器和并联电抗器处必须装设避雷器，避雷器应尽可能靠近设备本体。

（4）220kV及以下变压器到避雷器之间的电气距离超过允许值时，应在变压器附近增设一组避雷器。

（5）三绕组变压器低压侧的一相上宜装设一台避雷器。

（6）自耦变压器必须在两个自耦合的绕组出线上装设避雷器，避雷器装设于变压器与断路器之间。

（7）下列情况变压器中性点应装设避雷器：

1）中性点直接接地系统，变压器中性点为分级绝缘且装有隔离开关时。

2）中性点直接接地系统，变压器中性点为全绝缘，但是变电站为单进线且为单台变压器运行时。

3）中性点不接地或经消弧线圈接地系统，多雷区单进线变压器中性点。

6. 阻波器和耦合电容的配置

阻波器和耦合电容应根据系统通信对载波电话的规划要求配置。

三、发电厂电气主接线实例

图 10-16 所示为某区域性火电厂电气主接线简图。该厂没有近区负荷，所发电能全部送往系统，在系统中地位十分重要，对主接线的可靠性要求很高。因此，1G、2G 发电机组以

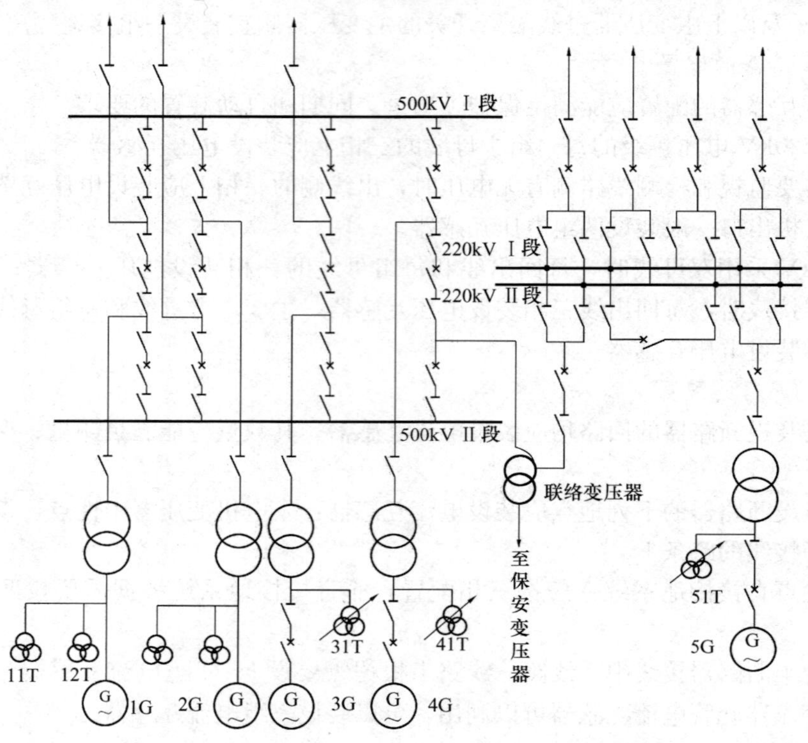

图 10-16　某区域性火电厂电气主接线

发电机—双绕组变压器单元接线接入一台半断路器接线的 500kV 高压配电装置，3G、4G 接入一台半断路器接线的 500kV 高压配电装置，5G 接入 220kV 配电装置。500kV 与 220kV 配电装置之间，经一台自耦联络变压器互相联络，联络变压器低压侧引接厂用保安电源变压器。3G、4G 、5G 的厂用电引自主变压器低压侧，与系统联系紧密，全厂停电时可从系统取用厂用电恢复电厂运行。500kV 输电线路通常装设有并联电抗器（图中未画出），在线路轻载运行或空载运行时吸收线路的充电功率，限制线路电压升高过多。

图 10-17 为某热电厂的电气主接线简图。该电厂 3 台发电机采用单元接线接入 110kV 配电装置，110kV 配电装置由于出线达到 8 回，有部分线路与系统相连接，采用双母线接线，以保证供电可靠性和各种运行方式的需要。厂用工作电源从各主变压器低压侧引接，从 110kV 引接备用电源，保证厂用电的可靠性。

图 10-18 为某大型水电厂电气主接线图。该电厂是某省的重要电源，4 台发电机通过双

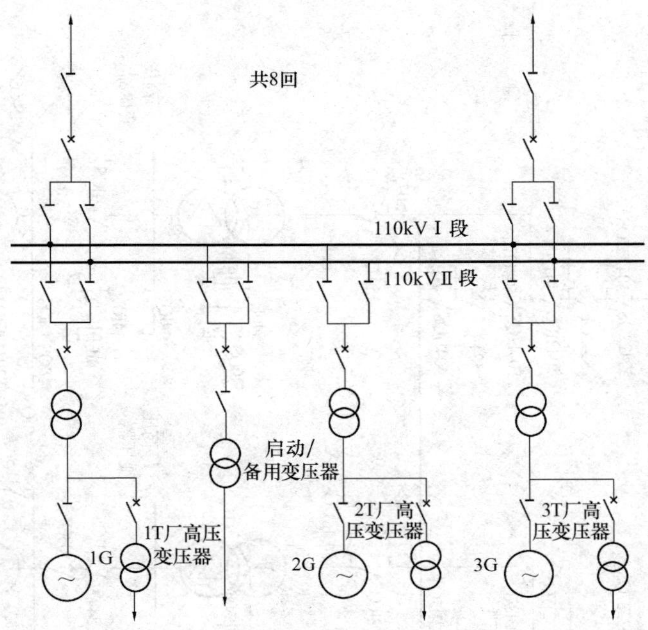

图 10-17　某热电厂电气主接线

绕组变压器接到 500kV 系统，500kV 系统采用一台半断路器接线，三回出线中有一回线路供电至一个重要的工业基地，其他两回连接至该省 500kV 环网上的两个枢纽变电站。由于是 4 台机组 3 回出线，因此 500kV 系统的第一串不是完全的串，只有两台断路器，使发电机 1G 可以连接到 500kV 的两组母线即可，第二、第四串采用交叉接入，可以使得 500kV 系统的可靠性更高。

四、变电站的电气主接线实例

1. 枢纽变电站接线

枢纽变电站通常汇集着多个大电源和大功率联络线，具有电压等级高，变压器容量大，线路回数多等特点，在电力系统中具有非常重要的地位。枢纽变电站的电压等级不宜多于三级，以免接线过分复杂。

图 10-19 所示为某枢纽变电站主接线，其电压等级为 500/220/35kV，主变压器是两台容量为 750MVA 的自耦变压器。500kV 配电装置采用一台半断路器接线，两台主变压器接入不同的串，并采用了交叉连接法，具有非常高的供电可靠性。220kV 侧有大型工业企业及城市负荷（共 14 回线路），该侧配电装置采用有专用旁路断路器的双母线带旁路接线，可以保证在母线检修、出线断路器检修时线路不停电。两台主变压器 35kV 侧都采用单母线接线，每台主变压器低压侧带 120Mvar 并联电容器和 135Mvar 并联电抗器以及站用变压器，两台主变压器 35kV 侧不设联络断路器，方便运行和管理。

2. 区域变电站接线

区域变电站主要是承担地区性供电任务，通常是一个地区或城市的主要变电站。区域变电站高压侧电压等级一般为 110～220kV，低压侧为 35kV 或 10kV；大容量区域变电站的电气主接线一般较复杂，6～10kV 侧常需采取限制短路电流措施；中、小容量地区变电站的 6～10kV侧，通常不需采用限流措施，接线较为简单。

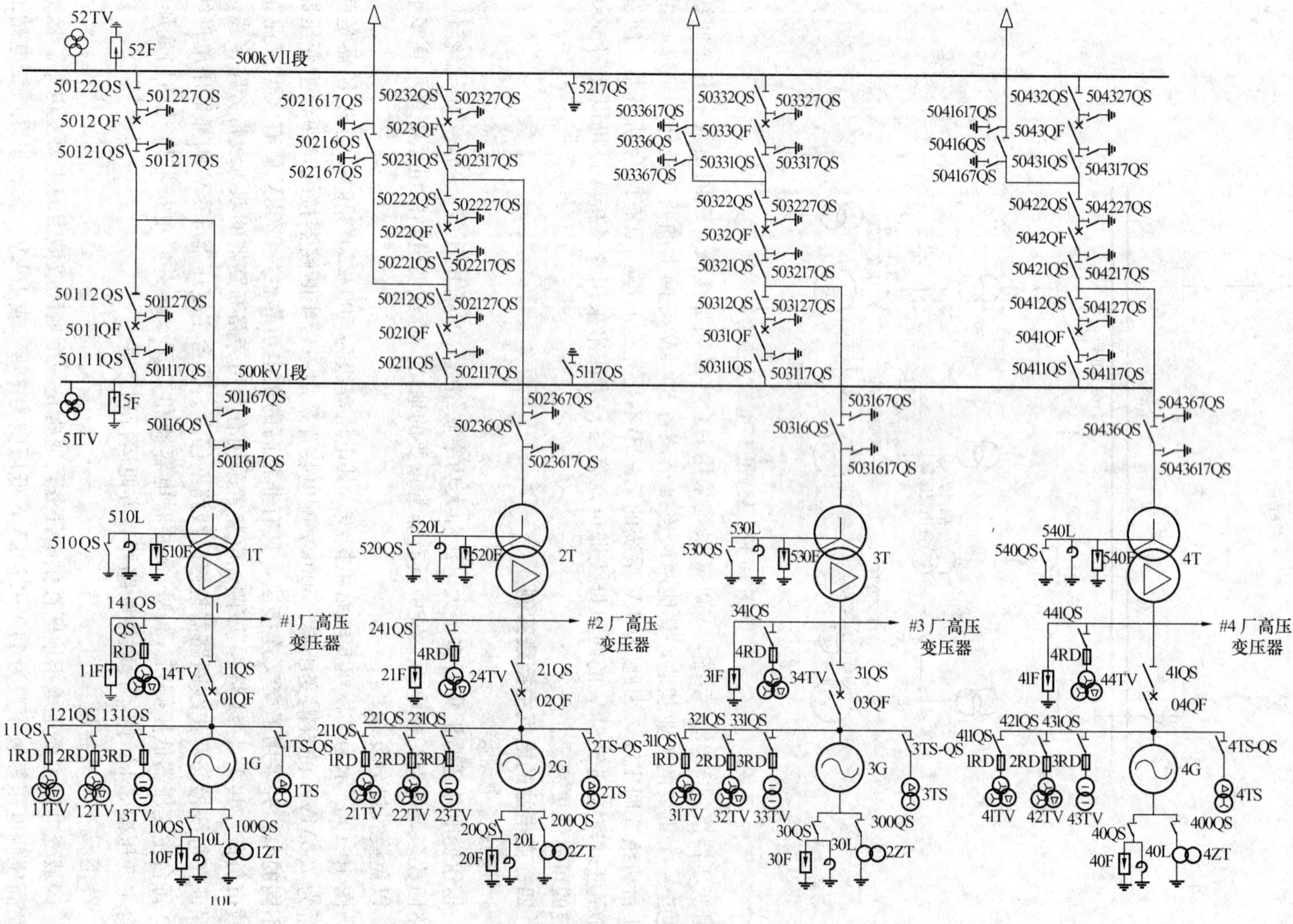

图 10-18 某大型水电厂电气主接线

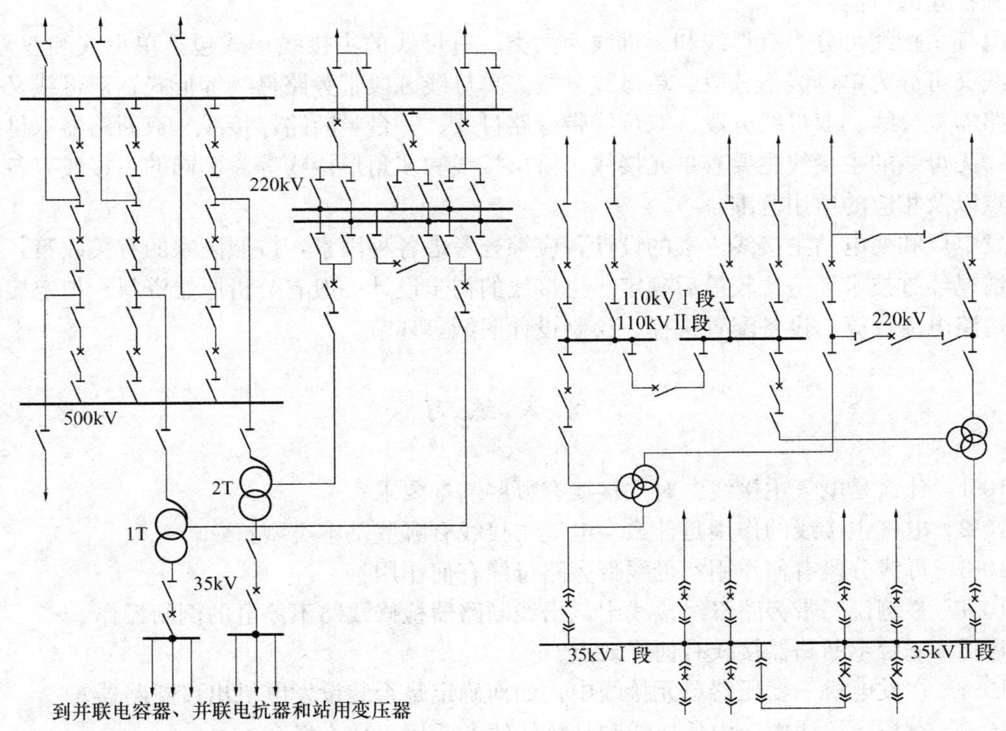

图 10-19 枢纽变电站主接线　　图 10-20 某 220kV 中型区域变电站电气主接线

图 10-20 所示为某 200kV 中型区域变电站电气主接线。220kV 配电装置采用内桥接线，为了避免桥断路器检修时导致系统开环运行，在线路侧设置了跨条。110kV 配电装置采用单母线分段接线，部分重要用户从两段母线引接电源采用双回线路供电保证用户对供电可靠性的要求。35kV 侧给附近用户供电，也采用单母线分段接线。

3. 终端变电站主接线

终端变电站的所址靠近负荷点，一般只有两级电压，高压侧电压通常为 110kV，由 1～2 回线路供电，低压侧一般为 10kV，接线较简单。

图 10-21 为终端变电站的电气主接线，该变电站高压侧由一条 110kV 线路供电，变电站只设一台主变压器，高压侧采用单母线接线，低压侧有三条出线，线路较少，也采用单母线接线，若用户侧没有其他电源，则线路侧也可以不设置隔离开关。

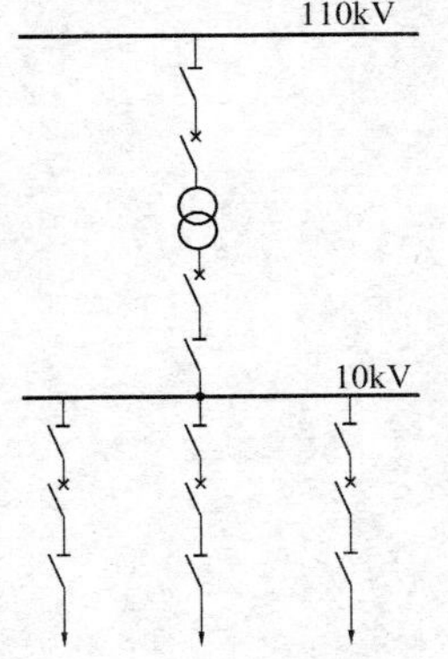

图 10-21 终端变电站电气主接线

本 章 小 结

电气主接线是发电厂和变电站的主体，是由一次设备按一定的要求和顺序连接成的电路。它直接影响着发电厂和变电站的安全可靠和经济运行。电气主接线应满足供电的安全可靠、具有一定的灵活性、力求操作简单、运行检修方便、节省投资和减少年运行费用、并有发展和扩建的可能。

电气主接线可分为有母线和无母线两大类。有母线的主接线形式包括单母线和双母线。单母线又可分为单母线不分段、单母线分段、单母线分段带旁路母线等形式；双母线又分为单断路器双母线、双母线分段、双母线带旁路母线、一台半断路器接线、双断路器双母线等形式。无母线的主接线主要有单元接线、桥形接线和多角形接线等。不同的主接线有各自的优缺点以及相应的适用范围。

发电厂和变电站主接线方案的设计，应综合考虑各种因素，按照国家的有关政策，根据具体情况经过技术经济比较最后确定。主接线的初步设计一般有分析原始资料、拟定接线方案、短路电流计算、设备配置选择、绘制设计图纸等环节。

思 考 练 习

10-1 什么是电气主接线？对主接线有哪些基本要求？

10-2 电气主接线的作用是什么？电气主接线有哪些基本类型？

10-3 母线分段有何作用？母线带旁路母线有何作用？

10-4 举例说明带旁路母线接线中，出线断路器检修线路不停电的倒闸操作。

10-5 一台半断路器接线有何优缺点？

10-6 在发电机一变压器单元接线中，如何确定是否装设发电机出口断路器？

10-7 在桥形接线中，内桥接线和外桥接线各适用于什么场合？

10-8 多角形接线有何优缺点？

10-9 电气主接线设计的一般步骤是什么？

第十一章 自用电接线

本章概要介绍发电厂变电站自用电的作用、自用电负荷的分类及其对供电的要求，侧重介绍各种自用电接线的组成、特点和要求。

第一节 概 述

一、自用电

发电厂、变电站的自用电是指发电厂、变电站在生产电能过程中，发电厂、变电站自身所使用的电能，也称厂（站）用电。其用电设备主要是一些辅助机械的电动机、照明、电热和整流电源等。除此之外，还有满足运行、检修和试验等的用电。自用电供电安全与否，将直接影响发电厂、变电站的安全、经济运行。为此，发电厂、变电站的自用电源引接、电气设备的选择和接线等，应考虑运行、检修和施工的需要，以满足确保机组安全、技术先进、经济合理的要求。

二、自用负荷的分类及供电要求

（一）按用途分类

1. 水电厂的自用电负荷

水电厂的厂用电负荷通常有以下三类：

（1）水轮发电机组的自用电。机组自用电是指机组及其配套的调速器、蝴蝶阀及进水阀门等的辅助机械用电。这些负荷直接关系到机组的正常和安全运行，大多是重要负荷，如调速器压油装置的压油泵、漏油泵、机组轴承的润滑油（水）泵、水轮机顶盖排水泵、机组技术供水泵、蝴蝶阀压油装置压油泵和漏油泵、输水管电动阀门或进水闸门启闭机、可控硅励磁装置的冷却风扇和启励电源等。

（2）厂内公用电。厂内公用电是指直接服务于电厂的运行、维护和检修等生产过程，并分布在主副厂房、开关站、进水平台和尾水平台等处的附属用电。这些负荷中也有不少是重要负荷，通常包括：

1）水电厂油、气、水系统的用电。其中：油系统包括油处理设备如滤油机、油泵、电热和烘箱等；气系统有高、低压空压机等；水系统有向各机组提供冷却水的技术供水泵、消防水泵、厂房渗漏排水泵、机组检修排水泵等。

2）直流操作电源与载波通信电源。

3）厂房桥机、进水闸门和尾水闸门启闭机等。

4）厂房和升压站的照明和电热。

5）全厂通风、采暖及空调降温系统。

6）主变压器冷却系统如冷却风扇、油泵、冷却水泵等。

7）其他如检修电源、试验室电源等。

（3）厂外公用电。厂外公用电主要是坝区、水利枢纽等用电。这类负荷布置比较分散，如泄洪闸门启闭机、船闸或筏道电动机械、机修车间、生活水泵、坝区及道路照明等。

2. 火电厂的自用电负荷

火电厂的自用电机械主要有如下几类。

(1) 输煤部分：如输煤皮带、碎煤机、磁铁分离器、筛煤机、给煤机、运煤机、抓煤机和卸煤小车等。

(2) 锅炉部分：如引风机、送风机、排粉机、磨煤机、给煤机、给粉机、一次风机、螺旋输粉机、炉水循环泵等。

(3) 汽轮机部分：如凝结水泵、循环水泵、给水泵、给水泵油泵、备用给水泵、备用励磁机、疏水泵、工业水泵等。

(4) 电器及公用部分：如充电机、空压机、变压器冷却风机、变压器强油水冷却电源、机炉自动电源、硅整流装置、通信电源等。

(5) 事故保安负荷：如润滑油泵、盘车电动机、顶轴油泵、浮充电装置、事故照明、热工自动装置电源、实时控制电子计算机等。

(6) 出灰部分：如冲灰水泵、灰浆泵、碎渣机、除灰皮带机、电气除尘器、除尘水泵等。

(7) 厂外水工部分：如中央循环水泵、消防水泵、真空泵、补给水泵、冷却塔通风机、生活水泵等。

(8) 化学水处理部分：如清水泵、中间水泵、除盐水泵、自用水泵等。

(9) 废水处理部分。如废水处理输送泵、机械搅拌器、刮泥机、排泥泵、污水泵等。

(10) 辅助车间。如油处理设备、中央修配厂、起重机械、电气实验室等。

3. 变电站的自用电负荷

变电站的站用电负荷比发电厂厂用电负荷小得多，站用电负荷主要有主变压器的冷却设备、蓄电池的充电设备或硅整流电源、油处理设备、照明、检修器械以及供水水泵等用电负荷。其中，重要负荷有主变压器的冷却风扇或强迫油循环冷却装置的油泵、水泵、风扇以及整流操作电源等。

(二) 按重要性分类

1. Ⅰ类负荷

Ⅰ类负荷是指短时（即手动切换恢复供电所需的时间）的停电可能影响人身或设备安全，使发电厂无法正常运行或发电量大幅下降的负荷。例如火电厂的给水泵、凝结水泵、循环水泵、引风机、送风机、给粉机及水电厂中的调速器、压油泵、润滑油泵等。对Ⅰ类负荷，应由两个独立电源供电，当一个电源消失后，另一个电源要立即自动投入继续供电，它只允许瞬间中断电源，为此，应配置备用电源自动投入装置。

2. Ⅱ类负荷

Ⅱ类负荷是指允许短时停电，但停电时间过长有可能损坏设备或影响正常生产的负荷。例如火电厂的工业水泵、疏水泵、灰浆泵、输煤系统机械、化学水处理设备及水电厂中的压油装置用的空压机、主厂房桥机、渗漏排水泵及厂内照明等。对Ⅱ类负荷，应由两个独立电源供电，一般备用电源采用自动或手动切换方式投入。允许停电一般不超过几十分钟。

3. Ⅲ类负荷

Ⅲ类负荷是指较长时间停电不会直接影响发电厂生产的负荷。例如机修间、试验室、油处理设备等。对Ⅲ类负荷，一般由一个电源供电，不需要考虑备用。

4. 事故保安负荷

在主发电机停机过程及停机后的一段时间内，仍应保证供电，否则可能引起主要设备损坏、自动控制失灵以及危及人身安全的厂用负荷。根据对电源的要求，事故保安负荷可分为两类。

（1）直流保安负荷：如直流润滑油泵、发电机的直流氢密封油泵等。

（2）交流保安负荷：可分为允许短时停电的交流保安负荷和交流不间断供电负荷。允许短时停电的交流保安负荷，如盘车电动机、交流润滑油泵、交流氢密封油泵、消防水泵等；交流不间断供电负荷如实时控制用电子计算机、热工仪表及自动装置、事故照明设备等。

第二节 发电厂的厂用电

一、厂用电接线的基本要求

厂用电接线应满足下列基本要求：

（1）供电可靠、运行灵活。应根据电厂的容量和重要性，对厂用电负荷连续供电给予保证，并能在日常、事故、检修等各种情况下均能满足供电要求。机组启停、事故、检修等情况下的切换操作要方便、省时，发生全厂停电时，能尽快地从系统取得启动电源。对200MW及以上大机组，应设置足够的交流事故保安电源及交流不间断供电装置。

（2）接线简单清晰、投资少、运行费低。由可靠性分析得知，过多的备用元件会使接线复杂，运行操作繁琐，故障率反而增加，投资运行费也增加。

（3）厂用电源的对应供电性。各台机组的厂用电系统应独立，本机、炉的厂用电源由本机供电，以保证在一台机组故障停运或其辅机发生电气故障时，以及厂用系统发生故障时，只影响一台发电机组的运行，尽量缩小事故的影响范围。

（4）接线的整体性。厂用电接线应与发电厂电气主接线密切配合，体现其整体性强。

（5）电厂分期建设时厂用电接线的合理性。不因电厂分期建设而破坏整个厂用电接线的可靠性、灵活性以及简单方便等特点，尤其对备用电源的接入和公用负荷的安排要全面规划、便于过渡。

二、厂用电的电压等级

确定厂用电电压等级，需从电动机的容量范围和厂用电供电电源两方面综合考虑，这样才能保证供电可靠性和良好的经济效果。

发电厂中电动机的容量相差悬殊，从数千瓦到数千千瓦不等。确定厂用电供电电压，需要从投资和金属材料消耗量以及运行费用等方面考虑。高压电动机绝缘等级高、尺寸大、价格也高，而大容量电动机如采用较低的额定电压，则电流比较大，会使包括厂用电供电系统在内的金属材料消耗量增加，有功损耗增加，投资和运行费用也相应加大。因此，厂用电电压只用一种电压等级是不太合理的。但电压等级过多，会造成厂用电接线复杂，运行维护不方便，降低供电可靠性。

按实践经验，容量在75kW以下的电动机采用380V电压，220kW及以上的电动机采用6kV电压、1000kW以上的电动机采用10kV电压，具有比较好的经济性。

大中型火力发电厂厂用电，一般均用两级电压，且大多为6kV及380/220V两个等级。

当发电机额定电压为6.3kV时，高压厂用电压即定为6kV；当发电机额定电压为10.5kV或更高时，需设高压厂用变压器降压至6kV供电。有些中型热电厂的发电机额定电压为10.5kV，厂用电电压采用3kV及380/220V两级，这是由于在这类电厂中200kW以上的大型电动机不多，而3kV的电动机以75kW为起点之故。小型火电厂厂用电只设置380/220V母线，少量高压电动机直接接于发电机电压母线上。

水力发电厂的厂用电动机容量均不大，通常只设380/220V一个电压等级。大型水电厂中，在坝区和水利枢纽装设有大型机械，如船闸或升船机、闸门启闭装置等，这些设备距主厂房较远，需在那里设专用变压器，采用6kV或10kV供电。

三、厂用电电源

厂用电的供电可靠性，在很大程度上决定于厂用电源的取得方式。

1. 厂用工作电源

发电厂正常运行时，向厂用电负荷供电的电源称为厂用工作电源。

现在发电厂的厂用电一般均由主发电机供电。随着科技水平和运行水平的提高，电力系统和主发电机的事故率均大大降低，即使发生故障，继电保护与自动装置也能迅速将故障部分切除。再者，即使厂内发电机全部停机，还可以方便地从系统得到电源，另外，由于接近电源，重要电动机的自启动也有保证。因此，由主发电机供电这种供电方式具有很高的可靠性、运行简单、调度方便、投资和运行费均较低。

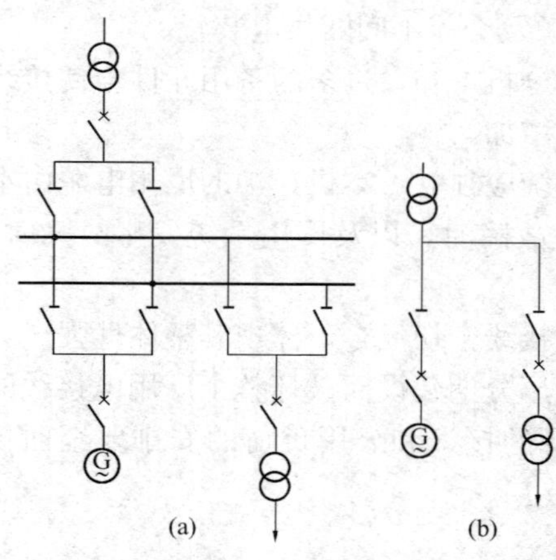

图11-1 厂用工作电源引接方式
(a) 从发电机电压母线引接；
(b) 从主变压器低压侧引接

由主发电机引接厂用电源的具体方案，决定于发电厂电气主接线方式。当有发电机电压母线时，由各段母线引接厂用工作电源，供给接于该段母线上机组（发电机、汽轮机、锅炉）的厂用电负荷。当发电机与主变压器连接成单元接线时，则由主变压器低压侧引接。

厂用工作电源的两个引接方式如图11-1所示。厂用电工作电源得到合理安排后，仍不能忽视电力系统、主发电机以及厂用电自身的故障给整个厂用电系统造成的不良影响，为此，必须进一步采取措施，以提高其可靠性。这些措施是厂用电母线按炉分段、设置可靠的备用电源和装设备用电源自动投入装置。

2. 厂用备用电源

为了提高可靠性，每一段厂用电母线至少要由两个电源供电，其中一个为工作电源，另一个为备用电源。当工作电源故障或检修时，仍能不间断地由备用电源供电。

在考虑厂用备用电源的引接时，应尽量保证电源的独立性，并在与电力系统联系得最紧密处取得，以便在全厂停电的情况下，仍能从系统获得电源。当有发电机电压母线时，厂用备用电源一般由发电机电压母线引接，这样既简单又经济。当所接的主母线故障时将失去厂用备用电源，但两元件同时发生故障的概率很小。当无发电机电压母线时，备用电源一般由与电力系统相连的较低一级系统电压母线引接，这样与电力系统联系更紧密、可靠性更高。

厂用备用电源有明备用和暗备用两种接线方式。明备用就是专门设置一台变压器（或线路），它经常处于备用状态（停运），如图 11-2(a)中的变压器 3T。正常运行时，断路器 1QF～3QF 均为断开状态。当任一台厂用工作变压器退出运行时，均可由变压器 3T 替代工作。备用变压器的容量应等于最大一台工作变压器的容量。

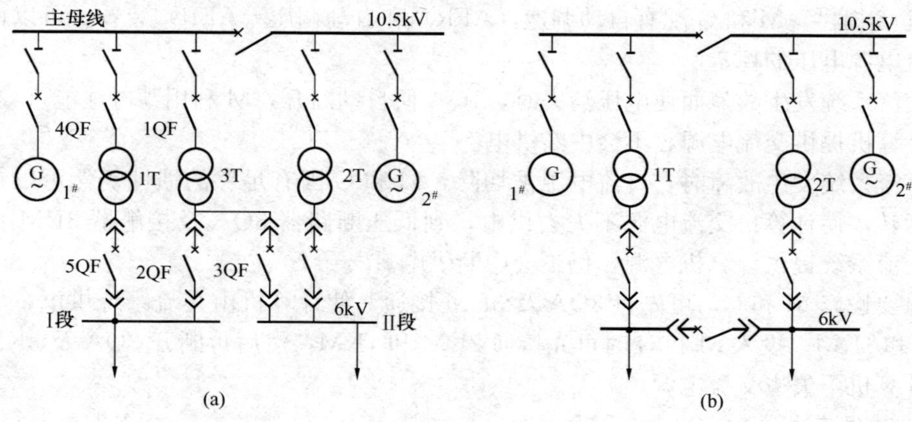

图 11-2　厂用备用电源的两种接线方式

(a) 明备用；(b) 暗备用

暗备用是不设专用的备用变压器，而将每台工作变压器容量增大，当任一台厂用变压器退出工作时，该段负荷由另一台厂用工作变压器供电，如图 11-2（b）所示。正常工作时，每台变压器只在半载下运行，此方案投资较大、运行费用高。

在大中型发电厂特别是大型火电厂中，由于每组机炉的厂用负荷很大，为了不使每台厂用变压器的容量过大，一般均采用明备用方式。中小型水电厂和降压变电站，多采用暗备用方式。

为了做到对厂用电不间断供电，还应装设备用电源自动投入装置。当工作电源故障切除时，此装置能自动地、有选择地把备用电源迅速投入到停电的那段母线上。在图 11-2(a)中，当厂用工作变压器 1T 故障时，4QF、5QF 自动跳闸，然后 1QF、2QF 自动投入，厂用备用变压器 3T 运行，从而替代了厂用变压器 1T 向Ⅰ段母线继续供电。在切换过程中，拖动重要机械的电动机尚在惰行，母线电压恢复后，便很快升速而转入正常运行，从而提高了运行可靠性。

3. 交流不间断电源

目前，发电厂和变电站，一般都装有计算机控制系统，即使是短暂中断供电，计算机电源消失，都会导致计算机丢失数据、控制出错。所以，计算机的供电电源不能用一般的备用电源自动投入装置。为了解决这个问题，可以采用如图 11-3 所示的不间断交流电源，当自用电源全部消失时，由蓄电池组继续给计算机供电。

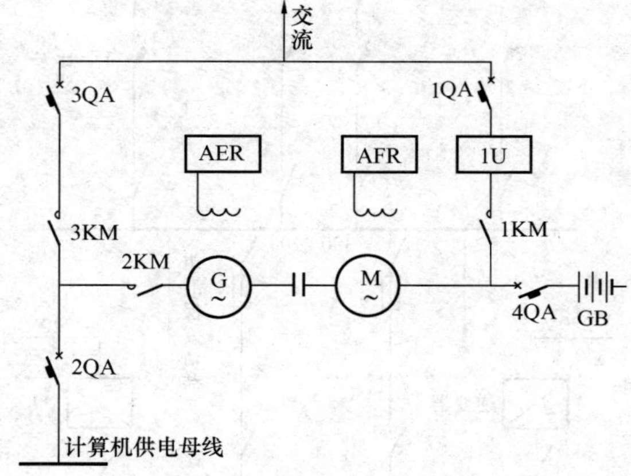

图 11-3　不间断交流电源

1QA～4QA—自动空气开关；1KM～3KM—接触器；1U—整流装置；AER—自动调节励磁装置；AFR—自动调速装置；GB—蓄电池；G—交流发电机；M—直流电动机

在正常运行时，低压断路器（自动空气开关）1QA合上，接触器1KM接通，整流装置1U给蓄电池组GB进行浮充电，同时给直流电动机供电，直流电动机M运转带动交流发电机G，G发出交流电。当接触器2KM接通并合上自动空气开关2QA时，计算机的电源就由发电机G提供。M和G配有自动调速（AFR）和自动调压（AER）装置，可以保证计算机用交流电源电压的稳定。

当交流系统发生故障而使电压消失时，1QA便自动断开，M利用蓄电池能量继续运转，G仍对计算机提供交流电源，不会中断供电。

当直流系统发生故障时，直流电源被切除，M和G因有足够的惯性仍然可以在短时间内继续运转，使计算机交流电源不失去供电，到低压断路器3QA及接触器3KM自动接通后，由交流系统提供计算机电源，仍不会中断供电。

如果要检修M和G，可先将3QA及3KM接通，使计算机由交流系统供电，然后再断开2KM和1KM。投入M和G时可先接通2KM和1KM，然后再断开3QA及3KM。整个过程，计算机不失去交流电源。

4. 事故保安电源

对于200MW及以上的发电机组，当厂用电源完全消失时，为确保在事故状态下能安全停机，应设置事故保安电源，并能自动投入，保证事故保安负荷的用电。

事故保安电源可分为直流和交流两种。直流事故保安电源，由蓄电池组供电，如发电机组的直流润滑系统、事故照明等负荷的供电。事故照明电源，由装在主控制室的专用事故照明屏（箱）供电，直流电源均采用单回线路供电。事故照明屏顶有事故照明小母线，各处的事故照明线路均自小母线引出，并有交流电源和直流电源接到小母线上。平时交流电源接通，直流电源断开；当交流电源消失时，便自动切换，使交流电源断开，直流电源接通。

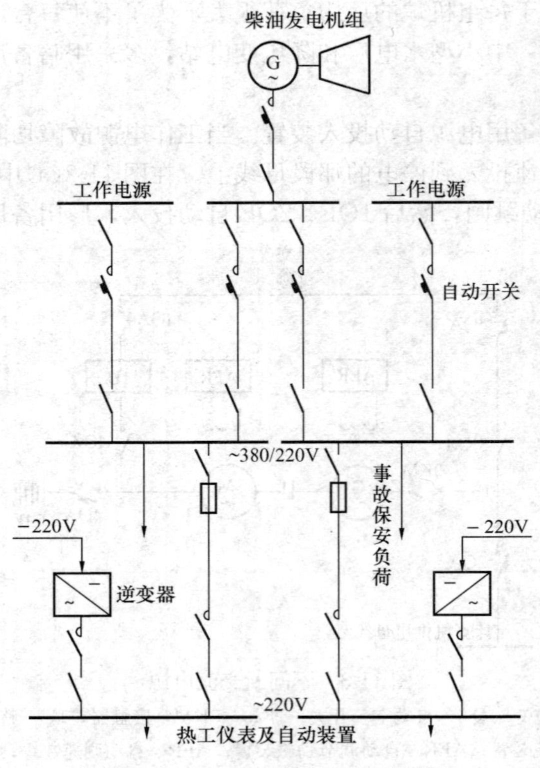

图11-4 交流事故保安电源接线

交流事故保安电源，宜采用快速启动的柴油发电机组，或由外部引来的可靠交流电源，此外还应设置交流不停电电源。交流不停电电源，宜采用接于直流母线上的电动发电机组或静态逆变装置，目前多采用静态逆变装置。图11-4为交流事故保安电源接线。

四、厂用电的接线方式

1. 厂用电接线的基本形式

(1) 高、低压厂用电母线通常都采用单母线接线，并多以成套配电装置接受和分配电能。

(2) 火电厂的高压厂用电母线一般都采用按炉分段，即将厂用电母线按锅炉台数分成若干独立段。其中：锅炉容量为400t/h以下时，每炉设一段厂用电母线；锅炉容量为400t/h及以上时，每炉的每级高压厂用电母线不少于两段，两段母线可由一台高压厂用变压器供电。高压厂用电母线分段的各种情况如图11-5所示。

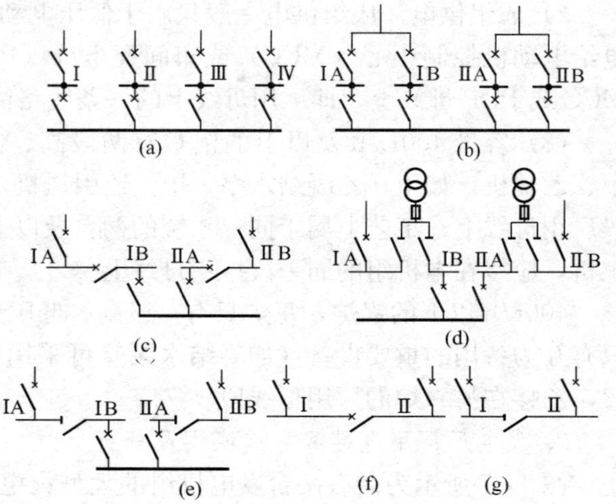

(3) 低压380/220V厂用母线，在大型火电厂及水电厂中一般亦按炉分段或按水轮机组分段；在中、小型电厂中，全厂只分为两段或三段。对火电厂具体情况是：锅炉容量为220t/h，且在母线上接有机炉的Ⅰ类负荷时，宜按炉或机分段；锅炉容量为400～670t/h时，每炉设两段（可由一台低压厂用变压器供电）；锅炉容量为1000t/h及以上时，每炉设两段及以上。低压厂用母线分段方式与高压厂用母线基本相似。

图11-5 高压厂用电母线分段
(a) 一炉一段，有专用备用电源；(b) 一炉两段，由变压器供电；(c) 用断路器分成两个半段；(d) 用两组隔离开关分成两个半段；(e) 用两组隔离开关分成两个半段；(f) 两段经断路器连接，互为备用；(g) 两段隔离开关连接

(4) 200MW及以上大容量机组，如公用负荷较多、容量较大，当采用集中供电方式合理时可设立高压公用母线段。

(5) 老式的低压厂用电系统采用中央配电屏—车间配电盘—动力箱的组合方式，其中中央配电屏设备采用普通配电屏（如PGL、GGD等），车间盘采用普通配电箱（如XLF等，其中只能用熔断器，不能用断路器），可靠性、灵活性较差。

(6) 大容量机组新型的低压厂用电系统采用动力中心一电动机控制中心的组合方式，即在一个单元机组中设有若干个动力中心（PC，即由低压厂用变压器的低压侧直接供电的部分），直接供电给容量较大的电动机和容量较大的静态负荷；由PC引接若干个电动机控制中心（MCC），供电给容量较小的电动机和容量较小的杂散负荷，其保护、操作设备集中，取消了就地动力箱；再由MCC引接车间就地配电屏（PDP），供电给本车间小容量的杂散负荷。一般情况是：容量为75kW及以上的电动机由PC直接供电，75kW以下的电动机由MCC供电。各PC一般均设两段母线，每段母线由一台低压厂用变压器供电，两台低压厂用变压器分别接至厂用高压母线的不同分段上，其备用方式可以是明备用或暗备用。PC和MCC均采用抽屉式开关柜。

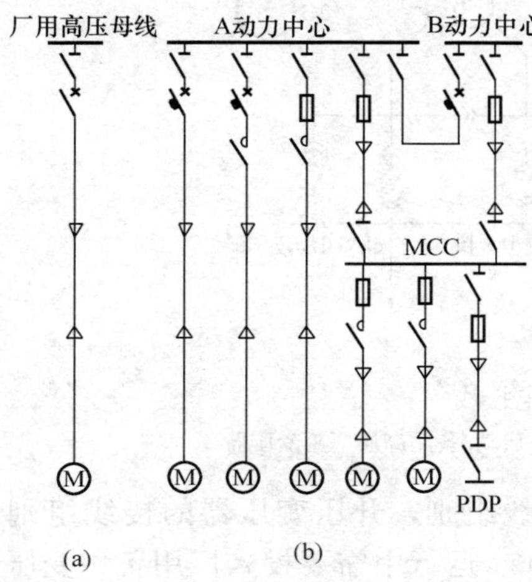

图11-6 厂用电动机供电方式
(a) 高压电动机；(b) 低压电动机

(7) 对厂用电动机的供电方式有个别供电和成组供电两种，如图11-6所示。

1) 个别供电。个别供电是指每台电动机经一条馈电线路直接接在相应电压（高压或低压）的厂用母线段上。所有高压厂用电动机及容量较大的低压电动机都是采用个别供电方式。

2）成组供电。成组供电一般只用于低压电动机。由低压厂用母线段经一条馈电线路供电给电动机控制中心（MCC）或车间配电屏（PDP），然后将一组较小容量电动机连接在MCC或PDP母线上，即厂用母线上的一条线路供一组电动机。

(8) 容量400L/h及以上的锅炉有两段高、低压厂用母线，其锅炉或汽机同一用途的甲、乙辅机，如甲、乙凝结水泵，甲、乙引风机，甲、乙送风机等，应分别接在本机组的两段厂用母线上；工艺上属于同一系统的两台及以上的辅机，如同一制粉系统中的排粉机和磨煤机，应接在本机组的同一段厂用母线上。

400t/h以下的锅炉，每炉只有一段高、低压厂用母线，有时甚至没有对应的低压母线，只有互为备用的重要设备（如凝结水泵）可采用交叉供电方式，即甲接在本炉的厂用母线段，乙接在另一炉的厂用母线段。

2. 火电厂厂用电接线方式实例及分析

图11-7所示为装有两台发电机组的大型火电厂厂用电接线。厂用电工作电源从发电机出口端引接，经分裂绕组高压厂用工作变压器供电给厂用6kV Ⅰ段、Ⅱ段母线，厂用变压器高压侧不装设断路器，发电机、主变压器之间以及厂用变压器高压侧之间均用封闭母线连接。厂用备用电源引自110kV母线（发电厂高压侧有110kV和220kV两个电压等级），经高压厂用备用变压器分别接到四个高压厂用工作母线段上，构成对两台机组厂用电的明备用。高压厂用备用变压器也用作全厂启动电源，当全厂停运而重新启动时，首先投入高压厂用备用变压器，向各工作段和公用段送电，一般应选用带负荷调压变压器作为高压厂用备用变压器。

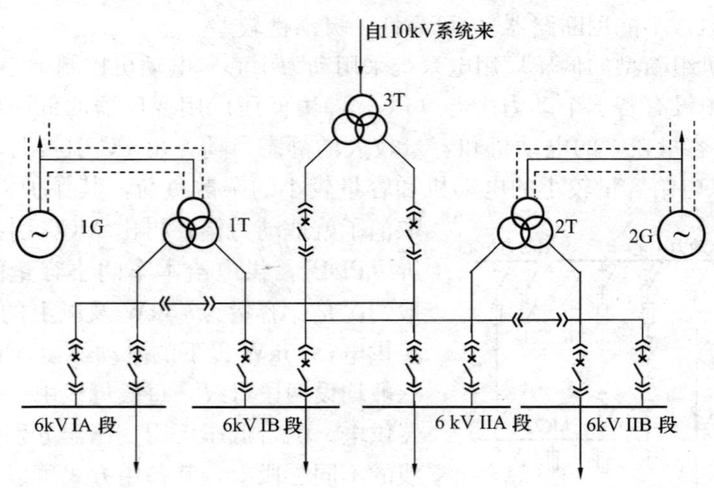

图11-7 大型火电厂厂用电接线

G—发电机；1T、2T—工作高压厂用变压器；3T—启动/备用高压厂用变压器

选择大型火电厂的厂用变压器时，应注意其接线组别，升压变压器的接线组别为YNd11，因此升高电压与发电机电压的相位相差为30°。运行中需要投入厂用备用变压器时，为了避免厂用电停电，厂用备用变压器与工作变压器总有一段时间并联运行，为此，当高压厂用备用变压器的接线组别为YNd11时，高压厂用工作变压器必须是Yy0接线。

图 11-8 所示为某中型热电厂厂用电接线图。该电厂共有三台机组，因此高压厂用母线按锅炉数分三段，厂用高压为 6kV，通过 1T、2T、3T 三台高压工作厂用变压器分别从三台主变压器低压侧引接过来。由于机组容量不大，低压厂用母线分为两段。备用电源采用明备用方式，即专门设置高压备用厂用变压器 4T 和低压备用厂用变压器 6T。

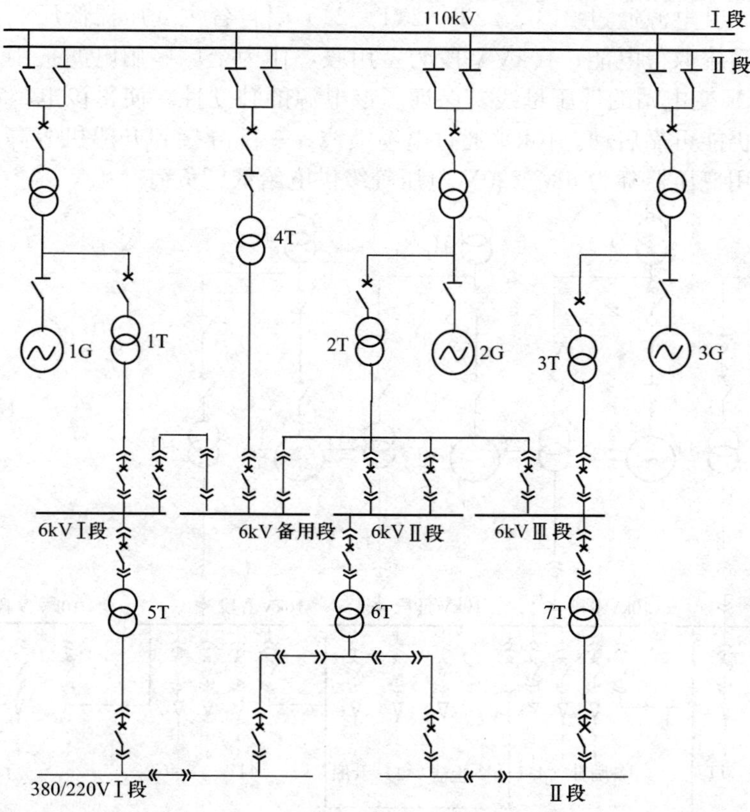

图 11-8　某中型热电厂厂用电接线

对厂用电动机的供电，可分为分别供电和成组供电两种方式。高压电动机的供电电路为分别供电方式，即从 6kV 对每台电动机均敷设一条电缆线路，通过专用的高压开关柜或低压配电盘进行控制。55kW 及以上的Ⅰ类厂用电负荷和 40kW 以上的Ⅱ、Ⅲ类厂用重要机械的电动机，均采用分别供电方式。对一般不重要机械的小电动机和距离厂用配电装置较远的车间（如中央水泵房）的电动机，则采用成组供电方式最为适宜，即数台电动机只占用一条线路，送到车间专用盘后，再分别引接电动机，这种方式可以节省电缆，简化厂用配电装置。

3. 水电厂厂用电接线方式及实例分析

水电厂的厂用机械数量和容量均比同容量火电厂少得多，因此厂用电系统也较简单。但是，在水电厂仍有重要的Ⅰ类厂用负荷，如调速系统和润滑系统的油泵，发电机的冷却系统等，因此对其供电可靠性必须要充分考虑。

对于中小型水电厂，一般只有 380/220V 一级电压，厂用电母线采用单母线分段，且全厂只设两段，两台厂用变压器以暗备用方式供电。

对于大型水电厂，380/220V 厂用母线按机组分段，每段均由单独的厂用变压器自各发电机端引接供电，并设置明备用的厂用备用变压器。距主厂房较远的坝区负荷用 6kV 或 10kV 电压供电。

图 11-9 所示为某大型水电厂的厂用电接线，厂用 10kV 分为 5 段。10kV Ⅰ、Ⅱ、Ⅲ、Ⅳ段为工作母线，其电源通过 21T、22T、23T、24T 引自各主变压器低压侧，发电机全停情况下仍可以从系统取得电能；10kVⅤ段为备用段，作为全厂厂用电的备用，其电源引自该区域一个 110kV 变电站的低压母线，保证了该电源的独立性，使得该电厂在与主系统失去联系的情况下仍能可靠启动。10kV 通过电缆馈线，一部分接到升船机等高压负荷，另一部分接到低压厂用变压器降为 380/220V 电压等级供电给低压负荷。

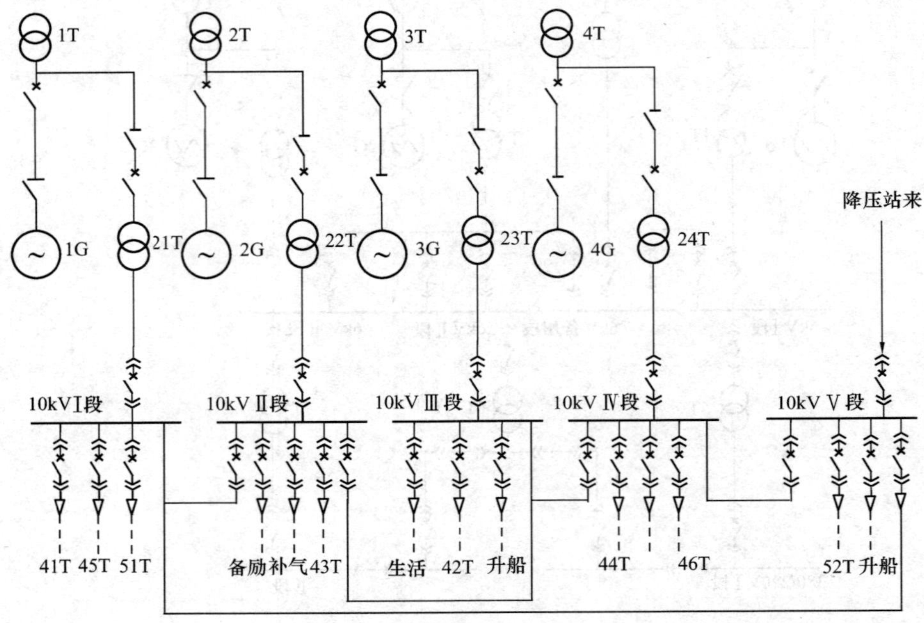

图 11-9 某大型水电厂厂用电接线

第三节 变电站的站用电

变电站用电设备的用电系统称为站用电。站用电比厂用电小得多。有人值班的地方变电站中的用电设备主要有变压器的冷却风扇、蓄电池的充放电设备或整流操作设备、检修设备、断路器或操动机构的加热设备及采暖、通风、照明、供水设备等；大、中型变电站中，站用负荷要大些，如主变压器的强迫油循环冷却装置的油泵、水泵，变压器修理间和油处理室的动力设备；当采用压缩空气断路器或气动操动机构时，还有空气压缩机；当装有同步调相机时，还有调相机的空气冷却器和润滑系统的油泵和水泵等。

一、对站用电源的要求

据有关技术规程，对站用电源的要求如下。

(1) 220kV 变电站：有两台及以上主变压器时，宜从主变压器低压侧分别引接两台容量相同、可互为备用、分列运行的站用工作变压器，每台工作变压器按全站计算负荷选择；

只有一台主变压器时，其中一台站用变压器宜从站外电源引接。

（2）330～500kV 变电站：有两台（组）及以上主变压器时，从主变压器低压侧引接的站用工作变压器不宜少于两台，并应装设一台从站外可靠电源引接的专用备用变压器，每台工作变压器的容量宜至少考虑两台（组）主变器的冷却用电负荷，专用备用变压器的容量应与最大的工作变压器的容量相同；初期只有一台（组）主变压器时，除由站内引接一台工作变压器外，应再设置一台由站外可靠电源引接的站用工作变压器。

（3）35～110kV 变电站：有两台及以上主变压器时，宜装设两台容量相同、可互为备用的站用工作变压器，每台工作变压器按全站计算负荷选择，两台站用变压器可分别由主变压器最低电压级的不同母线段引接，如有可靠的 6～35kV 电源联络线，也可将一台接于联络线断路器外侧；如能从变电站外引入可靠的低压站用备用电源时，亦可装设一台站用变压器。只有一回电源进线时，如果采用交流控制电源，宜在电源进线断路器外侧装设一台站用变压器；如果采用直流控制电源，并且主变压器为自冷式时，可在主变压器最低电压级母线上装设一台站用变压器。

（4）变电站的交流不停电电源宜采用成套 UPS 装置，或由直流系统和逆变器联合组成。

（5）为保证对直流系统负荷可靠供电，变电站应设置直流电源。

1）500kV 变电站，装设两组 110V 或 220V 蓄电池组。当采用弱电控制、信号时，还应装设两组 48V 蓄电池组。

2）220～330kV 变电站、重要的 35～110kV 变电站及无人值班变电站，装设一组 110V 或 220V 蓄电池组；一般的 35～110kV 变电站，装设一组成套的小容量镉镍电池装置或电容储能装置。

二、站用电源的引接

（1）当站内有较低电压母线时，一般均由较低电压母线上引接 1～2 台站用变压器，如图 11-10（a）～（c）所示。这种引接方式具有经济性和可靠性较高的特点。

（2）当有可靠的 6～35kV 电源联络线，将一台站用变压器接于联络线断路器外侧，更能保证站用电的不间断供电，如图 11-10（d）站示。这种引接方式对采用交流操作的变电站及取消蓄电池而采用硅整流或复式整流装置取得直流电源的变电站尤为必要。

（3）由主变压器第三绕组引接，如图 11-10（e）中的 1 号站用变压器。站用变压器的高压侧要选用断流容量大的开关设备，否则要加装限流电抗器。图 11-10（e）中的 2 号站用变压器及调相机的启动变压器由站外电源引接。该图相当于 220～500kV 变电站只有一台主变压器时的情况。

（4）由于低压电网故障较多，从站外低压电网引接站用备用电源的可靠性较差，多用于只有一台主变压器或一段较低电压母线时的过渡阶段。500kV 变电站多由附近的发电厂或变电站引接专用线路作为站用备用电源。

三、站用电接线及供电方式

（1）站用电系统采用 380/220V 中性点直接接地的三相四线制，动力与照明合用一个电源。

（2）站用电母线采用按工作变压器划分的分段单母线，相邻两段工作母线间可配置分段断路器或联络断路器，各段同时供电、分列运行。由于其负荷允许短时停电，工作母线段间不装设自动投入装置，以避免备用电源投合在故障母线上时扩大为全部站用电停电事故。

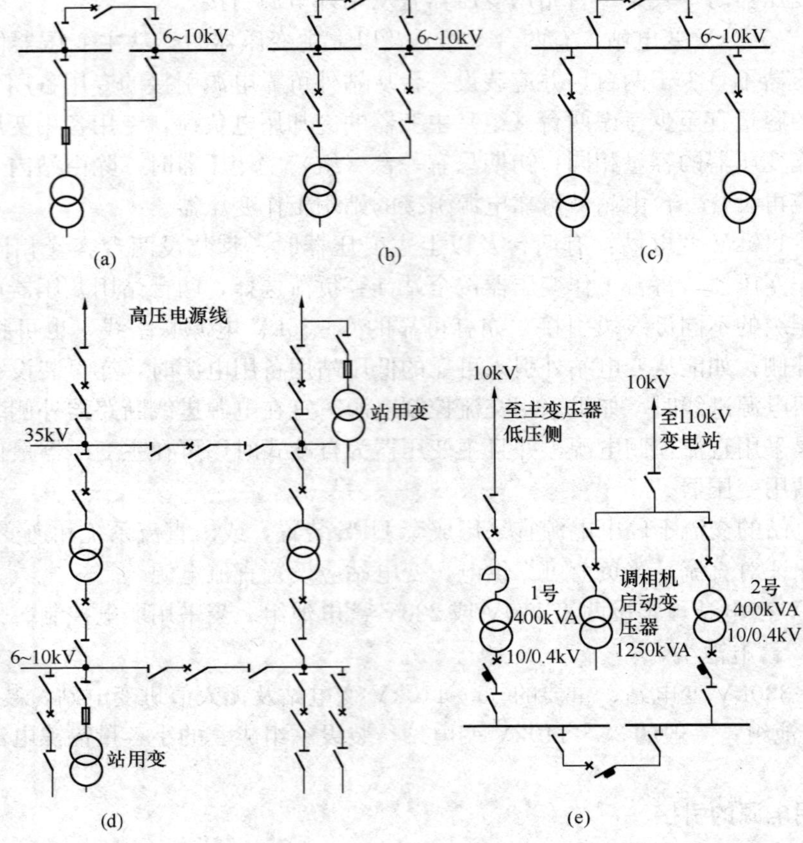

图 11-10 站用变压器的引接方式

(a)、(b) 一台站用变压器从两段低压母线上引接；(c) 两台站用变压器分别从两段低压母线上引接；(d) 一台站用变压器从低压母线上引接，另一台从联络线的断路器外侧引接；(e) 一台站用变压器从主变压器低压侧引接，另一台及调相机启动变压器从站外电源线接

(3) 对 330～500kV 变电站，当任一台工作变压器退出时，专用备用变压器应能自动切换至失电的工作母线段继续供电。

(4) 站用电负荷由站用配电屏供电，对重要负荷采用分别接在两段母线上的双回线路供电方式。

(5) 强油风（水）冷主变压器的冷却装置、有载调压装置及带电滤油装置，按下列方式共同设置可互为备用的双回线路电源进线，并只在冷却装置控制箱内自动相互切换。

1) 主变压器为三相变压器时，按台分别设置双回线路。

2) 主变压器为单相变压器组时，按组分别设置双回线路。

(6) 断路器、隔离开关的操作及加热负荷，可采用按配电装置区域划分、分别接在两段站用电母线的下列双回路供电方式。

1) 各区域分别设置环形供电网络，并在环网中间设置隔离开关以开环运行。

2) 各区域分别设置专用配电箱，向各间隔负荷辐射供电，配电箱的电源进线一路运行，一路备用。

(7) 330～500kV 变电站的控制楼、通信楼，可根据负荷需要，分别设置采用单母线接线、双回电源进线的专用配电屏，向楼内负荷供电。

(8) 检修电源网络采用按配电装置区域划分的单回线路分支供电方式。

(9) 不间断供电装置主要是向通信设备、监控计算机及交流事故照明等负荷供电。

四、变电站的站用电接线

大容量枢纽变电站，大多装设强迫油循环冷却的主变压器和同步调相机，为保证供电可靠性，应装设两台站用变压器，分别接到变电站低压侧不同的母线段上，如图 11-11 (a) 所示。

中等容量变电站中，站用电重要负荷为主变压器冷却风扇，站用电停电时，由于冷却风扇停运，会使变压器负荷能力下降，但它仍能供给重要负荷用电，因此允许只装设一台站用变压器，并应能在变电站两段低压母线上切换，如图 11-11 (b) 所示。

采用复式整流装置的中小型变电站，控制信号、保护装置、断路器操作电源等均由整流装置供电。为了保证供电的可靠性，应装设两台站用变压器，而且要求将其中一台接到与电力系统有联系的高压进线端，如图 11-11 (c) 所示。

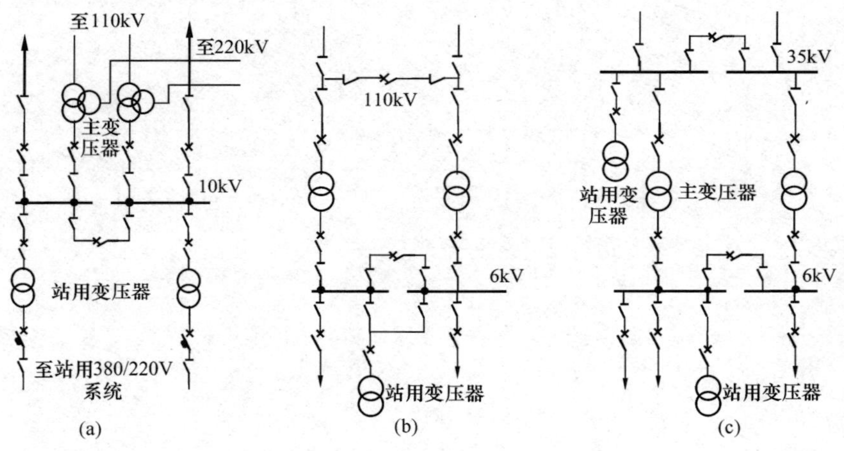

图 11-11 变电站自用电接线

(a) 大容量枢纽变电站；(b) 中等容量变电站；(c) 中小型变电站

本 章 小 结

自用电，是指发电厂和变电站本身的用电。对于发电厂，尤其是火力发电厂，其自身的用电占发电负荷很大的比重，并且是非常重要的负荷。厂用电率是发电厂的重要经济指标。

火力发电厂的厂用电系统，为了保证发电设备的连续运行，其接线应采取以下措施：厂用电接线采用单母线分段，并要求按炉分段为原则；设置备用母线段，用专用备用变压器引接，采用明备用方式，并最好接在相对独立的电源处；装设备用电源自动投入装置；设置事故保安电源装置。

水力发电厂的厂用机械数量相对较少，容量也较小，厂用电系统的接线比较简单。一般采用按机组分段的原则，并采用暗备用的方式。

变电站的自用电要比相同容量发电厂少得多。大型枢纽变电站一般装设两台站用变压器；中小型变电站可装设一台站用变压器。

不同的发电厂和变电站，自用电的接线形式也不同。应根据其类型、容量大小、电压等级、地理环境等多方面考虑自用电的接线。应采取有效的措施提高自用电的可靠性，以保证发电厂或变电站的安全稳定运行。

思 考 练 习

11-1 自用电的作用和意义是什么？

11-2 厂用电负荷分为哪几大类？

11-3 什么是明备用？什么是暗备用？

11-4 备用电源自动投入装置和不间断交流电源的作用是什么？

11-5 对厂用电接线有哪些基本要求？

11-6 发电厂和变电站的自用电在接线上有何区别？

第十二章　配　电　装　置

本章概要介绍配电装置的作用、种类及基本要求，侧重介绍配电装置的主要结构类型的特点及其技术要求，简要介绍电气设施的布置方式及特点。

第一节　概　　述

一、配电装置的作用和分类

1. 配电装置的作用

根据电气主接线的接线方式，由开关设备、母线装置、保护和测量电器、必要的辅助设备等构成，并按照一定技术要求建造而成的特殊电工建筑物，称为配电装置。

配电装置的作用是正常运行时进行电能的传输和再分配，故障情况下迅速切除故障部分恢复运行，对电力系统运行方式的改变以及对线路、设备的操作都在其中进行。因此，配电装置是发电厂和变电站用来接受和分配电能的重要组成部分。

2. 配电装置的类型

配电装置的型式，除与电气主接线及电气设备有密切关系外，还与周围环境、地形、地貌以及施工、检修条件、运行经验和习惯有关。随着电力技术的不断发展，配电装置的布置情况也在不断更新。

配电装置的类型很多，大致可分为以下几类。

(1) 按电气设备安装地点分类：可分为屋内配电装置和屋外配电装置。

(2) 按组装方式分类：可分为装配式配电装置和成套式配电装置。

(3) 按电压等级分类：可分为低压配电装置（1kV 以下）、高压配电装置（1～220kV）、超高压配电装置（330～750kV）、特高压配电装置（1000kV 和直流±800kV）。

二、配电装置的基本要求

配电装置的设计和建造，应认真贯彻国家的技术经济政策和有关规程的要求，同时应满足以下几个基本要求。

(1) 安全：设备布置合理清晰，采取必要的保护措施。如设置遮栏和安全出口、防爆隔墙、设备外壳底座等保护接地。

(2) 可靠：设备选择合理、故障率低、影响范围小，满足对设备和人身的安全距离。

(3) 方便：设备布置便于集中操作，便于检修、巡视。

(4) 经济：在保证技术要求的前提下，合理布置、节省用地、节省材料、减少投资。

(5) 发展：预留备用间隔、备用容量，便于扩建和安装。

三、配电装置的有关术语和图

1. 配电装置的有关术语

(1) 安全净距。为了满足配电装置运行和检修的需要，各带电设备应相隔一定的距离。配电装置各部分之间，为确保人身和设备的安全所必须的最小电气距离，称为安全净距。我

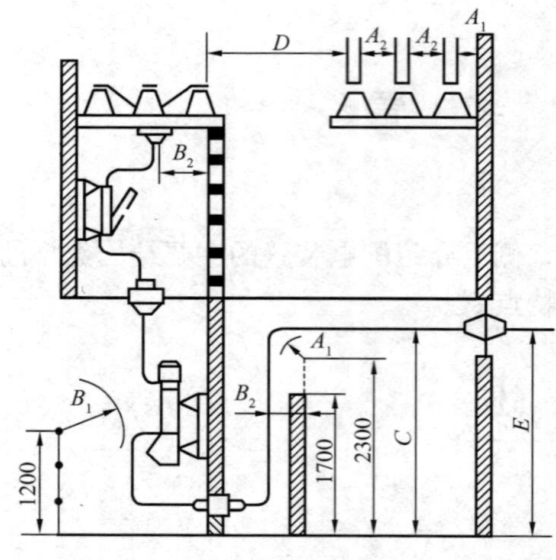

图 12-1　屋内配电装置安全净距

国 DL/T 5352—2006《高压配电装置设计技术规程》规定的屋内、屋外配电装置各有关部分之间的最小安全净距，这些距离可分为 A、B、C、D、E 五类，如图 12-1、图 12-2 和表 12-1、表 12-2 所示。在各种间隔距离中，最基本的是带电部分对接地部分之间和不同相的带电部分之间的空间最小安全净距，即所谓 A_1 和 A_2 值。在这一距离下，无论是在正常最高工作电压还是在出现内、外过电压时，都不致使空气间隙击穿。

安全净距取决于电极的形状、过电压的水平、防雷保护、绝缘等级等因素，A 值可根据电气设备标准试验电压和相应电压与最小放电距离试验曲线确定。

一般来说影响 A 值的因素：220kV 以下电压等级的配电装置，大气过电压起主要作用；330kV 及以上电压等级的配电装置，内部过电压起主要作用。采用残压较低的避雷器时，A_1 和 A_2 值可减小。

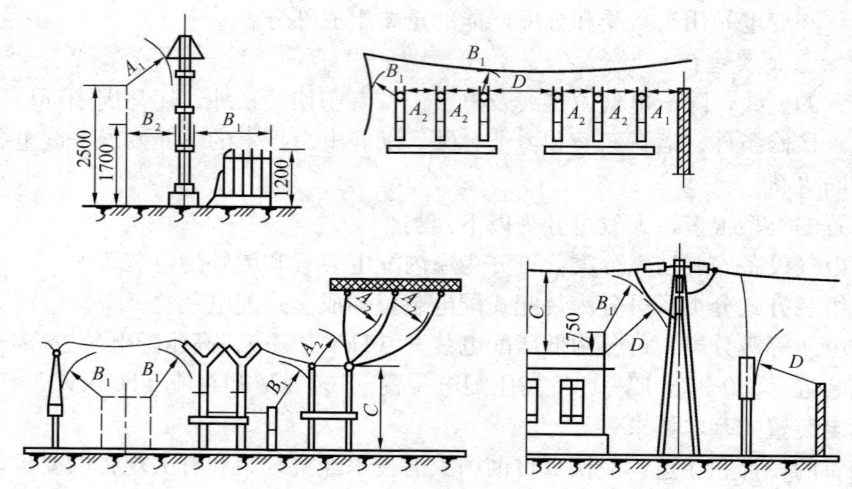

图 12-2　屋外配电装置安全净距

在设计配电装置确定带电导体之间和导体对接地、构架的距离时，还要考虑减少相间短路的可能性及减少电动力。例如：软绞线在短路电动力、风摆、温度等因素作用下，使相间及对地距离的减小；隔离开关开断允许电流时，不致发生相间和接地故障；减小大电流导体附近的铁磁物质的发热。对 110kV 及以上电压等级的配电装置，还要考虑减少电晕损失、带电检修等因素，故工程上采用的安全净距，通常大于表 12-1、表 12-2 的数值。

（2）间隔。间隔是配电装置中最小的组成部分，其大体上对应主接线图中的接线单元，以主设备为主，加上所谓附属设备一整套电气设备称为间隔。

在发电厂或变电站内，间隔是指一个完整的电气连接，包括断路器、隔离开关、TA、TV、端子箱等，根据不同设备的连接所发挥的功能不同又有很大的差别，比如有主变压器间隔、母线设备间隔、母联断路器间隔、出线间隔等。

表 12-1 屋内配电装置的安全净距（mm）

符号	适用范围	额定电压（kV）									
		3	6	10	15	20	35	60	110J	110	220J①
A_1	1. 带电部分至接地部分之间 2. 网状和板状遮栏向上延伸线距地 2.3m，与遮拦上方带电部分之间	75	100	125	150	180	300	550	850	950	1800
A_2	1. 不同相的带电部分之间 2. 断路器和隔离开关的断口两侧带电部分之间	75	100	125	150	180	300	550	900	1000	2000
B_1	1. 栅状遮拦至带电部分之间； 2. 交叉的不同时停电检修的无遮拦带电部分之间	825	850	875	900	930	1050	1300	1600	1700	2550
B_2	网状遮拦至带电部分之间	175	200	225	250	280	400	650	950	1050	1900
C	无遮拦裸导线至地面之间	2500	2500	2500	2500	2500	2600	2850	3150	3250	4100
D	平行的不同时停电检修的无遮拦裸导线之间	1875	1900	1925	1950	1980	2100	2350	2650	2750	3600
E	通向屋外的出线套管至屋外通道的路面	4000	4000	4000	4000	4000	4000	4500	5000	5000	5500

① J系指中性点直接接地系统。

表 12-2 屋外配电装置的安全净距（mm）

符号	适用范围	额定电压（kV）								
		3～10	15～20	35	60	110J	110	220J	330J	500J①
A_1	1. 带电部分至接地部分之间 2. 网状和板状遮拦向上延伸线距地 2.5m，与遮拦上方带电部分之间	200	300	400	650	900	1000	1800	2500	3800
A_2	1. 不同相的带电部分之间 2. 断路器和隔离开关的断口两侧带电部分之间	200	300	400	650	1000	1100	2000	2800	4300
B_1	1. 栅状遮拦至带电部分之间 2. 交叉的不同时停电检修的无遮拦带电部分之间 3. 设备运输时，其外廓至无遮拦带电部分之间 4. 带电作业时的带电部分至接地部分之间	950	1050	1150	1400	1650	1750	2550	3250	4550
B_2	网状遮拦至带电部分之间	300	400	500	750	1000	1100	1900	2600	3900

续表

符号	适 用 范 围	额定电压（kV）								
		3～10	15～20	35	60	110J	110	220J	330J	500J①
C	1. 无遮拦裸导线至地面之间 2. 无遮拦裸导线至建筑物、构筑物顶部之间	2700	2800	2900	3100	3400	3500	4300	5000	7500
D	1. 平行的不同时停电检修的无遮拦裸导线之间 2. 带电部分与建筑物、构筑物的边沿部分之间	2200	2300	2400	2600	2900	3000	3800	4500	5800

① J系指中性点直接接地系统。

例如出线以断路器为主设备，所有相关隔离开关，包括接地隔离开关、TA、端子箱等，均为一个电气间隔。母线则以母线为一个电气间隔。对主变压器来说，以本体为一个电气间隔，至于各侧断路器各为一个电气间隔。GIS由于特殊性，电气间隔不容易划分，但是基本上也是按以上规则划分的。至于开关柜等以柜盘形式存在的，则以一个柜盘为电气间隔。

（3）层。层是指设备布置位置的层次。配电装置有单层、两层、三层布置。

（4）列。一个间隔断路器的排列次序即为列。配电装置有单列式布置、双列式布置、三列式布置。双列式布置是指该配电装置纵向布置有两组断路器及附属设备。

（5）通道。为便于设备的操作、检修和搬运，配电装置在布置时设置了维护通道、操作通道、防爆通道。凡用来维护和搬运各种电器的通道，称为维护通道；如通道内设有断路器（或隔离开关）的操动机构、就地控制屏等，称为操作通道；仅和防爆小室相通的通道，称为防爆通道。

2. 配电装置的图

为了表示整个配电装置的结构、电气设备的布置以及安装情况，一般采用三种图进行说明，即平面图、断面图、配置图。

（1）平面图。平面图按照配电装置的比例进行绘制，并标出尺寸；图中标出房屋轮廓、配电装置间隔的位置与数量、各种通道与出口、电缆沟等。平面图上的间隔不标出其中所装设备。

（2）断面图。断面图按照配电装置的比例进行绘制，用以校验其各部分的安全净距（成套配电装置内部除外）；图中表示配电装置典型间隔的剖面，表明间隔中各设备具体的布置以及相互之间的联系。

（3）配置图。配置图是一种示意图，可不按照比例进行绘制，主要用于了解整个配电装置中设备的布置、数量、内容；对应平面图的实际情况，图中标出各间隔的序号与名称、设备在各间隔内布置的轮廓、进出线的方式与方向、通道名称等。

第二节 屋内配电装置

屋内配电装置是将电气设备和载流导体安装在屋内，避开大气污染和恶劣气候的影响。

其特点是：

（1）由于允许安全净距小而且可以分层布置，因此占地面积较小。

（2）维修、巡视和操作在室内进行，不受气候的影响。

（3）外界污秽的空气对电气设备影响较小，可减少维护的工作量。

（4）房屋建筑的投资较大。

大、中型发电厂和变电站中，35kV及以下电压等级的配电装置多采用屋内配电装置。但110kV及220kV装置有特殊要求（如变电站深入城市中心）和处于严重污秽地区（如海边和化工区）时，经过技术经济比较，也可以采用屋内配电装置。

一、屋内配电装置的类型

屋内配电装置的结构形式，与电气主接线、电压等级和采用的电气设备形式等有密切的关系，其分类方法很多，本书中主要按以下两种方法说明。

1. 按照布置形式分类

按照配电装置布置形式的不同，一般可分为单层式、二层式和三层式。

（1）单层式：一般用于出线不带电抗器的配电装置，所有的电气设备布置在单层房屋内。单层式占地面积较大，通常可采用成套开关柜，主要用于单母线接线、中小容量的发电厂和变电站。

（2）二层式：一般用于出线有电抗器的情况，将所有电气设备按照轻重分别布置，较重的设备如断路器、限流电抗器、电压互感器等布置在一层，较轻的设备如母线和母线隔离开关布置在二层。其结构简单，具有占地较少、运行与检修较方便、综合造价较低等特点。

（3）三层式：将所有电气设备依其轻重分别布置在三层中，具有安全、可靠性高、占地面积小等特点，但其结构复杂、施工时间长、造价高、检修和运行很不方便，因此，目前我国很少采用三层式屋内配电装置。

2. 按照安装形式分类

屋内配电装置的安装形式一般有两种。

（1）装配式：将各种电气设备在现场组装构成配电装置称为装配式配电装置。目前，需要安装重型设备（如大型开关、电抗器等）的屋内配电装置大都采用装配式。

（2）成套式：由制造厂预先将各种电气设备按照要求装配在封闭或半封闭的金属柜中，安装时按照主接线要求组合起来构成整个配电装置，这就称为成套式配电装置。其特点是：装配质量好、运行可靠性高；易于实现系列化、标准化；不受外界环境影响，基建时间短。成套式配电装置按元件固定的特点，可分为固定式和手车式；按电压等级不同，可分为高压开关柜和低压开关柜。

由于装配式屋内配电装置和成套式配电装置所涉及的内容较多，因此本节重点讨论装配式屋内配电装置的有关问题，成套式配电装置在本章第三节中加以说明。

二、装配式屋内配电装置的布置要求

在进行电气设备配置时，首先应从整体布局上考虑，满足以下要求：

（1）同一回路的电气设备和载流导体布置在同一间隔内，保证检修安全和限制故障范围。

（2）在满足安全净距要求的前提下，充分利用间隔位置。

（3）较重的设备如电抗器、断路器等布置在底层，减轻楼板荷重，便于安装。

（4）出线方便，电源进线尽可能布置在一段母线的中部，减少通过母线截面的电流。

（5）布置清晰，力求对称，便于操作，容易扩建。

下面仅就具体设备、间隔、小室和通道等介绍装配式屋内配电装置的几个有关问题。

1. 母线及隔离开关

母线一般布置在配电装置的上部，有水平布置、垂直布置和三角形布置三种方式。母线水平布置可以降低配电装置高度，便于安装，通常在中小型发电厂或变电站中采用。母线垂直布置时，一般用隔板隔开，其结构复杂，且增加配电装置的高度，一般适用于 20kV 以下、短路电流较大的发电厂或变电站。母线三角形布置适用于 10～35kV 大、中容量的配电装置中，结构紧凑，但外部短路时各相母线和绝缘子机械强度均不相同。

母线相间距离 α 取决于相间电压、短路时母线和绝缘子的机械强度及安装条件等。6～10kV 母线水平布置时，α 约为 250～350mm；垂直布置时，α 约为 700～800mm。35kV 母线水平布置时，α 约为 500mm；110kV 母线水平布置时，α 约为 1200～1500mm。同一支路母线的相间距离应尽量保持不变，以便于安装。

双母线或分段母线布置中，两组母线之间应设隔板（墙），以保证有一组母线故障或检修时不影响另一组母线工作。为避免温度变化引起硬母线产生危险应力，当母线较长时应安装母线温度补偿器，一般铝母线长度为 20～30m 设一个补偿器、铜母线长度为 30～50m 设一个补偿器。

母线隔离开关一般安装在母线的下方，母线与母线隔离开关之间应设耐热隔板，以防母线隔离开关误操作引起的飞弧造成母线故障。两层以上的配电装置中，母线隔离开关宜单独布置在一个小室内。

2. 断路器及其操动机构

断路器通常设在单独的小室内。按照油量及防火防爆的要求，断路器（含油设备）小室的形式可分为敞开式、封闭式及防爆式。敞开式小室完全或部分使用非实体的隔板或遮拦；封闭式小室四壁用实体墙壁、顶盖和无网眼的门完全封闭；若封闭式小室的出口直接通向屋外或专设的防爆通道，则为防爆式小室。

一般 35kV 及以下的屋内断路器和油浸互感器，宜安装在开关柜内或用隔板（混凝土墙或砖墙）隔开的单独小间内；35～220kV 屋内断路器与油浸互感器则应安装在用防爆隔板隔开的单独小间内，当间隔内单台电气设备总油量在 100kg 以上时，应设储油或挡油设施。

断路器的操动机构与断路器之间应该使用隔板隔开，其操动机构布置在操作通道内。手动操动机构和轻型远距离操动机构均安装在壁上；重型远距离控制操动机构则装在混凝土基础上。

3. 互感器和避雷器

电流互感器无论是干式或油浸式，都可以和断路器放在同一小室内，并且应尽量作为穿墙套管使用，以减少配电装置体积与造价。

电压互感器经隔离开关和熔断器接到母线上，它需占用专门的间隔，但在同一间隔内，可装设几个不同用途的电压互感器。

当母线接有架空线路时，母线上应装避雷器，电压互感器与避雷器可共用一个间隔，两者之间应采用隔板（隔层）隔开，并可共用一组隔离开关。

4. 电抗器

限流电抗器因其质量大，一般布置在配电装置第一层的电抗器小室内。电抗器室的高度应考虑电抗器吊装要求，并具备良好的通风散热条件。按其容量不同有三种不同的布置：三相垂直、品字形和三相水平布置，如图 12-3 所示。通常线路电抗器采用垂直或品字形布置。当电抗器的额定电流超过 1000A、电抗值超过 5%～6%时，宜采用品字形布置。额定电流超过 1500A 的母线分段电抗器或变压器低压侧的电抗器，则采用水平装设。

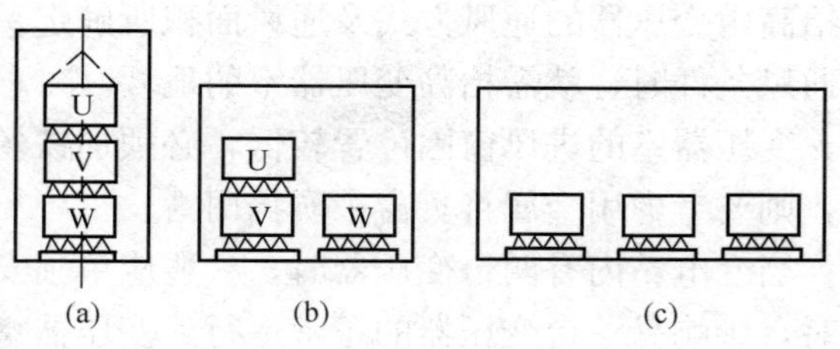

图 12-3 电抗器的布置方式
(a) 垂直布置；(b) 品字形布置；(c) 水平布置

由于 V 相电抗器绕组绕线方向与 U、W 两相电抗器绕组绕线方向相反，为保证电抗器动稳定，在采用垂直或品字形布置时，只能采用 UV 或 VW 两相电抗器上下相邻叠装，而不允许 UW 两相电抗器上下相邻叠装在一起。为减少磁滞与涡流损失，不允许将固定电抗器的支柱绝缘子基础上的铁件及其接地线等构成闭合环形连接。

5. 电容器室

运行经验表明，1000V 及以下的电容器可不另行单独设置低压电容器室，而将低压电容器柜与低压配电柜布置在一起。

高压电容器室的大小主要由电容器容量和对通道的要求所决定，通道最小宽度要求应满足表 12-3 中的规定。电容器室的建筑面积，可按每 100kvar 约需 4.5m² 估算。电容器室应有良好的自然通风，如不能保证室内温度不超过 40℃时，应增设机械通风装置。若电容器容量不大时，可考虑设置在高压配电装置或无人值班的高低压配电室内。

表 12-3　　配电装置室内各种通道最小宽度（净距，mm）

通道分类 / 布置方式	维护通道	操作通道		防爆通道
		固定式	手车式	
一面有开关设备	800	1500	单车长＋900	1200
二面有开关设备	1000	2000	双车长＋600	1200

6. 变压器室

变压器室的最小尺寸根据变压器外形尺寸和变压器外廓至变压器室四壁应保持的最小距离而定，按规程规定不应小于表 12-4 所列的数值（对照图 12-4）。

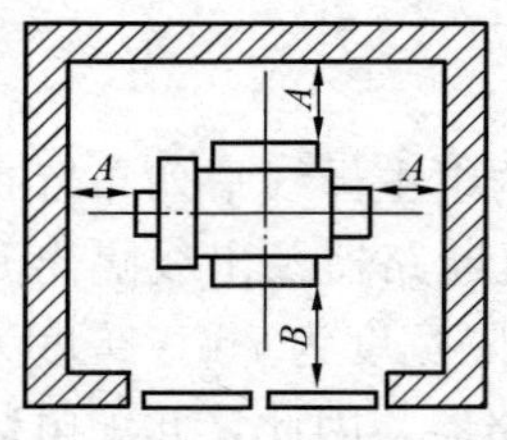

图 12-4 变压器室尺寸

表 12-4　变压器外廓与变压器室四壁的最小距离（mm）

变压器容量（kV·A）	320 及以下	400～1000	1250 及以上
至后壁和侧壁净距 *A*	600	600	800
至大门净距 *B*	600	800	1000

变压器室的高度与变压器的高度、运行方式及通风条件有关。根据通风的要求，变压器室的地坪有抬高和不抬高两种。地坪不抬高时，变压器放置在混凝土的地面上，变压器室的高度一般为 3.5～4.8m；地坪抬高时，变压器放置在抬高的地坪上，下面是进风洞，地坪抬高高度一般有 0.8、1.0、1.2m 三种，变压器室高度一般亦相应地增加为 4.8～5.7m。变压器室的地坪是

否抬高由变压器的通风方式及通风面积所确定。当变压器室的进风窗和出风窗的面积不能满足通风条件时，就需抬高变压器室的地坪。

变压器室的进风窗因位置较低，必须加铁丝网以防小动物进入；出风窗因位置高于变压器，则要考虑用金属百页窗来防挡雨雪。

当变电站内有两台变压器时，一般应单独安装在变压器室内，以防止一台变压器发生火灾时，影响另一台变压器的正常运行。变压器室允许开设通向电工值班室或高、低压配电室的小门，以便运行人员巡视，特别是严寒和多雨地区，此门材料要求采用非燃烧材料。对单个油箱油质量超过1000kg的变压器，其下面需设储油池或挡油墙，以免发生火灾，使灾情扩大。

变压器室大门的大小一般按变压器外廓尺寸再加0.5m计算。当一扇门的宽度大于1.5m时，应在大门上开设小门，小门宽0.8m、高1.8m，以便日常维护巡视之用。另外，布置变压器室时，应避免大门朝西。

7. 电缆构筑物

电缆隧道及电缆沟是用来放置电缆的。电缆隧道为封闭狭长的构筑物，高1.8m以上，两侧设有数层敷设电缆的支架，可放置较多的电缆，人在隧道内能方便地进行电缆的敷设和维修工作。但其造价较高，一般用于大型电厂主厂房内。电缆沟则为有盖板的沟道，沟宽与深为1m左右，敷设和维修电缆必须揭开盖板，很不方便。沟内容易积灰和积水，但土建施工简单、造价较低，常为变电站和中、小型电厂所采用。

众多事故证明，电缆发生火灾时，烟火向室内蔓延，将使事故扩大。故电缆隧道（沟）在进入建筑物（包括控制室和开关室）处，应设带门的耐火隔墙（电缆沟只设隔墙）。同时也可以防止小动物进入室内。

8. 通道和出口

配电装置的布置应便于设备操作、检修和搬运，故需设置必要的通道。在本章第一节中已简单介绍通道的相关内容。一般情况下，维护通道最小宽度应比最大搬运设备大0.4～0.5m；操作通道的最小宽度为1.5～2.0m；防爆通道的最小宽度为1.2m。

为了保证运行人员的安全及工作便利，不同长度的屋内配电装置室，应有一定数目的出口。当配电装置长度大于7m时，应有两个出口（最好设在两端）；当长度大于60m时，在中部宜适当再增加一个出口。同时，配电装置室的门应向外开，并装弹簧锁，相邻配电装置室之间如有门，应能向两个方向开启。

三、屋内配电装置实例

1. 110kV屋内配电装置

图12-5为110kV屋内配电装置间隔断面图，采用双母线接线。两组主母线平列布置在上层，母线下的两组母线隔离开关安装在基础槽钢上。底层分别布置断路器及出线隔离开关，所有隔离开关均采用V形。上下层各设有两条操作维护通道。间隔宽度为7m，跨度为12.5m，采用人工采光。少油断路器已被逐步淘汰，现多采用SF_6断路器，因此，此配电装置中省了旁路开关。

2. 220kV屋内配电装置

我国的220kV配电装置在20世纪80年代前都采用屋外配电装置，只有个别工程采用屋内配电装置。这是因为220kV屋内配电装置的电气设备体积较大，需要建造庞大的配电

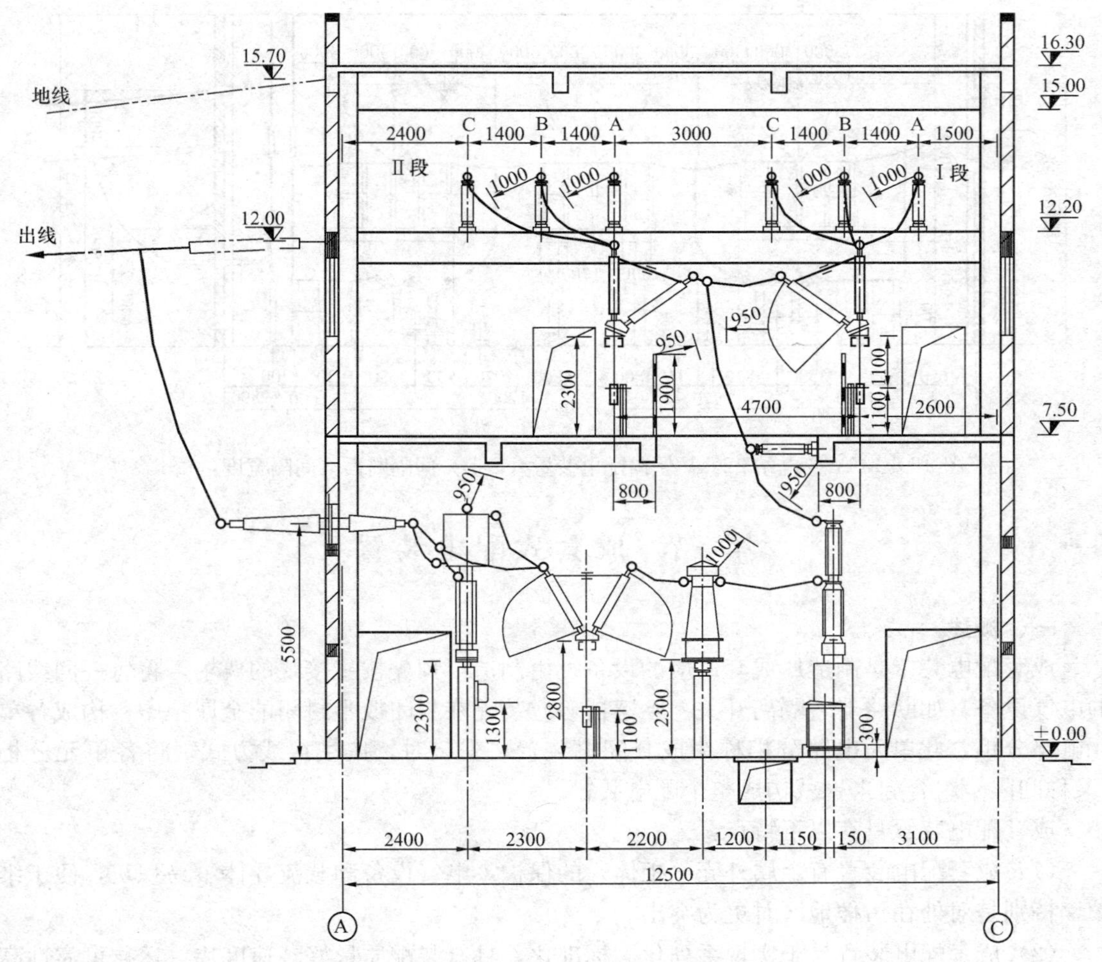

图 12-5　110kV 屋内配电装置（双母线）间隔断面（单位：mm）

楼，建筑费用及三材增加甚多。近年来，鉴于在严重污秽地区建设 220kV 屋外配电装置，污闪事故很难避免，而污闪事故多为永久性事故，造成的停电损失相当大，此外，城市的购地价格越来越高，在市区建设 220kV 配电装置更需注意节约用地和美化环境，因而有些工程在精心设计、降低造价的条件下，采用了屋内配电装置。

GY 变电站因为紧靠发电厂和钢厂，地位狭窄，锅炉的烟灰、冷却塔的水雾、高炉和焦炉的化学气体对原有 220kV 屋外电气设备造成严重污染，清扫的工作量很大，容易造成闪络事故，对钢厂、煤矿等重要负荷的供电安全不能保证。为了隔绝污染，防止事故，不得不改建为屋内配电装置，如图 12-6 所示。为了不使配电楼面积过于庞大，采用了占地面积小的敞开式组合电器（包括隔离开关—电流互感器组合电器和隔离开关—隔离开关组合电器），配电装置为双层双母线带旁路隔离开关双列式布置，双母线采用软导线作三列 E 形布置，使每一间隔可以双侧出线。为了降低配电楼的高度，将断路器作低式布置，其活动围栅斜设于支墩上，再把阀型避雷器作下挖 1.6m 布置。虽然采取了这些措施，但该屋内配电装置楼（两回主变压器进线，3 回出线）的跨度仍达 44.5m，长度为 48m，楼房高度为 24m，该配电楼耗用三材较多，共耗用钢材 292t、水泥 710t。

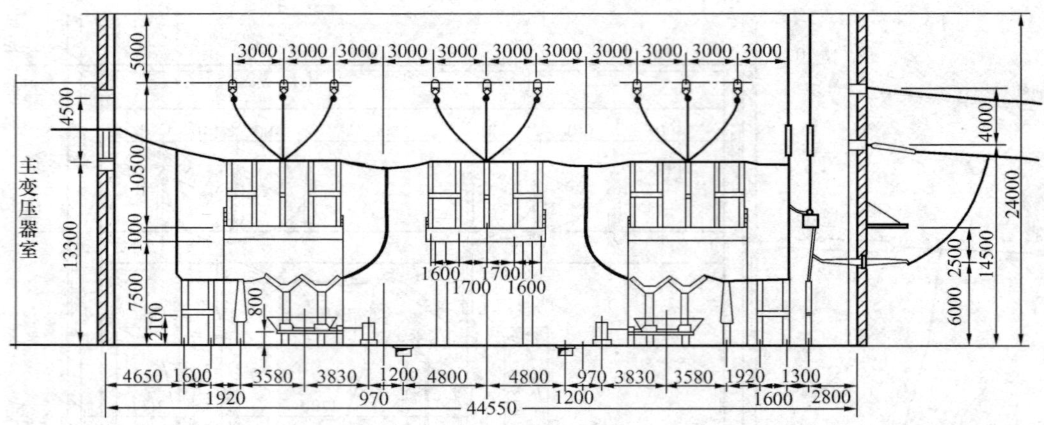

图 12-6 GY 变电站 220kV 屋内配电装置（E 形）间隔断面（间隔宽度：12m）

第三节 成套式配电装置

一、概述

成套配电装置是制造厂成套供应的设备，由制造厂预先按主接线的要求，将每一回线路的电气设备（如断路器、隔离开关、互感器等）装配在封闭或半封闭的金属柜中，构成各单元电路分柜，此单元电路分柜称为成套配电装置。安装时，按主接线方式，将各单元分柜（又称间隔）组合起来，就构成整个配电装置。

成套配电装置具有以下特点：

（1）成套配电装置有金属外壳（柜体）的保护，电气设备和载流导体不易积灰，便于维护，特别是对处在污秽地区时更为突出。

（2）成套配电装置易于实现系列化、标准化，具有装配质量好、速度快、运行可靠性高的特点。由于进行定型设计与生产，所以其结构紧凑、布置合理、缩小了体积和占地面积，降低了造价。

（3）成套配电装置的电器安装、线路敷设与变配电室的施工分开进行，缩短了基建时间。

成套配电装置可以按以下方式进行分类：

（1）按柜体结构特点，可分为开启式和封闭式。开启式的电压母线外露，柜内各元件之间也不隔开，结构简单，造价低；封闭式开关柜的母线、电缆头、断路器和测量仪表均被相互隔开，运行较安全，可防止事故的扩大，适用于工作条件差、要求高的用电环境。

（2）按元件固定的特点，可分为固定式和手车式。固定式的全部电气设备均固定于柜内；而手车式开关柜的断路器及其操动机构（有时还包括电流互感器、仪表等）都装在可以从柜内拉出的小车上，便于检修和更换。断路器在柜内经插入式触头与固定在柜内的电路连接，并取代了隔离开关。

（3）按其母线套数，可分为单母线和双母线两种。35kV 以下的配电装置一般都采用单母线。

（4）按其电压等级又可分为高压开关柜和低压开关柜。

二、低压成套配电装置

低压成套配电装置是电压为1000V及以下电网中用来接受和分配电能的成套配电设备。

一般说来，低压成套配电装置可分为配电屏（盘、柜）和配电箱两类；按控制层次可分为配电总盘、分盘和动力、照明配电箱。

1. 低压配电屏

低压配电屏，又称配电柜或开关柜，是将低压电路中的开关电器、测量仪表、保护装置和辅助设备等，按照一定的接线方案安装在金属柜内，用来接受和分配电能的成套配电装置，它用在1000V以下的供配电电路中。

我国生产的低压配电屏基本以固定式（即固定式低压配电屏）和手车式（又称抽屉式）低压开关柜两大类为主。过去生产的有离墙布置的双面维护屏BSL型和靠墙布置的单面维护屏BDL型系列，现在生产的产品有PGL型、GGL型和GHL型等低压配电屏。本书仅介绍以下几个常见的系列产品。

（1）PGL型交流低压配电屏：为开启式双面维护的低压配电装置。其型号的意义为：P—低压开启式；G—元件固定安装、固定接线；L—动力用。

PGL型交流低压配电屏结构如图12-7所示，配电屏的柜架采用薄钢板和角钢焊制而成，可前后开启，双面进行维护；屏前有门，屏面上方有仪表板，为可开启的小门，仪表板上装设有测量指示仪表；中部面板上设有闸刀开关的操作手柄和控制按钮等；下部屏门内有继电器、二次端子和电能表；屏后柜体构架上方放置低压母线，并设有母线防护罩，以防止上方坠落金属物造成母线短路事故；屏内装有低压断路器、闸刀开关、熔断器及有关表计；中性母线装置于屏的下方绝缘子上；保护接地点焊接在下方的柜架上，仪表门有接地点与壳体相连，构成完整、良好的接地保护电路；组合屏的屏间装有钢制隔板，可限制故障范围；屏内外均涂有防护漆，始端屏和终端屏的左右两侧装有防护侧板。

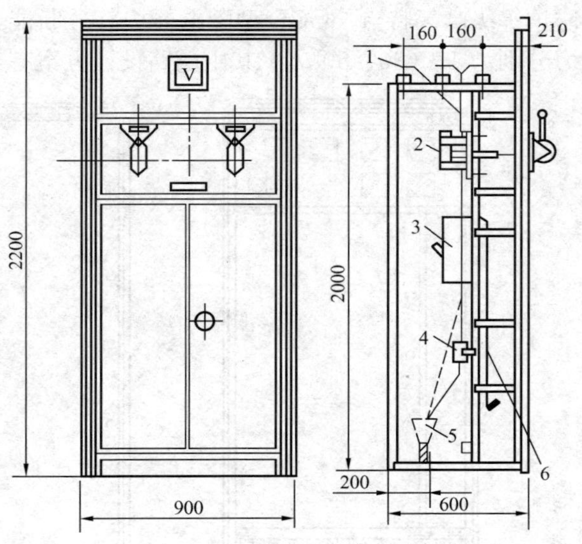

图12-7 PGL型交流低压配电屏结构
1—母线及绝缘框；2—闸刀开关；3—低压断路器；4—电流互感器；5—电缆头；6—继电器

PGL系列低压配电屏的结构设计比较合理、电路配置安全、防护性能好、分断能力为30kA。主电路和辅助电路均采用标准化方案。主电路方案有41种，按用途可分为电源进线、受电、备用电源架空受电或电缆受电、联络馈电、刀熔开关馈电、熔断器馈电、断路器馈电和照明等八种。

（2）GGD型固定式低压配电屏：属单面操作、双面维护的低压配电装置。其型号的含义为：G—交流低压配电柜；G—电器元件固定安装、固定接线；D—电力用柜。

GGD型交流低压配电屏的外形如图12-8所示。柜架采用8MF冷弯型钢局部焊接组装而成，构架上有安装孔，可适应各种元器件装配；柜门采用整体单门或不对称双门结构，柜体后面采用对称式双门结构。柜门周边均加有橡胶密封条，可防止与柜体直接碰撞，防护等级为IP30，柜门采用镀锌转轴式铰链与构架相连，安装、拆卸方便；柜体上部有一个小门，用于安装各类仪表、指示灯、控制开关等；柜体的下部、后上部和顶部均有不同数量的散热槽孔，当柜内电器元件发热后，热量上升，通过上端槽孔排出，而冷风不断地由下端槽孔补充进柜，使密封的柜体自下而上形成一个自然的通风道，达到散热的目的；主母线列在柜的上部后方，采用的ZMJ型母线夹是用高阻热合金材料热塑成形，机械强度高、绝缘性能好，长期允许温度可达120℃，并设计成积木组合式，安装使用十分方便；闸刀开关的操动机构为万向节式的旋转机构，手柄可以拆卸，操作方向为左右旋转式，操作方便，增强了安全性；配电柜的零部件按模块原理设计，外形尺寸及开孔尺寸均按基本模数 $E=20$mm 变化，柜内安装件均镀锌防锈钝化处理；柜内的安装件与柜体构架间用接地滚花螺钉连接，构成完整的接地保护电路；柜体采用聚脂桔形烘漆喷涂，消除眩光，附着加强。

GGD型交流低压配电屏具有分断能力高、动热稳定性好、电气方案灵活、组合方便、防护等级高等特点。GGD型配电屏按其分断能力的大小可分为Ⅰ、Ⅱ、Ⅲ型，最大分断能力分别为15、30、50kA。其主电路设计方案有126种，可以满足各方面的需要。

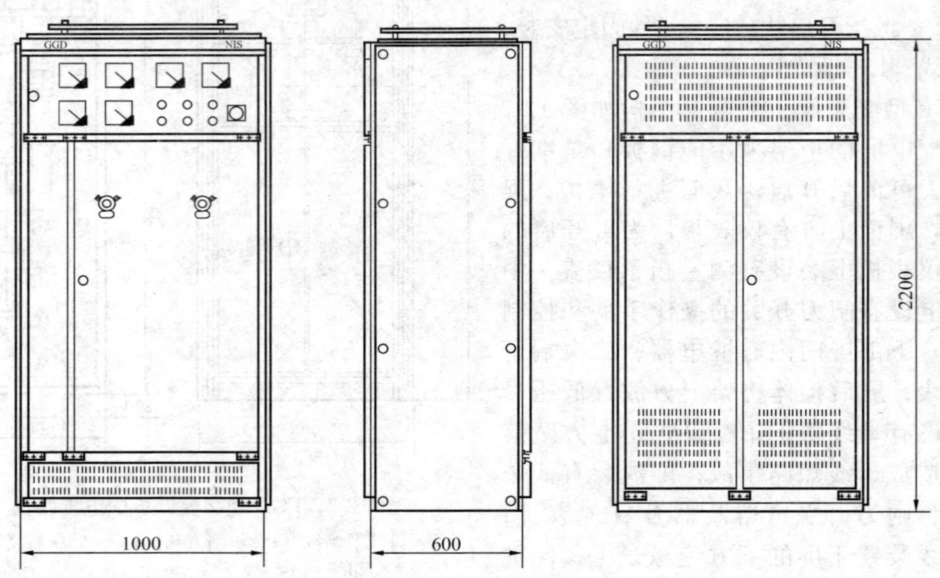

图 12-8　GGD型交流低压配电屏外形

（3）GCS型低压抽屉式开关柜。为密封式结构，正面操作，双面维护的低压配电装置。其型号含义是：G—封闭式开关柜；C—抽出式；S—森源电气系统。

GCS型低压抽屉式开关柜的结构如图12-9所示。装置的构架采用CMF型钢拼装和部分焊接两种结构形式，构架上有安装孔；开关柜前面的门上装有仪表、控制按钮和低压断路器操作手柄。开关柜的功能室严格分开，功能相对独立，分为功能单元室、母线室和电缆室，电缆室内为二次线和端子排；功能室由抽屉组成，主要低压设备均安装在抽屉内；一个抽屉为一个独立功能单元，装置的每个柜内可以配置11个一单元抽屉或22个1/2单元抽屉。抽屉具有抽出式和固定式，可以任意组合、选用；功能单元的抽屉可以方便地实现互换，若回路发生故障时，可立即换上备用的抽屉，迅速恢复供电；抽屉进出线采用片式接插件，抽屉与电缆室的转接采用背板式结构的转接件或棒式结构的转接件；抽屉面板有合、断、试验、抽出等位置的明显标志。抽屉设有机械联锁装置，可防误操作。

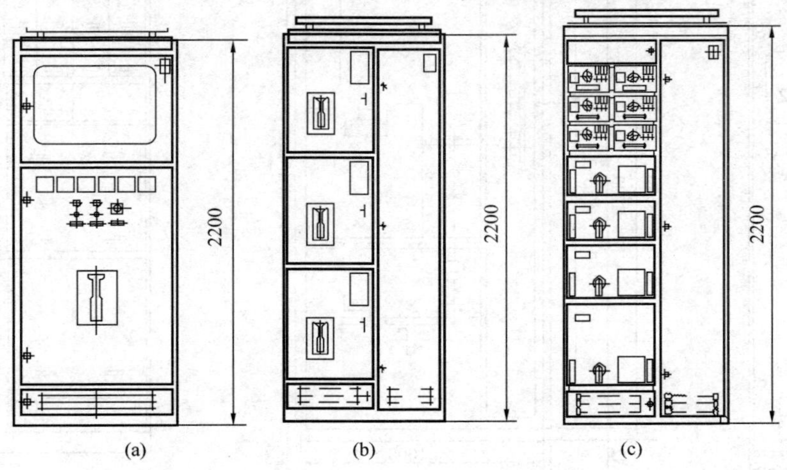

图 12-9 GCS 型低压抽屉式开关柜结构

（a）受电、联络柜；（b）PC 柜；（c）MCC 柜

GCS 开关柜密封性能好，可靠性高，占地面积小，但钢材消耗较多，价格较高。它具有分断、接通能力高，动热稳定性好，电气方案灵活，组合方便，系列性、实用性强，结构新颖，防护等级高等特点，它将逐步取代固定式低压配电屏。

（4）MNS 型低压抽出式开关柜，为用标准模件组装的组合装配式结构。其型号含义为：M—标准模件；N—低压；S—开关配电设备。

开关柜设计紧凑，组装灵活，通用性强。开关柜的框架全部经过镀锌处理，按方案变化需要，加上相应的门、隔板以及母线、功能单元等零部件，组装成一台完整的低压开关柜。开关柜内零部件尺寸、隔室尺寸实行模数化（模数单位 E=25mm）。

MNS 型开关柜可分为动力配电中心柜 PC 和电动机控制中心柜 MCC 两种类型，如图 12-10 所示。动力配电中心柜采用 ME、F、M、AH 等系列断路器；电动机控制中心柜由大小抽屉组装而成，各回路主开关采用高分断塑壳断路器或旋转式带熔断器的负荷开关。

PC 柜内划分成四个隔室，水平母线隔室在柜的后部；功能单元隔室在柜前上部或柜前左边；电缆隔室在柜前下部或柜前右边；控制回路隔室在柜前上部。水平母线隔室与功能单元隔室、电缆隔室之间用三聚氰胺酚醛夹心板或钢板分隔；控制回路隔室与功能单元隔室之间用阻燃型聚胺脂发泡塑料模制罩壳分隔；左边的功能单元隔室与右边的电缆隔室之间用钢板分隔。

抽出式 MCC 柜内分成三个隔离室，即柜后部的水平母线隔室、柜前部左边的功能单元隔室、柜前部右边的电缆隔室。水平母线隔室与功能单元隔室之间用阻燃发泡塑料制成的功能臂分隔，电缆隔室与水平母线隔室、功能单元隔室之间用钢板分隔。

2. 照明、动力配电箱

低压配电箱相当于小型的封闭式配电盘（屏），供交流 50Hz、500V 户内或户外的动力和照明配电用，内部装有开关、闸刀、熔丝等部件，其尺寸大小多有不同，视内装部件的多少而定。

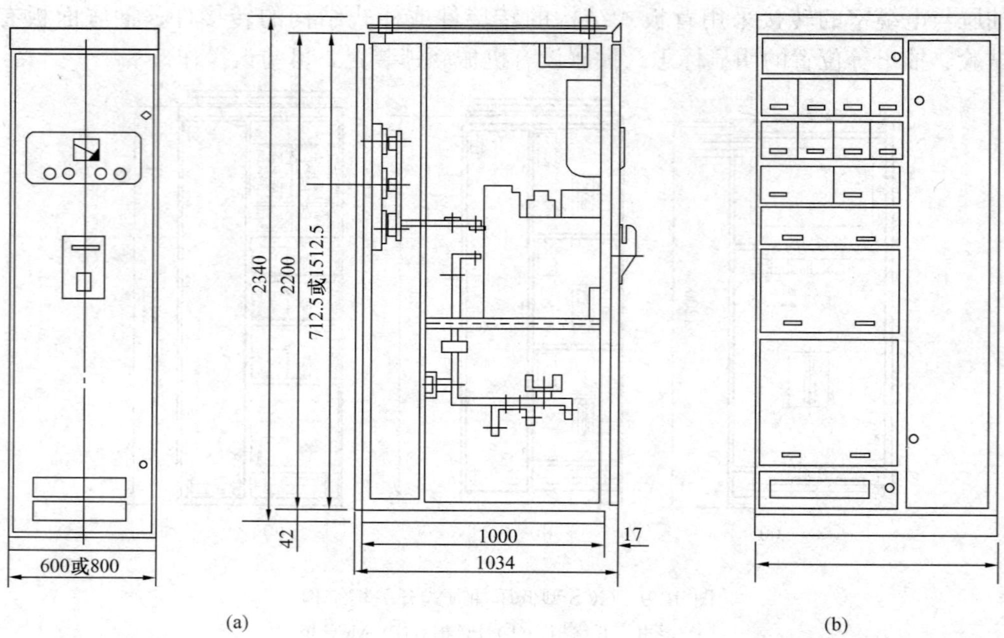

图 12-10　MCC 型低压抽出式开关柜

（a）PC 柜；（b）抽出式 MCC 柜

（1）照明配电箱。配电箱可以是板式，也可以是箱式。XM 类照明配电箱适用于非频繁操作照明配电用。采用封闭式箱结构，悬挂式或嵌入式安装，内装小型断路器、漏电开关等电器。还有些配电箱内装有电能表和负荷开关。照明配电箱的盘面布置和盘后接线，如图 12-11 所示。

目前常用照明配电箱的型号、安装方式、箱内电器及适用场合如表 12-5 所示。表中照

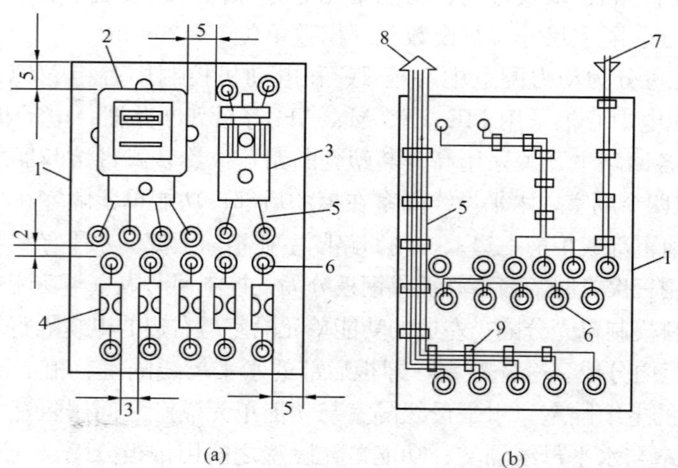

图 12-11　照明配电箱（cm）

（a）盘面布置；（b）盘后接线

1—盘面；2—电能表；3—胶盖闸；4—瓷插式熔断器；5—导线；6—瓷嘴（或塑料嘴）；7—电源引入线；8—电源引出线；9—导线固定卡

明配电箱的型号含义为：第一单元代表产品名称，X—低压配电箱；第二单元代表安装型式，X—悬挂式，R—嵌入式；第三单元代表用途，M—照明用。如 XM-34-2 的含义为：照明用的配电箱，方案型式号为 3，进线主开关极数为 4，出线回路数为 2。

表 12-5　　常用照明配电箱的安装方式、箱内电器及适用场合

型　号	安装方式	箱内主要电器元件	适用场合
XM-34-2	嵌入、半嵌入、悬挂	DZ12 型断路器	工厂企业、民用建筑
XXM-□	嵌入、悬挂	DZ12 型断路器，小型蜂鸣器等	民用建筑
PXT-□	嵌入、悬挂	DZ6 型断路器	工厂企业、民用建筑
XRM-□	嵌入、悬挂	DZ12 型断路器	工厂企业、民用建筑

（2）动力配电箱。动力配电箱是将电能分配到若干条动力线路上去的控制和保护装置。其形式主要可分为开启式和封闭式两种。XL（F）系列动力配电箱是封闭式动力配电箱。

三、高压成套配电装置

高压成套配电装置也称为高压开关柜，以断路器为主体，将检测仪表、保护设备和辅助设备按一定主接线要求都装在封闭或半封闭的柜中。以一个柜（有时两个柜）构成一条电路，所以一个柜就是一个间隔。柜内电器、载流部分和金属外壳互相绝缘，绝缘材料大多用绝缘子和空气，绝缘距离可以缩小，使装置做得紧凑，从而节省材料和占地面积。根据运行经验，高压开关柜的可靠性很高，维护安全，安装方便，已在 3～35kV 系统中大量采用。

1. 高压开关柜的种类

我国目前生产的 3～35kV 高压开关柜，按结构形式可分为固定式和手车式两种。手车柜目前大体上可分为铠装型和间隔型两种，铠装型手车的位置可分为落地式和中置式两种。

固定式高压开关柜断路器安装位置固定，采用母线和线路的隔离开关作为断路器检修的隔离措施，结构简单；断路器室体积小，断路器维修不便。固定式高压开关柜中的各功能区相通而且是敞开的，容易造成故障的扩大。

手车式高压开关柜高压断路器安装于可移动手车上，断路器两侧使用一次插头与固定的母线侧、线路侧静插头构成导电回路；检修时采用插头式的触头隔离，断路器手车可移出柜外检修。同类型断路器手车具有通用性，可使用备用断路器手车代替检修的断路器手车，以减少停电时间。手车式高压开关柜的各个功能区是采用金属封闭或者采用绝缘板的方式封闭，有一定的限制故障扩大的能力。

高压开关柜通常具有“五防”功能：防止误分、误合断路器；防止带负荷分、合隔离开关或带负荷推入、拉出金属封闭式开关柜的手车隔离插头；防止带电挂接地线或合接地隔离开关；防止带接地线或接地隔离开关合闸；防止误入带电间隔，以保证可靠的运行和操作人员的安全。

2. 高压开关柜的型号

高压开关柜的型号有两个系列的表示方法。

[1] [2] [3] [4] [F]

[1]：G 表示高压开关柜；

[2]：F 表示封闭型；

[3]：代表形式：C—手车式；G—固定式；

[4]：代表额定电压（kV）或设计序号；

[5]：F 表示防误型。

[1] [2] [3] [4]

[1]：表示高压开关柜：J—间隔型；K—铠装型；

[2]：代表类别：Y—移开式，G—固定式；

[3]：N 表示户内式；

[4]：代表额定电压（kV）。

例如 KGN-10 型号含义为：表示金属封闭、铠装、户内、10kV 固定式开关柜。GFC-10 型号含义为：表示手车式、封闭型、10kV 高压开关柜。

3. 高压开关柜的结构类型

（1）KGN-10 型固定式开关柜。KGN-10 型固定式开关柜具备“五防闭锁”功能，适用于三相交流 50Hz、额定电压 3～10kV、额定电流 2500A 的单母线系统，用以接受和分配电能。该开关柜为金属封闭式结构，柜体骨架由角钢或钢板弯制焊接而成，柜内用接地的金属隔板分成母线室、断路器室、电缆室、操动机构室、继电器室及压力释放通道，如图 12-12 所示。母线室在柜体后上部。为了有效地利用空间，母线呈三角形排列，带接地隔离开关的隔离开关也装在本室，以便与主母线进行电气连接。

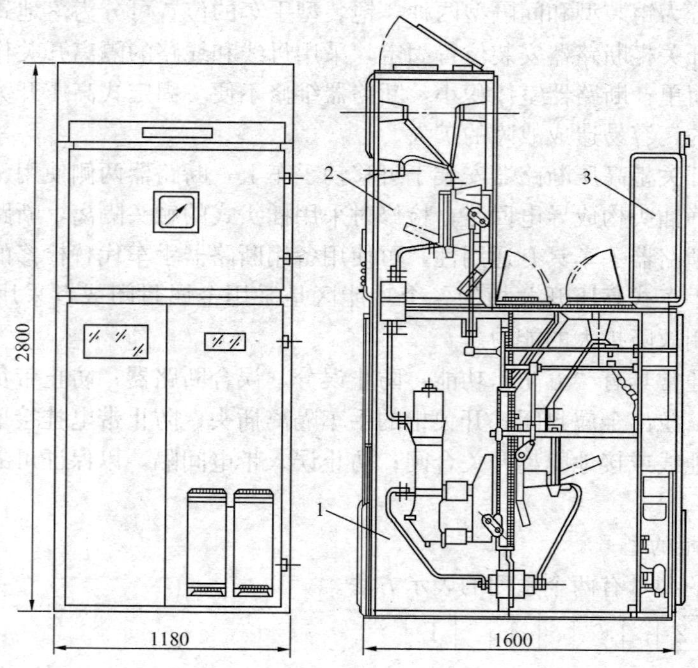

图 12-12　KGN-10 型开关柜结构

1—断路器室；2—母线室；3—继电器室

断路器室在柜体后下部，断路器传动部分通过上下拉杆和水平轴在电缆室与操动机构连接，并设有压力释放通道，断路器灭弧时，气体可经排气通道将压力释放。

电缆室在柜体的下部中间，除作电缆连接外，还装有带接地隔离开关的隔离开关。

操动机构室在柜体前下部，内装操动机构、合闸接触器、熔断器及联锁板等，机构不外露，其门上装有主母线带电指示氖灯显示器。

继电器室在柜体前部上方，室内的安装板和端子排支架，可装各种继电器。门上可安装指示仪表、信号元件、操动开关等。

KGN-10 型固定式开关柜为双面维护，前面维护检修二次部分、操动机构及其传动部分、程序锁及机械联锁、电缆和下隔离开关等，后面维护检修主母线、上隔离开关及断路器。后门上有观察窗，后壁装有照明灯，以便观察断路器的油面及运行情况。

（2）XGN2-10 型固定式开关柜。XGN2-10 型固定式开关柜为金属封闭箱式结构，如图 12-13 所示。屏体由钢板和角铁焊成。由断路器室、母线室、电缆室和仪表室等部分构成。断路器室在柜体的下部。断路器由拉杆与操动机构连接。断路器下引接与电流互感器相连，电流互感器和隔离开关连接。断路器室有压力释放通道，以防止电弧燃烧产生的气体压力得以安全释放。母线室在柜体后上部，为减小柜体高度，母线呈“品”字形排列。电缆室在柜体下部的后方，电缆固定在支架上。仪表室在柜体前上部，便于运行人员观察。断路器操动机构装在面板左边位置，其上方为隔离开关的手动操作及联锁机构。

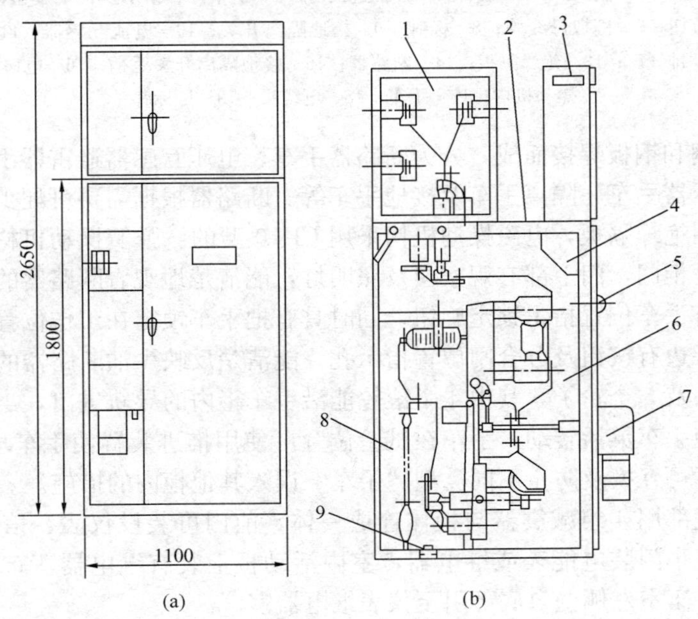

图 12-13 XGN2-10 型高压开关柜结构

（a）外形图；（b）结构示意图

1—母线室；2—压力释放通道；3—仪表室；4—组合开关；5—手动操作及联锁机构；6—断路器室；7—电磁弹簧结构；8—电缆室；9—接地母线

（3）KYN1-12 型铠装开关柜。KYN1-12 型铠装开关柜为全封闭型结构，由继电器室、手车室、母线室和电缆室 4 个部分组成。各部分用钢板分隔，螺栓连接，具有架空进出线、电缆进出线及左右联络的功能。其结构及外形如图 12-14 所示。

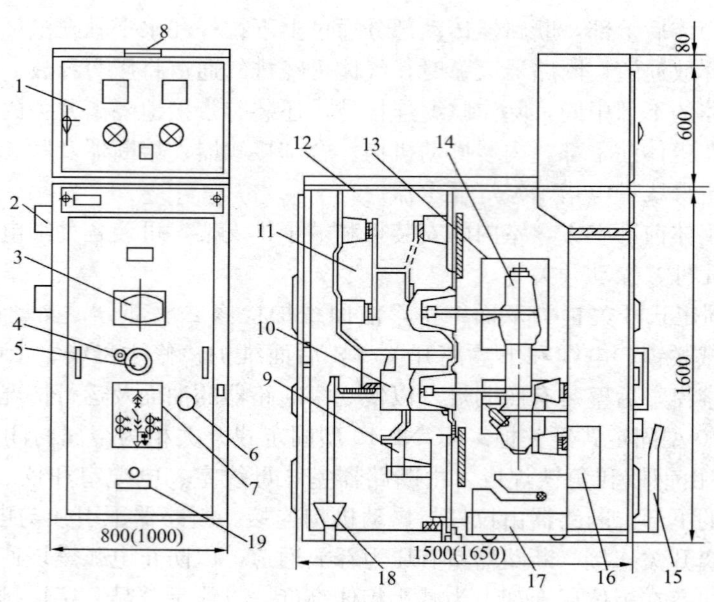

图 12-14 KYN1-12 型铠装开关柜结构及外形（mm）

1—仪表室；2—瓷套管；3—观察窗；4—推进机构；5—手车位置指示及锁定旋钮；6—紧急分闸旋钮；7—模拟母线牌；8—标牌；9—接地隔离开关；10—电流互感器；11—母线室；12—排气窗；13—绝缘隔板；14—断路器；15—接地隔离开关手柄；16—电磁式弹簧操动机构；17—手车；18—电缆头；19—厂标牌

手车是由角钢和钢板焊接而成，分为断路器手车、电压互感器避雷器手车、电容器避雷器手车、站用变压器手车、隔离手车及接地手车等。断路器根据需要可配少油断路器或真空断路器。相间采用绝缘隔板，电磁操动机构采用 CD10 型的。弹簧操动机构采用 CT8 型的。手车上的面板就是柜门，门上部有观察窗及照明灯，能清楚地观看断路器的油位指示。门正中的模拟接线旁有手车位置指示锁定旋钮，同时具有把手车锁定在工作位置、试验位置及断开位置的功能。旁边有按钮及分合闸位置指示孔，能清楚反映少油断路器的工作状态。手车底部装有接地触头及 5 个轮子，其中 4 个滚轮能沿手车柜内的导轨进出，当抽出柜后，另一附加转向小轮能使手车灵活转动。手车在试验位置可使用推进装置使手车均匀插入或抽出。该产品还具有手车可互换及防止不同类型“手车”误入其他柜内的措施。

继电仪表室底部用 4 组减震器与柜体连成一体，前门可装设仪表、信号灯、信号继电器、操作开关等。小门装电能表或继电器，室内活动板上装有继电器，布置合理、维修方便，二次电缆沿手车室左侧壁自底部引至仪表继电器室。

（4）KYN28A-12 型中置式开关柜。KYN28A-12 型即原 GZS1-10 型中置式开关柜，是在真空、SF_6 断路器小型化后设计出的产品，可实现单面维护。其使用性能有所提高，近几年来国内外推出的新柜型以中置式居多。

KYN28A-12 型中置式开关柜整体是由柜体和中置式可抽出部分（即手车）两大部分组成，如图 12-15 所示。开关柜由母线室、断路器手车室、电缆室和继电器仪表室组成。手车室及手车是开关柜的主体部分，采用中置式型式，小车体积小、检修维护方便。手车在柜体内有断开位置、试验位置和工作位置三个状态。开关设备内装有安全可靠的联锁装置，完全满足五防的要求。母线室封闭在开关室后上部，不易落入灰尘和引起短路，出现电弧时，能有效将事故限制在隔室内而不向其他柜蔓延。由于开关设备采用中置式，电缆室空间较大。电流互感器、接地隔离开关装在隔室后壁上，避雷器装设在隔室后下部。继电器仪表室内装设继电保护元件、仪表、带电检查指示器，以及特殊要求的二次设备。

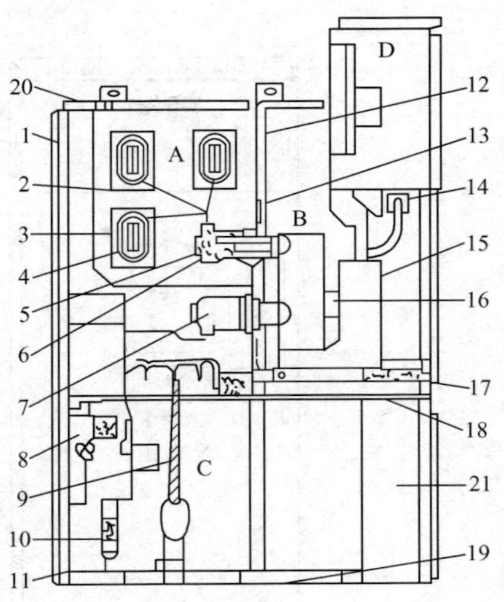

图 12-15　KYN28A-12 型中置式高压开关柜结构

A—母线室；B—断路器手车室；C—电缆室；D—继电器仪表室

1—外壳；2—分支小母线；3—母线套管；4—主母线；5—静触头装置；6—静触头盒；7—电流互感器；8—接地隔离开关；9—电缆；10—避雷器；11—接地主母线；12—装卸式隔板；13—隔板；14—瓷插头；15—断路器手车；16—加热装置；17—可抽出式水平隔板；18—接地隔离开关操动机构；19—板底；20—泄压装置；21—控制小线槽

（5）HXGN-12ZF（R）型环网开关柜。HXGN-12ZF（R）型箱式（固定式）金属封闭环网开关柜适用于三相交流 50Hz、额定电压 3～10kV 的配电系统。如图 12-16 所示，该柜采用空气绝缘，外壳采用钢板或敷铝锌板经双折边组合而成，结构紧凑，“五防”功能可靠。柜内由钢板分隔成负荷开关室、母线室和仪表室。环网柜上部为母线室、中下部为负荷开关室；仪表室位于母线室前面，室内可装设电压表、电流表、切换开关等元件及二次回路端子。柜后有两处压力释放孔，能够最大限度地保障人身安全和运行设备的可靠。

主开关采用真空负荷开关及负荷开关—熔断器组合，可正装亦可侧装，并有接地隔离开关和隔离开关，弹簧操动机构既可电动也可手动，熔断器组合电器方案可代替造价昂贵、体积庞大的断路器柜。一次设备与二次设备可以完全隔离，其安全性好；主母线室与负荷开关室用接地金属板隔开；在负荷开关动静触头断口间设有接地的金属活门；柜体、负荷开关、金属活门之间设有可靠的机构联锁。

HXGN-12 系列环网开关柜体积小，安装、调试、操作简单，更换零部件也很方便，可以单独替换。

四、SF_6 组合电器

六氟化硫组合电器又称为气体绝缘全封闭组合电器（Gas-Insulator Switchgear），简称 GIS。它将断路器、隔离开关、母线、接地隔离开关、互感器、出线套管或电缆终端头等分别装在各自密封间中，集中组成一个整体外壳，充以（3.039～5.065）$\times 10^5$Pa（3～5 大气压）的六氟化硫气体作为绝缘介质。

近年来为了减少占地面积，六氟化硫全封闭组合电器得到了广泛应用，目前，我国的 GIS 使用的起始电压为 110kV 及以上，主要在以下场合使用。

（1）占地面积较小的地区，如市区变电站。

（2）高海拔地区或高烈度地震区。

（3）外界环境较恶劣的地区。我国西北电网建设的 750kV 工程，采用的 GIS 组合电器已在变电站投入运行。

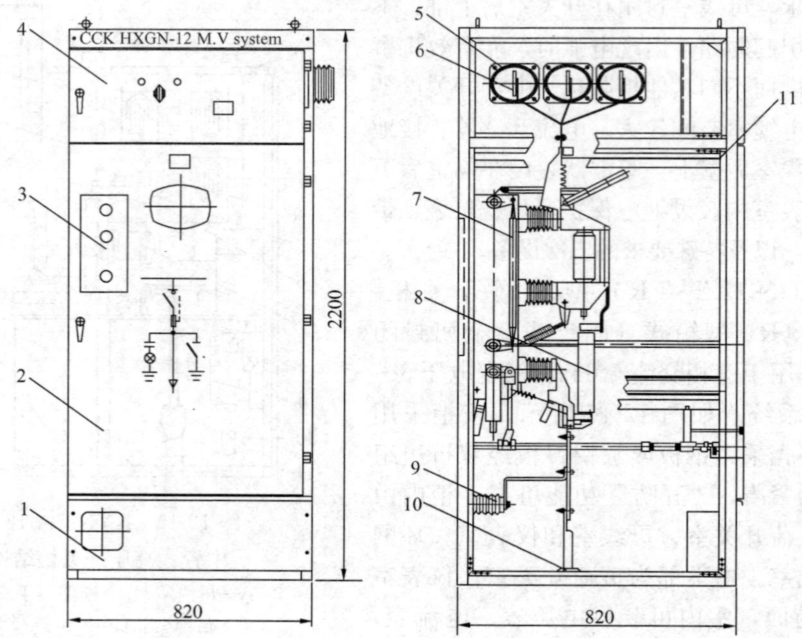

图 12-16　HXGN 环网开关柜结构

1—盖板；2—前门；3—仪表门操作面板；5—母线套管；6—主母线；7—真空负荷开关；8—熔断器；9—传感器；10—电缆；11—插板

1. GIS 的主要特点

GIS 的主要优点是：

(1) 可靠性高。由于带电部分全部封闭在 SF_6 气体中，不会受到外界环境的影响。

(2) 安全性高。由于 SF_6 气体具有很高的绝缘强度，并为惰性气体，不会产生火灾；带电部分全部封闭在接地的金属壳体内，实现了屏蔽作用，也不存在触电的危险。

(3) 占地面积小。由于采用具有很高的绝缘强度 SF_6 气体作为绝缘和灭弧介质，使得各电气设备之间、设备对地之间的最小安全净距减小，从而大大缩小了占地面积。

(4) 安装、维护方便。组合电器可在制造厂家装配和试验合格后，再以间隔的形式运到现场进行安装，工期大大缩短。

(5) 其检修周期长，维护方便，维护工作量小。

GIS 的主要缺点是：

(1) 密封性能要求高。装置内 SF_6 气体压力的大小和水分的多少会直接影响整个装置运行的性能和人员的安全性，因此，GIS 对加工的精度有严格的要求。

(2) 金属耗费量大，价格较昂贵。

(3) 故障后危害较大。首先，故障发生后造成的损坏程度较大，有可能使整个系统遭受破坏。其次，检修时有毒气体（SF_6 气体与水发生化学反应后产生）会对检修人员造成伤害。

2. GIS 的分类

(1) 按结构形式分：根据充气外壳的结构形状，GIS 可分为圆筒形和柜形两大类。第一大类依据主回路配置方式还可分为单相一壳式（即分相式）、部分三相一壳式（又称主母线三相共筒式)、全三相一壳式和复合三相一壳式四种；第二大类又称 C-GIS，俗称充气柜，依据柜体结构和元件间是否隔离可分为箱式和铠装式两种。

(2) 按绝缘介质分：可分为全 SF_6 气体绝缘式（F-GIS）和部分气体绝缘式（H-GIS）两类。

3. GIS 结构示例

SF_6 全封闭组合器由各个独立的标准元件组成，各标准元件制成独立气室，再辅以一些过渡元件，便可适应不同形式主接线的要求，组成成套配电装置。

一般情况下，断路器和母线筒的结构形式对布置影响最大。对于户内式全封闭组合电器：若选用水平布置的断路器，则将母线筒布置在下面，断路器布置最上面；若断路器选用垂直断口时，则断路器一般落地布置在侧面，如图 12-17 所示。对于户外 SF_6 全封闭组合电器，断路器一般布置在下部，母线布置在上部，用支架托起。

GIS 外壳可用钢板或铝板制成，形成封闭外壳，有三相共箱式和三相分箱式两种。其功能有以下三点：

(1) 容纳 SF_6 气体，气体压力一般为 0.2～0.5MPa。

(2) 保护活动部件不受外界物质侵蚀。

(3) 可作为接地体。

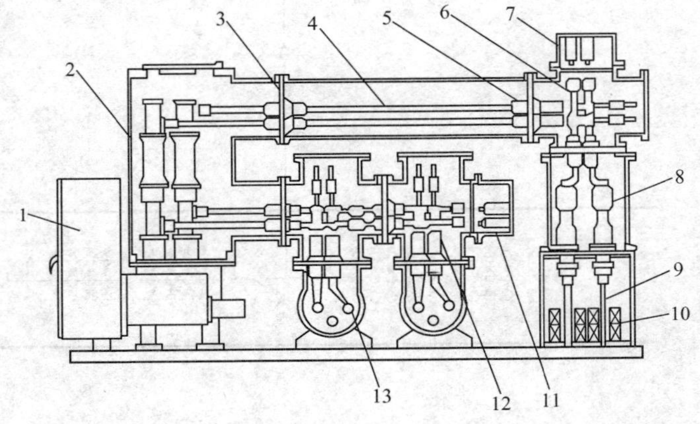

图 12-17 六氟化硫全封闭组合电器总体结构

1—操作装置；2—断路器；3—绝缘隔板；4—导体；5—插入实指形触头；6、12—隔离开关；7、11—接地隔离开关；8—电缆接线端头；9—电缆；10—电流互感器；13—母线

在设计 GIS 时，一般根据用户提供的主接线将 GIS 分为若干个间隔。所谓一个间隔是一个具有完整的供电、输电和其他功能（控制计量、保护等）的一组元器件。每个间隔可再划分为若干气室或气隔。气室划分应考虑以下因素：

(1) 不同额定气压的元件必须分开。例如：断路器的额定气压常高于其他元件，应将它和其他气室分开。

(2) 要便于运行、维护和检修。当发生故障需要检修时，应尽可能将停电范围限制在一组母线和一回线路的区域，须注意以下几点：

1) 主母线和备用母线气室应分开。

2) 主母线和主母线侧的隔离开关气室应分开，以便于检修主母线。

3) 考虑当主母线发生故障时，能尽可能缩小波及范围和作业时间，当间隔数较多时，应将主母线分为若干个气室。

4) 为了防止电压互感器、避雷器发生故障时波及其他元件，以及为了现场试验和安装作业方便，通常将电压互感器和避雷器单独设气室。

5) 由于电力电缆和 GIS 的安装时间常不一致，经常需要对电缆终端 SF_6 气体 进行单独处理，所以电缆终端应单独设立气室，但可通过阀门与其他元件相连接，以便根据需要灵活控制。

（3）要合理确定气室的容积：一般气室容积的上限是由气体回收装置的容量决定的，即要求在设备安装或检修时，能在规定的时间内完成气室中的气体处理；下限则主要取决于内部电弧故障时的压力升高，不能造成外壳爆炸。

（4）有电弧分解物产生的元件与不产生电弧分解物的元件分开。

我国西北电网的750kV工程选用简化GIS装置，简化GIS是指包括母线、串内元件（包括CB、DS、ES、CT等）以及进出线DS、ES、FES等元件在内的SF_6气体绝缘金属封闭开关设备。进出线侧LA、CVT、阻波器等设备为常规敞开式设备。750kV出线上的电抗器回路中的设备也采用常规敞开式设备，包括DS、LA等。图12-18所示为简化GIS接线。

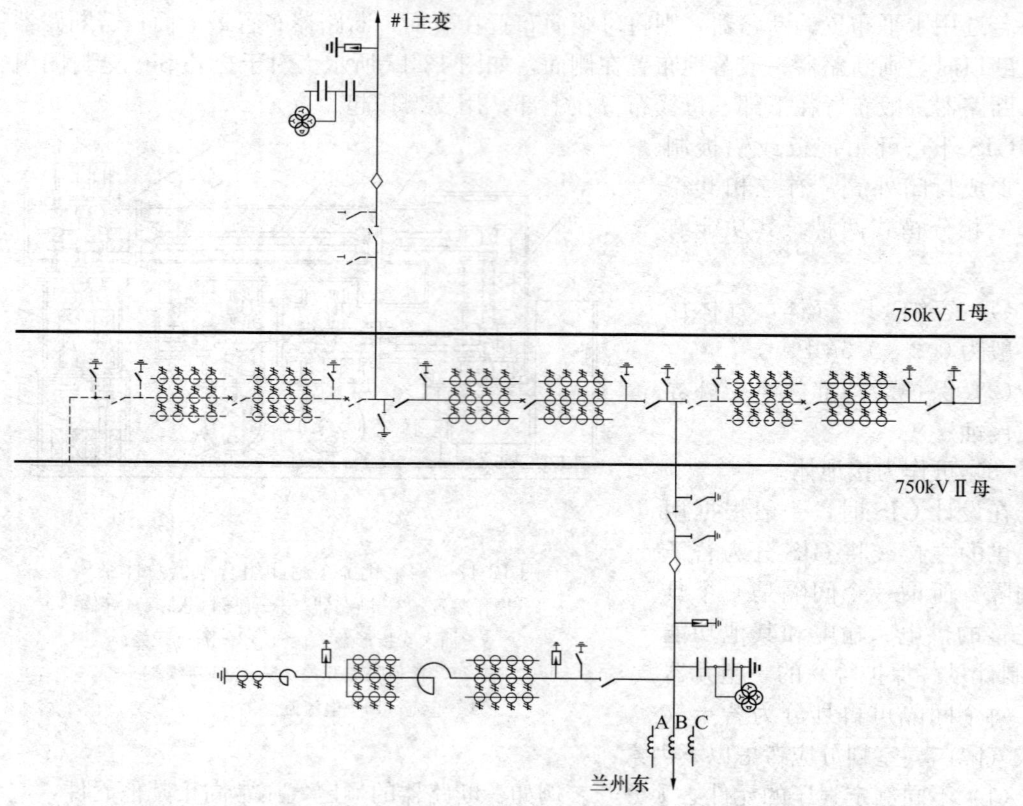

图12-18 简化GIS接线

CB、DS、ES、CT、FES、LA、CVT等的含义如下：

GIS：气体绝缘全封闭组合电器（Gas-Insulator Switchgear）；

CB：断路器（circuit-breaker）；

CT：电流互感器（current transformer）；

FES：快速接地开关（Fast Earthing Swith）；

LA：避雷器（lightning ar）；

ES：接地开关（Earth Swith）；

CVT：电容式电压互感器（Capacitor Voltage Transformers）；

DS：隔离开关（disconnecting switch）；

Platform：通道、天桥；

DS Oper Box：断路器操动机构。

750kV GIS设备布置选用断路器一字形布置（直列式布置）方案。一字形布置方案纵向尺寸小，与主变压器、330kV配电装置的配合较好，工艺流程合理。750kV配电装置间隔宽度取45m，主变压器构架高27m，750kV出线门形架高度取32m。设备纵向尺寸根据检修要求、导线受力等情况确定。图12-19所示为简化GIS三维模型。

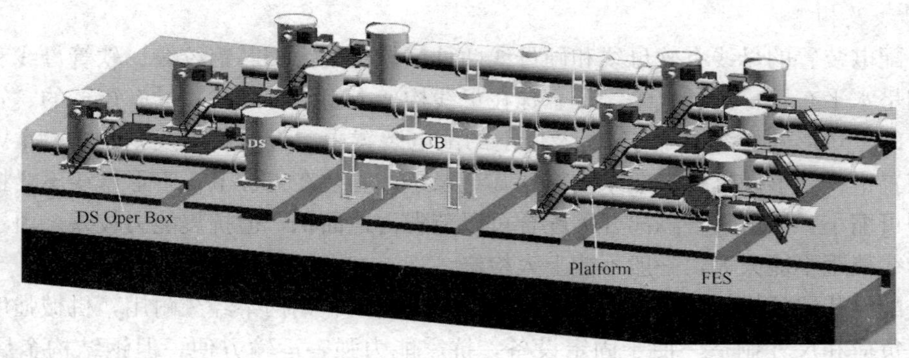

图12-19 简化GIS三维模型

第四节 屋外配电装置

目前，110kV及以上电压等级一般多采用屋外配电装置。屋外配电装置是将电气设备安装在露天场地基础、支架或构架上。其特点是：

（1）土建工作量和费用较小，建设周期短。

（2）扩建比较方便。

（3）相邻设备之间距离较大，便于带电作业。

（4）占地面积大。

（5）受外界环境影响，设备运行条件较差，需加强绝缘。

（6）不良气候对设备维修和操作有影响。

一、屋外配电装置的分类

根据电气设备和母线布置的高度，屋外配电装置可分为低型、中型、半高型和高型等。

（1）低型配电装置：电气设备直接放在地面基础上，母线布置的高度也比较低，为了保证安全距离，设备周围设有围栏。低型布置占地面积大，目前很少采用。

（2）中型配电装置：所有电器都安装在同一水平面内，并装在一定高度（2～2.5mm）的基础上，使带电部分对地保持必要的高度，以便工作人员能在地面安全地活动。中型配电装置母线所在的水平面稍高于电器所在的水平面。

这种布置比较清晰，不易误操作，运行可靠，施工维护方便，所用钢材较少，造价低，其最大缺点是占地面积较大。是我国屋外配电装置普遍采用的一种方式。

中型配电装置按照隔离开关的布置方式可分为普通中型和分相中型。

（3）半高型和高型配电装置。母线和电器分别装在几个不同高度的水平面上，并重叠布置。如果仅将母线与断路器、电流互感器等重叠布置，则称为半高型配电装置。凡是将一组母线与另一组母线重叠布置的，称为高型配电装置。

高型布置的缺点是钢材消耗大，操作和检修不方便。半高型布置的缺点也类似。但高型布置的最大优点是占地少，一般约为中型布置的一半，因此半高型和高型布置已广泛采用。有时还根据地形条件采用不同地面高程的阶梯型布置，以进一步减少占地和节省开挖工程量。

二、屋外配电装置的布置要求

1. 母线及构架

屋外配电装置的母线有软母线和硬母线两种。软母线为钢芯铝绞线、软管母线和分裂导线，三相呈水平布置，用悬式绝缘子悬挂在母线构架上。硬母线常用的有矩形的、管形的和分裂管形的。矩形硬母线用于 35kV 及以下的配电装置中；管形硬母线则用于 60kV 及以上的配电装置中，管形硬母线一般采用支柱式绝缘子，安装在支柱上；管形母线不会摇摆，相间距离即可缩小，与剪刀式隔离开关配合可以节省占地面积，但抗震能力较差。由于强度关系，硬母线档距不能太大，一般不能上人检修。

屋外配电装置的构架，可由型钢或钢筋混凝土制成。钢构架经久耐用，机械强度大，可以按任何负荷和尺寸制造，便于固定设备，抗震能力强，运输方便，但钢结构金属消耗量大，需要经常维护。因此，全钢结构使用较少。钢筋混凝土构架可以节约大量钢材，也可满足各种强度和尺寸的要求，经久耐用，维护简单。钢筋混凝土环形杆可以在工厂成批生产，并可分段制造，运输和安装比较方便，但不便于固定设备。以钢筋混凝土环形杆和镀锌钢梁组成的构架，兼顾了二者的优点，目前已在我国 220kV 及以下的各类配电装置中广泛采用。

表 12-6 为中型屋外配电装置（软母线）在设计中采用的有关尺寸，这些尺寸能保证在多数情况下满足表 12-2 中最小安全净距的要求。例如：母线和进出线的相间距离以及导线到构架的距离，是按在过电压或最大工作电压的情况下，并在风力和短路电动力的作用下导线发生非同步摆动时最大弧垂处应保持的最小安全净距而决定的，另外，还考虑到带电检修的可能性。

表 12-6 中型屋外配电装置有关尺寸（mm）

名称 \ 电压等级（kV）		35	60	110	220	330	500
弧垂	母线	1000	1100	900～1100	2000	2000	3000
	出线	700	800	900～1100	2000	2000	3000
线间距离	Π形母线架	1600	2600	3000	5500		
	门形母线架	—	1600	2200	4000	5000	8000
	出线	1300	1600	2200	4000	5000	8000
构架高度	母线构架	5500	7000	7300	10500	13000	20000
	出线构架	7300	9000	10000	14500	17500～19000	27000
	双层构架	—	12500	13000	21000		
构架宽度	Π形母线架	3200	5200	6000	11000		
	门型母线架	—	6000	8000	14000～15000	20000	30000
	出线	5000	6000	8000	14000～15000	20000	30000

2. 电力变压器

变压器基础一般做成双梁并铺以铁轨，轨距等于变压器的滚轮中心距。为了防止变压器发生事故时，燃油流散使事故扩大，单个油箱油量超过 1000kg 以上的变压器，按照防火要求，在设备下面需设置储油池或挡油墙，其尺寸应比设备外廓大 1m，储油池内一般铺设厚度不小于0.25m的卵石层。

汽机房、屋内配电装置楼、主控制楼及网络控制楼与变压器的间距不宜小于10m；当其间距小于10m时，汽机房、屋内配电装置楼、主控制楼及网络控制楼与变压器的外墙不应开设门窗、洞口或采取其他防火措施。当变压器油重超过2500kg以上时，两台变压器之间的防火净距不应小于5～10m，如布置有困难，应设防火墙。

3. 电气设备的布置

(1) 断路器：按照断路器在配电装置中所占据的位置，可分为单列、双列和三列布置。若在进出线方向均呈三列布置，称为三列布置；当断路器布置在主母线两侧时，则为双列式布置；如将断路器集中布置在主母线的一侧，则称为单列布置。断路器的各种排列方式，必须根据主接线、场地地形条件、总体布置和出线方向等多种因素合理选择。

断路器有低型和高型两种布置。低型布置的断路器放在0.5～1m的混凝土基础上。低型布置的优点是：检修比较方便，抗震性能较好。但必须设置围栏，因而影响通道的畅通。一般中型配电装置把断路器安装在约高2m的混凝土基础上，断路器的操动机构须装在相应的基础上，采用高式布置。

(2) 隔离开关和互感器：均采用高型布置，其要求与断路器相同。隔离开关的手动操动机构装在其靠边一相基础的一定高度上。为了保证电器和母线检修安全，每段母线应装设1～2组接地隔离开关；断路器的两侧的隔离开关和线路隔离开关的线路侧，应装设接地隔离开关。接地隔离开关应满足动、热稳定要求。

(3) 避雷器：有高型和低型两种布置。110kV及以上的阀型避雷器由于本身细长，如安装在2m高的支架上，其上面的引线离地面已达5.9m，在进行试验时，拆装引线很不方便，稳定度也很差，因此，多采用落地布置，安装在0.4m的基础上，四周加围栏。磁吹避雷器及35kV的阀型避雷器形体矮小、稳定度较好，一般采用高型布置。

目前，针对无间隙金属氧化物避雷器的特点和电力系统的具体状况，已很少采用阀型避雷器，在110～500kV的中性点有效接地电力系统中，金属氧化物避雷器优越性明显，形体矮小、稳定度好，一般采用高型布置。

(4) 电缆沟：屋外配电装置中电缆沟的布置，应使电缆所走的路径最短。电缆沟按其布置方向，可分为纵向和横向电缆沟。一般横向电缆沟布置在断路器和隔离开关之间，大型变电站的纵向电缆沟，因电缆数量较多，一般分为两路。

(5) 其他：屋外环形道路应考虑扩建、运输大型设备的情况、变压器和消防设备的起吊等，应在主要设备近旁铺设行车道路。大、中型变电站内一般均应设置3m的环形道路，还应设置宽0.8～1m的巡视小道，以便运行人员巡视电气设备，电缆沟盖板可作为部分巡视小道。运输设备和屋外电气设备外绝缘体最低部分距地小于2.5m，应设固定遮拦。同时，带电设备的上、下方不能有照明、通信和信号线路跨越和穿过。

三、屋外配电装置实例

屋外配电装置的结构型式与主接线、电压等级、容量、重要性有关，也与母线、开关等的类型相关，因此必须注意合理布置，保证最小安全净距，还需考虑带电检修的可能性。

1. 中型配电装置

(1) 普通中型布置。图12-20、图12-21为FHS变电站500kV配电装置的平断面图。该配电装置采用软母线配双柱式隔离开关，采用“一台半断路器”三列式顺序布置，并联电

抗器安装在架空出线出口处，布置简单清晰，占地面积较小，该 500kV 配电装置共 8 回进

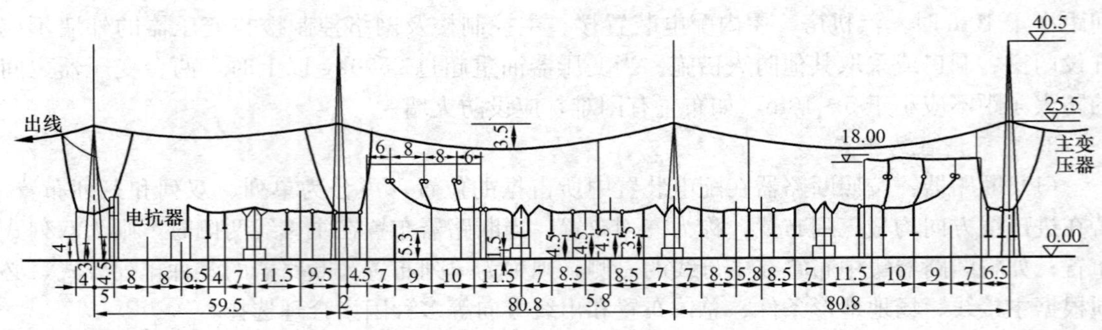

图 12-20　FHS 变电站 500kV 配电装置断面图

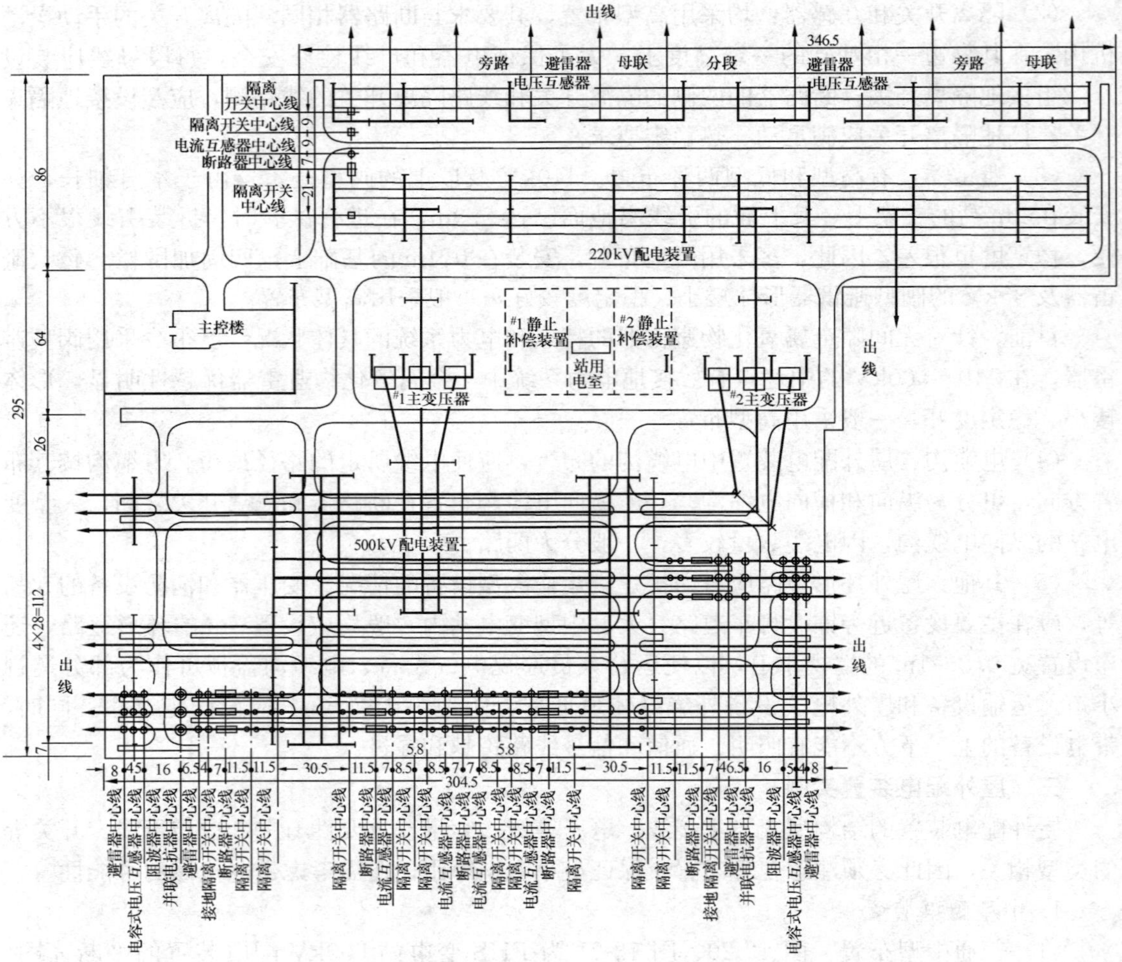

图 12-21　FHS 变电站配电装置平面简图

出线，占地面积为 304.5m×145m 共 44100m²，合 66.2 亩。进出线间隔宽度为 28m，但母线架构宽度较大，为 28m，出线及母线相间距离为 8m，相对地距离为 6m。母线悬挂点高度为 18m，出线悬挂点高度为 25.5m，并考虑了母线停电时人坐在母线上检修。当检修进出线和绝缘子时，人则从架构爬上去。

由于 500kV 设备高大，为了便于搬运和检修，除按常规设置横向环形道路外，还在各间隔内设置了纵向道路。横向道路宽为 3.5m，纵向道路宽为 3m。设备相间距离为 8m，相间场地比较宽畅，因此，设备的起吊、检修可在相间空地作业，不再为此增大纵向距离。

(2) 分相中型布置。分相布置是指隔离开关分相直接布置在母线正下方。图 12-22 为 500kV、3/2 接线、分相中型布置的进出线间隔断面图。采用硬管母线和单柱式隔离开关(又称剪刀式)，可减小母线相间的距离，降低构架高度，减少占地面积，减少母线绝缘子串数和控制电缆长度。并联电抗器布置在线路侧，可减少跨线。

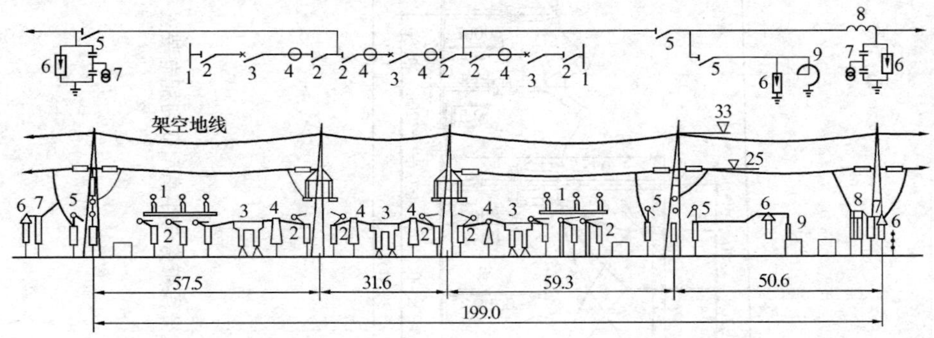

图 12-22　500kV、3/2 接线分相中型布置的进出线间隔断面（单位：m）

1—管形硬母线；2—单柱式隔离开关；3—断路器；4—电流互感器；5—双柱伸缩式隔离开关；6—避雷器；7—电容式电压互感器；8—阻波器；9—高压并联电抗器

断路器采用三列布置，一、二列间布置出线，二、三列间布置进线。接线布置简单、清晰。在每一间隔中设置两条相间纵向通道，在两组管形硬母线外侧各设一条横向车道，构成环形通道。为满足检修机械和带电设备的安全净距和降低静电感应场强，抬高了所有设备的支架，使最低瓷裙对地距离也大于 4m。

2. 半高型配电装置

图 12-23 为 110kV 单母线分段带旁母半高型双列配电装置典型设计。该配电装置以分段断路器兼做旁路断路器，正常运行时旁路带电。为便于检修，隔离开关横梁上设有 1m 高的圆钢格栅检修平台，上下用爬梯。由于抬高了旁路母线，使得进出线便于引接旁路，克服了一般双列布置主变回路不便上旁路的缺点。其占地面积为普通中型的 73.2%，耗钢量则为普通中型的 122.7%。

3. 高型配电装置

高型配电装置按其结构不同可分为单框架双列式、双框架单列式、三框架双列式。

图 12-24 所示为 220kV 三框架双列式高型配电装置。该配电装置占地面积仅为普通中型的 46.6%，耗钢量为普通中型的 112.5%，间隔宽度为 15m。为便于操作检修，增设了旁路隔离开关的操作道路，利用旁路开关走道梁兼挂进出线导线。上层隔离开关的引下线改为软线，30°斜撑。配电装置内的搬运通道设在主母线下，缩小了纵向尺寸。

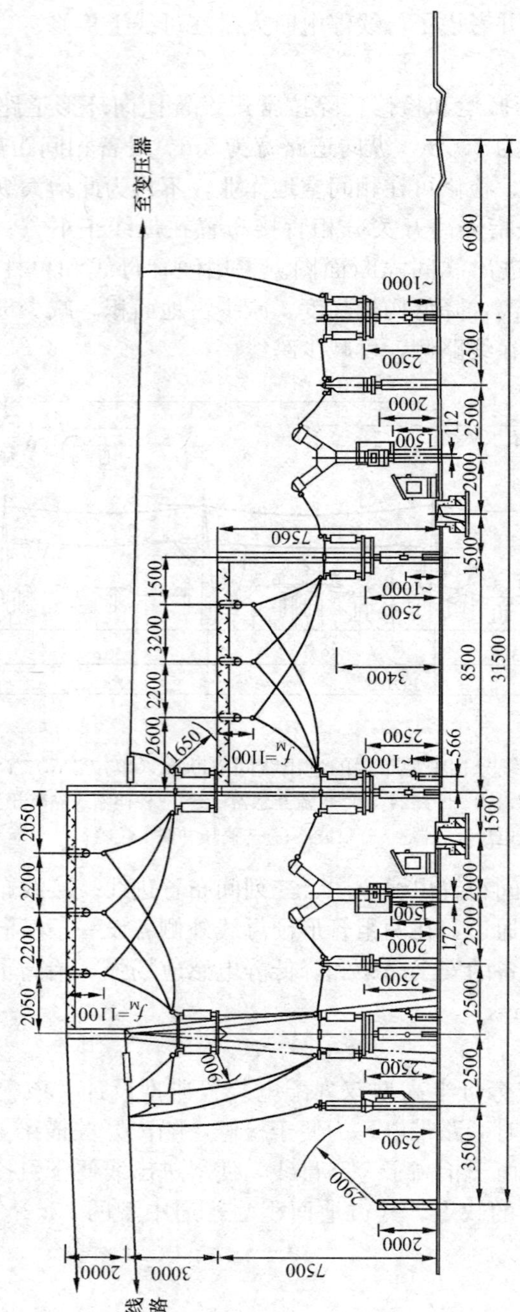

图 12-23　110kV 单母线分段带旁母半高型双列配电装置

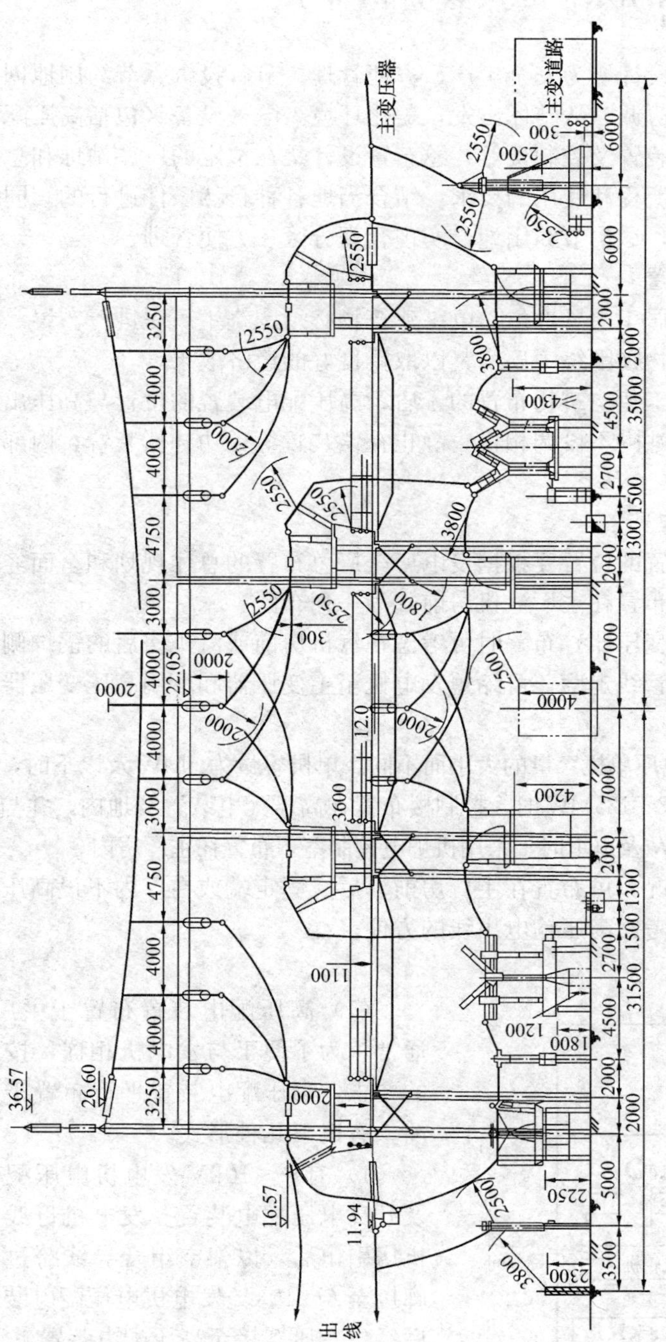

图 12-24　220kV三框架双列式高型配电装置

第五节　电气设备的布置

发电厂、变电站的总布置设计要为安全生产、方便管理、节省投资、节约用地创造各种条件，并注意建构筑物群体的协调，从整体出发，美化环境。电气设备（包括高压配电装置及其出线、变压器、无功补偿装置及控制楼等）总布置设计是在拟定的厂、站址和总体规划的基础上，根据电气生产工艺流程和使用的要求，结合当地各种自然条件进行的。同时，布置应紧凑合理、符合防火规定，尽量节约用地，实现合理分区、方便管理。

一、发电厂电气设备的布置

发电厂的中心是主厂房，居于主导地位，电工建筑物必须围绕主厂房进行布置。主厂房布置在厂区中央，其他建构筑物则围绕主厂房，以取得良好的经济效果。

同时，应重点处理好与水工建构筑物布置的矛盾；高压配电装置的位置与高压出线走廊方位相适应，方便出线。升压站内不设调相机、静止补偿装置等无功补偿装置，内部布置较为简单。

（一）火电厂电气设备的布置

发电厂的高压配电装置布置的位置要根据发电厂全厂总布置的总体规划和全面经济比较才能确定。高压配电装置大多布置在主厂汽机房前，为一列布置。

主变压器（包括厂用高压变压器）布置时可考虑在汽机房前或汽机房后的锅炉侧。主变压器布置在汽机房前时应避开管线走廊，可缩短发电机至主变压器和厂用高压变压器至厂用配电装置的距离。

控制楼的布置方式按照发电厂单机容量的大小而不同。单机容量为6MW及以下时，毗连主厂房布置控制楼；单机容量为12～125MW时，控制楼布置在高压配电装置场地内，并与主厂房有天桥连接；单机容量为200MW及以上时，采用机炉电控制室，布置在主厂房内。

高压配电装置根据不同情况，可布置在主厂房前、后、固定端或在厂内不设高压配电装置，同时主厂房方位的选择应考虑高压输电出线的方便。

1. 布置方式

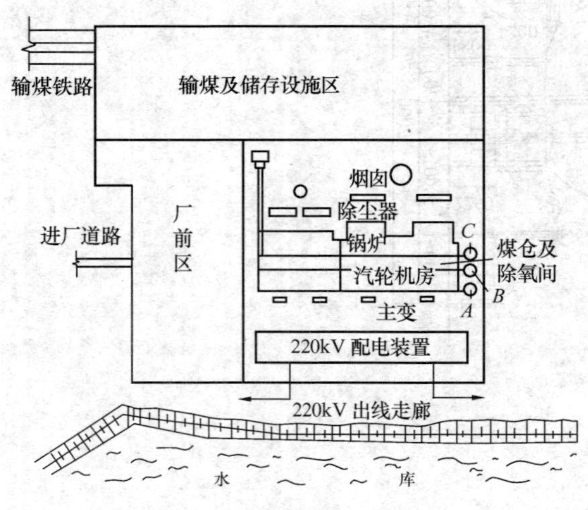

图 12-25　电厂总体布置（面向水源）

（1）高压配电装置布置于主厂房前。通常，为了便于与发电机相连，按主接线的要求，高压配电装置平行布置于主厂房前，有以下几种形式。

1）有6～10kV发电机电压配电装置及升高电压配电装置。发电机母线自汽轮机房引出后，以架空组合导线跨过管线走廊接至6～10kV发电机电压配电装置，然后经主变压器接至高压配电装置。

2）高压配电装置面向水源。此时，高压输电线路不能跨越江河等，要有侧向出线走廊。图12-25所示为电厂总体布置（面向水源）。

3）高压配电装置两侧都布置冷却塔。两者之间的距离应符合规程关于风向和距离的要求，减少水雾的影响。

4）高压配电装置和冷却塔同时布置在主厂房前。此时，发电机母线自汽轮机房引出后先接至紧靠汽轮机房的主变压器，然后以高压架空线路或高压电缆穿过冷却塔接至高压配电装置。

5）高压配电装置部分布置在主厂房前，部分布置在厂区外。当厂区面积较小，场地受限制时，可采用这种布置形式。

（2）高压配电装置布置于主厂房后。为节约大型电厂循环水管路，经技术经济比较合理时，将汽轮机房紧靠水源或冷却塔布置，同时将高压配电装置自主厂房前移至主厂房后，避免高压配电装置面向水源。

（3）高压配电装置布置于主厂房固定端。为使汽轮机房紧靠水源也可把高压配电装置移至主厂房固定端。

（4）发电厂内不设高压配电装置。大型电厂的超高压配电装置占地面积大，经系统规划和全面技术经济比较后可不设配电装置。图12-26所示为4×370MW电厂总体布置（不设高压配电装置），主变压器高压架空出线分别自汽轮机房前后接至附近枢纽变电站。

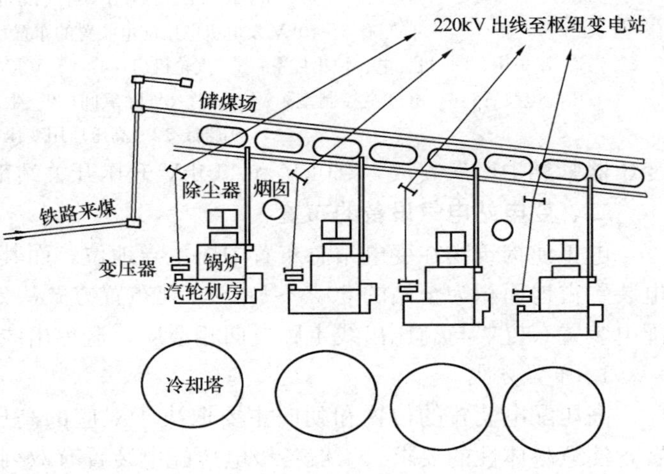

图 12-26　4×370MW 电厂总体布置（不设高压配电装置）

2. 布置实例

火电厂电气设备布置如图12-27所示，在布置中须注意以下几点。

（1）发电机电压配电装置应靠近发电机。

（2）升压变压器应尽量靠近发电机电压配电装置。

（3）升压开关站的位置应能保证高压架空线路引出方便。

（4）主变压器和屋外配电装置，应设在冷却塔在冬季时主导风向的上方，且在储煤场和烟囱常年主导风向的上方，并保持规定距离，尽量减少结冰、灰尘和有害气体的侵害。

（二）水电厂电气设备的布置

水电厂电气设备的布置受水电厂的形式、地理条件和枢纽布置的影响较大。

水电厂控制室一般设置在主厂房的一侧，或者在厂坝之间与主变压器并列布置。在屋外配电装置中，设有网络继电保护室和值班室。

在大、中型水电厂中，发电机电压配电装置的位置通常靠近发电机组，升压变压器装在主厂房上游侧或下游尾水平台上，从而使得主变压器与发电机的连接导线最短。

由于水电厂主坝地面狭窄，开关站通常设置在下游河岸边，用架空线路与升压变压器相连接；或者设置在房顶上，以减少开挖工程量，便于管理。

图12-28为坝后式水电厂总体及主要电气设备布置图。主厂房中并列8台发电机组，主

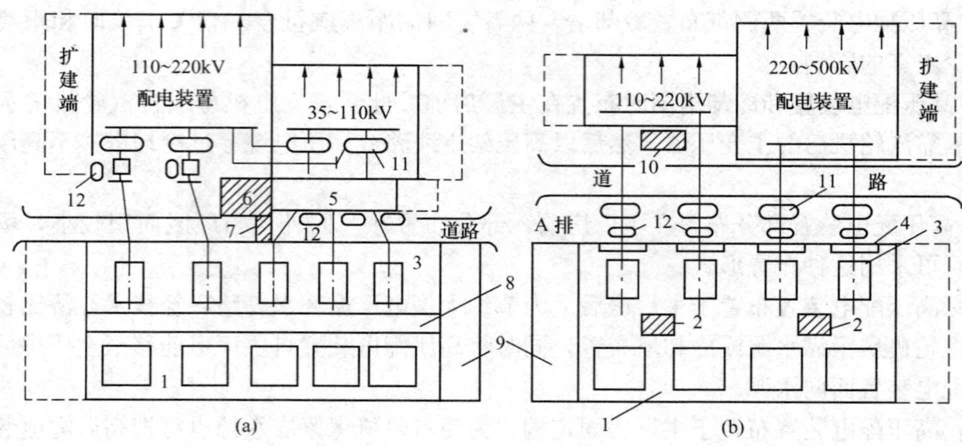

图 12-27 火电厂电气设备布置

(a) 有 6～10kV 发电机电压配电装置的布置；(b) 单元接线的布置

1—锅炉房；2—机、电、炉集控室；3—汽轮机房；4—6～10kV 厂用配电装置；5—6～10kV 发电机电压配电装置；6—电气主控制室；7—天桥；8—除氧间；9—生产办公室；10—网络控制室；11—主变压器；12—高压厂用变压器

变压器紧靠主厂房安放，220kV 和 110kV 升压开关站都布置在右岸山坡上。

二、变电站电气设备的布置

电工建构筑物在变电站总布置中居主导地位，而其他辅助建筑则处于从属地位。高压配电装置占地面积为全站的 50％～70％，其布置方式决定了变电站总布置的基本格局。高压配电装置布置要与高压出线走廊方向相适应，避免出线交叉跨越。

1. 布置方式

高压配电装置的位置和朝向主要取决于对应的高压出线方向，结合各种电气设施的布置，注意整体性的要求。一般各级电压配电装置有双列布置、L 形布置、一列布置、Ⅱ形布置四种组合方式。

主变压器一般布置在各级电压配电装置和静止补偿装置或调相机较为中间的位置，便于高、中、低压侧引线的就近连接。调相机一般为无人值班，宜靠近控制楼，便于值班人员巡视操作。静止补偿装置已邻近主变压器低压侧和控制楼，连接布置时采用防火间隔墙，分开布置时防火间距不小于 10m。

高压并联电抗器及串联补偿装置一般布置在出线侧，也可与主变压器并列布置，便于运输及检修。控制楼应在邻近各级电压配电装置处布置，当高压配电装置为双列布置时它布置在两列中间、当为 L 形布置时宜布置在缺角位置、当为Ⅱ形布置时宜布置在缺口位置、当为一列布置时宜布置在中间位置。

2. 布置实例

(1) 一列式布置。当两种高压输电线路出线方向相同或基本相同时，两个高压配电装置采用一列式布置。如图 12-29 所示，220kV 及 110kV 出线方向一致，控制楼平行于配电装置布置，主观察面面向配电装置，主立面面向站前区和大门。

(2) 双列式布置。当两种电压输电线路出线方向相反，或一个高压配电装置为双侧出线而另一个配电装置出线与其垂直时，两个高压配电装置采用双列式布置。如图12-30所示，

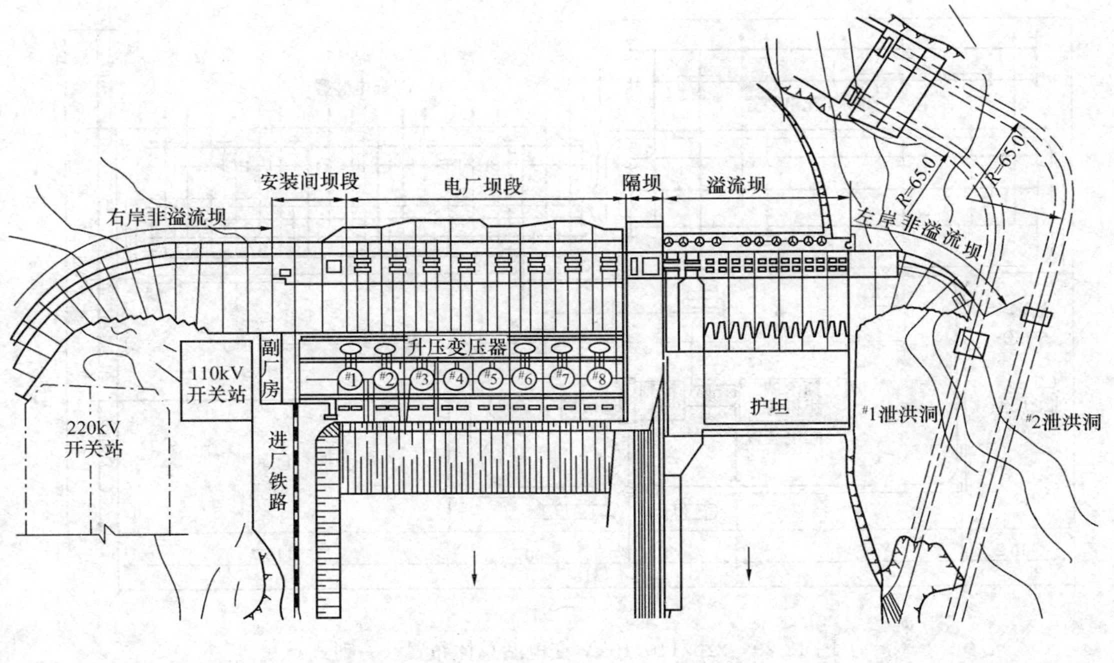

(a)

拦污栅架
电站厂房
升压变压器
发电机
母线室
引不钢管

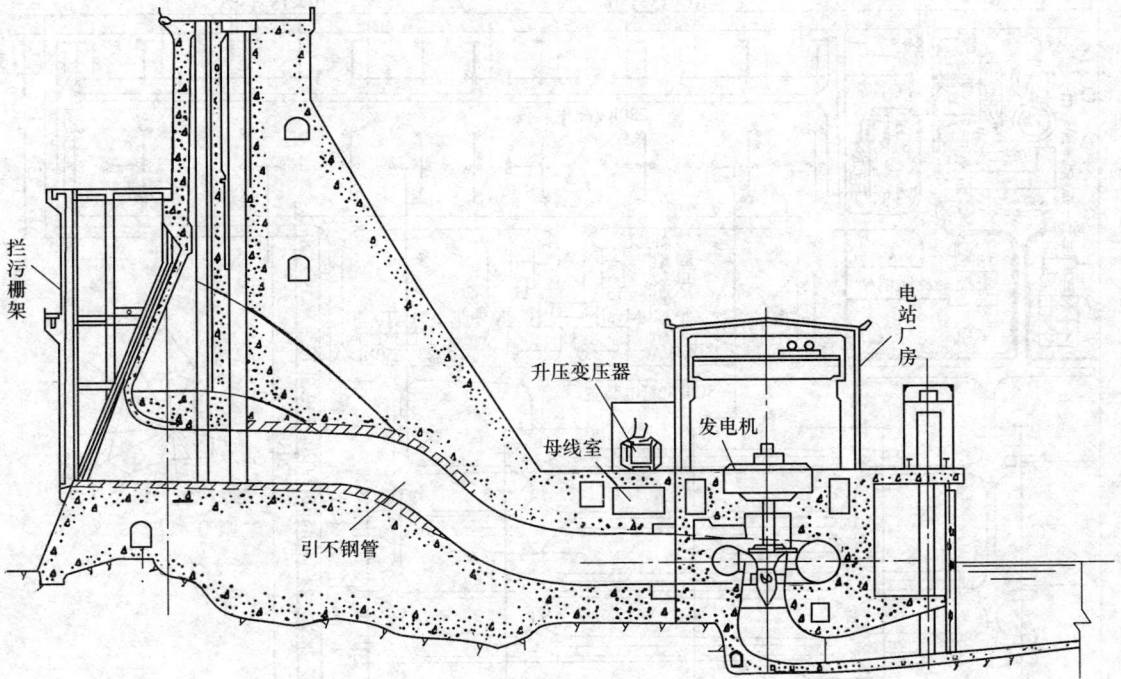

(b)

图 12-28 坝后式水电厂总体及主要电气设备布置

（a）正面图；（b）侧面图

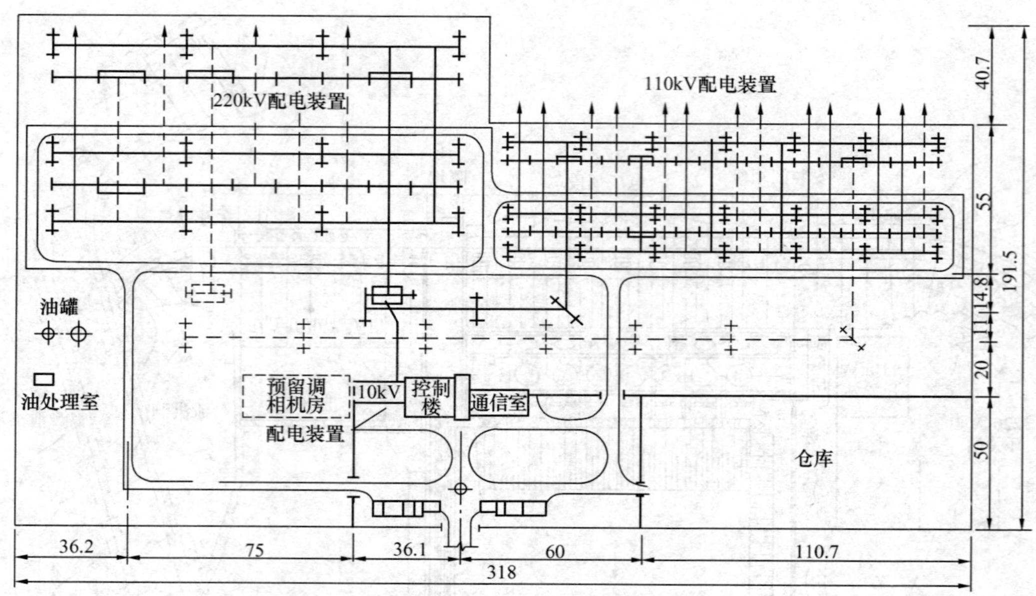

图 12-29 220/110/10kV 变电站总体布置（一列式）

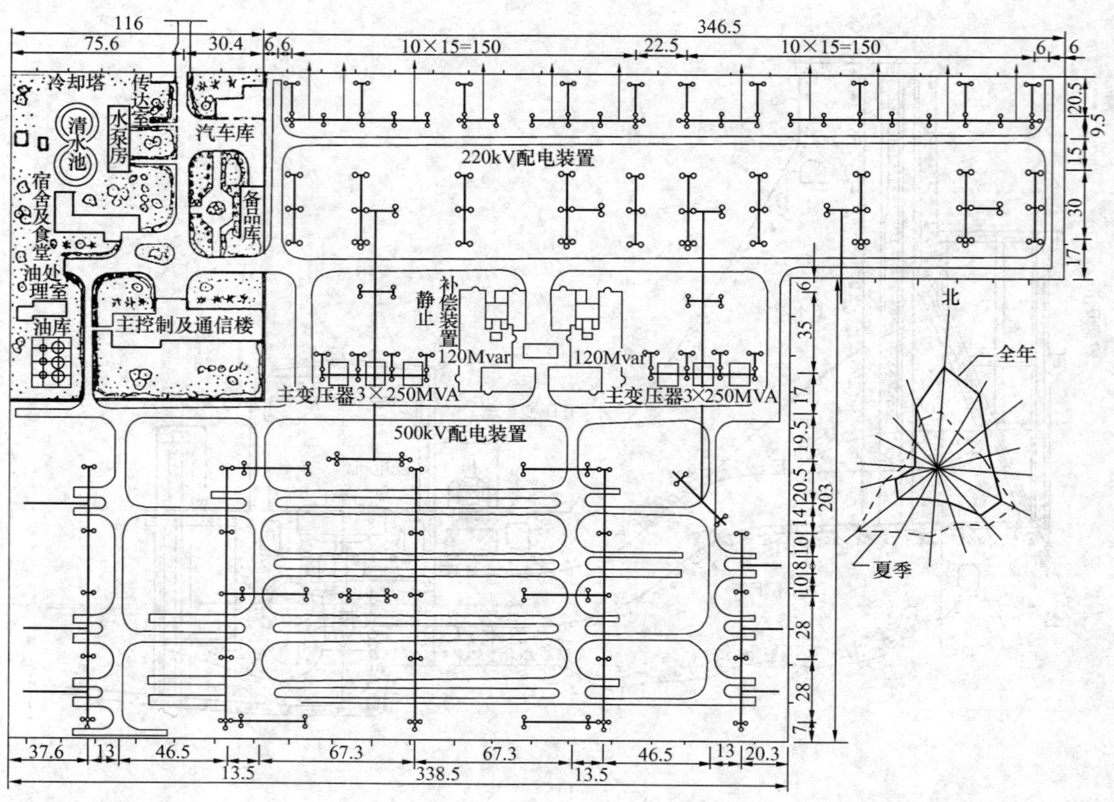

图 12-30 500/220kV 变电站总体布置（双列式）

203
219
71
250
178
72
493
北
500kV配电装置
检修间
15.75
kV
电
抗
器
调
相
机
主变压器
主控制
及通信楼
220kV配电装置
1
2
3
4
5

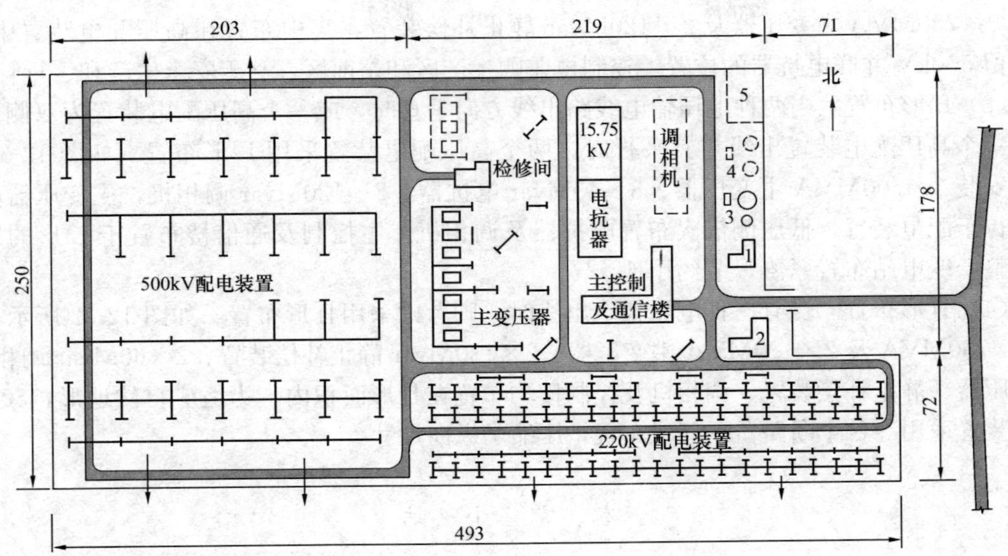

图 12-31　500/220kV 变电站总体布置（L形）

1—综合楼；2—联合建筑；3—水池、水塔；4—玻璃钢冷却塔；5—制氢站及储氢罐

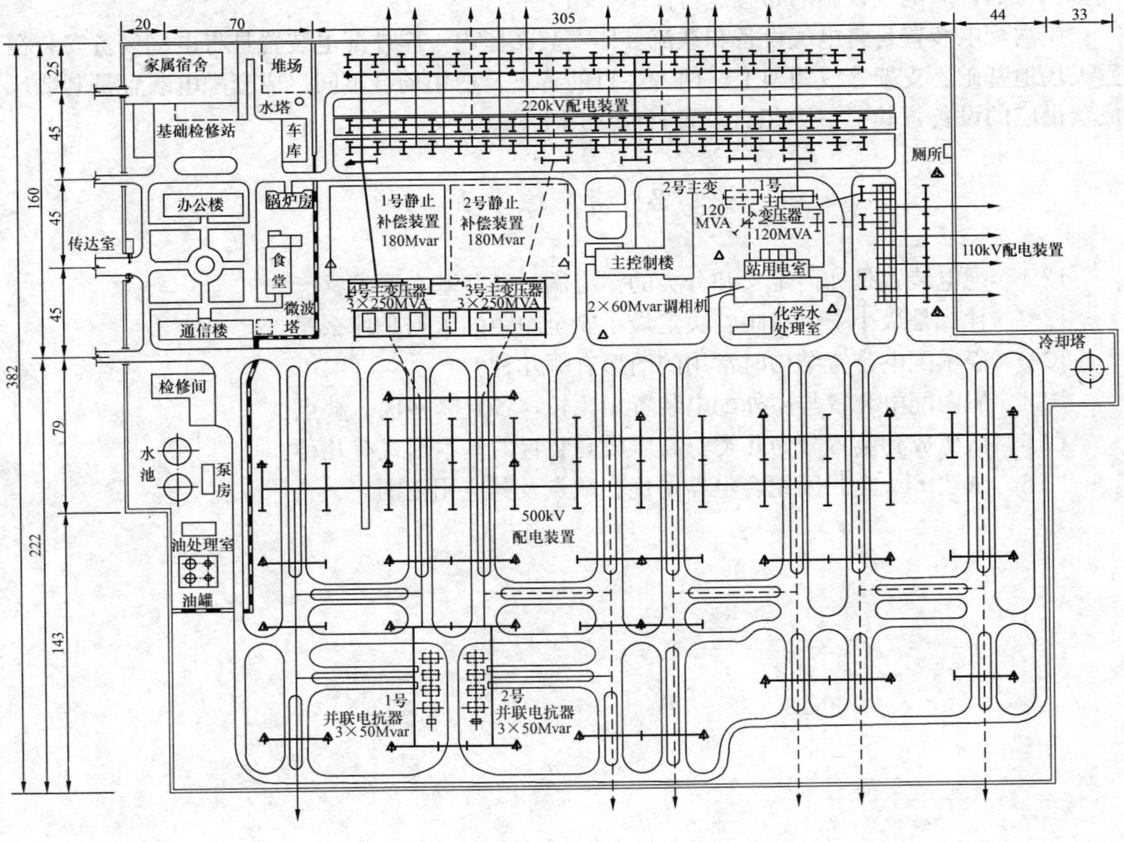

20
70
305
44
33
25
45
160
45
45
382
79
222
143
家属宿舍
堆场
水塔
基础检修站
车
库
220kV配电装置
厕所
办公楼
锅炉房
1号静止
补偿装置
180Mvar
2号静止
补偿装置
180Mvar
2号主变
120
MVA
1号
主
变压器
120MVA
110kV配电装置
传达室
食
堂
主控制楼
站用电室
4号主变压器
3×250MVA
3号主变压器
3×250MVA
2×60Mvar调相机
化学水
处理室
微波
塔
通信楼
冷却塔
检修间
水
池
泵
房
500kV
配电装置
油处理室
油罐
1号
并联电抗器
3×50Mvar
2号
并联电抗器
3×50Mvar

图 12-32　500/220/110kV 变电站总体布置（Π形）

安装 2×750MVA 主变压器及 2×120Mvar 静止补偿装置，集中布置在高压配电装置中间，并预留 500kV 并联电抗器的位置。控制楼兼顾生产区和站前区，利于安全生产和运行管理。

（3）L 形布置。当两种电压输电线路出线方向垂直时，或一个高压配电装置为双侧出线而另一个高压配电装置出线与其平行时，两个高压配电装置采用 L 形布置。如图 12-31 所示，安装 3×500MVA 主变压器、8×45Mvar 电抗器、2×120Mvar 调相机，主变压器高压侧平行于配电装置，低压侧依次布置电抗器及调相机，主控制及通信楼布置于 L 形的缺角处，整个变电站布置紧凑，节约用地。

（4）Ⅱ形布置。当有三种电压架空出线时，则考虑采用Ⅱ形布置。如图 12-32 所示，安装 2×750MVA 及 2×120MVA 主变压器、2×180Mvar 静止补偿装置、2×60Mvar 调相机，主变压器、静止补偿装置、调相机及控制楼均布置在Ⅱ形面积内。为适应自然地形，500kV 配电装置采用一台半断路器平环式布置，压缩了纵向尺寸。

本 章 小 结

配电装置是发电厂和变电站用来接受和分配电能的重要组成部分，其类型很多。同时配电装置的设计和建造应满足安全、可靠、经济等基本要求。本章主要介绍了配电装置的各种类型、特点，对电气设施的布置进行简单介绍。

屋内配电装置是将电气设备和载流导体安装在屋内，屋外配电装置是将电气设备安装在露天场地基础、支架、或构架上，两者各自的特点及适用场合不同。成套配电装置是制造厂成套供应的设备，其中 GIS 组合装置目前应用十分广泛。

思 考 练 习

12-1 配电装置是如何定义和分类的？应满足哪些基本要求？

12-2 什么是最小安全净距？决定最小安全净距的依据是什么？

12-3 表示配电装置结构时常用的图形有哪几种？

12-4 屋内配电装置与屋外配电装置相比较，各有哪些优、缺点？

12-5 低压成套装置分为几类？高压成套装置的基本形式有几种？

12-6 试述 SF_6 全封闭组合电器的优、缺点及其应用范围。

第十三章 接地装置

接地装置是电力系统保护系统中重要的组成部分，对电气设备安全和操作者的人身安全有重要作用。本章主要介绍了与接地装置相关的知识，并对其维护作了简单介绍。

第一节 概 述

电气装置的接地不仅关系到电气设备的安全可靠，影响电力系统的正常运行，而且关系到人身安全。正确运用接地方式，是保证电气安全的重要措施。

目前，我国的电力行业标准将电气装置分为A类和B类两种。交流标称电压500kV及以下发电、变电、输电和配电电气装置（含附属直流电气装置）简称为A类电气装置；建筑物电气装置简称为B类电气装置。本章中主要介绍A类电气装置的接地相关内容。

一、接地的种类及作用

将电气装置的某些金属部分用导体（接地线）与埋设在土壤中的金属导体（接地体）相连接，并与大地做可靠的电气连接，称为电气装置的接地。

电气装置的接地按用途可分为工作接地、保护接地、雷电保护接地和防静电接地。

（1）工作接地：为了保证电气设备在正常和事故情况排除故障下都能可靠地工作而进行的接地，叫做工作接地。例如：中性点直接接地系统中，变压器和旋转电机的中性点接地、电压互感器和小电抗器等接地端接地；非直接接地系统中，经其他装置接地等都属工作接地。

（2）保护接地：由于电气设备的带电导体和操作工具的绝缘损坏，因而有可能使电气设备的金属外壳、钢筋混凝土杆和金属杆塔等带电，为了防止其危及人身安全而进行的接地，称为保护接地。

（3）防雷接地：为雷电保护装置向大地泄放雷电流而设的接地，避雷针、避雷线和避雷器的接地就是防雷接地。

（4）防静电接地：为防止静电对易燃油、天然气储罐和管道等的危险作用而设的接地，称为防静电接地。

二、有关接地的基本概念

1. 地和对地电压

大地是一个电阻非常低、电容量非常大的物体，拥有吸收无限电荷的能力，而且在吸收大量电荷后仍能保持电位不变，因此适合作为电气系统中的参考电位体。这种"地"是"电气地"，并不等于"地理地"，但却包含在"地理地"之中。"电气地"的范围随着大地结构的组成和大地与带电体接触的情况而定。

与大地紧密接触并形成电气接触的一个或一组导电体称为接地体（极），通常采用圆钢或角钢，也可采用铜棒或铜板。如图13-1所示，当流入地中的电流I通过接地极向大地作半球形散开时，由于这半球形的球面，在距接地极越近的地方越小，越远的地方越大，所以

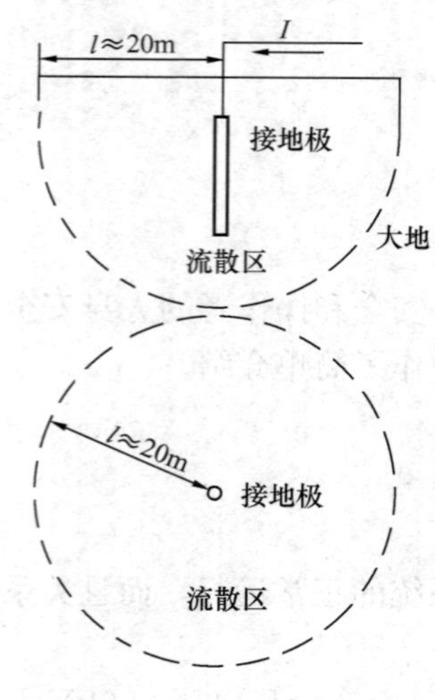

图 13-1 "地"示意图

在距接地极越近的地方电阻越大，而在距接地极越远的地方电阻越小。

试验证明：在距单根接地极或碰地处 20m 以外的地方，呈半球形的球面已经很大，实际已没有什么电阻存在，不再有什么电压降。换句话说，该处的电位已接近于零。这电位等于零的"电气地"称为"地电位"。若接地极不是单根而为多根组成时，屏蔽系数增大，上述 20m 的距离可能会增大。图 13-1 中的流散区是指电流通过接地极向大地流散时产生明显电位梯度的土壤范围。地电位是指流散区以外的土壤区域。在接地极分布很密的地方，很难存在电位等于零的电气地。

电气设备的接地部分，如接地的外壳和接地体等，与零电位的"大地"之间的电位差，就称为接地部分的对地电压。

2. 零线

在交流电路中，与发电机、变压器直接接地的中性点连接的导线，或直流回路中的接地中性线，称为零线。

在三相五线制系统中将零线又分为保护零线和工作零线，此时必须注意的是保护中性线需要另外设置，不得借用工作零线。如接法错误，当熔断器熔断或中性线断线时，设备外壳直接带上相电压，对运行人员来说十分危险。

其中，低压系统中为防触电用来与线路或设备金属外壳及以外的金属部件、总接地线或总等电位连接端子板、接地极、电源接地点或人工中性点中任一部分作电气连接的导线称为保护线。

3. 接地装置

接地体和接地线统称为接地装置，埋入地中并直接与大地接触的金属导体，称为接地体。电气设备接地部分与接地体相连接的金属导体（正常情况下不通过电流）称为接地线。接地装置是电力系统保护系统中重要的组成部分，对电气设备的安全和操作者的人身安全有重要作用。

第二节 保 护 接 地

如前所述，保护接地是为了保证人身安全，防止发生触电事故而进行的接地。按电气设备与接地装置的连接方式可分为保护接地和保护接零。

一、保护接地

所谓保护接地，是指将电气装置正常情况下不带电的金属部分与接地装置连接起来，以防止该部分在故障情况下突然带电而造成对人体的伤害。

1. 工作原理

在中性点不接地系统中，如果电气设备的外壳不接地，当电气设备绝缘损坏，发生一相碰壳时，设备外壳电位将上升为较高的电压（大于相电压的一半），人接触设备时，故障电流 I_E 将全部通过人体流入地中，这显然是很危险的。如图 13-2（a）所示。

当有保护接地，而人体触及电机外壳时，电流将同时沿着接地装置和人体流过，如图

13-2（b）所示，通过人体的电流是

$$I_m = I_E \frac{R_E}{R_m + R_E} \tag{13-1}$$

式中　R_m——人体电阻。

通常 $R_E \leqslant R_m$，所以 $I_m \leqslant I_E$，由公式可知，接地装置的电阻 R_E 越小，通过人体的电流就越小，即接地装置起到了分流作用。当 R_E 极微小时，绝大部分电流从接地体流过，通过人体的电流几乎等于零，从而可以避免或减轻触电伤害。

另一方面，故障时带电设备外壳的对地电压等于接地电流与电阻的乘积，接地电阻越小，外壳对地电压就越低，其数值若低于安全电压就可以保证人身的安全。

可见保护接地是通过限制带电外壳对地电压或减小通过人体的电流来达到保证人身安全的目的。因此，适当选择接地装置的接地电阻 R_E，就可以保证人身的安全。

在中性点直接接地的低压电力系统中，发生设备碰壳时，接地设备与中性点接地装置形成单相短路，将产生的故障电流，漏电设备外壳仍将有较高的电压（约为相电压的一半），如该故障电流不能使保护装置动作（熔丝熔断或自动开关可靠跳闸），将仍有触电的危险。这就是保护接地的局限性。

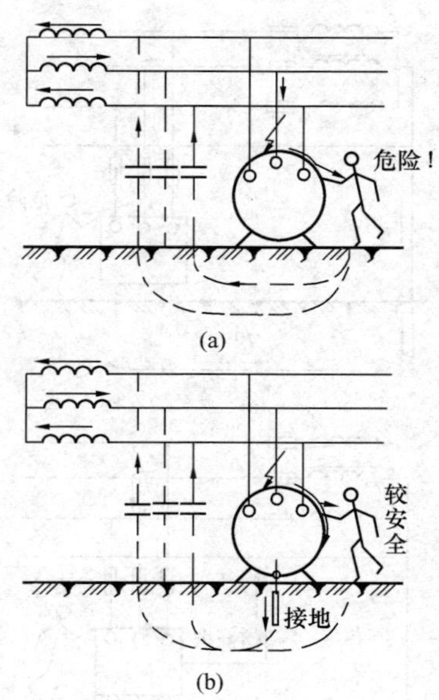

图 13-2　保护接地的作用

（a）没有保护接地的电动机一相碰壳时；
（b）装有保护接地的电动机一相碰壳时

2. 适用范围

额定电压为 1000V 及以上的高压配电装置中的设备，一切情况下均采用保护接地。

额定电压为 1000V 以下的低压配电装置中的设备，在中性点不接地电网中采用保护接地（三相四线制系统）；没有中性线的情况下也可采用保护接地（三相三线制系统）。

在供电系统中，凡由于绝缘破坏或其他原因而可能带有危险电压的金属部分，例如变压器、电机、电器等的外壳和底座，均应采用保护接地。

二、保护接零

在中性点直接接地的低压电力系统中，不能完全避免人体触电的危险，保护接地有一定的局限性，为此可采用保护接零。

1. 工作原理

为防止因电气设备绝缘损坏而使人身遭受触电，将电气设备正常情况下不带电的金属外壳直接与零线相连接，称为保护接零。保护接零的工作原理如图 13-3 所示。

在三相四线制中性点直接接地的低压系统中，若没有采用保护接零措施，在电气设备的某一相绝缘损坏以后，运行人员接触设备的金属结构或外壳时形成电流流过人体回路，导致触电。

采用保护接零措施后，当某一相绝缘损坏，使相线碰壳时，单相接地短路电流 I_k 则通过该相和零线构成回路。由于零线的阻抗很小，所以单相短路电流很大，它足以使线路上的保护装置迅速动作，从而将漏电设备与电源断开，即使人此时触及带电设备外壳，人与零线构成并联关系，由于零线电阻很小，流过人体的电流非常小，消除了触电危险，又能使低压

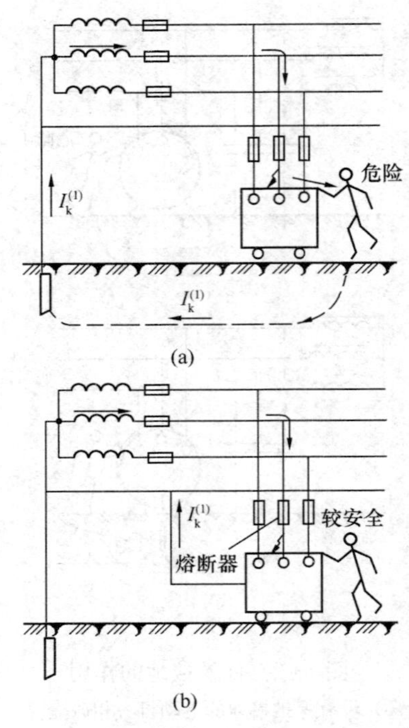

图 13-3 保护接零工作原理
(a) 无保护接零时；(b) 有保护接零

系统迅速恢复正常工作，从而起到保护作用。

2. 适用范围

额定电压为 1000V 以下的低压配电装置中，在三相四线制中性点直接接地的 380/220V 电网中，电气设备的外壳广泛采用保护接零。

必须注意的是严禁在保护零线上安装熔断器或单独的断流开关。

3. 保护接零和保护接地方式混用的危险性

同一台发电机、变压器或同一母线供电的低压设备不允许同时采用保护接地、保护接零两种保护方式。

如同一系统并存保护接地和保护接零时，当部分设备实行保护接零，而另一台接地设备发生某相碰壳对地短路，该设备的容量较大、熔体的熔断电流也较大时，碰壳所产生的短路电流将不足以使熔断器熔断，导致电源不能切断。

此时接地短路电流产生的压降，将使电网中性线的对地电压升高到电源相电压的一半或更高，从而所有接零电气设备的外壳均带有该升高的电压。

在这种情况下，人体接触运行中的接零电气设备的外壳，便会发生触电事故。如果零线断了，除了失去接零保护作用以及系统不平衡时出现三相电压畸变外，系统中的单相设备也会使“断零线”带上危险电压。因此，严禁同一系统中保护接地和保护接零并存。

三、重复接地

在采用保护接零时，除在电源处中性点必须采用工作接地外，零线在规定的地点要采用重复接地。所谓重复接地，系指零线的一处或多处通过接地体与地作良好的金属连接，如图 13-4 所示。

1. 作用

无重复接地时，如图 13-4（a）所示，当零线发生断线的同时，电动机一相绝缘损坏碰壳，这时，在断线处前面的电动机外壳上的电压接近于零值，而在断线处后面的电动机失去保护，外壳上的电压接近于相电压值。

有重复接地时，如图 13-4（b）所示，在断线处前电动机外壳上的电压接近于零值，断线处后的电动机其保护方式变成保护接地，其外壳上的电压降低，所以提高了保护接零的安全性。

采用保护接零时，零线重复接地可以减轻零线意外断线或接触不良时，接零设备上电击的危害性，减轻零线断线时负载中性点“漂移”；还能降低故障持续时间内意外带电设备的对地电压，缩短漏电故障持续时间，改善架空线路的防雷性能。

这里需要指出，重复接地对人身并不是绝对安全的，最重要的在于尽可能使零线不发生断线事故，这就要求在施工和运行中要特别注意。

2. 设置原则

在中性点直接接地的低压电力系统中，架空线路的干线和分支线的首端与终端，以及无分支的架空线路的沿线每 1km 处，零线应重复接地；电缆和架空线路在引入屋内的进线处（但距接地点不超过 50m 的除外）；车间内零干线的终端处，以及零干线很长时其中间的适当部位处，零线应重复接地。屋内设备接地时，应将零线与所有低压开关等设备及控制屏的接地装置连接。

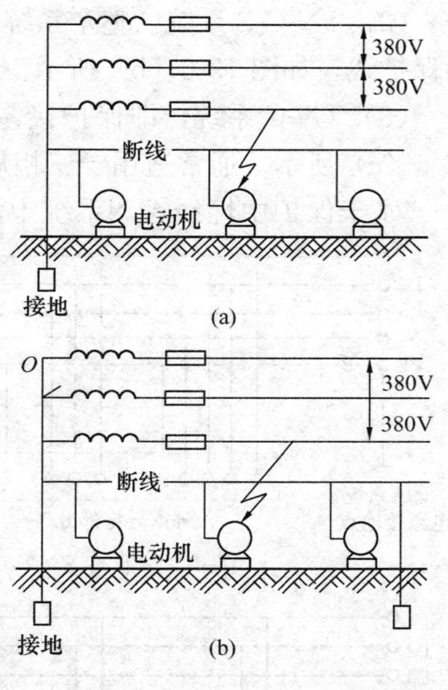

图 13-4　零线的重复接地
（a）无重复接地时断线；
（b）有重复接地时断线

低压线路零线每一重复接地装置的接地电阻不应大于 10Ω。

在电气设备接地装置的接地电阻允许达到 10Ω 的电力网中，每一重复接地装置的接地电阻不应超过 30Ω，但重复接地不应少于三处。

四、低压配电系统接地形式

目前我国低压配电系统中，按电气设备的接地方式的不同，有三大种供电方式，即 IT 系统、TT 系统和 TN 系统。而 TN 系统又可分为三个系统，即 TN-C 系统、TN-S 系统、TN-C-S 系统。

TN、TT、IT 的字母含义：第一个字母表示电力系统的对地关系，T—中性点直接接地，I—中性点不接地或经阻抗接地；第二个字母表示电气装置外壳的对地关系，T—独立于电力系统接地点而直接接地，N—与电力系统接地点进行电气连接。

各系统除了从电源引出三相配电线路外，分别设置了电源的中性线（代号 N）、保护线（代号 PE）或保护中性线（代号 PEN）。

1. IT 系统

IT 系统是指在中性点不接地系统或经阻抗（1000Ω）接地系统中将电气设备正常情况下不带电的金属部分与接地体之间作良好的金属连接，如图 13-5 所示。

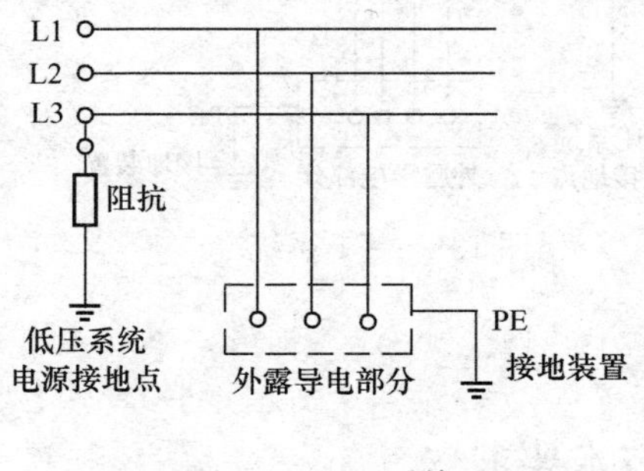

图 13-5　IT 系统

IT 系统的各电气装置外露导电部分保护接地的接地装置可共用同一接地装置，亦可个别或成组地用单独的接地装置接地。

IT 系统供电方式可靠性较高，用电设备的各 PE 线之间无电磁联系。同时 IT 系统应装设灵敏的触电保护装置和绝缘监视装置，或单相接地保护。适用于对供电可靠性要求过高的电气装置中，如发电厂的厂用电、矿井等。

2. TN 系统

TN 系统是指在中性点直接接地系统中电气设备在正常情况下不带电的金属外壳用保护线通过中性线与系统中性点相连接。按照中性线与保护线的组合情况，TN 系统分为以下三种形式：

（1）TN-S 系统。整个系统中的中性线 N 与保护线 PE 是分开的，如图 13-6（a）所示。正常情况下，保护线上没有电流流过，因此设备外壳不带电。TN-S 系统具有更高的电气安全性，广泛使用于中小企业以及民用生活中。

（2）TN-C-S系统。整个系统中的中性线N与保护线PE部分是合一的，局部采用专设的保护线，如图13-6（b）所示。

（3）TN-C系统，即保护接零。整个系统中的中性线N与保护线PE是合一的，如图13-6（c）所示。通常适用于三相负荷比较平衡且单相负荷容量较小的场所。

对于保护中性线，TN系统中的固定装置中铜芯截面不小于10mm²的或铝芯截面不小于16mm²的电缆，当所供电的那部分装置不由残余电流动作器保护时，其中的单根芯线可兼作保护线和中性线。

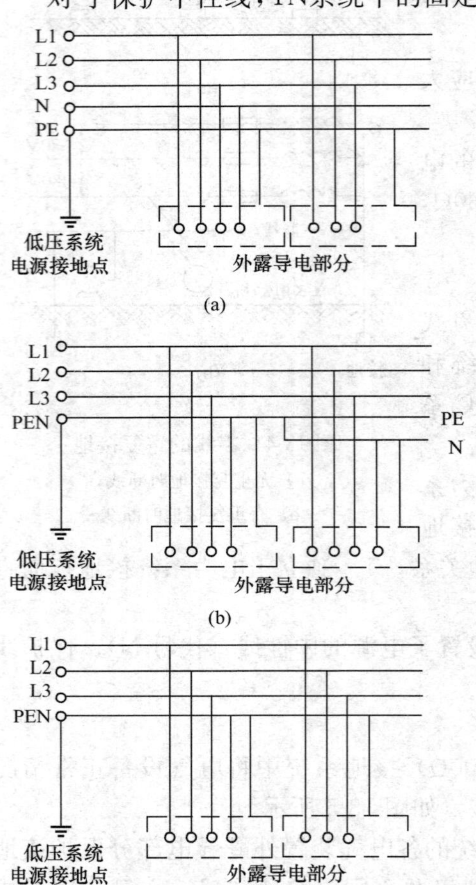

图13-6　TN系统

（a）TN-S系统；（b）TN-C-S系统；（c）TN-C系统

3. TT系统

TT系统是在中性点接地系统中，将电气设备外壳，通过与系统接地无关的接地体直接接地，如图13-7所示。

TT系统中当系统接地点和电气设备外露导电部分已进行总等电位连接时，电气设备外露导电部分不另设接地装置。否则，电气装置外露导电部分应设保护接地的接地装置。

由于各设备的PE线分别接地，无电磁联系、无相互干扰，因此，适用于对信号干扰要求较高的场合，如对于数据处理、精密检测装置的供电等。而在中性点直接接地的1000V以下供电系统中，一般很少采用。

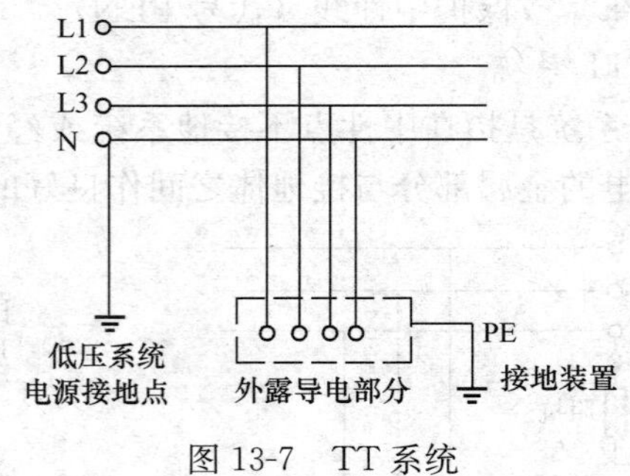

图13-7　TT系统

第三节　接地装置的技术要求

一、保护接地方式的选择

接地方式应根据电网的结构特点、运行方式、工作条件、安全要求等方面的情况，从安全、经济、可靠等要求出发，进行合理选择。

保护接地适用于高压电力系统和中性点不接地的低压电力系统。在中性点直接接地的低压电力系统中，宜采用保护接零，且应装设能迅速自动切除接地短路电流的保护装置；如果用电设备较少、分散，采用接零保护确有困难，且土壤电阻率较低，可采用保护接地，并装设漏电保护器来切除故障。

1. 必须接地或接零的部分

电气设备的下列金属部分，除另有规定者外，均应接地或接零：

(1) 电机、变压器、开关电器、耦合电容器、电抗器和照明器具以及工器具等的底座及外壳。

(2) 金属封闭气体绝缘开关设备（GIS）的接地端子。

(3) 发电机中性点柜外壳、发电机出线柜和大电流封闭母线外壳等。

(4) 电气设备的传动装置。

(5) 互感器的二次绕组。

(6) 配电、控制、保护用的屏（箱、柜）及操作台等的金属柜架。

(7) 屋内外配电装置的金属架构和钢筋混凝土架构以及靠近带电部分的金属围栏和金属门。

(8) 交、直流电力电缆接线盒、终端盒的外壳和电缆的外皮，穿线的钢管等。

(9) 装有避雷线的输电线路的杆塔。

(10) 在非沥青地面的居民区内，无避雷线的小接地短路电流架空输电线路的金属杆塔和钢筋混凝土杆塔。

(11) 装在配电线路上的开关设备、电容器等电气设备的底座及外壳。

(12) 铠装控制电缆的外皮、非铠装或非金属护套电缆的1～2根屏蔽芯线。

2. 不需接地或接零的部分

电力设备的下列金属部分，除另有规定者外，不需接地、接中性线或接保护线。

(1) 在木质、沥青等不良导体地面的干燥房间内，交流额定电压380V及以下、直流额定电压440V及以下的电气设备外壳，但当维护人员可能触及电气设备外壳和其他接地物体时除外、有爆炸危险的场所也除外。

(2) 在干燥场所，交流额定电压127V及以下、直流额定电压110V及以下的电气设备外壳，但有爆炸危险的场所除外。

(3) 安装在配电盘、控制台和配电装置间隔墙壁上的电气测量仪表、继电器和其他低压电器的外壳，以及当发生绝缘损坏时，在支持物上下会引起危险电压的绝缘子金属底座等。

(4) 安装在已接地的金属架构上的设备（应保证电气接触良好），如套管等，但有爆炸危险的场所除外。

(5) 额定电压220V及以下的蓄电池室内支架。

(6) 与已接地的机床底座之间有可靠电气接触的电动机和电器的外壳，但有爆炸危险的场所除外。

(7) 由发电厂、变电站和工业企业区域内引出的铁路轨道，但运送易燃易爆物者除外。

二、接地电阻

1. 接地电阻的概念

接地电阻是指接地装置的电阻与接地体的流散电阻的总和。接地装置的电阻包括接地体和接地线的电阻，因接地装置的电阻本身较小，一般可忽略不计，因此接地电阻主要是指流散电阻，其数值等于接地装置对地电压与接地电流之比。

通过接地体流入地中的电流是工频交流电流时，求得的电阻称为工频接地电阻。当有冲击电流通过接地体流入地中时，土壤即被电离，此时呈现的接地电阻称为冲击接地电阻。一般情况下任一接地体的冲击接地电阻比工频接地电阻小。这是因为雷电冲击电流通过接地装置时，由于电流密度很大，使土壤中的气隙产生局部火花放电，相当于增大了接地体的尺寸，从而降低了接地电阻。

通常说的接地电阻如无特别说明均指工频接地电阻。

2. 接地电阻的允许值

当不同电压等级的电气设备共用一个接地装置时，接地电阻应符合其中要求的最小值。为保证接地电阻的可靠性，接地电阻值应在流过短路电流时，一年四季都能满足要求。在设计接地装置时应考虑到接地极的发热、腐蚀以及季节变化的影响。防雷装置的接地电阻只需考虑雷雨季节中土壤干燥状态的影响。

在电力系统中，由于接地性质和接地方式不同，所要求的接地电阻值也不同，一般以允许对地电压值和单相接地短路电流来确定。接地电阻值有如下规定：

（1）低压电力系统电气装置的接地电阻。

1）配电变压器低压侧中性点的工作接地电阻一般不应大于4Ω，但当变压器容量不大于100kVA时工作接地电阻可不大于10Ω，非电能计量的电流互感器的工作接地电阻，一般可不大于10Ω。

2）保护接地电阻值一般不应大于4Ω，但当配电变压器容量不超过100kVA时保护接地电阻可不大于10Ω。在高土壤组电阻率地区的接地电阻不大于30Ω。

3）中性点直接接地的低压电力网中，采用保护接零时应将零线重复接地，接地电阻值不应大于10Ω；但当变压器容量不大于100kVA且重复接地点不少于三处时，允许接地电阻不大于30Ω。

（2）高压电力系统电气设备的接地电阻。

1）在小接地短路电流系统中：如果高压与低压设备共用接地装置，则漏电时设备对地电压不应超过120V，因此要求接地电阻$R_E \leqslant 120/I$，但不应大于4Ω；当变压器容量不超过100kVA时，接地电阻不宜大于10Ω。

2）在小接地短路电流系统中：如果高压设备采用独立的接地装置，则漏电时设备对地电压不应超过250V，因此要求接地电阻$R_E \leqslant 250/I$，但不宜大于10Ω。

上两式中R_E为考虑到季节变化的最大接地电阻（Ω）；I为计算用的接地电流（A）。

3）在大接地短路电流系统中：一般地，当$I \leqslant 4000$A时，接地装置的接地电阻应符合$R_E \leqslant 2000/I$；当$I > 4000$A时，接地电阻应不大于0.5Ω。

式中I为计算用的接地短路电流。

（3）独立避雷针的接地电阻，在土壤电阻率不大于500Ω·m的地区不应大于10Ω。

（4）发电厂和变电站所有爆炸危险且爆炸后可能危及主设备或严重影响发供电的建筑物，防雷电感应的接地电阻不应大于30Ω。

（5）发电厂的易燃油和天然气设施防静电接地的接地电阻不应大于30Ω。

3. 降低接地电阻的措施

接地电阻的大小与接地体结构、组成和土壤的性质等因素有关。

为了降低接地电阻，往往用多根的单一接地体以金属体并联连接而组成复合接地极或接地体组。此时，电流流入各单一接地极时，将受到相互的限制，而妨碍电流的散流，这种影响电流散流的现象，称为屏蔽作用，如图 13-8 所示。屏蔽作用使得总的散流电阻大于单一接地体散流电阻的并联值，即相当于增加各单一接地体的电阻。单一接地体数量越多、长度越长、相邻单一接地体之间距离越小时，对电流散流的影响越大。为此要求单一接地体之间应保证一定的距离，以减小接地电阻。

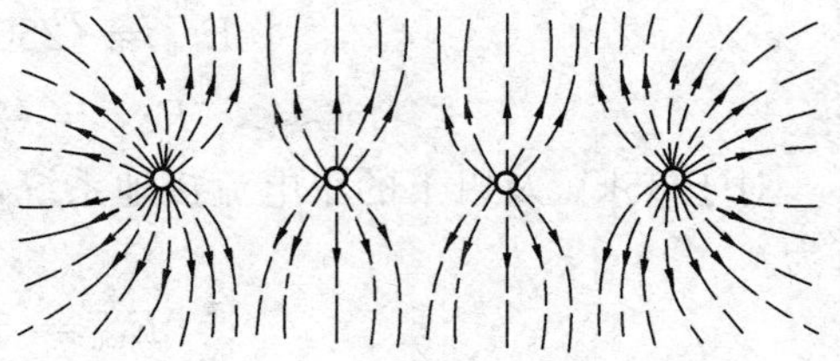

图 13-8　多根接地极的电流散流

土壤电阻与土壤的成分、季节、温度、干湿条件等因素有关。对土壤电阻率较高的地区可以采取下列措施：

（1）附近有土壤电阻率较低的地方，可装设外引式接地体。但应注意，外引接地体要避开人行通道，以防跨步电压触电；穿过公路时，外引接地体的埋深不应小于 0.8m；连接的接地干线不得少于两根。

（2）如地下层土壤电阻率较小（例如有地下水等），可采用深井式接地。

（3）扩大接地网的面积。

（4）极特殊情况下可在土壤中加食盐或或者在接地坑内填入化学降阻剂。

（5）利用低土壤电阻率的土壤置换接地体周围的土壤，或采用导电性混凝土。

如果采取措施后仍然不能满足接地电阻的要求，只能采取加强等电位和铺设碎石地面以保证人身和设备的安全。

三、接触电压和跨步电压

1. 接触电压和跨步电压的概念

当电气设备发生接地故障，接地电流流过接地体向大地流散时，大地表面形成分布电位。在地面上离设备水平距离 0.8m 处与沿设备外壳离地面垂直距离 1.8m 处两点之间的电位差，称为接触电动势 E_{tou}。人体接触该两点时所承受的电压，叫做接触电压 U_{tou}，如图 13-9 所示，人站在距设备 0.8m 处，人触及外壳，人手与脚之间的电压为 U_{tou}。

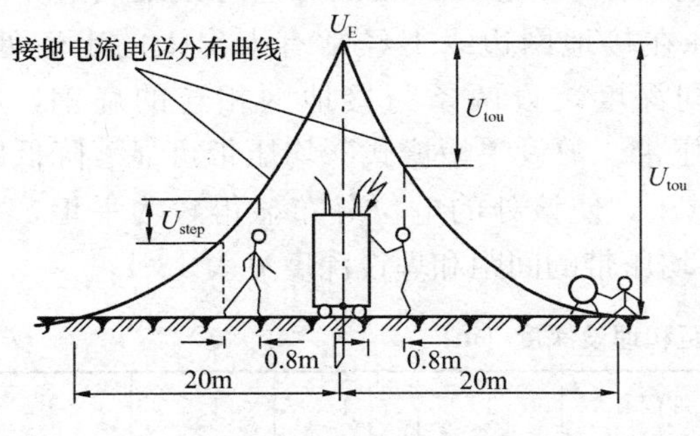

图 13-9　接触电压和跨步电压

在故障设备周围的地面上，水平距离为 0.8m 的两点之间的电位差，称为跨步电动势 E_{step}。人在地面行走，两脚接触该两点（人的跨步一般按 0.8m 计算；大牲畜的跨步可按 1.0～1.4m 计算）所承受的电压，叫做跨步电压 U_{step}。

考虑到人脚下的土壤电阻，接触电压和跨步电压应小于接触电动势和跨步电动势。

2. 接触电压和跨步电压的允许值

在大电流接地系统发生单相接地或同点两相接地时，其接触电动势与跨步电动势的允许值可近似地计算为

$$E_{tou} = (250 + 0.25\rho)/\sqrt{t} \quad (V) \tag{13-2}$$

$$E_{step} = (250 + \rho)/\sqrt{t} \quad (V) \tag{13-3}$$

对于 35kV 及以下的小电流接地系统，其接触电动势与跨步电动势的允许值可近似地计算为

$$E_{tou} = 50 + 0.05\rho \quad (V) \tag{13-4}$$

$$E_{step} = 50 + 0.2\rho \quad (V) \tag{13-5}$$

式中　ρ——人脚所站地面的表层土壤电阻率（Ω·m）；

t——接地短路电流的持续时间（s）。

一般情况下，在小电流接地系统中，U_{tou} 和 U_{step} 的允许值低，这是因为当单相接地时，通过接地体的接地电流值虽然较小，但多不能立即切除，而是继续运行一段时间，当人体接触故障设备时，危险电压作用于人体的时间延长了。

在条件特别恶劣的场所，接触电压和跨步电压的允许值可以适当降低。

3. 提高接触电压和跨步电压的允许值的措施

为了保证人身安全，应采取措施减少接触电压和跨步电压，一般采用布置接地网使得电位分布均匀。通常将接地装置布置成环形，在环形接地装置内部加设相互平行的均压带，距离为 4～5m。

当人工接地网局部地带的接触电位差和跨步电位差超过规定值，又因地形、地质条件、经济因素等限制时，可因地制宜地采取以下措施：

（1）在电气设备周围加装局部的接地回路，在被保护地区的人员出入口处加装一些均压带。

（2）在设备周围、隔离开关操作地点及常有行人的处所，地表回填电阻率较高的卵石或水泥层等。

随着电力系统的发展，电力网的接地短路电流日益增大，大接地电流系统的发电厂和变电站内，接地网电位的升高已成为重要问题，接地网在敷设时应将接地网边角处做成圆弧形，并在接地网边缘上经常有人出入的走道处，在该走道下不同深度装设两条与接地网相连的扁钢，成“帽檐式”的均压带。敷设“帽檐式”均压带可显著降低跨步电压和接触电压，使该处的电位分布显得较为平坦，如图 13-10 所示；均压带的间距和埋设深度见表 13-1。

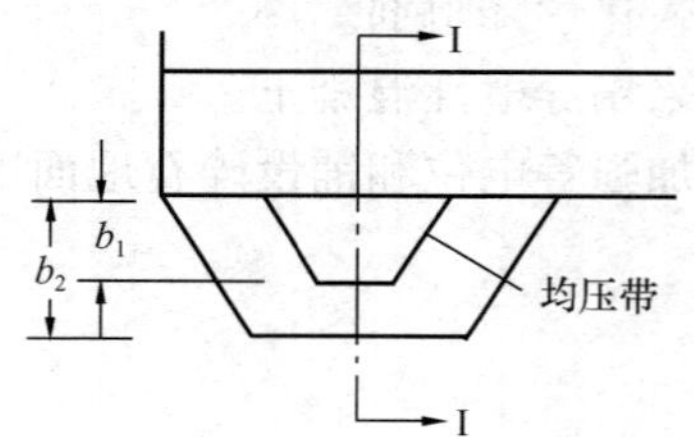

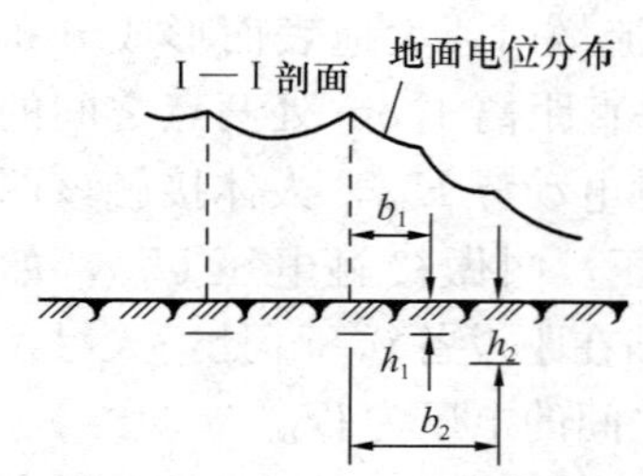

图 13-10　“帽檐式”均压带

表 13-1　“帽檐式”均压带的间距和埋设深度（m）

间距 b_1	1	2	3	4	埋深 h_1	1	1	1.5	1
间距 b_2	2	4.5	6	—	埋深 h_2	1.5	1.5	2	—

四、接地装置

1. 接地线

接地线可分为自然接地线和人工接地线。为了节约金属，减少施工费用，应尽量选择自然导体作接地线，只有当自然导体在运行中电气连接不可靠，以及阻抗较大，不能满足要求

时，才考虑增设人工接地线或辅助接地线，其寿命一般按25～30年考虑。

自然接地线包括：工厂内部建筑物的金属结构，如梁、柱、构架等；生产用的金属结构，如吊车轨道、配电装置外壳、起重升降机的构架、布线的钢管、电缆外皮以及非可燃和爆炸危险的工业管道等。

采用自然接地线要严防其锈蚀、折断；用电缆金属外皮作为自然接地体一般应有两根，如只有一根且没有芯线可以利用，应与电缆平行敷设一根直径为8mm圆钢或4×12mm扁钢作为辅助接地线，其两端与电缆外皮相连。

对自然接地线局部连接不可靠的地方，应另加直径为6mm圆钢或3×20mm扁钢并接。

至于人工接地线，应考虑接地线的材料、机械强度以及应在短路情况下进行热稳定校验。人工接地线，一般情况下应以水平接地线为主，可采用直径6mm以上的圆钢或厚度为3mm以上的扁钢，其截面不小于60mm²。

2. 接地体

同样的，接地体可分为自然接地体和人工接地体。首先应选用自然接地体，当不能满足接地电阻允许值的要求时采用人工接地体。

自然接地体是兼作接地用的直接与大地接触的各种金属构件、金属井管、钢筋混凝土建构筑物的基础、金属管道和设备，但可燃液体和气体的金属管道以及管道接缝处采用非导电性材料衔接密封的情况除外。

在利用自然接地体时，一定要保证良好的电气连接。在建筑物钢结构的结合处，除已焊接者外，凡用螺栓连接或其他连接的，都要采用跨接焊接，跨接线一般采用扁钢。跨接线可选用48mm²以上的扁钢和直径6mm以上的圆钢。利用电缆的外皮作为自然接地体时，接地线线箍的内部须烫上约0.5mm厚的锡层。电缆钢铠与接地线线箍相接触的部分，必须刮拭干净。

人工接地体是专门作为接地用而埋于地中的金属导体。人工接地体有垂直埋设的接地体和水平埋设的接地体两种基本结构，如图13-11所示。水平接地体可采用圆钢、扁钢，水平接地体长度一般以5～20m为宜；垂直接地体可采用角钢、圆钢等。

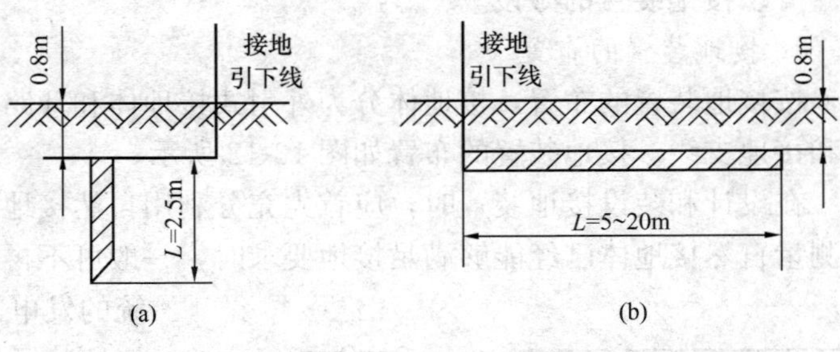

图13-11　人工接地体埋设

(a) 垂直接地体；(b) 水平接地体

最常见的垂直接地体为直径50mm、长度2.5m的钢管。若直径小于50mm，由于钢管的机械强度较小、宜弯曲，不适于采用机械方式打入土中；若直径大于50mm，如增大到125mm时，则散流电阻仅减少1.5%，而钢材又耗费太多，不经济。若钢管长度小于2.5m时，散流电阻增多；若长度大于2.5m时，散流电阻又减少得并不显著。

为了减少外界温度变化对散流电阻的影响，所以埋入地下的接地体上部一般要离开地面0.8m左右。

接地装置的导体，应符合热稳定与均压的要求，还应考虑腐蚀的影响，按机械强度要求的接地和接地线的最小尺寸应符合表13-2所列规格。

人工接地极工频接地电阻的简易估算式可采用表 13-3 所列公式。

表 13-2 接地体和接地线的最小尺寸

类　别	地　上		地　下	
	屋内	屋外	交流电流回路	直流电流回路
圆钢直径（mm）	6	8	10	12
扁钢截面（mm^2）	60	100	100	100
厚度（mm）	3	4	4	6
角钢厚度（mm）	2	2.5	4	6
钢管管壁厚度（mm）	2.5	2.5	3.5	4.5

表 13-3 人工接地体工频接地电阻估算式

接地体形式	估算公式	备　注
垂直式	$R\approx0.3\rho$	长度为 3m 左右的接地体
单根水平式	$R\approx0.03\rho$	长度为 60m 左右的接地体
复合式接地网	$R\approx0.5\rho/\sqrt{S}$或 $R\approx(\rho/4r)+(\rho/L)$	S 为大于 $100m^2$ 的闭合接地网的总面积 L 为接地体的总长度

第四节　接地装置的敷设和维护

一、接地装置的敷设

1. 接地装置的布置

按接地装置的布置，接地体分为外引式接地体和环路式接地体两种。接地线分为接地干线和接地支线。接地装置的布置如图 13-12 所示。

在设计和装设接地装置时，应首先充分利用自然接地体，以节约投资和钢材。如果经实地测量自然接地体已经能够满足接地要求时，一般可不再装设人工接地装置（大电流接地系统的发电厂和变电站除外），否则装设人工接地装置作为补充。

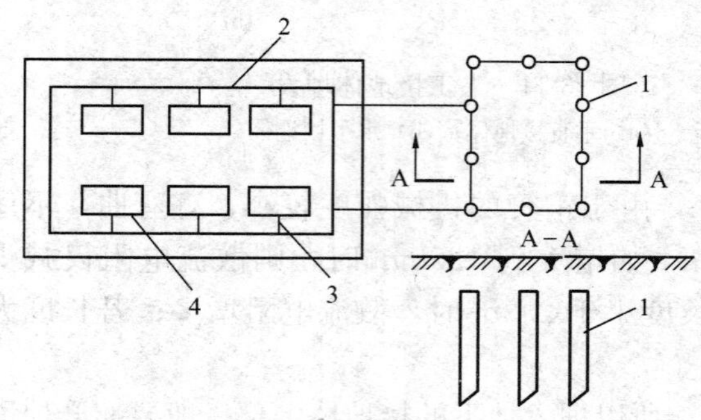

图 13-12　接地装置的布置
1—接地体；2—接地干线；3—接地支线；4—电气设备

人工接地装置的布置，应使接地装置附近的电位分布尽可能地均匀、尽量降低接触电压和跨步电压，以保证人身安全。如接触电压和跨步电压超过规定值时，应采取措施保证人员安全。敷设接地体时，可以成排布置，也可以环形或放射形布置，如图 13-13 所示。

2. 接地装置的敷设

接地装置在敷设时应注意以下几点：

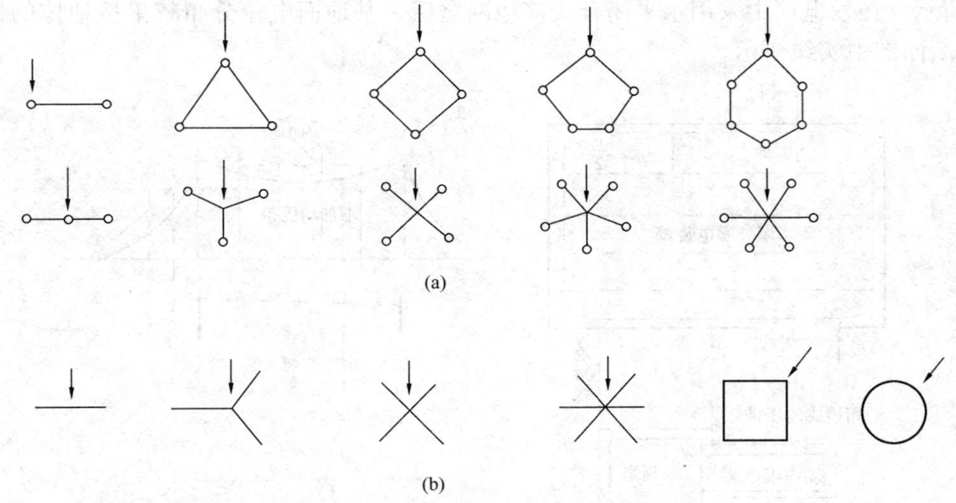

图 13-13　接地体布置方式

(a) 垂直接地体的布置；(b) 水平接地体的布置

(1) 垂直接地体不宜少于两根。为减少相邻接地体的屏蔽作用，每根垂直接地体的长度不宜小于 2.0m，间距不宜小于其长度的 2 倍；水平接地线相互间距不宜小于 5m，水平接地体的间距不宜小于 5m。接地体埋深不应小于 0.6m。

(2) 接地体与建筑物之间的距离不应小于 3m，与独立避雷针的接地体之间的距离不应小于 5m。

(3) 环形接地网之间的相互连接不应少于两根干线，接地干线至少应在两点与地网相连接。对大电流接地系统的发电厂和变电站，各主要部分接地网之间宜多根连接。为了确保接地的可靠性，自然接地体至少应在两点与接地干线相连接。

(4) 接地线沿建筑物墙壁水平敷设时，离地面宜保持 250～300mm 的距离。接地线与建筑物墙壁间应有 10～15mm 的间隙。

(5) 接地线应防止发生机械损伤和化学腐蚀。钢制接地装置最好采用镀锌元件，焊接处涂沥青防腐。与公路、铁道或化学管道等交叉的地方，以及其他有可能发生机械损伤的地方，对接地线应采取保护措施。在接地线引进建筑物的入口处，应设标志。

(6) 接地线的连接需注意以下几点：

1) 接地装置的地下部分应采用焊接。其搭接长度要求：扁钢为宽度的 2 倍，圆钢为直径的 6 倍；接地线与电气设备的连接应采用螺栓连接，接地线与接地体之间可采用焊接或螺栓连接，采用螺栓连接时，应加装防松垫片。

2) 直接接地或经消弧线圈接地的变压器、发电机的中性点与接地体或接地干线连接，应采用单独的接地线，其截面及连接宜适当加强。

3) 电气设备每个接地部分应以单独的接地线与接地干线相连接。

(7) 接地网中均压带的间距应考虑设备布置的间隔尺寸、尽量减小埋设接地网的土建工程量及节省钢材。

发电厂、变电站中重要设备及设备架构等宜有两根与主接地网在不同地点连接的接地引下线，且每根接地引下线均应符合热稳定的要求，连接引线应便于定期进行检查测试。如图

13-14 所示，在发电厂中采用水平闭合式接地网之后，其地面电位分布较单接地体的情况均匀，如断面图中实线所示。

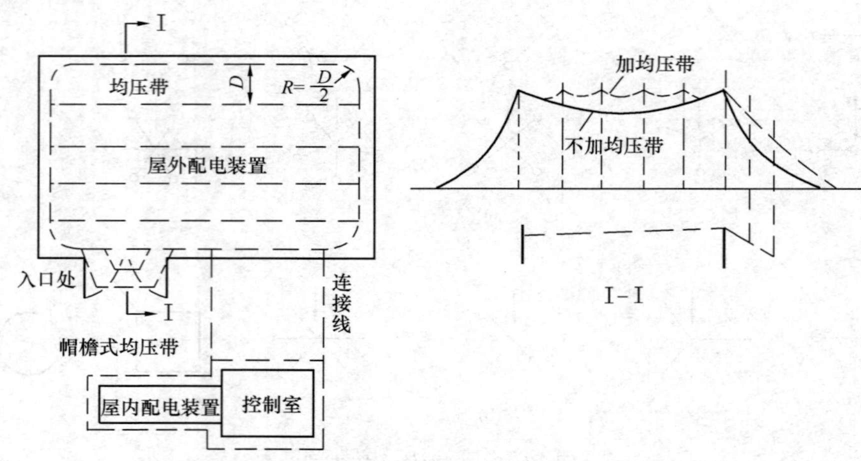

图 13-14　发电厂水平闭合式接地网及其电位分布

二、接地装置的检查与维护

1. 定期巡视和检查

对于接地装置，一般情况下检查周期为每年一次；对于各种防雷装置的接地引下线，每年在雷雨季节前应检查一次。对巡视与检查发现的问题和缺陷应及时处理，以确保运行安全。

运行中的接地装置巡视与检查的内容如下：

（1）检查接地线或接零线与电气设备的金属外壳以及同接地网的连接是否良好，有无松动脱落等现象。

（2）检查接地线有无损伤、碰断及腐蚀等现象。

（3）对含有重酸、碱、盐或金属矿岩等化学成分的土壤地带的接地装置部分，一般每 5 年应挖开局部地面进行检查，观察接地体受腐蚀的情况。

（4）对接地线地面下 50cm 以上部位，应挖开地面进行检查，观察其腐蚀程度。

（5）对于移动式电气设备的接地线，在每次使用前应检查其接地情况，观察有无断股等现象。

（6）定期检测接地装置的接地电阻值，其数值不应大于规定值。检测接地电阻要在土壤电阻率最大的季节内进行，即夏季土壤最干燥时期和冬季土壤冰冻最深时期。

2. 日常维护工作

对接地装置除进行定期巡视检查外，还应加强日常维护工作。维护内容包括以下几方面：

（1）要经常观察人工接地体周围的环境情况。

（2）对于接地装置与公路、铁道或管道等交叉的地方，应检查保护措施是否完好、接地线有无碰伤损坏。

（3）接地装置在接地线引进建筑物的入口处的标志是否完好明显。

（4）电气设备在每次大修后，应着重检查其接地线连接是否牢固。

（5）明敷的接地线表面所涂的标志漆应完好。

（6）当发现运行中接地装置的接地电阻不符合要求时，可采用降低接地电阻的措施。

本 章 小 结

将电气装置的必须接地部分与地有良好的连接称为接地。按接地的作用不同可分为工作接地、保护接地、防雷接地和防静电接地。采用保护接地和保护接零时接地装置的接地电阻远小于人体电阻，可保证运行人员安全。

接地体和接地线统称为接地装置，接地体是决定接地电阻大小的关键因素，一般首先考虑自然接地体，当不能满足接地电阻允许值的要求时采用人工接地体。为了保证人身安全，应采取措施减少接触电压和跨步电压，一般采用布置人工接地网使得电位分布均匀。

思 考 练 习

13-1 电气上的“地”是什么意义？什么是对地电压？

13-2 什么是接地？接地的目的是什么？

13-3 什么是保护接地和保护接零？各在什么条件下采用？

13-4 重复接地的作用是什么？其接地电阻值要求为多少？

13-5 什么是跨步电压和接触电压？其允许值各是多少？

13-6 什么是接地装置？应如何敷设？

第十四章 电气设备的选择

本章简要介绍短路电流的电动力效应和热效应，重点介绍发电厂变电站主要电气设备选择的一般要求和选择方法。

第一节 短路电流的效应

一、短路电流电动力效应

所谓电动力是指载流导体在相邻载流导体产生的磁场中所受的电磁力。载流导体之间电动力的大小，取决于通过导体电流的数值、导体的几何尺寸、形状以及各相安装的相对位置等多种因素。

在一般情况下，当电力系统中发生三相短路后，导体流过冲击短路电流时必然会在导体之间产生最大的电动力。如果导体和绝缘子的机械强度较低，短路电流所产生的电动力将会引起载流导体变形、绝缘子损坏，甚至于会造成新的短路故障。为了避免短路后再引起新的故障，必须采取相应的技术措施，以保证电气设备的动稳定性合格。

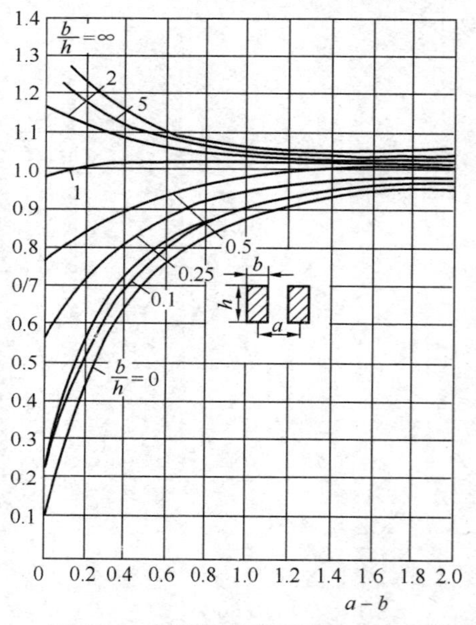

图 14-1 矩形母线截面形状系数曲线

(1) 两平行导体间最大的电动力。当任意截面的两根平行导体分别通有电流 i_1 和 i_2 时，两导体间最大的电动力 F 根据电工学中比奥—萨伐尔定律，应采用的计算式为

$$F = 2K_f i_1 i_2 \frac{L}{a} \times 10^{-7}(\text{N}) \qquad (14\text{-}1)$$

式中 i_1、i_2——通过导体的电流瞬时最大值（A）；

L——平行导体长度（m）；

a——导体轴线间距离（m）；

K_f——形状系数。

形状系数 K_f 表明，实际通过导体的电流并非全部集中在导体的轴线位置时电流分布对电动力的影响。形状系数 K_f 与导体截面形状以及导体的相对位置有关。形状系数的确定较复杂，矩形母线截面形状系数曲线如图 14-1 所示，可供工程计算使用。只有当导体截面积非常小、导体长度比导体之间轴线距离大得多，才能假定通过导体的电流集中在导体轴线上，这时形状系数 K_f 等于 1。实际工程中，三相母线采用圆截面导体时，当两相导体之间的距离足够大时，形状系数 K_f 取为 1；对于矩形导体而言，当两导体之间的净距大于矩形母线的周长时，形状系数 K_f 可取为 1。

通有电流的导体所产生电动力的方向与导体中电流的方向有关：两个载流导体中的电流方向相同时，其电动力为相互吸引；两个载流导体中的电流方向相反时，其电动力为相互排斥。

（2）两相短路时平行导体间的最大电动力。发生两相短路时，平行导体之间的最大电动力 $F^{(2)}$（N）可采用的计算式为

$$F^{(2)} = 2i_{k}^{(2)^2}\frac{L}{a}\times 10^{-7}\quad (N) \tag{14-2}$$

式中　$i_{k}^{(2)^2}$——两相短路冲击电流（A）。

（3）三相短路时平行导体之间的最大电动力。发生三相短路时，每相导体所承受的电动力等于该相导体与其他两相之间电动力的矢量和。三相导体水平布置时，由于各相导体所通过的电流不同，所以边缘相与中间相所承受的电动力也不相同。

边缘相 U 相与中间相 V 相导体所承受的最大电动力 $F_{U}^{(3)}$、$F_{V}^{(3)}$ 分别为

$$F_{U}^{(3)} = 1.61i_{k}^{(3)^2}\frac{L}{a}\times 10^{-7}\quad (N) \tag{14-3}$$

$$F_{V}^{(3)} = 1.73i_{k}^{(3)^2}\frac{L}{a}\times 10^{-7}\quad (N) \tag{14-4}$$

式中　$i_{k}^{(3)}$——三相冲击短路电流（A）。

比较式（14-3）和式（14-4）之后可以看出，发生三相短路后，母线为三相水平布置时中间相导体所承受的电动力最大。故计算三相短路时的最大电动力时，应按中间相导体所承受的电动力计算。

当系统中同一处发生三相或两相短路时，短路处三相冲击短路电流与两相冲击短路电流之比为 $2/\sqrt{3}$。$F^{(3)}/F^{(2)}=1.15$，即电力系统中同一地点发生不同种类的短路时，导体所承受三相短路时的最大电动力比两相短路时的最大电动力大 15%。因此，在校验导体的最大电动力时，按三相短路的最严重情况考虑。

二、短路电流的热效应

电气设备在工作过程中，由于自身存在着有功功率损耗，所以必然会引起电气设备的发热。电气设备的功率损耗主要包括以下几部分：导体与导体之间接触电阻上产生的损耗，导体自身电阻上产生的损耗；绝缘材料在电场作用下产生的介质损耗等。

根据导体通过电流的大小和持续时间长短的不同，可将导体发热分为长期发热和短路时发热两种。长期发热是指正常工作电流在较长时间内所引起的发热；短路时发热是指短路电流在极短的时间内所引起的发热。

电气设备在工作过程中所产生的热量会使元件自身的温度升高，电气设备温度升高后会造成一些不良的影响。其主要是：

（1）影响电气设备的绝缘。绝缘材料在高温和电场的作用下会逐渐老化，绝缘老化的速度与温度的高低有关，温度愈高绝缘的老化速度愈快。电气设备根据本身绝缘材料的耐热性能和使用寿命确定其允许的使用温度。电气设备如果在使用中的温度超过所规定的允许温度时，结果会使电气设备的使用年限缩短；反之，能延长电气设备的使用寿命。

（2）影响接触电阻值。如果金属导体的温度在较长时间内超过一定数值，导体表面的氧化速度会加快，会使导体表面金属氧化物增多。由于有些金属氧化物的电阻率较其金属电阻率大许多倍，所以当导体温度过高时会造成接触电阻增大。导体接触电阻增大之后，又引起自身功率损耗加大，其结果导致导体温度再升高；当导体温度升高后，又要引起接触电阻再

增大，如此恶性循环下去，会造成导体接触部分的温度急剧升高，甚至于会使接头熔化，造成严重事故。

（3）降低机械强度。金属材料在使用温度超过一定数值之后，其机械强度会显著降低。如果电气设备的使用温度过高，可能会使电气元件的机械强度降低，影响电器的安全运行。

为了限制电气设备因发热而产生不利影响，保证电气设备的正确使用，国家规定了载流导体和电器长期发热和短路时发热的允许温度，详见表 14-1。

表 14-1　载流导体和电器长期发热和短路时发热的允许温度

导体种类和材料		长期工作发热		短路时发热	
		允许温度（℃）	允许温升（℃）	允许温度（℃）	允许温升（℃）
裸母线	铜	70	45	300	230
	铝	70	45	200	130
	钢（不和电器直接连接时）	70	45	400	330
	钢（和电器直接连接时）	70	45	300	230
油浸纸绝缘电缆	铜芯 10V 及以下	60～80		250	190～170
	铝芯 10V 及以下	60～80		200	140～120
	铜芯 20～30kV	50		175	125
	充油纸绝缘 60～330kV	70～75		160	90～85
绝缘电缆	橡皮绝缘电缆	50		150	100
	聚乙烯绝缘电缆	60		130	70
交联聚乙烯绝缘电缆	铜芯	80		230	150
	铝芯	80		200	120
有中间接头的电缆	锡焊接头			120	
	压接接头			150	

当母线的材料相同、截面相等时，通常称之为均匀导体。均匀导体无电流通过时，其温度与周围环境温度相同。当有工作电流通过时，导体所产生的热量一部分用于导体温度升高，另一部分则会散布到导体周围的介质中去。这样，导体在不断产生热量的同时，也不断地向周围介质散发热量，当导体所产生的热量与散发的热量相等时，导体温度将会稳定到某一数值。

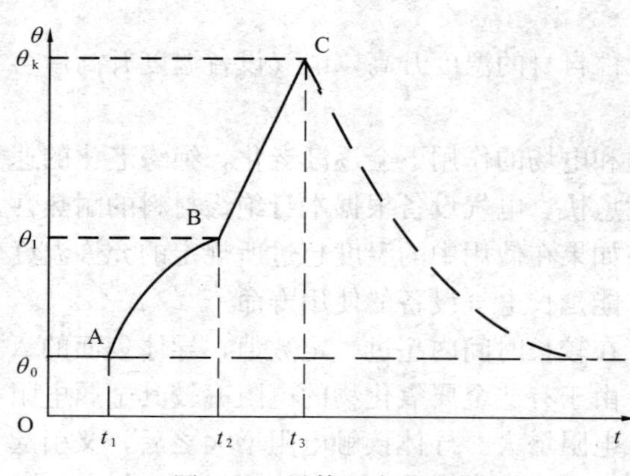

图 14-2　导体温度变化曲线

工作电流所产生的热量引起导体温度的变化如图 14-2 中曲线 AB 段所示。图中 θ_0 为导体周围介质温度，θ_1 为导体通过工作电流时的稳定温度。稳定温度 θ_1 与导体周围介质温度 θ_0 的高低以及通过电流的大小有关。当导体周围介质温度 θ_0 等于我国所采用的周围介质（环境）计算温度，通过工作电流为额定电流时，导体稳定温度恰等于其长期允许工作发热温度。

当短路电流通过导体时，由于短路电流值较正常工作电流大许多倍而且通过的时间很短，所以短路电流所产生的热量几乎全部用于导体温度的升高。短路时导体温度变化如图14-2中曲线BC段所示，θ_k 为短路时的最高温度。短路电流被切除之后，导体温度会逐渐地降至周围环境温度 θ_0，其温度变化如图14-2中曲线C点后的虚线所示。

1. 短路时最高发热温度计算

在实用计算中，导体短路时的最高温度可以根据 $\theta=f$（A）关系曲线进行计算。如图14-3所示，图中横坐标 A 值是与发热有关的热状态值，纵坐标为 θ 值。当导体材料的温度 θ 值确定之后，从图14-3中可直接查到所对应的 A 值。反之，已知 A 值时也可从曲线中找到对应的 θ 之值。

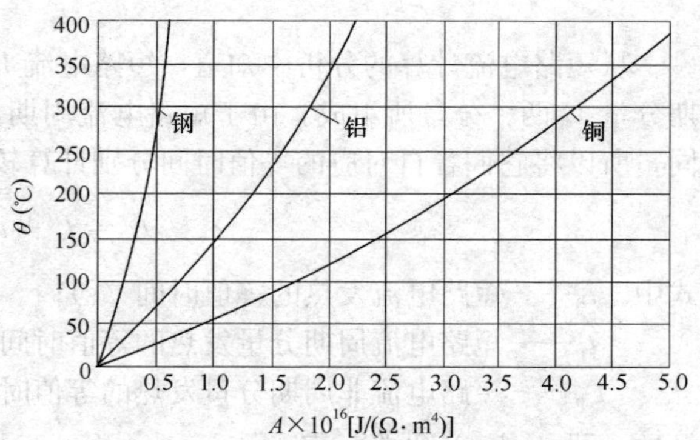

图14-3 导体 $\theta=f$（A）曲线图

使用图14-3所示的曲线计算导体短路时的最高温度 θ_k 的步骤如下：

首先根据运行温度 θ_i 从曲线中查出 A_i 之值；然后将 A_i 与 Q_k 之值代入式（14-5），计算出 A_k；然后再根据 A_k，从图14-3曲线中查出 θ_k 之值。

$$A_k=\frac{1}{S^2}Q_k+A_i \quad (\mathrm{J}/\Omega\cdot\mathrm{m}^4) \tag{14-5}$$

式中 S——导体截面积（m^2）；

A_k——短路时的热状态值（$\mathrm{J}/\Omega\cdot\mathrm{m}^4$）；

A_i——初始温度为 θ_i 所对应的热状态值（$\mathrm{J}/\Omega\cdot\mathrm{m}^4$）。

式（14-5）中的 Q_k 称为短路电流的热效应，它与短路电流产生的热量成正比，即

$$Q_k=\int_0^t I_k^2\mathrm{d}t \quad (\mathrm{A}^2\cdot\mathrm{s}) \tag{14-6}$$

2. 短路电流的热效应 Q_k 计算

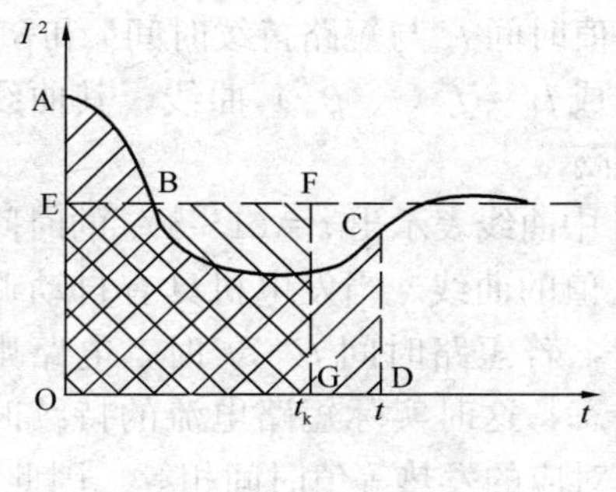

图14-4 $I_k^2=f(t)$曲线

在发电机供电电路内发生短路时，由于短路电流随时间变化的规律难以用简单的数学公式表示，所以进行 $\int_0^t I_k^2\mathrm{d}t$ 的数学计算是很困难的，故工程计算中采用等值时间法。等值时间法是根据短路电流 I_k 随时间变化规律绘制出 $I_k^2=f(t)$关系曲线，如图14-4所示。当短路电流持续时间为 t 时，图中曲边梯形ABC-DOEA的面积则与 $\int_0^t I_k^2\mathrm{d}t$ 所表示热量的大小成正比。适当选用坐标，上述曲边梯形的面积则代表短路电流 I_k 在时间 $0\sim t$ 内所产生的热量。

假定稳态短路电流 I_∞ 通过导体在时间 t_k 内所产生的热量与实际短路电流 I 通过导体在时间 t 内所产生的热量相等，则称时间 t_k 为短路电流发热的等值时间；如果用图形表示，在图14-4中曲边梯形ABCDOEA的面积应与矩形EF-GO的面积相等。

为此，式（14-5）可表示为

$$Q_{\mathrm{k}} = I_{\infty}^{2} t_{\mathrm{k}} = S^{2}(A_{\mathrm{k}} - A_{\mathrm{i}}) \quad (\mathrm{A^2 \cdot s}) \tag{14-7}$$

或

$$A_{\mathrm{k}} = \frac{1}{S^{2}} I_{\infty}^{2} t_{\mathrm{k}} + A_{\mathrm{i}} \quad [\mathrm{J/(\Omega \cdot m^4)}] \tag{14-8}$$

从短路电流计算的分析中知道，短路电流 I_{k} 是由短路电流周期分量 I_{p} 和短路电流非周期分量 I_{ap} 两个分量所组成。由于短路电流周期分量与短路电流非周期分量变化的规律不相同，所以将它们各自对应的等值时间分别计算较为方便。因此，等值时间可分两部分，即

$$t_{\mathrm{k}} = t_{\mathrm{p}} + t_{\mathrm{ap}} \quad (\mathrm{s}) \tag{14-9}$$

式中 t_{k}——短路电流发热的等值时间（s）；

t_{p}——短路电流周期分量发热的等值时间（s）；

t_{ap}——短路电流非周期分量发热的等值时间（s）。

这样，式（14-5）可改写为

$$Q_{\mathrm{k}} = I_{\infty}^{2} t_{\mathrm{k}} = I_{\infty}^{2} t_{\mathrm{p}} + I_{\infty}^{2} t_{\mathrm{ap}} = Q_{\mathrm{p}} + Q_{\mathrm{ap}} \quad (\mathrm{A^2 \cdot s}) \tag{14-10}$$

式中 Q_{p}——短路电流周期分量的热效应（$\mathrm{A^2 \cdot s}$）；

Q_{ap}——短路电流非周期分量的热效应（$\mathrm{A^2 \cdot s}$）。

（1）短路电流周期分量发热等值时间 t_{k} 的计算。由于短路电流周期分量发热等值时间 t_{p} 除与短路电流持续时间 t 有关之外，还与短路电流周期分量幅值的变化规律有关。

短路电流周期分量幅值变化的规律可以用 $\beta'' = \frac{I''}{I_{\infty}}$ 表示，即 β'' 等于次暂态电流 I'' 与稳态短路电流 I_{∞} 的比值。

为了计算上的方便，将短路电流周期分量的发热等值时间 t_{k} 与短路持续时间 t 和 β'' 的关系绘制成 $t_{\mathrm{p}} = f(t、\beta'')$ 曲线，其曲线如图 14-5 所示。

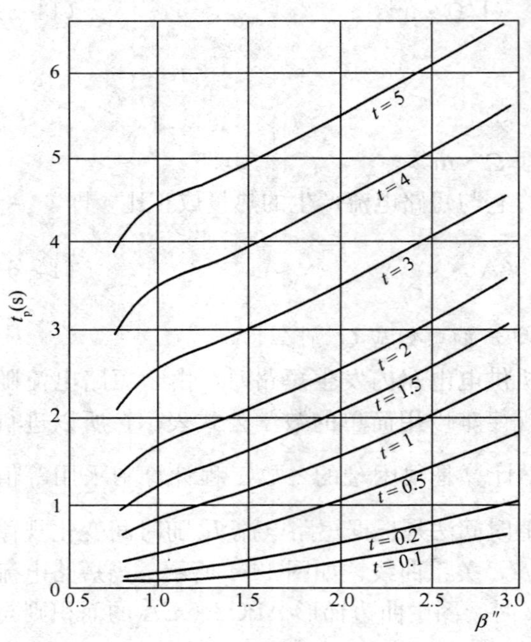

图 14-5 具有自动电压调整时周期分量等效时间曲线

图 14-5 中曲线表示出 $t=(1\sim5)\mathrm{s}$ 的时间内所需 t_{p} 之值的曲线。当发电机具有自动调节励磁装置，若短路时间 $t>5\mathrm{s}$ 时，电路则进入稳定状态，这时实际短路电流的持续时间应该与其对应的发热等值时间相等。因此，当 $t<5\mathrm{s}$ 时 t_{p} 由曲线确定。当 $t>5\mathrm{s}$ 时 t_{p} 分两部分计算：在 0～5s 内根据曲线确定其等值发热时间 t_{p5}；5s 之后的等值发热时间等于 $(t-5)$。这时全部假想时间 $t_{\mathrm{k}} = t_{\mathrm{p5}} + (t-5)$。此外，如果短路电流持续时间在图 14-5 中的曲线中未标出，可采用插入法由相近的两条曲线决定。

特别需要强调指出的是，利用图 14-5 所示曲线确定周期分量等值时间，在 $\beta''=1$ 的情况，只适用于由发电机供电电路内的非远距离短路点，即 $I''\neq I_{\infty}\neq I_t$ 的情况。而对无穷大电力系统供电电路内的短路和由发电机供电电路内的近距离短路点而言，因短路电流周期分量的幅值始终维持不变，根据 t_p 的定义知道，短路电流周期分量的发热等值时间应与短路电流持续时间应相同，即 $t_p = t$，故不需要使用图 14-5 确定。

（2）非周期短路电流发热等值时间 t_{ap} 的计算。t_{ap} 计算式为

$$t_{ap} = 0.05\times\left(\frac{I''}{I_{\infty}}\right)^2 = 0.05\times\beta''^2 \tag{14-11}$$

当短路电流持续时间 t 大于 1s 时，短路电流周期分量发热等值时间 t_p 将远大于短路电流非周期分量发热等值时间 t_{ap}，这时短路电流非周期分量所产生的热量可略去不计。近似地取 $t_k=t_p$；当短路电流持续时间 t 小于 1s 时，短路电流非周期分量所产生的热量则不能忽略，短路电流发热等值时间应根据式（14-9）进行计算。

实际工程计算中，对于大容量的发电机供电系统，其短路电流的热效应 Q_k 通常采用近似数值积分法计算。

短路电流周期分量的热效应 Q_p 可计算为

$$Q_p = \frac{t_d}{12}(I''^2 + 10I^2_{t_{d/2}} + I^2_{t_d}) \quad (\text{kA}^2\cdot\text{s}) \tag{14-12}$$

式中　I''——次暂态短路电流周期分量的有效值（kA）；

$I_{t_{d/2}}$——$t_{d/2}$ 时刻短路电流周期分量的有效值（kA）；

I_{t_d}——t_d 时刻短路电流周期分量的有效值（kA）；

t_d——短路热效应的计算时间（s），$t_d=t_{pr}+t_{ab}$，其中，t_{pr} 是继电保护动作时间，t_{ab} 是断路器分闸时间。

采用无延时保护时，t_d 可取表 14-2 中的数据。该数据为继电保护装置的启动机构和执行机构的动作时间、断路器的固有分闸时间以及断路器触头电弧持续时间的总和。当继电保护装置有延时整定时，则应按表中数据加上相应的整定时间，一般应按后备保护的整定时间来考虑。

短路电流非周期分量的热效应 Q_{ap} 可计算为

$$Q_{ap} = TI''^2 \quad (\text{kA}^2\cdot\text{s}) \tag{14-13}$$

式中　T——非周期分量等效时间，与短路点及短路时间 t_d 有关，可由表 14-3 查得。

表 14-2　校验热效应的计算时间（s）

断路器开断速度	断路器的全分闸时间 t_{ab}	计算时间 t_d
高速断路器	<0.08	0.1
中速断路器	0.08～0.12	0.15
低速断路器	>0.12	0.2

表 14-3　非周期分量等效时间 T

短路点	T（s）	
	$t_d\leqslant 0.1$s	$t_d>0.1$s
发电机出口及母线	0.15	0.2
发电机升高电压母线及出线 发电机电压电抗器后	0.08	0.1
变电站各级电压母线	0.05	

例 14-1　某 10kV 配电装置中，三相母线水平排列，三相母线通过的最大短路电流，次暂态短路电流 $I''^{(3)}=26$kA，稳态短路电流 $I^{(3)}_{\infty}=19.5$kA，短路电流持续时间 $t=0.9$s。母线

相间距离 a=25cm，母线长度 L=100cm。短路前母线温度为70℃。若选用矩形铝质母线为30mm×4mm时，试求：

(1) 母线短路时所承受的最大电动力。

(2) 母线短路后的最高温度 θ_k 之值（短路冲击系数 K_k=1.8）。

解：根据题意已知 $I''^{(3)}$=26kA，所以

$$i_k = \sqrt{2}K_k I'' = \sqrt{2}\times 1.8\times 26 = 66.19(\text{kA})$$

(1) 母线短路时所受的最大电动力，计算为

$$F^{(3)} = 1.73 i_k^{(3)2}\frac{L}{a}10^{-7} = 1.73\times 66190^2\frac{1}{0.25}10^{-7} = 3031(\text{N})$$

(2) 短路时的最高温度计算。β''计算为

$$\beta'' = \frac{I''^{(3)}}{I_\infty^{(3)}} = \frac{26}{19.5} = 1.33$$

因为 t=0.9s，所以根据图14-5曲线查得 t_p=1.0s。t_{ap}计算为

$$t_{ap} = 0.05^2\times\beta'' = 0.05\times 1.33^2 = 0.09(\text{s})$$

短路电流发热的等值时间

$$t_k = t_p + t_{ap} = 1.0 + 0.09 = 1.09(\text{s})$$

因为 θ_i=70℃，从图14-3查曲线得 A_i=0.6×10^{16} [J/(Ω·m)^4]

根据式（14-8）计算

$$\begin{aligned}A_k &= \left(\frac{1}{S^2}\right)I_\infty^2 t_k + A_i\\ &= \left(\frac{1}{30\times 4\times 10^{-6}}\right)^2\times 19500^2\times 1.09 + 0.6\times 10^{16}\\ &= 3.48\times 10^{16}[\text{J}/(\Omega\cdot\text{m})^4]\end{aligned}$$

查曲线图14-3得知 θ_k>400℃。

第二节 电气设备选择的一般要求

一、一般原则

(1) 应满足正常运行、检修、短路和过电压情况下的要求并考虑远景发展。

(2) 应按当地环境条件校核。

(3) 应力求技术先进和经济合理。

(4) 与整个工程的建设标准应协调一致。

(5) 同类设备应尽量减少品种。

(6) 选用的新产品均应具有可靠的试验数据，并经正式鉴定合格。在特殊情况下，选用未经正式鉴定的新产品时，应经上级部门批准。

二、技术条件

选择的高压电气设备，应能在长期工作条件下和发生过电压、过电流的情况下保持正常

运行。各种高压电气设备的一般技术条件如表 14-4 所示。

表 14-4　选择电气设备的一般技术条件

序号	电气设备名称	额定电压（kV）	额定电流（A）	额定容量（kVA）	机械荷载（N）	额定开断电流（kA）	短路稳定	
							热稳定	动稳定
1	高压断路器	√	√		√	√	√	√
2	隔离开关	√	√		√		√	√
3	负荷开关	√	√		√		√	√
4	熔断器	√	√		√	√		
5	电压互感器	√			√			
6	电流互感器	√	√		√		√	√
7	限流电抗器	√	√		√		√	√
8	消弧线圈	√	√	√	√			
9	避雷器	√			√			
10	穿墙套管	√	√		√		√	√
11	绝缘子	√	√		√			√

注　悬式绝缘子不校验。

1. 长期工作条件

（1）电压：选用的电气设备允许最高工作电压 U_{max} 不得低于该回路电网的最高运行电压 U_{NSmax}，即

$$U_{max} \geqslant U_{NSmax} \tag{14-14}$$

三相交流 3kV 及以上电气设备的额定电压与最高电压见表 14-5。

表 14-5　电气设备的额定电压与最高电压（kV）

设备额定电压	3	6	10	35	63	110	220	330	500
设备最高电压	3.5	6.9	11.5	40.5	69	126	252	363	550

（2）电流：选用的电气设备的额定电流 I_N 不得低于所在回路在各种可能运行方式下的最大持续工作电流 I_{max}，即

$$I_N \geqslant I_{max} \tag{14-15}$$

由于变压器短时过载能力很大，双回线路出线的工作电流变化幅度也较大，故计算其工作电流时应根据实际需要确定。

高压电气设备没有明确的过载能力，所以在选择其额定电流时，应满足各种可能运行方式下回路持续工作电流的要求。

（3）机械荷载：所选电气设备端子的允许荷载，应大于其引线在正常运行和短路时的最大作用力。电气设备机械荷载的安全系数，由制造部门在产品制造中统一考虑。

2. 短路稳定条件

（1）校验的一般原则。

1）电气设备在选定后应按可能通过的最大短路电流进行动、热稳定校验。校验的短路

电流一般取三相短路时短路电流，若发电机出口的两相短路，或中性点直接接地系统及自耦变压器等回路中的单相、两相接地短路较三相短路严重时，则应按严重情况校验。

2）用熔断器保护的电气设备可不验算热稳定。当熔断器有限流作用时，可不验算动稳定。用熔断器保护的电压互感器回路，可不验算动、热稳定。

（2）短路的热稳定条件。该条件为

$$I_t^2 t > Q_k \tag{14-16}$$

式中 Q_k——在计算时间 t_d 内，短路电流的热效应（$kA^2 \cdot s$）；

I_t——t 内电气设备允许通过的热稳定电流有效值（kA）；

t——电气设备允许通过的热稳定电流时间（s）。

（3）短路的动稳定条件。该条件为

$$\left.\begin{aligned} i_{es} &\geqslant i_k \\ I_{es} &\geqslant I_k \end{aligned}\right\} \tag{14-17}$$

式中 i_k——短路冲击电流峰值（kA）；

I_k——短路全电流有效值（kA）；

i_{es}——电气设备允许的极限通过电流峰值（kA）；

I_{es}——电气设备允许的极限通过电流有效值（kA）。

3. 环境条件

（1）温度。普通高压电气设备一般可在环境最低温度为－30℃时正常运行。在高寒地区，应选择能适应环境最低温度为－40℃的高寒电气设备。

在年最高温度超过40℃，而长期处于低湿度的干热地区，应选用型号后带“TA”字样的干热带型产品。

选择导体和电气设备用的环境温度应按表14-6选取。

（2）日照。屋外高压电气设备在日照影响下将产生附加温升。可按电气设备额定电流的80％选择设备。在进行试验或计算时，日照强度取0.1W/cm²。

表14-6 选择导体和电气设备用的环境温度

类别	安装场所	环境温度（℃） 最高	环境温度（℃） 最低
裸导体	屋外	年最高温度	
	屋内	该处通风设计温度，当无资料时，可取最热月平均最高温度加5℃	
电气设备	屋外	年最高温度	年最低温度
	电抗器室	该处通风设计最高排风温度	
	屋内其他处	该处通风设计温度，当无资料时，可取最热月平均最高温度加5℃	

注 1. 年最高（或最低）温度为一年中所测得的最高（或最低）温度的多年平均值。
2. 最热月平均最高温度为最热月每日最高温度的月平均值，取多年平均值。

（3）风速。一般高压电气设备可在风速不大于35m/s的环境下使用。选择电气设备时所用的最大风速，可取离地10m高、30年一遇的10min平均最大风速。最大设计风速超过

35m/s 的地区，可在屋外配电装置的布置中采取措施，如降低安装高度、加强基础固定等。

考虑到 500kV 电气设备体积比较大、而且重要，宜采用离地 10m 高、50 年一遇 10min 平均最大风速。

（4）冰雪。在积雪和覆冰严重的地区，应采取措施防止冰串引起瓷件绝缘对地闪络。

隔离开关的破冰厚度一般为 10mm。在重冰区（如云贵高原，山东、河南部分地区，湘中、粤北重冰地带以及东北部分地区），所选隔离开关的破冰厚度，应大于安装场所的最大覆冰厚度。

（5）湿度。选择电气设备的湿度，应采用当地相对湿度最高月份的平均相对湿度。对湿度较高的场所（如岸边水泵房等），应采用该处实际相对湿度。当无资料时，可取比当地湿度最高月份平均值高 5％的相对湿度。

一般高压电气设备可使用在＋20℃，相对湿度为 90％的环境中（电流互感器为 85％）。在长江以南和沿海地区，当相对湿度超过一般产品使用标准时，应选用湿热带型高压电气设备。这类产品的型号后面一般都标有“TH”字样。

湿热带型高压电气设备的使用环境条件见表 14-7。

表 14-7　　湿热带型高压电气设备的使用环境条件

环境因素		额定值
空气温度	最高（℃）	40
	最低（℃）	0
空气最大相对湿度（％）		95（25℃时）
黑色物体表面最高温度（℃）		80
太阳辐射最大强度（$J/cm^2 \cdot min$）		5.86
凝露		有
含盐空气		有
霉菌		有
最大降雨强度（min/10min）		50
海拔（m）		≤1000

注　湿热带型高压电气设备分为屋内与屋外两种型式，屋外使用的产品应考虑太阳辐射、雨、露等因素。在沿海地区，仅屋外存在盐雾，才作为特殊污秽考虑。

（6）污秽。发电厂、变电站污秽分级标准见表 14-8。

表 14-8　　发电厂、变电站污秽分级标准

污秽等级	污秽条件		泄漏比距（cm/kV）	
	污湿特征	盐溶（mg/cm^2）	中性点直接接地系统	中性点非直接接地系统
1	大气无明显污染地区或大气轻度污染地区；在污闪季节中干燥少雾（含毛毛雨）且雨量较多时	0～0.03（强电解质），0～0.06（弱电解质）	1.7	2.0
2	大气中度污染地区；沿海地带及盐场附近；在污闪季节中多雾（含毛毛雨）且雨量较少	0.03～0.25	2.5	3.0
3	大气严重污染地区；严重盐雾地区	＞0.25	3.5	4.0

在工程设计中，应根据污秽情况选用下列措施：

1）增大电瓷外绝缘的有效泄漏比距或选用有利于防污的电瓷造型，如采用半导体、大小伞、大倾角、钟罩式等特制绝缘子。

2）采用屋内配电装置。2 级及以上污秽区的 6～110kV 配电装置宜采用屋内型。当技术经济合理时污秽区 220kV 配电装置也可采用屋内型。

（7）海拔。电气设备的一般使用条件为在海拔不超过 1000m 的地区，海拔超过 1000m 的地区称为高原地区。

对安装在海拔超过 1000m 地区的电气设备外绝缘一般应予加强，可选用高原型产品或选用外绝缘提高一级的产品。在海拔 3000m 以下地区，220kV 及以下配电装置也可选用性能优良的避雷器来保护一般电气设备的外绝缘。

由于现有 110kV 及以下大多数电气设备的外绝缘有一定裕度，故可使用在海拔 2000m 以下的地区。

（8）地震。选择电气设备时，应根据当地的地震烈度选用能够满足地震要求的产品。一般设备产品可以耐受地震烈度为 8 度的地震力。根据有关规程的规定，地震基本烈度为 7 度及以下地区的电气设备可不采取防震措施。在 7 度以上地区，电气设备应能承受的地震力，可按表 14-9 所列加速度值和电气设备的质量进行计算，采取抗震措施。

表 14-9 计算电气设备承受的地震力时用的加速度

地震烈度（度）	8	9
地面水平加速度	0.2g	0.4g
地面垂直加速度	0.1g	0.2g

4. 环境保护

选用电气设备时还应注意电气设备对周围环境的影响。

（1）电磁干扰。频率大于 10kHz 的无线电干扰主要来自电气设备的电流、电压突变和电晕放电。因此要求电气设备及金具在最高工作相电压下，晴天的夜晚不应出现可见电晕。110kV 及以上电气设备在户外晴天无线电干扰电压不应大于 2500μV。根据运行经验和现场实测结果，对于 110kV 以下的电气设备一般可不校验无线电干扰电压。

（2）噪声。为了减少噪声对工作场所和附近居民区的影响所选的高压电气设备在运行中或操作时产生的噪声要求：在距电气设备 2m 处，连续性噪声不应大于 85dB；非连续性噪声，屋内不应大于 90dB、屋外不应大于 110dB。

（3）电场强度。研究表明，在电气设备周围，特别是架空导线下面，当距地面 1.5m 范围内，电场强度小于 15kV/m 时，对人和动物是安全的。否则可能会造成一定的伤害。

第三节 高压电器的选择

一、高压开关电器的选择

选择高压断路器、高压隔离开关和高压负荷开关的长期工作条件基本相同，区别在于它们的短路校验的内容不同，如隔离开关和负荷开关不校验短路开断电流。

1. 种类和型式的选择

根据用途、安装地点、安装方式、结构类型和价格因素等综合条件合理选择高压开关电器。

2. 额定电压选择

开关电器的额定电压应等于或大于安装地点电网的额定电压，即

$$U_{N} \geqslant U_{Ns} \quad (14\text{-}18)$$

3. 额定电流选择

开关电器的额定电流应等于或大于通过断路器的长期最大负荷电流，即

$$I_{N} \geqslant I_{max} \quad (14\text{-}19)$$

4. 断路器的开断电流选择

断路器的允许开断电流 I_{Nbr} 应大于或等于断路器实际开断时间的三相短路电流周期分量有效值 I_{ap}，即

$$I_{Nbr} \geqslant I_{ap} \quad (14\text{-}20)$$

当断路器的 I_{Nbr} 较系统短路电流大得很多时，为了简化，也可以用次暂态短路电流 I'' 进行选择，即

$$I_{Nbr} \geqslant I'' \quad (14\text{-}21)$$

5. 动稳定校验

开关电器允许的动稳定电流峰值 i_{es} 应大于或等于流过断路器的三相短路冲击电流 i_{k}，即

$$i_{es} \geqslant i_{k} \quad (14\text{-}22)$$

6. 热稳定校验

开关电器 t 秒钟热稳定电流 I_{t} 算出的允许热效应 $I_{t}^{2}t$ 大于或等于通过断路器的短路电流热效应，即

$$I_{t}^{2}t > Q_{k} \quad (14\text{-}23)$$

例 14-2　试选择容量为 25MW、$U_{N}=10.5$kV、$\cos\varphi=0.8$ 的发电机出口断路器及隔离开关。已知发电机出口短路时，$I''=26.4$kA、$I_{2.01}=29.3$kA、$I_{4.02}=29.5$kA（下角标表示对应的短路时间），发电机主保护时间为 0.05s，后备保护时间为 3.9s，配电装置内最高室温为+40℃。

解： 发电机最大持续工作电流为

$$I_{max}=\frac{1.05\times P_{N}}{\sqrt{3}U_{N}\cos\varphi}=\frac{1.05\times 25\times 10^{3}}{\sqrt{3}\times 10.5\times 0.8}=1804(\text{A})$$

根据发电机断路器的额定电压 U_{N}、I_{max} 以及安装在室内的要求，通过查附录，可选择断路器的型号为 SN10-10Ⅲ/2000，隔离开关的型号为 GN2-10/2000。计算周期分量的热效应为

$$Q_{p}=\frac{t_{k}}{12}\left(I''^{2}+10I_{t_{k/2}}^{2}+I_{t_{k}}^{2}\right)=\frac{26.4^{2}+10\times 29.3^{2}+29.5^{2}}{12}\times 4.02=3401(\text{kA}^{2}\cdot\text{s})$$

由于 $t_{k}>1$s，故不计非周期分量的热效应。短路电流的热效应为

$$Q_{k}=Q_{p}=3401(\text{kA}^{2}\cdot\text{s})$$

冲击电流为　$i_{k}=1.9\sqrt{2}I''=2.69\times 26.4=71$（kA）

表 14-10 列出了高压断路器和隔离开关的选择结果。

表 14-10 断路器和隔离开关选择结果表

计 算 数 据	SN10-10Ⅲ/2000	GN2-10/2000
10kV	10 (kV)	10 (kV)
1804 (A)	2000 (A)	2000 (A)
26.4kA	43.3 (kA)	
71 (kA)	130 (kA)	85 (kA)
3401($kA^2\cdot s$)	$43.3^2\times4=7499$ (kA) ($kA^2\cdot s$)	$51^2\times4=13005$ ($kA^2\cdot s$)

由选择结果表可见，各项条件均能满足，因此所选的断路器和隔离开关合格。

二、高压熔断器的选择

高压熔断器按额定电压、额定电流、开断电流和选择性等项来选择和校验。

1. 额定电压选择

对于一般的高压熔断器，其额定电压U_N必须大于等于电网的额定电压U_{Ns}，即

$$U_N \geqslant U_{Ns} \tag{14-24}$$

但是对于有限流作用的熔断器，则不宜使用在低于熔断器额定电压的电网中，这是因为限流式熔断器灭弧能力很强，熔体熔断时因截流而产生过电压，其过电压倍数与电路参数及熔体长度有关。一般在$U_N=U_{Ns}$的电网中，过电压倍数约2～2.5倍，不会超过电网中电气设备的绝缘水平；但如在$U_N<U_{Ns}$的电网中，因熔体较长，过电压值可达3.5～4倍相电压，可能损害电网中的电气设备。

2. 额定电流选择

熔断器的额定电流选择，包括熔断器熔管的额定电流和熔体的额定电流的选择。

(1) 熔管额定电流的选择。为了保证熔断器壳不致损坏，高压熔断器的熔管额定电流I_{Nft}应大于或等于熔体的额定电流I_{Nf}，即

$$I_{Nft} \geqslant I_{Nf} \tag{14-25}$$

(2) 熔体额定电流选择。为了防止熔体在通过变压器励磁涌流和保护范围以外短路及电动机自启动等冲击电流时误动作，保护35kV及以下电力变压器的高压熔断器，其熔体的额定电流选择式为

$$I_{Nft} = KI_{max} \tag{14-26}$$

式中 I_{max}——电力变压器回路最大工作电流；

K——可靠系数（不计电动机自启动时$K=1.1\sim1.3$，考虑电动机自启动时$K=1.5\sim2.0$）。

用于保护电力电容器的高压熔断器的熔体，当系统电压升高或波形畸变引起回路电流增大或运行过程中产生涌流时不应误熔断。其熔体选择式为

$$I_{Nft} = KI_{NC} \tag{14-27}$$

式中 I_{NC}——电力电容器回路的额定电流；

K——可靠系数（对限流式高压熔断器，当一台电力电容器时$K=1.5\sim2.0$，一组电力电容器时$K=1.3\sim1.8$）。

3. 熔断器开断电流校验

$$I_{Nbr} \geqslant I_k（或 I''） \tag{14-28}$$

对于没有限流作用的熔断器，选择时用冲击电流的有效值 I_k 进行校验；对于有限流作用的熔断器，在电流达最大值之前已截断，故可不计非周期分量影响，而采用 I'' 进行校验。

4. 熔断器选择性校验

为了保证前后两级熔断器之间或熔断器与电源（或负荷）保护装置之间动作的选择性，应进行熔体选择性校验。各种型号熔断器的熔体熔断时间可由制造厂提供的安秒特性曲线上查出。

对于保护电压互感器用的高压熔断器，只需按额定电压及断流容量两项来选择。

三、互感器的选择

（一）电流互感器的选择

电流互感器应按下列技术条件选择。

1. 按一次回路额定电压和电流选择

电流互感器的一次额定电压和电流必须满足：

$$U_N \geqslant U_{Ns} \tag{14-29}$$

$$I_N \geqslant I_{max} \tag{14-30}$$

式中　U_{Ns}——电流互感器所在电力网的额定电压（kV）；

U_N、I_N——电流互感器的一次额定电压和电流；

I_{max}——电流互感器一次回路最大工作电流（A）。

2. 电流互感器种类和形式选择

在选择互感器时，应根据安装地点（如屋内、屋外）和安装方式（如穿墙式、支持式、装入式等）选择。

3. 选择电流感器的准确度等级和额定容量

为了保证仪表的准确度，互感器的准确度等级不得低于所供测量仪表的准确度等级。当所供仪表要求不同准确度等级时，应按最高级别来确定互感器的准确度等级。

为了保证互感器的准确度等级，互感器二次侧所接的最大负荷 S_2 应不大于该准确度等级所规定的额定容量 S_{N2}，即

$$S_{N2} \geqslant S_2 = I_{N2}^2 Z_{2L} \tag{14-31}$$

互感器最大一相的二次负荷（忽略电抗）包括测量仪表电流线圈电阻 r_a，继电器电阻 r_{re}，连接导线电阻 r_1 和接触电阻 r_c，即

$$Z_{2L} = r_a + r_{re} + r_1 + r_c \tag{14-32}$$

式中：r_a、r_{re} 可由回路中所接仪表和继电器的参数求得；r_c 由于不能准确测量，一般取 0.1Ω；仅连接导线电阻 r_1 为未知数，经整理后得

$$r_1 \leqslant \frac{S_{N2} - I_{N2}^2(r_a + r_{re} + r_c)}{I_{N2}^2} \tag{14-33}$$

因 $S=\rho L_c/r_1$，故

$$S \geqslant \frac{I_{N2}^2 \rho L_c}{S_{N2} - I_{N2}^2(r_a + r_{re} + r_c)} = \frac{\rho L_c}{S_{N2} - (r_a + r_{re} + r_c)} (\mathrm{m}^2) \tag{14-34}$$

式中　S、L_c——连接导线的截面（m^2）和计算长度（m）；

ρ——导线的电阻率（$\Omega \cdot m^2/m$）；

Z_{N2}——互感器的额定二次阻抗（Ω）。

式（14-34）表明，在满足电流互感器额定容量的条件下，选择二次连接导线的最小允许截面。式中 L_c 与仪表到互感器的实际距离 L 及电流互感器的接线方式有关，星形接线时 $L_c=L$、不完全星形接线时 $L_c=\sqrt{3}L$、单相接线时 $L_c=2L$。

发电厂和变电站应用铜芯控制电缆，由式（14-34）求出的铜导线截面不应小于 $1.5mm^2$，以满足机械强度要求。

4. 热稳定校验

电流互感器热稳定能力常以 1s 允许通过一次额定电流 I_{N1} 的倍数 K_t 来表示，故热稳定校验式为

$$(K_t I_{N1})^2 \geqslant I_k^2 t_k (\text{或} \geqslant Q_k) \tag{14-35}$$

式中　I_k——短路电流稳态值；

t_k——短路计算时间。

5. 动稳定校验

电流互感器常以允许通过一次额定电流最大值（$\sqrt{2}I_{N1}$）的倍数 K_{es}（动稳定电流倍数）表示其内部动稳定能力，所以内部动稳定校验式为

$$\sqrt{2}I_{N1}K_{es} \geqslant i_k \tag{14-36}$$

短路电流不仅在电流互感器内部产生作用力，而且由于相与相之间电流的相互作用使绝缘子瓷帽上承受外力的作用，因此，对于瓷绝缘型电流互感器应校验瓷套管的机械强度。瓷套管上的作用力可由一般电动力公式计算，所以外部动稳定应满足

$$F_{al} \geqslant 0.5 \times 1.73 \times 10^{-7} i_k^2 l/a \quad (N) \tag{14-37}$$

式中　F_{al}——作用于电流互感器瓷帽端部分的允许力；

l——电流互感器出线端至最近一个母线支柱绝缘子之间的跨距；

0.5——系数，表示互感器瓷套管端部承受的电动力为该跨上电动力的一半。

对于瓷绝缘的母线型电流互感器（如 LMC 型）其端部作用力可用式（14-51）计算，其校验式为

$$F_{al} \geqslant 1.73 \times 10^{-7} i_k^2 l/a \quad (N) \tag{14-38}$$

用于电能计量的电流互感器，准确度等级不应低于 0.5 级，500kV 宜用 0.2 级的；用于电流电压测量的，准确度等级不应低于 1 级，非重要回路可使用 3 级的。

用于继电保护的电流互感器，应用“D”（或“B”）级的，同时应校验额定 10% 倍数，以保证过电流时的误差不超过规定值。

当系统继电保护要求装设快速保护时，330kV 及以上应选用暂态特性好的电流互感器（如带有小气隙铁芯的 TPY 级）。

例 14-3　图 14-6 所示为电流互感器计算主接线，试选出 10kV 馈线上的电流互感器，出线 $I_{max}=360A$、$I''=8.36kA$、$t_k=1.1s$，$I_k=8.58kA$，电抗器后 $i_k=21.3kA$。相间距离

$a=0.4$m，电流互感器至最近一个绝缘子的距离 $l=1$m。电流互感器回路接线如图 14-7 所示，电流互感器与测量仪表相距 40m。

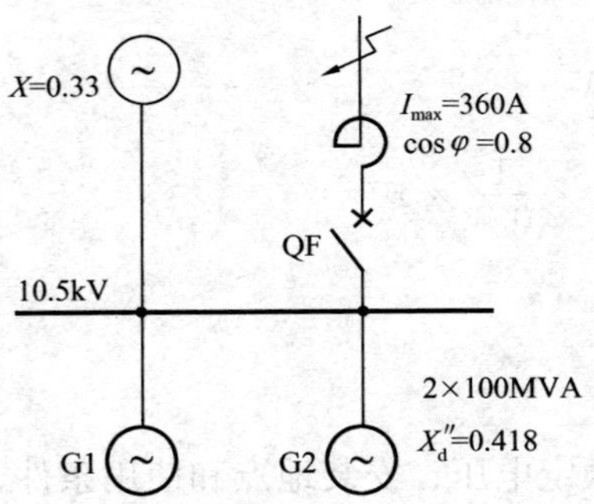

图 14-6　电流互感器计算主接线

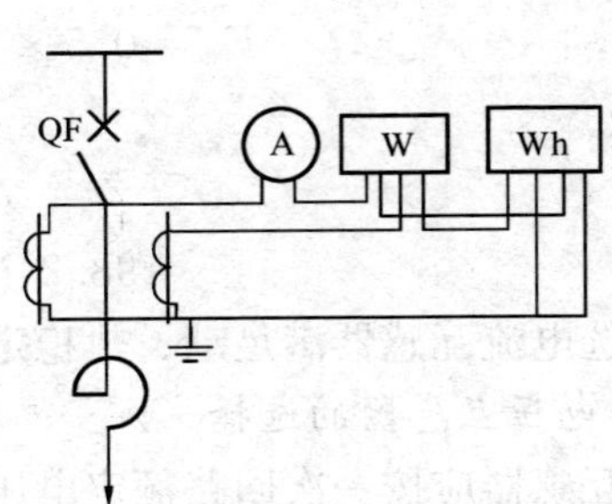

图 14-7　电流互感器回路接线

解：(1) 电流互感器的负荷统计，见表 14-11，其最大相负荷为 1.45VA。

表 14-11　　电流互感器负荷统计（VA）

仪表电流线圈名称	U 相	W 相	仪表电流线圈名称	U 相	W 相
电流表（46L1—A）	0.35		电能表（DS_1）	0.5	0.5
功率表（46D1—W）	0.6	0.6	总　计	1.45	1.1

(2) 选择电流互感器。根据电流互感器安装处的电网电压、最大工作电流和安装地点的要求，初选 LFC-10（L—电流互感器，F—复匝，C—瓷绝缘）型屋内型电流互感器，互感器变比为 400/5，由于供给计费电能表用，故应选 0.5 级，其二次负荷额定阻抗为 0.6Ω，动稳定倍数 $K_{es}=250$，热稳定倍数 $K_t=80$，出线端部允许应力 $F_{al}=736$（N）。

(3) 选择互感器连接导线截面。互感器二次额定容量

$$S_{N2}=I_{N2}^2Z_{2L}=5^2\times0.6=15\quad(\text{VA})$$

最大相负荷阻抗

$$r_a+r_{re}=\frac{P_{max}}{I_{N2}^2}=\frac{1.45}{25}=0.058\quad(\Omega)$$

电流互感器为不完全星形接线，连接导线的计算长度 $L_c=\sqrt{3}L$，则截面 S 为

$$S\geqslant\frac{\rho L_c}{Z_{N2}-r_a-r_{re}-r_c}=\frac{1.75\times10^{-8}\times\sqrt{3}\times40}{0.6-0.058-0.1}=2.74\times10^{-6}(\text{m}^2)=2.74\text{mm}^2$$

选用标准截面为 4mm² 的铜导线。

(4) 校验所选电流互感器的热稳定和动稳定。按照规定应按电抗器后短路校验。因 $t_k=1.1\text{s}>1\text{s}$，故不计非周期分量。

1) 热稳定校验，有

$$I_k\sqrt{t_k}=8580\times\sqrt{1.1}=9009\quad(\text{A}\cdot\text{s}^{-1})$$

$$(K_tI_{N1})=400\times80=32000\quad(\text{A}\cdot\text{s}^{-1})>9009(\text{A}\cdot\text{s}^{-1})$$

2) 内部动稳定校验，有

$$\sqrt{2}I_{N1}K_{es}=\sqrt{2}\times0.4\times250=141.4(\text{kA})>21.3\ \text{kA}$$

3）互感器瓷套机械强度校验，有

$$\begin{aligned}F_{al}&=0.5\times1.73i_k^2\frac{l}{a}\times10^{-7}\\&=0.5\times1.73\times21300^2\times\frac{1}{0.4}\times10^{-7}\\&=98.2(\text{N})<736\text{N}\end{aligned}$$

因此，所选电流互感器满足动、热稳定要求。

（二）电压互感器的选择

电压互感器应按一次回路额定电压、二次回路额定电压、安装地点和使用条件、二次负荷及准确度等级等要求进行选择。

1. 按一次回路额定电压选择

为了确保电压互感器安全和在规定的准确度等级下运行，电压互感器一次绕组所接系统电压U_{Ns}应在1.16～0.85U_{NI}范围内变动，满足下列条件，即

$$0.85U_{NI}<U_{Ns}<1.2U_{NI} \tag{14-39}$$

2. 按二次回路额定电压的选择

二次回路电压必须满足保护和测量使用标准仪表的要求，根据电压互感器接线的不同，二次电压各不相同，电压互感器额定电压选择如表14-12所示。

表14-12 电压互感器额定电压选择

形式	一次电压（V）		二次电压（V）	第三绕组电压（V）	
单相	接于一次线电压上（如V/V接法）	U_{Ns}	100		
单相	接于一次相电压上	$U_{Ns}/\sqrt{3}$	$100/\sqrt{3}$	中性点非直接接地系统	100/3、$100/\sqrt{3}$
				中性点直接接地系统	100
三相	U_{Ns}		100	100/3	

3. 种类和形式选择

电压互感器的种类和形式应根据安装地点和使用条件进行选择。例如：在6～35kV屋内配电装置中一般采用油浸式或浇注式；110～220kV配电装置，一般采用串级式电磁式电压互感器；在200kV及其以上配电装置，当容量和准确度等级满足要求时，一般采用电容式电压互感器。

4. 按容量和准确度等级选择

有关电压互感器准确度等级选择应满足所供测量仪表的最高准确度等级要求，应根据仪表和继电器接线要求选择电压互感器的接线方式，并尽可能将负荷均匀分布在各相上，然后计算各相负荷大小。

互感器的额定二次容量（对应于所要求的准确度等级）S_{N2}，应不小于互感器的二次负荷S_2，即

$$S_{N2} \geqslant S_2 \tag{14-40}$$

$$S_2 = \sqrt{(\sum S_{me}\cos\varphi)^2 + (\sum S_{me}\sin\varphi)^2} = \sqrt{(\sum P_{me})^2 + (\sum Q_{me})^2} \tag{14-41}$$

式中　S_{me}、P_{me}、Q_{me}——各仪表的视在功率、有功功率、无功功率；

$\cos\varphi$——各仪表的功率因数。

由于电压互感器三相负荷经常不相等，为了满足准确度等级要求，通常以最大相负荷进行比较。

计算电压互感器一相的负荷时，必须注意互感器的接线方式和负荷的接线方式。表14-13列出互感器和负荷接线方式不一致时每相负荷的计算公式。

表 14-13　　电压互感接线方式和负荷接线方式不一致时每相负荷的计算公式

接线及相量			
U	$P_U = [S_{UV}\cos(\varphi_{UV} - 30°)]/\sqrt{3}$ $Q_U = [S_{UV}\sin(\varphi_{UV} - 30°)]/\sqrt{3}$	UV	$P_{UV} = \sqrt{3}S\cos(\varphi + 30°)$ $Q_{UV} = \sqrt{3}S\sin(\varphi + 30°)$
V	$P_V = [S_{UV}\cos(\varphi_{UV} + 30°) + S_{UW}\cos(\varphi_{VW} - 30°)]/\sqrt{3}$ $Q_V = [S_{UV}\sin(\varphi_{UV} + 30°) + S_{UW}\sin(\varphi_{VW} - 30°)]/\sqrt{3}$	VW	$P_{VW} = \sqrt{3}S\cos(\varphi - 30°)$ $Q_{VW} = \sqrt{3}S\sin(\varphi - 30°)$
W	$P_W = [S_{VW}\cos(\varphi_{VW} + 30°)]/\sqrt{3}$ $Q_W = [S_{VW}\sin(\varphi_{VW} + 30°)]/\sqrt{3}$		

值得注意的是：

（1）由于电压互感器三相负荷一般不相等，为了满足准确度等级要求，通常以最大相负荷进行比较。计算电压互感器一相负荷时，必须注意互感器和负荷的接线方式。

（2）用于电能计量，其准确度等级不应低于 0.5 级；用于电压测量，不应低于 1 级；用于继电保护不应低于 3 级。

（3）由于超高压线路要求双套主保护，并考虑到后备保护、自动装置和测量仪表的要求，电压互感器一般应具有三个二次绕组，即两个主二次绕组、一个辅助二次绕组。其中一个主二次绕组的准确度等级应不低于 0.5 级。

（4）超高压电容式电压互感器尚应有良好的暂态特性，即在电压互感器带有 25%～100%的额定负荷情况下，一次侧在额定电压下发生短路时，主二次侧电压应在 20ms 内降到短路前峰值的 10%以下。

（5）电容式电压互感器的开口三角形绕组的不平衡电压较高，常常影响零序保护装置的灵敏度。当灵敏度不能满足要求时，可要求制造部门装设高次谐波滤过器。

5. 铁磁谐振特性和防谐措施

电容式电压互感器具有带铁心的非线性电感和电容器。在一次电压或二次电流剧变时，将产生暂态过程和非工频铁磁谐振。因此要求制造厂家应采取抑制措施（例如装设谐振式阻尼器），保证铁磁谐振特性满足下列要求：在 1.2 倍额定电压且负荷为零时，电压互感器二次侧短路后又突然消失，其二次电压峰值应在额定频率 10 个周波时间内恢复到与正常值相差不大于 10%的数值；而在 1.5 倍额定电压，且在相同的短路条件下，其二次电压回路铁磁谐振持续时间不应超过 2s。

电磁式电压互感器安装在中性点非直接接地系统中，且当系统运行状态发生突变时，有可能发生并联谐振。为防止此类型铁磁谐振发生，可在电压互感器上装设设消谐器，亦可在开口三角形端子上接人电阻或白炽灯泡。电阻 R 可选取为

$$R\leqslant\frac{X}{K_{13}} \tag{14-42}$$

式中 K_{13}——一次绕组对开口三角形绕组的变比；

X——电压互感器感抗。当电网内有多台互感器时，应取并联值。

R 值为抑制谐振的总阻值。若分置于 n 台互感器时，每个电阻值应取 nR。

例 14-4 选择例 14-3 中 10.5kV 母线测量用电压互感器及其高压熔断器。已知：母线上接有馈线 7 台、厂用变压器 2 台、主变压器 1 台，共有有功电能表 10 只、有功功率表 3 只、无功功率表 1 只、母线电压及频率表各 1 只、绝缘监视电压表 3 只，电压互感器与测量仪表接线和负荷分配如图 14-8 和表 14-14 所示。

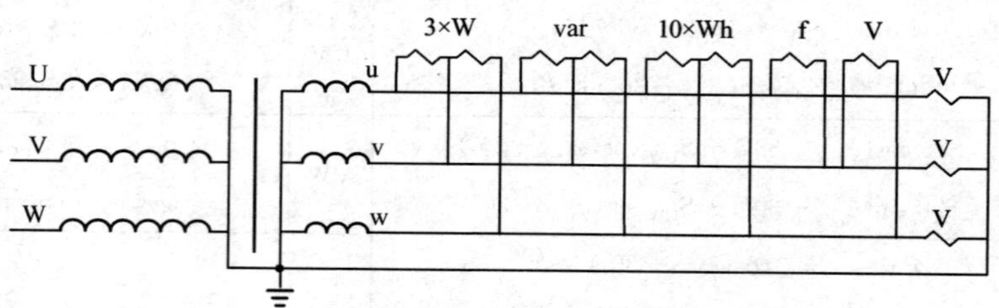

图 14-8 电压互感器与测量仪表接线

表 14-14 电压互感器各相负荷分配（不完全星形负荷部分）

仪表名称及型号	每线圈消耗功率（VA）	仪表电压线圈		仪表数目	UV 相		VW 相	
		$\cos\varphi$	$\sin\varphi$		P_{uv}	Q_{uv}	P_{vw}	Q_{vw}
有功功率表 16D1-W	0.6	1		3	1.8		1.8	
无功功率表 16D1-VAR	0.5	1		1	0.5		0.5	
有功电能表 DS1	1.5	0.38	0.925	10	5.7	13.9	5.7	13.9
频率表 16L1-Hz	0.5	1		1	0.5			
电压表 16L1-V	0.2	1		1				
总计	—	—	—	—	8.5	13.9	8.2	13.9

解： 鉴于 10.5kV 为中性点不接地系统，电压互感器除供测量仪表外，还用作交流电网绝缘监视，因此选用 JSJW-10 型三相五柱式电压互感器（也可选用 3 只单相 JDZJ 型浇注绝缘电压互感器），其一、二次电压为 $10/0.1/\frac{0.1}{3}$kV。由于回路中接有计费用电能表，故互感器选用 0.5 级的。与此对应，互感器三相的额定容量为 120VA。电压互感器接线为

$Y_0/Y_0/\triangleright$。

根据表 14-14 可求出不完全星形部分负荷为

$$S_{UV}=\sqrt{P_{UV}^2+Q_{UV}^2}=\sqrt{8.2^2+13.9^2}=16.3(VA)$$

$$S_{VW}=\sqrt{P_{VW}^2+Q_{VW}^2}=\sqrt{8.2^2+13.9^2}=16.1(VA)$$

$$\cos\varphi_{UV}=\frac{P_{UV}}{S_{UV}}=\frac{8.5}{16.3}=0.52,\varphi_{UV}=58.7^\circ$$

$$\cos\varphi_{VW}=\frac{P_{VW}}{S_{VW}}=\frac{8.2}{16.1}=0.51,\varphi_{VW}=59.3^\circ$$

由于每相上尚接有绝缘监察电压表 PV（$P'=0.2,Q'=0$），故 U 相负荷为

$$P_U=\frac{1}{\sqrt{3}}S_{UV}\cos(\varphi_{UV}-30^\circ)+P'=\frac{1}{\sqrt{3}}\times16.3\cos(58.7^\circ-30^\circ)+0.2=8.45(W)$$

$$Q_U=\frac{1}{\sqrt{3}}S_{UV}\sin(\varphi_{UV}-30^\circ)=\frac{1}{\sqrt{3}}\times16.3\sin(58.7^\circ-30^\circ)=4.5(var)$$

V 相负荷为

$$P_V=\frac{1}{\sqrt{3}}[S_{UV}\cos(\varphi_{UV}+30^\circ)+S_{VW}\cos(\varphi_{VW}-30^\circ)]+P'_V$$

$$=\frac{1}{\sqrt{3}}\times[16.3\cos(58.7^\circ+30^\circ)+16.3\cos(59.3^\circ-30^\circ)]+0.2$$

$$=8.33(W)$$

$$Q_V=\frac{1}{\sqrt{3}}[S_{UV}\sin(\varphi_{UV}+30^\circ)+S_{UV}\sin(\varphi_{UV}-30^\circ)]$$

$$=\frac{1}{\sqrt{3}}\times[16.3\sin(58.7^\circ+30^\circ)+16.3\sin(59.3^\circ-30^\circ)]$$

$$=13.96(var)$$

显而易见，V 相负荷较大，故只需用 V 相总负荷来进行校验，有

$$S_V=\sqrt{P_V^2+Q_V^2}=\sqrt{8.31^2+13.97^2}=16.28(VA)<\frac{120}{3}VA$$

因此所选 JSJW-10 型互感器满足要求。

四、限流电抗器的选择

目前电力系统常用的限流电抗器，有普通电抗器和分裂电抗器两种。两者的选择方法基本相同，一般按照额定电压、额定电流、电抗百分数、动稳定和热稳定进行选择和校验。

1. 额定电压和额定电流的选择

额定电压和额定电流的选择应满足

$$U_N\geqslant U_{Ns} \tag{14-43}$$

$$I_N\geqslant I_{max} \tag{14-44}$$

式中　U_N、I_N——电抗器的额定电压和额定电流；

U_{Ns}、I_{max}——系统额定电压和电抗器的最大持续工作电流。

分裂电抗器当用于发电厂的发电机或主变压器回路时，I_{max}一般按发电机或主变压器额定电流的 70%选择；而用于变电站主变压器回路时，I_{max}取两臂中负荷电流较大者；当无负荷资料时，一般按主变压器额定容量的 70%选择。

2. 普通电抗器电抗百分数选择

(1) 电抗器的电抗百分数按将短路电流限制到一定数值的要求来选择，设要求将短路电流限制到 I''_z，则电源至短路点的总电抗标幺值为 $X_{*\Sigma}$ 为

$$X_{*\Sigma}=I_B/I''_z \tag{14-45}$$

式中 I_B——基准电流。

所需电抗器的电抗标幺值为 $X_{*k}=X_{*\Sigma}-X'_{*\Sigma}$

式中 $X'_{*\Sigma}$——电源至电抗器前的系统电抗标幺值。

电抗器在其额定参数下的百分电抗

$$X_k\%=X_{*k}\frac{I_NU_B}{I_BU_N}\times100\% \tag{14-46}$$

或

$$X_k\%=\left(\frac{I_B}{I''_z}-X'_{*\Sigma}\right)\frac{I_NU_B}{I_BU_N}\times100\% \tag{14-47}$$

式中 U_B——基准电压。

(2) 电压损失校验。普通电抗器在运行时，电抗器的电压损失应不大于额定电压的5%，即

$$\Delta U\%\approx X_k\%\frac{I_{max}}{I_N}\sin\varphi\leqslant5\% \tag{14-48}$$

式中 φ——负荷功率因数角，一般 $\cos\varphi=0.8$。

(3) 母线残压校验。若出线电抗器回路未设置无时限保护，为减轻短路对其他用户的影响，当线路电抗器后短路时，母线残压应不低于电网额定值的60%～70%，即

$$\Delta U_{cy}\%=X_k\%\frac{I''_z}{I_N}\geqslant60\%\sim70\% \tag{14-49}$$

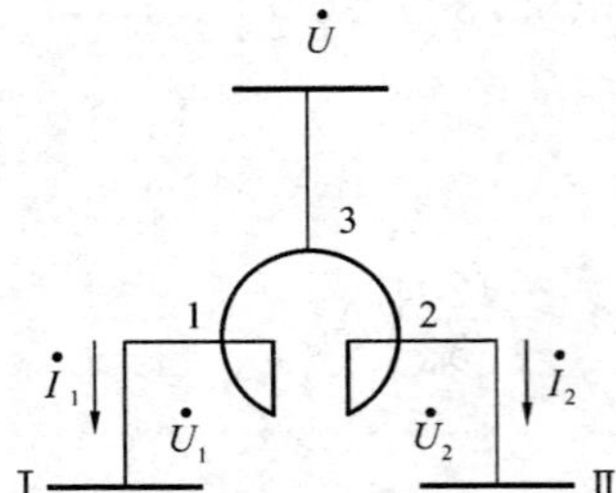

图 14-9 分裂电抗器接线

3. 分裂电抗器电抗百分数的选择

因分裂电抗器产品系按单臂自感电抗 $X_L\%$ 算出，按前面公式所计算出的电抗百分值 $X_k\%$ 应进行换算，$X_L\%$ 与 $X_k\%$ 的关系与电源连接和受限制的那一侧短路电流有关。分裂电抗器的接线如图 14-9 所示。

当仅 3 侧有电源，1（或 2）侧短路时

$$X_L\%=X_k\%$$

当 1、2 侧有电源，3 侧短路时

$$X_L\%=2X_k\%/(1-f_0)$$

式中 f_0——分裂电抗器的互感系数，如无资料，取 $f_0=0.5$。

在正常运行情况下，分裂电抗器的电压损失很小，但两臂负荷变化可引起较大的电压波动，故要求两臂母线的电压波动不大于母线额定电压的50%。由于电抗器的电阻很小，且电压降是由电流的无功分量在电抗器的电抗中产生的，故母线Ⅰ的电压为

$$U_1=U-\sqrt{3}X_LI_1\sin\varphi_1+\sqrt{3}X_LI_2\sin\varphi_2$$

因为

$$X_L=\frac{X_L\%}{100}\times\frac{U_N}{\sqrt{3}I_N}$$

故

$$U_1=U-\frac{X_L\%}{100}U_N\left(\frac{I_1}{I_N}\sin\varphi_1-f_0\frac{I_2}{I_N}\sin\varphi_2\right) \tag{14-50}$$

式（14-50）除以U_N，可得Ⅰ段母线电压的百分数

$$U_1\% = U\% - X_L\%\left(\frac{I_1}{I_N}\sin\varphi_1 - f_0\frac{I_2}{I_N}\sin\varphi_2\right) \tag{14-51}$$

式中　$U\%$——分裂电抗器电源侧电压的百分值，$U\% = \frac{U}{U_N}100\%$；

I_1、I_2——Ⅰ、Ⅱ段母线上负荷电流；

φ_1、φ_2——Ⅰ、Ⅱ段母线上负荷功率因数角，一般可取$\cos\varphi=0.8$；

U_N、I_N——电抗器的额定电压和额定电流。

同理，Ⅱ段母线的电压

$$U_2 = U - \frac{X_L\%}{100}U_N\left(\frac{I_2}{I_N}\sin\varphi_2 - f_0\frac{I_1}{I_N}\sin\varphi_1\right) \tag{14-52}$$

或

$$U_2\% = U\% - X_L\%\left(\frac{I_2}{I_N}\sin\varphi_2 - f_0\frac{I_1}{I_N}\sin\varphi_1\right) \tag{14-53}$$

计算时如无负荷资料，可按一臂为$0.3I_N$，另一臂为$0.7I_N$计算母线电压和电压波动。

4. 热稳定和动稳定校验

热稳定和动稳定校验应满足

$$I_t\sqrt{t} \geqslant I_k\sqrt{t_k} \tag{14-54}$$

$$i_{es} \geqslant i_k \tag{14-55}$$

式中　i_k、I_k——电抗器后短路冲击电流和稳态短路电流；

i_{es}、I_t——电抗器的动稳定电流和短时热稳定电流（t=1s）。

由于分裂电抗器抵御二臂同时流过反向短路电流的动稳定能力较低，因此，在可能出现上述情况时，分裂电抗器除分别按单臂流过短路电流校验外，还应按两臂同时流过反向短路电流进行动稳定校验。

在选择分裂电抗器时，还应注意电抗器布置方式和进出线端子角度的选择。

例 14-5　如图 14-6 所示接线，已知 10.5kV 出线拟使用 SN8-10 型断路器，其允许开断电流I_{Nbr}=11kA，断路器 QF 全开断时间t_{ab}=0.1s，出线保护动作时间t_{pr}=1s，线路最大持续工作电流为 360A，试选择出线电抗器。

解：按正常工作电压和最大持续工作电流选择 NKL-10-400 型电抗器（N—水泥支柱，K—电抗器，L—铝线），U_N=10kV，I_N=400A。

由图 14-8 可求电抗器前系统电抗

$$X'_{*\Sigma} = \frac{0.33\times0.209}{0.33+0.209} = 0.128$$

令$I''_z=I_{Nbr}$，则

$$X_k\% = \left(\frac{I_B}{I''_z} - X'_{*\Sigma}\right)\frac{I_N U_B}{I_B U_N}\times100\% = \left(\frac{5.5}{11} - 0.128\right)\frac{400\times10500}{5500\times10000}\times100\% = 2.84\%$$

若选用 3%的电抗，计算结果表明不满足动稳定要求，故改选 NKL-10-400-4 型，其$X_k\% = 4\%, i_{es} = 25.5\text{kA}, I_t\sqrt{1} = 22.5(\text{kA}\cdot\text{s}^{\frac{1}{2}})$

计算电抗器后短路电流

$$X_{*k} = X_k\%\frac{I_B U_N}{I_N U_B} = 0.04\times\frac{5500\times10000}{400\times10500} = 0.524$$

$$X_{*\Sigma}=X'_{*\Sigma}+X_{*k}=0.128+0.524=0.652$$

查运算曲线后换算得短路电流有名值为 $I''_z=8.36\text{kA}$， $I_k=8.58\text{kA}$。

校验动、热稳定：有

$$i_k=2.55\times8.36=21.3(\text{kA})<25.5\text{kA}$$

$$t_k=t_{ab}+t_{pr}=1+0.1=1.1\text{s}$$

因 $t_k>1\text{s}$，故不计周期分量，则

$$I_k\sqrt{t_k}=8.58\sqrt{1.1}<22.5(\text{kA}\cdot\text{s}^{\frac{1}{2}})$$

校验电抗器正常情况下电压损失

$$\Delta U\%=X_k\%\frac{I_{max}}{I_N}\sin\varphi=4\%\times\frac{360}{400}\times0.6=2.16\%<5\%$$

校验电抗器外短路时母线残压

$$\Delta U_{cy}\%=X_k\%\frac{I''_z}{I_N}=4\%\times\frac{8360}{400}=83.6\%>70\%$$

以上计算说明 NKL-10-400-4 型电抗器满足要求。

五、中性点设备的选择

1. 消弧线圈的选择

消弧线圈的装设条件根据中性点接地方式确定。主变压器和发电机中性点装设消弧线圈的条件见第二章中性点接地方式的有关内容。

（1）消弧线圈的容量选择。在选择消弧线圈时，除按过补偿方式考虑外，还应考虑配电网5～10年的发展远景，消弧线圈的补偿电流一般按 $I_L=1.1I_C$ 考虑。根据上述原则，消弧线圈的补偿容量一般计算为

$$W_h=1.35I_C\frac{U_N}{\sqrt{3}}\tag{14-56}$$

式中 W_h——补偿容量（kVA）；

U_N——电网或发电机回路的额定线电压（kV）；

I_C——电网或发电机回路的接地电容电流（A）。

安装在 YNd 接线双绕组变压器或 YNyn0d 接线三绕组变压器中性点上的消弧线圈的容量，不应超过变压器三相总容量的 50%，并不得大于三绕组变压器任一绕组的容量。

安装在 YNy 接线的内铁心或变压器中性点上的消弧线圈容量，不应超过变压器三相总容量的 20%。

消弧线圈的分接头数量应满足调节脱谐度的要求，接于变压器的一般不小于 5 个，接于发电机的最好不低于 9 个。

（2）电容电流计算。

1）架空线路和电缆线路的单相接地电容电流 I_{C1} 实用计算式为

$$I_{C1}=\frac{U(\Sigma l_1+35\Sigma l_2)}{350}\tag{14-57}$$

式中 l_1——架空线路的长度（km）；

l_2——电缆线路的长度（km）；

I_{C1}——出线总电容电流（A）。

2）变电设备增加的接地电容电流值 I_{C2}。变电设备增加的接地电容电流值可计算为

$$I_{C2} = K\, I_{C1} \tag{14-58}$$

式中　K——附加值系数，其取值可参考表 14-15。

表 14-15　变电设备增加的接地电容电流附加值系数

额定电压（kV）	6	10	15	35	63	110
附加值系数（%）	18	16	15	13	12	10

3）全网总电容电流 I_C。其计算式为

$$I_C = I_{C1} + I_{C2}$$

（3）中性点位移校验。中性点经消弧线圈接地的电网，中性点位移电压不应超过 15%；中性点经消弧线圈接地的发电机，中性点位移电压不应超过 10%。U_N 为所在电网线电压额定值。中性点位移电压 U_n 一般计算式为

$$U_n = \frac{\rho U_{ph}}{\sqrt{d^2 + \nu^2}} \tag{14-59}$$

式中　ρ——电网的不对称系数，一般取 0.8；

U_{ph}——消弧线圈投入前，电网或发电机回路的相电压；

ν——脱谐度，$\nu = \dfrac{I_C - I_L}{I_C} \times 100\%$；

d——阻尼率，一般取 3%～5%。通常情况下 $\nu = 0.15$ 左右，ν^2 是 d^2 的 9 倍以上，近似计算时可忽略 d^2 的影响。

例 14-6　有一降压变电站，由两台变压器供电，10kV 共有 6 回架空出线和 4 回电缆出线，其中架空线路总长度为 160km，电缆线路总长度 30km。试选择变压器 10kV 侧的消弧线圈。

解：（1）计算全网电容电流。

架空线路及电缆线路　$I_{C1} = \dfrac{U(\Sigma l_1 + 35\Sigma l_2)}{350} = \dfrac{10(160 + 35 \times 30)}{350} = 34.57(\text{A})$

变电设备的电流增值　$I_{C2} = 34.57 \times 16\% = 5.53(\text{A})$

总的电容电流　$I_C = I_{C1} + I_{C2} = 34.57 + 5.53 = 40.1(\text{A})$

由于 $I_C > 30\text{A}$，必须装设消弧线圈进行补偿。

（2）确定消弧线圈的容量和台数。

计算消弧线圈的容量

$$10\% \times W_h = 1.35 I_c \frac{U_N}{\sqrt{3}} = 1.35 \times 35.187 \times \frac{10}{\sqrt{3}} = 274.25(\text{kVA})$$

$$W_h = 1.35 I_c \frac{U_N}{\sqrt{3}} = 1.35 \times 40.1 \times \frac{10}{\sqrt{3}} = 312.54(\text{kVA})$$

查书后附表Ⅵ-1 选一台 ZTJD6-315 智能接地补偿装置（消弧线圈），容量为 315kVA，与计算数据最接近。ZTJD6-160 消弧线圈补偿电流为 30～87A，由于该消弧线圈可自动调协，可保证脱谐度不超过 10%。

（3）中性点位移电压计算。

中性点位移电压为　$U_n=\dfrac{\rho U_{ph}}{\sqrt{d^2+\nu^2}}=\dfrac{0.8U_{ph}}{\sqrt{0.05^2+0.1^2}}=7.16\%U_{ph}$

即 $U_n<15\%U_{ph}$。

由上述计算可知，选择这两台消弧线圈后，中性点的位移电压不会超出15%允许的范围，满足补偿要求。

2. 接地电阻的选择

(1) 中性点经高阻接地方式电阻的选择。

1) 经高阻直接接地方式。

电阻的额定电压为
$$U_{RN}\geqslant 1.05\times\frac{U_{Ns}}{\sqrt{3}} \tag{14-60}$$

电阻值为
$$R=\frac{U_{Ns}}{I_R\sqrt{3}}\times 10^3=\frac{U_{Ns}}{KI_C\sqrt{3}}\times 10^3 \tag{14-61}$$

电阻功率为
$$P_R=\frac{U_{Ns}}{\sqrt{3}}\times I_R \tag{14-62}$$

式中　R——中性点接地电阻值(Ω)；

U_{Ns}——系统额定线电压(kV)；

U_{RN}——电阻额定电压(kV)；

I_R——电阻电流(A)；

I_C——系统单相对地短路时电容电流(A)；

K——单相对地短路时电阻电流与电容电流的比值，一般取1.1。

2) 经单相配电变压器接地方式。电阻的额定电压应不小于变压器二次侧电压，一般选用110V或220V。

电阻值为
$$R_{N2}=\frac{U_{Ns}\times 10^3}{1.1\times\sqrt{3}I_C n_\varphi^2} \tag{14-63}$$

电阻功率为
$$P_R=I_{R2}\times U_{R2}\times 10^{-3}=\frac{U_{Ns}\times 10^3}{\sqrt{3}n_\varphi R_{N2}}\times\frac{U_{Ns}}{\sqrt{3}n_\varphi}=\frac{U_{Ns}^2}{3n_\varphi R_{N2}}\times 10^3 \tag{14-64}$$

$$n_\varphi=\frac{U_{Ns}\times 10^3}{\sqrt{3}U_{N2}}$$

式中　n_φ——降压变压器一、二次侧之间的变比；

I_{R2}——二次电阻上流过的电流(A)；

U_{N2}——单相配电变压器的二次电压(V)；

R_{N2}——间接接入电阻值(Ω)。

(2) 中性点经低阻接地方式电阻的选择。

电阻的额定电压为
$$U_{RN}\geqslant 1.05\times\frac{U_{Ns}}{\sqrt{3}} \tag{14-65}$$

电阻值为
$$R_N=\frac{U_{Ns}}{\sqrt{3}I_d} \tag{14-66}$$

电阻功率为
$$P_R=I_d\times U_R \tag{14-67}$$

式中　R_N——中性点接地电阻值（Ω）；

I_d——选定的单相接地电流（A）。

3. 接地变压器的选择

接地变压器应按形式、绕组电压、绝缘水平、容量等来进行选择，并应满足环境条件的要求。

（1）接地变压器额定电压的确定。安装在发电机或变压器中性点的单相接地变压器额定一次电压为

$$U_{Nb}=U_N \tag{14-68}$$

式中　U_N——发电机或变压器额定一次线电压(kV)。

接于系统母线的三相接地变压器额定一次侧电压应与系统额定电压一致。接地变压器二次侧电压可根据负载特性确定。

（2）接地变压器的绝缘水平。接地变压器的绝缘水平应与连接系统的绝缘水平一致。

（3）接地变压器额定容量的确定。

1）对于单相接地变压器(kVA)。其额定容量计算式为

$$S_N \geqslant \frac{1}{K}U_2 I_2=\frac{U_N}{\sqrt{3}Kn_\varphi}I_2 \tag{14-69}$$

式中　U_2——接地变压器二次侧电压(kV)；

I_2——二次侧电阻电流(A)；

K——变压器的过负荷系数(由变压器制造厂提供)。

2）对于三相接地变压器

其额定容量应与其中性点的消弧线圈或接地电阻容量相匹配。若带有二次负载，还应考虑二次负荷容量。

对于Z形或YNd接线三相接地变压器，若中性点接消弧线圈，接地变压器容量为

$$S_N \geqslant Q_x \qquad S_N \geqslant P_r \tag{14-70}$$

式中　Q_x——消弧线圈额定容量；

P_r——接地电阻额定容量。

对于Yd(开口d)接线的接地变压器(三台单相)，若中性点接消弧线圈或电阻，接地变压器容量为

$$S_N \geqslant \sqrt{3}Q_x/3 \qquad S_N \geqslant \sqrt{3}P_r/3 \tag{14-71}$$

4. 避雷器的选择

（1）中性点非直接地系统阀型避雷器的选择。在中性点非直接地系统中，选择变压器中性点阀型避雷器应满足下列条件：

1）对于灭弧电压 U_m，应满足

$$U_m > U_{phmax} \tag{14-72}$$

式中　U_{phmax}——系统最高相电压。

2）对于工频放电电压下限 U_{gfx}，应满足

$$U_{gfx} > U_{ng} \tag{14-73}$$

式中　U_{ng}——内过电压水平，35～63kV 取 $2.67U_{phmax}$，110～154kV 取 $2.33U_{phmax}$。

3）对于工频放电电压上限 U_{xg}，应满足

$$U_{xg} < 1.15U_{gs} \tag{14-74}$$

式中 U_{gs}——变压器内绝缘 1min 工频试验电压。

4）对于 5kA 时的残压 U_{bc5}，应满足

$$U_{bc5} < \frac{1}{K}U_{cs} \tag{14-75}$$

式中 U_{bc5}——避雷器在 5kA 时的残压；

U_{cs}——变压器内绝缘冲击试验电压；

K——配合系数。考虑到流过中性点避雷器的电流较小和避雷器距变压器较近等因素，对普通阀型避雷器取 $K=1.1$，对磁吹阀型避雷器取 $K=1.23$。

保护变压器中性点绝缘的阀型避雷器型号，可按表 14-16 选择。

表 14-16　中性点非直接接地系统中保护变压器中性点绝缘的阀型避雷器型号

变压器额定电压（kV）	35	63	110
避雷型号	FZ-15＋FZ-10 FZ-30 FZ-35	FZ-40 FZ-60	FZ-110J 4×FZ-15

注　避雷器尚应与消弧线圈的绝缘水平相配合。

（2）中性点直接接地系统阀型避雷器的选择。在中性点直接接地系统中，选择变压器中性点阀型避雷器应满足下列条件：

1）对于灭弧电压 U_m，应满足

$$U_m > U_{phmax} \tag{14-76}$$

2）对于工频放电电压下限 U_{gfx}，应满足

$$U_{gfx} > 1.68U_{phmax} \tag{14-77}$$

3）对于工频放电电压上限 U_{xg} 和残压 U_{bc5} 的选择与（1）同。

阀型避雷器的型号可按表 14-17 选择。

表 14-17　中性点直接接地系统中保护变压器中性点绝缘的避雷器型号

变压器额定电压（kV）	110		220	330		500
中性点绝缘等级	110kV 级	35kV 级	110kV 级	＜154kV 级	154kV 级	＜220kV 级
避雷器型号	FZ-110J FZ-60	暂用 FZ-40 推荐用氧化锌避雷器	FCZ-110 FZ-110J	推荐用氧化锌避雷器	FCZ-154J FZ-154J	推荐用氧化锌避雷器

注　如使用同期性能不良的断路器（三相分合闸非同期时间超过 10ms）、对中性点为分级绝缘的 220kV 变压器，避雷器旁宜增设棒型保护间隙与其并联，间隙可采用 250～350mm。

（3）氧化锌避雷器的选择。变压器中性点用国产氧化锌避雷器，技术参数见附表Ⅶ-3、附表Ⅶ-4。其他参数在工程中可暂按下述原则选择：

1）变压器中性点绝缘的冲击试验电压与氧化锌避雷器 1kA 雷电冲击残压之间应至少有 20％的裕度。

2）变压器中性点绝缘的工频试验电压乘以冲击系数后与氧化锌避雷器的操作冲击电流下的残压之间应有 15％的裕度。

3）氧化锌避雷器的额定电压不应低于系统最高相电压 U_{phmax}，如有困难时，至少不应低于 $0.6U_{phmax}$。

第四节　导体和绝缘子的选择

一、母线的选择

1. 导体材料、类型和布置方式

一般采用铝或铝合金材料作为导体材料。常用的软导线有钢芯铝绞线、组合导线、分裂导线和扩径导线，后者多用于 330kV 及以上的配电装置。

矩形导体一般只用于 35kV 及以下、电流在 4000A 及以下的配电装置中。槽形导体一般用于 4000～8000A 的配电装置中。管形导体用于 8000A 以上的大电流母线，或用在 110kV 及以上的配电装置中。

导体的散热和机械强度与导体布置方式有关。导体的布置方式应根据载流量的大小、短路电流水平和配电装置的具体情况而定。

2. 导体截面选择

导体截面可按长期发热允许电流或经济电流密度选择。除配电装置的汇流母线外，对于年负荷利用小时数大、传输容量大、长度在 20m 以上的导体，其截面一般按经济电流密度来选择。

（1）按导体长期发热允许电流选择。其计算式为

$$KI_{al} \geqslant I_{max} \tag{14-78}$$

式中　I_{max}——导体所在回路中的最大持续工作电流；

I_{al}——在额定环境温度 $\theta_0 = 25$℃时导体允许电流；

K——与实际温度和海拔有关的综合修正系数，可在附录查找。

（2）按经济电流密度选择。按经济电流密度选择导体截面可使年计算费用最低。对不同的导体种类和不同的最大负荷利用小时数 T_{max}，将有一个年计算费用最低的电流密度，称为经济电流密度 J，各种铝导体的经济电流密度如图 14-10 所示。导体的经济截面

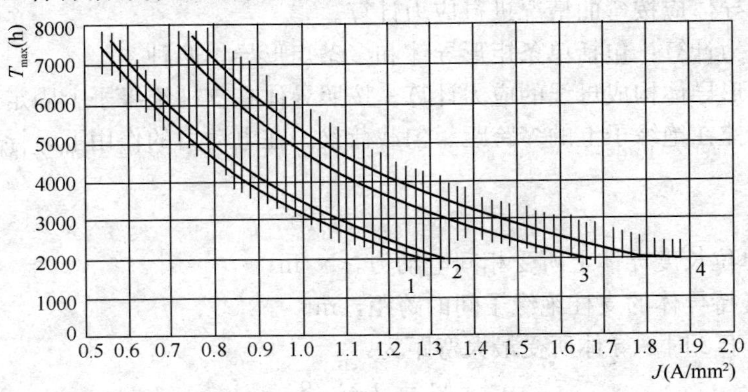

图 14-10　各种铝导体经济电流密度

$$S = \frac{I_{max}}{J} \tag{14-79}$$

式中　I_{max}——正常工作时的最大持续工作电流。

应尽量选择接近式（14-79）计算的标准截面。当无合适规格的导体时，为节约投资，

允许选择小于经济截面的导体。按经济电流密度选择的导体截面的允许电流还必须满足式（14-79）的要求。

3. 电晕电压校验

电晕放电将引起电晕损耗、无线电干扰、噪声和金属腐蚀等许多不利影响。对于110kV及以上裸导体可按晴天不发生全面电晕条件校验，即裸导体的临界电压U_{cr}应大于最高工作电压U_{max}，表示为

$$U_{cr} > U_{max} \tag{14-80}$$

当所选软导线型号和管形导体外径大于或等于下列数值时，可不进行电晕校验：

110kV，LGJ-70/ϕ20；220kV，LGJ-300/ϕ30。

4. 热稳定校验

在校验导体热稳定时，若计及集肤效应系数K_s的影响，由热稳定决定的导体最小截面为

$$S_{min} = \sqrt{Q_k K_s/(A_k - A_i)} = \sqrt{Q_k K_s}/C \tag{14-81}$$

式中 C——热稳定系数，$C=A_k-A_i$，C值（见表14-18）与导体材料及工作温度有关。

所选截面应大于等于S_{min}。

表 14-18　　不同工作温度下裸导体的 C 值

工作温度（℃）	40	45	50	55	60	65	70	75	80	85	90
硬铝及铝锰合金	99	97	95	93	91	89	87	85	83	82	81
硬铜	186	183	181	179	176	174	171	169	166	164	161

5. 硬导体的动稳定校验

各种形状的硬导体通常都安装在支柱绝缘子上，短路冲击电流产生的电动力将使导体发生弯曲，因此，导体应按弯曲情况进行应力计算。

矩形导体应力计算：包括单条矩形导体和多条矩形导体两种。

（1）单条矩形导体构成母线的应力计算。按照导体在支柱绝缘子上固定的形式，通常假定导体为自由支撑在绝缘子上的多跨距、匀载荷梁。在电动力的作用下，导体所受的最大弯矩M为

$$M = f_{Ph} l^2/10 \tag{14-82}$$

式中 f_{Ph}——单位长度导体上所受相间电动力，N/m；

l——支持导体的支柱绝缘子间的跨距，m。

当跨距数等于2时，导体所受最大弯距为

$$M = f_{Ph} l^2/8 \tag{14-83}$$

导体最大相间计算应力

$$\sigma_{Ph} = M/W = f_{Ph} l^2/(10W) \quad \text{(Pa)} \tag{14-84}$$

式中 W——导体对垂直于作用力方向轴的截面系数，见表14-19。

表 14-19　**导体截面系数**

导体布置方式	截面系数 W	导体布置方式	截面系数 W
单条平放（h, b）	$bh^2/6$	三条竖放（h, bbb）	$1.44b^2h$
单条竖放（b, h）	$b^2h/6$	三条平放（h, bbbbb）	$0.5bh^2$
双条平放（h, bbb）	$0.333bh^2$	双条竖放（h, bbbbb）	$3.3b^2h$

求出的导体应力不应超过导体材料允许应力，即

$$\sigma_{ph} \leqslant \sigma_p \quad (\text{Pa}) \qquad (14\text{-}85)$$

导体最大允许应力见表 14-20。

表 14-20　**导体最大允许应力**

导体材料	最大允许应力（Pa）
硬铝	70×10^6
硬铜	140×10^6

为了便于计算和施工，设计中常根据材料最大允许应力 σ_{al} 来确定绝缘子间最大允许跨距，即令 $\sigma_{ph}=\sigma_{al}$ 由式（14-84）可得

$$l_{max} = \sqrt{10\sigma_{al}W/f_{ph}}\,(\text{m}) \qquad (14\text{-}86)$$

当矩形导体平放时，为避免导体因自重而过分弯曲，所选跨距一般不超过 1.5～2m。考虑到绝缘子支座及引下线安装方便，三相水平布置的汇流母线绝缘子跨距常取等于配电装置间隔宽度。

（2）多条矩形导体构成母线的应力计算。当同相母线由多条矩形导体组成时，母线中最大机械应力由相间应力 σ_{ph} 和同相条间应力 σ_b 叠加而成，即

$$\sigma_{max} = \sigma_{ph} + \sigma_b \qquad (14\text{-}87)$$

式中相间应力 σ_{ph} 仍用式（14-84）计算，但 W 应为多条组合导体的截面系数（见表14-19）。

计算条间作用力 f_b 时，应注意同相各条导体的形状系数及电流分配。当同相由双条导组成时，可以认为相电流在两条中平均分配；若同相有三条导体组成时，可以认为中间条通过 20%相电流，两侧条各通过 40%相电流。当条间中心距离为 2b 时，可以算出条间作用力。当同相为二条导体时

$$f_b = 2K_{12}(0.5i_k)^2\frac{1}{2b}\times10^{-7} = 2.5K_{12}i_k^2\frac{1}{2b}\times10^{-8}(\text{N/m}) \qquad (14\text{-}88)$$

当每相为 3 条时，边条受力最大。条 1 受力为条 2、条 3 对条 1 作用力之和，即

$$f_b = f_{b1\sim b2} + f_{b1\sim b3} = 8(K_{12}+K_{13})i_k^2\frac{1}{b} - 10(\text{N/m}) \qquad (14\text{-}89)$$

式中　K_{12}、K_{13}——条 1、条 2 和条 1、条 3 的截面形状系数（见图 14-1）。

由于同相条间距离很近，条间作用力大，为了减少 σ_b，条间通常设有衬垫（螺栓）。为

了防止同相各条矩形导体在条间作用力下产生弯曲而互相接触，垫间允许的最大跨距——临界跨距 l_{cr}，可计算为

$$l_{cr} = \lambda b^4 \sqrt{h/f_b} \quad (m) \tag{14-90}$$

式中 b、h——矩形导体的宽和高（m）；

λ——系数；铜，双条为1774、三条为1355；铝，双条为1003、三条为1197。

所选衬垫跨距应满足 $l_b < l_{cr}$。但过多增加衬垫的数量会使导体散热条件变坏，根据经验一般每隔30～50mm设一衬垫。

根据导体结构情况，边条导体所受弯矩可按两端固定的匀载荷梁计算，即

$$M_b = f_b l_b^2/12 \quad (N \cdot m) \tag{14-91}$$

条间作用应力

$$\sigma_b = M_b/W = f_b l_b^2/12W \quad (Pa) \tag{14-92}$$

因为垂直于条间作用力的截面系数 $W = b^2h/6$，故式（14-92）可写成

$$\sigma_b = f_b l_b^2/(2b^2h) \quad (Pa) \tag{14-93}$$

若多条导体组成母线的最大应力，$\sigma_{max} = \sigma_{ph} + \sigma_b \leqslant \sigma_{al}$，则母线满足动稳定要求。

为了简化计算，也可根据条间允许应力 σ_{bal}（其值为 $\sigma_{al} - \sigma_{ph}$）来决定最大允许衬垫间跨距，即

$$l_{bmax} = \sqrt{12\sigma_{al}W/f_b} \tag{14-94}$$

若所取的 $l_b < l_{bmax}$，则导体满足动稳定要求。

设计中也常根据所给条件，先选定条间衬垫的跨距，算出条间应力，然后按允许相间应力来确定绝缘子间允许最大跨距。

6. 导体共振校验

对于重要回路（如发电机、变压器及汇流母线等）的导体应进行共振校验，校验式为

$$f_1 = \frac{N_f}{L^2}\sqrt{\frac{EI}{m}} \tag{14-95}$$

式中 f_1——阶固有频率（Hz）；

L——跨距（m）；

N_f——频率系数，N_f 根据导体连续跨数和支撑方式而异，其值见表14-21；

E——导体的弹性模量（Pa）；

I——导体断面二次距（m^4）。

导体发生振动时，在导体内部会产生动态应力，对于动态应力的考虑，一般是采用修正静态计算法，在最大电动力上乘以动态应力系数 β（β 为动态应力与静态应力的比值），以求得实际动态过程中动态应力的最大值。动态应力系数 β 与固有频率的关系，如图14-11所示。由图14-11可见：固有频率在中间范围变化时，$\beta > 1$；固有频率较低时，$\beta < 1$；固有率较高时，$\beta \approx 1$。对于屋外配电装置中的铝管导体，$\beta = 0.58$。

为了避免导体产生危险的共振，对于重要的导体，应使其固有频率在下述范围以外。

（1）单条导体及一组中的各条导体为35～135Hz。

（2）多条导体及有引下线的单条导体为35～155Hz。

（3）槽形和管形导体为90～160Hz。

表 14-21　导体不同固定方式下的频率系数 N_f 值

跨数及支撑方式	N_f
单跨、两端简支	1.57
单跨、一端固定、一端简支两等跨、简支	2.45
单跨、两端固定多等跨、简支	3.56
单跨、一端固定、一端活动	0.56

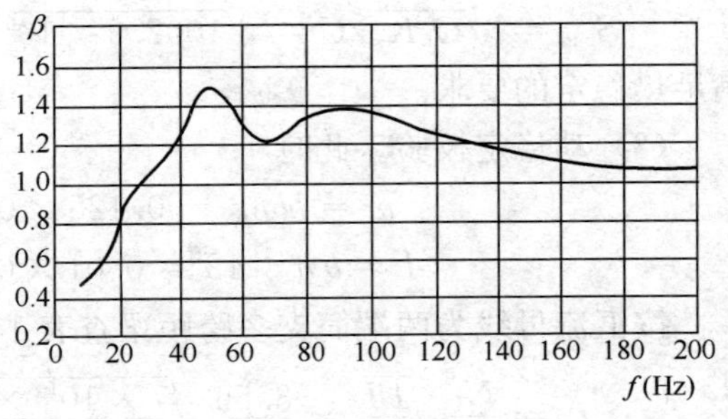

图 14-11　动态应力系数 β 与固有频率 f 的关系

如果固有频率在上述范围以外，可取 $\beta=1$。如果在上述范围以内，需要在电动力上乘以 β，即

$$F_{max}=1.73\times10^{-7}i_k^2\frac{L}{a}\beta\quad(\mathrm{N})\tag{14-96}$$

计算导体的一阶自振频率 f_1 时，当 f_1 无法限制在共振频率之外，导体受力必须乘应力系数。导体不发生共振的最大绝缘子跨距 l_{max} 为

$$l_{max}=\sqrt{\frac{N_f}{f_1}\sqrt{\frac{EI}{m}}}\tag{14-97}$$

当已知导体材料、形状、布置方式和应避开自振频率（一般可取 $f_1=160\mathrm{Hz}$）时，由式 (14-97) 计算导体不发生共振的最大绝缘子跨距 l_{max}，当所取绝缘子跨距 $l<l_{max}$，即满足不共振的要求。

例 14-7　选择某电厂 10kV 配电装置的汇流母线，已知该母线的 $I_{max}=3464\mathrm{A}$，三相导体水平布置，相间距离 $a=0.75\mathrm{m}$，绝缘子跨距为 1.2m。母线保护时间为 0.05s，断路器的全开断时间为 0.2s，母线短路电流 $I''=51\mathrm{kA}$，$I_{t_{k/2}}=41\mathrm{kA}$，$I_{t_k}=34\mathrm{kA}$，环境温度 +30℃，铝导体的弹性模量 $E=7\times10^{10}\mathrm{Pa}$。

解：(1) 按长期发热允许电流选择导体的截面。查附表Ⅰ-2，选用 3 条 125mm×10mm 矩形导体，$I_{al}=3903\mathrm{A}$，$K_s=1.8$，由附录Ⅰ-5 查出温度修正系数 $K_0=0.94$，则

$$I_{al30^\circ C}=0.94\times3903=3669(\mathrm{A})>3464(\mathrm{A})$$

(2) 热稳定校验。短路持续时间为

$$t_k=t_{pr}+t_{ab}=0.05+0.2=0.25(\mathrm{s})$$

周期分量的热效应

$$Q_p=\frac{t_k}{12}\left(I''^2+10I_{t_{k/2}}^2+I_{t_k}^2\right)=\frac{51^2+10\times41^2+34^2}{12}\times0.25=482.7\,[(\mathrm{kA})^2\cdot\mathrm{s}]$$

因 $t<1\mathrm{s}$，故应计算非周期分量的热效应

$$Q_{ap}=TI''^2=0.2\times51^2=520.2(\mathrm{kA^2\cdot s})$$

所以

$$Q_k=Q_p+Q_{ap}=482.7+520.2=1002.9(\mathrm{kA^2\cdot s})$$

正常运行时导体的温度为

$$\theta_i=\theta_0+(\theta_e-\theta_0)\left(\frac{I_{max}}{I''_N}\right)^2=30+(70-30)\frac{3465^2}{3669^2}=65.6\quad(℃)$$

查表 14-18，$C=89$，则

$$S_{min} = \sqrt{Q_k K_s}/C = \sqrt{1002.9\times10^6\times1.8/89} = 477.4(mm^2) < 3750(mm^2)$$

满足热稳定的要求。

(3) 动稳定校验。此时

$$m = hb\rho_W = 0.125\times0.01\times2700 = 3.375(kg/m)$$

$$I = bh^2/12 = 0.01\times0.125^3/12 = 1.63\times10^{-6}(m^4)$$

按汇流母线为两端简支多跨距梁查表 14-21，$N_f = 3.56$，则

$$f_1 = \frac{N_f}{L^2}\sqrt{\frac{EI}{m}} = \frac{3.56}{1.2^2}\sqrt{\frac{7\times10^{10}\times1.63\times10^{-6}}{3.375}} = 454.5(Hz) > 155(Hz)$$

故取 $\beta=1$。

发电机出口短路时，冲击系数为 1.9，则

$$i_k = 1.9\sqrt{2}I'' = 2.69\times51 = 137.19(kA)$$

(4) 应力计算。短路时相间单位长度的最大电动力计算：

$$f_{max} = 1.73\times10^{-7} i_M^2 \frac{1}{a}\beta = 1.73\times10^{-7}\times137190^2/0.75 = 43419(N/m)$$

$$W = 0.5bh^2 = 0.5\times0.01\times0.125^2 = 78.125\times10^{-6}(m^3)$$

则

$$\sigma_{ph} = f_{ph} i_M^2/10W = \frac{4341\times1.2^2}{10\times78.125\times10^{-6}} = 8\times10^6(Pa)$$

同相条间应力计算

$$\frac{b}{h} = \frac{10}{125} = 0.08, \frac{2b-b}{b+h} = \frac{2\times10-10}{10+125} = 0.074, \frac{4b-b}{b+h} = \frac{30}{135} = 0.222$$

据 b/h 和 $(a-b)/(h+b)$ 由图 14-1 曲线查得 $K_{12}=0.37$，$K_{13}=0.57$，则

$$f_b = 8(K_{12}+K_{13})i_k^2\frac{1}{b}\times10^{-9} = 8(0.37+0.57)\times137190^2\times10^{-9}/0.01 = 14153\ (N/m)$$

条间衬垫临界跨距计算

$$l_{cr} = \lambda b^4\sqrt{h/f_b} = 1197\times0.01^4\sqrt{0.125/14153} = 0.65\ (m)$$

条间衬垫最大跨距为

$$l_{bmax} = \sqrt{12\sigma_{al}W/f_b} = \sqrt{12(70-8)\times10^6\times10^2\times0.125/14153} = 0.33\ (m) < 0.65\ (m)$$

因此，可以在每跨装设三个衬垫 $l_b = \frac{L}{4} = \frac{1.2}{4} = 0.3\ (m)$

二、电缆的选择

电力电缆应按下列条件选择和校验：①电缆芯线材料及型号；②额定电压；③截面选择；④允许电压降校验；⑤热稳定校验。电缆的动稳定由厂家保证，可不必校验。

1. 电缆芯线材料及型号选择

电力电缆芯线有铜芯和铝芯，国内工程一般选用铝芯电缆。电缆的型号很多，应根据其用途、敷设方式和使用条件进行选择。除 110kV 及以上采用单相交联聚乙烯电缆或单相高压充油电缆外，一般采用三相铝芯油浸纸绝缘电缆、橡皮绝缘电缆、聚氯乙稀绝缘电缆或交联聚乙烯电缆；动力电缆通常采用三芯或四芯（三相四线）；高温场所宜用耐热电缆；重要

直流回路或保安电源电缆宜选用阻燃型电缆；直埋地下一般选用钢带铠装电缆；潮湿或腐蚀地区应选用塑料护套电缆；敷设在高落差大的地点，应采用交联聚乙烯电缆。随着材料技术的发展，阻燃耐热型交联聚乙烯电缆得到了越来越广泛的应用。油浸纸绝缘和充油电缆等已趋于淘汰。各类电缆的参数见附表Ⅰ-3、附表Ⅰ-4。

2. 电压选择

电缆的额定电压U_N应大于等于所在电网的额定电压U_{Ns}，即

$$U_N \geqslant U_{Ns} \tag{14-98}$$

3. 截面选择

电力电缆截面一般按长期发热允许电流选择，当电缆的最大负荷利用小时$T_{max}>5000h$、且长度超过20m时，则应按经济电流密度选择。电缆截面选择方法与裸导体基本相同，可按式(14-78)和式(14-79)计算。值得指出的是式(14-78)用于电缆选择时，其修正系数K与敷设方式和环境温度有关，即

$$K = K_t K_1 K_2 \quad \text{或} \quad K = K_t K_3 K_4 \tag{14-99}$$

式中：K_t为温度修正系数，可由附表Ⅰ-6查找，但电缆芯线长期发热最高允许温度θ_{al}与电压等级、绝缘材料和结构有关；K_1、K_2为空气中多根电缆并列和穿管敷设时的修正系数，当电压在10kV及以下，截面为$95mm^2$及以下时K_2取0.9、截面为$120\sim185mm^2$时K_2取0.85；K_3为直埋电缆因土壤热阻不同的修正系数；K_4为土壤中多根并列修正系数。K_1、K_2、K_3、K_4及θ_{al}值可由附表Ⅰ-7、表Ⅰ-8查出。

为了不损伤电缆绝缘及保护层，敷设时电缆应保持一定的弯曲半径，如多芯纸绝缘铅包电缆的弯曲半径不应小于电缆外径的15倍。

4. 允许电压降校验

对供电距离较远、容量较大的电缆线路，应校验其电压损失$\Delta U\%$。一般应满足$\Delta U\%<5\%$。对于三相交流，其计算公式为

$$\Delta U\% = 173 I_{max} L (r\cos\varphi + x\sin\varphi)/U \tag{14-100}$$

式中　U、L——线路工作电压（线电压）和长度；

$\cos\varphi$——功率因数；

r、x——单位长度的电阻和电抗。

5. 热稳定校验

由于电缆芯线一般系多股线构成，截面在$400mm^2$以下时，$K\approx1$，满足电缆热稳定的最小截面可以简化写成

$$S_{min} = \sqrt{Q_k}/C \tag{14-101}$$

电缆热稳定系数C计算式为

$$C = \frac{1}{\eta}\sqrt{\frac{4.2Q}{K\rho_{20}a}\ln\frac{1+a(\theta_k-20)}{1+a(\theta-20)}} \times 10^{-2} \tag{14-102}$$

式中　η——计及电缆芯线充填物热容量随温度变化以及绝缘散热影响的校正系数；对于3～6kV厂用回路η取0.93，35kV及以上回路可η取1.0；

Q——电缆芯单位体积的热容量，铝芯取0.59[J/(cm³·℃)]；

a——电缆芯在20℃时的电阻温度系数，铝芯为0.00403(1/℃)；

K——20℃导体交流电阻与直流电阻之比，S<100mm^{2}的三芯电缆 K=1，S=120～240mm^{2}的三芯电缆 K=1.005～1.035；

ρ_{20}——电缆芯在 20℃时的电阻系数，铝芯取 0.031×10^{-4}（Ω·cm^2/cm）；

θ——短路前电缆的工作温度（℃）；

θ_k——电缆在短路时的最高允许温度，对 10kV 及以下普通黏性浸渍纸绝缘及交联聚乙烯绝缘电缆为 200℃，有中间接头（锡焊）的电缆最高允许温度为 120℃。

通常电缆 C 值也可通过计算电缆的正常最高工作温度后查表 14-18 求得。电缆的正常最高工作温度 θ_i 可查图 14-3 曲线求得。

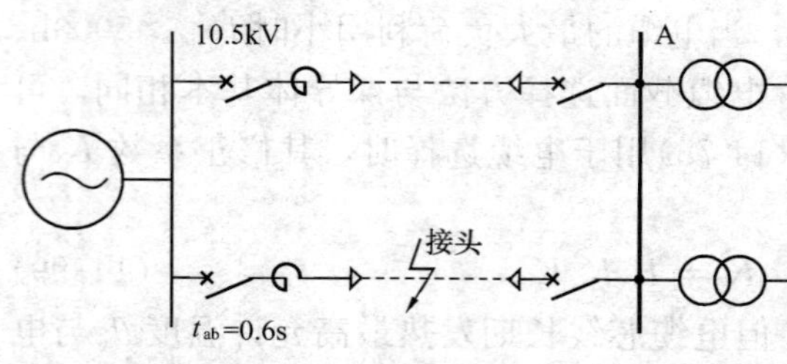

图 14-12 选择出线电缆接线图

例 14-8 如图 14-12 所示接线，试选择出线电缆。在变电站 A 两段母线上各接有一台 3150kVA 变压器，正常时母线分段运行，当一条线路故障时，要求另一条线路能供两台变压器满负荷运行。T_{max}=4500h，变电站距电厂 500m，在 250m 处有中间接头，该接头处发生短路时，I''=18kA，$I_{t_{k/2}}$=14kA，I_{t_k}=12kA，I_k=10kA，电缆采用直埋地下，土壤温度 θ_0=20℃，继电保护整定时间 t_{pr}=0.6s，断路器全开断时间 t_{ab}=0.1s，cos φ=0.8，土壤的热阻系数 g=80。

解：(1) 按经济电流密度选择截面，一台变压器的出线回路

$$I_{max}=\frac{1.05\times3150}{\sqrt{3}\times10.5}=182(\mathrm{A})$$

查图 14-10 曲线 1 铝芯电缆 T_{max}=4500h，J=0.8A/mm^2，则

$$S_j=\frac{I_{max}}{J}=\frac{182}{0.8}=227(\mathrm{mm^2})$$

选用两根 10kV ZR YJV$_{22}$-3×95（阻燃三芯交联聚乙烯绝缘铜芯铠装）电缆，每根电缆 S=95mm^2、$I_{N25℃}$=234A。正常允许最高温度 90℃、r=0.194×10^{-3}Ω/m、x=0.076×10^{-3}Ω/m。

(2) 按长期发热允许电流校验，考虑一回线路故障时负荷的转移，则

$$I'_{max}=2\times182=364\quad(\mathrm{A})$$

当实际土壤温度为+20℃时，查附表Ⅰ-6 求得电缆的载流量的修正系数为 1.04。当电缆间距取 200mm 时，由手册可查得二根并排修正系数为 0.92，故二根电缆的允许载流量为：$I_{N20℃}$=1.04×0.92×234×2=447.8A>I'_{max}

(3) 热稳定校验，$t_k=t_{pr}+t_{ab}$=0.1+0.6=0.7(s)<1(s)，所以要考虑非周期分量的影响

$$Q_p=\frac{t_k}{12}(I''^2+10I^2_{t_{k/2}}+I^2_{t_k})=\frac{18^2+10\times14^2+12^2}{12}\times0.7=142.3(\mathrm{kA^2\cdot s})$$

$$Q_{ap}=TI''^2=0.6\times18^2=194.4(\mathrm{kA^2\cdot s})$$

$$Q_k=Q_p+Q_{ap}=432.3+194.4=626.7(\mathrm{kA^2\cdot s})$$

短路前电缆的最高运行温度为

$$\theta_i=\theta_0+(\theta_y-\theta_0)\left(\frac{I'_{max}}{I_N}\right)^2=20+(90-20)\left(\frac{364}{447.8}\right)^2\approx66(℃)$$

查表14-18得$C=174$，热稳定所需的最小截面为

$$S_{min}=\sqrt{Q_k}/C=\sqrt{626.7\times10^6}/174=144(mm^2)<2\times95mm^2$$

允许压降校验

$$\Delta U\%=173I_{max}L(r\cos\varphi+x\sin\varphi)/U$$
$$=173\times364\times250\times(0.194\times10^{-3}\times0.8+0.076\times10^{-3}\times0.6)/(10.5\times10^3)$$
$$=0.28\%<5\%$$

结果表明ZR YJV_{22}-3×95 10kV电缆能满足要求。

三、支柱绝缘子和穿墙套管的选择

支柱绝缘子应按额定电压和类型选择，并进行短路时动稳定校验。穿墙套管应按额定电压、额定电流和类型选择，按短路条件校验动、热稳定。

1. 按额定电压选择支柱绝缘子和穿墙套管

支柱绝缘子和穿墙套管的额定电压U_N应大于等于所在电网的额定电压U_{Ns}，即

$$U_N>U_{Ns} \tag{14-103}$$

发电厂与变电站的3～20kV屋外支柱绝缘子和套管，当有冰雪和污秽时，宜选用高一级的产品。

2. 按额定电流选择穿墙套管

穿墙套管的额定电流I_N应大于等于回路中最大持续工作电流，即

$$I_N>KI_{max} \tag{14-104}$$

式中　K——温度修正系数。

对母线型穿墙套管，因本身无导体，不必按此项选择和校验热稳定，只需保证套管的形式与穿过母线的尺寸相配合即可。

3. 支柱绝缘子和套管的种类和形式选择

根据装置地点和环境选择屋内、屋外或防污式及满足使用要求的产品形式。

4. 穿墙套管的热稳定校验

套管耐受短路电流的热效应I_t^2t应大于等于短路电流通过套管所产生的热效应Q_k，即

$$I_t^2t\geqslant Q_k \tag{14-105}$$

5. 支柱绝缘子和套管的动稳定校验

绝缘子和套管的机械应力计算如下：

布置在同一平面内的三相导体（如图14-13所示），在发生短路时，支柱绝缘子（或套管）所受的力为该绝缘子相邻跨导体上电动力的平均值。例如绝缘子1所受力为

$$F_{max}=\frac{F_1+F_2}{2}=1.73i_k^2\frac{l_c}{a}\times10^{-7}(N) \tag{14-106}$$

式中　l_c——计算跨距，m；$l_c=(l_1+l_2)/2$，l_1、l_2为与绝缘子相邻的跨距。对于套管，$l_2=l_{ca}$（套管长度）。

由于导体电动力F_{max}是作用在导体截面中心线上的，而支柱绝缘子的抗弯破坏强度按作用在绝缘子高度H处给定的（如图14-14所示），为了便于比较，必须求出短路时作用在支柱绝缘子绝缘子帽上的计算作用力F_{co}，即

$$F_{co}=F_{max}H_1/H(N) \tag{14-107}$$

式中　H_1——绝缘子底部到导体水平中心线的高度（mm），$H_1=H+b+h/2$；

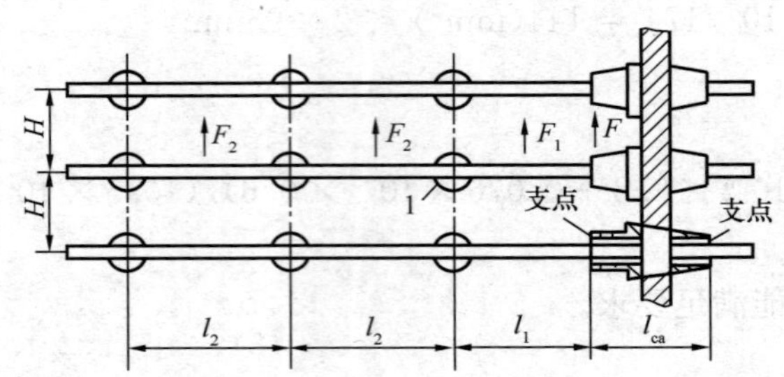

图 14-13 绝缘子和穿墙套管所受的电动力

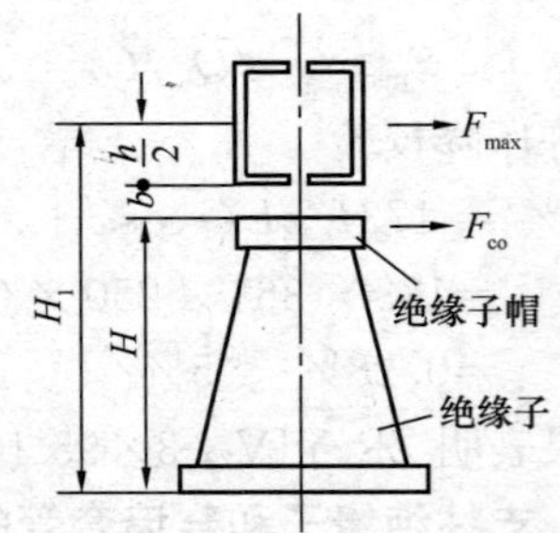

图 14-14 绝缘子受力示意图

b——导体支持器下片厚度，一般竖放矩形导体 $b=18$mm，平放矩形导体及槽形导体 $b=12$mm。

支柱绝缘子绝缘子帽上的计算作用力 F_{co}及套管的最大受力应不大于 60%支柱绝缘子的抗弯破坏负荷 $0.6F_{ph}$。F_{ph}由所选绝缘子给定。

对于 35kV 及以上水平安装的支柱绝缘子，在进行机械计算时，应考虑导体和绝缘子的自重以及短路电动力的复合作用。屋外支柱绝缘子应计及风和冰雪的附加作用。

套管和绝缘子的安全系数不应小于表 14-22 所列数值。

表 14-22　套管和绝缘子的安全系数

类　别	荷载长期作用时	荷载短期作用时
套管、支柱绝缘子	2.5	1.67
悬式绝缘子及其金具①	4	2.5

① 悬式绝缘子的安全系数对应于 1h 机电试验荷载，而不是破坏荷载。若是后者，安全系数则分别应为 5.3 和 3.3。

例 14-9 试选择 100MW 发电机—变压器组连接母线的支柱绝缘子和穿墙套管。已知：发电机的额定电压为 10.5kV，额定电流为 6468A，发电机连接母线上的短路电流 $I''=35.4$kA，发电机的连接母线选用 2 条标准槽形母线 200mm×90mm×12mm（$h\times b\times c$），$S=8080\text{mm}^2$，三相水平布置，相间距 $a=0.7$m，支柱绝缘子跨距为 1.5m。地区最热月平均温度为+35℃，母线允许电流修正到+35℃时的值为 7744A。

解：（1）计算短路冲击电流峰值

$$i_k = 2.55\times I'' = 2.55\times 35.4 = 90.3 \quad (\text{kA})$$

（2）支柱绝缘子的选择。根据工作电压和装置地点，屋内部分选 ZC-10F 型支柱绝缘子，其抗弯破坏负荷 $F_{ph}=12250$N，绝缘子高度 $H=225$mm（见图 14-14）。

$$H_1 = H+b+\frac{h}{2} = 225+12+100 = 337\text{mm}$$

$$F_{max} = 1.73i_k^2\frac{l_c}{a}\times 10^{-7} = 1.73\times 90300^2\times\frac{1.5}{0.7}\times 10^{-7} = 3023(\text{N})$$

所以
$$F_{co} = F_{max}\frac{H_1}{H} = 3023\times\frac{337}{225} = 4528 \quad (\text{N}) < 0.6F_{ph}$$

屋外部分的支柱绝缘子，考虑冰雪及污秽的影响，选用电压等级高一级的产品 ZPC-35 型，其验算方法同屋内。

（3）穿墙套管的选择。根据工作电压和额定电流，选用CMWF-20型母线套管，套管长度l_{ca}=625mm，F_{ph}=39200N。套管窗口尺寸为210×200>2（200×90）（mm×mm）。

计算跨度 $$l_c=\frac{l_1+l_2}{2}=\frac{1.5+0.625}{2}=1.063(\text{m})$$

套管受力 $F_{max}=1.73i_k^2\dfrac{l_c}{a}\times10^{-7}=1.73\times90300^2\times\dfrac{1.063}{0.7}\times10^{-7}=2142\text{（N）}<0.6F_{ph}$

第五节　主变压器的选择

主变压器的选择与变压器的台数、形式、连接组别、电压等级、调压方式、冷却方式、运输条件以及变电站的容量、发展远景等方面的因素有关，在选择主变压器型式时，应考虑以下几个方面。

1. 容量及台数的确定

变电站的容量是由供电地区供电负荷（综合最大负荷）决定的，如果已知供电地区的计算负荷，则变电站容量为

$$S_T=\frac{P_{ca}}{\cos\varphi} \tag{14-108}$$

式中　P_{ca}——变电站计算负荷(kW)；

$\cos\varphi$——平均功率因数，一般取0.6～0.8。

变电站主变压器台数可按如下原则确定：

（1）对于只供电给二类、三类负荷的变电站，原则上只装设一台变压器。

（2）对于供电负荷较大的城市变电站或有一类负荷的重要变电站，应选用两台相同容量的主变压器。每台变压器的容量应满足一台变压器停运后，另一台能供给全部一类负荷；在无法确定一类负荷所占比重时，每台变压器的容量可按计算负荷的60%～80%选择。

（3）对大城市郊区的一次变电站，如果中、低压侧已构成环网的情况下，变电站以装设两台为宜；对地区性孤立的一次变电站或大型工业专用变电站，在设计时应考虑装设三台主变压器的可能性；对于规划只装两台主变压器的变电站，其变压器的基础宜按大于变压器容量的1～2级设计。

2. 相数的确定

在330kV及以下电力系统中，一般都应选用三相变压器。因为单相变压器组相对来讲投资大、占地多、运行损耗也较大，同时配电装置结构复杂，也增加了维修工作量。但是由于变压器的制造条件和运输条件的限制，特别是大型变压器，尤其需要考察其运输可能性。例如：从制造厂到变电站之间，变压器尺寸是否超过运输途中隧洞、涵洞、桥洞尺寸允许通过的限额；变压器质量是否超过运输途中车辆、船舶、码头、桥梁等运输工具或设施的允许承载能力。除按容量、制造水平、运输条件确定外，更重要的是考虑负荷和系统情况、保证供电可靠性，进行综合分析，在满足技术、经济的条件下来确定选用单相变压器还是三相变压器。

3. 绕组数的确定

国内电力系统中采用的变压器按其绕组数分类有双绕组普通式、三绕组式、自耦式以及低压绕组分裂式等变压器。如以两种升高电压级向用户供电或与系统连接时，可以采用两台

双绕组变压器或三绕组变压器，亦可选用自耦变压器。

在110kV及以上中性点直接接地系统中，凡需选用三绕组变压器的场所，均可优先选用自耦变压器，它损耗小、体积小、效率高，但限制短路电流的效果较差，变比不宜过大。

4. 绕组连接组别的确定

变压器三相绕组的连接组别必须和系统电压相位一致，否则，不能并列运行。电力系统采用的绕组连接方式只有星形“D(d)”和三角形“D(d)”两种。因此，变压器三相绕组的连接方式应根据具体工程来确定。对于三相双绕组变压器的高压侧，110kV及以上电压等级，三相绕组都采用“YN”连接；35kV及以下采用“Y”连接；对于三相双绕组变压器的低压侧，三相绕组采用“d”连接，若低压侧电压等级为380/220V，则三相绕组采用“yn_0”连接。

在变电站中，为了限制三次谐波，主变压器接线组别一般都选用YNd11常规连接。近年来，国内外亦有采用全星形连接组别的变压器。所谓“全星形”变压器，一般是指其连接组别为：YNyn0y0（YNyn0yn0）或YNy0（YNyn0）的三绕组变压器或自耦变压器。它不仅与35kV电网并列时，由于相位一致比较方便，而且零序阻抗较大，有利于限制短路电流。同时，也便于在中性点处连接消弧线圈。但是，由于全星形变压器三次谐波无通路，因此，将引起正弦波电压畸变，并对通信设备发生干扰，同时对继电保护整定的准确度和灵敏度均有影响。

5. 调压方式的确定

为了保证变电站的供电质量，电压必须维持在允许范围内。通过变压器的分接头开关切换，改变变压器高压侧绕组匝数，从而改变其变比，实现电压调整。切换方式有两种：不带电切换，称为无励磁调压，调整范围通常在±2×2.5%以内；另一种是带负荷切换，称为有载调压，调整范围可达30%，但其结构较复杂、价格较贵。

6. 冷却方式的选择

电力变压器的冷却方式，随其型号和容量不同而异，一般有以下几种类型。

(1) 自然风冷却：一般适于7500kVA以下小容量变压器。为使热量散发到空气中，装有片状或管形辐射式冷却器，以增大油箱冷却面积。

(2) 强迫空气冷却：又简称风冷式，容量大于等于8000kVA的变压器，在绝缘允许的油箱尺寸下，即使有辐射器的散热装置仍达不到要求时，常采用人工风冷。在辐射器管间加装数台电动风扇，用风吹冷却器，使油迅速冷却，加速热量散出。风扇的启停可以自动控制，亦可人工操作。

(3) 强迫油循环水冷却：单纯的加强表面冷却可以降低油温，但当油温降到一定程度时，油的黏度增加，以致使油的流速降低，对大容量变压器已达不到预期冷却效果，故采用潜油泵强迫油循环，让水对油管道进行冷却，把变压器中热量带走。在水源充足的条件下，采用这种冷却方式极为有利，散热效率高、节省材料、减小变压器本体尺寸，但要一套水冷却系统和有关附件且对冷却器的密封性能要求较高。即使只有极微量的水渗入油中，也会严重地影响油的绝缘性能，故油压应高于水压0.1～0.15MPa，以免水渗入油中。

(4) 强迫油循环风冷却：其原理与强迫油循环水冷却相同。

(5) 强迫油循环导向冷却：近年来大型变压器都采用这种冷却方式。它是利用潜油泵将冷油压入线圈之间、线饼之间和铁心的油道中，使铁心和绕组中的热量直接由具有一定流速的油带走，而变压器上层热油用潜油泵抽出，经过水冷却器或风冷却器冷却后，再由潜油泵注入变压器油箱底部，构成变压器的油循环。

(6) 水内冷变压器：变压器绕组用空心导体制成，在运行中，将纯水注人空心绕组中，借助水的不断循环，将变压器中热量带走，但水系统比较复杂、且变压器价格较高。

第六节　低压电器的选择

一、低压熔断器选择

1. 熔断器熔体电流的确定

熔体额定电流的选择应同时满足正常工作电流和启动尖峰电流两个条件，并按短路电流校验其动作灵敏性。

(1) 按正常工作电流选择，即

$$I_{Nr} \geqslant I_C(A) \tag{14-109}$$

(2) 按启动尖峰电流选择。

1) 单台电动机回路

$$I_{Nr} \geqslant KI_{st}(A) \tag{14-110}$$

2) 配电线路

$$I_{Nr} \geqslant K_r[I_{st1} + I_{c(n-1)}](A) \tag{14-111}$$

3) 照明线路

$$I_{Nr} \geqslant K_m I_c(A) \tag{14-112}$$

式中　I_{Nr}——熔体的额定电流（A）；

I_c——线路的计算电流（A）；

I_{st}——电动机的启动电流（A）；

I_{st1}——线路中启动电流最大一台电动机的启动电流（A）；

$I_{c(n-1)}$——除启动电流最大一台电动机以外的线路计算电流（A）；

K——熔体选择计算系数，取决于电动机的启动状况和熔断器特性，其值见表14-23；

K_r——配电线路熔体选择计算系数，取决于最大一台电动机的启动状况、线路计算电流与尖峰电流之比和熔断器特性，当 I_{st1} 很小时取 1、当 I_{st1} 较大时取 0.5～0.6、当 $I_{c(n-1)}$ 很小时可按 K 考虑；

K_m——照明线路熔体选择计算系数，取决于电光源的启动状况和熔断器特性，其数值见表 14-24。

表 14-23　　熔体选择计算系数

熔断器型号	熔体材料	熔体电流（A）	熔体选择计算系数 K	
			电动机轻载启动	电动机重载启动
RT0	铜	≤50	0.38	0.45
		60～200	0.28	0.30
		>200	0.25	0.30

续表

熔断器型号	熔体材料	熔体电流（A）	熔体选择计算系数 K	
			电动机轻载启动	电动机重载启动
RT10	铜	≤20 25～50 60～100	0.45 0.38 0.28	0.60 0.45 0.30
RM7	铜	≤60 80～350 >400	0.38 0.45 0.30	0.45 0.50 0.40
RM1	锌	180～350	0.38	0.45
RL1	铜	≤60 80～100	0.38 0.30	0.45 0.38
RC1A	铜	10～200	0.30	0.38
RM10	铜	≤60 80～200 >200	0.38 0.30 0.28	0.45 0.38 0.30

注 轻载启动时间按≤3s 考虑；重载启动时间按≤8s 考虑；对启动时间超过 8s 或频繁启动，带有反接制动的电动机，熔体额定电流宜比重载启动时加大一级。

表 14-24　照明线路熔体选择计算系数

熔断器型号	熔体材料	熔体额定电流（A）	K_m		
			白炽灯、荧光灯等	高压水银灯	高压钠灯
RL1	铜、银	≤60	1	1.3～1.7	1.5
RC1A	铅、铜	≤60	1	1～1.5	1.1

（3）按短路电流校验动作灵敏性。为使熔断器可靠动作，必须校验其灵敏性，即

$$\frac{I_{k\cdot min}}{I_{Nr}} \geqslant K_{op\cdot r} \tag{14-113}$$

式中 $I_{k\cdot min}$——被保护线段最小短路电流，即最小运行方式下的两相短路电流（A）；

$K_{op\cdot r}$——熔断器动作系数，一般为 4。

2. 熔断管电流的确定

（1）额定电流的确定。按照熔体的额定电流及产品样本所列数据，即可确定熔断器熔管的额定电流。常用熔断管额定电流与熔体的额定电流选择见附表Ⅷ-1。

（2）按短路电流校验熔断器的分断能力。熔断器的最大开路电流 $I_{off\cdot r}$应大于被保护线路最大三相短路冲击电流有效值 $I_k^{(3)}$，即

$$I_{off\cdot r} \geqslant I_k^{(3)} \tag{14-114}$$

通常制造厂提供熔断器的极限分断能力为交流电流周期分量有效值，为了简化校验，也可用被保护线路最大三相短路电流周期分量有效值 $I_p^{(3)}$ 来校验，即

$$I_{off\cdot r} \geqslant I_p^{(3)} \tag{14-115}$$

常用熔断器的极限分断能力见表 14-25。

表 14-25　　**熔断器的极限分断能力**

型　号	熔管额定电流（A）	极限分断能力	
		回路电压为 380V 时的交流电电流周期分量有效值（A）	cosφ
RM7	15	2500	0.7
	60	5000	0.5
	100～600	20000	0.35
RM10	15	1200	
	60	3500	
	≥100	10000	
RT0	50～60	5000	≥0.3
RT10	20～100	5000	0.25
RT11	100～400	5000	0.25
RC1A	5	250	0.8
	10	750	
	15	1000	
	30	1500	0.7
	60	4000	0.6
	100、200	5000	
RL1	15～60	25000	≥0.3
	100、20	50000	

3. 熔断器熔体动作选择性的配合

在低压系统中，当电源侧与负荷侧均设有短路保护时应尽量使保护装置的动作有选择性。如果都采用熔断器保护，同型号同熔体材料的上下级熔断器之间熔体电流等级相差 2～4 级，一般就能满足选择性要求。

二、低压断路器的选择

1. 低压断路器额定电流的确定

$$I_{Nz} \geqslant I_c (A) \tag{14-116}$$

式中　I_{Nz}——低压断路器的额定电流（A）；

I_c——线路的计算电流（A）。

2. 过电流脱扣器选择

（1）瞬时动作的过电流脱扣器的确定。配电用低压断路器的瞬时过电流脱扣器整定电流，应躲过配电线路的尖峰电流，即

$$I_{z3\cdot set} \geqslant K_{z3\cdot set}[I'_{st1} + I'_{c(n-1)}] \quad (A) \tag{14-117}$$

式中　$K_{z3.set}$——低压断路器瞬时脱扣器可靠系数，一般取 1.2；

I'_{st1}——线路中启动电流最大一台电动机的全启动电流（A），其值为电动机启动电流 I_{st1} 的 1.7 倍；

$I'_{c(n-1)}$——除启动电流最大一台电动机以外的线路计算电流（A）。

对选择性来说，低压断路器除应满足上述条件外，还应满足被保护线路各级间选择性要求，即整定电流应大于或等于下一级低压断路器瞬时动作电流的整定值的 1.2 倍。

（2）短延时动作的过电流脱扣器的确定。

1）整定电流。配电用低压断路器的短延时过电流脱扣器整定电流，应能躲过短时间出现的负荷尖峰电流，即

$$I_{z2\cdot set} \geqslant K_{z2\cdot rel}[I_{st1} + I_{c(n-1)}] \quad (A) \tag{14-118}$$

式中 $K_{z2\cdot rel}$——低压断路器短延时脱扣器可靠系数，取1.2；

I_{st1}——线路中启动电流最大一台电动机的启动电流（A）；

$I_{c(n-1)}$——除启动电流最大一台电动机以外的线路计算电流（A）。

2）动作时间的确定。短延时主要用于保证保护装置动作的选择性。低压断路器延时断开时间分0.1(0.2)s、0.4s和0.6s三种，由此确定动作时间。

（3）长延时动作过电流脱扣器的电流整定与效验。

1）整定电流。低压用断路器的长延时动作过电流脱扣器整定电流为

$$I_{z1\cdot set} \geqslant K_{z1\cdot rel} I_c \quad (A) \tag{14-119}$$

式中 $K_{z1\cdot rel}$——长延时脱扣器可靠参数，取1.1；

I_c——线路的计算电流（A）。

2）动作时间校验。校验低压断路器在$3I_{z1\cdot set}$时的可返回时间，应大于短路时尖峰电流的持续时间。根据低压断路器标准，配电用低压断路器的长延时过电流脱扣器动作特性见表14-26，返回电流值为其整定电流值的90%。

表 14-26　长延时过电流脱扣器动作特性

$\frac{I}{I_{z1\cdot set}}\left(\frac{线路电流}{脱扣器整定电流}\right)$	下列额定电流脱扣器的动作时间	
	≤100A	>100A
1.0	不动作	不动作
1.3	<1h	<1h
2.0	<4min	<10min
3.0	可返回时间>1s或3s	可返回时间>3s或8s或15s

（4）照明用低压断路器的过电流脱扣器的整定。照明用低压断路器的长延时和瞬时过电流脱扣器整定电流分别为

$$I_{z1\cdot set} \geqslant K_{k1} I_c \quad (A) \tag{14-120}$$

$$I_{z3\cdot set} \geqslant K_{k3} I_c \quad (A) \tag{14-121}$$

式中 I_c——照明线路的计算电流（A）；

K_{k1}、K_{k3}——长延时和瞬时过电流脱扣器计算系数，其数值见表14-27。

照明用低压断路器的动作特性，应符合表14-28的规定。

表 14-27　照明用低压断路器长延时和瞬时过电流脱扣器计算系数

低压断路器	计算系数	白炽灯、荧光灯、卤钨灯	高压水银灯	高压钠灯
带热脱扣器	K_{k3}	1	1.1	1
带瞬时脱扣器	K_{k1}	6	6	6

表 14-28　照明低压断路器的动作特性

$\frac{I}{I_{z1\cdot set}}\left(\frac{线路电流}{脱扣器整定电流}\right)$	动作时间	$\frac{I}{I_{z1\cdot set}}\left(\frac{线路电流}{脱扣器整定电流}\right)$	动作时间
1.0	不动作	2.0	<4min
1.3	<1h	2.6	瞬时动作

3. 低压断路器的校验

常按短路电流校验低压断路器的分断能力。

（1）分断时间大于0.02s的低压断路器的校验：应满足的条件为

$$I_{off\cdot z} \geqslant I_{p}^{(3)} \tag{14-122}$$

式中　$I_{off\cdot z}$——以交流电流周期分量有效值表示的低压断路器极限分断能力（kA）；

$I_{p}^{(3)}$——被保护线路的三相短路电流周期分量有效值（kA）；

（2）分断时间小于0.02s的低压断路器的校验：应满足的条件为

$$I_{off\cdot lim\cdot z} \geqslant I_{pm}^{(3)} \tag{14-123}$$

式中　$I_{off\cdot lim\cdot z}$——低压断路器开断电流（冲击电流有效值）（kA）；

$I_{pm}^{(3)}$——短路开始第一周期内的全电流有效值（A）。

常用低压断路器的极限分断能力数据见附表Ⅷ-2。

（3）按短路电流校验低压断路器动作灵敏性。为使低压断路器可靠动作，必须校验其灵敏性，即

$$\frac{I_{k\cdot min}}{I_{z\cdot set}} \geqslant K_{op\cdot z} \tag{14-124}$$

式中　$I_{k\cdot min}$——被保护线段最小短路电流（A）；

$I_{z\cdot set}$——低压断路器脱扣器的瞬时或延时整定电流（A）；

$K_{op\cdot z}$——低压断路器动作系数，常取1.5。

三、刀开关、接触器和热继电器的选择

1. 刀开关的选择

刀开关按线路的额定电压、计算电流及断开电流选择，按短路时的动、热稳定校验。刀开关断开的负荷电流不应超过产品规定的动、热稳定值，刀开关动、热稳定性和保安性的技术数据见表14-29。

表14-29　刀开关动、热稳定性和保安性技术数据

额定工作电流（A）	1s热稳定电流有效值（kA）		电动稳定电流峰值（kA）		极限保安电流峰值（kA）	
	中央手柄式	杠杆操作式	中央手柄式	杠杆操作式	中央手柄式	杠杆操作式
$I_N=100$	6	7	15	15	30	30
$100<I_N\leqslant 250$	10	12	20	25	40	40
$250<I_N\leqslant 400$	20	20	30	40	50	50
$400<I_N\leqslant 630$	25	25	40	50	60	60
$630<I_N\leqslant 1000$	30	30	50	70		95
$1000<I_N\leqslant 1600$		35		90		110

注　极限保安电流峰值，是电器通过的短路全电流峰值，持续通电0.1s后，允许被试电器导体变形、触头熔焊，甚至更换触头等易损零件或整个产品，但不得产生导致相邻装置的电器或相邻回路发生短路飞弧以及危害操作人员安全的事故。

2. 交流接触器的选择

交流接触器在不同使用场合下的操作条件存在很大差异，即其额定工作电流或额定控制功率随使用条件（额定工作电压、使用类别等）不同而变化。只有根据不同使用条件正确选用其容量等级，才能保证接触器在控制系统中长期可靠运行。

（1）按电动机的额定功率或线路的计算电流选择接触器的等级，并根据安装现场选择结构形式。

（2）按短路时的动、热稳定校验。线路的三相短路电流不应超过接触器的动、热稳定值。当使接触器能切断短路电流时，还应校验其分断能力。

（3）接触器吸引线圈的额定电流、电压及辅助触头的数目满足控制回路接线的要求。

（4）根据操作次数校验接触器允许的操作频率。

常用CJ10、CJ12系列交流接触器主要技术指标见附表Ⅷ-3。

此外，在选用接触器时，还需考虑使用环境、使用类别、工作制及操作频率，如接触器安装在控制箱或防护外壳内时，由于环境温度较高，应适当降低容量使用。

3. 热继电器的选择

热继电器可作为连续或断续工作交流电动机的过载保护，有的还可用作断相保护。连续或短时工作电动机保护用热继电器的选用要求如下：

（1）一般情况下，热继电器的整定电流应等于或略大于电动机的额定电流。

（2）热继电器使用场所的环境温度不应超过制造厂产品所规定的最高环境温度。

（3）需要断相保护时，宜选用带差动导板的三相热继电器，如JR0系列、JR16系列的热继电器，凡型号最后有“D”者表示带有断相保护装置。

断续工作电动机保护用热继电器的选用，可根据电动机的启动参数和负荷持续率，查手册选得。

热继电气设备与整定电流调节范围见附表Ⅷ-4。

本 章 小 结

当系统发生短路，会出现短路电流的电动力效应和热效应。导体的发热计算分为长期发热和短时发热计算，短路电流的热效应属于短时发热计算。

选择电器时，必须遵循设备选择的一般要求，在满足环境应用条件的基础上，对设备进行长期工作条件分析和短路稳定情况校验。电器要能可靠的工作，必须按正常工作条件进行选择，并按短路状态来校验热稳定和动稳定。

高压断路器、隔离开关、负荷开关、互感器的选择要严格按照技术参数来选择，并进行动稳定和热稳定的校验。中性点设备的选择也要进行相关校验。

导体受力计算一般应包括最大电动力计算、硬导体的机械应力计算和导体共振效验几个方面。母线一般按照导体材料、类型和敷设方式、导体截面、电晕、热稳定、动稳定、共振频率来选择。软导体不校验动稳定和共振频率。电力电缆的选择要注意载流量的温度校正。绝缘子和套管的选择要注意跨距，并校验最大受力在设备可承受范围之内。

变压器的选择要考虑变压器的容量及台数、变压器相数、变压器绕组数、变压器绕组连接组别、变压器调压方式、变压器的冷却方式等因素。

低压电器一般按正常工作条件来选择，但应确保满足所在回路的技术要求。

思 考 练 习

14-1　短路电流电动力效应对电气设备有何危害？

14-2　短路电流热效应对电气设备有何危害？

14-3　如何计算短路电流的周期分量和非周期分量的热效应？

14-4　三相平行导体最大电动力出现在哪一相？

14-5　导体的动态应力系数的含义是什么？在什么情况下才考虑动态应力？

14-6　何谓经济电流密度？按经济电流密度选择导体，为何还需按长期发热允许电流进行校验？

14-7　配电装置的汇流母线为何不按经济电流密度选择导体截面？

14-8　限流式高压熔断器为何不允许在低于熔断器额定电压的电网中使用？

14-9　某降压变电站有 20MVA 主变压器两台，电压为 110/38.5/10.5kV，请选择主变压器高压侧断路器和隔离开关及主变压器低压侧引线（采用硬导体）？

14-10　有一降压变电站，由两台变压器供电，10kV 共有 7 回，架空出线 2 回，电缆出线 5 回，其中架空线路总长度为 40km、电缆线路总长度 45km。试选择变压器 10kV 侧的消弧线圈。

14-11　某新建厂距终端变电站 500m，采用两根 10kV 电缆双回线路供电，工厂的计算负荷为 3600kW，年最大负荷利用小时数 $T_{max}=4500$h，年平均功率因数 $\cos\varphi=0.8$，电缆采用直埋地下，电缆末端可能发生三相短路的最大稳态短路电流 $I_k=8$kA，土壤温度 $\theta_0=20$℃，热阻系数 $g=80$，线路主保护 $t_{pr}=0.6$s，断路器全分断时间 $t_{ab}=0.6$s，试选择该供电电缆。

14-12　如图 14-15（a）所示接线及参数：

（1）设发电机容量为 25MW，最大负荷利用小时数 6000h，主保护动作时间 $t_{pr1}=0$s，后备保护动作时间 $t_{pr2}=4$s，母线垂直布置，相间距 700mm，周围环境温度＋40℃。试选择发电机回路母线及断路器 QF。

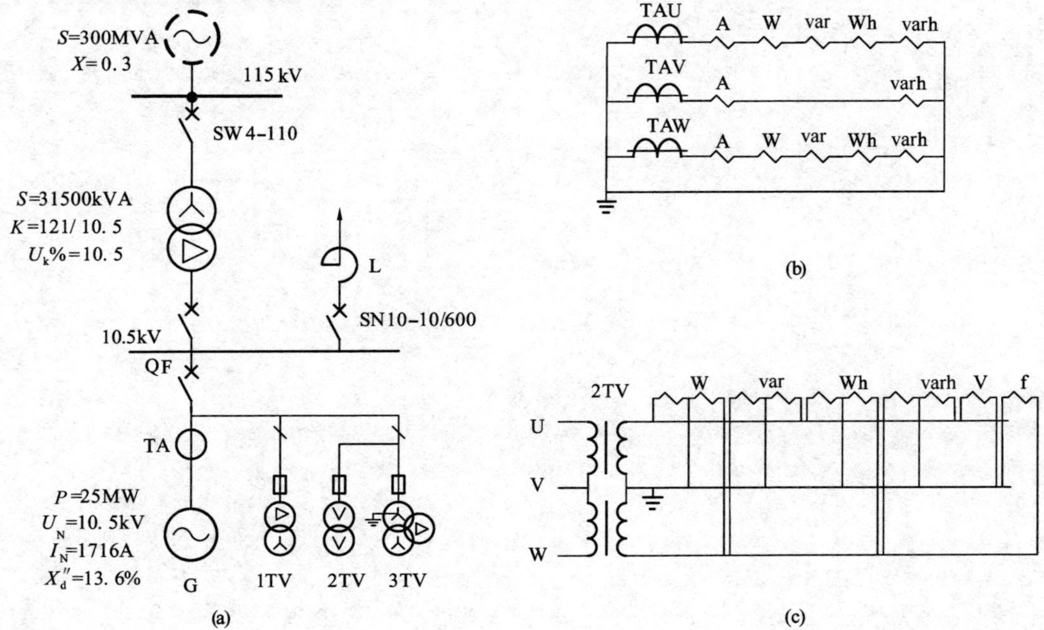

图 14-15　设备选择接线

（a）主接线及系统参数；（b）电流互感器二次侧接线；（c）2 号电压互感器二次侧接线

（2）设 10.5kV 出线最大负荷 560A，出线保护动作时间 $t_{pr}=1s$，若出线上采用 SN10-10 型断路器，请选择出线电抗器。

（3）设发电机回路装有下列仪表：电流表 3 只，有功功率表 1 只，无功功率表 1 只，有功电能表 1 只，无功电能表 1 只，电压表和频率表各 1 只；电压、电流互感器接线如图 14-15（b）、（c）所示，互感器距控制室 60m，试选择电流互感器 TA 及电压互感器 2TV。

附　　录

附录Ⅰ　导体的主要技术参数

附表Ⅰ-1　　裸铜、铝及钢芯铝绞线的载流量（按环境温度+25℃，最高允许温度+70℃）

铜绞线			铝绞线			钢芯铝绞线	
导线型号（mm^2）	载流量（A）		导线型号（mm^2）	载流量（A）		导线型号（mm^2）	屋外载流量（A）
	屋外	屋内		屋外	屋内		
TJ-4	50	25	U-10	75	55	UCJ-35	170
TJ-6	70	35	U-16	105	80	LGJ-50	220
TJ-10	95	60	U-25	135	110	LGJ-70	275
TJ-16	130	100	U-35	170	135	LGJ-95	335
TJ-25	180	140	U-50	215	170	LGJ-120	380
TJ-35	220	175	U-70	265	215	LGJ-150	445
TJ-50	270	220	U-95	325	200	LGJ-185	515
TJ-60	315	250	U-120	375	310	LGJ-240	610
TJ-70	340	80	LJ-150	440	370	LGJ-300	700
TJ-95	415	340	LJ-185	500	425	LGJ-400	800
TJ-120	485	405	LJ-240	610		LGJQ-300	690
TJ-150	570	480	LJ-300	680		LGJQ-400	825
TJ-185	645	550	LJ-400	830		LGJQ-500	945
TJ-240	770	650	LJ-500	980		LGJQ-600	1050
TJ-300	890		LJ-625	1140		LGJJ-300	705
TJ-400	1085					LGJJ-400	850

注　本表数值均系按最高温度70℃计算的。对铜导线，当最高温度采用80℃时，则表中数值应乘以系数1.1；对于铝绞线和钢芯铝绞线，当最高温度采用90℃时，则表中数值应乘以系数1.2。

附表Ⅰ-2　　矩形铝母线长期允许载流量（A）

导体尺寸 $h\times b$（mm^2）	单条		双条		三条		四条	
	平放	竖放	平放	竖放	平放	竖放	平放	竖放
50×4	565	594	779	820				
50×5	637	671	884	930				
63×6.3	872	949	1211	1319				
63×8	995	1082	1511	1644	1908	2075		
63×10	1129	1227	1800	1954	2107	2290		
80×6.3	1100	1193	1517	1649				
80×8	1249	1358	1858	2020	2355	2560		
100×10	1411	1535	2185	2375	2806	3050		
100×6.3	1363	1481	1840	2000				
108×8	1547	1682	2259	2455	2778	3020		
100×10	1663	1807	2613	2840	3284	3570	3819	4180
125×6.3	1693	1840	2276	2474				
125×8	1920	2087	2670	2900	3206	3485		
125×10	2063	2242	3152	3426	3906	4243	4560	4960

注　1. 载流量系按最高允许温度+70℃，基准环境温度+25℃、无风、无日照条件计算；

2. 表中导体尺寸中，h为宽度，b为高度。

附表Ⅰ-3　铝芯纸绝缘、聚氯乙烯绝缘铠装和交联聚乙烯绝缘电缆长期允许载流量
[直接埋在地下时（25℃），土壤热阻系数为80℃·cm/W]

导体截面（mm^2）	长期允许载流量（A）											
	1kV						3kV	6kV			10kV	
	二芯		三芯		四芯							
	纸绝缘	聚氯乙烯绝缘	纸绝缘	聚氯乙烯绝缘	纸绝缘	聚氯乙烯绝缘	纸绝缘	纸绝缘	聚氯乙烯绝缘	交联聚乙烯绝缘	纸绝缘	交联聚乙烯绝缘
2.5			28		28		28					
4	29.7		37	30	37	29	37					
6	39	35	46	38	46	37	46					
10	50	43	60	51	60	50	60	55	46	70		
16	66	56	80	67	80	65	80	70	63	95	65	90
25	86	76	105	88	105	85	105	95	81	110	90	105
35	112	100	130	107	130	110	130	110	102	135	105	130
50	135	121	160	133	160	136	160	135	127	165	130	150
70	168	147	190	162	190	162	190	165	154	205	150	185
95	204	180	230	190	230	196	230	205	182	230	185	215
120	243	214	265	218	265	223	265	230	209	260	215	245
150	275	247	300	248	300	252	300	260	237	295	245	275
185	316	277	340	279	340	284	340	295	270	345	275	325
240			400	324	400		400	345	313	395	325	375

注　1. 铜芯电缆载流量为表中数值乘以1.3系数。

2. 本表为单根电缆容量。

3. 单芯塑料电缆为三角形排列，中心距等于电缆半径。

附表Ⅰ-4　铝芯纸绝缘、聚氯乙烯绝缘铠装和交联聚乙烯绝缘电缆在空气中（25℃）长期允许载流量

导体截面（mm^2）	长期允许载流量（A）											
	1kV						3kV	6kV			10kV	
	二芯		三芯		四芯							
	纸绝缘	聚氯乙烯绝缘	纸绝缘	聚氯乙烯绝缘	纸绝缘	聚氯乙烯绝缘	纸绝缘	纸绝缘	聚氯乙烯绝缘	交联聚乙烯绝缘	纸绝缘	交联聚乙烯绝缘
2.5	26		24		24		24					
4	34	27	32	23	32	23	32					
6	44	35	40	30	40	30	40					
10	60	46	55	40	55	40	55	48	43	48		
16	80	62	70	54	70	54	70	60	56	60	60	60
25	105	81	95	73	95	73	95	85	73	85	80	80
35	128	99	115	88	115	88	115	100	90	100	95	95
50	160	123	145	111	145	111	145	125	114	125	120	120
70	197	152	180	138	180	138	180	155	143	155	145	145
95	235	185	220	167	220	167	220	190	168	190	180	180
120	270	215	255	194	255	194	255	220	194	220	205	205
150	307	246	300	225	300	225	300	255	223	255	235	235
185			345	257	345	257	345	295	256	295	270	270
240			410	305	410	305	410	345	301	345	320	320

注　1. 铜芯电缆载流量为表中数值乘以1.3系数。

2. 本表为单根电缆容量。

3. 单芯塑料电缆为三角形排列，中心距等于电缆半径。

附表Ⅰ-5　载流裸导线的温度修正系数 K_0 值

实际环境温度（℃）	-5	0	5	10	15	20	25	30	35	40	45	50
K_0	1.29	1.24	1.24	1.15	1.11	1.05	1.00	0.94	0.88	0.81	0.74	0.67

注　当环境温度不是25℃时，附表Ⅰ-1种的载流量应乘以本表中的温度修正系数 K_0。

附表Ⅰ-6　环境温度变化时电缆载流量的修正系数

导体工作温度（℃）	环境温度（t）								
	5	10	15	20	25	30	35	40	45
80	1.17	1.13	1.09	1.04	1.0	0.954	0.905	0.853	0.798
65	1.22	1.17	1.12	1.06	1.0	0.935	0.865	0.791	0.707
60	1.25	1.20	1.13	1.07	1.0	0.926	0.845	0.756	0.655
50	1.34	1.26	1.18	1.09	1.0	0.895	0.775	0.633	0.447

注　环境温度变化时，载流量的修正系数也可计算为

$$修正系数=\left(\frac{V\theta_2}{V\theta_1}\right)^{\frac{1}{2}}$$

式中　$V\theta_1$——导体工作温度与载流量表中规定的环境温度之间的温差（℃）；

$V\theta_2$——导体工作温度与实际环境温度之间的温差（℃）。

附表Ⅰ-7　土壤热阻系数不同时载流量的修正系数

导体截面（mm^2）	土壤热阻系数（℃·cm/W）				
	60	80	120	160	200
2.5～16	1.06	1.0	0.9	0.83	0.77
25～95	1.08	1.0	0.88	0.80	0.73
120～240	1.09	1.0	0.86	0.78	0.71

注　土壤热阻系数划分为：潮湿地区（指沿海、湖、河畔地区、雨量多地区，如华东、华南地区等），取60～80；普通土壤（指一般平原地区，如、东北、华北等），取120；干燥土壤（指高原地区、雨量少的山区、丘陵等干燥地带），取160～200。

附表Ⅰ-8　电缆直接埋地多根并列时载流量修正系数

电缆间净距(mm) \ 并列根数	1	2	3	4	5	6	7	8	9	10	11	12
100	1.00	0.90	0.85	0.80	0.78	0.75	0.73	0.72	0.71	0.70	0.70	0.69
200	1.00	0.92	0.87	0.84	0.82	0.81	0.80	0.79	0.79	0.78	0.78	0.77
300	1.00	0.93	0.90	0.87	0.86	0.85	0.85	0.84	0.84	0.83	0.83	0.83

附表Ⅰ-9　电缆导体长期允许工作温度（℃）

电缆种类 \ 额定电压(kV)	3及以下	6	10	电缆种类 \ 额定电压(kV)	3及以下	6	10
天然橡皮绝缘	65	65		聚乙烯绝缘		70	70
黏性纸绝缘	80	65	60	交联聚乙烯绝缘	90	90	90
聚氯乙烯绝缘	65	65		充油纸绝缘			

附录Ⅱ 变压器的主要技术参数

附表Ⅱ-1 S9及S9-M系列配电变压器的主要技术参数

额定容量（kVA）	额定电压（kV） 高压	额定电压（kV） 低压	连接组标号	损耗（kW） 空载	损耗（kW） 负载	阻抗电压（%）	空载电流（%）
63	6 6.3 10 10.5 11 （±5%） （±2×2.5%）	0.4	Yyn0	0.20	1.04	4.0	1.9
80				0.24	1.25		1.8
100				0.29	1.50		1.6
125				0.34	1.80		1.5
160				0.40	2.20		1.4
200				0.48	2.60		1.3
250				0.56	3.05		1.2
315				0.67	3.6		1.1
400				0.80	4.30		1.0
500				0.96	5.10		1.0
630				1.20	6.20	4.5	0.9
800				1.40	7.50		0.8
1000				1.70	10.30		0.7
1250				1.95	12.00		0.6
1600				2.40	14.50		0.6

注 S9—三相浸油铜绕组变压器；S9-M—三相全密封油浸铜绕组变压器。

附表Ⅱ-2 35kV无励磁调压电力变压器的主要技术参数

变压器型号	额定容量（kVA）	额定电压（kV） 高压	额定电压（kV） 低压	连接组标号	损耗（kW） 空载	损耗（kW） 负载	阻抗电压（%）	空载电流（%）
S9-50/35	50	35±5%	0.4	Yyn0	0.21	1.22	6.5	2.2
S9-100/35	100				0.30	2.03		2.1
S9-125/35	125				0.34	2.39		2.0
S9-160/35	160				0.38	2.84		1.9
S9-200/35	200				0.44	3.33		1.8
S9-250/35	250				0.51	3.96		1.7
S9-315/35	315				0.61	4.77		1.6
S9-400/35	400				0.74	5.76		1.5
S9-500/35	500				0.86	6.93		1.4
S9-630/35	630				1.04	8.28		1.3
S9-800/35	800				1.23	9.99		1.1
S9-1000/35	1000				1.44	12.15		1.0
S9-1250/35	1250				1.76	14.67		0.9
S9-1600/35	1600				2.12	17.55		0.8

续表

变压器型号	额定容量(kVA)	额定电压(kV)		连接组标号	损耗(kW)		阻抗电压(%)	空载电流(%)
		高　压	低　压		空　载	负　载		
S9-800/35	800	35±5%	3.15 6.3 10.5	Yd11	1.23	9.9	6.5	1.2
S9-1000/35	1000				1.44	12.2	6.5	1.1
S9-1250/35	1250				1.76	14.7	6.5	1.1
S9-1600/35	1600				2.12	17.6	6.5	1.0
S9-2000/35	2000				2.72	17.8	6.5	1.0
S9-2500/35	2500				3.20	18.4	6.5	0.9
S9-3150/35	3150	35±5% 38.5±5%	3.15 6.3 10.5		3.80	24.3	7.0	0.9
S9-4000/35	4000				4.52	28.8	7.0	0.8
S9-5000/35	5000				5.40	33.0	7.0	0.8
S9-6300/35	6300			YNd11	6.56	36.9	7.5	0.7
S9-8000/35	8000	35±2×2.5% 38.5±2×2.5%	3.15 3.3 6.3 6.6 10.5 11		9.20	40.5	7.5	0.7
S9-10000/35	10000				10.88	47.7	7.5	0.7
S9-12500/35	12500				12.80	56.7	8.0	0.6
S9-16000/35	16000				15.20	69.3	8.0	0.6
S9-20000/35	20000				18.00	83.7	8.0	0.6
S9-25000/35	25000				21.28	99.0	8.0	0.6
S9-31500/35	31500				25.28	18.8	8.0	0.5

附表Ⅱ-3　35kV有载调压变压器的主要技术参数

变压器型号	额定容量(kVA)	额定电压(kV)		连接组标号	损耗(kW)		阻抗电压(%)	空载电流(%)
		高　压	低　压		空　载	负　载		
SZ9-1000/35	1000	35±3×2.5%	0.4	Yyn0	1.55	12.78	6.5	1.2
SZ9-1250/35	1250				1.88	15.41	6.5	1.2
SZ9-1600/35	1600				2.4	18.40	6.5	1.1
SZ9-2000/35	2000				2.88	18.72	6.5	1.1
SZ9-1600/35	600	35 38.5 ±3×2.5% ±4/2×2.5%	6.3 10.5	Yd11	2.40	18.40	6.5	1.1
SZ9-2000/35	2000				2.88	18.40	6.5	1.1
SZ9-2500/35	2500				3.40	19.32	6.5	1.1
SZ9-3150/35	3150				4.04	26.01	7.0	1.0
SZ9-4000/35	4000				4.84	30.69	7.0	1.0
SZ9-5000/35	5000		6 6.3 10.5 11	YNd11	5.80	36.00	7.0	0.9
SZ9-6300/35	6300				7.04	38.70	7.5	0.9
SZ9-8000/35	8000				9.84	42.75	7.5	0.9
SZ9-10000/35	10000				11.60	50.58	8.0	0.8
SZ9-12500/35	12500				13.68	59.85	8.0	0.8
SZ9-16000/35	16000				15.80	73.20	8.0	0.6
SZ9-20000/3	20000				20.15	91.00	8.7	0.4

附表Ⅱ-4　110kV 双绕组变压器的主要技术参数

变压器型号	额定容量（kVA）	额定电压（kV）高压	额定电压（kV）低压	连接组标号	损耗（kW）空载	损耗（kW）负载	阻抗电压（%）	空载电流（%）
SZ9-6300/110	6300	110±8×1.25%	6.3 6.6 10.5 11	YNd11	7.6	36.9	10.5	0.67
SFZ9-8000/110	8000				9.1	45.0		0.63
SFZ9-10000/110	10000				11.0	53.1		0.60
SFZ9-12500/110	12500				12.7	63.0		0.56
SFZ9-16000/110	16000				15.4	77.4		0.53
SFZ9-20000/110	20000				18.2	93.6		0.49
SFZ9-25000/110	25000				21.2	110.7		0.46
SFZ9-31500/110	31500				25.6	133.2		0.42
SFZ9-40000/110	40300				30.7	156.6		0.39
SFZ9-50000/110	50000				36.3	194.4		0.35
SFZ9-63000/110	63000				43.3	234.0		0.32
S8-6300/110	6300	110±2×2.5% 121 +2×2.5%	6.3 6.6 10.5 11	YNd11	8.0	41	10.5	0.72
SF8-8000/110	8000				9.6	50		0.68
SF8-10000/110	10000				11.2	59		0.64
SF8-12500/110	12500				13.2	70		0.60
SF8-16000/110	16000				16.0	86		0.56
SF8-20000/110	20000				19.0	104		0.52
SF8-25000/110	25000				22.4	123		0.48
SF8-31500/110	31500				26.6	148		0.44
SF8-40000/110	40000				31.8	174		0.40
SF8-50000/110	50000				37.6	216		0.36
SF8-63000/110	63000				44.6	260		0.32
SFL1-6300/110	6300	110±5% 110±2×2.5% 121±5% 121±2×2.5%	6.3 6.6 10.5 11	YNd11	9.76	52	10.5	1.1
SFL1-8000/110	8000				11.6	62		1.1
SFL1-10000/110	10000				14.0	72		1.1
SFL1-16000/110	16000				18.5	110		0.9
SFL1-20000/110	20000				22.0	135		0.8
SFL1-31500/110	31500				31.05	190		0.7
SFL1-40000/110	40000				42	200		0.7
SFPL1-50000/110	50000				48.6	250		0.75
SFPL1-63000/110	63000				60	298		0.8
SFPL1-90000/110	90000				75	440		0.7
SFPL1-120000/110	120000				100	520		0.65
SSPL-20000/110	20000				22.1	135		0.8
SSPL-63000/110	63000				68	300		
SSPL-90000/110	90000				85	451		
SSPL-120000/110	120000		13.8		120	588	10.4	0.57
SSPL-150000/110	150000				204	646.25	12.68	1.73

附表Ⅱ-5　110kV三绕组变压器的主要技术参数

变压器型号	额定容量（kVA）	额定电压（kV）			空载损耗（kW）	负载损耗（kW）			阻抗电压（%）			空载电流（%）
		高压	中压	低压		高中	高低	中低	高中	高低	中低	
SFSZ9-6300/110	6300/6300/6300	高压 110±8×1.25% 中压 38.5±2×2.5% 低压 6.3,6.6 10.5,11			9.1		47.7		降压型 高中:10.5 高低:17.5 中低:6.5 升压型 高中:17.5 高低:10.5 中低:6.5			0.7
SFSZ9-8000/110	8000/8000/8000				11.0		56.7					0.66
SFSZ9-10000/110	10000/10000/10000				13.0		66.6					0.63
SFSZ9-12500/110	12500/12500/12500				14.9		78.3					0.60
SFSZ9-16000/110	16000/16000/16000				18.4		95.4					0.56
SFSZ9-20000/110	20000/20000/20000				21.8		112.5					0.53
SFSZ9-25000/110	25000/25000/25000				25.7		133.2					0.42
SFSZ9-31500/110	31500/31500/31500				30.6		157.5					0.39
SFSZ9-40000/110	40000/40000/40000				36.6		189.0					0.36
SFSZ9-50000/110	50000/50000/50000				43.3		225.0					0.34
SFSZ9-63000/110	63000/63000/63000				51.5		270.0					0.32
SS8-6300/110	6300/6300/6300	高压 110±8×1.25% 中压 38.5±2×2.5% 低压 6.3,6.6 10.5,11			9.6		53		降压型 高中:10.5 高低:17.5 中低:6.5 升压型 高中:17.5 高低:10.5 中低:6.5			0.80
SFS8-8000/110	8000/8000/8000				11.5		63					0.76
SFS8-10000/110	10000/10000/10000				13.6		74					0.72
SFS8-12500/110	12500/12500/12500				16.0		87					0.68
SES8-16000/110	16000/16000/16000				19.3		106					0.64
SES8-20000/110	20000/20000/20000				21.8		125					0.60
SFS8-25000/110	25000/25000/25000				27.0		148					0.56
SFS8-31500/110	31500/31500/31500				32.0		175					0.52
SFS8-40000/110	40000/40000/40000				38.2		210					0.48
SFS8-50000/110	50000/50000/50000				45.2		250					0.44
SFS8-63000/110	63000/63000/63000				53.6		300					0.40
SFSL1-6300/110	6300/6300/6300	121±2×2.5%	38.5±2×2.5%	11	12.5	62.9	62.6	50.7	17	10.5	6	1.4
		110±2×2.5%		10.5		62.3	62	50.7				
		121±2×2.5%		6.6		66.2	60.2	51.6	10.5			
		110±2×2.5%		6.3		65.6	59.6	51.6				
SFSL1-8000/110	8000/4000/8000	121±5%	38.5±2×2.5%	11	14.2	27	83	19	10.5	17.5	6.5	1.26
		110±5%		10.5								
	8000/8000/4000	121±5%		6.6		84	27	21	17	10.5		
		110±5%		6.3								
SFSL1-10000/110	10000/10000/10000	121±2×2.5%	38.5±2×2.5%	10.5	17	91	89	69.3	17	10.5	6	1.5
		110±2×2.5%		6.3		89.6	88.7	69.7	10.5	17	6	
SFSL1-15000/110	15000/15000/15000	121±2×2.5%	38.5±2×2.5%	10.5	22.7	120	120	95	17	10.5	6	1.3
		110±2×2.5%		6.3					10.5	17		
SFSL1-20000/110	20000/20000/10000	121±5%	38.5±2×2.5%	10.5	50.2	152.8	52	47	10.5	18	6.5	4.1
		110±5%										
	20000/10000/20000	121±2×2.5%		6.3		52	148.2	50.2	18	10.5	6.5	
		110±2×2.5%										

续表

变压器型号	额定容量(kVA)	额定电压(kV)			空载损耗(kW)	负载损耗(kW)			阻抗电压(%)			空载电流(%)
		高压	中压	低压		高中	高低	中低	高中	高低	中低	
SFSL1-20000/110	20000/20000/20000	121±2×2.5% 110±2×2.5%	38.5±2×2.5%	10.5 6.3	43.3	145 154	158 154	117 119	10.5 18	18 10.5	6.5 6.5	3.46
SFSL1-25000/110	25000/25000/25000	121±2×2.5% 110±2×2.5%	38.5±2×2.5%	10.5 6.3	49.5	175	197	142	10.5 18	18 10.5	6.5 6.5	3.6
SFSL1-31500/110	31500/31500/31500	121±2×2.5% 110±2×2.5%	38.5±2×2.5%	10.5 6.3	37.2	229.1 215.4	212 231	181.6 184	10.5 18	18 10.5	6.5 6.5	0.8
SFPSL1-40000/110	40000/40000/40000	121±2×2.5% 110±2×2.5%	38.5±2×2.5%	10.5 6.3	72	276 244	250 274.5	205.5 205.5	10.5 17.5	17.5 10.5	6.5 6.5	2.7
SFPSL1-50000/110	50000/50000/50000	121±2×2.5% 110±2×2.5%	38.5±2×2.5%	10.5 6.3	62.2	308.8 350.6	350.3 318.3	351 252.9	10.5 17.5	17.5 10.5	6.5 6.5	1
SFSL1-50000/110	50000/50000/50000	121±2×2.5% 110±2×2.5%	38.5±2×2.5%	10.5 6.3	53.2	350 300	350 300	255 255	10.5 17.5	17.5 10.5	6.5 6.5	0.8
SFPSL1-63000/110	63000/63000/63000	121±2×2.5% 110±2×2.5%	38.5±2×2.5%	10.5 6.3	64.2	380 470	470 380	320 330	10.5 18.5	18.5 10.5	6.5 6.5	0.7
SFSLQ1-10000/110	10000/10000/10000	121±2×2.5% 110±2×2.5%	38.5±2×2.5%	6.3	21.4	87.95 88.76	90.05 85.55	67.9 67.7	10.5 17	17 10.5	6 6	1.5
SFSLQ1-15000/110	15000/15000/15000	121±2×2.5% 110±2×2.5%	38.5±2×2.5%	6.3	30.5	120	120	94	10.5 17	17 10.5	6 6	1.2
SFSLQ1-20000/110	20000/20000/20000	121±2×2.5% 110±2×2.5%	38.5±2×2.5%	6.3	33.5	153 142.9	147.6 152.9	111.6 110.4	10.5 17	17 10.5	6 6	1.1
SFSLQ1-31500/110 SSPSL1-31500/110	31500/31500/31500	121±2×2.5% 110±2×2.5%	38.5±2×2.5%	10.5 6.3	46.8	217 202	200.7 214	158.6 160.5	10.5 17	17 10.5	6 6	0.9
SSPSL1-50000/110	50000/50000/50000	121±2×2.5% 110±2×2.5%	38.5±2×2.5%	105	89.6	350	318.3	250.9	18	10.5	6.5	2.82
SSPSL1-75000/110	75000/75000/75000	121±2×2.5% 110±2×2.5%	38.5±2×2.5%	10.5	76	580	510	450	18.5	10.5	6.5	0.8
SFSL-15000/110	15000/15000/15000	121±2×2.5% 110±2×2.5%	38.5±2×2.5%	10.5 6.3	27	120	120	95	17 10.5	105 18	6 6	4.0
SFSL-315000/110	31500/31500/31500	121±2×2.5% 110±2×2.5%	38.5±2×2.5%	10.5 6.3	49	235	235	115	18 10.5	18 10.5	6.5 6.5	2.5
SFSL-63000/110	63000/63000/63000	121±2×2.5% 110±2×2.5%	38.5±2×2.5%	10.5 6.3	84	410	410	260	18 10.5	18 10.5	6.5 6.5	2.2

注 SFSZ—三相风冷三绕组有载调压变压器；SFS—三相风冷三绕组变压器；SFSL—三相油浸风冷三绕组变压器；SFPSL—三相强迫油循环风冷三绕组铝线变压器；SFSLQ—三相油浸风冷三绕组铝线全绝缘变压器；SSPSL—三相强迫油循环水冷三绕组铝线变压器。

附录Ⅲ　开关电器的主要技术数据

附表Ⅲ-1　　油断路器主要技术数据

型　号	额定电压(kV)	最高工作电压(kV)	额定电流(A)	额定开断电流(kA)	额定短时耐受电流(4s)(kA)	额定峰值耐受电流(kA)	额定关合电流(kA)	额定合闸时间(s)	固有分闸时间(s)
SN10-10Ⅰ SN10-10Ⅱ SN10-10Ⅲ	10	11.5	600 1000 1000 1250 3000	28.9	20.2 29 43.2	52 71 130	52 71 130	0.25 0.23 0.2	0.06 0.06 0.06
SW3-110	110	126	1200	15.8	15.8	41	41	0.4	0.07
SW4-110	110	126	1000	18.4	21 (5s)	55	55	0.25	0.06
SW4-110G	110	126	1000	15.8	21 (5s)	55	55	0.25	0.06
SW6-110	110	126	1200	21	15.8	55	55	0.2	0.04
SW4-220	220	252	1000	18.4	21 (5s)	55	55	0.25	0.06
SW6-220	220	242	1200	21	21	55	55	0.2	0.04
SW7-220	220	242	1500	21	21	55	55	0.15	0.04

附表Ⅲ-2　　SF_6 断路器主要技术数据

型号	额定电压(kV)	最高工作电压(kV)	额定电流(A)	额定开断电流(kA)	额定短时耐受电流(4s)(kA)	额定峰值耐受电流(kA)	额定关合电流(kA)	额定合闸时间(s)	全开断时间(s)
LN2-12	10	12	1250/1600	25/31.5	25/31.5	63/80	63/80	0.06	0.04
LN2-40.5	35	40.5	1250/1600	16/25	16/25	40/63	40/63	0.1	0.06
LW3-12	10	12	400/630/1250	6.3/8/12.5/16	6.3/8/12.5/16	16/20/31.5/40	16/20/31.5/40	0.06	0.04
LW8-40.5	35	40.5	1600/2000	25/31.5	25/31.5	63/80	63/80	0.1	0.06
LW18-40.5	35	40.5	1600/2500/3150	25/31.5/40	25/31.5/40	63/80/100	63/80/100	0.1	0.06
LW24-72.5	63	72.5	1250/2500	31.5	31.5	80	80	0.1	0.06
LW9-72.5	63	72.5	2000/2500	31.5	31.5	80	80	0.1	0.06
LW25-126	110	126	1250/2000/3150	31.5/40	31.5/40	80/100	80/100	0.1	0.06
LW24-126	110	126	1250/3150	31.5/40	31.5/40	80/100	80/100	0.1	0.06
LW14-126	110	126	2000/3150	31.5/40	31.5/40	80/100	80/100	0.1	0.06
LW11-126	110	126	3150	40	40	100	100	0.1	0.06
LW2-252	220	252	2500	40/50	40/50	100/125	100/125	0.1	0.06
LW23-252	220	252	1250/3150	40/50	40/50	100/125	100/125	0.1	0.06
LW12-252	220	252	4000	50	50	125	125	0.1	0.06
LW25-252	220	252	3150	40	40	100	100	0.1	0.06

附表Ⅲ-3 真空断路器主要技术数据

型号	额定电压(kV)	最高工作电压(kV)	额定电流(A)	额定开断电流(kA)	额定短时耐受电流(4s)(kA)	额定峰值耐受电流(kA)	额定关合电流(kA)	额定合闸时间(s)	全开断时间(s)
ZN12-12	10	12	1250/2000/2500/3150	31.5/40/50	31.5/40/50	80/100/125	80/100/125	0.06	0.03
ZN28-12	10	12	630/1250/1600/2000/2500/3150/4000	20/25/31.5/40/50	20/25/31.5/40/50	50/63/80/100/125	50/63/80/100/125	0.06	0.03
ZN28A-12	10	12	1000-3150	16/20/25/31.5/40/50	16/25/31.5/40/50	40/50/63/80/100/125	40/50/63/80/100/125	0.06	0.03
ZN63A-12	10	12	630/1250/1600/2000	31.5	31.5	80	80	0.06	0.03
ZN18-12	10	12	630/1250/2000	25/31.5/40	25/31.5/40	63/80/100	63/80/100	0.06	0.03
VS1	3.6 7.2 12		630/1250/1600/2000/2500/3150	20/25/31.5/40	20/25/31.5/40	50/63/100/130	50/63/100/130	≤0.1	≤0.065
ZW1-12	10	12	630	6.3/12.5/16	6.3/12.5/16	16/31.5/40	16/31.5/40	0.06	0.03
ZW8-12	10	12	630/1000/1250/2000	20/25/31.5/40	20/25/31.5/40	50/63/80/100	50/63/80/100	0.06	0.03
ZN23-40.5C	35	40.5	1600	25	25	63	63	0.1	0.06
ZN12-40.5	35	40.5	1250/1600/200/2500/3150	25/31.5/40	25/31.5/40	63/80/100	63/80/100	0.1	0.06
ZW8-40.5	35	40.5	1600	20	20	50	50	0.1	0.06
ZN23-40.5	35	40.5	1250/1600	20/25	20/25	50/63	50/63	0.1	0.06

附表Ⅲ-4 GIS全封闭组合电器主要技术数据

型号	额定电压(kV)	最高工作电压(kV)	额定电流(A)	额定开断电流(kA)	额定短时耐受电流(4s)(kA)	额定峰值耐受电流(kA)	额定关合电流(kA)	额定合闸时间(s)	全开断时间(s)
ZF5-72.5	63	72.5	1250	31.5	31.5	80	80	0.1	0.06
ZF7-72.5	63	72.5	1250/1600	31.5	31.5	80	80	0.1	0.06
ZF7-126	110	126	1600/2000	31.5	31.5	80	80	0.1	0.06
ZF5-126	110	126	1250	31.5	31.5	80	80	0.1	0.06
ZF3-126	110	126	1600	40	40	100	100	0.1	0.06
ZF6-126	110	126	2000	31.5	31.5	80	80	0.1	0.06
ZF2-252	220	252	1600	40	40	100	100	0.1	0.06
ZF9-252	220	252	2000/3150	40/50	40/50	100/125	100/125	0.1	0.06
ZF6-252	220	252	2000	40	40	100	100	0.1	0.06

附表Ⅲ-5　　　　**隔离开关主要技术数据**

型　号	额定电压（kV）	最高工作电压（kV）	额定电流（A）	动稳定电流（kA）	热稳定电流（4s）（kA）	备　注
GN1-10	10	11.5	600/1000/2000	60/80/85	20（59）/36（10）	
GN1-20	20		400	52	14（5s）	
GN2-10	10	11.5	2000/3000	85/100	36（10s）/150（10s）	
GN2-35T	35	38.5	400/600/1000	52/64/70	14/25/27.5（5s）	
GN-6	6	6.6	400/600/1000	30/52/80	12/20/31.5	联合设计新系列
GN-8	10	11.5				
GN10-10T	10	11.5	3000/4000/5000/6000	160/160/200/200	75/85(5s)100/105(5s)	
GN10-20T	20		5000/6000/8000/9000	224/224/224/300	105(5s)120/100(5s)	
GN14-20	20		10000/13000			
GN22-10	10	11.5	2000/3150	100/105	40（4s）/50（4s）	
GN30-10	10	11.5	400/630/1000	31.5/50/80	10.5/20/31.5（4s）	
GW1-6	6	6.6	200	15	7（5s）	
GW1-10	10	11.5	400	25	14（5s）	
GW2-35G	35	40.5	600	42	20	CS11G
GW2-35GD						CS8-6D
GW2-35	35	40.5	600/100	50	10（10s）	E58-2
GW2-35D						ES8-2D
GW4-35	35	40.5	630/1250/2000/2500	50/80/100	20/31.5/40	双柱式
GW5-35D（W）	35	40.5	630/1250/1600	50/80	20/31.5	
GW4-63	63	72.5	630/1250/2000/2500	50/80/100	20/31.5/40	双柱式
GW5-63D（W）	63	72.5	630/1250/1600	50/80	20/31.5	
GW4-110	110	126	630/1250/2000/2500	50/80/100	20/31.5/40	双柱式
GW4-110G			630/1250	50/80	20/31.5	双柱式
GW5-110D（W）	110	126	630/1250/1600	50/80	20/31.5	V形
GW4-220（245）	220（245）	252	1250/2000/2500	80/100/125	31.5/40/50	双柱式
GW6-220G（D）	220	252	1000	50	21（5s）	剪刀式
GW7-220（D）	220	252	600/1000/1600	80/100/125	31.5/40/50	三柱式
GW8-35	35		400	15	5.6（5s）	中性点隔离开关
GW8-60	60		400			
GW8-110	110		600			

附表Ⅲ-6 **负荷开关主要技术数据**

型号	额定电压（kV）	最高工作电压（kV）	额定电流（A）	额定负荷开断电流（kA）	额定短时耐受电流（kA/s）	额定峰值耐受电流（kA）	额定短路关合电流（kA）	额定开断转移电流（A）	分断能力	
									空载变压器（kVA）	空载电缆（A）
FN11-12R	10	12	630	630	20/2	50	50	1300	1250	10
FN14-12R	10	12	630	630	20/2	50	50	1300	1250	10
ZFN-12R	10	12	630	630	20/2	50	50	1500	1600	16
ZFN-12R	10	12	630	630	31.5/2	80	80	1600	1600	20
ZFN21-12R	10	12	630	630	20/2，31.5/2	50，80	50，80	1500	1250	25
SFL-12	10	12	630	630	20/3	50	50	2500	16（A）	25
FN16-12	10	12	630 1250	630 1250	20/3	50	50	2000 3150	6000	400
FN16A-12	10	12	125 200	125 200	31.5/3	80	80	2000 3150	6000	400

附录Ⅳ 熔断器的主要技术参数

附表Ⅳ-1 **限流式熔断器主要技术参数**

型号	额定电压（kV）	额定电流（A）	额定开断电流（kA）［或断流容量（MVA）］	备注
RN1	3 6 10 15	20～400 20～300 20～200 0～40	（200MVA）	供输电线路的过电流保护用
KN2	10/20/35	0.5	（1000MVA）	保护户内电压互感器用
RN3	3 6	10～200 10～200	（200MVA）	
RW9-35	35	0.5 2～10	（2000MVA） （600MVA）	保护户外电压互感器用
XRNM1-3.6(WDF*O)	3.6	50/63/80/100/125	50	电动机保护用
XRNM1-3.6(WFF*O)		125/160/200		电动机保护用
XBNM1-3.6(WKF*O)		250/315/355/400		电动机保护用
XRNM1-7.2(WFN*O)	6	25/31.5/40/50/63/80/100/125/160	40	电动机保护用
XRNM1-7.2(WKN*O)		200/224/250/315		电动机保护用
XRNT1-12（BDG*C）	12	6.3/10/16/20/22.4/25/31.5/35.5/40/45/50	40	变压器保护用
XRNT1-12（BFG*D）		56/63/71/80/90/100		变压器保护用
XRNT1-12（AKG*D）		112/125		
XRNT1-12（SDL*J）		16/20/25/31.5/40	50	变压器保护用
XBNT1-12（SFL*J）		50/63/71/80/100		
XRNT1-12（SKL*J）		125		
XRNT2-12（FFL*J）		10/16/20/25/31.5/40/50/63	50	全范围保护用

续表

型号	额定电压（kV）	额定电流（A）	额定开断电流（kA）[或断流容量（MVA）]	备 注
XBNP□[①]-3.6 XRNI□-7.2 XBNP□-12 XBNP□-40.5	3 6 10 35	0.5/1/2/3.15	50	电压互感器保护用
XRNT1-12	10		50	变压器保护用

注 1. XRN 系列熔断器均为单管参数，可根据用户需要将熔断器并联使用以得到高的额定电流。
2. （ ）内为英国型号。

* 由是否安装触发器确定。

① “□”表示设计序号。

附录Ⅴ 互感器的主要技术参数

附表Ⅴ-1 电压互感器的主要技术参数

型 号		额定变比	在下列准确度等级下额定容量（VA）				最大容量（VA）	备 注
			0.2 级	0.5 级	1 级	3 级		
单相（户内式）	JDJ-0.5	0.38/0.11		25	40	100	200	
	JDG-0.5	0.5/0.1		25	40	100	200	
	JDG-3-0.5	0.38/0.1			15		60	
	JDG-3	1-3/0.1		30	50	120	240	
	JDJ-6	3/0.1		30	50	120	240	
	JDJ-6	6/0.1		50	80	240	400	
	JDJ-10	10/0.1		80	150	320	640	
	JDJ-15	13.8/0.1		80	150	320	640	
	JDJ-15	15/0.1		80	150	320	640	
	JDJ-15	18/0.1		80	150	320	640	
	JDJ-20	20/0.1		80	150	320	640	
三相（户内式）	JSJW-6	3/0.1/0.1/3		50	80	200	400	有辅助二次绕组，接成开口三角形
	JSJW-6	6/0.1/0.1/3		80	150	320	640	
	JSJW-10	10/0.1/0.1/3		120	200	480	960	
	JSJW-15	13.8/0.1/0.1/3		120	200	480	960	
	JSJW-15	15/0.1		120	200	480	960	
	JSJW-15	20/0.1		120	200	480	960	
单相（户内式）	JDZ-6	1/0.1		30	50	100	200	可代替 JDJ 型，用于三相绕组接成 Y（$100\sqrt{3}$）形时使用，容量为额定容量的 1/3
	JDZ-6	3/0.1		30	50	100	200	
	JDZ-6	6/0.1		50	80	200	300	
	JDZ-10	10/0.1		80	150	300	500	
	JDZ-10	10/0.1		80	150	300	500	
	JDZ-35	35/0.1		150	250	500		

续表

型号		额定变比	在下列准确度等级下额定容量(VA)				最大容量(VA)	备注
			0.2级	0.5级	1级	3级		
单相(户内式)	JDZJ-6	$\frac{1}{\sqrt{3}}/\frac{0.1}{\sqrt{3}}/\frac{0.1}{3}$		40	60	150	300	浇注绝缘，用三台取代 JSJW，但不能单相运行
	JDZJ-6	$\frac{3}{\sqrt{3}}/\frac{0.1}{\sqrt{3}}/\frac{0.1}{3}$		40	60	150	300	
	JDZJ-6	$\frac{6}{\sqrt{3}}/\frac{0.1}{\sqrt{3}}/\frac{0.1}{3}$		40	60	150	300	
	JDZJ-10	$\frac{10}{\sqrt{3}}/\frac{0.1}{\sqrt{3}}/\frac{0.1}{3}$		40	60	150	300	
	JDZ9-35	35/0.1	60	180	360	1000	1800	环氧树脂全封闭结构
	JDZX9-35	$\frac{35}{\sqrt{3}}/\frac{0.1}{\sqrt{3}}$	30	90	180	500	600	
单相(户外式)	JDZJ-35	35/0.1		150	250	600	1200	
	JDJJ-35	$\frac{35}{\sqrt{3}}/\frac{0.1}{\sqrt{3}}/\frac{0.1}{3}$		150	250	600	1200	
	JCC-60	$\frac{60}{\sqrt{3}}/\frac{0.1}{\sqrt{3}}/\frac{0.1}{3}$		—	500	1000	2000	
	JCC1-110	$\frac{110}{\sqrt{3}}/\frac{0.1}{\sqrt{3}}/\frac{0.1}{\sqrt{3}}$			500	1000	2000	
	JCC-110	$\frac{110}{\sqrt{3}}/\frac{0.1}{\sqrt{3}}/\frac{0.1}{\sqrt{3}}$			500	1000	2000	连接线 1/1/1-12/12
	JCC2-110	$\frac{110}{\sqrt{3}}/\frac{0.1}{\sqrt{3}}/\frac{0.1}{\sqrt{3}}$			500	1000	2000 1000 2000	
	JCC-220 JCC1-220 JCC2-220	$\frac{220}{\sqrt{3}}/\frac{0.1}{\sqrt{3}}/\frac{0.1}{\sqrt{3}}$			500	1000	2000 1000 2000	
电容式(户外式)	TYD35/$\sqrt{3}$	$\frac{35}{\sqrt{3}}/\frac{0.1}{\sqrt{3}}/\frac{0.1}{\sqrt{3}}/\frac{0.1}{3}$	100	200	400	960	2000	中性点非有效接地系统
	TYD66/$\sqrt{3}$	$\frac{66}{\sqrt{3}}/\frac{0.1}{\sqrt{3}}/\frac{0.1}{\sqrt{3}}/(0.1)\frac{0.1}{3}$	100	200	400	960	2000	中性点非有效接地系统
	TYD110/$\sqrt{3}$	$\frac{110}{\sqrt{3}}/\frac{0.1}{\sqrt{3}}/0.1/\frac{0.1}{3}$	100	200	400	960	2000	中性点非有效接地系统
	TYD110/$\sqrt{3}$	$\frac{110}{\sqrt{3}}/\frac{0.1}{\sqrt{3}}/0.1$		150	300	600	1200	
	TYD110/$\sqrt{3}$	$\frac{110}{\sqrt{3}}/\frac{0.1}{\sqrt{3}}/\frac{0.1}{\sqrt{3}}/0.1$	200	400	500	1000	2000	
	TYD110/$\sqrt{3}$	$\frac{110}{\sqrt{3}}/\frac{0.1}{\sqrt{3}}/\frac{0.1}{\sqrt{3}}/0.1$	300	500	800	1600	3200	可用于母线上
	TYD110/$\sqrt{3}$	$\frac{110}{\sqrt{3}}/\frac{0.1}{\sqrt{3}}/0.1$			300	600	1200	原型号：YDR-110
	TYD110/$\sqrt{3}$	$\frac{110}{\sqrt{3}}/\frac{0.1}{\sqrt{3}}/0.1$			300	600(3P)	1200	适用海拔 4300m 原型号：YDR-110G
	TYD220/$\sqrt{3}$	$\frac{220}{\sqrt{3}}/\frac{0.1}{\sqrt{3}}/0.1$		150	300	600	1200	

续表

型　号		额定变比	在下列准确度等级下额定容量（VA）				最大容量（VA）	备　注
			0.2级	0.5级	1级	3级		
电容式（户外式）	TTYD220/$\sqrt{3}$	$\frac{220}{\sqrt{3}}/\frac{0.1}{\sqrt{3}}/0.1$		150	300	600	1200	用于220kVGIS
	TYD220/$\sqrt{3}$	$\frac{220}{\sqrt{3}}/\frac{0.1}{\sqrt{3}}/\frac{0.1}{\sqrt{3}}/0.1$	200	400	500	1000	2000	
	TYD220/$\sqrt{3}$	$\frac{220}{\sqrt{3}}/\frac{0.1}{\sqrt{3}}/\frac{0.1}{\sqrt{3}}/0.1$	300	500	800	1600	3200	可用于母线上
	TYD220/$\sqrt{3}$	$\frac{220}{\sqrt{3}}/\frac{0.1}{\sqrt{3}}/\frac{0.1}{3}$			300	600(3P)	1200	原型号：YDR-220

注　当电压互感器有两个主二次绕组时，如其中一个主二次绕组的准确度等级为0.2级时，则另一个主二次绕组的准确度等级要降低一档，即为0.5级。

附表Ⅴ-2　　10kV及以下电流互感器主要技术参数

型　号	额定电流（A）	级次组合	准确度等级或级号	二次负荷阻抗（n）				10%倍数		1s热稳定倍数	动稳定倍数
				0.5级	1级	3级	D级	二次负荷	倍数		
LFC-10	5/5	0.5	0.5	0.6	1.3	3		0.6	1.4	75	50
	7.5/5										75
	10/5										100
	15/5										155
	20～40/5										
	5～150/5，300/5								15		165
	200/5，400/5	0.5	0.5	0.6	1.2	3		0.6	14	75	
	5/5	1	1		0.6	1.6		0.6	1.2	80	105
	7.5/5										150
	10/5										200
	5～300/5										250
	400/5								14		
	5/5	3	3			1.2	2.4	1.2	6	80	105
	7.5/5										150
	10/5										200
	15～300/5										250
	400/5								7.5		250
LDC-10	600/5	0.5	0.5	0.8	2			0.8	45	8	150
	750～800/5								36		133
	1000/5								38		100
	1500/5								27		66
	600/5								25		166
	750～800/5	1	1		0.8			0.8	25		133

续表

<table>
<tr><th rowspan="2">型 号</th><th rowspan="2">额定电流
(A)</th><th rowspan="2">级次
组合</th><th rowspan="2">准确度等
级或级号</th><th colspan="4">二次负荷阻抗(n)</th><th colspan="2">10%倍数</th><th rowspan="2">1s 热稳
定倍数</th><th rowspan="2">动稳定
倍数</th></tr>
<tr><th>0.5 级</th><th>1 级</th><th>3 级</th><th>D 级</th><th>二次负荷</th><th>倍数</th></tr>
<tr><td>LDC-10</td><td>1000/5</td><td>1</td><td>1</td><td></td><td></td><td>0.8</td><td></td><td>2</td><td>20</td><td>80</td><td>100</td></tr>
<tr><td rowspan="8">LMC-10</td><td>600/5</td><td rowspan="4">3</td><td rowspan="4">3</td><td rowspan="4"></td><td rowspan="4"></td><td rowspan="4">2</td><td rowspan="4"></td><td rowspan="4">2</td><td>5</td><td rowspan="4">80</td><td>166</td></tr>
<tr><td>750～800/5</td><td>6.5</td><td>133</td></tr>
<tr><td>1000/5</td><td>6</td><td>100</td></tr>
<tr><td>1500/5</td><td>9</td><td>66</td></tr>
<tr><td>2000/5</td><td rowspan="4">0.5/3</td><td rowspan="4">0.5/3</td><td rowspan="4">1.2/—</td><td rowspan="4">3/—</td><td rowspan="4">—/2</td><td rowspan="2">10 级</td><td rowspan="4">1.2/2</td><td>32/5</td><td rowspan="4">75</td><td rowspan="4"></td></tr>
<tr><td>3000/5</td><td>26/8</td></tr>
<tr><td>4000/5</td><td rowspan="2">—/4</td><td>5/6</td></tr>
<tr><td>5000/5</td><td>30/8</td></tr>
<tr><td rowspan="12">LA-10</td><td rowspan="3">5,10,15,20,30,40,50,75,100,150,200/5</td><td rowspan="3">0.5/3
及 1/3</td><td>0.5</td><td>0.4</td><td></td><td></td><td rowspan="3"></td><td rowspan="3"></td><td rowspan="3"><10
<10
≥10</td><td rowspan="3">90</td><td rowspan="3">160</td></tr>
<tr><td>1</td><td></td><td>0.4</td><td></td></tr>
<tr><td>3</td><td></td><td></td><td>0.6</td></tr>
<tr><td rowspan="3">300～400/5</td><td rowspan="3">0.5/3
及 1/3</td><td>0.5</td><td>0.4</td><td></td><td></td><td rowspan="3"></td><td rowspan="3"></td><td rowspan="3"><10
<10
≥10</td><td rowspan="3">75</td><td rowspan="3">135</td></tr>
<tr><td>1</td><td></td><td>0.4</td><td></td></tr>
<tr><td>3</td><td></td><td></td><td>0.6</td></tr>
<tr><td rowspan="3">500/5</td><td rowspan="3">0.5/3
及 1/3</td><td>0.5</td><td>0.4</td><td></td><td></td><td rowspan="3"></td><td rowspan="3"></td><td rowspan="3"><10
<10
≥10</td><td rowspan="3">60</td><td rowspan="3">110</td></tr>
<tr><td>1</td><td></td><td>0.4</td><td></td></tr>
<tr><td>3</td><td></td><td></td><td>0.6</td></tr>
<tr><td rowspan="3">600～1000/5</td><td rowspan="3">0.5/3
及 1/3</td><td>0.5</td><td>0.4</td><td></td><td></td><td rowspan="3"></td><td rowspan="3"></td><td rowspan="3"><10
<10
≥10</td><td rowspan="3">50</td><td rowspan="3">90</td></tr>
<tr><td>1</td><td></td><td>0.4</td><td></td></tr>
<tr><td>3</td><td></td><td></td><td>0.6</td></tr>
<tr><td>LZZBJ-10</td><td rowspan="2">5/10/15/20/30/40/50/75/100/150/160/2000/300/315/600/630</td><td rowspan="2">1.5/
10P</td><td rowspan="2">30</td><td></td><td rowspan="2"></td><td rowspan="2"></td><td rowspan="2"></td><td rowspan="2">10</td><td rowspan="2">15</td><td></td><td></td></tr>
<tr><td>LZX-10</td><td></td><td></td><td></td></tr>
</table>

注 L—电“流”互感器;F—“复”匝贯穿式;C—“瓷”绝缘;Z—浇“注”;D—“单”匝贯穿式;M—“母”线式;A—穿墙式。

附表Ⅴ-3　　35kV及以上LB系列电流互感器主要技术参数

型　号	额定电流(A)	级次组合	额定输出(VA)	10%倍数	1s热稳定电流(kA)/动稳定电流(kA) 一次电流(A) 20	40	50	75	100	150	200	300	400	500	600	800	1000	1200	1500
LB-35	2×20/5 2×75/5 2×100/5 2×300/5 2×400/5 2×500/5	0.5/10P/ 10P 0.5/0.5/ 10P 10P/10P/ 10P	50	15 20	1.3 /3.3	2.5 /6.6		4.9 /5.5	6.5 /16.5	9.8 /25	13/ 33	16.5 /42	17/ 43.5	18/ 46	19/ 48.5	21/ 54	24/ 61	26/ 66	31/ 82
LB1-110 LB1-110G LB11-110W2 LB1-110W1	2×90/5 2×75/5 2× 100/5 2× 150/5 2×200/5 2×300/5 2×400/5 2×500/5 2×600/5	0.2/10P/ 10P/10P 0.5/10P/ 10P/10P 0.5(0.1)/10P /10P/ 10P/10P	40	15			3.75 /8.9	5.5 /14	7.5/ 17.8	11/ 28	15/ 36	21/ 55	21/ 55	95/-	35/ 89	42/ 110	42/ 110	42/ 110	
LB6-200	300/5	0.2/10P/10P/ 10P/10P/10P 0.5/10P/10P/	0.5级：30 10P级：600	15								31.5 /80			31.5 /80	40 /100	40 /100	40 /100	
LB6-200W	600/5 1200/5	10P/10P/10P	60																

注　额定输出为 $\cos\varphi=0.8$ 时的输出。

附表Ⅴ-4　　35kV及以上L系列电流互感器主要技术参数

型　号	额定电流(A)	级次组合	额定输出(VA)	10%倍数	1s热稳定电流(kA)/动稳定电流(kA) 一次电流(A) 20	30	40	50	75	100	150	200	300	400	600	800	1000
L-35 LAB-35	20～1000/5	0.5/10P 0.2/10P	50	20	1.3/ 3.4	2/ 5.1	2.6/ 6.6	3.3/ 8.4	4.9/ 12.5	6.5/ 17	9.8/ 25	13/ 34	16.5 /42	16.5 /42	16.5 /42	16.5 /42	16.5 /42
L-110 LIB1-110 LIB-110W2 LIB-110G	2×50/5 2×75/5 2× 100/5 2× 150/5 2×200/5 2×300/5	0.5/10P /10P	40	15				3.75 /8.9	5.6/ 13.4	7.5/ 17.8	11.2/ 26.7	15/ 35.5	21/ 53.5	21/ 53.5	21/ 53.5		

注　L—电"流"互感器，该结构为串级式；J—油"浸"绝缘；A—穿墙式；B—"保"护用。额定输出为 $\cos\varphi=0.8$ 时的输出。

附表Ⅴ-5　　35kV及以上其他系列电流互感器主要技术参数

型　号	额定电流 (A)	级次组合	额定输出 cosφ=0.8 (VA)	10% 倍数	1s热稳定电流 (kA)	动稳定电流 (kA)	备　注
LDB-35	750/5 1000/5 2000/5 3000/5	0.5/10P/10P 0.5/10P/10P/10P	50	20	30	75	线路测量及保护用
LDJ2B-35	5～200/5 300/5 400～600/5 800～1000/5 1200～2000/5	0.2/0.5/10P	10/10/15 10/10/15 10/15/20 15/20/30 20/25/40	20	(2s) 100I_N (4s) 25 (4s) 31.5 (4s) 40 (4s) 40	250I_N 63 80 100 100	
LDB-60	750/5 1250/5 1500/5	0.5/10P/10P	40	20	25	63	
LCZ-40.5	200～1000	0.5/3 0.5/0.5 0.5/10P	50/20	10			
LZBJ1-40.5	200～1000	0.2/10P1 0.2/0.2 0.2/10P2	20	10/30			
LMI-126	100～2000/5	0.5/10P/5P	15～30	20	31.5	80	配GIS用
LM-252	300～2500/5	0.2/0.5/5P/10P	15～30	20	40	100	浇注型
LVQB-220	2×300/5		0.2级：30		31.5	80	
	2×400/5		0.5级：40		50	125	
	2×500/5		10P级：50		31.5	80	
	1250/5	0.2 (0.5) /5P/ 10P/10P/10P	0.2级：50	15	50	125	线路保护及测量用
	1500/5		0.5级：60		31.5	80	
	2000/5		0.2级：60		50	125	
	2500/5		0.5级：60				

注　L—电"流"互感器；V—结构特征；Q—"气"体绝缘；B—"保"护用。

附录Ⅵ　智能接地补偿装置的主要技术参数

附表Ⅵ-1　　智能接地补偿限压装置（消弧线圈）主要技术参数

型　　号	额定电压 (kV)	调流范围 (A)	接地变压器容量 (kVA)	消弧线圈容量 (kVA)
ZTJD6-100	6	9～28	100	32～100

续表

型　号	额定电压 (kV)	调流范围 (A)	接地变压器容量 (kVA)	消弧线圈容量 (kVA)
ZTJD6-125	6	11～35	125	40～125
ZTJD6-160	6	15～44	160	54～160
ZTJD6-200	6	18～55	200	65～200
ZTJD6-250	6	23～70	250	83～250
ZTJD6-315	6	30～87	315	108～315
ZTJD6-400	6	40～110	400	144～400
ZTJD6-500	6	50～138	500	180～500
ZTJD6-630	6	70～175	630	250～630
ZTJD10-125	10	7～20	125	42～125
ZTJD10-160	10	9～26	160	55～160
ZTJD10-200	10	10～33	200	60～200
ZTJD10-250	10	15～41	250	91～250
ZTJD10-315	10	20～52	315	121～315
ZTJD10-400	10	25～66	400	151～400
ZTJD10-500	10	30～82	500	182～500
ZTJD10-630	10	40～104	630	242～630

注　ZTDJ—代表智能接地限压装置；接地变压器容量为不带二次负荷时的容量，若带二次负荷其容量应相应增加。

附录Ⅷ　避雷器的主要技术参数

附表Ⅷ-1　　**FZ 系列避雷器主要技术参数**

产品型号	系统额定电压（有效值，kV）	避雷器额定电压（有效值，kV）	工频放电电压（有效值，kV）		冲击放电电压预放电时间 1.5～20μs（峰值，kV）≤	8/20μs～5kA 冲击电流残压（峰值，kV）≤	电导电流		外形尺寸	
			≥	≤			直流试验电压（kV）	电流（μA）	外径（mm）	高度（mm）
FZ-3	3	3.8	9	11	20	13.5	4	400～600	284	340
FZ-6	6	7.6	16	19	30	27	6			420
FZ-10	10	12.7	26	31	45	45	10			560
FZ-15	(15)	20.5	41	49	73	67	16	400～600	284	645
FZ-20	20	25	51	61	85	81.5	20			787
FZ-30	(30)	25	56	67	110	81.5	24			832
FZ-35	35	41	82	98	134	134		400～600	284	1554
FZ-44	(44)	50	102	122	163	163				1838
FZ-66	(66)	75	153	183	244	244				2627
FZ-110J	110	100	224	268	326	326		400～600	855	3594
FZ-220J	220	200	448	536	620	652			3070	7120

注　1. 型号中：F—阀型避雷器；Z—电站用；J—中性点接地系统。

2. 系统额定电压中有括号者为“元件”。

3. 避雷器额定电压即避雷器灭弧电压。

附表Ⅶ-2　　FCZ系列避雷器主要技术参数

产品型号	系统额定电压有效值（kV）	避雷器额定电压有效值（kV）	工频放电电压有效值（kV）		冲击放电电压（峰值，kV）		8/20μs 5kV冲击电流残压（峰值，kV）≤		元件电导电流		外形尺寸	
			≥	≤	雷电冲击（1.5～20μs和1.5/40μs）	操作冲击（100～1000μs）	5kA	10kA	直流试验电压（kV）	电流（μA）	外径（mm）	高度（mm）
FCZ3-35	35	41	70	85	112		108	122	50	250～400	432	1070
FCZ3-110J	110	100	170	195	260		260	285	110	250～400		1715
FCZ3-220J	220	200	340	390	520		520	570	110	250～400	850	3068

附表Ⅶ-3　　Y5WZ型无间隙氧化锌避雷器主要技术参数

型号		避雷器额定电压（有效值，kV）	系统额定电压（有效值，kV）	持续运行电压（有效值，kV）	标称电流下最大残压（有效值，kV）		通流容量		
新型号	旧型号				陡波	雷电波	8/20μs波	200μs方波	4/10μs波
Y5WZ-3.8	FYZ-3	3.8	3	2	15.5	13.5	5kA	150kA	40kA
Y5WZ-7.6	FYZ-6	7.6	6	4	31.0	27.0			
Y5WZ-12.7	FYZ-10	12.7	10	6.6	51.0	45			
Y5WZ-41	FYZ-35	41	35	23.4	154	134			

注　本避雷器适用于和真空断路器配套防止操作过电压和大气过电压对各种变压器的危害。

附表Ⅶ-4　　Y10W5型无间隙氧化锌避雷器主要技术参数

型号	系统额定电压（有效值，kV）	避雷器额定电压（有效值，kV）	持续运行电压（有效值，kV）	工频参考电压（峰值，kV）	8/20μs最大雷电冲击残压（峰值，kV）			30/60μs 24kA最大操作冲击残压（峰值，kV）	1/5μs 10kA最大陡波冲击残压（峰值，kV）	外绝缘耐受电压			高度（mm）
					5kA	10kA	20kA			工频干、湿（有效值，kV）	1.5/50μs标准雷电波（峰值，kV）	250/500μs操作冲击波（峰值，kV）	
Y10W5-45/135	35	45		54	124	135				100	231		795
Y10W5-100/248	110	100	73	142		248	266		273	206	500		1375
Y10W5-192/476	220	192		272		476	510	414	524	395	950		
Y10W5-228/565	220	228		323		565	606	491	622	395	950		
Y10W5-300/693	330	300	210	425		693	740	602	755	460	1050	850	2936

附录Ⅷ　低压电器的主要技术参数

附表Ⅷ-1　　常用熔断管额定电流与熔体额定电流

熔断器熔管额定电流（A）	熔体额定电流（A）						
	RM7	RM10	RT0	RT10	RT11	RC1A	RL1
5						2、5	

续表

熔断器熔管额定电流(A)	熔体额定电流(A)						
	RM7	RM10	RT0	RT10	RT11	RC1A	RL1
10						2、4、6、10	
15	6、10、15	6、10、15				6、10、15	2、4、6、10、15
20				6、10、15、20			
30				20、25、30		20、25、30	
50			5、10、15、20、30、40、50				
60	15、20、25、30、40、50、60	15、20、25、30、40、50、60		30、40、50、60		40、50、60	20、25、30、35、40、50、60
100	60、80、100	60、80、100	30、40、50、60、80、100	60、80、100	60、80、100	80、100	60、80、100
200	100、120、150、200	100、120、150、200	80*、100*、120、150、200		100、120、150、200	120、150、200	100、125、150、200
300					200、250、300		
350		200、225、260、300、350					
400	200、250、300、350、400	150*、200*、250、300、350、400	150*、200*、250、300、350、400		300、350、400		
600	400、450、500、550、600	350、430、500、600	350*、400*、450、500、550、600				

附表Ⅷ-2　常用低压断路器极限分断能力数据

类别	型号	额定电流(A)	过电流脱扣器额定电流范围(A)	极限分断能力			备注
				电压(V)	交流电周期分量有效值(kA)	cosφ	
塑料外壳	DZ25	20	0.15～20 复式、电磁式	380	1.2	≥0.7	
			0.15～20 热		1.3 倍脱扣器额定电流		
			无脱扣式		0.2		
		50	10～50		2.5		
	DZ10	100	15～20	380	(7)	≥0.5	
			25～40		(9)		
			50～100		(12)		
		250	100～250		(30)		
		600	200～600		(50)		
	DZ12	60	6～60	120	5	0.5～0.6	
				120/240			
				240/415	3	0.75～0.8	
	DZ15	40	10～40		2.5	0.7	
	DZ15L						

续表

<table>
<tr><th rowspan="2">类别</th><th rowspan="2">型号</th><th rowspan="2">额定电流(A)</th><th rowspan="2">过电流脱扣器额定电流范围(A)</th><th colspan="3">极限分断能力</th><th rowspan="2">备 注</th></tr>
<tr><th>电压(V)</th><th>交流电周期分量有效值(kA)</th><th>cosφ</th></tr>
<tr><td rowspan="22">框架式</td><td rowspan="7">DW10</td><td>200</td><td>60～200</td><td rowspan="7">380</td><td>10</td><td rowspan="7">≥0.4</td><td></td></tr>
<tr><td>400</td><td>100～400</td><td>15</td><td></td></tr>
<tr><td>600</td><td>500～600</td><td>15</td><td></td></tr>
<tr><td>1000</td><td>400～1000</td><td>20</td><td></td></tr>
<tr><td>1500</td><td>1500</td><td>20</td><td></td></tr>
<tr><td>2500</td><td>1000～2500</td><td>30</td><td></td></tr>
<tr><td>4000</td><td>2000～4000</td><td>40</td><td></td></tr>
<tr><td>DW95</td><td>1000</td><td>150～1000</td><td>380</td><td>15/30</td><td>>0.4</td><td></td></tr>
<tr><td rowspan="12">DW15</td><td rowspan="2">200</td><td rowspan="2">100～200</td><td>380</td><td>4.4/20</td><td>0.5/0.35</td><td rowspan="8">延时0.2s
一次极限
分断电流
为50kA</td></tr>
<tr><td>660</td><td>10</td><td>0.30</td></tr>
<tr><td rowspan="3">400</td><td rowspan="3">200～400</td><td>380</td><td>8.8/25</td><td>0.5/0.35</td></tr>
<tr><td>660</td><td>15</td><td>0.3</td></tr>
<tr><td>1140</td><td>10</td><td>0.3</td></tr>
<tr><td rowspan="3">600</td><td rowspan="3">300～600</td><td>380</td><td>13.2/30</td><td>0.5/0.3</td></tr>
<tr><td>660</td><td>20</td><td>0.3</td></tr>
<tr><td>1140</td><td>12</td><td>0.3</td></tr>
<tr><td>1000</td><td>600～1000</td><td rowspan="4">380</td><td rowspan="2">30/40</td><td rowspan="2">0.3/0.3</td><td rowspan="3">延时0.4s</td></tr>
<tr><td>1500</td><td>1500</td></tr>
<tr><td>2500</td><td>1500～2500</td><td>35/60</td><td>0.3/0.25</td></tr>
<tr><td>4000</td><td>2500～4000</td><td>56/80</td><td>0.25/0.25</td><td></td></tr>
<tr><td rowspan="7">限流式</td><td rowspan="3">DWX15</td><td>200</td><td>100～200</td><td rowspan="3">380</td><td rowspan="2">50</td><td rowspan="2">0.25</td><td rowspan="7">一次极限分断
电流为100kA
限流系数<0.6</td></tr>
<tr><td>400</td><td>300～400</td></tr>
<tr><td>600</td><td>300～600</td><td>70</td><td>0.2</td></tr>
<tr><td rowspan="4">DZX10</td><td>100</td><td>60～100</td><td rowspan="4">380</td><td>30</td><td rowspan="2">0.3</td></tr>
<tr><td>200</td><td>100～200</td><td>40</td></tr>
<tr><td>400</td><td>200～400</td><td>50</td><td rowspan="2">0.25</td></tr>
<tr><td>600</td><td>400～600</td><td>60</td></tr>
</table>

注 1. 交流电流周期分量有效值栏内括号内数字指峰值，斜线上的数字为短延时动作分断电流，斜线下为瞬时动作分断电流。

2. cosφ栏内斜线上下的数字与其左侧栏内斜线上下的数字对应。

附表Ⅷ-3　**常用CJ10、CJ12系列交流接触器主要技术指标**

型号		主触头 额定电压（V）	主触头 额定电流（A）	主触头 极数	辅助触头 额定电压（V）	辅助触头 额定电流（A）	辅助触头 组合情况	控制三相电动机的最大功率（kW） 220V	380V	500V
CJ10系列	CJ10-5	交流380	5	3	交流380	5	一常开	1.2	2.2	2.2
	CJ10-10		10				二常开二常闭	2.2	4	4
	CJ10-20		20					5.5	10	10
	CJ10-40		40					11	20	20
	CJ10-60		60					17	30	30
	CJ10-100		100					30	50	50
	CJ10-150		150					43	75	75
CJ12 CJ12B系列	CJ^{12}_{12B}-100	交流380	100	2、3、4、5	交流380 直流220	10	六对触头可组成五“分”一“合”或四“分”二“合”或三“分”三“合”		50	
	CJ^{12}_{12B}-150		150						75	
	CJ^{12}_{12B}-250		250						125	
	CJ^{12}_{12B}-400		400						200	
	CJ^{12}_{12B}-600		600						300	

型号		吸收线圈 额定电压（V） 交流	直流	交流吸引线圈消耗功率 启动（AV）	吸持（W）	动作时间（ms） 接通	断开	接通能力（A）	接通与断开能力（A）	操作频率（次/h）	电机寿命 条件	次数（万次）	机械寿命（万次）
CJ10系列	GJ10-5	50Hz、36、100、220、380、60Hz、36、220、380、440	48、110、220	35	2			$12I_c$	$10I_c$	600	JK3类	60	300
	CJ10-10			65	5	17	21						
	CJ10-20			140	9	16	18						
	CJ10-40			230	12	23	22						
	CJ10-60			485	26	65	40						
	CJ10-100			760	27	32	15						
	CJ10-150			950	28								
CJ12 CJ12B系列	CJ^{12}_{12B}-100	50Hz、36、127、220、380	24、36、48、110、220	2、3极 920	22	43～48	21.5～26	$12I_c$	$10I_c$	600	JK2类	15	300
	CJ^{12}_{12B}-150			4极 1200	34								
	CJ^{12}_{12B}-250			1450	30	42.5～55.5	19.5～36						
				2100	45	39.5～55	15～23	$10I_c$	$8I_c$				
	CJ^{12}_{12B}-400			4000	70	57～56	31～36			300		10	200
	CJ^{12}_{12B}-600			3极 5600	80	52.6～74.5	29.5～32.0						
				4极 9900	86								

附表Ⅷ-4 **热继电器元件与整定电流调节范围**

热继电器型号	热继电器额定电流（A）	热元件	
		额定电流（A）	整定电流调节范围（A）
JI0-20/3、20/3D JR16-20/3，20/3D JR14-20/2、20/3	20	0.35	0.25～0.3～0.35
		0.5	0.32～0.4～0.5
		0.72	0.45～0.6～0.72
		1.1	0.68～0.9～1.1
		1.6	1.0～1.3～1.6
		2.4	1.5～2～2.4
		3.5	2.2～2.8～3.5
		5	3.2～4～5
		7.2	4.5～6～7.2
		11	6.8～9～11
		16	10～13～16
		22	14～18～22
JR0-60/3、60/3D JR16-60/3、60/3D	60	22	14～18～22
		32	20～26～32
		45	28～36～45
		63	40～52～63
JR0-150B/3、150B/3D JR16-150/3、150/3D	150	63	40～52～63
		85	53～70～85
		120	75～100～120
		160	100～130～160
JR14-150/2、150/3	150	100	64～80～100
		150	96～120～150
JR15-10/2	10	0.35	0.25～0.3～0.5
		0.5	0.34～0.4～0.5
		0.72	0.45～0.6～0.72
		1.1	0.68～0.9～1.1
		1.6	1.0～1.3～1.6
		2.4	1.5～2～2.4
		3.5	2.2～2.8～3.5
		5.0	3.2～4～5
		7.2	4.5～6～7.2
		11	6.8～9～11
JR15-40/2	40	11	6.8～9～11
		16	10～13～16
		24	15～2024
		35	22～28～35
		50	32～40～50
JR15-100/2	100	60	32～40～50
		72	45～60～72
		100	60～80～100
JR15-150/2	150	110	68～90～110
		150	100～125～150

参 考 文 献

[1] 姚春球．发电厂电气部分．北京：中国电力出版社，2004.
[2] 范锡普．发电厂电气部分．2版．北京：水利电力出版社，1995.
[3] 李建基．高压开关设备实用技术．北京：中国电力出版社，2005.
[4] 陈家斌．SF_6 断路器实用技术．北京：水利电力出版社，2004.
[5] 方可行．断路器故障与监测．北京：中国电力出版社，2003.
[6] 陈化钢，潘金銮，吴跃华．高低压开关电器故障诊断与处理．北京：水利电力出版社，2000.
[7] 上海超高压输变电公司．常用中高压断路器及其运行．北京：中国电力出版社，2004.
[8] 中国电机工程学会城市供电专业委员会组，杨香泽．变电检修．北京：中国电力出版社，2006.
[9] 刘建平．中国电力产业政策与产业发展．北京：中国电力出版社，2006.
[10] 连理枝．低压断路器及其应用．北京：中国电力出版社，2002.
[11] 熊泰昌．真空开关电器．2版．北京：中国水利水电出版社，2002.
[12] 火力发电职业技能培训教材编委会，刘志青．电气设备检修．北京：中国电力出版社，2005.
[13] 卢文鹏．发电厂变电站电气设备．北京：中国电力出版社，2002.
[14] 吴靓．发电厂变电站电气设备．北京：中国水利水电出版社，2004.
[15] 杜文学．供用电工程．北京：中国电力出版社，2005.
[16] 导体和电器选择设计技术规定(DL/T 5222—2005)．北京：中华人民共和国国家发展和改革委员会发布，2005.
[17] 朱德恒．高电压绝缘．北京：清华大学出版社，1999.
[18] 张仁豫．高电压试验技术．北京：清华大学出版社，2003.
[19] 弋东方．电力工程电气设计手册．北京：中国电力出版社，2005.
[20] 孙成宝．配电技术手册．北京：中国电力出版社，2000.
[21] 李坚．电网运行及调度技术问答．北京：中国电力出版社，2004.
[22] 邓泽远．供配电系统与电气设备．北京：中国电力出版社，1996.
[23] 国家电力监管委员会电力业务资质管理中心．电工进网作业许可考试参考教材．北京：中国财政经济出版社，2006.
[24] 大唐集团公司．大唐电气倒闸操作票规范．Q/CDT 109 001—2005.
[25] 交流电气装置的接地．DL/T 621—1997.
[26] 火力发电厂厂用电设计技术规定．DL/T 5153—2002.
[27] 火力发电厂与变电所设计防火规范．GB 50229—1996.
[28] 《中国电力百科全书》编委会．中国电力百科全书输电与配电卷．第二版．北京：中国电力出版社，2001.
[29] 水利电力西北电力设计院．电力工程电气设计手册．北京：中国电力出版社，1998.
[30] 水利电力西北电力设计院．电力工程电气设备手册．北京：中国电力出版社，1998.